ལྷ་ས་སྟོད་ལུང་བདེ་ཆེན་གྱི་ལོ་རིམ་མེ་ལོང་།

拉萨堆龙德庆年鉴

2019

（总第8卷）

拉萨市堆龙德庆区人民政府　主办
拉萨市堆龙德庆区地方志办公室　编

方志出版社
Publishing House of Local Records

图书在版编目（CIP）数据

拉萨堆龙德庆年鉴. 2019 / 拉萨市堆龙德庆区地方志办公室编. -- 北京：方志出版社，2019.12
ISBN 978-7-5144-4078-2

Ⅰ. ①拉… Ⅱ. ①拉… Ⅲ. ①区（城市）– 拉萨 – 2019 – 年鉴 Ⅳ. ①Z527.54

中国版本图书馆CIP数据核字(2019)第300599号

拉萨堆龙德庆年鉴（2019）

编　　者：拉萨市堆龙德庆区地方志办公室
责任编辑：王　俊

出 版 者：方志出版社
地址　北京市朝阳区潘家园东里9号（国家方志馆 4 层）
邮编　100021
网址　http://www.fzph.org
发　　行：方志出版社图书经销中心
电话（010）67110500
经　　销：各地新华书店
印　　刷：河南金雅昌文化传媒有限公司

开　　本：889×1194　1/16
印　　张：27
字　　数：713千字
版　　次：2019年12月第1版　2019年12月第1次印刷
印　　数：001～500册

ISBN 978-7-5144-4078-2　定价：380.00元

数字拉萨堆龙德庆 2018

辖区面积：2407.61平方公里

年末常住人口：59724人

地区生产总值：33.13亿元

第一产业：1.85亿元

第二产业：27.55亿元

第三产业：3.72亿元

全社会消费品零售总额：117577.4万元

地方公共财政预算收入：145641万元

工业增加值：215723.19万元

招商引资到位资金：25.3亿元

农牧民人均可支配收入：15500元

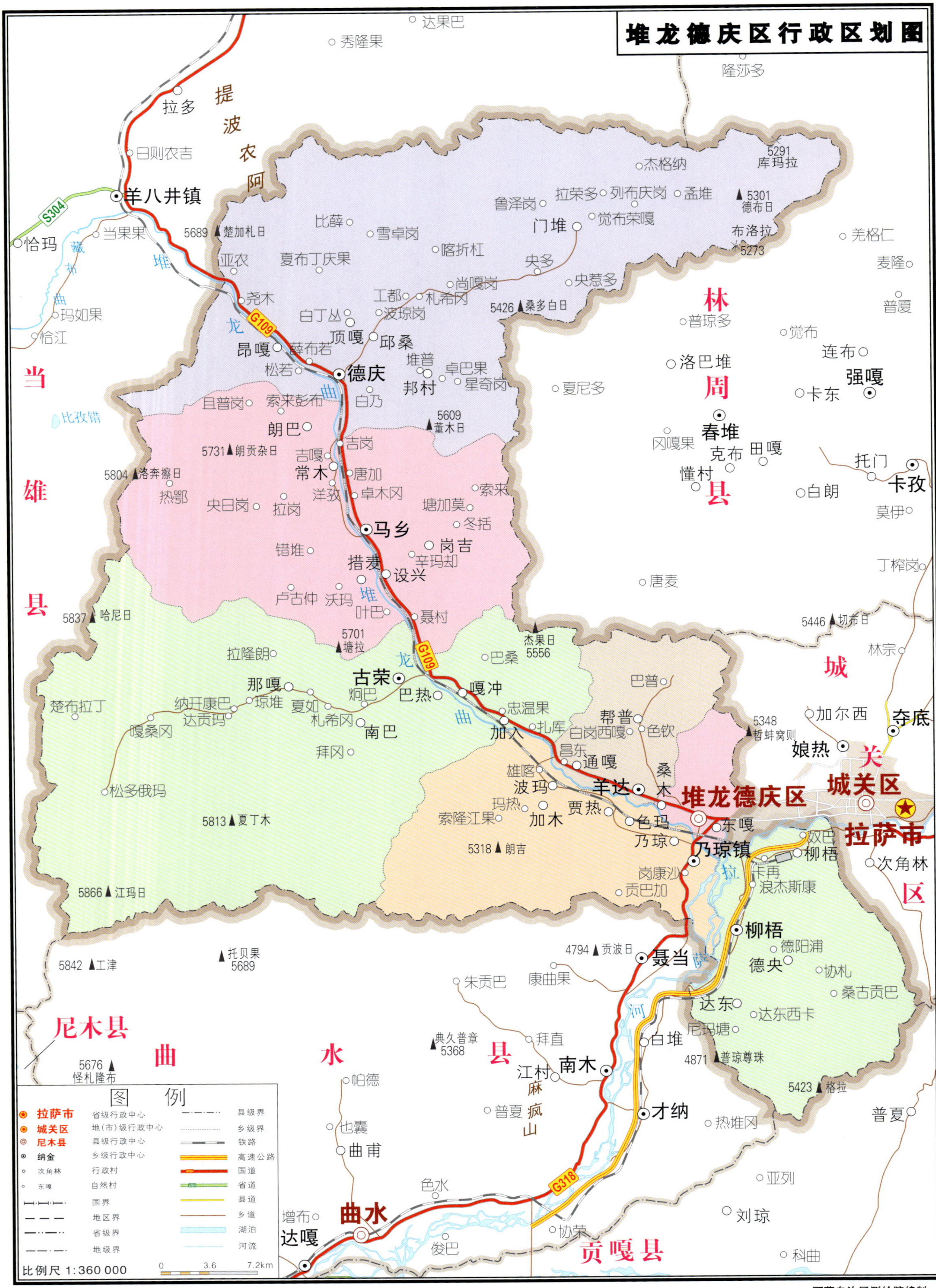

西藏自治区测绘院编制

审图号：藏S（2018）022号

2018年4月16日，北京市委副书记、市长陈吉宁（右八）率北京党政代表团在堆龙德庆区调研援藏工作。西藏自治区党委常委、拉萨市委书记白玛旺堆（左六），拉萨市委副书记、市长、城关区委书记果果（左三），堆龙德庆区委书记格桑平措（右七），区委常务副书记张勇（右六）等陪同。图为陈吉宁在调研期间与西藏自治区、拉萨市、堆龙德庆区党政领导及援藏人员合影留念

2018年5月1日，中华全国总工会书记处书记田辉（前排右三）一行在堆龙德庆区调研工会工作

2018年5月14日，西藏自治区党委书记吴英杰（前排右三）在堆龙德庆区楚布寺调研。自治区党委常委、区政协党组副书记、副主席、区党委统战部部长旦科（前排右四）陪同

2018年7月16日，西藏自治区党委副书记、自治区主席齐扎拉（左一）在堆龙德庆区调研精准扶贫和桑木村易地搬迁安置点建设情况。堆龙德庆区委书记格桑平措（右一），区委副书记、区长杜江（右二）等陪同

2018年1月19日，西藏自治区党委副书记、自治区常务副主席庄严（前排左二）一行在堆龙德庆区考察指导工作。堆龙德庆区委书记格桑平措（左一）等陪同

2018年10月16日，西藏自治区党委常委、组织部部长、区教育工作委员会书记曾万明（左二）带队一行在堆龙德庆区调研抓党建促脱贫攻坚工作

2018年7月2日，西藏自治区党委常委、拉萨市委书记白玛旺堆（中）在堆龙德庆区调研“象雄美朵”生态旅游文化产业园工作。堆龙德庆区委书记格桑平措（左二），区委副书记、区长杜江（左一）等陪同

2018年5月22日，西藏自治区党委常委、拉萨市委书记白玛旺堆（前排右二）在堆龙德庆区楚布寺调研。堆龙德庆区委书记格桑平措（左二）等陪同

2018年4月10日，西藏自治区人大常委会副主任李文汉（前排右四）一行在堆龙德庆区督导检查《中华人民共和国预防未成年人犯罪法》和《西藏自治区实施〈中华人民共和国预防未成年人犯罪法〉办法》贯彻实施情况

2018年8月23日，西藏自治区人大常委会副主任其美仁增（二排左三）在堆龙德庆区调研生态搬迁安置工作。堆龙德庆区委书记格桑平措（二排左二）等陪同

2018年6月20日，西藏自治区人大常委会副主任维色（右三）在堆龙德庆区检查《中华人民共和国大气污染防治法》贯彻实施情况

2018年7月8日，西藏自治区副主席罗梅（右四）一行在堆龙德庆区检查指导卫生计生工作

2018年3月9日，西藏自治区政协副主席高扬（中）一行在堆龙德庆区检查指导安全生产工作。堆龙德庆区委书记格桑平措（左二）等陪同

2018年5月11日，西藏自治区政协副主席王亚蔺（左三）在堆龙德庆区检查指导工作

2018年7月20日，西藏自治区高级人民法院党组书记、院长索达（二排左四）一行在堆龙德庆区人民法院专题调研“用两到三年基本解决执行难”工作

2018年3月14日，拉萨市政协党组书记、主席袁训旺（左一）一行在堆龙德庆区检查指导维稳工作。堆龙德庆区委书记格桑平措（右五）等陪同

2018年9月17日，拉萨市副市长扎西白珍（前排左二)一行在堆龙德庆区调研指导工作。堆龙德庆区委副书记、区长杜江（左一）陪同

2018年8月2日，北京市门头沟区委书记张力兵（左二）率门头沟区代表团在堆龙德庆区对接携手奔小康工作。图为在携手奔小康工作座谈会上，张力兵代表门头沟区委、区政府向堆龙德庆区捐赠援助资金100万元

2018年8月21日，北京市妇联副主席马红萍（前排右五）一行在堆龙德庆区东嘎镇桑木村调研“会改联”试点工作，堆龙德庆区委书记格桑平措（左五）等陪同。图为北京市妇联副主席马红萍与堆龙德庆区委书记格桑平措及相关人员合影留念

2018年2月13日，堆龙德庆区委书记格桑平措（左一）看望慰问老县长才仁多吉（右一）

2018年6月6日，堆龙德庆区委书记格桑平措（右二），区委副书记、区长杜江（右一）一行在德庆乡检查小康安居建设情况

2018年1月20日，堆龙德庆区委副书记、区长杜江（二排右一）代表堆龙德庆区人民政府与中国邮储银行西藏分行签订战略合作协议

2018年1月6日，中共拉萨市堆龙德庆区第二届委员会第二次全体（扩大）会议召开。区委书记格桑平措代表区委常委会作了题为《不忘初心 牢记使命 高举习近平新时代中国特色社会主义思想伟大旗帜 坚决打赢脱贫攻坚战 夯实全面建成小康社会基础》的工作报告

2018年1月7日，政协第二届拉萨市堆龙德庆区委员会第二次会议召开

2018年1月8日，堆龙德庆区第二届人民代表大会第二次会议开幕

2018年4月3日，中国共产党拉萨市堆龙德庆区第二届纪律检查委员会第二次全体会议召开

2018年4月4日，堆龙德庆区召开党建工作会议

2018年6月15日，堆龙德庆区组织召开理论中心组暨“两学一做”学习教育集中学习研讨会，在家全体县级领导、各乡（镇）党委书记、各单位主要负责人共70余人参加会议

2018年1月9日，拉萨市堆龙德庆区监察委员会正式挂牌成立

2018年1月31日，堆龙德庆区举办离退休干部职工喜迎春节、藏历新年座谈会

2018年2月8日，堆龙德庆区四大班子领导在驻地部队开展“三大节日”慰问活动

2018年3月7日，堆龙德庆区马乡马村举行春耕春播仪式

2018年3月12日，堆龙德庆区动员各机关单位、乡（镇）村组，国有企业、社会团体、寺庙僧人等力量大力开展义务植树，累计栽植7.3万余株树苗

2018年3月28日，堆龙德庆区举行大型情景剧“永远跟党走”文艺演出，图为演出结束后区党政领导与全体演职人员合影留念

2018年4月3日，堆龙德庆区举办2018年"春风行动"暨高校毕业生专场招聘会。此次专场招聘会共有各类企业和用工单位50余家，提供有效就业岗位1100余个，进场求职人员达800余人，达成就业意向606人

2018年4月20日，堆龙德庆区第一届全民运动会暨民族体育运动会和第一届残疾人运动会开幕，共有19个代表队900多名参赛队员参加，比赛涉及篮球、足球、田径、拔河等多个项目。

2018年5月3日，拉萨市“讲党恩爱核心、讲团结爱祖国、讲贡献爱家园、讲文明爱生活”群众教育实践活动启动仪式在堆龙德庆区羊达乡通嘎村举行

2018年5月4日，堆龙德庆区召开纪念五四运动99周年暨建团96周年表彰大会。会议表彰了一批工作成绩突出的先进集体和先进个人。获得表彰的“五四红旗团委”“优秀共青团干部”“优秀创业青年”“优秀青年志愿者”分别结合自身经历，和大家分享了奋斗事迹与追梦故事

2018年5月10日，由拉萨市体育局、堆龙德庆区政府主办，堆龙德庆区旅游局、堆龙德庆区吉雄谷旅游文化发展有限公司、西藏鲁德康臧体育文化发展有限公司承办的第四届堆龙德庆区楚布沟自行车越野竞速赛开赛

2018年6月21日，由中共拉萨市委宣传部和中共堆龙德庆区委、区人民政府共同主办的堆龙德庆区现实题材舞台情景剧《幸福新时代》演出晚会在拉萨上演

2018年6月28日，堆龙德庆区“幸福歌声献给党·七一唱响新时代”合唱比赛圆满落幕

2018年7月22日，堆龙德庆区人大常委会组织人大代表在成都大学开展学习培训

2018年9月5日，堆龙德庆区举办“民族团结手拉手·法律护航共成长”青少年模拟法庭活动

2018年10月10日，堆龙德庆区民族团结表彰大会活动现场

2018年10月19日，堆龙德庆区第一期党员政治教育培训班开班

2018年10月25日，东嘎镇召开祥和苑第一届居民委员会居务监督委员会选举大会

2018年10月26—27日，堆龙德庆区举办第三届“宇妥沟藏医药养生”深度体验游活动

2018年10月30日，“美好北汽 与爱同行”——北汽集团与拉萨市一对一爱心帮扶活动捐助仪式在堆龙德庆区举行

2018年11月8日，共青团拉萨市堆龙德庆区第一次代表大会在区财政楼三楼会议室召开。图为区委书记格桑平措（左六）及与会领导同参会代表、列席人员合影留念

2018年12月14日，堆龙德庆区政协组织政协常委、各界别委员代表以及政协办公室工作人员在民族会议室召开庆祝改革开放40周年座谈会

2018年12月27日，堆龙德庆区庆祝改革开放40周年主题晚会暨影响堆龙40名基层人物颁奖典礼在堆龙德庆区文化活动中心举行

旺果节

击牛角

赛牦牛

邦古沟

楚布沟

嘎东沟

加木沟

宇托沟十八罗汉

比谐沟

《拉萨堆龙德庆年鉴》编纂委员会

《拉萨堆龙德庆年鉴》编辑部

编辑说明

一、《拉萨堆龙德庆年鉴》2012年开始编纂，每年出版1卷，2019年卷为第8卷。

二、《拉萨堆龙德庆年鉴》以马克思列宁主义、毛泽东思想、邓小平理论、“三个代表”重要思想、科学发展观、习近平新时代中国特色社会主义思想为指导，坚持辩证唯物主义和历史唯物主义的立场、观点、方法，始终坚持“实事求是、质量第一、存史资政、服务大众”的办鉴宗旨，全面、系统、翔实地记述堆龙德庆区上一年度政治、经济、文化、社会等各项事业的基本情况，为社会各界与国内外人士了解和研究当今堆龙德庆区提供翔实资料。

三、《拉萨堆龙德庆年鉴》分为正文与彩页两部分。正文采取分类编辑法，以类目、分目、条目为主要框架结构，个别包含多方面资料的条目，则在段落间加插楷体标题提示，方便读者查阅全书。

四、《拉萨堆龙德庆年鉴（2019）》载录堆龙德庆区2018年经济社会发展的基本资料，设有特载、综述、大事记、政治、人民团体、军事、法治、经济管理、社会事业、城市建设・环保、交通・通信、金融、乡（镇）概况、附录等内容。

五、《拉萨堆龙德庆年鉴》的编辑宗旨，在于求真务实，力求真实生动地反映堆龙德庆区在改革开放和现代化建设中取得的崭新成就。

六、《拉萨堆龙德庆年鉴（2019）》所提供的内容和数据，分别来自于堆龙德庆区各有关部门和乡（镇）人民政府，经各级领导审核，但由于口径与统计方法不同，恐有不一致之处，使用时应以区统计局提供的数据为准。本书中农田土地面积的计量单位使用“亩”。

目　录

特　载

综　述

大事记

政治

中共堆龙德庆区委员会

中共堆龙德庆区委办公室

堆龙德庆区人民代表大会常务委员会

堆龙德庆区人民代表大会常务委员会办公室

堆龙德庆区人民政府

堆龙德庆区人民政府办公室

中国人民政治协商会议堆龙德庆区委员会

中国人民政治协商会议堆龙德庆区委员会办公室

中共堆龙德庆区纪律检查委员会（监察委员会）

中共堆龙德庆区委组织部

中共堆龙德庆区委宣传部

中共堆龙德庆区委统战部（宗教办）

堆龙德庆区委巡察办

中共堆龙德庆区直属机关工作委员会

中共堆龙德庆区委党校

堆龙德庆区创先争优强基础惠民生活动第七批驻村工作

堆龙德庆区委区政府督查室

堆龙德庆区信访局

堆龙德庆区地方志办公室

人民团体

堆龙德庆区总工会

共青团堆龙德庆区委员会

堆龙德庆区妇女联合会

堆龙德庆区工商业联合会

军　事

堆龙德庆区人民武装部

堆龙德庆区公安消防大队

武警堆龙德庆中队

法　治

中共堆龙德庆区委政法委员会

堆龙德庆区公安局

堆龙德庆区人民检察院

堆龙德庆区人民法院

堆龙德庆区司法局

拉萨市堆龙德庆区综治委铁路护路联防工作领导小组办公室

经济管理

堆龙德庆区发展和改革委员会

堆龙德庆区财政局

堆龙德庆区审计局

拉萨市国土资源局堆龙德庆分局

堆龙德庆区统计局

堆龙德庆区工业和信息化局

堆龙德庆区城市建设投资经营有限责任公司

堆龙德庆区净土产业投资开发有限公司

堆龙德庆区龙跃恒通水电气服务发展有限公司

堆龙德庆区龙腾国有资产投资运营有限公司

堆龙德庆区工业园区管委会

堆龙德庆区安全生产监督管理局

堆龙德庆区税务局

堆龙德庆区工商行政管理局

堆龙德庆区旅游局

社会事业

堆龙德庆区民政局

堆龙德庆区人力资源和社会保障局

堆龙德庆区民族宗教局

堆龙德庆区卫生和计划生育委员会

堆龙德庆区水利局

堆龙德庆区教育(体育)局

堆龙德庆区粮食局

堆龙德庆区中学

城市建设·环保

堆龙德庆区住房和城乡建设局

堆龙德庆区环境保护局

乃琼镇

羊达乡

古荣乡

马乡

德庆乡

柳梧乡

附　　录

特 载

高举习近平新时代中国特色社会主义思想伟大旗帜 坚持以人民为中心的发展思想 奋力推进社会主义现代化建设堆龙新征程

——在中共拉萨市堆龙德庆区第二届委员会第四次全体（扩大）会议上的报告

堆龙德庆区委书记　格桑平措

（2019年1月3日）

各位委员、同志们：

现在，我受区委常委会委托，向全会作报告，请予以审议。

中共拉萨市堆龙德庆区第二届委员会第四次全体会议，是在全区上下奋力实现全面建成小康社会宏伟目标的关键时期召开的一次十分重要的会议。大会的主题是：高举习近平新时代中国特色社会主义思想伟大旗帜，深入学习贯彻党的十九大和十九届二中、三中全会精神，学习贯彻拉萨市委九届四次全会精神，全面践行以人民为中心的发展思想，不忘初心、牢记使命，奋力推进社会主义现代化建设堆龙新征程。

一、众志成城、砥砺前行，经济长足发展和社会长治久安进入新阶段

2018年，面对新时代赋予的新使命，面对各族群众对美好生活的新向往，我们团结带领全区各族干部群众，紧紧围绕发展、稳定、生态三件大事，着力打好三大攻坚战，不断加快拉萨城市副中心、产城融合示范区、城乡统筹先导区建设步伐，有力推动了各项事业取得新成绩、迈出新步伐。

（一）管党治党从严从实。坚持以党的建设统领政治、经济、社会、文化、生态各领域发展，夯实了党在堆龙的执政根基。一是党建工作责任落实有力。分领域、分行业制定党建工作责任清单，坚持县级干部定点联系基层党建工作，分层级开展党建述职评议，压实了党建工作责任。转变党建考核方式，细化指标体系，突出日常考核、强化季度考核、优化年度考核，倒推重点任务落实落地。充分发挥区委常委会“领头雁”作用，全年研究全面从严治党工作22次，研究党建工作40余项，开展集中学习研讨27次。二是政治建设不断加强。坚持用习近平新时代中国特色社会主义思想武装头脑，对5185名党员开展全覆盖政治教育培训，广大党员“两个维护”的思想自觉和行动自觉不断提升、政治定力更加过硬。认真学习党章、尊崇党章、维护党章、遵守党章，始终在政治方向、政治原则、政治道路上同以习近平同志为核心的党中央保持高度一致，广大党员政治立场更加坚定。认真执行新形势下党内政治生活若干准则，严格落实民主集中制，积极健康的党内政治文化得到进一步发展、政治纪律更加严明。支持保障人大依法行使职权和政协依章程开展民主监督，支持“一府两院”深入推进法治建设，打牢最广泛的爱国统一战线，顺利完成区级群团组织换届工作，确保了人民赋予的权力最终为人民服务、民主政治更具活力。三是基层基础不断夯实。新组建4家非公企业党组织，进一步规范学校、医院、寺管会、联户单元及扶贫搬迁点的党组织设置和党建工作，制定加强城市党建工作指导意见，积极探索在东嘎农贸市场等流动党员聚集地筹建党组织。持续巩固基层党组织标准化建设成果，创建村级党组织属地牵头管理和辖区兜底治理模式，实现村级标准化场所办公、教育、活动职能一体化，启动15个偏远自然组活动场所建设。大力提升基层党组织政治功能和服务功能，制定《关于进一步突出政治功能提升村级党组织组织力的实施意见》，建立完善“组长村管、组财村管、组务村管”工作制度，将13类57项公共职能下沉至村级便民服务中心，招聘31名未就业大学生到村工作，积极推行“代跑代办”模式，基层党组织组织力有效提升。不断壮大发展村集体经济，30个行政村集体经济均达100万元以上，其中3个行政村达1000万元以上。四是队伍建设不断优化。着力打造高素质干部队伍，认真落实贫困县区、乡镇党政正职稳定要求，注重从基层一线、维稳一线、脱贫攻坚、急难险重岗位识别任用干部，全年调整任用干部中上述领域干部占62%。着力打造扎根基层的村级队伍，选派了86名第八批驻村干部，开展了5期395人次的新任村干部培训班，储备村级后备干部420名，其中致富能手101名、党员致富能手38名。着力打造先锋党员队伍，严把党员入口，全年发展党员275人、吸收入党积极分子407人，其中农牧民分别占67%和81%。五是正风反腐更加深入。严格执行党风廉政建设责任考核制，深入开展“不作为、慢作为”作风问题专项整治，大力推行村级小微权力清单制度，区委常委会班子成员约谈乡镇领导班子成员和部门负责人实现全覆盖。完成拉萨市试点交叉巡察和对5家区直单位、3个乡镇和3个寺管会的第三、四轮巡察，全面启动脱贫攻坚专项巡察。依法成立监察委员会，选优配强各级监委干部队伍，实现区、乡镇监察体系全覆盖。全年受理核查问题线索34件、立案2件，给予党纪处分3人，诫勉谈话6人。

（二）经济持续健康发展。全年地区生产总值、规模以上工业增加值、全社会固定资产投资、社会消费品零售总额、一般公共预算收入、农村居民人

均可支配收入等主要经济指标继续保持两位数增长。一是发展活力不断激发。完成"十三五"中期评估,进一步优化社会发展各项指标。按照引实体、引强企的工作思路,着力优化全程"保姆式"招商引资服务,引进了西藏领峰国际智慧物流园、30兆瓦高效农业光伏互补电站等一批辐射带动力强的项目,实际到位资金同比增长10%,成为西藏唯一入选"中国营商环境百强区县"的县区。进一步增强6家区属国有企业发展后劲,坚持以健全体制促发展、以优化配置促发展、以扩大市场促发展,国有经济活力和影响力不断提升。着力构建"政府投资+民间投资"的双轮驱动发展模式,全年吸引民间投资5.5亿元。二是产业发展提质增效。进一步提升孵化基地辐射能力,优化"上三乡"净土健康产业园发展定位,增强净土公司产品研发和市场拓展能力,进一步完善"公司+基地+产业园+市场"的发展模式,丰富净土健康产品有效供给,净土健康产业总产值突破2亿元。进一步增强工业园区发展能力,完成B区基础设施建设,盘活A区7宗闲置土地,扎实推进高原食品冷链中心、吉祥哈达等重点项目建设,完成16家企业产能改造,园区工业增加值占全区比重达32.36%。三是文旅融合深入推进。投入资金3.56亿元完成"象雄美朵"生态旅游文化产业园道路、桥梁、民宿等重点项目建设,启动楚布沟、药王谷景区部分基础设施建设。着力发挥"药王故里、藏戏之乡、生态堆龙"文化旅游品牌效益,优化全域旅游与重点景区互融互促的规划体系,开通"一元游堆龙"旅游专线,继续扩大楚布沟山地自行车体验赛、"觉木龙"藏戏文化旅游节等品牌项目的吸引力,近郊旅游热度持续升温。

(三)社会大局和谐稳定。坚持依靠人民、预防为主的工作原则,妥善应对"后达赖"向"达赖后"转变时期的各种风险挑战。一是高位推进维稳防控。持续在深入揭批达赖集团反动本质上下功夫,坚持和完善季度部署、月调度、周研判维稳工作机制,进一步加强情报信息搜集,优化区、乡镇、村三级方案预案,强化应急处突演练,牢牢掌握住了反分裂斗争主动权。二是全面加强社会治理。基本实现"雪亮工程"和全响应指挥体系对重点路段、区域、场所监控全覆盖。充分发挥"护城河"检查站"过滤网"作用,深化"以房管人、以证管人"的"口袋式"流动人口管理机制,严密防范了各类"输入型""潜入型"隐患。深入开展扫黑除恶、打非治乱专项斗争,行政拘留23人,强制退出30辆"黑车",依法打击1起"沙霸",成功打掉1个农村恶势力团伙。三是着力维护公共安全。坚持把社会稳定风险评估作为"前置程序"和"刚性门槛",组建政务服务联合接访中心,妥善化解恒兴工贸征地纠纷等4项重大疑难信访案件。推动交通安全管理职责向村级延伸,"两站两员"成功经验在全自治区推广,安全生产、食品药品、消防、铁路护路等领域均未发生较大以上事故。四是宗教领域持续稳定。寺管会党组织核心作用得到进一步发挥,深入推进"遵行四条标准 争做先进僧尼"主题教育实践活动,累计开展各类活动120余场次,组织60名僧尼赴内地学习参观,广大僧尼"五个认同"感不断增强。依法强化29个煨桑点管理,依法依规关停5个临时宗教活动场所,全年宗教活动参与人次同比下降21.64%。五是维稳根基更加牢固。牢牢掌握意识形态工作领导权,坚持定期研究意识形态领域工作,成立自治区首家县级融媒体中心。以大力弘扬和践行社会主义核心价值观为主线,以突出抓好反分裂斗争、民族团结、新旧西藏对比、"五观""两论"等教育内容为重点,以延伸开展"四讲四爱"群众教育实践活动、深入推进"五有五好"文明村镇创建、创新开展农闲时节群众性文明实践十项活动为抓手,积极引导信教群众把更多精力投入到发展生产、改善生活上来,逐步淡化宗教消极影响,全年开展各类群众性活动达800余场次、受众8万余人次。着力树牢"三个离不开"思想,大力促进各民族交往交流交融,成功创建为全国民族团结进步示范区。

(四)城乡统筹深入实施。立足拉萨城市副中心、城乡统筹先导区的发展定位,促进区域协调发展。一是城镇化建设步伐加快。调整完善《拉萨市堆龙德庆区分区规划》、《新城修建性详细规划》,扎实推进"上三乡"乡域规划和8个村庄规划编制工作,稳妥推进东嘎镇、乃琼镇、羊达乡、柳梧乡撤乡镇设街道前期工作。全面推进堆龙新城建设,在完成一期土地征收的基础上全力加快土地二级开发，积极引进“北大资源·梦想城”项目，投资18.96亿元，扎实推进堆龙新城路网、东嘎时代广场和东嘎小区项目建设，完成堆龙河城区段综合治理工程和水系连通工程前置手续。着力加强城市综合服务管理，全面开展土地私自买卖、城区私搭乱建专项整治，查处涉及违法用地行为1160宗、违章建筑80处，对2起非法买卖土地案件进行立案侦办，依法拆除违规建筑1.1万平方米。二是乡村振兴战略稳步推进。坚持把深入实施乡村振兴战略作为“三农”工作总抓手，制定《关于大力实施以“神圣国土守护者 幸福家园建设者”为主题的乡村振兴战略实施意见》，确定了波玛村、措麦村为首批示范村。坚持把农牧业作为乡村产业发展的基础，稳步推进现代农牧业发展，全年粮食产量稳中有增。扎实开展农村集体资产清产核资，完成羊达乡整乡推进和其它乡镇试点村整村推进工作。申报了8个地理标志产品、11个有机产品和1个有机生产基地，朗孜糌粑、巴热糌粑获批使用“古荣糌粑”地理标志。

（五）民生保障不断改善。牢牢抓住各族群众最关心最直接最现实利益问题，不断满足人民日益增长的美好生活需要。一是脱贫攻坚成效显著。坚持把打好脱贫攻坚战作为实施乡村振兴战略的优先任务，突出内生动力，坚持“志智双扶”，推动“要我脱贫”向“我要脱贫”转变。突出产业脱贫，采取主导产业+扶贫产业+村集体经济的发展模式，带动贫困群众持续增收。突出就业脱贫，基本实现贫困家庭1户至少1人就业，69名贫困大学生全部就业。突出易地搬迁，757户2798名贫困群众实现如期搬迁、搬迁入住率达100%，143名易地搬迁群众子女就近就便上学，顺利实现整体脱贫摘帽。二是教育事业优先发展。注重加强党对教育工作的领导，优化调整辖区小学领导班子，全面实行书记、校长“一肩挑”。注重提升教育教学质量，突出抓好师资队伍建设、创新教学方法、合理设置教学课程、规范教学管理、促进学生全面发展等工作，引进30名紧缺学科专任教师，4项教育课题研究成果荣获“首届西藏基础教育教学成果奖”。注重优化资源布局，积极推进人大附中落地衔接工作，完成7所村级幼儿园建设，加快推进第三幼儿园、第二小学、第二中学规划建设，教育服务承载力进一步加强。三是健康服务明显改善。扎实推进自治区医院项目征地拆迁和区人民医院创“二甲”工作，有序推进分级诊疗，完善优化“先诊疗、后结算”医疗费用支付方式。在全覆盖的基础上，持续完善农牧区基本医疗保险与城乡居民超大额补充医疗保险相结合的保障机制，不断健全三级便捷高效医疗服务体系，年人均基本公共卫生经费提高至65元，畅通婴幼儿住院救治、孕产妇住院分娩绿色通道，大力推行村级家庭医生签约式服务，健康堆龙建设取得新成效。四是创业就业持续深化。扎实推进“双创”示范基地建设，建成并投入使用中小企业服务中心、众创空间和3个小微企业创新创业示范基地，吸引27家创业团队入驻，成功举办“创业英雄汇”初选赛和首届“梦创拉萨·创响堆龙”创业集市。加强大学生就业服务和引导，帮助471名应届毕业生实现就业，就业率达93.8%。深入实施“四业工程”，通过“订单式”技能培训、劳务输出、创业帮扶等措施，实现转移就业1.6万人次，新增就业1489人，实现年度“千人就业”目标。五是社会保障不断健全。全面实施“五险统征”工作，各险种参保率均达100%。持续深化城乡社会救助、临时救助服务体系建设，提高城乡“低保”标准和“五保”供养标准，全年开展临时社会救助、城乡居民医疗救助、“一站式”医疗救助433人次，特困人员供养率达100%。

（六）生态环境保持良好。始终把生态环境承载力作为产业发展、资源开发的先决条件和基本依据。一是严格落实环保责任。大力推行“3+1”工作模式，严格落实领导干部任期生态文明建设责任制、环境保护“一票否决”制和生态环境损害责任终身追究制。持续推进中央环保督察58件转办案件整改工作，实现工业园区污水处理厂挂牌督办顺利销号。全面完成生态保护红线划定工作。全年依法依规追究10名党员干部责任。二是不断加强综合防治。深入开展蓝天保卫战，强化“三线一单”刚性约束，深化扬尘污染治理，全年空气质量优良率达到97.13%。深入开展净水保卫战，大力开展河道综合整治和保护工作，加快推进堆龙河景观工程建设，顺利通过国家水利部“河长制”验收。深入开展净土保卫战，完成2600亩拉萨周边防护林工程、800亩重点区域生态公益林、334亩防沙治沙、6468亩西藏安全生态屏障封山育林项目建设，林业绿化覆盖率稳步提升。成功创建自治区级生态县（区）。三是深入实施农牧区人居环境整治行动。全面消除1851户“无树户”，积极推进“厕所革命”，持续巩固102个农村饮用水源地保护成果。健全四级垃圾转运体系，深入推进马村、措麦村、嘎冲村、波玛村垃圾分类处理试点工作，首创“垃圾兑换超市”。四是持续加大监管力度。建立多部门联动执法机制，全年受理各类群众举报案件60件，办复率、满意率均达100%。严格执行环评网上登记备案、环评预审等制度，“三同时”执行率达100%。依法处罚违规违法企业57家，关闭石材加工厂21家、砂石场和取土点18家、取缔堆煤场5家、搬迁废旧汽车拆解企业1家。

（七）改革开放全面深化。坚定不移向改革要动力、要发展、要红利，着力推动区域合作再上新台阶。一是扎实推进重点领域改革。基本完成农村土地承包经营权、宅基地使用权、集体土地所有权确权登记颁证工作，农村土地“三权分置”稳步推进。加快推进“互联网+政务服务”建设工作，依法公开26家区直单位3442项权责清单，“放管服”改革更加深入。率先完成税务体制改革，逐步建立了“以电子办税为主、自助办税为辅、实体办税为补充”的服务模式，积极支持民泰村镇银行进一步提升服务经济发展的能力和水平，财税体制改革与时俱进。二是不断深化开放交流。扎实推进G6高速、青藏铁路扩能等重点项目建设，基本完成综合保税区征地拆迁。持续深化组团式援藏工作机制和“请进来、走出去”援藏工作模式，主动加强与北京市朝阳区、海淀区、门头沟区的交流合作，达成了在教育、医疗、科技、金融、社区共建、沟域经济开发等领域深度合作，全年选派5批、173名干部赴北京对口援藏单位学习培训或跟岗交流，共争取援藏资金9400万元，实施援藏项目3个。三是广泛宣传改革开放成果。推出“发展・看堆龙”——纪念改革开放40周年系列活动主题网页，精心开展纪念改革开放40周年系列活动，编创《幸福新时代》情景剧，发挥典型示范引领作用，评选出乡村十大发展之星和30名影响堆龙基层人物，策划制作了人物微视频和故事画册，汇聚起争做“神圣国土守护者、幸福家园建设者”的强大合力。

这些成绩的取得，离不开以习近平同志为核心的党中央的亲切关怀，离不开区市党委的坚强领导，离不开北京市的无私援助，离不开四套班子的精诚团结，更离不开全区各族干部群众的团结拼搏。在此，我代表区委向所有参与支持堆龙改革发展稳定的广大干部群众和社会各界人士表示衷心的感谢并致以崇高的敬意！

同志们，成绩值得肯定，但也必须清醒地看到我们的工作还存在一些不足：一是全面从严管党治党任重道远，党组织组织力提升还不到位，城市党建、“两新”党组织建设与新时代党的建设新任务新要求还有较大差距。二是维护社会稳定形势复杂严峻，应对“后达赖”向“达赖后”转变时期各种风险挑战的准备还不充分，宗教消极影响短期内难以消除，在城市化、城镇化进程中社会矛盾和问题交织叠加，教育群众、发动群众、依靠群众的工作体制还不完备，法治体系和治理能力有待加强。三是产业发展效益还没有达到高质量要求，辐射带动力强的龙头企业少，实体经济底子薄、规模小，对市场的有效供给不足；城乡区域间发展不平衡不充分，乡村集体经济薄弱，农牧民收入渠道单一，自我造血、自我发展的能力还有待进一步提高。四是公共服务水平与群众期盼还存在差距，城乡道路、垃圾污水处理等基础设施建设历史欠账多，就业、教育、医疗、住房、养老等基本公共服务体系还有不少短板。五是发展环境仍需进一步优化，服务发展、服务基层的意识有待进一步增强，干部队伍素质还不适应新时代新要求。

二、凝心聚力、攻坚克难，切实以习近平新时代中国特色社会主义思想引领新征程

2019年是新中国成立70周年、西藏民主改革60周年，是贯彻落实党的十九大精神、全面建成小康社会的关键之年。全区上下务必要始终以习近平新时代中国特色社会主义思想为指导，全面贯彻党的十九大和十九届二中、三中全会精神，坚持“五位

一体”总体布局和“四个全面”战略布局，坚持稳中求进、进中求好、补齐短板工作总基调，以供给侧结构性改革为主线，以正确处理“十三对关系”为根本方法，把党要管党、从严治党作为推进工作的重要保障，把人民对美好生活的向往作为我们的奋斗目标，持续抓好发展、稳定、生态三件大事，继续打好三大攻坚战，大力实施乡村振兴战略，充分发挥拉萨“一心两翼”城市发展格局中堆龙“西翼”作用，加快建设拉萨城市副中心、产城融合示范区、城乡统筹先导区，切实为全面建成小康社会收官打下决定性基础。

2019年奋斗目标是：奋力推动全区改革发展稳定各项事业持续健康发展。在深化改革上，要顺应历史潮流，坚持纵深推进，做到实事求是、善作善成，确保改革行稳致远。在维护稳定上，要牢牢把握西藏各族人民同以达赖集团为代表的分裂势力之间的特殊矛盾，确保实现“三无”“三不出”。在推动发展上，要确保经济综合实力稳居全市前列，实现地区生产总值增长10.5%；一般公共预算收入增长7%；全社会固定资产投资总额增长10.5%；规模以上工业增加值增长14%；社会消费品零售总额增长14%；农村居民人均可支配收入增长13.5%的总目标。

贯彻总体要求、实现奋斗目标，必须做好以下五个方面工作。

（一）坚决贯彻新发展理念，着力建设高质量产业体系

坚持把产业发展重点放在实体经济上，推动经济高质量发展。一是推动净土健康产业迈上新台阶。进一步提升净土健康产业园经营效益，动态调整种植规模，扩大高品质、高附加值和反季节、赶时令的农产品种植比例，提升净土健康产品有效供给。以打造有机蔬菜瓜果、青稞绿色食品、高原奶业、食用菌及藏药材和建设“万户百场十中心”等为重点，推进净土健康产业规模化、集聚化发展，做精净土健康产业。深入实施农牧业绿色品牌战略，继续扩大“三品一标”农产品认证范围，试点实施农产品质量安全可溯源信息查询工作。鼓励农牧民合作社进行整合重组，扶持一批以家庭农场、观光生态农牧业为主的新型经营主体，促动农牧民群众结成自我发展共同体。发挥净土公司引领作用，加强产品研发，扩大线上线下销售范围，做强“堆龙净土”品牌。二是推动文化旅游产业开启新篇章。继续以“象雄美朵”生态旅游文化产业园、楚布沟、宇拓沟等重点区域为着力点，进一步加强文化旅游产业重点基地建设。继续扶持休闲林卡等乡村旅游发展，着手启动一批乡村旅游示范点规划建设工作，探索实施以“德吉藏家”为代表的民宿旅游试点建设，打造农牧民群众新的增收点。以节假日休闲需求为导向，把定制化旅游服务与“一元游堆龙”旅游专线结合起来，持续提升我区近郊休闲旅游的影响力和竞争力。以药王谷养生深度体验游、“觉木龙”藏戏文化旅游节等已有品牌为主体，探索构建文化体验、休闲旅游、产品销售为一体的产业链。三是推动园区绿色工业得到新提升。扩大绿色工业规模效应、聚集效应和扩散效应，推动工业园区经济结构调整和产业转型发展，继续盘活闲置土地，进一步完善园区配套基础设施建设，持续强化钢材物流集散交易中心、工程机械商贸城等具有较强集散能力专业市场的运营管理，不断优化市场供给。持续抓好园区企业脱虚向实，围绕民族手工业、高原健康产业、食品深加工业、藏药材研发业等重点产业，持续引进信誉好、实力强的企业，推动更多实体经济落地发展，全面提升产业发展竞争力。四是推动现代服务业取得新突破。充分利用“双创”平台，加快服务性产业发展，鼓励支持咨询、会计、结算、律师等中介服务企业落户堆龙。依托京东等知名电商平台，探索建立广辐射、能带动、促增收的电子商务服务中心。全力推进领峰国际智慧物流园等重点项目建设，加快推进物流网络基础设施建设，努力构建点线面结合的商贸物流产业聚集区。

（二）坚决维护国家安全，着力推进社会长治久安

牢固树立稳定压倒一切思想，扎实履行维稳第一责任，推动社会治理由“要我稳定”向“我要稳定”转变。一是持续深化反分裂斗争。要坚决贯彻中央对达赖集团的斗争方针，深入揭批达赖集团的反动本质，教育引导各族干部群众自觉与达赖集团划清界限，牢牢掌握斗争主动权。要下好先手棋、打好主动仗，严密防范各类风险隐患，依法严厉打击分裂国家、破坏民族团结的反动宣传活动、聚集闹

事活动、暴力恐怖活动、煽动自焚活动，深入开展反渗透、反分裂斗争。二是不断创新完善社会治理。要健全完善社会治安防控体系，充分发挥基层群防群治力量，推动网格化脱虚向实，形成问题联治、工作联动、平安联创的局面。要进一步增强“雪亮工程”和全响应指挥系统功能，有力扩大监管覆盖面，全面提升社会治理技防水平，依法打击各类违法犯罪活动，不断促进社会公平正义，形成有效的社会治理、良好的社会秩序。要学习借鉴新时代“枫桥经验”，健全完善矛盾纠纷多元化解机制，有效防范化解和管控各类风险。要贯彻落实好《中国共产党政法工作条例》，按照政治过硬、业务过硬、素质过硬、纪律过硬、作风过硬的要求，努力建设一支信念坚定、执法为民、敢于担当、清正廉洁的政法队伍。三是全面深化公共安全管理。要牢固树立安全发展理念，坚决预防发生较大以上安全生产事故。要强化交通安全管理，巩固深化“两站两员”成功经验。要进一步强化食品药品监管工作力度，确保食品药品领域绝对安全。要强化消防安全监管，逐步扩大辖区有寺有僧寺庙、乡镇、学校、村组微型消防站建设覆盖面，坚决防止亡人火灾事故发生。四是依法加强宗教事务管理。要持续深化“遵行四条标准 争做先进僧尼”教育实践活动，教育引导寺庙僧尼做爱国爱教的好公民，教育引导信教群众追求今生、过好当下幸福生活，逐步淡化宗教消极影响。要压实属地责任和分包责任，严守“三个不增加”底线，加强社会流动从事宗教活动人员服务管理，不断巩固临时宗教活动场所整治成果。要深化落实好一系列利寺惠僧政策，持续加强统战民宗部门和寺管会党组织建设，坚持和完善属地管理、落实在村、规范到点的工作格局。

（三）坚持以人民为中心，着力提升人民群众幸福感

坚持顺应民心、尊重民意，感知群众冷暖，关注群众需求，反映群众心声，回应群众关切，不断在发展中补齐民生短板。一是统筹推进城乡协调发展。加快城镇化发展步伐。着力推进堆龙新城市政道路及其配套设施建设，推进新城学校、医院、公园等配套公共服务设施建设，全力打造生态宜居、和谐文明城市。坚持优势互补、错位发展，综合统筹功能定位、文化特色、资源禀赋等因素，形成以东嘎新区总体引领和“上三乡”特色城镇加快发展的城镇化发展大格局。深入实施乡村振兴战略。要聚焦规划引领，编制完成乡村振兴“1+6”工作方案，全面启动第二批村庄规划编制工作，巩固提升第一批示范村建设成果，完成德庆村、嘎冲村、马村等第二批示范村建设。聚焦产业兴旺，扎实推进农业现代化建设，鼓励土地大规模流转，促进传统农业提质增效，推动农村一二三产业融合发展。聚焦生态宜居，大力实施乡村人居环境整治，做好垃圾污水处理、厕所革命、村容村貌提升，不断优化整村环境。聚焦乡风文明，进一步加强城乡居民社会主义思想道德建设，教育引导广大群众摆脱落后观念、克服陈规陋习。聚焦治理有效，建立健全现代乡村社会治理体系，不断提升乡村治理水平。聚焦生活富裕，着力壮大农牧区集体经济，培育壮大新型经营主体，促进就业创业，不断提升农牧民群众生活水平。二是巩固提升脱贫成效。要紧紧围绕“两不愁、三保障”目标要求，深入实施巩固提升脱贫成效三年行动计划，坚持队伍不散、政策不变、力度不减，充分发挥主导产业、扶贫产业、村集体经济的带动作用，积极促进有劳动能力的贫困群众和低收入群体更加主动的融入城市化、城镇化进程，融入产业发展，实现就近就便就业增收。动态调整就业激励、教育奖励、医疗补助等政策，确保兜底贫困户持续脱贫、低收入群体保障到位。三是优先发展教育事业。要认真落实总书记关于“培养什么样的人、怎样培养人、为谁培养人”的重要指示，全面贯彻党的教育方针，坚持社会主义办学方向，以凝聚人心、完善人格、开发人力、培养人才、造福人民为工作目标，着力培养德智体美劳全面发展的社会主义建设者和接班人，办好人民满意的堆龙教育。要抓质量促内涵，持续扩大学前双语教育资源，提供普惠性公益性服务，持续推动“五个100%”教育目标任务落实；要抓公平促内涵，合理配置教育资源，优化结构布局，不断改善办学条件，均衡配置硬件资源，合理配置教师资源，不断提高教育教学水平；要抓队伍促内涵，围绕“有理想信念、有道德情操、有扎

实知识、有仁爱之心”的好老师标准，弘扬尊师重教的社会风尚，努力提高教师政治地位、社会地位、职业地位，让广大教师享有应有的社会声望，在教书育人岗位上为党和人民事业做出新的更大的贡献。四是千方百计扩大就业。要坚持就业优先战略和积极就业政策，以高校毕业生、困难群体、富余劳动力为重点，以市场为导向，强化就业观念引导，继续实施年度新增“千人就业”计划，巩固“动态消除零就业家庭”和“大学生就业动态清零”成果，确保应届高校毕业生就业率保持在90%以上。要以实施创新驱动发展为引领，深入开展“大众创业、万众创新”，坚持发展产业增就业、加强培训促就业，鼓励和支持农牧民到城镇和企业就业。五是全面建设健康堆龙。要全力保障自治区医院建设，推动区人民医院“二甲”综合医院创建取得重要阶段性成果。要提升三级医疗卫生服务能力，建立完善以“慢病防治＋家庭医生”为核心的健康管理体系，构建防治养一体化格局。要推动藏药材种植与藏药加工、藏医养生深度融合，着力培育藏医药产业。大力倡导健康生活方式，提倡全民健身，完善全民健身公共服务体系，持续推动公共场所体育设施免费开放，加快体育与旅游、文化融合。六是不断完善社会保障体系。要严格落实覆盖城乡居民的基本养老、医疗、失业、工伤、生育等保险制度。要创新社会保障机制，完善城乡社会救助体系，健全社会福利、慈善事业、优抚安置等制度。要加大低保户、五保户、孤儿等弱势群体的保障力度，完善应保尽保、应补尽补、应退尽退机制。全力保障妇女儿童及老年人合法权益，健全扶残助残服务体系，支持发展残疾人事业。

（四）坚持人与自然和谐共生，着力推进美丽堆龙建设

积极回应人民群众迫切需求，着力让堆龙天更蓝、山更绿、水更清。一是严格落实环保责任。要把好环境准入关，严肃查处、清理辖区内建设项目“未批先建”“未验先投”“批建不符”等违法违规行为。要进一步加强中央环保督察反馈问题整改，力争完成长期整改案件销号工作，防止问题反弹，积极做好第二次中央环保督察各项准备工作。要全面完成全国第二次污染源普查工作，深度推广垃圾分类处理，促进生活垃圾可循环利用。要进一步加大生态创建力度，努力实现自治区级生态村、生态乡镇、生态区全覆盖。二是大力整治突出环境问题。要紧盯群众反映突出的环境问题，持续开展河道环境整治行动，加快整顿“散乱污”企业，从源头上解决城市环境脏、乱、差等问题。要以城镇、国道沿线、工业园区等重点区域治理和扬尘、机动车管控等为重点，开展综合整治行动，下大力气淘汰燃煤等高污染能源。要加快推动城区水系连通工程和堆龙河两岸综合治理工程，补齐水环境治理体系短板。三是建立健全生态保护制度。要规范开采审批制度，强化非金属矿业权设置工作，重点打击非法开采、违法生产经营等行为，有效遏制河道非法采砂、非法堆砂行为。要建立山水林田湖草生态治理制度，有序推进矿山生态恢复，加强水土流失综合治理，继续实施草原生态保护补助奖励政策，全力推动植树造林“上山下沟”，努力构建生态安全屏障。

（五）坚定不移走改革开放道路，着力激发可持续发展动力

改革开放是党和人民大踏步赶上时代的重要法宝，我们必须毫不动摇地把改革开放事业继续推向前进。一是坚持正确的改革方向。我们必须坚持以习近平新时代中国特色社会主义思想和党的十九大精神为指导，正确处理改革发展稳定关系，切实以抓铁有痕、踏石留印的韧劲，以钉钉子精神抓好落实，确保各项重大改革举措落到实处。二是完善配套的改革体系。我们必须推进经济体制改革，落实好重大改革部署，充分发挥市场在资源配置中的决定性作用，更好发挥政府作用，激发各类市场主体活力。推进农村集体产权制度改革，扎实推进“三权分置”。推进民主法治改革，切实用制度体系保证人民当家作主。推进文化领域改革，实现举旗帜、聚民心、育新人、兴文化、展形象的目标。推进社会治理改革，不断促进社会公平正义，保持社会安定有序。推进生态文明体制改革，建立健全最严格的生态环境保护制度体系。推进党政机构改革，努力实现机构设置与全区经济社会发展相适应。三是持续深化开放交流。我们必须主动对接“一带一路”战略，全力助推拉萨综合物流保税园区建

设，全方位提升开放型经济水平，打造对外开放新高地。要优化物流园区功能布局，充分发挥物流集散中心的区位优势，全面提升对自治区内外的开放水平。要深化组团式援藏工作机制，进一步提升在经济贸易、文化旅游等领域的深层次交流水平，让开放交流的红利更多惠及各族群众。

三、从严治党、巩固地位，切实为各项工作开展提供坚强保障

坚持和加强党的全面领导，坚持党要管党、全面从严治党，以加强党的长期执政能力建设、先进性建设和纯洁性建设为主线，以党的政治建设为统领，以坚定理想信念宗旨为根基，确保各级党组织和广大党员始终坚决维护习近平总书记的核心地位，坚决维护党中央权威和集中统一领导，坚定执行党的政治路线，严守政治纪律和政治规矩，自觉在思想上政治上行动上同以习近平同志为核心的党中央保持高度一致，切实把党建设得更加坚强、更加有力。

（一）始终把"两个维护"作为根本政治任务。全区各级党组织要始终坚持用习近平新时代中国特色社会主义思想武装头脑、指导实践、推动工作，深入推进"两学一做"学习教育常态化制度化，持续开展"做合格党员、当先锋模范"教育，广泛建设"新时代讲习所"，引导广大党员干部始终把习近平新时代中国特色社会主义思想作为强大精神支柱，进一步树牢"四个意识"，坚定"四个自信"，坚决做到"两个维护"，坚决执行党的政治路线，严格遵守政治纪律和政治规矩，始终在政治立场、政治方向、政治原则、政治道路上同以习近平同志为核心的党中央保持高度一致，不折不扣地贯彻落实好区市党委各项决策部署。

（二）不断夯实基层基础。进一步完善"横向到边、纵向到底"的责任体系，建立党组织书记向上级党（工）委、党组书记季度汇报制度，推行基层党组织书记承诺制，落实选拔任用干部看党建实施办法，深化基层党建考核并将考核结果充分运用到评先选优、选拔任用中。扎实推进城市党建，做强街道、做优社区，健全完善三级联动体系，实现党建工作对网格的全面覆盖，以党建引领基层治理、服务城市发展。继续完善党建工作分领域顶层设计，围绕区域融合、资源整合、条块结合、多方联合的思路，做实做细"两新"党建，优化行业系统党工委设置，确保党的领导始终贯穿于农牧区、城市、机关、企业等各领域。着力加强党对民主政治的集中统一领导，全力支持人大依法行使职权，全力支持政府加强法治建设，全力支持政协依章程履行职能，全力支持法院、检察院立足本职开展工作、发挥作用。持续加强党对群团工作的组织领导，推动群团组织自我革新，增强群团组织政治性、先进性、群众性、服务性，提升群团组织围绕中心任务团结动员群众的工作本领，发挥好群团组织在广大青年、妇女、职工中的优势和作用，最广泛地把群众动员好、组织好、引领好。

（三）大力提升基层党组织组织力。要以提升群众凝聚力为基础，继续优化村级便民服务中心"代办代跑"制度，继续推进便民服务职能下沉，深入践行党的群众路线，加强党员志愿服务队建设，引领群众感党恩、听党话、跟党走，厚植党的执政基础。要以提升社会号召力为抓手，健全党组织领导下的村民自治机制、民主协商机制、群团带动机制、社会参与机制，着重抓好村党组织第一书记队伍建设，发挥好下沉干部和村（居）两委班子的作用，促使基层干部始终成为群众的知心人、贴心人。要以提升组织辐射力为依托，深入推进把"支部建在联上"的工作模式，细化联户单元基层组织职责和功能，在不断扩大基层党组织覆盖面的基础上，着力把联户单位打造为党员培养阵地、政策宣传阵地、群众服务阵地。要以提升自我革新力为保证，认真学习贯彻《中国共产党支部工作条例》，创新落实"三会一课"、组织生活会、党员民主评议、谈心谈话等制度，加强党支部标准化、规范化建设，强化党员发展教育，努力把基层党组织建成遇事不糊涂，关键时刻起作用的坚强战斗堡垒，全面提升基层党组织组织力。

（四）深入推进干部工作体系化工程。健全完善素质培养体系，引导干部有针对性地补短板、强弱项，着重培养专业能力、专业精神，优化成长路径，探索建立干部轮岗交流办法。健全完善精准识别体系，强化对干部政治忠诚、政治定力、政治担当、政治能

力、政治自律情况的考察，探索建立党政领导干部考核工作办法和差异化考核指标体系。健全完善选拔任用体系，牢固树立重德行、重素质、重基层、重实绩、重民意的选人用人导向，探索建立干部定性评价分类机制，推动干部岗位业绩评价常态化规范化，做到干部能上能下。健全完善正向激励体系，制定进一步激励广大党员新时代新担当新作为的实施意见，探索党内监督、党外监督和群众监督有机结合的手段方法，加大干部关心关爱力度，旗帜鲜明地为想干事、能干事、干实事的干部鼓劲撑腰。

（五）坚持把作风建设摆在突出位置。大力弘扬担当作为的优良作风，把贯彻落实党中央、区市党委和区委决策部署及不及时、到不到位作为检验干部党性、衡量干部能力、体现干部水平的重要标准，大力整治不作为、假作为、慢作为、乱作为和“表态多调门高、行动少落实差”等现象，在全区上下营造出大抓落实、真抓落实、狠抓落实的工作氛围。大力弘扬为民服务的优良作风，引导全区广大党员始终坚持人民立场，抓实做细事关群众利益的每项工作。大力弘扬“深实精真”的优良作风，坚持问题导向，集中力量整治文山会海、重痕不重绩、留迹不留心等形式主义、官僚主义突出问题，坚决纠正虚滑漂浮、弄虚作假、敷衍应付等行为，统筹规范督查检查考核工作，让广大党员干部放开手脚，深入实践建功立业。大力弘扬清正廉洁的优良作风，锲而不舍落实中央八项规定及其实施细则精神，贯彻落实“三个牢固树立”要求，坚决反对“四风”，营造风清气正的良好政治生态。

（六）巩固发展反腐败斗争压倒性胜利。加强制度建设，狠抓制度落实，形成用制度管权、管事、管人的长效机制，引导广大党员干部养成尊崇制度、遵守制度、捍卫制度的良好习惯，扎牢不敢腐的笼子。坚持惩前毖后、治病救人，深化运用监督执纪“四种形态”，健全完善“三不”机制，扎实推进正面示范教育和负面警示教育，让铁的纪律成为党员干部日常习惯和自觉遵循，增强不敢腐的自觉。坚持无禁区、全覆盖、零容忍，坚持重遏制、强高压、长震慑，特别是要以整治群众身边的腐败和作风问题为重点，收拢五指、重拳出击，坚决查处“小官大贪”、侵吞挪用扶贫专项资金、截留套取惠农资金、村组干部侵害群众利益等腐败案件，强化不敢腐的震慑。坚持深化巡察监督，保质保量完成2轮常规巡察任务，确保全年覆盖率达到区委巡察总目标的30%以上。

（七）着力加强常委会自身建设。区委常委会要充分发挥总揽全局、协调各方的领导核心作用，按照总书记提出的“八种本领”要求，不断提高执政能力和领导水平，做以上率下、示范带动各级党组织从严管党治党、推动科学发展、促进社会和谐、服务人民群众的“领头雁”。做学思践悟的表率，坚持把习近平新时代中国特色社会主义思想作为武装头脑的重中之重，继续在学懂弄通做实上下功夫，确保学出忠诚、学出信仰、学出担当、学出本领、学出责任、学出干劲、学出廉洁，切实转化为推动堆龙经济长足发展和社会长治久安的强大动力。做“两个维护”的表率，把对党忠诚、信念坚定放在最高位置，在党爱党、在党言党、在党忧党、在党为党，切实做到坚定不移跟党走。做遵规守纪的表率，始终以《中国共产党地方委员会工作条例》为准绳，坚决贯彻落实区市党委和区委的各项决策部署，带头执行民主集中制，切实做到依法用权、公正用权、阳光用权。做担当有为的表率，坚持冲在前、干在前，主动挑最重的担子，主动啃最硬的骨头，切实做到雷厉风行、说办就办、锲而不舍、紧盯不放。做为民务实的表率，坚持把执政为民要求融入到思想情感里、体现在政策措施上、落实到具体工作中，切实把各族群众团结在党的周围。做清正廉洁的表率，带头严肃党内政治生活，践行“三严三实”要求，守住底线、不踩红线，切实以自己的清正廉洁，规范党风、带动政风、促进民风，进一步巩固和发展和谐共事、同心干事、合力成事的良好局面。

同志们，扬帆奋进新时代、同心共创新辉煌。让我们更加紧密地团结在以习近平同志为核心的党中央周围，高举习近平新时代中国特色社会主义思想伟大旗帜，在区市党委的坚强领导下，不忘初心、砥砺前行，勠力同心、携手共进，切实以堆龙经济长足发展和社会长治久安的新成绩，向各族人民群众交上一份满意的答卷，向中华人民共和国成立70周年和西藏民主改革60周年献礼！

政府工作报告

——在堆龙德庆区第二届人民代表大会第三次会议上

堆龙德庆区委副书记、人民政府区长 杜 江

（2019年1月16日）

2018年工作回顾

过去的一年，在以习近平同志为核心的党中央亲切关怀下，在区市党委、政府和堆龙德庆区委的坚强领导下，在北京市的无私援助下，区政府紧密团结和紧紧依靠全区各族干部群众，坚持以习近平新时代中国特色社会主义思想为指导，牢固树立和贯彻新发展理念，正确处理好“十三对关系”，较好地完成了堆龙德庆区二届二次全委会、二届人大二次会议确定的各项目标任务，有力推动各项事业取得新进展。全年完成地区生产总值33.13亿元，同比增长10.2%；全社会固定资产投资、规模以上工业增加值分别同比增长19.3%、48%；社会消费品零售总额达到11.76亿元，同比增长14.2%；一般公共预算收入达到14.56亿元，同比增长21.97%；农村居民人均可支配收入达到15500元，同比增长11.06%。

一、加快产业转型升级，经济发展质量明显增强

现代农牧业提质增效。兑现农机购置补贴427.86万元，发放农机具573台，农牧民群众机耕率达90%以上。全年农作物播种面积7.5万亩，主要农作物良种覆盖率达100%，农作物有害生物灾害损失率控制在3%以内。落实良种推广面积4.66万亩、高标准土地深松作业0.8万亩、高产创建示范田4.5万亩、测土配方示范田6.5万亩、良种繁育田0.41万亩，青稞平均产量提高5公斤/亩，实现粮食总产量2.2万吨。完成基本草原划定236.67万亩，年末牲畜存栏11.65万头（只、匹），出栏数4.147万头（只、匹），牲畜出栏率35.6%、仔畜成活率97.3%、成畜死亡率控制在1.1%以内。专业合作组织发展壮大到145家，带动5860户农牧民群众实现增收。16家合作社被评为拉萨市“百家示范社”、3家合作

社被评为国家级示范社。“万户百场十中心”、高效日光温室、高原特色食品深加工基地（冷链中心）等重点项目稳步推进，净土健康产业总产值成功突破2亿元。

工业经济动力强劲。加快工业园区A区转型升级，盘活7宗闲置土地，3宗土地实现有效对接。完成B区基础设施建设总工程量的87%，不断提升园区承载力。有序实施领峰国际智慧物流园、吉祥哈达生产线等重点建设项目，入园企业达到54家，园区工业增加值占全区比重提高到32.36%。完成16家涉及使用燃煤锅炉企业产能改造，稳步推进高争建材股份有限公司第六期技改等项目建设，建成并投入试运营园区污水处理厂，加快推动工业企业更高质量绿色发展。新增规模以上工业企业2家，全年实现工业总产值45.76亿元，同比增长50.26%；工业增加值预计达到21.6亿元，同比增长54.72%；工业税收预计达到4亿元，同比增长34.16%。建立完善“保姆式”招商服务机制，招商引资实际到位资金预计达到25.3亿元，同比增长14.9%。

现代服务业蓬勃发展。成功推出“一元游堆龙”优惠政策，有序实施“药王故里、藏戏之乡、生态堆龙”旅游品牌建设。“象雄美朵”生态旅游文化产业园基础设施建设初具雏形，为全面开展招商引资、推动园区整体开发打下坚实基础。“德吉藏家”精品民宿、楚布沟自行车体验赛、藏医药养生深度体验游、觉木龙派藏戏文化旅游节、糌粑旅游文化节、帮普沟沐浴文化节等文化旅游推介活动成果丰硕。以楚布沟沿线度假林卡为代表的乡村旅游呈现良好发展态势。全年预计接待旅游人数143.31万人次，实现旅游总收入4554.43万元。新增规模以上服务业企业1家、达到4家，新增规模以下服务业企业12家、达到25家。拉萨综合保税区等国家战略性重点项目加快推进，钢材物流集散交易中心、工程机械商贸城等综合性商贸市场投入运营，东嘎批发市场被评定为市级商贸集聚区。羊达现代农业设施园与5家快递公司合作成立“羊达便民快递超市”，初步实现特色农产品快捷高效的推广与销售。

二、加强城乡融合发展，经济发展根基不断夯实

城乡发展目标更加明确。研究出台《堆龙德庆区关于大力实施以“神圣国土守护者 幸福家园建设者”为主题的乡村振兴战略实施意见》，编制完成《〈堆龙德庆区国民经济和社会发展第十三个五年规划纲要〉中期评估报告》。完成《拉萨市堆龙德庆区分区规划》《拉萨市堆龙新城修建性详细规划》编制及报批工作，启动实施《“上三乡”小城镇规划》报批工作，承接补充拉萨中心城市功能、现代化特色新城的规划布局基本形成，依托德庆乡藏药资源打造康养小镇、马乡交通资源打造物流小镇、古荣乡旅游资源打造休闲小镇的发展定位更加明确。

基础设施建设日趋完备。投入58亿元，有序实施115个基本建设项目，城乡基础设施建设明显加强。乡村公交运营良好，在补充完善市公交线路的基础上，实现30个行政村“一元通”公交线路全覆盖。国道109线那曲至拉萨（堆龙段）控制性工程完成总工程量的78%。加快推进南嘎村嘎东牧组等3条农村公路建设，持续改善城乡交通条件。完成150套小康安居工程以及318国道、109国道沿线风貌整治工程建设。加强绿色能源开发应用，开工建设古荣乡40兆瓦农光互补项目、西藏沛德堆龙德庆30兆瓦牧光互补复合并网发电项目。完成工业园区自来水厂升级改造，日均供水量达到5760吨。投入5241.3万元，启动实施通讯网络建设项目28个、学校宽带改扩建项目9个，新增宽带用户5101户。投入1298万元，启动实施68座无线基站建设，稳步提升4G通信网络覆盖面。

三、统筹推进三大攻坚，经济发展基础更加牢固

防范化解重大风险。新增全市首家民泰村镇银行，辖区金融机构达到3家，年末存款余额53.57亿元。加快构建符合堆龙实际的金融服务体系，信贷放款15.39亿元，有效缓解中小微企业、“三农”融资难问题。深入推进社会信用体系建设，将103名个人、63家企业法人纳入失信人员名单，限制其高消费行为。坚持把有效防范和化解政府债务和政府隐性债务风险作为重点项目建设管理的首要政治要求，健全财政管理制度，严格项目审批程序，初步实现政府债务零增长。深入开展土地私自买卖、私搭乱建专项整治行动，设立24小时专项举报电话，拆除工商资本领域非法建筑29宗，对2起非

法买卖土地行为进行立案侦办。

脱贫攻坚初战告捷。实现1262户4387人建档立卡贫困群众全部脱贫，群众满意度达99.36%，顺利通过国家脱贫摘帽考核验收。规划建设的71个产业扶贫项目，完工42个、正在建设29个，为贫困群众分红485.7万元、提供就业岗位1186个。1843名有劳动能力的贫困群众，实现就业1476人。承接那曲市尼玛县荣玛乡高海拔生态搬迁262户1102人，完成我区757户2798人、当雄县550户2326人易地扶贫搬迁。兑现教育扶贫资助金250人次236.18万元、医疗扶贫救助金2329人次769.23万元、低保资金1277人次169.26万元。完成31个扶贫产业项目融资贷款2.6亿元，帮助6家企业（合作社）实施精准扶贫贴息贷款6000万元，为46户建档立卡贫困群众实施扶贫贷款206.5万元。大力推行县级干部包村发展集体经济责任制，行政村集体经济年收入全部达到100万元以上。

污染防治成效显著。启动实施第二次全国污染源普查工作，完成生态保护红线划定工作。持续强化农业源污染防治，划定畜禽养殖禁养区20.77万亩。全面消除1851户"无树户"，完成义务植树7.6万余株、拉萨周边防护林体系工程建设2200亩、西藏生态安全屏障封山育林3000亩，林业绿化覆盖率稳步提升。全面推行"河长制"，持续开展河道综合整治和保护工作。启动实施垃圾分类回收处理试点工作，首创"垃圾兑换超市"。全区空气质量优良率达97.13%，主要江河、湖泊等地表水水质均达到Ⅲ类标准，102个农村饮用水源地水质达标率保持100%。完成自治区级生态县（区）申报工作，自治区级生态乡（镇）、行政村命名率分别达到100%和93.33%。接办群众环境信访或投诉案件60件，办结率、满意率均达100%，备案环境影响登记310份，下达备案无效项目23个，出具环评预审意见15份，行政处罚企业57家次，收缴罚金194.06万元。

四、全力保障改善民生，人民生活水平稳步提升

教育事业成果丰硕。学校布局不断调整优化，7所村级幼儿园基本完工，区第三、第四、第五幼儿园以及第二小学、第二中学规划建设工作加快推进，人大附中在堆龙合作办学事宜洽谈工作取得实质性进展。大力支持和鼓励社会资本办学，批准试办"小太阳双语幼儿园"。全区学前三年毛入园率达96.11%、小学入学率达99.99%、初中入学率达100%。妥善解决易地搬迁子女入学907人，在校学生数量分别同比增长19.33%、15.18%、14.22%。深化教师队伍建设，成功引进30名紧缺学科专任教师，4项课题研究成果荣获"首届西藏基础教育教学成果奖"。深入落实15年免费教育，下拨"三包"经费2508.15万元、营养改善专项资金452.4万元。持续做好进城务工人员随迁子女和农牧民留守儿童就学工作，适龄青少年受教育权利得到切实保障，未发生任何辍学事件。

卫生事业健康发展。深入实施健康堆龙建设，农牧区基本医疗实现全覆盖，年人均补助标准提高至515元，住院医疗报销1950人次1710.68万元。为全区城乡居民购买30万元超大额补充医疗保险，兑现赔付资金11人次40.72万元。深入推进医疗费用支付方式改革，"先诊疗、后结算"受益群众891人次643.01万元。分级诊疗工作有序推进，家庭医生签约率达到94%，便捷高效医疗服务体系不断健全。年人均基本公共服务经费提高至65元，深入开展全民免费健康体检，5名先天性疾病患儿得到免费救治。全面加强重大疾病防控救治工作，确诊包虫病患者56人、结核病患者1人、风湿病患者55人、肝炎247人。兑现"一孩双女困难家庭"扶助资金1019人97.824万元、"独生子女死亡"扶助资金108人58.32万元、"独生子女伤残"扶助资金8人3.36万元。健全食药安全"3+1"监管模式，持续推进"明厨亮灶"和规范化经营公示工作。开展食药日常监管820家次，关停"黑作坊"2家，连续五年保持食药安全零事故。

文体事业硕果累累。顺利通过国家公共文化服务体系示范区终验。培育文化发展企业（合作社）达到12家，新增自治区级文化产业示范基地1家、拉萨市级文化产业示范基地2家，文化产业效益逐步凸显。研究出台民间艺术团团体奖励扶持办法，挂牌成立8个藏戏传习点。成功开通"堆龙藏语文平台"，有力扩大党的政策宣传覆盖面和提升工作实效性。完成"楚布谐芒"非遗挖掘申报工作，兑现

非遗产业扶持资金65万元，持续做好16名非遗传承人、16项非物质文化遗产的传承保护工作。投入文物维修资金452万元，26家文物保护单位实现安全“零事故”。投入150万元，实现村村文艺队全覆盖。成功创作情景剧《幸福新时代》，开展“农闲时节十项活动”“五下乡”“庆祝改革开放40周年文艺晚会”等文化活动120余场次，积极倡导时代新风尚、传播堆龙正能量。完成搬迁户、寺庙僧尼等广电接收设备安装1052套，开展电影放映活动360余场，广播电视覆盖率达100%。成功举办首届全民运动会、民族传统体育运动会、残运会等体育赛事活动，不断增强国民身体素质。

保障体系不断健全。建成并投入使用3个众创空间和2个示范基地，实现入驻创业团队45家。成功举办“双创工作能力提升”等培训活动、“梦创拉萨·创响堆龙”等系列活动。帮助4个创业项目成功对接并签署合作（投资）协议，为12名堆龙籍高校毕业生兑现创业启动资金60万元，创业带动就业27人。实名制登记应届高校毕业生502人、实现就业471人，就业率93.82%。全年开展就业再就业培训410人，培训后就业率达100%。职业介绍850人次、上岗数393人。开发就业岗位3450个，实现新增就业1560人。农牧区劳动力转移就业2.32万人次、增收6100万元。全面实施“五险统征”工作，参保3.91万人次，各险种参保率达到100%。高龄老人健康补贴标准提高到600元至3600元，办理惠民补贴“一卡通”21697张，有力促进党的惠民政策落到实处。实施临时社会救助6人次3.48万元、城乡居民医疗救助503人次412.34万元、“一站式”医疗救助45人次35.85万元、供养特困人员142人，切实做好兜底保障工作。扎实推进双拥共建，安置退役士兵5人。圆满完成防汛抗旱工作。

五、持续加强社会治理，社会局势保持和谐安定

反分裂斗争扎实推进。制定完善区、乡（镇）、村三级应急处置方（预）案，圆满完成藏博会等重要敏感时节维稳安保任务，研究制定42项专项行动工作方案。核查各类情报信息1207条，对重大活动参与人员、机关事业单位招录人员开展政治审查2267人次。充分发挥“护城河”检查站作用，检查车辆61.21万余台次、人员147万余人次，查获一级临控人员2人、涉毒人员92人，有效防范各类“输入型”“潜入型”隐患。

社会治理全面加强。扎实推进“雪亮工程”和全响应指挥体系建设，基本实现重点路段、重点区域、重点场所监控全覆盖。持续深化网格化管理和“双联户”工作。始终保持严厉打击违法犯罪行为的高压态势，立案133起，抓获犯罪嫌疑人32人，刑事拘留26人，逮捕17人，起诉37人，取保候审15人，抓获网上在逃人员7人，帮助群众找回失踪人员5人，挽回经济损失80余万元。深入开展“扫黑除恶打非治乱”专项行动，调查摸排7000余人次，依法打击车队1个、取缔行业场所1家。深入开展道路交通安全整治工作，查处交通违法行为4416起，并处罚金91.02万元，行政拘留8人。受理群众来信来访87件，涉及3041人3528.53万元，实现信访事项“零搁置”目标。排查矛盾纠纷400件，涉及3500余人9000余万元。帮助3001名农民工追讨工资2356万元。认真开展安全生产大排查大整治行动，有效遏制发生较大以上安全生产事故，实现事故起数、死亡人数双下降。深入开展法律宣传和法律援助工作，帮助人民群众挽回经济损失475.42万元。

民族宗教和谐稳定。深入开展民族团结进步模范创建活动，发放表彰资金98.2万元。成功举办以“民族团结”为主题的知识竞赛、歌咏比赛、演讲比赛等系列活动，使“三个离不开”思想牢牢根植于各族人民心头，荣获“2018年全国民族团结进步创建示范区（单位）”。圆满完成楚布寺“次曲”、乃朗寺“立经幡”、达扎寺“入行论”等佛事活动，参与人次同比下降21.64%。深入开展“遵行四条标准 争做先进僧尼”教育实践活动，发放表彰资金53.7万元，开展僧尼赴内地学习培训、红色教育等集中培训活动9期、270余人次。大力开展过度煨桑整治行动，规范管理29个煨桑点。加强宗教从业人员管理，稳步推进乃琼镇满足信教群众正常民俗宗教需求服务管理试点工作。

六、持续深化改革开放，市场发展活力有效释放

深化改革持续发力。加强简政放权、放管结合、

优化服务改革，放宽市场准入门槛，核查更新并依法公开26个区直单位3439项权责清单。加强商事制度改革，新增小微企业4109家、市场主体达到13789家、完成企业简易注销49家。积极推行企业全程电子化登记改革，初步实现商事登记管理信息化、便利化和规范化。挂牌成立国家税务总局拉萨市堆龙德庆区税务局，大力推行电子税务工作，首创24小时自助办税服务区。扎实开展农村集体资产清产核资及成员界定工作，帮普村、羊达乡作为试点单位，分别顺利通过市级初验、本级自验。农村土地经营权确权登记5422户5.94万亩，颁证率达到100%。持续推行公务用车制度改革，“三公”经费呈明显下降趋势。

*受援合作稳步实施。*依托北京市优势资源和组团式援藏新机制，深入开展“携手奔小康”对口帮扶活动，争取援藏资金1.165亿元，有序实施羊达生态农业产业扶贫等6个援藏项目。我区136名党员干部赴北京市跟岗锻炼或学习培训。在援藏医生的指导帮助下，区人民医院完成口腔诊疗科、输血科、病案室、设备科、新生儿科等科室建设工作，持续创新和加强腹腔镜微创术、骨科手术、产钳助产术及人工破膜术等医疗方式，有力提升我区医疗卫生服务水平。

*自身建设不断加强。*持续巩固和深化“两学一做”学习教育常态化制度化成果，从严从实抓好区政府党组和政府系统党的建设。办理人大代表议案及意见建议188件、政协委员提案及意见建议115件，办复率、满意率、回访率均达100%。全面推行政府法律顾问制度，严格执行议事规则和重大事项请示报告。持续加强行政检查“两随机一公开”、规范性文件备案审查工作，有力推进法治政府建设。持续强化审计监督，完成扶贫资金等专项检查，以及乃琼镇、卫计委2017年度预算执行和其他财务收支审计。积极配合区委开展巡察工作，全力查处群众身边的不正之风和腐败问题。成功开通政府门户网站，及时公开重大决策、重大事项。健全完善区、乡(镇)、村三级政务服务网络和代办代跑体系，承办(代办)行政审批或便民服务事项30952件，办结率95.38%、满意率100%。全力打造良好营商环境，荣获西藏唯一的“中国营商环境百强区县”。

各位代表，过去的一年，是二届区人民政府履职的第一年，我们立足开好头、起好步，打基础、谋长远，有力推动各项事业不断进步，特别是成功实现全区整体脱贫，这是堆龙发展史上具有里程碑意义的大事、喜事，标志着我们离与全国一道全面建成小康社会的宏伟目标，更近了一步。这些成绩的取得，是以习近平同志为核心的党中央治藏方略的生动实践，是自治区、拉萨市党委政府和堆龙德庆区委坚强领导的结果，是北京市无私援助的结果，也是区人大、区政协大力支持和全区各族干部群众奋力拼搏的结果。在此，我代表堆龙德庆区人民政府，向付出辛勤劳动的全区各族干部群众，向给予政府工作大力支持的人大代表、政协委员和离退休干部，向驻区部队、武警官兵、政法干警，向一直以来关心支持堆龙改革发展稳定的各级各部门和社会各界人士，表示衷心的感谢并致以崇高的敬意！

在肯定成绩的同时，我们也必须清醒地认识到，全区经济社会发展还存在一些困难和问题。主要表现在：一是特色产业集聚式发展能力不足，高新技术产业比重小，创新能力弱，科技含量低，土地等要素资源制约加剧，产业转型升级发展仍然任重道远。二是受宏观金融政策调整影响，企业融资难问题突出，部分企业资金链断裂，经营困难较多。三是财政收支矛盾凸显，重点项目建设和民生保障配套等支出需求不断攀升，防范和化解政府债务工作进入攻坚期。四是随着经济社会快速发展，人民群众价值取向日趋多元、利益诉求更加多样，各类矛盾风险交织叠加，维护社会稳定压力增大。五是政务环境优化不够，少数干部遇事层层上报、层层不表态、报喜不报忧，担当精神不足、不敢于斗真碰硬等问题依然存在。对此，我们务必高度重视，在今后的工作中采取更加有力的举措，切实加以解决。

2019年工作安排

2019年是新中国成立70周年、西藏民主改革60周年，是决胜全面建成小康社会第一个百年奋斗目标的关键之年。对此，我们要主动适应经济社会发展新常态，认真权衡经济社会高质量发展的深层次结构矛盾，自我加压、顽强拼搏，全力推动经济社会持续健康发展。

2019年政府工作的总体思路是：高举习近平新时代中国特色社会主义思想伟大旗帜，深入贯彻落实党的十九大、自治区九届五次全委会、拉萨市九届四次全委会、堆龙德庆区二届四次全委会精神，牢固树立和贯彻新发展理念，紧扣社会主要矛盾和西藏特殊矛盾，按照高质量发展要求，以供给侧结构性改革为主线，坚持稳中求进、进中求好、补齐短板的工作总基调，把深化改革贯穿于经济发展各领域各环节，坚持和完善“六大战略”，继续打好三大攻坚战，扎实推进乡村振兴战略，着力构建“一核两带、三区三园、六沟多点”的产业发展空间布局，发展壮大“五大主导产业”，为全面建成小康社会收官打下决定性基础，以优异成绩向中华人民共和国成立70周年、西藏民主改革60周年献礼。

2019年经济社会发展的主要预期目标是：地区生产总值增长10.5%左右；一般公共预算收入增长7%，确保实际增速高于全市平均增速；全社会固定资产投资增长10.5%以上；规模以上工业增加值增长14%；社会消费品零售总额增长14%；农村居民人均可支配收入增长13.5%。

为实现上述目标，我们将着力抓好以下五个方面的工作：

一、以提高供给体系质量为主攻方向，加快新旧动能转换，夯实高质量发展基础

*发展壮大净土健康产业。*落实粮食安全行政首长负责制，划定粮食生产功能区4.5万亩，粮食产量稳定在2.2万吨以上。大力发展生态农业，大幅减少化肥和合成农药使用量，进一步扩大有机农业推广覆盖面。进一步提升净土健康产业园经营效益，全力将德庆乡产业园打造成藏药材生产基地、马乡产业园打造成食用菌生产基地、古荣乡产业园打造成蔬菜瓜果为重点的有机农业发展基地。完成古荣乡温室、优质蔬菜生产基地项目建设，扩大高品质、高附加值和反季节、赶时令的农产品种植范围。优化畜禽饲养结构，加快推进“万户百场十中心”工程建设，力争建成奶牛养殖示范户600户、奶牛养殖场5个、奶牛养殖中心1个。深入实施农牧业绿色品牌战略，完成5个“三品一标”农产品认证工作。发挥净土公司龙头引领作用，健全“企业（基地）+合作社+农户”产业发展模式，落实农牧民群众基本保底收益，大力推行“订单式”农业发展。整合全区净土健康产业资源，加强产品研发，扩大线上线下销售范围，强化“堆龙净土”品牌建设。

*发展壮大城市经济。*进一步健全完善工业园区基础设施，加快推动实体企业向园区集中，力争园区工业增加值占全区比重达到36%以上。通过资产并购重组、嫁接等方式，盘活工业园区3宗闲置土地，做好土地节约集约利用。完成辖区工业企业走访摸排，制定“一企一案”的转型升级方案，加快推动工业经济脱虚向实、提档升级。取消“每年11月至次年4月对工商业用电加价0.24元/千瓦时”的枯水季加价政策，切实降低企业用能成本。大力破除无效供给，继续关停淘汰落后低效企业。投产运营吉祥哈达生产线等重点项目，支持天津矿业、崇达管业、藏建科技等重点规下企业做大做强，力争新增规模以上工业企业2家。加强全产业链招商和“保姆式”服务，加快对接重点投资项目，确保招商引资实际到位资金增长19.63%。扩建东嘎农副产品批发市场的水产、肉类等销售场所，更好地满足城乡居民多层次消费需求。持续加强钢材物流集散交易中心、工程机械商贸城等具有较强集散能力和服务功能专业市场的运营管理。支持咨询、会计、结算、律师等社会中介服务组织落户堆龙，力争新增服务业规上企业1家、规下企业10家以上。完成区、乡（镇）、村电子商务服务中心建设，创建电子商务示范县（区）。继续推进拉萨综合保税区、领峰国际智慧物流园等重点项目建设，加快构建高效便捷的商贸物流网络。

*发展壮大文化旅游业。*健全完善“象雄美朵”生态旅游文化产业园基础设施，开工建设游客接待中心等重点项目，加快文化旅游产业重点基地建设。开展景区评级筹备工作。完成楚布沟水磨坊改造项目建设。加强文化旅游产业招商引资，重点打造楚布沟精品旅游景区。启动实施乃琼镇波玛

村、马乡措麦村、德庆乡邱桑村的乡村旅游示范点规划建设工作。在有条件的乡村，将已搬迁房屋进行整合利用，探索实施“村委会＋搬迁户”的乡村民宿旅游试点工作。继续扶持休闲林卡等乡村旅游发展，不断提高农牧民群众家庭经营性收入。以拉萨市民节假日休闲需求为导向，抓紧推出定制化旅游服务，增设“一元游堆龙”旅游专线班次，持续提升我区近郊休闲旅游的影响力和竞争力。进一步丰富文化旅游推介活动形式，整合“堆龙净土大礼包”等品牌资源，开发制作5—8个具有自主特色的“西藏礼物·堆龙印象”旅游纪念品。力争全年旅游人数、旅游收入分别同比增长17%、22%。

二、以实施乡村振兴战略为有力抓手，加强城乡融合发展，缩小区域发展差距

加强美丽新城建设。加快推进堆龙新城征地拆迁，启动“北大资源·梦想城”项目规划建设。完成新城9条路网项目建设，缓解城市交通压力。加强市场宏观调控，开(复)工东嘎时代广场、南嘎时代广场、祥和御府等房地产项目，积极打造集酒店公寓、超市百货、特色餐饮等为一体的城市综合体，确保房地产市场健康发展，实现中心城区常住人口逐年递增。加快海绵城市建设，开工建设“引水入城”、滨河公园等重点项目，全力打造生态宜居、和谐文明城市。启动实施智慧城市建设，搭建智慧旅游、电子政务、城市管理等16项服务管理综合平台以及云计算数据中心，不断提升城市管理能力和服务水平。推进便捷支付城市建设。强化城市综合执法体制机制建设，与辖区金融机构建立联合惩戒和约束机制，深入开展土地非法买卖和违法建设清理整治专项行动。

加强秀丽乡村建设。完成《拉萨市堆龙德庆区分区规划》《“上三乡”小城镇》《帮普村等8个村庄规划》报批工作，编制完成《“上三乡”乡域总体规划》以及《乡村振兴战略总体方案》《乡村文化振兴等5个专项方案》，启动实施《顶嘎村等6个村庄规划》编制工作，形成区、乡(镇)、村级规划全覆盖，加快推动特色小城镇示范点和5个试点村建设。完成143套海拔4500米以上居民搬迁安置项目建设，确保150户小康安居安置群众年内全部搬迁入住。持续提升城乡交通条件，完成青藏铁路扩能、拉林铁路机务段、曲水县色甫村至堆龙德庆区旅游产业扶贫公路、国道109线那曲至拉萨(堆龙段)控制性工程建设。将乡村公交线路向自然组延伸，进一步扩大公共交通覆盖面，确保农牧民群众出行更加绿色环保、便捷安全。加快乡村宽带和4G网络建设，实现行政村便捷宽带覆盖率、光纤覆盖率分别达到100%、40%，农村家庭宽带覆盖率达到60%以上，4G通信覆盖率达到100%。完成乃琼基层政权项目建设，挂牌成立东嘎、乃琼、羊达街道办事处以及德庆镇、马镇、古荣镇，稳妥推进村改居工作。健全完善村规民约，积极构建自治、法治、德治相结合的基层社会治理体系。

加强生态文明建设。注重第二次全国污染源普查、生态保护红线划定工作成果运用，健全产业准入负面清单制度。严格执行环境影响评价，坚决禁止“三高”项目落户堆龙。加强重点污染源治理，严格落实主要污染物约束指标任务。完成49个农村饮用水源点保护工程建设，以及在德庆乡和古荣乡各建设1个小型污水处理站、1个自来水厂，切实提高城乡污水收集处理能力，保障饮水安全。完成17座乡村卫生厕所续建工作，提升卫生厕所普及率。健全完善区、乡(镇)、村、组四级垃圾收集转运处理体系，全面推广垃圾分类回收处理。加强城市容貌综合整治，推进学校、医院、公共场所等既有建筑节能改造，全面治理脏乱差等不良现象。实施人工造林620亩、封山育林2000亩，不断提高林业绿化覆盖率。全面推行河长制，探索实行“河长＋警长＋公众河长”的工作模式，加强水资源“三条红线”控制，深入开展河湖“清四乱”专项行动。完成色玛村、加入村自治区级生态村创建工作，启动国家级生态县(区)、乡(镇)、行政村申报工作。持续系统整改中央第六环保督察组转办案件，全面落实“清单制＋责任制”，深入开展生态环境综合治理修复工作。始终保持环境执法监管高压态势，稳步推进环保监察制度化、常态化。

三、贯彻以人民为中心的发展思想，办好民生实事好事，不断增强人民获得感

巩固提升脱贫成效。坚持标准不降、政策不变、队伍不撤、力度不减，保持定力、精准发力，研究制定脱贫攻坚巩固提升三年行动计划，加强脱贫户和贫困户动态监测管理，防止已脱贫群众返贫和新增贫困群众。持续强化扶贫产业项目的后续建设管理，完善产业扶贫利益联结机制，确保脱贫群众人均可支配收入年均增长17%以上。继续落实金融扶贫政策，引导企业（合作社）、种养大户带动脱贫户发展产业或直接提供就业岗位。强化精神引领，激发脱贫群众内生动力，鼓励社会力量参与帮扶。科学布局教育、医疗等民生保障资源，做好搬迁群众后续服务管理工作。稳妥处置搬迁群众土地承包经营权、生产资料流转、宅基地及房屋财产权，维护好搬迁群众的合法权益。将保障就业与脱贫攻坚紧密相连，加强职业技能培训，落实创业就业奖励政策，实现有劳动力的脱贫户至少1人稳定就业。继续实施生态保护脱贫，提高脱贫群众的参与度和受益水平。严格执行各类补助政策，做好兜底保障。加大贫困学生费用减免和社会资助力度，阻断贫困代际传递。推进城乡融合、产业融合发展，持续提升村集体经济发展质量，确保村集体经济年收入增收10%以上，其中：年收入低于1000万元的行政村集体经济增长15%以上。

优先发展教育事业。全面提升教育教学质量，动态消除义务教育“大班额”现象。完成第二小学项目建设，开工建设第二中学、第三、第四、第五幼儿园、波玛村幼儿园，确保年内正式签约人大附中建设项目、力争年内开工建设。强化理科和实验教学、双语教学，高标准、高质量落实“五个100%”工作。深入开展优质幼儿园创建活动，打造1—2所在本辖区乃至全市具有示范引领作用的学前三年优质双语幼儿园。加快推进全纳教育，鼓励残疾学生随班就读或送教上门，力争义务教育阶段三类残疾儿童入学率达到65%以上、受教育率达到100%。持续强化教师队伍特别是乡村教师队伍建设，深入实施“城乡结对工程”和“手拉手学校活动”，推进城乡教师交流培训。深化教育信息化建设，搭建教育管理平台，扩大城域网、校园网覆盖面，运营管理好虚拟实验室、远程视频系统、视频直播系统。推进“平安校园”建设，力争年内校园监控系统实现全覆盖。将急救知识学习纳入中小学生日常教育课程，不断增强自我保护意识。推行农牧区义务教育学生营养改善计划，确保营养搭配合理和饮食绝对安全。做好进城务工人员随迁子女和农牧民留守儿童就学工作。深入落实15年免费教育和“三包”政策，大力实施非义务教育阶段奖励救助。

提升卫生服务水平。持续深化公立医院改革，力争完成区人民医院二级甲等医院创建工作。启动实施藏医院规划建设，支持自治区中心医院开工建设，加快推进二级甲等医院综合楼、疾控中心业务用房等重点项目建设，持续优化医疗资源配置。深入开展专技人员招聘引进工作，适度提高乡村医生工资待遇，持续强化基层医疗卫生队伍建设。启动实施羊达乡、乃琼镇卫生院入院治疗试点工作，并在乡（镇）卫生院推广普及三大常规检查、全科诊断治疗方式。限制并逐步取消村卫生室输液，避免滥用抗生素激素。深化家庭医生签约式服务，实现签约率达到98%以上、服务率达到70%以上。加强重大疾病、地方病预防和控制，常规疫苗接种率达到98%以上。巩固包虫病和“三病”防治工作成果，加大筛查救治力度。全面实施药物“零差价”销售、分级诊疗制度，深入推进合作医疗和大病补充医疗保险等惠民政策落地见效。健全婴幼儿住院救治、孕产妇住院分娩绿色通道，婴儿死亡率和孕产妇死亡率分别下降到3‰、零死亡。深入推进食品药品监管体制机制改革，探索建立食品药品手机APP网络监管模式，稳步推进“国家食品安全示范城市”创建工作。

强化文体服务供给。强化公共文化服务体系和基层综合性公共文化设施建设。加强文化与市场融合，做好农牧民艺术团参加2019年拉萨市藏历新年晚会准备工作。全面落实公共文化基础设施免费开放和惠民措施，开办文化活动中心文艺班，深入开展群众性文体活动和精神文明创建活动。扶持村级文艺队（藏戏队）发展壮大，健全群众文化自我发展的有效机制，力争创作1—2部优秀文艺作品。加强对文物和非物质文化遗产的挖掘保护和开发利用。依法依规推进文化新闻出版和广电市场的综合执法工作，深入实施“扫黄打非珠峰工程”以及“清源”“秋风”“固边”“净网”“护苗”等专项行动。广泛开展全民健身活动，鼓励行政村、自然组因地制宜建设简易活动场所，持续提高公共体育场所开放率和覆盖率。

健全社会保障体系。加快推动大众创业、万众创新，用好扶持资金和政策支持，完成中小企业服务中心、创业创新示范中心、“象雄美朵”旅游文化创业园项目建设，进一步扩大“两创示范”工作的覆盖面和影响力，提高创业率和成功率。持续优化就业服务工作机制，扎实开展“订单式”技能培训，动态消除“零就业家庭”，应届高校毕业生就业率保持在90%以上。加大残疾人等就业困难人员援助力度。力争实现新增就业1550人，城镇登记失业率控制在2.2%以内，农牧民转移就业2.35万人次。将社保费用交由税务部门统一征收，进一步提高征管效率，切实维护好劳动者合法权益。继续深化城乡社会救助、临时救助服务体系建设，动态调整城乡低保户和特困人员。新建（改建）特困人员集中供养服务中心的生活用房、智能温室、园林景观。加强全民国防教育，为烈士家属、军属和退役军人等家庭悬挂光荣牌，加快推进军人荣誉体系建设。积极建立多主体供给、多渠道保障、租购并举的住房保障制度，开工建设4000套公租房，完成桑木村581户、羊达村903户、色玛村338户棚户区（危旧房）改造，全力做好征地拆迁群众安置工作，满足人民群众多层次的住房需求。深化应急管理体系建设，不断提升防灾减灾救灾能力。

四、以全面维护社会稳定为基础保障，加强创新社会治理，确保社会长治久安

坚决维护国家安全。深入揭批十四世达赖集团反动本质和政治图谋，严格落实自治区“十项维稳措施”，进一步织密城乡维稳防控网络。加强重大决策、重大项目、重大活动社会稳定风险评估，做好公共事件应急管理和突发事件应急处置。充分发挥人民群众的主体作用，持续推动反分裂斗争和维护社会稳定工作由“要我稳定”向“我要稳定”转变。健全年总结、季度部署、月分析、周研判等维稳工作机制。加强社会舆论动态分析研判，严密防范和依法打击分裂渗透破坏活动、暴力恐怖活动、民族分裂活动、宗教极端活动，不断提升涉稳风险的预测预警预防能力。

加强创新社会治理。完善立体化社会治安防控体系建设，强化现代科技支撑，大力推进“雪亮工程”建设。健全村级综治维稳工作中心，强化综治信息化平台应用。深化“双联户”和网格化工作，扩大群防群治覆盖面。依法打击各类违法犯罪和社会丑恶现象。深入开展市场综合执法，保持良好社会秩序。健全安全生产联动监管体系和安全隐患排查治理体系，开展道路交通等专项整治行动，确保全年重特大安全事故、较大安全事故零发生，实现死亡人数和事故起数双下降。大力推行银行代发农民工工资制度，严厉整治不按时发放或恶意拖欠农民工工资行为。落实“谁执法、谁普法”责任制，深入开展“七五”普法宣传。对征地拆迁、项目建设等重点领域开展专项排查，形成信访工作闭合管理。加强矛盾纠纷预防化解，推进专业性、行业性人民调解组织建设。

依法做好民族宗教工作。广泛开展民族团结进步教育“七进”活动，不断巩固发展平等团结互助和谐的社会主义民族关系，充分保障各民族在政治、经济、文化、社会等方面的权益。鼓励支持各民族群众来堆龙创业兴业、求学任职，积极营造共居、共学、共事、共乐的浓厚氛围。依法加强宗教事务管理，积极开展信教群众的思想教育引导工作，促进宗教与社会主义社会相适应。强化寺庙公共服务，全面落实“9+5”“六个一”等利寺惠僧政策，不断改善在寺僧尼生活修行条件。

五、以不断提升履职效能为根本途径，持续深化改革开放，加快释放市场活力

加强体制机制改革。按照中央、自治区和拉萨市的统一要求，完成党政机构改革，加快治理体系和治理能力现代化建设。全面推进“三权”分置和农村集体资产清产核资工作，健全农村集体“三资”监管网络。鼓励引导农牧民群众或村集体，采取转包、互换、入股等方式，长期合法有序流转土地经营权。建立全面规范透明、标准科学、约束有力的预算制度，全面实施预算资金绩效管理。加强商事制度改革，全面推行“证照分离”“先照后证”和“多

证合一”。深化国企国资改革，健全完善国企国资治理和监管架构，增强国有经济活力、影响力、抵抗风险能力。深入推进医疗卫生、教育事业、公务用车等领域改革，确保改革相互促进，不断放大改革效应。

不断优化营商环境。健全企业家参与制定涉企政策的工作机制，保护、关爱、支持民营经济发展。加强社会信用体系建设，弘扬“契约精神”，营造良好信用环境。取消养老机构设立许可，放宽服务消费领域市场准入，广泛吸引社会资本参与公共服务。加强防范化解重大金融风险，增设2家村镇银行支行，扩大助农服务取款点覆盖面，推行互联网金融服务，推动金融机构更好地为实体经济、小微企业、乡村振兴等薄弱环节服务。试点启用政府组成部门协同办公系统，切实提高行政效率。强化区、乡（镇）、村“一站式”政务服务和代办代跑服务体系建设，大力推行“只进一扇门”“最多跑一次”。稳步推进“互联网+政务服务”，开通运行“网上政务服务大厅”等电子政务平台，力争实现60%的行政审批或便民服务事项在网上办理。

强化政府自身建设。落实全面从严治党要求，深入推进政府系统党的建设，持续巩固和深化“两学一做”学习教育常态化制度化成果，牢固树立“四个意识”，向核心看齐，坚决维护以习近平同志为核心的党中央权威和集中统一领导。坚决落实区委重大决策部署，依法接受人大法律监督和工作监督，自觉接受政协民主监督，主动接受社会舆论监督和新闻媒体监督，认真办理人大代表建议和政协委员提案。完善政府法律顾问制度，加强法治政府建设，做好行政复议和行政应诉工作，严格规范公正文明执法。完善政府行政决策程序规定，严格执行“三重一大”议事决策规则，推进政府数据资源整合和开放共享，让行政权力在阳光下运行。深入推进党风廉政建设，加强审计监督，持续整治“四风”，严肃查处违反中央八项规定及其实施细则精神，以及干部作风、扶贫开发等重点领域问题，加大“微腐败”问题整治力度，坚决整肃庸政懒政怠政行为，确保干部清正、政府清廉、政治清明。

各位代表，堆龙发展的历史使命，鼓舞我们砥砺奋进！全区人民的信任期盼，鞭策我们奋勇前行！让我们更加紧密地团结在以习近平同志为核心的党中央周围，在区市党委、政府和堆龙德庆区委的坚强领导下，励精图治、开拓创新，以优异成绩向中华人民共和国成立70周年、西藏民主改革60周年献礼。

名词解释

1. 十三对关系：处理好国家投资和社会投资的关系；处理好重大项目和民生项目的关系；处理好发挥优势和补齐短板的关系；处理好城镇就业和就近就便、不离乡不离土、能干会干的关系；处理好扶贫搬迁向城镇聚集和向生产资产富裕、基础设施相对完善地区聚集的关系；处理好央企在藏资源开发和解决当地农牧民增加收入、解决就业的关系；处理好保护生态和富民利民的关系；处理好城市发展和提高农牧区基本公共服务能力的关系；处理好高校毕业生政府就业和市场就业的关系；处理好简政放权和地方承接的关系；处理好企业增产提效和改善企业职工福利待遇、促进农牧民群众增收的关系；处理好中央关心、全国各族人民支援和全区各族群众自力更生、艰苦奋斗的关系；处理好干部担当干事和容错纠错的关系。

2. 万户百场十中心：在全市范围内建成“万户百场十中心”工程建设。“万户”即10000个农牧户，每户饲养至少5头奶牛，实行以奖代补的方式，鼓励养殖户扩大养殖规模；“百场”即100个小牧场（养殖小区），饲养规模300—500头；“十中心”即建设10个高标准奶牛养殖中心，每个养殖中心饲养奶牛1000头以上。堆龙德庆区有“养殖户2100户、养殖场22个、养殖中心2个”建设任务。

3. 三农：农村、农业、农民。

4. “三包”经费：对义务教育的农牧民学生实行包吃、包住和包学习用具。

5. 先诊疗、后结算：我区患者在定点医疗机构住院治疗时，不需提前缴纳任何费用，待本次所有诊疗过程结束后，再统一结算个人自付费用。

6. “3+1”监管模式：“日常监管、专项整治、联合监管”+“食品抽检”。

7. 黑作坊：没有在国家工商部门注册的个人私自开办的作坊，一般生产是假冒伪劣的产品，主要为食品和药品。

8. 五险统征：养老保险、医疗保险、工伤保险、生育保险、失业保险实行统一征缴。

9. 惠民补贴“一卡通”：将各级政府安排的各项惠民补贴资金，由财政部门按照业务部门审核批复的分户补贴清册，通过代发金融机构，直接划转到城乡居民特定补贴卡的兑现方式。

10. 雪亮工程：以县（区）、乡（镇）、行政村综治中心为指挥平台、以综治信息化为支撑、以网格化管理为基础、以公共安全视频监控联网应用为重点的群众性治安防控工程。

11. 双联户：联户增收、联户平安。

12. 三个离不开：汉族离不开少数民族、少数民族离不开汉族、各少数民族互相离不开。

13. “三公”经费：财政拨款支出安排的出国（境）费、车辆购置及运行费、公务接待费。

14. “两学一做”学习教育：学党章党规、学系列讲话，做合格党员。

15. 两随机一公开：在监管过程中随机抽取检查对象，随机选派执法检查人员，抽查情况及查处结果及时向社会公开。

16. 六大战略：党建统区、环境立区、文化兴区、产业强区、民生安区、依法治区。

17. “一核两带、三区三园、六沟多点”的产业发展空间布局：“一核”是指积极打造堆龙新城，涵盖48.56平方公里城市规划区、与经开区共同形成的现代产城融合示范区。“两带”是指沿109国道和318国道为两轴的经济发展带，沿两带谋划布局城镇发展、产业发展和公共服务发展，形成支撑堆龙发展的两大“臂膀”。“三区”是指以堆龙工业园区为中心的特色工业集聚区，以拉萨西货站为中心的综合物流保税区，以“象雄美朵”生态旅游文化产业园为中心的生态人文旅游区。“三园”是指立足做大、谋划作强，围绕现代设施农业和净土健康产业，通过农业现代化与新型工业化、信息化、城镇化同步融合发展，做大做强特色农牧业，围绕古荣、马乡、德庆等三个乡镇现代农业设施园（净土健康产业园），加快发展现代农牧业，把堆龙打造成为拉萨城郊现代农业示范区。“六沟”是指积极打造“楚布沟、加木沟、帮普沟、嘎东沟、宇妥沟、比西沟”等六大沟，利用六大沟自然环境，大力发展净土健康产业和生态人文旅游业，推进堆龙产业向纵深发展。“多点”是指以村组为单位，发展壮大集体经济，不断提升自我发展能力，以点带面、以面促点，实现城乡协调发展、全面发展，努力形成区域多点联动发展的态势，构成经济发展的“全景图”，财富堆龙的“走势图”。

18. 五大主导产业：净土健康产业、文化旅游业、商贸物流业、特色工业、房地产业。

19. 生态农业：是按照生态学原理和经济学原理，运用现代科学技术成果和现代管理手段，以及传统农业的有效经验建立起来的，能获得较高的经济效益、生态效益和社会效益的现代化高效农业。

20. 有机农业：在生产中完全或基本不用人工合成的肥料、农药、生长调节剂和畜禽饲料添加剂，而采用有机肥满足作物营养需求的种植业，或采用有机饲料满足畜禽营养需求的养殖业。

21. 三品一标：无公害农产品、绿色食品、有机农产品和农产品地理标志。

22. 三高：高污染、高耗能、高排放。

23. 三条红线：用水总量、用水效率和水功能区限制纳污。

24. “清四乱”专项行动：对乱占、乱采、乱堆、乱建等河湖管理保护突出问题，开展专项清理整治行动。

25. 大班额：随着城镇化进程的加快，流动人口不断向城区涌入，人民群众对优质教育资源的需求与教育供给之间的矛盾日益突出，城市学校所承受的压力越来越大，城区学校每个班的人数剧增，部分班级超出额定人数。

26. 五个100%：实现中小学双语教学普及率达到100%，小学数学课程开课率达到100%，中学数理化生课程教学计划完成率达到100%，中学理化生实验课程开课率达到100%，职业技术学校国家目录规定课程开课率达到100%。

27. 三大常规检查：血常规、尿常规和大便常规检查。

28. 三病：结核病、风湿病、肝炎。

29. 药物“零差价”销售：取消医院的药品费用加成。自2010年起，乡（镇）卫生院对所有药物执行“零差价”销售；2015年2月起，区人民医院对421种基本药物执行“零差价”销售；2017年1月起，区人民医院对所有药物执行“零差价”销售。

30. 十项维稳措施：一是要以开展创先争优强基惠民活动为有力抓手，提升驻村工作水平。二是要以干部驻寺常态化为主要内容，加强和创新寺庙管理。三是要以便民服务、维稳处突为首要职能，推行城市网格化管理。四是要以维护藏传佛教正常秩序为基本目标，依法依规管理宗教事务。五是要以强化社会面管控为有效途径，实现维稳措施全覆盖。六是要以扩大就业、改善民生为关键举措，夯实和谐稳定的群众基础。七是要以开展民族团结进步创建活动为重要载体，促进各民族和睦相处、和衷共济、和谐发展。八是要以加强高校管理和青少年思想政治及“双语”教育为工作重点，培养合格的社会主义建设者和接班人。九是要以提高社会主义先进文化的影响力为根本任务，确保西藏意识形态领域的绝对安全。十是要以维护稳定为硬任务和第一责任，落实维稳工作责任制和应急处突机制。

31. 七进：进机关、进乡村、进社区、进学校、进企业、进单位、进寺庙。

32. “9+5”：有领袖像、有国旗、有道路、有水、有电、有广播电视、有电影、有书屋、有报纸；在20人以上的寺庙增加五项工作：修建一个食堂、一个澡堂、一个垃圾池、一栋温室、培养培训一名卫生员。“六个一”：交一个朋友、开展一次家访、办一件实事、建一套档案、畅通一条渠道、形成一套机制。

33. “三权”分置：坚持农村土地集体所有的前提下，促使承包权和经营权分离，形成土地所有权、承包权、经营权“三权分置”，经营权流转的格局。

34. 三资：资金、资产、资源。

35. “证照分离”：是指工商部门颁发的营业执照、各相关行业主管部门颁发的经营许可证，“证照分离”改革主要聚焦办证环节，通过采取改革审批方式和加强综合监管，进一步完善市场准入，使企业办证更加快速便捷高效。“先照后证”：申请营业执照后，再办理有关经营许可证。“多证合一”：在已实施的营业执照、组织机构代码证、税务登记证、社会保险登记证和统计登记证“五证合一”的基础上，向申请者颁发载有统一社会信用代码和食品经营许可证号等一照两号或多号的“多证合一”的营业执照。

36. 契约精神：不是单方面强加或胁迫的霸王条款，而是各方在自由平等基础上的守信精神。

37. “一站式”政务服务：政府相关部门集中起来集体办公，方便群众办事。

38. 四个意识：政治意识、大局意识、核心意识、看齐意识。

39. “三重一大”议事决策：重大事项决策、重要干部任免、重要项目安排、大额资金使用，必须经集体讨论作出决定。

堆龙德庆区人民代表大会常务委员会工作报告

——在堆龙德庆区第二届人民代表大会第三次会议上

堆龙德庆区人大常委会党组书记、主任　武保林

（2019 年 1 月 17 日）

2018 年的主要工作

2018 年是改革开放 40 周年，也是堆龙发展史上极不平凡的一年，这一年，我们全区上下团结一致、迎难而上，顺利通过国家脱贫摘帽考核验收，具有里程碑意义。在区委的坚强领导下，区人大常委会高举习近平新时代中国特色社会主义思想伟大旗帜，按照 2018 年区人大常委会工作报告中确定的总体工作要求，全面贯彻落实党的十九大精神和中央第六次西藏工作座谈会精神，坚持党的领导、人民当家作主、依法治国有机统一，以反映人民意愿为己任，以提高监督质量为关键，以强化代表活动为抓手，紧紧依靠全体人大代表，牢记使命、恪尽职守，全年共召开常委会会议 8 次、主任会议 10 次、党组会议 10 次，听取和审议"一府一委两院"专项工作报告 12 个，开展视察调研 10 次，依法任免地方国家机关工作人员 26 人次，补选区人大代表 7 名，出台制度办法 2 项，监督机制更加完善，监督实效不断提升，为堆龙长足发展和长治久安作出了积极贡献。

一、大力推进法治建设，在规范中发挥实效

区人大常委会充分发挥人大在民主法治建设和全面依法治国中的重要作用，大力开展法治宣传教育、督促政府依法行政。

一是开展执法检查。2018 年 6 月，区人大常委会开展《中华人民共和国食品安全法》执法检查，听取了区政府关于《中华人民共和国食品安全法》贯彻实施情况的汇报，并就食品安全工作开展首次专题询问，表达了区人大常委会对食品安全问题的焦虑之心，盼望切实解决问题的迫切之情。积极配合

自治区、拉萨市人大开展《中华人民共和国预防未成年人犯罪法》《中华人民共和国大气污染防治法》等法律法规的执法检查，保证了国家的法律法规在我区范围内得到正确有效的实施。

二是听取工作报告。2018年8月，区二届人大常委会第八次会议听取和审议了区人民政府关于开展“七五”普法工作情况的报告，积极营造全社会学法、懂法、用法的浓厚氛围，促进普法工作的落实，提高全民法律素质，督促法治宣传教育在推进法治堆龙建设、提高社会治理法治化水平、服务经济社会发展、促进民生改善、维护社会稳定中发挥重要作用。

三是推进依法行政。以建设法治政府为目标，制定出台《堆龙德庆区人大常委会任免地方国家机关工作人员办法》，提出任前法律知识考试新举措，督促政府部门提高公务人员的依法行政意识。制定出台《堆龙德庆区人民代表大会常务委员会讨论决定重大事项的规定》，规范“一府一委两院”重大决策出台前向本级人大报告的内容和方式，提高科学施策、精准发力水平。听取和审议司法局、安监局局长述职报告，通过面对面的形式，强化人大任命干部的责任意识和履职意识。

二、紧扣经济发展要务，在有为中实现有位

区人大常委会围绕稳增长、促发展，依法履行监督职责，加强对经济发展中重大问题的工作监督，促进经济社会追赶超越发展。

一是促进经济平稳健康发展。区人大常委会密切关注全区经济运行情况，加强经济工作监督和预算决算审查，听取和审议国民经济和社会发展计划执行情况报告，认真审议财政预算执行情况报告。根据区人民政府建议，综合考虑财力水平、债务风险、融资需求等因素，及时召开人大常委会会议调整预算，全力支持实体经济发展，夯实财源，确保预算收入的规范及时和预算支出的合法有序。

二是推进现代农业优质发展。区人大常委会坚持问题导向，把人民群众普遍关注的民生问题作为工作重点，不断满足人民群众日益增长的美好生活需要。针对我区现代农业发展现状，2018年5月，常委会组织基层人大代表前往内地农业产业强市考察学习，融合考察成果，向区委区政府提出“大力发展特色优势种养业、精心打造农产品加工园、规范发展农牧民专业合作社、充分发挥电子商务平台的作用”4条建议，作为决策参考和依据。

三是推动双创工作纵深发展。区人大常委会高度重视大众创业万众创新工作，于2018年5月开展全区双创工作专题调研，深入创业企业、龙创空间等地，对全区“双创”工作政策落实、宣传教育、资金扶持、技能培训、人才引进情况及存在的主要困难进行了摸底调研，充分发挥人大监督保障促进作用。

三、认真实施工作监督，在优化中体现价值

对“一府一委两院”工作实行监督是法律赋予人大的一项重要职能。区人大常委会通过深入调查研究，选择群众关心的热点、难点、焦点问题，提高监督的针对性、公开性和权威性。

一是开展综合监督。2018年7月至9月，区人大常委会成立调研组，分赴监察委员会、法院、检察院开展综合工作调研，综合运用听取工作汇报、座谈交流、查阅台账、实地察看等监督方式，依法实施有效监督，全面详细地了解监察委员会成立以来工作运行情况和“两院”2018年工作开展情况，确保监察权、审判权、检察权在我区有效运行。

二是开展专项监督。区人大常委会深刻把握新时代新特征，以专项监督为抓手，推动经济社会发展和生态环境保护协同共进。2018年6月，常委会组织各级人大代表对2017年中央环保督察组反馈问题整改落实情况进行集中视察，重点对生活垃圾清理、噪音防治、工业污水处理、“河长制”工作目标落实情况进行实地察看。并以座谈会形式，听取区政府关于环境保护工作的专题汇报，尊重和保障人大代表的知情权、参与权和监督权，建立良性互动的关系，实现环境保护的社会共治。2018年11月，组织人大代表对我区推进“厕所革命”工作开展专题视察，听取专项工作报告并首次进行满意度测评，全面提升我区公厕建设和管理服务水平。

四、积极组织代表活动，在指导中激发活力

区人大常委会以充分发挥代表主体作用为目

标，搭建代表活动平台，开展丰富多彩的代表活动，积极引导、支持和保障代表行使职权。

一是提高代表履职能力。区人大常委会坚持把代表培训作为一项基础性工作来抓，全年举办人大代表培训班3期，邀请四川省人大常委会、成都市委党校的领导和教授为代表们作专题讲座，请履职优秀的人大代表交流经验，提高人大代表政治理论水平，增强人大代表履职本领，为做好新时代人大工作提供理论支持和智力支撑。为代表征订《中国人大》、《西藏人大》、《拉萨人大》等资料和书籍，让代表掌握人大工作动态。2018年5月和10月，分别组织两批次人大代表赴浙江、山东、福建、广东考察学习，进一步拓展人大代表视野，转变发展理念。一年来，共组织320余人次开展视察考察、专题调研、执法检查、学习培训等活动，帮助代表找准履职着力点，提高履职能力和水平。

二是激发代表履职活力。区人大常委会始终将代表满意、群众认可作为办好议案、建议的第一标准，进一步改进办理方式，加大督办力度。对区二届人大二次会议上代表提出的100件建议，常委会先后3次采取重点督办、会议督办、现场督办和联合督办等方式，保证了办理的时间和效果，克服了有些部门平时不办理、临时抱佛脚的现象。

三是强化代表履职管理。常委会积极探索代表履职管理机制，建立健全了代表履职电子档案，引导、激励和监督代表依法履行代表职务，推动代表履职管理工作不断走向精细化、规范化和科学化。同时，常委会及时研究批准司法部门对代表因违法而执行的司法强制措施，2018年，依法暂停1名代表履行职务，增强了代表自律意识。

五、不断加强自身建设，在服务中树立形象

区人大常委会积极适应人大工作新任务、新要求，切实转变作风、提升效能，努力成为全面担负起宪法法律赋予的各项职责的工作机关，成为同人民群众保持密切联系的代表机关，依法履职能力全面提升。

一是把政治思想建设摆在首位。常委会深入学习宣传贯彻党的十九大精神，坚持以习近平新时代中国特色社会主义思想统领人大工作，常委会党组充分发挥作用，把方向、管大局、保落实。全年共召开党组理论学习、支部集体学习40余次，开展主题党日活动11次。2018年7月，成功举办“堆龙德庆区人大系统学习贯彻党的十九大精神知识竞赛”，切实把党的领导贯穿于人大依法履职全过程。

二是加强党风廉政建设。常委会以严的标准、实的作风加强党风廉政建设。每季度召开一次党组党风廉政建设工作专题部署会，重要节假日单独部署，通过集中整治不作为慢作为、文山会海等形式主义、官僚主义突出问题和加强政治纪律教育专项活动，切实做到抓班子，层层传导压力；抓教育，筑牢思想防线；抓规范，健全约束机制；抓整改，全面落实管党治党责任。全年召开11次党风廉政建设工作会，开展2次廉政党课活动，排查廉政风险点14个，梳理责任清单9项，党组成员开展党风廉政调研10次，通过丰富多样的活动载体，增强落实全面从严治党政治责任的自觉性和坚定性。

三是注重宣传调研实效。区人大常委会牢牢把握人大宣传调研的主动权和主导权，围绕常委会履职重点、民生热点、基层创新亮点和代表履职闪光点，加强对人大工作的广泛宣传和深度报道，讲好人大故事，传播人大声音，增强人大影响力，一年来，向市人大报送信息120余期，数月蝉联全市人大信息排名第一名，借助“堆龙发布”微信平台发布人大新闻20余期。全年接待区内外人大考察团14批，人大工作影响力进一步扩大。

各位代表，一年来，我们传承接力、开拓进取，对坚持和完善人民代表大会制度有了更加深刻的理解，对做好新形势下人大工作有了更加深切的体会：只有坚持党的领导，才能保证正确政治方向；只有贴近中心大局，才能更好行使法定职权；只有发挥代表作用，才能突出人大职能优势；只有牢记履职为民，才能赢得群众信任支持。一年来，区人大常委会工作取得的成绩，根本在于习近平新时代中国特色社会主义思想的科学指引，是在区委的坚强领导下，区人大常委会组成人员和广大代表共同努力的结果，是区政府和区监察委员会、法院、检察院及各有关部门积极配合的结果，是区政协、各民

主党派、各人民团体和社会各界大力支持的结果。在此，我谨代表区人大常委会，向各位代表和各有关方面表示衷心的感谢！

回顾过去一年的工作，我们也清醒地认识到，人大常委会工作同党的十九大提出的新要求和人民日益增长的新期盼还有一定差距。在全面担负起宪法法律赋予的各项职责上还需努力，履职行权的形式内容有待进一步创新拓展；在密切同人民群众联系的制度机制上还需完善，推动解决事关群众切身利益的重点难点问题有待进一步加大力度；在建立健全人大组织制度和工作制度上还需探索，履职能力和履职成效有待进一步提升，等等。对此，我们将以改革创新精神，认真抓重点、补短板、强弱项，积极采取有效措施，认真加以重视解决。

2019 年的主要任务

2019 年是中华人民共和国成立 70 周年，西藏民主改革 60 周年，全面建成小康社会的决胜期、"两个一百年"奋斗目标的历史交汇期。区人大常委会将高举习近平新时代中国特色社会主义思想伟大旗帜，切实增强"四个意识"，坚定"四个自信"，全面贯彻落实党的十九大精神，深入学习贯彻落实习近平新时代中国特色社会主义思想特别是总书记关于人大工作的重要论述，坚持党的领导、人民当家作主、依法治国有机统一，坚持依法治藏、富民兴藏、长期建藏、凝聚人心、夯实基础的重要原则，坚决维护习近平总书记核心地位，坚决维护党中央权威和集中统一领导，按照区委二届四次全会的决策部署，坚定不移开展反分裂斗争、坚定不移促进经济社会发展、坚定不移保障和改善民生、坚定不移促进各民族交往交流交融、坚定不移加强生态环境保护与建设，全面担负宪法法律赋予的各项职责，全面正确依法行使职权，圆满完成区人大及其常委会各项任务，确保通过人民代表大会制度保证党的路线方针政策和决策部署在堆龙得到全面贯彻和有效执行，为决胜全面建成小康社会、开启建设社会主义现代化新征程而努力奋斗。

一、在贯彻党委意图上下功夫，坚定人大工作正确的政治方向

区人大常委会将"坚持党的领导、坚持以人民为中心、坚持人民当家作主"，用习近平总书记关于坚持和完善人民代表大会制度的重要思想统领人大工作，确保人大工作始终保持正确的政治方向。旗帜鲜明坚持党的领导，深刻领会党的十九大和习近平新时代中国特色社会主义思想的精神实质和丰富内涵，全面贯彻区委二届四次全会的决策部署，把党的领导贯穿于人大工作的全过程，做党的事业的坚定捍卫者。坚持以人民为中心的发展方略，全面履行人大决定、监督、任免等职权，推动解决人民群众在就业、收入、教育、医疗等方面的保障需求，积极回应民生关切，不断增进民生福祉。坚持人民当家作主，进一步健全民主制度、丰富民主形式、拓宽民主渠道，通过坚持和完善人民代表大会制度保障人民行使民主权利，实现人民当家作主。

二、在民主决策上提水平，依法审慎决定重大事项

依法决定重大事项是实现民主决策的法治保障。要进一步完善人民代表大会、常委会、主任会等民主议政形式，深入开展调查研究，全面了解经济社会发展态势和群众意愿，确保人大作出的决议决定更加符合实际、贴近民意。认真落实中央关于健全人大讨论决定重大事项制度的新要求，明确决定事项，突出决定重点，提升科学民主决策水平。围绕脱贫攻坚、乡村振兴、生态环境保护、重点项目实施、民生保障等重点工作，适时作出决议决定，使区委决策部署上升为人民的共同意志和自觉行动。对涉及面广、具有较强专业性、技术性的重大事项，要提高讨论决定重大事项的质量，充分发挥人大常委会组成人员、人大代表、专家学者、社会公众的作用，广泛听取各方面的意见建议，充分考虑各方面的利益诉求，进行深入的调研论证，使作出的决议决定更加科学合理、契合民意、具体可操作。

三、在依法监督上求实效，推动追赶超越取得新突破

区人大常委会将牢固树立"寓监督于支持，在

支持中实现监督”的理念，紧扣“法律赋权的、区委关注的、‘一府一委两院’薄弱的、人民群众期盼的”四个维度，在监督内容上求“准”。持续关注推进实施乡村振兴战略，跟踪监督农业项目建设、农村土地流转和产业扶贫，牢牢把握供给侧结构性改革这条主线，听取预算执行情况报告，深入了解实体经济发展、重点项目建设情况，力推在重点领域和关键环节取得新突破；坚持以人民为中心的发展理念，聚焦医疗、卫生、教育等问题，对分级诊疗机制、社会保障体系建设、义务教育均衡发展等工作进行视察调研，确保改革发展的成果更多惠及广大人民群众。在监督方式上求“活”。在听取审议专项工作报告、开展执法检查和视察调研的基础上，更多运用分层次调研、分专业小组审议，增强针对性；继续深化专题询问、履职评价的监督手段，采取“听取报告＋专题询问＋满意度测评”“代表建议督办＋视察＋满意度测评”等组合方式，做好监督文章，拓宽监督的广度和深度。在监督效果上求“实”。人大常委会出台的审议意见、代表建议交办等事项，将通过跟踪监督落实情况、听取办理工作汇报等方式，进一步提高审议意见办理质量，增强审议监督质效。

四、在完善机制上有突破，保障人大工作与时俱进

认真总结人大工作实践经验，不断完善各项工作机制，以制度巩固改革创新的成果。切实增强人大监督工作的刚性和效力。探索建立代表考核管理机制。对代表出席、列席常委会机关组织的会议，参与培训、学习、调研、视察情况，提出议案建议的数量及质量，定期走访联系选民等进行计分制考核，并将考核情况进行公开通报，作为换届时推荐连任代表的重要依据。建立健全代表监督机制。通过述职座谈、集中评议等多种方式，定期组织人大代表向选民述职；落实代表要回原选区听取选民对代表工作的意见、建议，不断改进工作，自觉接受群众监督。建立完善代表激励机制。推行开展先进代表和优秀议案、建议的评选等，对表现突出作出积极贡献的代表，通过各类媒体，积极宣传其先进事迹，进一步激发人大代表的履职积极性。

五、在代表工作上创特色，焕发人大工作生机与活力

代表主体作用的发挥直接关系到人民群众民主权利的落实。要加强代表教育培训，通过举办代表履职专题培训、开展代表活动等形式，提高代表调查研究、依法监督、凝聚民心的能力。丰富人代会闭会期间代表的履职形式，坚持邀请代表特别是基层代表参与常委会开展的视察调研、执法检查、评议测评等活动，切实发挥代表参与决策、监督、议政的作用。改进“代表接待日”、代表小组等活动的内容和形式，密切代表与群众的联系，切实发挥代表宣传党的方针政策和宪法法律、投身经济发展、引领社会风尚、维护和谐稳定的示范带动作用。加强人大代表议案建议的督办，通过学习培训、审核把关等形式，保证人大代表“提出建议”的质量；通过现场视察、会议督办等形式，保证承办单位“办理建议”的效果。

六、在基层人大规范化建设上出成果，夯实人大基层基础

推进基层人大规范化建设是推进国家治理体系和治理能力现代化的重要基础。要认真贯彻落实全国和区、市人大关于加强县乡人大工作有关会议精神，以推进乡镇、街道人大规范化建设为重点，加强协调指导，促进基层人大规范化建设。指导乡镇人大围绕发展大局，统筹人大工作，坚持以党委的发展思路、工作目标作为人大工作的切入点，勤于履职，善于履职，实现成效的最大优化；指导乡镇人大关注民生问题，深入研究找准解决民生问题的着力点和突破口；指导乡镇人大根据法律法规的要求和人大常委会的工作部署，细谋划，重落实，着力抓好代表培训和代表小组活动等具体工作，努力提升代表素质，搭建履职平台。

七、在自身建设上再加力，不断提升人大履职水平

加强履职能力建设是提升履职实效的关键。要全面贯彻党的十九大和习近平总书记关于坚持和完善人民代表大会制度的重要思想对人大工作的新要求，坚持继承、创新、完善相结合的原则，努力将人大及其常委会建设成为全面担负起宪法法

律赋予的各项职责的工作机关，成为同人民群众保持密切联系的代表机关。巩固“两学一做”学习教育和政治纪律教育成果，严格执行《准则》和《条例》，持续改进作风，在全面从严治党的道路上继续前行。加强干部队伍教育培训，丰富履职活动，增强理论指导实践的效果。密切机关干部、常委会委员、人大代表同群众的联系，凝聚推动人大工作发展的合力。推进人大专委会建设，塑造充满活力、务实高效、风清气正、勤政廉洁的人大干部队伍形象。强化人大宣传工作，广泛宣传人民代表大会制度、人大工作和代表履职先进典型，提升人大工作的影响力，唱好人大工作主旋律。

各位代表、同志们，中国特色社会主义新时代的征程已经开启，时代赋予我们新的使命，人民寄予我们更高期望。让我们更加紧密地团结在以习近平同志为核心的党中央周围，在堆龙德庆区委的坚强领导下，牢记责任使命，不断开拓进取，为决胜全面建成小康社会、开启建设社会主义现代化新征程而努力奋斗，以优异成绩庆祝西藏民主改革60周年、献礼中华人民共和国成立70周年。

政协第二届拉萨市堆龙德庆区委员会常务委员会工作报告

——在政协第二届拉萨市堆龙德庆区委员会第三次会议上

堆龙德庆区政协主席　洛桑强巴

（2019 年 1 月 15 日）

2018 年工作回顾

2018 年在区委的坚强领导下，在拉萨市政协的精心指导下，在区人大、区政府以及社会各界的大力支持下，区政协常委会坚持以党的十九大精神和习近平同志关于加强和改进人民政协工作重要论述为指引，认真贯彻落实区委二届二次、三次全会精神，紧紧围绕全区经济社会发展大局，主动适应经济发展新常态，认真履行政治协商、民主监督、参政议政三大职能，为全面建设团结美丽健康幸福新堆龙做出了积极贡献。

一、坚持党的领导，打牢政治基础

做好人民政协工作，坚持党的领导是关键。常委会以旗帜鲜明讲政治为根本要求，把学习贯彻党的十九大精神作为首要政治任务，通过党组扩大会议、政协常委会、委员培训会等形式，组织政协机关和全体政协委员全面系统学、结合实际学，准确把握习近平新时代中国特色社会主义思想精髓。教育引导广大政协委员坚决维护习近平总书记在党中央和全党的核心地位，坚决维护以习近平总书记为核心的党中央和集中统一领导，引导委员坚定“四个自信”，树立“四个意识”，始终同中国共产党同心同德、同心同向、同心同行。全面贯彻区委“党建统区”战略部署，以制度建设为抓手，建立健全党组理论学习制度、党组工作规则、常委会工作规则、主席会议制度，及时传达学习中央和自治区、拉萨市、堆龙德庆区委重要会议精神，把党中央决策主张和各级党委的部署要求贯彻落实到政协工作各

个方面和全过程。对政协重大工作、重要活动进行安排部署，做到党委工作推进到哪里，政协工作就跟进到哪里，确保政协履职与区委、区政府工作同频共振。

二、充分发挥优势，认真履行职能

一年来，区政协坚持围绕大事建言，聚焦热点献计，充分发挥参谋助手作用。

精心组织协商议政。一是突出全会协商。围绕我区经济社会发展中的重大问题开展协商献策，在区政协二届二次会议期间，组织委员开展分组讨论，围绕《政府工作报告》及群众关注的热点难点问题进行议政建言，共提出意见建议 20 余条，并得到了重视采纳。二是探索专题协商。常委会定期听取“一府两院”及政府相关行业部门工作报告，了解全区经济运行、重点项目建设、精准脱贫及环境保护等重点工作推进情况，结合实际有针对性地提出意见建议，为区委、区政府提供决策参考。三是抓实提案协商。广大政协委员着眼于人民群众普遍关注的热点、难点问题，深入开展调研，就脱贫攻坚、生态建设、健康产业、经济发展、教育卫生、旅游产业等内容，提交提案、建议 61 件。区委、区政府高度重视提案工作，专门召开了提案交办会，党政分管领导亲自参与提案督办，并将提案办理情况列入办理单位的年终考核，有力促进了提案的办理落实，提案答复率达到 100%，委员对提案办理情况满意率达到 98.3%。

认真开展调研视察。区政协紧跟区委发展思路，通过开展专题调研视察，助推决策的落实。选择基层党风廉政建设、政协委员履职等课题开展调查研究，形成《关于做好基层党风廉政建设的建议》《关于做好政协视察调研工作的几点建议》等调研报告。同时分三批次组织 40 余名委员前往广西、云南、日喀则市、阿里地区、福建、浙江等省市的 12 个县区学习考察，形成 3 篇学习考察报告，就美丽乡村建设、乡村旅游、环境保护、文物保护、城市建设、现代特色农业建设等工作提出意见建议，为我区相关工作的提升提供了有益借鉴。

强化民主监督成效。一是开展提案办理监督。及时制定委员视察方案，先后组织委员就昂嘎村桥梁修建、德庆乡中心小学修建下水道、德庆乡桑仓组修建农田围栏以及增加古荣乡中心校老师宿舍、保护寺庙周边环境等 11 个提案、6 个建议办理情况开展视察、现场督办等活动 4 次，委员参与人数达 60 余人次，通过实地查看、听取汇报、座谈、询问等方式，详细了解提案办理的进展情况，有力促进工作落实。二是开展专项视察监督。针对全区违章乱建情况突出问题，组织委员会同国土、住建、规划等部门共同开展专项视察，听取委员关于打击违建工作的意见建议，形成《堆龙德庆区政协关于遏制我区违建态势进一步恶化的建议》，得到区政府主要领导的高度重视。组织开展教育“三包”政策落实情况的民主监督专项视察活动，深入中学、小学、幼儿园实地了解学生住宿及伙食情况，通过查看相关工作台账、听取汇报等形式，进一步加强对教育“三包”政策落实情况的监督检查。三是履行日常监督职责。政协主席、副主席参加区委常委会和政府常务会以及区委、政府安排的重大会议和活动。政协委员旁听检察院、法院相关案件庭审、参与全区重点项目的检查验收以及项目建设的相关摇号等工作，通过这些日常监督工作进一步加大对相关部门的民主监督力度，为委员知情明政拓展了渠道。

三、围绕中心工作，致力服务大局

常委会围绕团结、民主两大主题，充分调动委员促进各方面关系和谐，努力汇聚各方智慧和力量，助力堆龙发展稳定。

主动担当，形成合力促进社会和谐。常委会团结带领广大政协委员，坚决贯彻落实区市党委和区委关于维护社会稳定的各项决策部署。党组班子成员按照区维稳指挥部的统一调度，认真落实一线维稳带班值班工作，深入各乡（镇）、村组、寺庙、企业、学校开展维稳巡查 100 余次，班子成员坚持蹲守在联系乡（镇），指导督促各项维稳措施落实。同时积极承担相关重点项目涉及的征地拆迁、疏导群众思想等工作。积极参与楚布寺“次曲”等宗教活动维稳工作。党外副主席、非党政协委员充分发挥自身优势，主动作为，在联系群众和各自接触的社会层面上，做了大量凝聚人心的工作，为确保我区社会持续和谐稳定作出了积极贡献。

尽心尽力，发挥优势助力精准脱贫。政协党组按照区委统一部署，将精准脱贫纳入政协日常工作中，区政协领导班子成员和机关干部认真落实结对帮扶任务，深入结对户家中开展入户调查、宣讲“四个明白”等政策，协助包村建立完善帮扶手册和相关工作台账，积极协调相关部门通过产业扶贫、就业扶贫、教育扶贫等措施，切实帮助贫困户脱贫致富。节日期间开展走访慰问结对户活动，共计捐款捐物价值2.9万余元。同时，政协委员也积极参与扶贫济困、捐资助学、结对帮扶等工作。工商界委员为助力村级集体经济发展，先后为加入村捐赠了一台价值22万元的多功能耕作拖拉机，为南巴村捐赠一台价值20万元的皮卡车。并为困难群众捐赠慰问品、慰问金折合人民币达300余万元，在前不久召开的区委经济工作会议上，三名政协委员所创办的民营企业分别荣获“就业带动奖”荣誉称号。政协委员们以实际行动展现了委员热心公益、关注民生、奉献爱心的高尚情操，受到广大基层群众的一致好评，树立了堆龙政协情系民生的良好形象。

凝心聚力，巩固爱国统一战线。新时代统一战线是实现中华民族伟大复兴的重要法宝，人民政协应与新时代统一战线格局相匹配，担负起为中华民族伟大复兴凝心聚力的新使命。常委会主动加强与各族各界委员的沟通联系，经常性走访党外委员、宗教界委员，开展节日慰问，召开“3·28”座谈会、庆祝改革开放40周年座谈会，通过委员交流发言，拉近常委会与委员之间、以及与广大委员之间的距离，进一步密切党群关系、民族关系和干群关系。一年来，共慰问走访基层委员36人次，发放慰问金共计4.8万余元。通过一系列举措，温暖了人心，增进了友谊，统一战线得到进一步巩固。

深化联络，加强交流交往。一年来，我们积极参与自治区、拉萨市政协开展“强化基层文化阵地建设，推动乡村文化振兴”“农村经济发展状况”“政协系统党的建设”等专项调研活动，以及拉萨市政协组织的培训研讨活动，推介交流相关工作经验和作法。接待墨竹工卡县、曲水县等兄弟政协来我区学习考察、交流工作。组织委员赴区内外学习考察，通过不同形式的联络沟通，我们互通有无、取长补短，共同促进，扩大了“朋友圈”，宣传推介了堆龙。

编撰文史，存史资政团结育人。在拉萨市政协的关心指导下，政协常委会精心部署，成立堆龙德庆文史编撰领导小组，通过召开资料征集会议，书面征集资料、个别访谈等形式，收集整理西藏和平解放以来，特别是近十年来堆龙德庆区在城市建设、经济发展、文化旅游、对外宣传、教育卫生、道路交通、民族宗教、生态环境、精准扶贫等方面的文史资料，经多次征求委员、相关部门及区委、区政府的意见建议后，完成了《拉萨市文史丛书之上谷福地·幸福堆龙》的编撰工作，这也是我区政协首次编写文史资料，为下一步继续做好政协文史资料工作积累了经验。

四、持续改进作风，不断强化自身建设

一年来，区政协从严要求，加强政协组织自身建设，努力打造一支群众认可、德才兼备的政协委员和机关干部队伍。

深化学习，提升队伍素质。2018年区政协举办委员学习培训班3期，参训人员达100余人次，同时首次在内地高校举办委员履职能力提升班。培训内容既有党的十九大精神解读、习近平关于加强和改进人民政协工作的重要论述以及汪洋主席在全国政协系统党的建设工作座谈会上的讲话精神，也有如何履行政协职能等相关业务知识，对进一步提升委员参政议政能力起到了积极作用。政协党组和办公室党支部坚持“三会一课”制度，党组书记和支部书记带头讲党课，通过谈心谈话、参加各级党校轮训、支部集中学习等方式，着力提升机关干部党性观念和服务水平。办公室党支部以创建“五型机关”为载体，推进“两学一做”学习教育常态化、制度化，加强党员政治教育和政治纪律教育，驰而不息推进机关作风建设，持续提升机关效能。

狠抓纪律，推进良好作风。根据《党章》《宪法》《政协章程》相关修订内容，结合我区政协工作实际，我们修改完善了“政协党组工作规则”“常务

委员会工作规则”“党组‘三重一大’研究事项议事规则”“党组班子成员联系群众制度”“党风廉政建设‘一岗双责’工作制度”“三会一课制度”等13项制度，不断推进政协工作规范化、制度化建设。政协党组和办公室党支部严格落实党风廉政建设主体责任和领导干部“一岗双责”制，认真贯彻落实中央八项规定及其实施细则精神，坚决反对“四风”，落实全面从严治党责任，坚持制度约束、规范管理、照章办事，使政协机关工作更加严谨高效、规范有序。

各位委员，同志们，过去的一年，区政协各项工作取得了一定的成绩，这离不开拉萨市政协的正确指导、区委的坚强领导和区政府的大力支持，离不开各级各部门、社会各界的关心帮助，更离不开全体政协委员和政协工作者的恪尽职守和辛勤奉献。在此，我代表区政协常委会，向所有关心支持政协工作的各级领导和社会各界人士致以崇高的敬意和衷心的感谢！

在肯定成绩的同时，我们也清醒地看到，区政协工作仍存在一些问题和不足，一是政协党的建设上党组引领作用发挥还不够充分、组织设置还不健全、工作覆盖有盲区；二是调研深度和建言质量还有待进一步提高，协商议政内容和途径还有待进一步拓展；三是服务管理委员和委员主体作用发挥还有待进一步加强，乡（镇）委员之家作用发挥还需进一步探索等等。这些问题，需要我们在今后的工作中认真研究，切实加以改进。

2019年工作安排

2019年是中华人民共和国成立70周年，西藏民主改革60周年，是巩固脱贫攻坚成效、决胜全面建成小康社会的关键之年，做好全年工作使命光荣、责任重大。区政协常委会将高举习近平新时代中国特色社会主义思想伟大旗帜，全面贯彻落实党的十九大精神，在区委坚强领导下，牢牢把握团结和民主两大主题，将人民日益增长的美好生活需要作为履职的出发点和落脚点，紧紧围绕我区发展、稳定、生态三件大事，切实履行三大职能，重点做好以下工作。

一、深化政协党的建设，加强思想政治引领

协商民主是实现党的领导的重要方式，政协作为专门协商机构，协商是手段、凝聚共识、凝聚力量是目的，只有不断加强政协组织党的建设，使政协组织具备强大战斗力和凝聚力，才能具有团结、联系、凝聚各方面的资格、能力和水平。政协党组肩负着党对人民政协领导的重大责任、谋划事业发展、制定工作措施、推动工作落实，都要把讲政治的要求具体化，落实到党对政协工作的全面领导，确保党的主张在政协政令畅通，执行到位，落地见效。一要强化政协党组在政协工作中的领导核心作用。充分发挥政协党组把方向、管大局、保落实的作用，切实把思想和行动统一到中央和自治区的部署要求上，旗帜鲜明讲政治，坚持把政治建设摆在首位，把政治引领、凝聚共识、凝心聚力作为政协履职的核心任务，不断增强党对政协委员和社会各界人士的感召力和向心力。二要切实发挥党员委员在政协工作中的先锋模范作用。教育引导政协组织中的党员委员强化党员意识、牢记党的宗旨，发挥党员委员在政治引领、发扬民主、合作共事、廉洁奉公等方面的模范作用，带动和影响党外委员为实现党的大政方针共同奋斗。三要强化基层党组织战斗堡垒作用。积极探索党员委员组织关系双重管理、自觉接受政协党组织教育管理和参加政协党组织活动、进行党性锻炼的途径方法，大力提升政协党组织的凝聚力，在政治上、思想上发挥引导作用，在生产生活中发挥服务指导作用。

二、提升工作质量，服务大局凝聚力量

要把履职质量放在更加突出的位置，各项履职活动从注重“做了什么”“做了多少”向“做出了什么效果”转变，要适应新任务新要求，建立健全各项工作制度，以完善的工作制度机制倒逼工作质量的提升。建立完善政协党组成员联系党员委员、党员委员联系党外委员制度，建立联系宗教界委员机制。建立委派委员担任民主监督员工作机制，向公、检、法、城市执法局等执法部门，民政、信访等窗口行业部门委派民主监督员开展监督工作。

全体政协委员、政协参加单位和政协机关干部

要立足我区实际，聚焦发展、稳定、生态三件大事，坚持以人民为中心的发展理念，抓住关键问题调查研究、协商议政，选择有关民生工程、乡村振兴、创业创新、巩固脱贫成效等工作，制定符合各界别特点的调研课题，由政协常委会牵头，组织界别委员开展调研视察，常委会定期听取界别调研情况，并形成调研报告经常委会审议后报区委，从而调动委员履职的主动性和创造性。同时充分运用提案、政情通报会、特邀监督、社情民意、委员来信来访、民主评议等多种形式，开展经常性的民主监督活动。举办提案撰写专题培训班，完善提案交办、办理、督办和成果反馈机制，健全重点提案遴选与督办的工作制度。综合运用主席会议集体督办、政协领导领衔督办、邀请委员上门督办、民主评议督办等措施，不断提高提案质量和办理实效。围绕区委二届四次全会确定的中心工作任务，继续组织委员对工作推进落实情况开展专题视察，推动区委工作部署落到实处。坚持政情通报制度，半年召开一次政情通报会，就全区经济社会发展情况和重点工作推进情况，听取区政府及相关部门的情况通报，为政协知情明政拓宽渠道，为委员献计出力搭建平台。

要把凝聚思想共识、增进广泛团结作为工作主线，注重发挥各界别委员的优势和作用。结合宗教界委员开展“遵守四条标准、争做先进僧尼”教育实践活动，教育广大僧尼自觉抵御达赖集团的渗透破坏，在爱国爱教、护国利民的旗帜下潜心修行，引导宗教与社会主义社会相适应。发挥工商界委员的作用，教育他们充分认清形势、牢牢抓住大好发展机遇，在实现自身发展的同时，履行社会责任、主动扶贫济困。发挥民族爱国统战界委员的作用，教育引导他们用以身作则，增进民族交往交流交融，维护好我区民族团结、社会和谐、持续稳定的大好局面。发挥农牧科技界委员的作用，动员他们在改变农牧民生产经营观念、调整种养殖产业结构、普及实用技术上出谋划策。动员医卫界委员多开展送医送药、医疗救助、热心服务社会等公益活动。使政协委员主动承担更多的社会责任，力所能及地为群众办实事、解难事，以实际行动回报社会，为政协组织增添光彩。

要充分利用政协代表性广、影响力大和包容性强的特点，以联谊、联络为纽带，采取请进来，走出去的方式加强与区内外政协之间的联系和沟通，继续安排委员赴区内外各市县进行学习考察，以此增进友谊，相互学习、互通有无、促进我区政协工作创新；持续深化委员走访工作，党组成员和党员常委要与党外委员开展谈心谈话，倾听党外委员心声、交换看法、沟通思想、解疑释惑，要通过座谈、走访、茶叙、联谊活动等形式，了解委员的思想、工作、生活、学习等情况，主动听取委员对政协工作的意见、建议，提高政协参政议政水平。加强与上级政协的联系，积极配合、参与上级政协安排的各项工作任务，致力于宣传堆龙、推介堆龙，扩大堆龙知名度和美誉度。

三、发挥委员主体作用，增强政协工作活力

要按照习近平总书记对政协委员和政协工作提出的“懂政协、会协商、善议政”的新要求，进一步加强委员管理和培训，一是持续深入开展委员履职能力提升工作。2019年，常委会将进一步强化对委员履职能力和水平的提升工作，通过举办委员理论学习研讨班，深入学习党的十九大精神和习近平总书记关于加强和改进人民政协工作的重要论述，不断巩固和加深政协委员对人民政协性质、定位、职能和作用的理解，增强委员的主体意识和履行职能的自觉性和积极性。深化乡（镇）“委员之家”职责作用，延伸功能，在开展集中学习、视察调研等活动的基础上，每年要形成一定数量的有质量的调研报告，收集有价值的社情民意信息，充分发挥“委员之家”履职的平台作用。二是完善委员履职考核机制。政协委员是一种荣誉，更是一种责任，委员是否有责任心，履职能力强弱，是政协委员发挥作用的关键，常委会将结合我区政协工作实际，健全完善《政协堆龙德庆区委员会关于政协委员履行职责的考核办法》，通过科学合理的管理，完善的考核制度保障，增强委员履职意识、责任意识、纪律意识，提高委员参加履职活动的自觉性。三是搭建委员履职平台。要积极创新政协委员活动载体，拓宽协商议政渠道，丰富活动方式和内容，突出党委政府需要和人民群众关切，侧重委员履职工作的实效性，在

拓展委员协商议政平台、知情明政平台、界别履职平台上下功夫，增强委员主体意识，提升委员履职活动，凸显委员履职成效。同时要宣传好政协委员参政议政情况，通过网络、微信等平台宣传委员关心社情民意、视察调研，参与公益事业等情况，让社会各界了解政协委员、支持政协工作，扩大政协工作的社会影响力。

各位委员，同志们！新时代蕴含新气象，要求新作为，我们务必要牢记“空谈误国，实干兴邦”的要求，更加紧密地团结在以习近平同志为核心的党中央周围，以习近平新时代中国特色社会主义思想为统领，在堆龙德庆区委的坚强领导下，不忘初心，牢记使命，同心同德，群策群力，为决胜全面建成小康社会宏伟目标凝聚政协智慧、贡献政协力量！

堆龙德庆区人民检察院工作报告

——在堆龙德庆区第二届人民代表大会第三次会议上

堆龙德庆区人民检察院检察长 张 军

（2019 年 1 月 16 日）

2018 年工作回顾

2018 年，我院在区委和上级检察院的坚强领导下，在区人大及其常委会的有力监督下，在区政府的大力支持、区政协的民主监督和社会各界的关心支持下，以习近平新时代中国特色社会主义思想为引领，深入学习贯彻党的十九大、十九届二中、三中全会精神，学习贯彻区市党委九届三次、区党委九届四次全会、全国全区检察长会议精神，深化“两学一做”常态化学习教育，紧紧围绕“稳定发展生态”三件大事，忠实履行宪法和法律赋予的职责使命，全面从严治检，稳步推进司法体制改革，扎实履行法律监督职能，各项检察工作取得了新突破，迈上了新台阶。

一、发挥检察职能，维护社会稳定，营造平安和谐的法治环境

坚决维护社会局势持续稳定。始终坚持把堆龙和谐稳定作为检察工作的首要政治任务，充分发挥检察机关在经济社会中的特殊职能，着力化解社会矛盾，促进社会和谐稳定，严格按照区委、区政府的安排部署，认真贯彻执行关于反分裂斗争的方针政策和各项重要决策部署，结合我院工作实际，制定了维稳方案、应急处突预案、防自焚、反自焚及反恐怖方案，积极参加敏感时段和重点部位值班备勤工作，累计投入检力 912 人次、出动车辆 350 余次，参加乃朗寺、楚布寺、顶嘎寺、达札寺等安保执勤共计 60 余人次，检察长及干警参加区维稳一线带班、值班 43 次，领导干部深入包村点、包寺点进行维稳督导 2 次，派出 4 名干警驻村、下沉、驻加油站。同时，加强值班备勤和单位内保工作，检察干警坚持 24 小时值班备勤达 805 人次，确保内部安保责任落实，实现了“三无、三不出”。

依法严厉打击各类刑事犯罪。紧紧围绕全区经济社会发展大局，充分发挥检察职能作用，依法有力打击各类刑事犯罪，保障人民安居乐业。共受理公安机关提请批准逮捕案件 52 件 66 人，同比分别增长 57.58%、46.67%，批准逮捕 42 件 50 人，不逮捕 10 件 14 人。共受理审查起诉案件 67 件 91 人，同比分别增长 32.20%、50.00%，共起诉各类犯罪 54 件 74 人，不起诉刑事犯罪案件 13 件 17 人。出庭支持公诉 54 次，向法院提出量刑建议 54 份，采纳率达 100%。法院审结 43 件 63 人，其中有罪判决 43 件 63 人，有罪判决率 100%。在审查逮捕和审查起诉环节中，纠正公安机关漏诉 3 人，同比增长 200%。

依法开展扫黑除恶打非治乱工作。我院积极开展扫黑除恶打非治乱工作，成立领导小组，制定工作方案，召开专题工作会议 4 次，截至目前，我院受理涉恶案件 1 件 4 人，其中审查批准逮捕 2 人，受理涉恶线索 2 件 4 人，已反馈 1 件 1 人，正在核查当中 1 件 3 人。

积极参与社会治理创新。不断深化法制宣传工作，以矛盾排查化解为重点，充分发挥检察“窗口”作用，对来信来访耐心释法说理，全部给予核实、反

馈和息诉。我院共接待受理来信来访10件10人，检察长接待6件6人，受理控告申诉案件3件3人，已办理3件3人。为进一步提升人民群众法治意识，结合“五下乡”、“综治平安宣传月”、“宪法宣传”、“大手牵小手，一起来普法”法律进校园等法制宣传活动，派出干警60余人次，发放检察便民卡800余张、公益诉讼宣传资料900余份、宣传纸杯1000余个、藏汉宣传资料2000余份，解答群众咨询10余人次，受教育群众达3000余人次。

二、依法履行诉讼监督职能，坚持法治理念，促进严格公正司法

深化侦查监督和立案活动监督。为避免有案不立、降格处理等现象的发生，对本辖区内的侦查机关和各派出所开展立案监督检查7次，对程序性违法行为发出书面《纠正违法通知书》1份，口头纠正11次，对工作管理中的不规范行为发出《检察建议》4份，对5起影响重大的案件提前介入，充分行使侦查监督权。同时，为更好的推动行政执法与刑事司法衔接工作，深入环保、工商、药监局、农林局等行政执法机关开展行政执法监督，向农林局下发检察建议，督促岗德林村对旭日度假村内树木进行日常监督管护，责令涉案人员在毁林原始地貌上补种1560株柳树，并对整改情况进行回访，此案被市检院采纳为公益诉讼典型案例。

加强刑事审判活动监督。健全“判前建议、判后审查”工作机制，对审判活动依法进行监督，全面、及时、认真地审查每一件判决，追诉漏诉1件1人，发出书面《纠正违法通知书》3份，发出《检察建议》2份，口头建议1次，切实履行好对审判活动罪名认定是否正确、量刑是否适当、审理案件的程序是否合法的监督职能，确保办案质量。

强化刑事执行监督。为提高在押人员法制观念和自我保护意识，促进看守所依法、科学、文明管理，进一步全面保障在押人员合法权益，到看守所开展法制讲座、开展日常监所检察48次，安全防范大检查5次，对在押人员进行个别谈话34次，对在押人员情况检查14次，对21名在押人员的各项信息、财务登记进行核实，受理羁押必要性审查案件1件，对羁押必要性进行全面审查，提出口头纠正意见8条，开展法制讲座2次。为有效履行法律赋予的监督职责，加强对社区服刑人员的思想教育，开展社区矫正宣告监督活动，开展社区服刑人员专项检查活动，确保不脱管、不漏管。结合本地实际，对社区服刑人员进行监督，对16名社区服刑人员进行个别谈话教育，对重点人员进行重点检查3次，详细查阅了社区服刑人员档案，完善应急预案，并要求建立完善的报告制度。截至目前，我区共有社区服刑人员35名，对2名社区服刑人员违反相关报到和请假规定给予口头警告。

三、以强化内外监督为动力，推动阳光检务，不断健全检察权依法运行机制

强化内部监督制约。严格执行司法办案各环节操作流程和检察机关司法工作基本规范，深化案件集中管理，全面运用检察机关统一业务应用系统。墨竹县、当雄县以及林周县检察院等单位就我院案管部门对统一业务应用系统适应司法责任制的系统配置进行交流、学习。我院案管部门采取口头纠正等相应的措施促使办案部门“应填尽填完善填录”，所办案件从受案到结案全部实现网上流转，至今已制作案件总数94件，卷宗总数263卷，共13639页，实现电子卷宗为案件承办人和辩护律师提供高效、安全的工作便利。督促对正在办理的案件期限进行提前预警并对快到期的案件，口头向各业务部门提醒10余次，对132件案件进行评查，对存在的问题和不规范的方面进行了全面整改，未发现承办人违规办案的现象。

主动接受外部监督。通过设立检务公开宣传栏、加强日常法制宣传活动、检察长接待日等形式推动检务公开，主动邀请人大代表、政协委员、信访局及侦查机关办案人员对作不起诉决定的故意伤害案件进行公开宣布，认真听取代表意见和建议，并认真答复。对符合案件公开条件的案件通过网上案件信息公开平台发布，全年公开程序性信息95条，公开法律文书信息46条，其中起诉40条，不起诉6条，公开率达99%。我院通过“两微一端”、门户网站、微检务平台和案件信息公开网等新媒体平台发布信息及典型案例信息410条，做到公开信息依法、全面、及时、规范，并被拉萨市检察院采用35条。

四、突出重点，攻克难点，着力推进司法体制改革

着力推进检察人员分类管理改革工作。为加强检察官的正规化、职业化、专业化建设，明确检察人员分类管理及实行检察官员额制，根据西藏自治区第二批检察官入额遴选考核工作方案要求，全院范围内符合条件的5名检察员根据考试加考核结果，经层层上报，通过遴选委员会审议，拟确认1名第二批员额检察官，保留2名检察官员额保留资格。

全面落实检察官办案责任制。根据中央司法改革关于员额检察官、检察官助理和书记员配备要达到1：1：1的要求，成立了以员额检察官为办案责任制的10个办案组，聘请了14名书记员。我院10名入额检察官办案140件（含积存案件21件），院领导亲自带领办案59件，党组书记、检察长出庭4次、列席审委会1次。非员额内检察官一律不得单独办案，严格按照检察官办案权力清单和责任清单落实相关权责，入额检察官切实担负起办案责任，没有出现推诿办案责任的情况。

五、准确把握形势，加强组织建设，全面提升党建科学化水平

加强政治教育和政治纪律教育学习。分别制定学习计划和学习方案，召开专题部署会议2次，开展政治教育集中学习32学时，开展经常性教育10次，参加区党校培训3期12人。落实管党治党责任，加强党员政治教育培训，进一步增强“四个意识”坚定“四个自信”，召开“全面加强政治建检、打造过硬检察队伍”专项教育动员部署会议，以党组织生活会形式开展政治纪律教育学习14次。

提高检察队伍思想政治素质。构建学习型领导班子，按照学习计划严格执行，党组成员带头集中学习与自主学习相结合，不断提高政治理论水平。结合“两学一做”常态化学习教育，组织全党干警学习40余次，其中专题学习十九大精神3次，不断开展宪法专题、党组理论中心组学习、意识形态、党风廉政教育等学习活动，9名干警在学习会上进行了交流发言，集中观看教育影片2部，撰写心得体会40余篇，参加区内外业务培训10余人次，参加中检网第二期全国检察机关“习近平新时代中国特色社会主义思想”及第四期“党风廉政建设专题研修班”共38人次。在党组的带领下，我院各项工作得到了各级领导的肯定，获得了拉萨市文明单位、区委区政府目标绩效争先进位考核“进位奖”、社会治安综合治理工作、先进集体和民族团结进步模范集体奖等18项荣誉。

持续推进党建工作规范化。自觉坚持党要管党、从严治党的方针，把党建工作与检察工作同研究、同部署、同检查、同落实。针对人员岗位不断变动的实际，向机关工委提出由党总支降格为党支部，对新成立的党支部进行了改选并召开党员大会总结上半年党建工作开展情况及下半年党建工作安排部署，同时加大党建宣传工作力度，制作党建走廊文化墙，开展系列党建主题活动11次，严格落实“党务公开”制度，注重公开方式方法的多样化，借助党务公开栏、检察内网和“红色之微”党员微信群等平台，公开党组织重大决议、党员个人承诺书和党费收缴情况等各类信息20条，收缴党费6507元。

稳步推进党风廉政建设工作。一是坚持把党风廉政建设工作列入党组重要议事日程，严格落实“一岗双责”，层层签订党风廉政建设责任书35份，对重点任务和工作责任分解细化、责任到人，召开专题研究部署党风廉政建设工作会议3次、党风廉政建设总结大会2次。二是严格执行民主集中制原则，充分发挥集体领导作用，坚持做到一把手末位发言，确保决策的科学性和正确性。三是为严格组织纪律，严格实行上下班指纹签到，在公务派车中严格落实“派车单”制度，不定期检查公车停放和出行情况，无任何违纪情况发生。

积极推进意识形态工作。我院在市检院、区委、区政府的正确领导下，深入贯彻学习党的十九大精神和习近平新时代中国特色社会主义思想，成立了以党组书记、检察长张军同志为组长的意识形态工作领导小组，落实中央“八项规定”、“一岗双责”制度，将意识形态工作纳入《堆龙德庆区人民检察院2018年中心理论组学习计划》，制作《堆龙德庆区人民检察院政治建设口袋书》，院党组书记主持党组会议专题研究意识形态工作2次，党支部讲“党课”6次，主题党日环保会议5次，结合“不忘初心、牢记使命”主题教育，开展中心理论组学习6次，其中习

近平新时代中国特色社会主义思想与党的十九大精神等相关理论学习4次，结合政治教育、政治纪律教育专题学习，全年召开学习会议10余次，谈心谈话32次，提出意见建议50余条，撰写心得体会40余篇，集中观看廉政警示教育片5次，开展“道德讲堂”，撰写意识形态领域调研报告，全年参加政治纪律教育、政治教育、党务工作培训等40余人次。

持续推进“一院一品”建设。结合我院工作实际，围绕生态环境保护方面，着力打造“立足检察监督、服务生态文明”检察品牌，聚焦主责主业，切实发挥好我院党支部的战斗堡垒作用和党员干警先锋模范作用，开展“四讲四爱”法制宣传活动、“送党恩进高墙”等活动5次，不断推进党建工作与检察业务相融合，开展“七一建党节”爬山等主题党日活动，增进了友谊，增强了团队协作意识，提高了检察队伍的凝聚力和战斗力。

六、强化检察业务，逐步推进法律监督职能落地生根

在侦查监督、公诉、未检、刑事执行检察、民事行政检察、刑事控告申诉检察等业务部门，实行以办案系统自动分案为主、指定分案为辅的案件确定承办机制，员额内检察官全部参加办案系统自动轮案，确保了案件分配过程随机透明；法律文书最低审批权限按照《关于基层院检察官权力清单的通知》中所规定的各类人员权限进行设定，经最低审批权限人审批同意，生成相应文号后在网上申请使用院印，无违规操作的情况；对于涉案财物处置中的突出问题，建成了专门的涉案财物管理室，配备了监控和其他设备设施，形成了信息登记、单据打印、流程管理、查询为一体的涉案财物管理机制，对涉案财物流转全过程监控，切实加强了对检察机关涉案财物的管理，确保了办案活动规范有序进行；积极参与社会诚信体系建设，服务非公有制经济发展，受理行贿犯罪记录查询共220次。

七、高度重视，以脱贫致富为目标，有序推进精准扶贫工作

为深入贯彻落实区委关于精准扶贫工作决策部署，切实解决关系群众利益的实际问题，我院30名党员干部与包村点35户群众进行了结对，组织党员干部多次逐家逐户开展实地调研，建档立卡35户，入村填写精准扶贫“明白卡”，制定帮扶措施，为群众宣传、讲解国家的扶贫政策4次，统计扶贫对象就业情况和就业需求，确保每户至少有一人实现就业，我院聘请了14名堆龙籍大学生担任书记员，安排就业6户6人从事厨师、保洁员工作，共解决就业岗位20个。党员干部自筹资金10500元，开展了一系列暖人心的活动，节前慰问驻村工作队，了解工作队工作开展情况，送去慰问资金5000元，有力推动了精准扶贫工作的深入开展，拉近了党群干群关系，结对干部熟悉五个掌握，为扶贫帮扶工作提供了依据。

各位代表，一年来，检察干警忠于使命，扎实履职，取得了新成绩。这些成绩的取得，得益于区委和上级院的正确领导，得益于区人大及其常委会依法监督，得益于区政府大力支持和区政协民主监督，得益于各位代表、各位委员、社会各界和广大人民群众的关心帮助。在此，我代表堆龙德庆区人民检察院表示衷心的感谢和崇高的敬意！

在肯定成绩的同时，我们也清醒地认识到，检察工作与广大人民群众的期待仍有不小的差距：一是检察职能发挥与依法治区的要求还有不小差距，推进社会治理法治化现代化的能力还有待提高；二是司法理念转变不够、科技强检水平不高、信息化应用水平有待进一步提高；三是检察队伍整体素质、工作规范化水平还有待提高，专业化、职业化建设任重道远。

2019年工作安排

各位代表，2019年是建国70周年，是巩固脱贫攻坚成效、决胜全面建成小康社会的关键之年，我院将紧密团结在以习近平同志为核心的党中央周围，以习近平新时代中国特色社会主义思想为引领，深入学习贯彻党的十九大、十九届二中、三中全会精神，按照区党委会议部署，紧扣“发展稳定生态”三件大事，服务保障“三大攻坚战”实施，全面强化法律监督，纵深推进司法改革，深入实施科技强检，着力建设过硬队伍，为确保我区社会局势从持续稳定走向长治久安、与全国同步全面建成小康社会作出新贡献。

一、充分发挥检察职能，着力营造和谐稳定的社会环境

始终把检察工作置于党的绝对领导下，紧紧围绕区委中心工作，依法独立行使检察权，坚持把维护稳定作为硬任务和第一责任，依法履行民事、行政检察和公益诉讼职责，密切关注经济领域犯罪新动向，突出打击集资诈骗、非法吸收公众存款等涉众型经济犯罪，保护人民群众切身利益，高度重视人权司法保障，加大刑事被害人司法救助，加强对妇女儿童、老年人、残疾人、外来务工人员等特殊群体的司法保护，努力完成巩固脱贫攻坚成效、决胜全面建成小康社会的任务，打好防范化解重大风险、精准脱贫、污染防治三大攻坚战，继续加大对扫黑除恶、打非治乱、扫黄打非三项斗争的力度，坚持信访事项“零搁置”，畅通群众诉求表达、处理渠道，切实解决好人民内部矛盾，加强维稳工作作为推进社会矛盾化解、社会综合治理工作的切入点，不断健全工作机制，强化工作措施，探索创新途径，充分发挥检察职能作用，努力为我区经济发展提供优质的法治环境和司法保障。

二、抓改革重创新，坚定走中国特色社会主义法治道路

深入推进司法体制改革，主动适应以审判为中心的诉讼制度改革，贯彻疑罪从无司法政策，坚决防止冤假错案。坚持法定标准、遵循法律程序，依法少捕、慎捕，试点开展刑事案件认罪认罚从宽制度，减少社会对抗。坚决贯彻中央、区市党委、堆龙德庆区委政府及上级院决策部署，坚定拥护支持监察体制改革，主动加强与监察委员会的衔接配合，保持惩治腐败力度决不减弱、零容忍态度决不改变，以反腐倡廉的实际成效为改革营造良好法治环境。

三、坚持从严治检不动摇，全方位打造过硬检察队伍

坚决贯彻党的十九大精神，落实全面从严治党要求，坚持从严治检，建设一支政治过硬、本领高强的新时代检察队伍。一是扎实开展“不忘初心，牢记使命”主题教育，深入推进“两学一做”学习教育常态化制度化，结合政治纪律教育、“全面加强政治建检、打造过硬检察队伍”专项教育整顿活动，推动习近平新时代中国特色社会主义思想和党的十九大精神贯彻落实。二是认真落实中央《关于新形势下加强政法队伍建设的意见》，以思想政治建设为中心，加强检察队伍司法理念、司法能力和司法作风建设，加强专业人才引进和书记员聘任，深入开展“岗位练兵、以案代训、模拟演练”等活动，全面提升检察干警业务技能。三是加强信息化建设的应用和管理，逐步推动办公、办案数字化、网络化、智能化。

四、加强专业化建设，培养专业能力、专业精神

第十三届全国人民代表大会常务委员会第六次会议通过的《关于修改〈中华人民共和国刑事诉讼法〉的决定》和《中华人民共和国人民检察院组织法》是司法改革成果化、法制化的体现，充分体现了以习近平同志为核心的党中央关于全面推进依法治国、深化司法体制改革、完善检察机关行使监督权法律制度的要求。一是修改后的《刑事诉讼法》对认罪认罚从宽、检察机关直接立案侦查、律师会见、监视居住、办理监察机关移送审查起诉案件、速裁程序、涉案财物处理等内容作出的新规定，业务部门要严格按照修改后的程序、范围、期限等规定，在统一业务应用系统中办理案件，案件管理部门加强监督管理。二是对新修订的《人民检察院组织法》所涉及的检察机关性质和任务、基本原则和工作体制、检察职权等 11 个修改方面进行深入学习。三是检察院侦查权落地，核心管辖罪名标准明确，对非法拘禁罪、非法搜查罪、滥用职权罪、玩忽职守罪、徇私枉法罪、刑讯逼供罪、暴力取证罪、虐待被监管人罪、执行判决裁定失职罪、执行判决裁定滥用职权罪、私放在押人员罪、失职致使在押人员脱逃罪以及民事、行政枉法裁判罪和徇私舞弊减刑、假释、暂予监外执行罪等 14 个重点管辖罪名立案标准进行学习，配合上级机关办理相关案件。

五、逐步开展公益诉讼工作，努力开创检察工作新的发力点

把保护国家利益和公共利益作为提起公益诉讼的着眼点，牢牢抓住公益这个核心，以生态环境保护、食品药品安全等领域为重点，探索运用支持起诉、督促起诉、诉前建议、提起诉讼等多种手段，全覆盖、多样化的探索方式使检察机关将公益诉讼制度落到实处。加强对涉农领域、食药领域、医疗领域、能源资源和生态环境领域的预防服务和保护，对破坏生态环境，造成重大污染事故的，依法代表国家提起公益诉讼。健全常态化打击机制，重点保护政府投资安全特别是以净土健康、旅游文化为主导的扶贫产业。

各位代表，新时代开启新征程、新时代赋予新使命、新时代呼唤新作为。堆龙德庆区人民检察院将紧跟时代步伐，始终紧密团结在以习近平同志为核心的党中央周围，全面贯彻落实党的十九大精神，坚决贯彻执行区委、区政府及上级检察院各项工作部署，不忘初心、牢记使命，为率先全面建成小康社会、全面建设社会主义现代化新堆龙做出新的贡献！

名词解释

1. 侦查活动监督：是指人民检察院对侦查机关的侦查活动是否合法进行法律监督。具体措施有：不批捕、不起诉、追加逮捕、追加起诉、纠正违法等。

2. 刑事审判活动监督：是指人民检察院依法对人民法院的刑事审判活动是否合法以及所作的刑事判决、裁定是否正确进行法律监督。

3. 刑事执行监督：是指人民检察院依法对刑事判决、裁定的执行和执行机关执行刑罚的活动，以及监管场所的活动是否合法进行的法律监督。

4. 社区矫正：是指将符合社区矫正条件的罪犯置于社区内，由专门的国家机关，在相关社会团体和民间组织以及社会志愿者的协助下，在判决、裁定或决定确定的期限内，矫正其犯罪心理和行为恶习，并促进其顺利回归社会的非监禁刑罚执行活动。

5. 检察建议：是指人民检察院为促进法律正确实施、促进社会和谐稳定，在履行法律监督职能过程中，结合执法办案，建议有关单位完善制度，加强内部制约、监督，正确实施法律法规，完善社会管理、服务，预防和减少违法犯罪的一种重要方式。人民检察院在检察工作中发现有下列情形之一的，可以提出检察建议：一是预防违法犯罪等方面管理不完善、监督不健全、不落实，存在犯罪隐患的；二是行业主管部门或者主管机关需要加强或改进本行业或者部门的管理监督工作的；三是民间纠纷问题突出，矛盾可能激化导致恶性案件或者群体性事件，需要加强调解疏导工作的；四是在办理案件过程中发现应对有关人员或行为予以表彰或者给予处分、行政处罚的；五是人民法院、公安机关、刑罚执行机关和其他执法机关在执法过程中存在苗头性、倾向性的不规范问题，需要改进的；六是其他需要提出检察建议的。

6. 纠正违法通知书：是指人民检察院在办理检察业务过程中，发现侦查、审判、执行等活动存在违法行为，依法向有关机关提出纠正违法意见时制作的法律文书。

7. 案件信息公开：是指人民检察院应当及时向社会发布下列重要案件信息：一是有较大社会影响的职务犯罪案件的立案侦查、决定逮捕、提起公诉等情况；二是社会广泛关注的刑事案件的批准逮捕、提起公诉等情况；三是已经办结的典型案例；四是重大、专项业务工作的进展和结果信息；五是其他重要案件信息。人民检察院对正在办理的案件，不得向社会发布有关案件事实和证据认定的信息。

8. 一院一品：创建是由自治区检察院为提炼本地检察工作亮点成效和典型做法，创出特色品牌，打造人民满意的检察院作出的一项重大部署。

9. 公益诉讼：指特定的国家机关和相关的团体和个人，根据法律的授权，对侵犯国家利益、社会公共利益或不特定的他人利益的行为，向法院提起诉讼，由法院依法追究相对人法律责任的诉讼活动。

堆龙德庆区人民法院工作报告

——在堆龙德庆区第二届人民代表大会第三次会议上

堆龙德庆区人民法院院长 巴 桑

（2019 年 1 月 16 日）

2018 年主要工作

过去一年，我院在区委领导、区人大监督、区政府支持、区政协民主监督以及上级法院指导下，深入贯彻落实习近平新时代中国特色社会主义思想、党的十九大、十九届二中、三中全会精神，认真贯彻落实区委二届三次全会精神，紧紧围绕努力让人民群众在每一个司法案件中感受到公平正义的工作目标，坚持公正司法，深化司法体制改革，加快智慧法院建设，攻坚“基本解决执行难”，审判执行工作平稳运行、稳中向好。全年共受理各类案件3115件，审执结 2681 件，同比分别增长 17.72% 和 10.37%，结案率 86.07%，结案标的 6.38 亿余元。

一、忠于职守、勇于担当，维护稳定取得新成效

深入开展反分裂斗争。牢固树立总体国家安全观和稳定压倒一切、长期作战思想，抓住西藏特殊矛盾，坚持中央对达赖集团的定性和斗争方针不动摇，深入研判反分裂斗争的新动向、新特点、新情况，时刻保持清醒头脑，牢牢掌握反分裂斗争的主动权，做到旗帜十分鲜明、立场十分坚定、行动十分自觉。紧紧围绕 3 月敏感时期、萨嘎达瓦、重大宗教活动、藏博会等敏感节点，制定工作方案预案，强化值班备勤、巡逻联防、矛盾联调等工作，倾尽洪荒之力、勇担维稳之责。一年来，累计出动干警 1200 余人次、车辆 400 余台次，投入经费 30 万余元。

依法惩治刑事犯罪。积极推动以审判为中心的刑事诉讼制度改革，始终将罪刑法定、尊重和保障人权、证据裁判、疑罪从无等理念和原则，不折不扣落实到每一个案件。受理各类刑事案件 59 件，审结 55 件，结案率 89.83%，判处罪犯 77 人。依法维护人民群众生命财产安全，审结故意伤害、聚众斗殴、危险驾驶等犯罪案件 29 件 40 人；审结盗窃、诈骗等侵犯财产类犯罪案件 20 件 30 人，增强各族群众安全感；依法保护非公有制经济合法权益，审结公司企业工作人员挪用资金犯罪案件 2 件 3 人；严厉惩处妨害社会管理秩序罪，深入开展禁毒斗争，审结走私、贩卖、运输、制造毒品，非法持有毒品，容留他人吸毒犯罪案件 4 件 4 人。打好扫黑除恶打非治乱专项斗争主动仗整体仗，积极宣传、广泛发动群众，营造全民参与专项斗争的浓厚氛围。

加强社会治安综合治理。发挥自身优势，服务乡村振兴战略，积极协助有关部门处置土地、林地承包、征地拆迁、补偿等涉农纠纷 20 余起；坚持重点要防、难点要盯、热点要疏、一般要复，受理来信来访 70 余件，化解涉诉、涉执信访案件 24 件；坚持和发展“枫桥经验”，积极推进多元化纠纷解决机制建设，诉前调处案件 160 余件，指导人民调解、行业调解组织化解矛盾 13 起，重调解、轻判决，民商事案件调撤率达 62.30%；强化法治宣传教育，开展以宪法为主的普法宣传 220 场次，发放藏汉双语宣传资料 4 万余份，受宣传群众 2.4 万余人次，引导各族群众以法治思维、法治方式解决纠纷。

二、化解矛盾、促进和谐，服务发展有新作为

全力服务经济社会发展。积极适应、主动把握

经济发展新常态，深入贯彻新发展理念，以正确处理“十三对关系”为根本方法，为统筹推进“六大战略”提供更具预见性、主动性、实效性的司法服务和保障。受理各类民商事案件2267件，审结1976件，结案率87.16%，结案标的2.62亿余元。坚持以人民为中心的发展思想，审结劳动争议、劳动合同、交通事故责任纠纷等涉民生案件159件；审结民间借贷、金融借贷、融资租赁等案件148件，维护金融市场秩序，防范化解金融风险；毫不动摇支持民营经济发展，审结与公司、企业、证券、保险等有关合同纠纷案件1605件，营造良好营商环境；坚持依法裁判和协调化解相结合，加大合法性审查力度，审结行政案件2件，助推法治政府建设。

强力推进执行攻坚。按照最高人民法院的部署，制定时间表、路线图，加大投入保障，坚持问题导向，坚持刀刃向内，坚持精准发力，全面打响“基本解决执行难”攻坚战。受理执行案件767件，执结629件，执结率82.01%，执结标的3.76亿余元。对照“四个90%，一个80%”核心指标，全部达标，并顺利通过中央第三方评估。为有效破解查人找物和财产变现难题，建立完善网络查控系统，共查询2522次，冻结款项2298.02万元；建立网络司法拍卖平台，进行网络拍卖3次，成交额52万元；与保险公司合作，引入执行悬赏保险机制，压缩老赖空间；引入执行救助机制，发放执行救助金18.4万元；严厉打击规避执行、抗拒执行等违法行为，联合公安机关对113名老赖实施布控，累计抓获25人，依法拘留18人、罚款2.15万元，不间断开展“集中执行”、“夜间执行”、“假日执行”等行动，啃下一批“骨头案”；推进执转破，加快重塑经济结构，将涉及金额1000万余元的7起被执行人资不抵债、符合破产条件的“僵尸企业”，依法转入破产程序；积极推进社会信用体系建设，依法公布失信黑名单160人，对160名失信被执行人采取限制高消费、招投标、出入境等信用惩戒措施。

平稳化解涉军停偿案件。深入贯彻以习近平同志为核心的党中央关于涉军停偿工作的重大决策，站在依法维护国防利益、支持军队改革的政治高度，紧紧依靠区委领导，组建骨干审判团队，强化军地联动，对涉军停偿案件开通绿色通道，坚持优先立案、优先审理、优先执行。全年共受理涉军停偿案件和涉军善后司法保障案件63件，为部队挽回经济损失110万余元，清退租户、分租户1000余户，腾退涉案土地20万余平方米。辖区内涉军停偿工作已全部完结，做到了确保军队财产不流失，群众利益不受损，实现了政治效果、法律效果和社会效果的有机统一。

三、深化改革、强化公开，补齐短板实现新突破

深化司法体制改革。推进人员分类管理，完成第二批法官入额工作，两名干警进入员额法官队伍，以政府购买服务的方式招录聘用制书记员、警务辅助人员26人，审判力量得到进一步充实；健全法官业绩评价、审判责任追究制度机制，明确各类人员职责，落实“让审理者裁判、由裁判者负责”的要求；协调组织、人社、财政等部门，完善法官、司法辅助人员、司法行政人员绩效考核及奖金分配实施办法，将绩效奖金与工作质效直接挂钩，树立奖优罚劣的鲜明导向。一年来，面对案件大幅增长的压力，全体法官加班加点，法官人均办案达183件，同比提高17.98%，人均办案量居全区三级法院第一，院庭长办案1771件，同比提升23.47%，占案件总数的56.87%。

强化司法公开。坚持以公开为原则、以不公开为例外，将司法公开覆盖法院工作各领域、各环节。完善审判流程、庭审活动、裁判文书、执行信息四大公开平台，在满足当事人知情权、参与权的同时，自觉接受监督，倒逼法官提升司法能力，让人民群众以看得见的方式感受公平正义。公开裁判文书831份、审判流程信息3115条、执行信息767条和庭审直播150场次。

坚持司法为民。落实立案登记制，坚持有案必立、有诉必理，当场立案率达95%，为各族群众依法维护自身权益敞开大门。深化家事审判改革，促进家事纠纷专业化、社会化、人性化解决，审结家庭纠纷、继承纠纷、抚养纠纷62件，强化对未成年人、老年人和妇女权益的保护。加快推进“四位一体”诉讼服务中心建设，接待群众3600余人次，巡回办案387件，以法院干警的辛苦指数换取各族群众的幸

福指数。根据审判辖区广、流动人口大等实际，大力推行电子送达，送达文书1500余份，方便群众参加诉讼。强化弱势群体司法保护，减缓免交诉讼费案件413件，减缓免诉讼费45.15万元。

四、党建统院、从严治院，自身建设开创新局面

加强政治建设。把政治建设作为党的根本性建设，部署开展“加强政治纪律教育”“全面加强政治建设、打造过硬法院队伍”专项教育整顿活动，推动“两学一做”学习教育常态化制度化，把学习贯彻习近平新时代中国特色社会主义思想与学习贯彻习近平总书记关于治边稳藏的重要论述以及给隆子县玉麦乡群众的回信、致电西藏民族大学建校60周年的贺信精神结合起来，凝心聚魂、补钙壮骨，把准政治方向、强化政治定力，干警“四个意识”进一步树牢、“四个自信”更加坚定、践行“两个维护”更为自觉。利用理论中心组学习会、民主（组织）生活会等平台，组织学习40次，组织干警52人次参加政治轮训。

加强党的建设。坚持“抓党建带队建促审判”思路，扎实推进基层党组织标准化建设、基层党组织组织力提升工程。严格落实“三会一课”、民主生活会、组织生活会、谈心谈话等组织生活制度，严肃党内政治生活。组织开展党组书记上党课、重温入党誓词、向宪法宣誓、大力表彰先进、主题党日活动等，推进新时代党的建设制度化、规范化、科学化，着力提升基层党组织凝聚力、战斗力。2018年面对繁重工作任务，干警们不辞辛劳，无私奉献，4个集体、16名个人受到县级以上表彰。

加强基层基础建设。以增强“八种本领”为目标，以司法能力建设为导向，抓好业务培训工作，选送业务骨干22人次参加培训，组织干警120余人次参加最高人民法院“每月一讲”专题授课；坚持任人唯贤德才兼备选人用人标准，树立有为才能有位、有位必须有为的鲜明导向，推荐提拔使用干部17人；加强基础设施建设，本级财政投资1700万元建设干警应急处突待命房、国家投资1194万元建设德庆、柳梧、羊达三个人民法庭和投资306万元建设的诉讼服务中心项目已基本完工；加大受援工作力度，协调北京市门头沟区法院、延庆区法院组团赴藏考察援助工作，从结对、人才、智力和资金援助、经验共享等方面进行深入对接，落实援助资金20万元；扎实开展驻村工作，突出基层组织建设和脱贫攻坚战，选派3名干警深入到驻村点，协调落实民生项目3个，为民办实事20余件，帮助困难群众真脱贫、脱真贫；扎实开展“结对认亲交朋友”活动，捐款、捐物价值6万余元，帮助困难群众解决就学、就业、就医问题。

加强党风廉政建设。落实全面从严治党“两个责任”，层层签订党风廉政建设责任状，推动形成主要领导亲自抓、分管领导具体抓、各部门负责人直接抓的工作局面。严格执行中央八项规定及其实施细则精神、防止干预过问案件“两个规定”等制度，持续改进司法作风，严防“四风”问题反弹回潮。集中整治不作为慢作为乱作为假作为，查摆问题14条，对标对表、即行即改。加强警示教育，学习典型案例通报，组织干警参观廉政教育基地，用身边事教育身边人，始终做到清醒、警醒、警钟长鸣。

主动接受监督。牢固树立监督就是支持、监督就是关爱的理念，向区人大常委会专题报告“基本解决执行难”工作情况并根据审议意见改进工作，配合专项调研和督导检查2次，邀请代表委员列席重要会议、观摩庭审、现场见证执行60余人次；支持、配合检察机关履行监督职责，检察长列席审委会2次、出庭支持公诉2次，检察机关开展民事执行等方面法律监督8次；通过设立举报箱、举报电话、随案发放廉政监督卡等措施，主动接受当事人监督，发放廉政监督卡2681份，随机回访400余次；充分发挥司法民主，人民陪审员参审案件153件，拓展了司法民主渠道，切实凝聚公正司法合力。

各位代表，一年来，法院工作的发展进步，最根本在于习近平新时代中国特色社会主义思想的科学指引，在于区委的坚强领导、区人大有力监督、上级人民法院正确指导和区政府、区政协及社会各界的关心支持。在此，我代表堆龙德庆区人民法院表示衷心感谢，并致以崇高敬意！

在看到成绩的同时，我们也清醒的认识到，着眼新目标，建功新时代，法院工作还存在不少问题和困难：一是学习贯彻习近平新时代中国特色社会

主义思想的系统性不强，立足本职抓落实的措施尚需进一步强化；二是司法能力水平、做群众工作和推进改革创新、促进科学发展、狠抓落实能力不强，与新时代增强“八种本领”的要求还存在差距；三是案件数量持续攀升，各类矛盾对抗性不断加大，审判执行任务日益繁重，案多人少矛盾更加突出。对于这些困难和问题，我们将紧紧依靠党的领导，积极争取多方支持，切实采取有效措施，认真加以解决。

2019 年工作安排

2019 年是新中国成立 70 周年，是全面建成小康社会关键之年，也是西藏民主改革 60 周年。我院将始终高举习近平新时代中国特色社会主义思想伟大旗帜，深入贯彻落实党的十九大、十九届二中、三中全会精神，贯彻落实区委二届四次全会精神，紧紧围绕发展稳定生态三件大事，坚持狠抓政治建院不动摇、依法履行职责不懈怠、深化改革不停步、提升能力素质不放松，扎实履行好维护国家政治安全、确保社会大局稳定、促进社会公平正义、保障人民安居乐业的神圣使命，奋力开创工作新局面，为推进堆龙长足发展和长治久安提供更加有力的司法保障。

一是始终坚持党的领导，坚定不移做到“两个维护”。始终坚持以习近平新时代中国特色社会主义思想武装头脑、指导实践、推动工作，深入推进“两学一做”学习教育常态化制度化，持续深化“全面加强政治建警、打造过硬法院队伍”专项教育整顿等活动，树牢“四个意识”、坚定“四个自信”，坚决做到“两个维护”，用对以习近平同志为核心的党中央绝对忠诚的实际行动做好司法审判各项工作。始终坚持把法院工作置于党的绝对领导之下，坚定不移走中国特色社会主义法治道路，落实重大请示报告制度，依法履行使命，坚决做区委决策部署的坚定拥护者、模范践行者。始终坚持抓党建带队建促审判，注重发挥党建引领作用，把党的政治建设摆在首位，始终做到“三个牢固树立”，大力推进基层党组织标准化、规范化建设，切实提升组织力，推动全面从严治党、从严治院、从严治警向纵深发展，把基层党组织建设成为遇事不糊涂、关键时刻起作用的坚强战斗堡垒，不断巩固党的执政地位。

二是始终坚持依法履职尽责，坚定不移维护长治久安和长足发展。全力推进平安堆龙建设。以喜迎新中国成立 70 周年为主线，把维护社会大局持续和谐稳定作为拥戴信赖忠诚捍卫核心、维护党中央权威和集中统一领导的具体行动，把反对分裂、维护稳定作为硬任务和第一责任，严密防范、坚决打击各种渗透颠覆破坏、暴力恐怖、民族分裂等犯罪活动；以深入开展扫黑除恶打非治乱扫黄打非专项斗争为抓手，严惩黑恶势力、涉枪涉爆、黄赌毒、传销、电信网络诈骗等犯罪；强化爱国主义教育和法治宣传教育，弘扬社会主义核心价值观，引导各族群众自觉维护祖国统一、加强民族团结，理性对待宗教、过好今生幸福生活。全力服务经济高质量发展。围绕服务供给侧结构性改革和防范化解重大风险、精准脱贫、污染防治三大攻坚战，以正确处理好“十三对关系”为根本方法，发挥司法裁判规则引领作用，运用司法政策，促进经济社会持续健康发展；依法审理各类涉农纠纷，充分发挥人民法庭在乡村治理中的作用，服务乡村振兴战略实施；牢牢坚持“两个毫不动摇”，坚持依法平等保护，找准工作结合点、切入点，营造支持民营经济发展壮大良好法治环境；牢牢把握脱贫攻坚工作目标，加大定点帮扶力度，强化扶贫领域违法犯罪行为惩治、矛盾纠纷化解，巩固提升脱贫成效；坚持“基本解决执行难”攻坚之后不放松、不懈怠，将业已形成的党委领导、政法委协调、人大监督、政府支持、法院主办、部门配合、社会参与的综合治理执行难工作格局不断发展完善，锐意创新、多措并举，进一步健全不敢逃债、不能逃债、不愿逃债的制度体系，构建“一处失信、处处受限”的信用惩戒格局。全力强化环境司法保护。依法化解涉及环境保护基础设施建设和自然资源开发利用领域的矛盾纠纷，加大乱开乱挖、乱排乱放等资源开发、环境污染、破坏生态违法犯罪行为的惩治力度；深化环境资源保护法治宣传教育，抓住“6.5”环境日等重要节点，集中开展以案释法、法官讲法等宣传活动，形成集约效应，切实维护好美丽堆龙建设。

三是始终坚持以人民为中心，坚定不移推进司法为民、公正司法。立足于改善民生、凝聚人心这个出发点和落脚点，积极适应社会主要矛盾新变化，不断提高司法服务保障水平，更好满足人民日益增长的美好生活需要；依法审理涉及教育、就业、医疗、消费、婚姻、养老等案件，加大依法治理欠薪问题力度，促进保障和改善民生。立足于新常态下案件迅猛增长态势，完善诉调对接中心功能，将外部支持与内部提速相结合，推进多元化纠纷解决机制建设，实行繁简分流、简案快办，不断提升办案质效；深入推进“四位一体”诉讼服务中心建设，切实打通联系服务群众“最后一公里”，着力实现“让数据多跑路、让群众少跑腿”。立足于“四大公开平台”建设，积极探索移动互联环境下司法公开新途径，加大庭审直播力度，不断拓展司法公开的广度和深度，保障人民群众对司法工作的知情权、参与权、表达权、监督权，让人民群众切实感受到社会主义司法制度的优越性，让人民群众在每一个司法案件中感受到公平正义。

四是始终坚持全面深化改革，坚定不移推进司法制度体系和司法能力现代化。坚持把司法体制改革和智慧法院建设，作为“车之两轮”“鸟之双翼”。致力于深入推进司法体制综合配套改革，认真贯彻《关于进一步全面落实司法责任制的实施意见》，健全完善权责明晰、权责统一、监督有力、运转有序的审判权力运行体系；深化以审判为中心的刑事诉讼制度改革，全面贯彻分工负责、互相配合、互相制约原则，更好发挥庭审在查明事实、认定证据、保护诉权、公正裁判中的决定性作用；坚持优化协同高效原则，建立健全符合司法规律和人民法院实际的科学内设机构体系；加强与司法行政机关、公安机关的协作配合，推动人民陪审员制度改革工作有序开展。致力于推进现代科技和司法审判工作深度融合，加大数据、人工智能等在司法领域的应用，推进诉讼制度体系在信息化时代实现跨越式发展；秉持信息化建设服务农牧民群众、服务审判执行、服务司法管理、服务廉洁司法、服务社会治理理念，大力推进智慧法院特别是网上诉讼平台建设，推动内外部网络系统兼容对接、数据共享，助推审判执行工作提质增效。致力于深化司法体制改革和现代科技应用相结合，抢抓司法体制改革站在新起点、进入新时代的司法需求发展期，推进实现案件全程网上办理、违规操作自动阻断、办案风险实时提示，为深化司法体制综合配套改革、全面落实司法责任制插上科技的翅膀。

五是始终坚持全面从严治院，坚定不移推进过硬法院队伍建设。着眼于推进正规化专业化职业化建设，认真贯彻落实《中国共产党政法工作条例》，教育引导干警树立理想信念、坚守法治信仰、砥砺作风品行、增强履职本领，着力培养忠诚干净担当的高素质法院队伍。着眼于提升基层战斗力，按照“五个过硬”要求，进一步强化岗位培训、岗位练兵，着力提高法官庭审驾驭、事实查明、法律适用、裁判说理、信息化应用和做群众工作的能力。着眼于增强干警创业积极性，落实好鼓励干警新时代新担当新作为的制度机制，为敢于担当的干警担当、为敢于负责的干警负责、为公正司法的干警撑腰。着眼于营造风清气正的司法环境，以反腐败永远在路上的坚韧和执着，坚持从严教育、从严监督、从严管理，严肃查处干警违纪违法行为，做到无禁区、全覆盖、零容忍，确保公正廉洁司法。

各位代表，新时代是奋斗者的时代。我院将更加紧密地团结在以习近平同志为核心的党中央周围，高举习近平新时代中国特色社会主义思想伟大旗帜，在区委的坚强领导下，按照本次大会决议，不忘初心、牢记使命，锐意进取、担当作为，为决胜全面建成小康社会、加快建设社会主义现代化堆龙、谱写中华民族伟大复兴中国梦的堆龙篇章贡献法院智慧和力量，以优异成绩向伟大祖国70华诞献礼。

《堆龙德庆区人民法院工作报告》提纲

报告全文共分二个部分：第一部分是2018年主要工作；第二部分是2019年工作安排。主要内容如下：

2018 年主要工作

一、忠于职守、勇于担当，维护稳定取得新成效

深入开展反分裂斗争。

依法惩治刑事犯罪。

加强社会治安综合治理。

二、化解矛盾、促进和谐，服务发展有新作为

全力服务经济社会发展。

强力推进执行攻坚。

平稳化解涉军停偿案件。

三、深化改革、强化公开，补齐短板实现新突破

深化司法体制改革。

强化司法公开。

坚持司法为民。

四、党建统院、从严治院，自身建设开创新局面

加强政治建设。

加强党的建设。

加强基层基础建设。

加强党风廉政建设。

主动接受监督。

2019 年工作安排

一是始终坚持党的领导，坚定不移做到“两个维护”。

二是始终坚持依法履职尽责，坚定不移维护长治久安和长足发展。

三是始终坚持以人民为中心，坚定不移推进司法为民、公正司法。

四是始终坚持全面深化改革，坚定不移推进司法制度体系和司法能力现代化。

五是始终坚持全面从严治院，坚定不移推进过硬法院队伍建设。

名词解释

1. 智慧法院：是依托现代人工智能，围绕司法为民、公正司法，坚持司法规律、体制改革与技术变革相融合，以高度信息化方式支持司法审判、诉讼服务和司法管理，实现全业务网上办理、全流程依法公开、全方位智能服务的人民法院组织、建设、运行和管理形态。

2. 以审判为中心的刑事诉讼制度改革：推进以审判为中心的诉讼制度改革，正是基于我国目前的司法现状提出的，就是要凸显人民法院在被告人定罪量刑的环节上的实质功能，真正发挥人民法院的把关作用。通过开庭的形式，在控辩双方在场的情况下，对指控被告人有罪的证据，逐一举证、质证，做到事实证据调查在法庭，定罪量刑辩论在法庭，判决结果形成在法庭。

3. 枫桥经验：20 世纪 60 年代初，浙江省诸暨市枫桥镇干部群众创造了“发动和依靠群众，坚持矛盾不上交，就地解决。实现捕人少，治安好”的“枫桥经验”，为此，1963 年毛泽东同志就曾亲笔批示“要各地仿效，经过试点，推广去做”。“枫桥经验”由此成为全国政法战线一个脍炙人口的典型。之后，“枫桥经验”得到不断发展，形成了具有鲜明时代特色的“党政动手，依靠群众，预防纠纷，化解矛盾，维护稳定，促进发展”的枫桥新经验，成为新时期把党的群众路线坚持好，贯彻好的典范。

4. 基本解决执行难：党的十八届四中全会明确提出“切实解决执行难”“依法保障胜诉当事人及时实现权益”的目标。最高人民法院坚决贯彻落实党中央决策部署，2016 年 3 月周强院长在十二届全国人大四次会议上提出“用两到三年时间基本解决执行难问题”。为客观准确评价“基本解决执行难”情况，最高人民法院引入第三方评估机制，由中国社科院牵头的 4 个部门、13 家媒体、15 名专家学者组成评估团队，独立对“基本解决执行难”进行跟踪评估。2018 年 11 月对西藏法院“基本解决执行难”进行了整体评估。

5. 四大公开平台：审判流程、裁判文书、执行信息、庭审直播公开平台一道组成了司法公开“四大平台”。

6. 四位一体诉讼服务中心：根据最高人民法院关于推进诉讼服务中心建设的部署要求，结合西藏地广人稀、交通不便的实际，为减轻当事人诉累、方便群众诉讼，区高级人民法院在全区大力推广诉讼服务大厅、12368 诉讼服务热线、诉讼服务网、车载流动法庭“四位一体”诉讼服务中心建设，努力为当事人提供“一站式”“全方位”的便民服务。

7. 立案登记制：是指案件受理制度，根据《最高

人民法院关于全面深化人民法院改革的意见》提出的要求，改革案件受理制度，变立案审查制为立案登记制，对人民法院依法应该受理的案件，做到有案必立、有诉必理，保障当事人诉权。

8. 四个 90%，一个 80%：即 90% 以上有财产可供执行案件在法定期限内执结，90% 以上无财产可供执行案件终结本次执行程序符合规定要求，90% 以上执行信访案件得到化解或办结，全国法院 90% 以上法院达标，近三年执行案件整体执结率超过 80%。

9. 执转破：在经济转型时期，破产法具有极其重要的价值，特别是对社会资源和生产要素的重新配置意义重大。实践中，作为债务人的企业法人不能清偿到期债务且严重资不抵债，一方面影响了资源的重新配置和市场秩序的稳定，一方面也在人民法院形成了大量的执行积案。因此，司法解释设计了执行转破产程序来解决这一难题。执行转破产，是人民法院主动作为服务大局、推进供给侧结构性改革的创新举措，又是统筹化解人民法院执行难、企业破产难的有效措施，有利于健全市场主体救治和退出机制，有利于完善司法工作机制，因此，人民法院应当依法及时审查执转破产案件。

10. 干预、过问案件“两个规定”：是指中办、国办下发的《领导干部干预司法活动、插手具体案件处理的记录、通报和责任追究规定》和中央政法委下发的《司法机关内部人员过问案件的记录和责任追究规定》（简称“两个规定”）。过问记录和责任追究制度可以遏制利用领导关系、同事关系、打探案情或说情，严重妨碍司法公正和司法公信力情况的发生，为司法人员依法独立办案提供了有力的制度保障。

11. 执行悬赏保险机制：是申请执行人向人民法院提出悬赏申请，经人民法院决定同意，申请执行人向保险公司购买“悬赏保险”后，人民法院通过网络、报刊等媒体向社会发布悬赏公告，举报人在保险期间内提供被执行人财产或下落线索的，可获得悬赏公告公布的悬赏金，申请执行人即被保险人对举报人承担悬赏金给付责任，保险公司按照保险合同约定负责将悬赏金赔付给申请执行人。2018年8月我院与中国人保财险拉萨分公司签订了执行悬赏保险、执行救助保险战略合作仪式。

12. 执行救助保险机制：是一种普惠公益的政策性保险，和司法救助相衔接但又不交叉，法院是投保人，执行司法救助对象为受益人，由保险公司对申请执行人进行救助或法院要求进行司法救助的当事人进行真实性调查，再由法院进行审核，最终由保险公司发放救助赔偿金。执行救助保险在国家司法救助基础上拓展救助对象、增加救助额度、提高救助准确度，有效防止当事人因‘案”致贫，真正实现司法执行案件“全程无忧”。

13. 八种本领：习近平总书记在党的十九大报告中明确提出了当前领导干部迫切需要提高的“八种本领”，即学习本领、政治领导本领、改革创新本领、科学发展本领、依法执政本领、群众工作本领、狠抓落实本领、驾驭风险本领。

14. 五个过硬：习近平总书记提出“五个过硬”，即要按照政治过硬、业务过硬、素质过硬、纪律过硬、作风过硬的要求，努力建设一支信念坚定、执法为民、敢于担当、清正廉洁的政法队伍。

15. 审判辖区广：目前，我院除受理堆龙德庆区行政辖区案件外，拉萨市八一路以西城区、柳梧新区、国家级经济技术开发区所有案件均归我院管辖，这些都是拉萨城市建设的核心区域，经济发展较快，公司企业多、流动人口多、部队机关多、涉及拆迁征地多。该三大辖区案件占我院受理案件总数的 70% 以上，其中八一路以西城区案件占受理案件总数的 30% 左右。

堆龙德庆区 2018 年国民经济和社会发展计划执行情况与 2019 年国民经济和社会发展计划(草案)的报告

——在堆龙德庆区第二届人民代表大会第三次会议上

堆龙德庆区发展和改革委员会

(2019 年 1 月 16 日)

一、2018 年国民经济和社会发展计划执行情况

过去一年,面对错综复杂的外部环境和艰巨繁重的改革发展稳定任务,区委坚强领导,区人大、区政协监督支持,北京市各方无私援助,区政府紧密团结全区上下,以习近平新时代中国特色社会主义思想为指导,坚持稳中求进、进中求好、补齐短板工作总基调,落实高质量发展要求,统筹推进稳增长、强支撑、促改革、调结构、惠民生、保稳定、防风险各项工作,经济运行总体平稳、稳中向好。全年实现地区生产总值 33.13 亿元,同比增长 10.2%,完成年初既定目标任务的 101.69%;一般公共预算收入完成 14.56 亿元,同比增长 21.97%,完成年初既定目标任务的 115%;全社会固定资产投资、规模以上工业企业增加值分别增长 19.3% 和 48%,比年初既定增长目标分别增加 0.3 个百分点和 6 个百分点。价格总水平基本稳定,居民消费价格指数控制在 3% 以内。主要经济指标均实现两位数增长,增幅继续位居全市前列,保持了经济持续健康发展和社会大局稳定,较好完成了区二届人大二次会议审议通过的主要预期目标。

(一)需求拉动持续增强。一是重点项目顺利推进。积极构建中央财政、地方政府投资、援藏投资及社会投资协同发展、综合发力的投资促进体系,全年共实施 5000 万以上项目 26 个,各级各类投资计划执行基本到位。国道 109 线那曲至拉萨段控制性工程(堆龙段)、青藏铁路扩能、拉林铁路机务段等国家重点项目施工进度持续加快;古荣乡那曲高海拔生态功能区生态搬迁安置项目建成并实现搬迁入住,自治区中心医院项目建设用地完成征地拆迁工作,拉萨综合保税区海关联检大楼及配套工程、西藏领峰国际智慧物流园等区市重点项目开工建设;堆龙新城基础设施、“象雄美朵”生态旅游文化产业园区等重点领域投资力度持续加大,开发建设进程稳步加快;易地扶贫搬迁安置配套、棚户区改造、小康安居等民生项目加快推进,部分工程完工投入使用或不同程度进入收尾阶段;民生保障、社会事业、民族宗教、社会治理等关键领域、重点环节有针对性地实施了一批补短板项目,惠及广大群众。招商引资促进作用明显,全年招商引资项目 28 个,总投资 90.41 亿元,实际到位资金 25.3 亿元,同比增长 14.9%。西藏沛德 30 兆瓦牧光互补复合、古荣乡 40 兆瓦农光互补等新能源项目奠基开工,生产性资产投资规模持续扩张,长期投资作用明显。二是消费拉动作用明显。切实保障市场供应,稳定传统消费,充分发挥市场资源配置作用,大力开展重大节庆假日期间购物、旅游休闲、文体娱乐、住房等各类促进消费活动,满足城乡消费者多层次、多样化消费需求。加快推动堆龙新城基础设施

建设，强化新城公共服务配套，提升产业地产项目用地供给能力，东嘎时代广场等首批城市商业住宅项目顺利推进，有力促进住房消费。积极引导消费者扩大旅游休闲、文化创意、品牌体验、绿色出行等发展型消费需求，强化乡村旅游精准扶贫，"一元游堆龙"、"德吉藏家" 民俗旅游推介活动取得实质性成效，外来消费持续扩大。钢材物流集散交易中心、工程机械商贸城等综合性商贸市场建成运营，东嘎农贸批发市场被评定为市级商贸集聚区。全年新增规模以上批发零售类服务业企业 1 家，预计实现社会消费品零售总额 11.76 亿元，同比增长 14.2%，完成年初既定目标任务的 100.12%。

（二）重点产业持续发展。一是净土健康产业稳步发展。以净土健康产业为主导的高原现代农业体系加快构建，西藏专项高原特色产业项目新建高效温室 12 万平方米，古荣乡高原优质蔬菜生产基地建设初现雏形。高原特色食品深加工基地（冷链中心）开工建设，净土健康产业链向多层次延伸。高原优质青稞、经济林木、有机果蔬、特色藏药材等净土健康优胜业态向各大园区推广覆盖，实现 "堆龙净土"、"青色麦田" 系列产品在区内外各大卖场、超市铺货 10 余家，销售额预计达 100 余万元，净土健康产业总产值预计突破 2 亿元。二是特色工业稳中向好。加快推动高原绿色食（饮）品加工、藏医药研发生产、农副产品深（精）加工、高新技术产业等优势产业高关联性发展，鼓励和引导企业加大新产品研发投入，优化产品结构。大力倡导和支持建筑建材企业通过技术创新、技术改造提升新型生产线建设，西藏高争建材股份有限公司第六期技改项目初步完成矿山生态改造治理。工业园区实体经济不断向好，经济脱虚向实提档升级，园区 10 宗闲置土地成功盘活 7 宗，西藏领峰国际智慧物流园区、吉祥哈达生产线等 5 个入园项目落地开工建设。新建成通浪路、西嘎路、浪康三路和四路，园区基础设施配套功能日趋完善。全年完成工业总产值 45.76 亿元，同比增长 50.26%；工业销售产值 46.57 亿元，同比增长 27.39%；工业增加值 21.6 亿元，同比增长 54.72%；工业投入 28.56 亿元，同比增长 40.85%；实现工业税收 4 亿元，同比增长 34.16%。三是文旅产业融合步伐加快。"旅游 +" 成效明显，围绕打造 "药王故里、藏戏之乡、生态堆龙" 旅游品牌，积极推动文化体育、藏医药、休闲农业、扶贫产业与旅游产业深度融合，"楚布沟山地自行车体验赛"、"觉木龙派藏戏文化旅游节"、"堆龙糌粑旅游文化节"、"邦普沟沐浴文化节"、"藏医药养生深度体验游" 等各类旅游品牌推介活动带动群众直接或间接增加收入。"象雄美朵" 生态旅游文化产业园区基础设施建设稳步推进，建成 6 条园区道路，古堡桥梁完成象雄壁画绘制工作。"德吉藏家" 精品民宿、波玛村家庭旅社、桑木自然民宿村、楚布沟沿线度假林卡等乡村旅游呈现良好发展态势，全年预计实现旅游接待 143.31 万人次，旅游创收 4554.43 万元，增速均达到 20%。

（三）三大攻坚战开局良好。一是脱贫摘帽顺利完成。经开区精准扶贫易地搬迁安置点完成入住配套建设，全区 757 户 2798 人贫困群众全部实现搬迁入住。完成当雄 550 户 2325 名贫困群众和那曲 262 户 1102 名高海拔生态搬迁群众入住工作，保障了贫困群众在我区就近 "就业、就学、就医"。援藏投资的波玛村 "德吉藏家" 易地搬迁扶贫开发项目全面完工并投入运营。村集体经济助力精准脱贫成效显著，全区 30 个行政村集体经济年收入均达 100 万元以上，有力带动贫困群众实现就业和分红增收，全年扶贫产业实现贫困群众就业 1186 人、分红 485.7 万元。差额低保补贴标准不断提高，实施建档立卡贫困群众 100% 救助政策，帮助 634 名贫困群众 "以保脱贫"。全年兑现教育资助金 250 人次、236.18 万元，有效根除贫困大中专学生生活困难问题。全年实施 31 个扶贫产业项目，融资贷款 2.6 亿元。全区 1262 户 4387 人建档立卡贫困群众全部脱贫，综合贫困发生率控制在 0.17% 以内，顺利通过国家脱贫摘帽考核评估验收，正式成为西藏自治区第二批退出国家贫困县的区（县），群众满意度达到 99.36%。二是污染防治攻坚战全面推进。坚持问题导向，坚决强化中央环保督查问题整改落实，全年办结中央第六环保督查组反馈案件 47 件，其余 11 件长期整改办结的案件正在系统性整改推进中，工业园区污水处理、重点区域生态修复、污染源治理等一批环保督查举报的典型案件切实整改到位。严格执行排污许可制度，污染防治力度持续加强，燃煤散烧、违规排放污水废水、露天焚烧垃圾行为得到有效遏制，采石采砂、危险废弃物等行为得到清理规范。强化“环保智慧”平台运行管理，畅通群众参与渠道，按期处理60起环境举报案件，57家次环境违法企业得到依法处理，环境信访案件办结率、满意率均达到100%。全年新开工建设29个水源点保护工程，水源点保护实现全覆盖；完成拉萨周边防护林体系工程建设2200亩，西藏生态安全屏障封山育林3000亩，全面完成“无树村、无树户”消除任务；全区28个行政村被评为“自治区级生态村”、6个乡镇全部完成“自治区级生态乡（镇）”创建评选，占比分别为93.33%、100%。环境质量总体良好，全年空气质量优良率达到97.13%，地表水水质保持在Ⅲ类质量标准。三是防范化解重大风险攻坚战良性推进。财政预算管理制度不断健全，政府债务和政府隐性债务风险得到有效防范和化解，基本实现政府债务零增长。积极做好重点领域风险防范和处置，加强薄弱环节监管，深入开展土地私自买卖、私搭乱建专项整治行动，拆除工商资本领域非法建筑29宗，103名个人63家企业法人被纳入失信人员名单。不断巩固提升劳动关系基础，严厉打击违反劳动法的“双拖欠”行为，全年累计受理案件170件，结案率达97%。信访形势平稳有序，实现“三无”、“三不出”工作目标。牢固树立安全生产红线意识，扎实开展“安全生产月”活动、“打非治违”专项行动和安全生产大检查等专项行动，有效杜绝重特大事故，全年未发生一起较大以上安全生产事故。依法加强民族宗教管理工作，充分发挥利寺惠僧政策促进作用，重点加强寺庙民生保障、安全保障项目资金投入。不断创新社会治理机制，完善社会治理体系，提高社会治理能力，持续深化交通整治专项行动，持续保持扫黑除恶专项斗争高压态势，社会治安秩序持续向好，群众安全感和满意度大幅提高。

（四）两项收入稳步增长。一是财政收入稳步增长。全年完成全口径财政收入25.16亿元，同比增长15.23%；其中：政府性基金预算收入10.6亿元，同比增长7.1%；本级入库税收14.02亿元，同比增长21.88%，占收入的96.28%；非税收入占收入的3.72%。全年完成税收收入34.5亿元，占总收入的98.15%；其中：实体企业实现税收6亿元，占总收入的17%；招商引资企业实现税收29.15亿元，占总收入的83%。二是居民收入快速增长。全年实现农村居民人均可支配收入15500元，同比增长11.06%，比全市既定增长目标增加0.4个百分点；其中：工资性收入、家庭经营性收入、财产性收入、转移性收入分别占收入的31%、24%、23%、22%。实现城镇常住居民收入增长与经济增长基本同步，城镇居民人均可支配收入预计达35648元，同比增长10%。

（五）要素支撑良好。一是财税金融支撑有力。财政基本保障有力，一般公共服务、公共安全、教育、科学技术、社会保障和就业、医疗卫生与计划生育、节能环保、城乡社区等财政八项支出预计达19.26亿元。金融服务体系加快构建，新增全市首家民泰村镇银行，辖区金融机构达到3家，年末存款余额53.57亿元，信贷放款15.39亿元，有效缓解中小微企业、“三农”、扶贫产业融资难的问题。二是就业形势总体稳定。创新就业创业服务工作机制，大力推动“实名制登记、就业服务、落实政策”三位一体工作模式，积极搭建创业就业平台，拓宽就业渠道，全年共开发就业岗位3450个，实现新增就业1560人；农牧区劳动力转移就业0.91万人、2.32万人次，实现收入0.61亿元；就业再就业培训410人；实现应往届高校毕业生就业1163人，就业率达93.8%，建档立卡贫困户高校毕业生就业率达到100%；城镇登记失业率控制在2.2%以内，城镇调查失业率控制在5.5%以内，就业形势基本稳定。

（六）发展环境良好。一是商事制度改革深入推进。不断深化注册资本登记制度、企业住所登记制度、“三证合一、五证合一、多证合一”等改革，营商环境不断优化，市场主体稳步增长。全年新增市场主体4948户，其中：企业1088户，注册资金199.21万元；个体3850户，注册资金8.62亿元；农专10户，注册资金5093万元。二是“两创示范”建设稳步推进。积极建立小微企业创业创新的长效机制和环境支持，制定七大政策，降低就业创业门槛，利用线上平台，提供网上创业咨询，双创资源实现共享，全年扶持优秀小微企业及合作社资金930余万元。三是政务服务体系建设取得新突破。加快建设“以区政府服务中心为龙头、乡（镇）政务服务中心为主体、村政务服务站为基础”的三级政务服务网络和代跑帮办体系，不断规范服务标准、疏通服务难点、丰富服务手段，实现了全域服务“零距离”。全年三级政务服务体系共办理行政审批事项、便民服务事项30952件，办结29523件，办结率达95.38%；共受理“12345”热线803件，办结779件，办结率达97%。

（七）社会事业快速发展。一是教育事业不断发展。全年新建德庆乡顶嘎村、马乡色兴村等7个村级幼儿园，学前教育三级网络初步形成。积极稳妥推进“五个100%”教育目标任务，基本实现区域内义务教育均衡发展。以教研工作带动教学工作，教学质量不断提高，全区学前三年毛入园率达96.11%，小学入学率达99.99%，巩固率为100%，初中入学率达100%，巩固率为100%。二是医疗卫生水平不断提升。启动区医院“二级甲等”创评工作，县（区）级公立医院改革成果有效巩固。组团式援藏工作成果显著，全年救治受益群众2329人，金额达769.23万元。稳步推进分级诊疗、家庭医生签约服务制度，签约率达94%。加大医疗卫生领域投入力度，基本公共卫生服务经费提高到人均65元，农牧区基本医疗制度保持全覆盖，政府年人均补助标准提高至515元。三是文化惠民成效显著。推动文化惠民深入实施，完成村村文艺队组建工作，实现了村村文艺队全覆盖，村级文艺队演出场次达150余场，全年累计开展各类文艺活动近300余场次，受众人数达3万人次。进一步完善区群众活动中心、六个乡镇基层文化站点公共文化服务功能，持续扩大文化场所免费开放力度。大力发展文化产业，全年新建成1个自治区级、2个市级文化产业基地。四是社会保障不断健全。城乡最低生活保障工作按照动态管理原则，实现“应保尽保、应退尽退”，全年兑现城乡低保金和农村低保资金1277人次、169.26万元；特困供养工作有序开展，特困供养人员142名完成建档造册。

总体来看，2018年全区结构调整步伐加快、新动能孕育壮大、质量效益稳步提升，经济由高速发展向高质量发展转变的势头强劲，经济社会发展取得了新成就。成绩的取得，得益于以习近平同志为核心的党中央亲切关怀，得益于习近平新时代中国特色社会主义思想的正确引领，得益于市委、市政府和区委、区政府的坚强领导，得益于区人大及其常委会和区政协各位常委、委员聚焦改革发展稳定的监督支持，离不开北京市对口援助方的无私援助和全区各族干部群众的团结奋斗、默默奉献。

在肯定成绩的同时，也要清醒认识到经济社会发展中还存在一些矛盾和问题，主要表现在以下六个方面：一是经济下行压力依然较大。经济稳定增长的基础不牢，经济运行稳中有忧，主要指标增速总体趋缓，下行压力有所加大；二是投资增长后劲乏力。社会投资信心不足，实体经济发展仍面临较大困难，民间投资增速走低，投资结构不合理的问题突出，长期投资乏力；三是产业转型升级任重道远。经济结构不优、创新驱动不强、现代服务业发展滞后等短板突出，传统产业增长动力不足，新动能难以弥补旧动能减弱的缺口，新旧动能转换亟待加快；四是要素制约依然存在。发展环境不优，建设用地规模空间与指标紧缺、违法用地、私搭乱建、征地拆迁难等问题还不同程度存在，行政审批等周期长，行政服务不高效，营商环境有待进一步改善；五是防风险面临严峻考验。受宏观政策收紧影响，企业贷款难，金融支持实体经济能力还需进一步加强，防范化解重大风险领域风险需要持续密切关注；六是社会治理面临不少新情况。经济下行压力下，各类社会矛盾多发，新老问题交汇叠加，社会矛盾敏感性、关联性、突发性不断增强。对于这些问题我们将高度重视，认真研究，切实加以解决。

二、2019年国民经济和社会发展计划

2019年是新中国成立70周年，西藏民主改革60周年；是决胜全面建成小康社会第一个百年奋斗目标的关键之年，对顺利实现“十三五”时期各项预期目标具有决定性作用。从预期来看，我区经济发展的宏观面、基本面不会发生重大变化，总体仍

处于产业结构调整期、新旧动能转换期，经济发展仍有条件保持总体平稳。

2019年经济社会发展的总体要求：做好全年经济工作，始终要以习近平新时代中国特色社会主义思想为指导，统筹推进“五位一体”总体布局，协调推进“四个全面”战略布局，坚持以人民为中心的发展思想，坚持稳中求进、进中求好、补齐短板的工作总基调，坚持新发展理念，坚持推进高质量发展，持续推进供给侧结构性改革，落实“六稳”要求，以处理好“十三对关系”为根本方法，深入实施“六大战略”，继续打好“三大攻坚战”，实施乡村振兴战略，加快构建现代产业体系，扎实做好稳增长、促改革、调结构、惠民生、防风险各项工作，保持经济运行在合理区间，进一步稳就业、稳投资、稳预期，提振市场信心，提高人民群众获得感、幸福感和安全感，持续保持经济持续健康发展和社会大局稳定，为全面建成小康社会收官打下决定性基础，以优异成绩向新中国成立70周年和西藏民主改革60周年献礼。

2019年经济社会发展主要预期目标：推动经济增长保持在合理区间。建议地区生产总值（GDP）增长10.5%左右；一般公共预算收入增长7%，确保实际增速高于全市增速；全社会固定资产投资增长10.5%以上；规模以上工业增加值增长14%。推动经济发展质量和效益不断提升。建议社会消费品零售总额增长14%，乡村旅游带动农牧民就业人数增长22%。推动就业形势总体稳定。城镇登记失业率控制在2.2%以内，城镇调查失业率控制在5%以内。推动价格总水平基本稳定。居民消费价格指数涨幅控制在3%左右，与去年目标值保持一致。推动民生福祉继续增加。建议农村居民人均可支配收入增长13.5%，实现城镇居民人均可支配收入增长与经济增长基本同步。

为实现上述目标，我们要深入贯彻习近平新时代中国特色社会主义思想，不折不扣落实党的十九大部署的重大方针政策、重大举措，按照经济工作会议要求，着力抓好五个方面工作。

（一）双轮驱动，推动经济高质量发展。一是持续增强投资动力。进一步发挥政府投资和民间投资对促进有效投资的协同集成作用，切实增强经济拉动能力，全力推动堆龙新城、拉萨综合保税区、“象雄美朵”生态旅游文化产业园区、工业园区、乡村振兴等重大领域重点项目建设，确保投资力度不减、投资规模不降、投资增速稳步增长。2019年计划实施新建项目117个、估算总投资11.88亿元，力争完成投资60.24亿元；计划争取各级各类投资9亿元，力争更多中央预算内投资、各级财政投资落地实现有效投资。切实抓好续建项目建设，确保总投资36.45亿元47个续建项目如期建成使用，发挥应有效益。以各类经贸投资洽谈会为载体，大力开展集中招商和专题招商，吸引更多外部资金投资创业、兴办实业，着力推动一批产业延伸型、技改创新型、刺激消费型等优势项目达成投资意向，引进一批发展前景好、带动能力强、经济效益高、推动作用大的产业化龙头企业，推动经济高质量发展，力争招商引资到位资金达到19.63%增长。围绕民间投资年增长10%的工作目标，大力发展民营经济，促进生产性投资落地，实现长期投资效益。加快推动古荣乡40兆瓦农光互补项目、西藏沛德堆龙德庆30兆瓦牧光互补复合项目在年中旬并网发电，切实把资源优势转化为经济发展优势。二是培育新兴消费热点。积极推动城乡传统消费领域改造升级，促进传统消费提质增效。大力培育新型消费，提高城郊休闲旅游、网络购物、信息服务、绿色环保等新兴热点消费水平，增加最终消费贡献率。强化专业消费市场现代化经营体系建设，引导和支持区域内各大市场设立专业结算中心，力争2019年发展规模以上批发零售类服务业企业1家。提升首府城市副中心美誉度和影响力，以打造堆龙新城产业地产为导向，继续完善以市场供应为主、政府保障为辅的城镇住房供应体系，着力打造新城佳禾世家、祥和御府、上谷壹号、嘎吉林·商业广场、东嘎国际、香雪西苑等产业地产，持续扩大城镇公租房覆盖面，适时加快商品房供给，促进房地产消费领域健康发展。

（二）厚植优势，构建现代产业体系。一是做优净土健康优势产业。大力培育和发展高原奶产业，以藏地吉龙为龙头，推动抗高反酸奶生产基地、古荣乡巴热村高原奶牛养殖基地建成投产，全面完成“万户百场十中心”建设，大力推广家庭农场，积极构建高原奶制品现代化产业体系。充分发挥区净土公司农牧业产业化龙头企业作用，推动净土健康设施农业向古荣乡高特基地聚集发展，促进古荣乡高原果蔬花卉基地、马乡高原食用菌基地、德庆乡藏红花藏药材基地标准化、规模化、市场化、效益化管理经营；以建设高原特色食品深加工基地为抓手，加快建成“青色麦田”系列青稞食品加工厂、冷链中心，统筹做好“堆龙”高原青稞产品标准化技术提升，发挥好“青色麦田”系列品牌对高原青稞产业的支撑带动作用，大力提升“堆龙”高原青稞产品在市场的主导地位；打造“拉萨山泉”天然饮用水品牌，大力提升品牌知名度和影响力，加快天然饮用水标准化生产线建设，大力培育发展高原天然饮用水产业，提升新型产品档次，扩大新兴产业规模。二是推动绿色工业提质增效。围绕创新、绿色、共享，坚持走传统优势产业改造升级、循环产业链条延伸、战略性新兴产业培育“三位一体”的工业经济转型之路，坚定不移做强绿色工业。大力提升营商环境，为西藏九通物流改性沥青生产线、西藏藏地吉龙抗高反酸奶生产基地等入园项目建设提供服务保障；大力推动西藏高业工贸年产 600 万米网围栏生产基地、望果商混年产 45 万立方米商品混凝土生产线、西藏祥益实业彩色水泥生产线等项目入园，进一步扩大新型建筑建材产能经营规模，实现增产增效。做大做强实体经济，高质量推进园区经济脱虚向实、提档升级，积极做好闲置土地盘活及土地集约利用工作，重点对园区现有 3 宗闲置土地进行产业对接，通过资产并购重组、注资、股权转让等方式盘活土地，力争 2019 年全面完成园区闲置用地产业嫁接任务，实现园区传统产业改造升级，提高产出效益。切实帮助建隆钢结构生产基地、汇金建材厂房等续建项目做好试生产工作，不断培育发展规模以上工业企业，2019 年力争发展规上企业 2 家。三是全面优化提升多元三产。切实把现代服务业作为转型发展的主攻方向，坚持走生产性服务业和生活性服务业并重、现代服务业和传统服务业并举、文化旅游与其他产业融合发展的三产优化升级之路，坚定不移做大三产。以实施“旅游 +”为主攻方向，推进“象雄美朵”生态旅游文化产业园区开发建设，加快推动马术演艺中心、游客接待中心、儿童乐园、精品酒店、博物馆等第一批重点项目开工建设，提升“象雄美朵”文化旅游融合示范效果。积极探索旅游开发模式，采取招商引资、产业合作等开发建设模式，重点打造楚布沟精品旅游景区，推动沟域经济快速发展，促进乡村旅游带动农牧民就业人数稳步增加。提升旅游活动形式、丰富旅游业态，促进“西藏礼物 · 堆龙印象”旅游纪念品扩大经营销售，增强“一元游堆龙”旅游专线承载力，持续推进全域旅游工作取得实效。围绕国家“一带一路”倡议，充分发挥首府城市副中心战略性节点作用，加快构建现代商贸流通体系，大力支持拉萨综合保税区、西藏领峰国际智慧物流园建设。积极引进和培育物流骨干企业，提升现有物流功能和服务水平，推动现代物流服务电商平台向精准扶贫产业、农牧区特色产业领域拓展。大力支持商贸流通企业发展连锁直营，鼓励企业在乡村设立经营网点，为农牧民群众提供服务便利。

（三）统筹城乡，提升城乡建设发展水平。一是加快新城建设。围绕提升城市品味，完善城市基础设施配套功能，加快新城市政工程建设，实施城区水系连通、滨河公园、电力线路迁移入地、示范街风貌改造、堆龙大道绿化提升等项目建设，积极争取堆龙河城区综合治理项目投资落地，启动“北大资源 · 梦想城”项目规划建设。加大新城教育、医疗卫生等公共资源配置，加快推进乡改镇、镇改街道、村改社区工作，促进新型社区建设与城市公共服务功能相配套，不断提高城市公共服务水平。积极稳妥地推进新城各类产业地产项目开发建设，促进新城村集体经济用地的业态转型升级。围绕“智慧城市”建设，大力开展城市管理综合执法和环境综合整治行动，以良好的城市环境助推城市转型和经济转型。二是提升乡村面貌。以产业兴旺为重点、生态宜居为关键、乡风文明为保障、治理有效为基础、生活富裕为根本，大力实施“乡村振兴”战略。围绕提升和改善农村基础设施和人居环境，扎实推进美丽宜居乡村示范点建设，实施德庆乡德庆村、马乡措麦村、马乡马村、古荣乡嘎冲村、乃琼镇波玛村等5个人居环境综合整治工程，完成5个棚户区改造提升任务，构建乡镇村给排水、污水处理体系，推进垃圾源头分类减量处理、农业生产废弃物资源化利用，对有条件的乡村大力推行旱厕改水厕，提高卫生厕所普及率。加强以党组织为核心的农村基层组织建设，扎实做好乃琼镇岗德林村、贾热村、色玛村和德庆乡门堆村、东嘎镇桑木村（祥和苑）等4个行政村村级组织活动场所标准化建设，新建成4个偏远自然村组级活动场所，全力打造农牧区社会管理和服务群众平台，进一步完善乡村治理体系。三是构建乡村产业体系。大力实施质量兴农战略，以创建乡村振兴示范点为抓手，产业兴旺为重点，深化农业供给侧结构性改革，构建乡村振兴的优势产业体系。以发展净土健康种养殖业、文化旅游业两大产业为重点，助推德庆乡德庆村通过净土健康设施农业发展藏红花种植经营，大力发展藏药材规模化种植业；马乡措麦村通过扩大家具厂规模带动增收，马乡马村通过推广高原有机青稞实验田打造田园综合体，同时依托高原净土健康设施农业园实现高原食用菌规模化生产经营，带动2个村壮大村集体经济；古荣乡嘎冲村通过城市功能转移打造服务功能齐备的汽车物流园，围绕古荣乡高原净土健康设施农业基地建设大力发展果蔬、花卉等现代农业产业；乃琼镇波玛村通过"象雄美朵"生态旅游文化产业园区开发建设，以打造城郊休闲林卡体验基地带动集体经济发展。

（四）深化改革，加大要素保障力度。一是有效降低企业生产成本。积极搭建银企对接平台，努力拓宽融资渠道，加大信贷融资力度，努力争取金融机构对企业产业项目的支持。围绕重点领域发展，积极与各金融机构加强对接合作，创新金融产品，争取更多金融贷款资金。有效整合城市资源注入融资平台，提高融资平台资质，充分运用财政贴息等方式，为信贷融资给予政策支持。积极开展信托融资，切实将一些安全性较高、风险较小、收益相对稳定的基础设施项目、产业项目以信托渠道进行民间融资，在信用担保、财政补贴、税收等方面对投资者给予合法性政策优惠，增强投资吸引力，确保融资成功率。二是畅通生产要素流通。继续推进农村土地经营权确权颁证工作及村集体资产清产核资及成员界定工作，加快农村土地所有权、承包权、经营权"三权"分置办法的改革工作，引导农村土地承包经营权有序流转。积极引导农牧民群众发展多种形式的新型经营规模主体，以培育新型职业农民、现代青年农场主、农业职业经理、农业科技示范户等发展壮大一批村集体龙头企业，构建现代农牧产业经营体系，实现村集体经济年收入增长10%的目标，其中：年收入高于100万元、低于1000万元的村实现15%增长。三是提升政务服务上水平。加快"互联网+政务服务"建设工作进程，深入实施数据整合与业务融合，推进网上服务集中办理、服务信息全面公开、数据资源开放共享，打造信息化、一体化、智慧化综合服务大厅，推行集成受理、联合办理，真正实现群众和企业办事"进一家门、到一个窗、办多家事"，打通服务群众"最后一公里"。四是深化双创体制改革。探索"双创"财权与业务相统一的模式，建立健全市、区、乡三级联动工作机制，筹建双创中心，提升载体功能。不断强化和创新孵化器作用，在提升孵化质量上下功夫，通过产业资金配套建成产业孵化生产基地，帮助2—3个市场前景好、经济效益佳、带动效果强的小微企业生产入市。

（五）提升保障，着力改善民生福祉。一是继续稳定就业形势。坚持就业优先战略，实施积极就业政策，因人施策、综合施策，千方百计开发更多与农牧民群众就业意愿、高校毕业生所学专业相匹配的岗位，切实提升就业率，确保有就业意愿有劳动力的群众全部就业，实现更高质量和更充分就业。鼓励和支持应往届毕业大学生返乡自主创业就业，在发展现代农业产业上发挥人才智力支撑作用。支持和引导农牧民合作社和小微企业转型发展，培育更多的新型就业形态和就业机会，持续改善就业结构。积极开展零就业贫困家庭"清零行动"，大力开展各类招聘活动，积极展开岗位对接，实现零就业贫困家庭至少1人就业。不断完善易地搬迁就业奖励机制，力争易地搬迁就业58户58人。二是不断强化公共服务。坚持优先发展教育，合理规划、优化学校布局，致力于解决好辖区“大班额”问题，加快完成古荣乡中心小学、区中学改扩建任务；强化教育资源配置，推进区第三、第四、第五幼儿园和区第二、第三小学以及区第二初级中学等项目开工建设，着力解决城市教育配置不足的问题。强化要素资源保障，新建区第二小学，适时启动人大附中建设工作，提升区域办学理念，提高办学质量和水平。大力提升城乡医疗卫生服务水平，实施区妇幼保健站、4个社区卫生服务中心建设。以区人民医院综合楼建设推动“二级甲等”医院创建工作取得实效。大力支持自治区中心医院开工建设，探索和启动“康养结合”模式的新型藏医院建设，极大满足各族群众就医需求。扎实做好社会保障、城乡低保各项工作，新开工建设残疾人康复中心1个、老年日间照料中心3个。

（六）打好三大攻坚战，优化发展环境。一是巩固脱贫攻坚成果。以扶贫政策不变、机制不变、力度不减、方式不改，巩固提升脱贫攻坚成果，充分发挥主导产业、扶贫产业、村集体经济的带动作用，实现贫困群众就近就便稳定就业、持续增收，积极引导贫困群众参与到产业发展中来，促进“以业脱贫”发挥最大成效。大力提升贫困群众安置入住服务功能，实施经开区精准扶贫易地搬迁120套安置点供暖工程；以提升边缘户群众生产生活水平为着力点，实施高海拔搬迁小康安居工程建设，确保低收入群体安居乐业。二是提高生态文明水平。加大对污染源企业摸底排查和整顿清理力度，全面清理和整治燃煤散烧行为，加强大气、水污染综合防治。完成东嘎水泥厂矿区生态修复工作，继续开展农村环境综合整治工作，完成自治区级生态县（区）和其余1乡2村生态创建工作。加大中央环保督察组反馈未结办案件跟进力度，扎实做好采砂、采石、取土场地质环境恢复治理工作，为中央环保督察回头看打下坚实基础。三是防范化解风险。不断健全财政管理制度，发挥财政熨平经济波动功能，强化预算执行约束，强化源头控管，强化支出管理，加快预算批复、资金下达进度，加强资金和项目的对接，推动及早形成实物工作量。严格地方政府债务、隐性债务管理，加强限额管理，建立应急处置机制，强化风险预警，加大风险预警和考核问责力度，确保政府债务风险总体可控。强化财政监督职能，加大监督检查力度，提升监督质量，切实维护财经秩序。严格流通市场监管，确保物价总体平稳。严密防范土地私自买卖，加强房屋租赁市场监管。强化道路交通生命安全防护工作，严格落实重点区域、重要领域、重大行业安全防范措施。加强社会治安综合治理，持续开展“扫黑除恶”专项斗争，确保社会局势和谐稳定。

各位代表，做好2019年全区经济社会发展各项工作，责任重大，意义非凡，影响深远。让我们更加紧密地团结在以习近平同志为核心的党中央周围，以习近平新时代中国特色社会主义思想为引领，坚持在区委、区政府的带领下，在区人大、区政协的监督支持下，坚定信心，凝聚力量，扎实工作，为决胜全面建成小康社会打下坚实基础，为实现“两个一百年”奋斗目标而不懈努力。

堆龙德庆区2018年财政预算执行情况及堆龙德庆区2019年财政预算（草案）报告

——在堆龙德庆区第二届人民代表大会第三次会议上

拉萨市堆龙德庆区财政局

（2019年1月16日）

各位代表：

受区人民政府委托，现将2018年财政预算执行情况和2019年财政预算（草案）报告提请堆龙德庆区第二届人民代表大会第三次会议审议，并请各位政协委员和其他列席人员提出意见。

2018年财政预算执行情况

2018年，全区财政部门在区委、区政府的坚强领导下，在区人大的法律监督和区政协的民主监督下，深入贯彻落实党的十八大、十九大精神，全面落实中央第六次西藏工作座谈会、区市经济工作会议精神，以全面建成小康社会为目标，牢牢把握稳中求进的工作总基调，坚守稳定和生态“两个底线”，充分发挥财政职能作用，依法依规组织收入，合理有序安排支出，实现了经济健康发展、民生持续改善、生态环境良好、社会和谐稳定的目标，财政预算执行情况良好。

一、公共预算执行情况

2018年，经堆龙德庆区第二届人大第二次会议审议通过的2018年全区一般公共预算总财力为224475万元，同比增加69169万元，增长44.54%。其中，本级一般公共预算收入145641万元，同比增加30389万元，增长21.97%；上级财政补助收入77625万元，同比减少1369万元，减少1.73%；预算稳定调节基金23900万元。

（一）一般公共预算执行情况

2018年，全区一般公共预算总财力预计399779万元，比年初预算增加175304万元，增长78.10%。其中，本级一般公共预算收入完成145641万元，同比增长18.46%；上级财政补助收入预计192519万元，比年初预算增长148.01%；上年预算稳定调节基金61619万元。一般公共预算支出314950万元，同比增长55.13%。收支相抵后，预算稳定调节基金预计92890万元，实现了收支平衡。

（二）政府性基金预算执行情况

2018年，政府性基金预算财力预计111235万元。其中，本级政府性基金预算收入105997万元；上级补助收入5238万元。政府性基金预算支出111235万元，实现收支平衡。

需要特别报告的是：以上预算执行数与最终决算数将会略有变化，待我区财政收支决算正式编制完成并经市财政审核批复后，将专题向人大常委会报告。

二、2018年主要工作举措

2018年，全区财政系统狠抓增收节支，进一步调整优化支出结构，大力压缩非刚性支出，在“保运转、保民生、保稳定、保重点”需要的基础上，不断加大对民生领域、重点领域、基层领域、扶贫领域的投入力度，切实将有限的资金向关键领域倾斜，着力在改善民生和促进社会和谐稳定上见效果，在夯实基层基础和构建规范的财政体制上求实效。

（一）切实加大“城乡一体化”建设投入力度，着力加强和改善民生

一是全力支持农业经济发展。在农业综合开发方面：一是加强农业基础设施建设，扶持农副产品加工和中低产田改造。二是严把工程质量关。在项目建设过程中，我们采取招投标、大宗物资政府采购，严格监督和管理。坚持全面统筹财力，不断加大投入力度，切实把加大对“三农”的投入力度作为加快“城乡一体化”发展的重要举措。全年预计落实三农资金39540万元，其中落实资金4303万元，对科技转化与推广服务、农业生产支持补贴、农业组织化与产业化经营、农业资源保护修复与利用等进行补贴；全年扶贫资金投入11756万元；坚持打好脱贫攻坚战，顺利实现整体脱贫摘帽。水利投入资金6829万元，实施防汛、流域规划、山洪灾害非工程措施、寺庙饮水配套、河长制、小型农田水利设施建设；投入资金2234万元，实施森林防火、森林病虫害防治、有害生物防控、绿化消除无树村无树户、林地确权勘测费、109国道沿线绿化养护经费、生态文明环境提升、森林生态效益补偿、重点防护林项目、生态保护与恢复。

二是教育投入持续加强。全年预计投入资金54577万元，用于教育事业优先发展的投入，其中本级财政投入26015万元。落实“三包”及义务教育阶段农牧民子女营养改善计划，惠及更多的义务教育阶段农牧民子女学生，精准扶贫及教育救助资金，助推精准扶贫工作；使教育基础设施、教学条件、师生工作学习生活条件得到进一步改善。

三是卫生投入显著加强。全年预计投入资金14941万元用于医疗卫生事业发展，其中本级财政投入9089万元。安排资金3476万元，落实新型农村合作医疗及农牧民超大额医疗保险；安排资金412万元，落实城乡医疗救助；落实资金501万元，开展城乡居民及寺庙在编僧尼健康体检；安排资金1618万元，落实公共卫生投入；使医疗卫生体系建设不断完善，设施设备得到不断改善，卫生事业得到不断加强和发展。

四是文化体育与传媒投入稳步增长。全年预计落实文体与传媒事业经费1790万元，积极推进文化大发展。本级投入了1656万元，实施堆龙德庆区文化活动中心；落实非遗产业扶持金，提升非遗的自身造血功能；乡镇文化站、农家书屋、寺庙书屋配置设施设备；推进文体及传媒事业繁荣发展。

五是积极推进社会保障制度改革。全年预计落实社会保障资金17646万元，其中本级财政投入7665万元。完善低保和优抚资金管理，确保政策落到实处。落实特困人员资金43万元；落实城乡最低生活保障682万元；落实残疾人生活补贴235万元；落实老年人健康补贴资金150万元；落实公益性岗位补贴1466万元；落实城乡居民养老保险130万元；落实全区村干部基本报酬及业绩考核资金797万元，2018年兑现标准为2018年村委会正职年补贴5万元，副职年补贴4.1万元，委员年补贴3.5万元；落实小组干部报酬资金180万元；落实村民监督员报酬180万元。

六是积极创新机制，提高资金使用效率。加大基础设施建设投入。一是严把资金“出口关”，大力压缩一般性支出，把保工资、保运转、保稳定作为财政支出的重中之重。二是科学调度资金，在保运转的基础上，保证对“三农”、教育等重点支出。三是立足基层，统筹财力，进一步支持交通、水利、保障性住房等基础设施建设，全年本级财政基建投资达到17600万元，实施了2018年重点项目：人民法院维稳应急处突待命房建设项目；象雄美朵波马村5组精准扶贫特色民宿建设项目；10个点的自然组活动场所建设项目等。

七是以提高保障能力为基础，着力优化支出结构。我们从“保稳定、促发展”的大局出发，坚持集中财力保工资发放、保社会保障、保机构运转、保法律和政策性兑现。

（二）切实加大“平安堆龙”建设投入力度，着力增进民族团结与社会和谐稳定

坚持把维护稳定作为硬任务和第一责任，深入贯彻落实习近平总书记提出的“治国必治边、治边

先稳藏”的战略思想，着力推动长治久安。2018年全年预计投入维稳资金12859万元，为全区的社会稳定提供了强有力的资金保障。落实资金6884万元，保障政法部门业务经费和维稳专项支出，提高政法干警装备配备和待遇水平，全力保障派出所、警务站、公安检查站、基层安全机关建设经费，维稳专门力量建设不断加强；落实资金696万元，支持创新寺庙管理，及时兑现和谐模范寺庙暨爱国守法僧尼和民族团结表彰经费；落实驻寺干部及驻寺干警岗位津贴156万元；落实“双联户”联户长补贴及表彰经费742万元；落实青藏铁路护路队员全勤补贴及特殊岗位补贴及其它生活补贴926万元。

（三）切实加大基层党建投入力度，着力夯实基层基础

立足于进一步加强党的建设，进一步夯实党在农牧区的执政根基，全年共落实党建经费1535万元，开展了乡（镇）、村、机关党建工作；为驻村工作队和下沉干部提供保障经费1541万元，开展干部指导帮助村（居）管理服务和建设工作；为基层党建工作提供了保障，使基层社会管理和服务能力得到进一步提高，党的凝聚力、向心力明显提高，基层“战斗堡垒”作用发挥明显，党建统区的能力得到了显著加强。

（四）切实加大财税体制改革力度，着力构建规范的财政体制

坚持改革创新，加快财税体制改革，落实清费立税、增收节支、优化结构、提高绩效、重点保障基本民生支出，压缩其他支出等政策，着力转方式、补短板、防风险、促改革，提高发展的质量和效益，增强持续增长动力，为我区全面建成小康社会奋斗目标服好务。一是完善政府预算体系。强化公共财政预算和政府性基金预算编制，将政府收支活动全部纳入预算管理；狠抓预算分配。根据我区实际，我们严格实行有限的预算收支挂钩政策，把收支压力传导到各部门。持续推进预决算公开改革。按照“全面规范、公开透明”的预决算信息公开管理要求，2018年全区决算公开单位48家，预算公开单位54家，做到了预决算公开全覆盖。二是改进预算管理和控制。国库集中支付改革。根据《拉萨市县级财政国库集中支付制度改革实施方案》的要求，2018年起，全区所有预算内资金，通过国库集中支付系统进行操作。为进一步深化国库集中支付制度改革，加强财政财务管理监督，减少单位现金支付结算，提高公务支出透明度，我区准备启动公务卡，由于系统还未建立完成，目前尚未实行公务卡结算。推进“一卡通”试点工作。为进一步规范财政补贴资金的发放，根据拉萨市财政局要求，我局及时成立了推进“一卡通”工作领导小组，组织各乡（镇）开展财政补贴资金“一卡通”工作，目前各乡（镇）已着手开展此项工作。三是全面规范税收优惠政策。按照《国务院关于税收等优惠政策相关事项的通知》、《西藏自治区人民政府关于清理规范财税政策的通知》要求，我局积极配合财政部专员办对2017年所得税进行专项检查，进一步规范税收优惠政策，维护国家税制。四是优化财政支出结构。严格控制政府性楼堂馆所建设，财政供养人员以及“三公”经费等一般性支出，严格执行中央八项规定，全区“三公”经费支出预计75万元，同比减少89.46%，2018年我区公车改革后租赁费为861.1万元。清理规范碎片化投入，整合资金、集中财力，进一步增强重点领域和薄弱环节财政保障能力。五是狠抓国有资产管理。履行好国有资产处置审批手续，防止国有资产收入的流失。切实把家底摸清、摸实。开展完成了全区固定资产清理工作。六是进一步规范村级财务。为了进一步规范村级财务，加强村级财务管理，营造公开透明、规范有序的村级财务，我局精心组织村级财务人员，进行为期一周的财务知识的培训。并对30个行政村聘请代理记账人员，处理财务相关事务。七是加强结转结余资金管理，及时清理存量资金，2018年当年共收回存量预计资金1441万元，上年未盘活存量资金715万元，2018年预计存量总计为2156万元。`

各位代表，回顾一年的工作，全区收支圆满完成，支持发展保障有力，民生投入持续加大，改革创新深入推进，财政监督得到加强。这些成绩的取得，得益于区委区政府的坚强领导和科学决策，得益于区人大及其常委会的监督指导，得益于上级财政部门及社会各方面的理解支持。在取得成绩的同时

我们也清醒的认识到,财政改革发展中仍面临不少困难和问题。因此,对这些问题我们将高度重视,创新举措,采取有效措施认真加以解决。

2019 年财政预算草案

根据新修订的《预算法》和自治区、拉萨市财政部门统一下发的相关通知规定和要求,结合我区实际,编制完成了 2019 年堆龙德庆区财政预算草案。

一、预算编制指导思想

2019 年,我们将按照区委、区政府的总体部署,继续坚持以邓小平理论、“三个代表”重要思想、科学发展观、习近平新时代中国特色社会主义为思想指导,高举中国特色社会主义伟大旗帜,全面贯彻落实党的十九大、十九届二、三中全会精神,落实习近平总书记新时代经济思想为统领,贯彻中央经济工作会议精神及全国财政工作会议精神,贯彻落实自治区、拉萨市以及我区经济工作会议精神认真贯彻执行党的先进精神及中央经济工作会议和党中央、国务院领导重要精神,要以科学的发展观为统领,继续实施稳健财政政策;狠抓增收节支,优化支出结构,切实保障重点支出需要;着力深化改革,推动经济结构调整和增长方式转变,保持经济持续快速协调健康发展和社会全面进步。坚持稳中求进的工作总基调,树牢新理念、适应新常态、引领新发展,以推进供给侧结构性改革为主线,以提高发展质量和效益为中心,把全面深化改革贯穿于经济社会发展各个领域各个方面,加强项目建设和管理、调整优化经济结构、发展壮大特色产业、全力保障和改善民生、坚决维护社会稳定,促进堆龙经济社会平稳健康发展。

二、预算编制基本原则

(一)预算安排坚持量入为出,收支平衡。预算支出安排充分考虑财力可能性,按照轻重缓急的要求,有限考虑刚性及重点支出需求,确保年初预算编制收支平衡,不编赤字预算。

(二)收入预算坚持实事求是,积极稳妥。收入预算安排充分考虑经济发展新常态和结构性调整因素,结合预算收入执行情况,既保证一定增幅,又确保与经济社会发展实际相适应。

(三)支出预算坚持勤俭节约,统筹兼顾。支出预算安排以 2018 年执行情况为基础,坚持有保有压,重点突出。一方面,牢固树立过紧日子思想,严格控制各部门的机关运行经费支出,继续压缩“三公”经费支出;另一方面,将财力更多的向“三农”、精准扶贫、教育、社会保障和就业、医疗卫生、文化、科技、节能环保、维护稳定等重点领域倾斜,全力做好精准扶贫、产业开发、强基惠民、维护稳定、促进就业等重点工作的资金保障,确保把资金用到“刀刃”上。

(四)预算管理坚持依法理财,监督有效。强化部门的预算执行主体责任,推进预算绩效管理工作,提高财政资金的使用效益。加强对接相关财税政策和实施细则,稳妥推进财政收入的组织。加强地方政府债务管理,切实防范政府债务风险。

三、2019 年财政收支预算情况

(一)2019 年财政预算财力情况

1、一般公共预算财力情况

2019 年,全区一般公共预算安排总财力为 294803 万元,其中:本级一般公共预算收入为 145641 万元,比上年预算数增加 30389 万元,增长 21.97%;上级财政补助收入 86803 万元,比上年预算数增加 9178 万元,增长 11.82%;预算稳定调节基金 63000 万元,比上年预算数增加 39100 万元,增长 163.60%。

2、政府性基金财力情况

政府性基金预算安排总财力为 28300 万元,其中:政府性基金预算收入 28000 万元,比上年预算数增加 28000 万元,上级补助收入 300 万元,比上年预算数增加 300 万元。

(二)2019 年财政预算安排情况

1、一般公共预算支出情况

2019 年一般公共预算支出为 294803 万元,比上年预算数增加 70328 万元,增长 31.33%。

2、政府性基金预算支出

政府性基金预算支出 28300 万元,比上年预算数增加 28300 万元。

(三)继续加大农业投入。根据我区现代农业

发展格局和农业财源建设发展规划，进一步加大对农业的投入，将各类支农资金捆绑使用，提高资金的使用效益。继续调整财政支农结构，重点支持农业结构调整、农业基础设施建设、农业科技推广和农业服务体系建设，发展优势农产品产业带，千方百计增加农民收入。2019年，继续把支持“三农”工作作为财政保障的重点方向。安排资金31936万元。其中，安排资金4795万元，支持农药政策性财政补贴、政策性涉农保险缴费、森林防火、森林病虫害防治、有害生物防控、109国道沿线绿化养护、全区国土绿化工作、科技特派员生活补贴、退耕还林、村级动物防疫员基本报酬、野生动植物保护、森林生态效益补偿、草原确权及两区划定、绿色高效技术推广服务补助、畜牧良种补贴、山洪灾害非工程措施、寺庙饮水配套、河长制、中央水土保持等。本级安排乡村振兴资金、科技、扶贫专项资金21900万元，进一步投入资金力度，巩固提升脱贫成效；安排资金3630万元，继续支持净土健康产业发展；安排资金1611万元，积极落实农村税费改革。尤其是加大对城镇化建设发展和实施精准扶贫的支持力度，进一步加大本级财政投入力度和部门资金的整合力度，尽最大的限度把有限的资金整合投入到城镇化发展和乡村振兴、扶贫开发、精准扶贫开发工作上。

（四）继续加大教育投入和提升社会发展水平。合理安排教育、文化旅游、卫生及社会保障资金，其中教育发展投入50790万元，本级投入32318万元。继续落实好教育“三包”、“两免一补”，非义务教育阶段贫困生和全日制高等院校在校生奖励资助政策，加大教育体育设施、环境、条件改造建设力度，进一步改善学生学习环境及教职工生活工作环境，全力推进中小学标准化建设，支持教育均等化发展。安排文化旅游发展资金1730万元，其中本级投入1589万元，加快文化旅游产业发展，加大现代化公共文化服务体系和文化产业建设。安排卫生健康资金14265万元，其中本级投入13175万元，继续落实农牧区医疗制度财政补助政策，完善全民免费健康体检、城乡医疗救助政策，加大重大公共卫生投入，加快区级公立医院改革，支持乡（镇）卫生院及村级卫生室设备购置，积极落实医护人员工资及津补贴资金。安排各项社会保障资金19098万元，其中本级投入17885万元，落实城乡低保、公益性岗位补贴、临时工工资、寿星老人健康补贴、残疾人生活补贴、医疗、养老、工伤、生育、失业等社会保障政策健康平衡运行。

（五）继续加大维护稳定投入，确保社会局势长期稳定。安排维护稳定投入资金16647万元。其中，安排4857万元，进一步提高干警待遇，改善安全机关装备配备水平，提升政法部门办案业务能力和处置突发事件能力，落实187万元驻寺干部干警岗位津贴提标补助政策；安排专项资金1341万元，支持武装部、消防、武警中队等维稳力量的工作；安排专项资金4490万元，支持统一战线及民族宗教、综治、信访、安监、铁路护路工作开展，确保巩固“基石”工作有序开展。

（六）继续加大党建投入力度，全面加强基层党建工作。2019年安排资金1978万元。其中，安排乡（镇）村党建经费496万元；区直单位党建经费200万元；区乡（镇）村干部培训经费716万元；退休支部、退休干部职工党员激励帮扶基金及退休干部职活动等经费210万元；强基惠民及驻村工作队经费249万元；下沉干部经费613万元。支持乡（镇）村和区直机关开展党建工作，为驻村工作队和下沉干部提供保障经费并组织开展丰富的党内活动等。

（七）进一步强化收入征管，不断增加政府可用财力。一是逐步完善乡镇财政管理体制，规范区直与乡镇、区直与有关部门之间的分配关系，积极寻求解决财政管理体制存在的弊端的新途径。二是以整顿和规范市场经济秩序及建立诚信纳税工程为契机，依法治税，强化稽查，严厉打击各种偷、逃、抗、骗税行为，努力做到依率计征，应收尽收，保证税收稳定增长。三是密切关注收入动态，积极配合国、地税等搞好税收的及时均衡入库，努力提高收入质量。四是认真分析、着力优化收入结构，在进行税源普查的基础上，按照政策清理现行各种税收优惠政策，增加税源，扩大税基。五是深化税费改革，积极争取国家政策支持，将国家的各项惠农政策、税收政策落到实处。六是强化非税收入和政府基金收入的征收，并严格执行“收支两条线”管理。

（八）进一步调整支出结构，提高财政资金使用效益。按照公共财政的要求，坚持量入为出，优化支出结构。要严格控制一般性支出，确保工资、社会保障、机构运转、法律和政策性兑现等重点性支出，切实维护社会稳定，促进社会经济发展。从严控制用财政性资金搞一些脱离实际意义的各种“形象工程”、“政绩工程”，坚持节俭办一切事业，严禁铺张浪费，严控一般性支出。

各位代表，2019 年我们将贯彻落实党中央、自治区党委、政府和市委、市政府的决策部署，以围绕习近平总书记新时代经济工作的一系列新思想、新理念、新战略为方向，全面做好稳增长、促改革、调结构、惠民生、防风险各项工作，切实履行财政职能，最大限度组织收入，科学合理安排支出，为圆满完成我区 2019 年经济社会发展目标做出贡献。

综 述

【概况】 堆龙德庆区位于西藏自治区首府拉萨市西北部，是拉萨的“西大门”。东与拉萨市城关区、林周县接壤，南与曲水县、山南贡嘎县毗邻，西与尼木县相结，北与当雄县紧连，整个县域呈“S”状，全区地势西北高、东南低，中间河谷宽阔，平均海拔3680米。地处北纬29° 26′ ~ 30° 39′，南北最大距离约63公里，东经90° 27′ ~ 91° 01′，东西最大距离约80公里，拉萨河从东部入境，折而向南出境，境内流程15公里。堆龙河从西北部经羊八井入境，呈西北—东南向切入，流至德庆后折而向南，过古荣后转西北—东南向流至东嘎汇入拉萨河，境内流程70公里。县内大小河流蕴藏着大量的水产、水能资源，其中水能资源的理论蕴藏量达193万千瓦，可开发量达140万千瓦。区内气候温和，属高原温带气候，平均气温在4℃以上。堆龙德庆区距拉萨市10公里，下辖东嘎镇、乃琼镇、羊达乡、古荣乡、马乡、德庆乡共2镇4乡，有30个村民委员会和129个村民小组。全区地域面积2407.61平方公里，主要以农业为主，农业包括青稞、小麦、蚕豆、油菜籽等农作物，牧畜业包括饲养牦牛、山羊、绵羊为主。耕地面积3779.81公顷，粮食播种面积2577.89公顷，经济作物耕地面积1367公顷。森林覆盖率0.44%，森林面积1193公顷（以灌木为主）。国家级野生保护动物有白唇鹿、马麝、藏原羚、黑颈鹤、胡兀鹫等，已经探明的矿产资源有石灰石、红土、煤、铁、铅、锌等。主要旅游景点有以楚布寺为龙头的楚布沟风景区，拥有小气候的柳梧尼玛塘自然保护区“邱桑温泉”“雄巴拉曲”等景点。

2018年，全区完成地区生产总值33.13亿元，同比增长10.2%；全社会固定资产投资、规模以上工业增加值分别同比增长19.3%、48%；社会消费品零售总额达到11.76亿元，同比增长14.2%；一般公共预算收入达到14.56亿元，同比增长21.97%；农村居民人均可支配收入达到15500元，同比增长11.06%。新增全市首家民泰村镇银行，并成立了自治区首家县级融媒体中心，辖区金融机构达到3家，年末存款余额58.66亿元，信贷放款17.85亿元。2018年，堆龙德庆区成功创建为全国民族团结进步示范区。

【党建工作】 2018年，全区研究全面从严治党工作22次，研究党建工作40余项，开展集中学习研讨27次，对5185名党员开展全覆盖政治教育培训。顺利完成区级群团组织换届工作，新组建4家非公企业党组织，进一步规范学校、医院、寺管会、联户单元及扶贫搬迁点的党组织设置和党建工作，制定加强城市党建工作指导意见，积极探索在东嘎农贸市场等流动党员聚集地筹建党组织。创建村级党组织属地牵头管理和辖区兜底治理模式，实现村级标准化场所办公、教育、活动职能一体化，启动15个偏远自然组活动场所建设。建立完善“组长村管、组财村管、组务村管”工作制度，将13类57项公共职能下沉至村级便民服务中心，招聘31名未就业大学生到村工作，积极推行“代跑代办”模式，基层党组织组织力有效提升。不断壮大发展村集体经济，30个行政村集体经济均达100万元以上，其中3个行政村达1000万元以上。选派了86名第八批驻村干部，开展了5期395人次的新任村干部培训班，储备村级后备干部达420名，其中致富能手101名、党员致富能手38名。全年发展党员275人、吸收入党积极分子407人，其中农牧民分别占67%和81%。

【正风反腐】 2018年，堆龙德庆区完成拉萨市试点交叉巡察和对5家区直单位、3个乡(镇)和3个寺管会的第三、四轮巡察，全面启动脱贫攻坚专项巡察。依法成立监察委员会，选优配强各级监委干部队伍，实现区、乡(镇)监察体系全覆盖。全年受理核查问题线索34件、立案2件，给予党纪处分3人，诫勉谈话6人。

【农牧业】 2018年，全区兑现农机购置补贴427.86万元，发放农机具573台，农牧民群众机耕率达90%以上。全年农作物播种面积5.92万亩，主要农作物良种覆盖率达100%，农作物有害生物灾害损失率控制在3%以内。落实良种推广面积4.66万亩、高标准土地深松作业0.8万亩、高产创建示范田4.5万亩、测土配方示范田6.5万亩、良种繁育田0.41万亩，青稞平均产量提高5公斤/亩，实现粮食总产量2.2万吨。完成基本草原划定236.67万亩，年末牲畜存栏11.65万头(只、匹)，出栏数4.147万头(只、匹)，牲畜出栏率35.6%、仔畜成活率97.3%、成畜死亡率控制在1.1%以内。专业合作组织发展壮大到145家，带动5860户农牧民群众实现增收。16家合作社被评为拉萨市"百家示范社"、3家合作社被评为国家级示范社。

【工业经济】 2018年，堆龙德庆区加快工业园区A区转型升级，盘活7宗闲置土地，3宗土地实现有效对接。完成B区基础设施建设总工程量的87%，不断提升园区承载力。有序实施领峰国际智慧物流园、吉祥哈达生产线等重点建设项目，入园企业达到54家，园区工业增加值占全区比重提高到32.36%。完成16家涉及使用燃煤锅炉企业产能改造，稳步推进高争建材股份有限公司第六期技改等项目建设，建成并投入试运营园区污水处理厂，加快推动工业企业更高质量绿色发展。新增规模以上工业企业2家，全年实现工业总产值457587.93万元，同比增长50.26%；完成工业增加值215723.19万元，同比增长54.72%；实现工业税收39587.34万元，同比增长32.78%。

【招商引资】 2018年，堆龙德庆区建立完善"保姆式"招商服务机制，引进30兆瓦高效农业光伏互补电站等一批辐射带动力强的项目，成为西藏唯一入选"中国营商环境百强区县"的县区。招商引资实际到位资金25.3075亿元，同比增长14.9%。着力构建"政府投资+民间投资"的双轮驱动发展模式，全年吸引民间投资5.5亿元。

【现代服务业】 2018年，堆龙德庆区新增规模以上服务业企业1家、达到4家，新增规模以下服务业企业12家、达到25家。拉萨综合保税区等国家战略性重点项目加快推进，钢材物流集散交易中心、工程机械商贸城等综合性商贸市场投入运营，东嘎批发市场被评定为市级商贸集聚区。羊达现代农业设施园与5家快递公司合作成立"羊达便民快递超市"，初步实现特色农产品快捷高效的推广与销售。

【城乡统筹】 2018年，堆龙德庆区调整完善《拉萨市堆龙德庆区分区规划》《新城修建性详细规划》，扎实推进"上三乡"乡域规划和8个村庄规划编制工作，稳妥推进东嘎镇、乃琼镇、兰达乡、柳梧乡撤乡镇设街道前期工作。全面推进堆龙新城建设，在完成一期土地征收的基础上全力加快土地二级开发，积极引进"北大资源·梦想城"项目，投资13.96亿元，扎实推进堆龙新城路网、东嘎时代广场和东嘎小区项目建设，完成堆龙河城区段综合治理工程和水系连通工程前置手续。着力加强城市综合服务管理，全面开展土地私自买卖、城区私搭乱建专项整治，查处涉及违法用地行为1160宗、违章建筑80处，对2起非法买卖土地案件进行立案侦办，依法拆除违规建筑1.1万平方米。确定了波玛村、措麦村为堆龙德庆区首批乡村振兴战略示范村。开展农村集体资产清产核资，完成羊达乡整乡推进和其他乡（镇）试点村整村推进工作。申报了8个地理标志产品、11个有机产品和1个有机生产基地，朗孜糌粑、巴热糌粑获批使用“古荣糌粑”地理标志。

【教育事业】 2018年，堆龙德庆区完成7所村级幼儿园建设，加快推进区第三、第四、第五幼儿园以及第二小学、第二中学规划建设工作，人大附中在堆龙合作办学事宜洽谈工作取得实质性进展。大力支持和鼓励社会资本办学，批准试办“小太阳双语幼儿园”。全区学前三年毛入园率达96.11%、小学入学率达99.99%、初中入学率达100%。妥善解决易地搬迁子女入学907人，在校学生数量分别同比增长19.33%、15.18%、14.22%。深化教师队伍建设，成功引进30名紧缺学科专任教师，4项课题研究成果荣获“首届西藏基础教育教学成果奖”。深入落实15年免费教育，下拨“三包”经费2508.15万元、营养改善专项资金452.4万元。持续做好进城务工人员随迁子女和农牧民留守儿童就学工作，适龄青少年受教育权利得到切实保障，未发生任何辍学事件。

【医疗卫生】 2018年，堆龙德庆区农牧区基本医疗实现全覆盖，年人均补助标准提高至515元，住院医疗报销1950人次1710.68万元。为全区城乡居民购买30万元超大额补充医疗保险，兑现赔付资金11人次40.72万元。深入推进医疗费用支付方式改革，“先诊疗、后结算”受益群众891人次643.01万元。分级诊疗工作有序推进，家庭医生签约率达到94%，便捷高效医疗服务体系不断健全。年人均基本公共服务经费提高至65元，深入开展全民免费健康体检，5名先天性疾病患儿得到免费救治。全面加强重大疾病防控救治工作，确诊包虫病患者56人、结核病患者1人、风湿病患者55人、肝炎247人。兑现“一孩双女困难家庭”扶助资金1019人97.824万元、“独生子女死亡”扶助资金108人58.32万元、“独生子女伤残”扶助资金8人3.36万元。健全食药安全“3+1”监管模式，持续推进“明厨亮灶”和规范化经营公示工作。开展食药日常监管820家次，关停“黑作坊”2家，连续五年保持食药安全零事故。扎实推进自治区医院项目征地拆迁和区人民医院创“二甲”工作，有序推进分级诊疗，完善优化“先诊疗、后结算”医疗费用支付方式。

【文化事业】 2018年，堆龙德庆区顺利通过国家公共文化服务体系示范区终验。培育文化发展企业（合作社）达到12家，新增自治区级文化产业示范基地1家、拉萨市级文化产业示范基地2家，文化产业效益逐步凸显。研究出台民间艺术团团体奖励扶持办法，挂牌成立8个藏戏传习点。成功开通“堆龙藏语文平台”。完成“楚布谐芒”非遗挖掘申报工作，兑现非遗产业扶持资金65万元，持续做好16名非遗传承人、16项非物质文化遗产的传承保护工作。投入文物维修资金452万元，26家文物保护单位实现安全“零事故”。投入150万元，实现村村文艺队全覆盖。成功创作情景剧《幸福新时代》，开展“农闲时节十项活动”“五下乡”“庆祝改革开放40周年文艺晚会”等文化活动120余场次，评选出乡村十大发展之星和30名影响堆龙基层人物，策划制作了人物微视频和故事画册。完成搬迁户、寺庙僧尼等广电接收设备安装1052套，开展电影放映活动360余场，广播电视覆盖率达100%。成功举办首届全民运动会、民族传统体育运动会、残运会等体育赛事活动。

【社会保障】 2018年，堆龙德庆区建成并投入使用3个众创空间和2个示范基地，实现入驻创业团队45家。成功举办“双创工作能力提升”等培训活动、“梦创拉萨·创响堆龙”等系列活动。帮助4个创业项目成功对接并签署合作（投资）协议，为12名堆龙籍高校毕业生兑现创业启动资金60万元，创业带动就业27人。实名制登记应届高校毕业生502人、实现就业471人，就业率93.82%。全年开展就业再就业培训410人，培训后就业率达100%。职业介绍850人次、上岗数393人。开发就业岗位

3450个，实现新增就业1560人。农牧区劳动力转移就业2.32万人次、增收6100万元。深入实施“四业工程”，通过“订单式”技能培训、劳务输出、创业帮扶等措施，实现转移就业1.6万人次，新增就业1489人，实现年度“千人就业”目标。全面实施“五险统征”工作，参保3.91万人次，各险种参保率达到100%。高龄老人健康补贴标准提高到600元至3600元，办理惠民补贴“一卡通”21697张。实施临时社会救助6人次3.48万元、城乡居民医疗救助503人次412.34万元、“一站式”医疗救助45人次35.85万元、供养特困人员142人，切实做好兜底保障工作。全年安置退役士兵5人。

【旅游业】 2018年，堆龙德庆区投入资金3.56亿元完成“象雄美朵”生态旅游文化产业园道路、桥梁、民宿等重点项目建设，启动楚布沟、药王谷景区部分基础设施建设。着力发挥“药王故里、藏戏之乡、生态堆龙”文化旅游品牌效益，优化全域旅游与重点景区互融互促的规划体系，开通“一元游堆龙”旅游专线，继续扩大“德吉藏家”精品民宿、楚布沟自行车体验赛、藏医药养生深度体验游、觉木龙派藏戏文化旅游节、糌粑旅游文化节、帮普沟沐浴文化节等文化旅游品牌项目的吸引力。以楚布沟沿线度假林卡为代表的乡村旅游呈现良好发展态势。全年接待旅游人数143.31万人次，实现旅游总收入4554.43万元。

【生态保护】 2018年，堆龙德庆区启动实施第二次全国污染源普查工作，完成生态保护红线划定工作。持续强化农业源污染防治，划定畜禽养殖禁养区20.77万亩。全面消除1851户“无树户”，完成义务植树7.6万余株、拉萨周边防护林体系工程建设2200亩、西藏生态安全屏障封山育林3000亩，林业绿化覆盖率稳步提升，成功创建自治区级生态县(区)。全面推行“河长制”，加快推进堆龙河景观工程建设，顺利通过水利部“河长制”验收。在马村、措麦村、嘎冲村、波玛村启动实施垃圾分类回收处理试点工作，首创“垃圾兑换超市”。全区空气质量优良率达97.13%，主要江河、湖泊等地表水水质均达到Ⅲ类标准，102个农村饮用水源地水质达标率保持100%。完成自治区级生态县(区)申报工作，自治区级生态乡(镇)、行政村命名率分别达到100%和93.33%。持续推进中央环保督察58件转办案件整改工作，实现工业园区污水处理厂挂牌督办顺利销号。全年依法依规追究10名党员干部责任。接办群众环境信访或投诉案件60件，办结率、满意率均达100%，备案环境影响登记310份，下达备案无效项目23个，出具环评预审意见15份，行政处罚企业57家次，收缴罚金194.06万元，关闭石材加工厂21家、砂石场和取土点13家、取缔堆煤场5家、搬迁废旧汽车拆解企业1家。

【脱贫攻坚】 2018年，堆龙德庆区实现1262户4387人建档立卡贫困群众全部脱贫，群众满意度达99.36%，顺利通过国家脱贫摘帽考核验收。规划建设的71个产业扶贫项目，完工42个、正在建设29个，为贫困群众分红485.7万元、提供就业岗位1186个。1843名有劳动能力的贫困群众，实现就业1476人。承接那曲市尼玛县荣玛乡高海拔生态搬迁262户1102人，完成全区757户2798人、当雄县550户2326人易地扶贫搬迁。兑现教育扶贫资助金250人次236.18万元、医疗扶贫救助金2329人次769.23万元、低保资金1277人次169.26万元。完成31个扶贫产业项目融资贷款2.6亿元，帮助6家企业(合作社)实施精准扶贫贴息贷款6000万元，为46户建档立卡贫困群众实施扶贫贷款206.5万元。大力推行县级干部包村发展集体经济责任制，行政村集体经济年收入全部达到100万元以上。

【深化改革】 2018年，堆龙德庆区基本完成农村土地承包经营权、宅基地使用权、集体土地所有权确权登记颁证工作。加快推进“互联网+政务服务”建设工作，依法公开26家区直单位3439项权责清单。加强商事制度改革，新增小微企业4109家、市场主体达到13789家、完成企业简易注销49家。积极推行企业全程电子化登记改革，初步实现商事登记管理信息化、便利化和规范化。国家税务总局拉萨市堆龙德庆区税务局挂牌成立，率先完成税务体制改革，逐步建立了“以电子办税为主、自助办税为辅、实体办税为补充”的服务模式，首创24小时自助办税服务区。积极支持民泰村镇银行进一步提升服务经济发展的能力和水平。帮普村、羊达乡作为试点单位，分别顺利通过市级初验、本级自验。农村土地经营权确权登记5422户5.94万亩，颁证率达到100%。持续推行公务用车制度改革，“三公”经费呈明显下降趋势。

【援藏工作】 2018年，依托北京市优势资源和组团式援藏新机制，堆龙德庆区主动加强与北京市朝阳区、海淀区、门头沟区的交流合作，达成了在教育、医疗、科技、金融、社区共建、沟域经济开发等领域深度合作，全年选派5批、173名干部赴北京对口援藏单位学习培训或跟岗交流，共争取援藏资金9400万元，实施援藏项目3个。深入开展“携手奔小康”对口帮扶活动，争取援藏资金1.165亿元，有序实施羊达生态农业产业扶贫等6个援藏项目。堆龙德庆区136名党员干部到北京市跟岗锻炼或学习培训。在援藏医生的指导帮助下，区人民医院完成口腔诊疗科、输血科、病案室、设备科、新生儿科等科室建设工作，持续创新和加强腹腔镜微创术、骨科手术、产钳助产术及人工破膜术等医疗方式。

【净土健康产业】 2018年，堆龙德庆区优化“上三乡”净土健康产业园发展定位，增强净土公司产品研发和市场拓展能力，进一步完善“公司+基地+产业园+市场”的发展模式，丰富净土健康产品有效供给。“万户百场十中心”、高效日光温室、高原特色食品深加工基地（冷链中心）等重点项目稳步推进，净土健康产业总产值成功突破2亿元。申报了8个地理标志产品、11个有机产品和1个有机生产基地，朗孜糌粑、巴热糌粑获批使用“古荣糌粑”地理标志。

【项目建设】 2018年，堆龙德庆区扎实推进G6高速、青藏铁路扩能等重点项目建设，基本完成综合保税区征地拆迁。投入58亿元，有序实施115个基本建设项目。在全区实现30个行政村“一元通”公交线路全覆盖。国道109线那曲至拉萨（堆龙段）控制性工程完成总工程量的78%。加快推进南嘎村嘎东牧组等3条农村公路建设。完成150套小康安居工程以及318国道、109国道沿线风貌整治工程建设。加强绿色能源开发应用，开工建设古荣乡40兆瓦农光互补项目、西藏沛德堆龙德庆30兆瓦牧光互补复合并网发电项目。完成工业园区自来水厂升级改造，日均供水量达到5760吨。投入5241.3万元，启动实施通讯网络建设项目28个、学校宽带改扩建项目9个，新增宽带用户5101户。投入1298万元，启动实施68座无线基站建设，稳步提升4G通信网络覆盖面。

（雷　凤）

大事记

1月

1日 在西藏自治区体育局社体中心举办的喜迎新年西藏马术协会第二届民族传统马术培训及交流赛中，堆龙德庆区代表队获得第一、第二名的好成绩。

2日 为提升堆龙德庆区新任村“两委”班子整体素质，推动基层各项工作全面开展，堆龙德庆区开展了为期一周的全区新任村“两委”班子理论培训班（第一期）。

同日 在教育部组织开展的2016—2017学年度“一师一优课，一课一名师”全国性优课评选活动中，拉萨市堆龙德庆区中学选送阿奴老师的《Unit 5 Family and Home—Lesson 27 Danny at Home》获部级优课。

3日 堆龙德庆区中学荣获“第二批全国中小学心理健康教育特色学校”称号。

6日 中共拉萨市堆龙德庆区委二届二次全体（扩大）会议召开。区委书记格桑平措代表区委常委会作了题为《不忘初心 牢记使命 高举习近平新时代中国特色社会主义思想伟大旗帜 坚决打赢脱贫攻坚战 夯实全面建成小康社会基础》的工作报告。

同日 堆龙德庆区召开2018年经济工作会议，区委副书记、区长杜江对2017年度全区经济工作总结回顾并作安排部署。会议表彰了2017年度全区目标绩效争先进位先进单位、经济发展贡献企（事）业单位、精准扶贫贡献企业和优秀企业。

6—8日 政协第二届拉萨市堆龙德庆区委员会第二次会议召开。拉萨市政协副主席亚古，拉萨市政协副秘书长格桑罗布，堆龙德庆区委书记格桑平措，区委副书记、区长杜江，区人大党组书记、主任杨世军，区政协党组书记、主席洛桑强巴及其他在家县级领导出席会议。

8日 堆龙德庆区召开2017年度各乡（镇）党委书记、各行业系统党（工）委书记抓基层党建工作述职评议会议。

9日 上午，堆龙德庆区第二届人民代表大会第二次会议召开第二次全体会议，区人大常委会副主任郑汉宏主持会议。大会听取了区人大常委会主任杨世军代表堆龙德庆区人大常委会所作的工作总结报告，会议全面客观总结了过去一年区人大常委会工作取得的成绩，安排部署了下一步的奋斗目标。

同日 下午，堆龙德庆区第二届人民代表大会第二次会议召开第三次全体会议，会议表决通过了大会选举办法和总监票人、监票人名单，成功选举了堆龙德庆区监察委员会主任候选人并以全票当选。会议还举行了宪法宣誓仪式，新当选区监察委员会主任尚志清向宪法庄严宣誓。会议由堆龙德庆区委书记格桑平措主持。

10日 堆龙德庆区召开监察委员会成立大会。

同日 拉萨市高校毕业生大型招聘会在群众文化体育中心露天广场如期举行，堆龙德庆区共有

18 家企业和 180 余人参加。

13 日　堆龙德庆区文化活动中心免费培训班正式启动。此次培训是活动中心自成立后举办的首次免费对外公共文化服务培训，培训共开设藏文书法、舞蹈、声乐、唐卡绘画、民族器乐等 5 大类内容。

14 日　西藏自治区社科院党委副书记、副院长、区社科联主席索林，自治区文化市场综合执法总队执法处处长安佰军带领督导考核组一行在堆龙德庆区检查指导意识形态工作和“四讲四爱”主题教育实践活动。拉萨市委常委、宣传部部长吴亚松，堆龙德庆区委书记格桑平措，区委常委、宣传部部长图登佩杰，区政协副主席靳小卉全程陪同。区委书记格桑平措主持了督导考核汇报会，并从“以‘四个保障’落实主体责任、从‘四个方面’”作了简要汇报。

15 日　堆龙德庆区召开 2018 年综治维稳工作暨先进双联户创建活动表彰大会。

16 日　拉萨市堆龙公交高争水泥厂站开通仪式在高争水泥厂大门举行，区委常委、区政府副区长李晓强参加揭牌仪式。公交高争水泥厂站的开通使用，是解决企业职工出行难、乘车难的一个重要举措，也是便民利民、践行为民服务宗旨的具体表现，更是堆龙公交逐步走向规范化、科学化的有力抓手。

19 日　西藏自治区党委副书记、自治区常务副主席庄严一行在堆龙德庆区调研。

20 日　拉萨市打假办、市食药监局、市农牧局、市工商局、市质监局相关负责人一行对堆龙德庆区内学校周边及超市、食品销售环节、药品经营企业开展联合检查。

31 日　为深入贯彻中共十九大精神和习近平新时代中国特色社会主义思想，根据全国人大办公厅有关要求，西藏自治区人大常委会组织在藏全国人大代表在堆龙德庆区开展集中视察，深入了解堆龙德庆区过去五年特别是全国人大十二届五次会议以来经济社会发展情况和地方政府、法院、检察院依法行政、公正司法情况。区委书记格桑平措，区人大常委会主任杨世军，区委常委、区委办主任德吉央宗，区人大常委会副主任次仁、罗桑次仁陪同视察。

同日　堆龙德庆区举办离退休干部职工喜迎春节、藏历新年座谈会。

2 月

1 日　堆龙德庆区人民医院及各乡（镇）卫生院骨干医务人员开展“三下乡”义诊活动，免费为患者诊治、送药、解答咨询、发送健康教育资料。

4 日　2017 年度拉萨市堆龙德庆区招商项目推介会在四川省成都市举行，170 余名企业家代表应邀参加会议。

8 日　堆龙德庆区人民法院执行局召开 2018 年首次执行款发放大会。大会现场通过转账、发放现金等方式，集中发放执行案款 1028 万元，维护了 18 名申请执行人的合法权益。

同日　堆龙德庆区开展干部职工子女 2017 年普通高校新生入学奖助金发放工作，共为全区 2017 年考取各类高等院校的 3 名硕士研究生、13 名重点本科大学生、10 名普通本科大学生、5 名专科大学生共 31 人发放奖励资助金 27.6 万元。

同日　区委书记格桑平措登门看望慰问 2017 年考入北京大学医学部就读的堆龙籍学生格桑英曲，区政协主席洛桑强巴，区委常委、区委办公室主任德吉央宗陪同。

3 月

1 日　堆龙德庆区政府法律顾问律师在堆龙德庆区信访服务大厅正式开始坐班，坐班实行每日签到制，现场为政府有关部门及前来咨询法律问题群众解答法律方面的问题。

6 日　拉萨市委巡察一组在堆龙德庆区调研巡察工作开展情况。

7 日　西藏自治区教工委副书记、教育厅党组副书记、厅长杜建功率队教育厅有关部门负责人在堆龙德庆区检查指导工作。拉萨市教育局党委副书记、局长中楚成，堆龙德庆区委书记格桑平措等陪同。

9日　西藏自治区政协副主席高扬在堆龙德庆区检查指导安全生产工作，堆龙德庆区委书记格桑平措等陪同。

10日　拉萨市副市长扎西白珍一行在堆龙德庆区东嘎镇桑木村搬迁点就易地搬迁工作进行调研。堆龙德庆区委书记格桑平措陪同。

同日　西藏自治区文物局、公安厅组成工作组一行在堆龙德庆区顶嘎寺开展文物安全检查工作。

同日　拉萨市工信局、统计局、工信局、“两区四园办”、税务局、发改委、招商局、环保局组成考评组对堆龙德庆区工业园区2017年经济工作进行考评。

14日　西藏自治区中央环保督察问题整改第三督导组在堆龙德庆区工业园区污水处理厂检查整改工作进展情况。听取了工业园区污水处理厂项目建设进度、拟定运营模式和下一步工作计划的汇报。

18—20日　区委副书记、区长杜江带队，区委常委、副区长李晓强，区委常委、副区长刘春涛，分管教育副区长何景平以及区政府相关行政部门主要负责人组成调研组，在德庆乡、马乡、古荣乡等“上三乡”调研乡村教育发展情况。

20日　拉萨市农牧局副局长白玛德吉带队调研组一行在堆龙德庆区督导调研春季农牧业工作开展情况。

26日　由堆龙德庆区民间艺术团、老干部艺术队、远大农民工艺术团、觉木龙藏戏队、小学联合表演的纪念西藏百万农奴解放59周年情景剧在区文化活动中心演出。区委副书记、区长杜江，区人大常委会党组书记、主任杨世军，区政协党组书记、主席洛桑强巴等全体在家县级领导出席，各乡（镇）、区直各单位负责人，区道德模范、中共十九大代表、劳动模范、创业青年、驻地官兵代表、环卫工人代表、护路队代表等400余人参加。情景剧通过新旧对比的形式呈现了扎西、德吉祖孙三代和谐家庭在共产党的带领下翻身得解放、获得新生命的故事，表现了西藏各族人民在党和国家的亲切关怀下，铭记党恩、团结奋进，永远跟党走的主题思想。

27日　西藏自治区藏语委办（编译局）调研组一行在堆龙德庆区羊达乡中心校考察调研藏文教学情况，详细查看了藏文教学环境，听取了藏文学习、书法教程等教学情况的汇报。

同日　堆龙德庆区与墨竹工卡县教研人员在堆龙德庆区第二双语幼儿园、乃琼镇中心双语幼儿园、波玛村双语幼儿园开展学前教育交流活动。

30日　西藏自治区党委副书记、自治区主席齐扎拉率区市相关部门负责人在堆龙德庆区检查指导“象雄美朵”生态旅游文化产业园区建设情况。齐主席一行先后到古堡桥梁、“德吉藏家”民宿项目、万亩花海绿化生态林等园区重点项目点，详细了解了园区重点项目的推进情况。齐主席指出：把中共十九大精神转化为经济发展动力，堆龙德庆区要撸起袖子，加油干。“象雄美朵”生态旅游文化产业园区是带动全区全域旅游全局的“精品”点，堆龙德庆区要把园区打造成“生态、文化、产业”相结合的全域旅游精品点为目标，依托西藏打造世界旅游目的地、拉萨打造国际旅游文化城市的重大契机，主动作为、强化措施、加快步伐，确保把园区打造成生态旅游文化产业园的标杆。

4月

2日　堆龙德庆区2018年农牧区碘盐配送工作全面完成，此次配送工作覆盖全区6个乡（镇）30个行政村，共计配送碘盐222442公斤，受惠群众达40444人，碘盐配送率100%，覆盖率100%。

3日　西藏自治区党委常委、拉萨市委书记白玛旺堆一行在堆龙德庆区古荣乡嘎冲村那曲生态搬迁安置点检查指导工作。拉萨市副市长扎西白珍，市扶贫办党组书记普布顿珠，堆龙德庆区委书记格桑平措及相关单位负责人全程陪同。在那曲生态搬迁安置点，白玛旺堆仔细了解了那曲生态搬迁安置项目建设、就业、就学等情况。白玛旺堆指出：生态搬迁安置项目要在基础设施、道路管网、产业发展等各方面整体规划，加快施工进度，让那曲搬迁群众能够尽快住上舒适又实用的新房子，让各族群众都能共享改革发展成果，生活得更加幸福安康，也是以实际行动贯彻落实党的十九大精神的具体体现。

同日 中国共产党第二届拉萨市堆龙德庆区纪律检查委员会第二次全体会议召开。区委书记格桑平措，区人大常委会党组书记、主任杨世军，区政协党组书记、主席洛桑强巴以及在家各位县级领导参加会议，会议由区委常委、纪委书尚志清主持。各乡（镇）党委书记、乡（镇）长、党建副书记、纪委书记、纪委副书记，区直各单位、区属国有企业主要负责人，各派驻纪检组组长，各村第一书记、村纪检监督员，各寺管会负责人等170余人列席会议。

同日 堆龙德庆区举办2018年“春风行动”暨高校毕业生专场招聘会。此次专场招聘会共有各类企业和用工单位50余家，提供有效就业岗位1100余个，进场求职人员达800余人，达成就业意向的有606人。

同日 中共生态环境部西南督察局督察五处支部代表在堆龙德庆区对党组织结对共建工作进行调研。拉萨市环保局党组书记赵世东，市环保局局长格桑巴珠，市整改督办一组副组长德吉央宗，堆龙德庆区委副书记、区长杜江，区委常委、政府党组副书记、副区长刘春涛及区环保局支部委员会全体党员参加此次活动。

同日 林芝市教育局党委委员、副局长拉巴次仁带领相关科室、县（区）教体局、市直学校负责人共25人在堆龙德庆区参观交流学习，重点考察学习堆龙德庆区推进“五个100%”教育目标任务工作的好经验和好做法。堆龙德庆区副区长何景平、区教体局局长林芸等陪同。

10日 西藏自治区人大常委会副主任李文汉带领自治区人大常委会、区党委宣传部、团区委、区教育厅、自治区人大代表及拉萨市相关单位领导在堆龙德庆区开展《中华人民共和国预防未成年人犯罪法》和《西藏自治区实施〈中华人民共和国预防未成年人犯罪法〉办法》执法检查工作。堆龙德庆区委副书记边旦，区人大常委会副主任次仁，副区长马扎西等陪同检查。检查组一行先后在区中学“青少年活动中心”、羊达现代农业设施园区“青少年农耕实践基地”、羊达村“爱国主义教育基地”、区人民检察院和区人民法院进行检查指导，详细了解堆龙德庆区贯彻落实“一法一办法”组织领导、健全机制、宣传教育、责任落实、主要措施、经费保障及存在的问题和困难等情况。

同日 堆龙德庆区国税局24小时自助办税终端全面升级成功，进入运行阶段，并在运行之日以“优化税收营商环境，助力经济高质量发展”为主题，开展了第27个税收宣传月活动。

14日 堆龙德庆区举办“2018年西藏自治区母子保健协会村级医生培训”开班仪式。

16日 北京市委副书记、市长陈吉宁率北京党政代表团在堆龙德庆区调研援藏工作开展情况。西藏自治区党委常委、拉萨市委书记白玛旺堆，拉萨市委副书记、市长、城关区委书记果果，堆龙德庆区委书记格桑平措，区委副书记、区长杜江等全程陪同。

17日 堆龙德庆区政府为区卫生系统配备了600万元援藏资金用于购置医疗设备。

同日 堆龙德庆区为30个行政村及扶贫搬迁点配备了40辆家庭医生签约服务专用电动车，实现了每个行政村至少配备1辆家庭医生签约服务专用电动车的初期目标。

20—24日 堆龙德庆区召开第一届全民运动会暨民族体育运动会暨第一届残疾人运动会，参赛队员来自堆龙德庆区各乡（镇）、党政机关事业、厂矿企业，共有19个代表队900多名参赛队员参加比赛。

22日 拉萨市委组织部副部长杨栋章带队各县（区）组织部长、副部长，乡（镇）党委书记代表，村党组织书记代表等40余人在堆龙德庆区古荣乡加入村检查“党群服务中心”建设及使用情况。

23日 西藏自治区水保局局长易云飞一行在堆龙德庆区对2018年度水土保持工作及项目建设情况进行检查。

同日 拉萨市民政局党组书记、副局长何庸在堆龙德庆区调研基层民政工作开展情况。

同日 墨竹工卡县妇联组织该县第一期基层妇联干部能力建设培训班的84名来自各乡（镇）、村一级妇联工作人员，在堆龙德庆区东嘎镇桑木村学习交流“会改联”及“会改联”之后基层妇联工作开展情况。

25 日 堆龙德庆区召开二届区委第三轮巡察工作动员部署会议。拉萨市委巡察办副主任杨东升，市委巡察组副组长周玉林，堆龙德庆区委副书记、区长杜江及全体在家县级领导和交叉巡察组的负责同志出席会议，各乡（镇）党委书记、党建副书记、纪委书记及区直各单位党组织书记参加会议。会议由区委常务副书记张勇主持。

27 日 拉萨市人大常委会组织 30 名市级人大代表在堆龙德庆区集中视察"以迁脱贫"工作。市人大常委会副主任、秘书长张慧参加视察，堆龙德庆区相关领导陪同。视察组一行在波玛村易地扶贫搬迁点听取了堆龙德庆区关于"以迁脱贫"工作情况介绍后，深入搬迁户家中察看搬迁户生产生活状况，详细询问搬迁后就业、就学、就医等情况，广泛听取了搬迁户愿望要求。

5 月

1 日 中华全国总工会书记处书记田辉一行在堆龙德庆考察调研。

3 日 堆龙德庆区向本地市民及国内游客推出"一元通·游堆龙"活动，将境内多个旅游资源串联成"历史文化民俗之旅""藏药养生休闲之旅"等 2—3 条不同风格路线。

4 日 堆龙德庆区召开纪念五四运动 99 周年暨建团 96 周年表彰大会。会议表彰了一批工作成绩突出的先进集体、先进个人。获得表彰的"五四红旗团委""优秀共青团干部""优秀创业青年""优秀青年志愿者"分别结合自身经历，和大家分享了奋斗事迹与追梦故事。

同日 由堆龙德庆区教育局主办、青少年活动中心承办的 2018 年中小学师生书画展在区文化活动中心开幕。

6 日 堆龙德庆区首届民营企业教育培训班开班，30 余家民营企业参加培训。

8 日 堆龙德庆区成立车辆管理所，实现农牧民群众"足不出区"就可办理车驾管业务。

9 日 西藏堆龙民泰村镇银行举行开业揭牌仪式。拉萨市副市长雷涛，西藏银监局法人机构监管处处长胡胜瑛，人民银行拉萨中心支行金融稳定处副处长罗布参旦，堆龙德庆区委副书记、区长杜江，堆龙德庆区委常务副书记张勇，堆龙德庆区委常委、区委办主任德吉央宗，浙江民泰商业银行行长杨小波，浙江民泰商业银行常务副行长、西藏堆龙民泰村镇银行董事长金官铭参加揭牌仪式。

10 日 由拉萨市体育局、堆龙德庆区政府主办，堆龙德庆区旅游局、堆龙德庆区吉雄谷旅游文化发展有限公司、西藏鲁德康臧体育文化发展有限公司承办的第四届堆龙德庆区楚布沟自行车越野竞速赛开赛。165 名来自区内外骑行爱好者报名，其中男子组 110 名，女子组 40 名，另外还有 15 名骑行爱好者参加体验组比赛。此次比赛设置了近 19 万元的奖金，按照比赛名次，评选出男子竞赛组前十名，最高奖金 30000 元（不含税）；女子竞赛组前五名，最高奖金 30000 元（不含税）；此外赛事组委会还发放四个特殊奖，分别奖励 5000 元。

15 日 堆龙德庆区组织相关单位召开 2018 年人大、政协提案项目专项推进会议。会上，提案承办单位围绕各位代表和委员提案项目就项目实施可行性、资金来源、承办时限节点、存在的问题等进行了充分的讨论。会议要求，各提案承办单位务必尽快和各位代表、委员再次沟通对接，力争衔接到位、群众满意，将可实施项目尽快报送纳入到 2018 年项目计划，分清资金来源，抓紧谋划，确保项目及时落地实施。

15—22 日 堆龙德庆区组织 13 名民营企业代表到江苏省连云港市赣榆区开展为期 8 天的考察工作，借鉴学习内地城市在产业创新发展、民营企业发展的先进经验。

17 日 堆龙德庆区召开 2018 年妇联及妇儿工委工作会议。拉萨市妇联党组副书记、主席向巴彩喜，堆龙德庆区委副书记边旦，区人大常委会副主任次仁等出席会议。

同日 拉萨市统计局党组书记仓琼一行在堆龙德庆区就统计基层基础建设工作进行调研。

20 日 堆龙德庆区德庆乡中心校顿珠罗杰以

课件导体和绝缘体、乃琼镇中心校次仁央宗以课件Hamburgers and Hot Dogs，在自治区小学教师教学技能竞赛决赛分别荣获第一名、第二名优异成绩。

21 日 拉萨市教育局副局长王斌率计财科、基建办、五个 100% 办公室负责人在堆龙德庆区就解决学前教育供给不足、中小学大班额、打造家门口西藏班、学校体育设施对外开放等重点工作推进情况进行调研指导。

同日 堆龙德庆区铁路护路志愿服务队荣获“全国学雷锋志愿服务最佳志愿服务组织”荣誉称号。

22 日 拉萨市水利局局长韩云栓一行在堆龙德庆区开展汛前检查。

同日 西藏自治区党委常委、拉萨市委书记白玛旺堆在堆龙德庆区楚布寺实地调研加强和创新寺庙管理工作，并检查督导各项维稳安保措施落实情况。

同日 拉萨市委副书记、组织部部长庄红翔一行在堆龙德庆区检查指导村级组织活动场所标准化建设和党员联系服务群众工作。

23 日 堆龙德庆区委巡察办和巡察组联合组织乃琼镇、国土分局 41 名班子成员及党员干部职工开展党的相关知识测试。拉萨市委巡察组副组长、二届堆龙德庆区委第三轮巡察组组长周玉林现场监督指导。

25 日 堆龙德庆区整合高原净土产品参加了由北京市海淀饮服行业协会主办的中关村美食节预热活动之“美酒美食嘉年华”。

29 日 拉萨市委常委、常务副市长王念东在堆龙德庆区调研堆龙新城规划及重点项目推进情况。

同日 堆龙德庆区教体局、团区委联合举办了“你好，新时代”六一主题队日活动，组织全区各学校 90 名少先队员参观了曲水动物园。

30—31 日 堆龙德庆区举办“学习十九大、永远跟党走”有奖知识竞赛活动。

6月

2 日 堆龙德庆区中学第二届校园科技节正式拉开帷幕，西藏大学理学院物理系、西藏大学宇宙线教育部重点实验室宁长春教授应邀为该校学生作了题为《原子、宇宙万物和你》的科普知识讲座。

11 日 堆龙德庆区“抓党建促脱贫攻坚”专题培训班在北京市朝阳社区学院正式开班。来自堆龙德庆区各乡（镇）、区直有关部门 36 名干部将参加为期 10 天的培训。

同日 堆龙德庆区积极迎接那曲市尼玛县荣玛乡的高海拔生态搬迁户，堆龙德庆区古荣乡嘎冲村高海拔生态搬迁点计划总搬迁 262 户 1102 人，本次共搬迁尼玛县荣玛乡藏曲村 137 户 282 人。

12 日 西藏自治区党委副书记、自治区主席齐扎拉在堆龙德庆区波玛村调研德吉藏家精品民宿工作。

同日 拉萨市委政研室主任赵长胜、市委统战部副部长沈宗志带队调研组一行在堆龙德庆区乃琼镇加木村，对满足信教群众正常民俗需求试点工作进行调研。堆龙德庆区委常委、统战部部长普布斯曲，副区长次旦朗杰，区政协副主席、乃琼镇党委书记尼玛等陪同。

12—13 日 西藏自治区教育厅教育科学研究院措姆老师带队，人民教育出版社少数民族双语教育教学资源重点研究基地高级编辑王陆正，北京航空航天大学双语教育监测重点研究基地王华，自治区教育科学研究院曲吉、边顿老师，拉萨市教育局教研所相关人员一行在堆龙德庆区就少数民族教育质量（学前）进行监测调研。

13 日 堆龙德庆区羊达乡通嘎村阿努一家荣获西藏自治区“五好文明家庭”荣誉称号。

17 日 拉萨市中级人民法院党组成员尚永业、执行局局长次仁贡嘎一行 6 人在堆龙德庆区检查指导“基本解决执行难”工作。

同日 西藏自治区民政厅勘界办主任伊苏、拉萨市民政局副局长柳福平一行，在堆龙德庆区检查指导第五轮县级行政区域界线联合检查工作开展情况。

20 日 西藏自治区人大常委会副主任维色带领自治区人大常委会执法检查组在堆龙德庆区开展《中华人民共和国大气污染防治法》执法检查。

同日 北京市朝阳区医疗组团式援藏医生在堆龙德庆区桑木村易地扶贫安置点开展义诊活动。

21日 由拉萨市委宣传部和堆龙德庆区委、区人民政府共同主办的堆龙德庆区现实题材舞台情景剧《幸福新时代》演出晚会在拉萨上演。西藏自治区党委宣传部副巡视员晋美多吉，拉萨市委副书记、秘书长、组织部部长庄红翔以及市委宣传部、市文化局、市新闻出版广电局、市广播电视台等相关单位领导应邀观看演出。

25—26日 中国科学院地理科学与资源研究所《拉萨市乡村振兴建设》考察组教授姚予龙一行在堆龙德庆区就乡村振兴建设进行座谈，并实地查看了小康安居工程、有机青稞示范基地、奶牛养殖场、农业设施园区等。

26—28日 堆龙德庆区妇联组织33名基层妇联干部在日喀则市参观学习。

28日 堆龙德庆区举办“幸福歌声献给党·七一唱响新时代”为主题的合唱比赛。

29日 堆龙德庆区隆重举行纪念中国共产党建党97周年暨七一表彰大会。

30日 中国科学院地理科学与资源研究所研究员、评估检查组总负责人余成群带领国家脱贫摘帽专项评估检查组入驻堆龙德庆区，堆龙德庆区召开了迎接国家脱贫摘帽专项评估检查汇报会。

30日—7月6日 由中科院地理所和北京民生智库公司组成的国家专项评估检查组对堆龙德庆区脱贫摘帽工作进行评估检查，并于7月6日下午召开堆龙德庆区国家脱贫摘帽专项评估检查工作情况反馈会。同年9月，国务院扶贫办行文，明确表示堆龙德庆区正式退出国家级贫困县行列。

7月

2日 西藏自治区党委常委、拉萨市委书记白玛旺堆在堆龙德庆区、拉萨经开区实地调研“象雄美朵”生态旅游文化产业园和拉萨综合保税区建设工作。拉萨市委副书记、秘书长、组织部部长庄红翔，市政协主席、拉萨经开区党工委书记袁训旺陪同。

4日 堆龙德庆区组织37名党员干部在北京市朝阳社区学院参加“2018年拉萨市堆龙德庆区党员干部能力提升培训班”。

5日 西藏作家协会会员、堆龙德庆区干部袁存金散文作品《满怀感恩之情 倾情报答人民》，荣膺第五届中外诗歌散文邀请赛一等奖。

6日 在由拉萨市委、市政府主办，市两创示范办、团市委承办的“梦创拉萨 青春聚力”拉萨市第四届青年创新创业大赛上，堆龙德庆区6名参赛创业青年均取得了佳绩。

7日 象雄美朵旅游文化产业园古堡桥绘画及直龙寺历史介绍内容专家评审大会在拉萨市召开。

8日 西藏自治区副主席罗梅一行在堆龙德庆区检查指导卫生计生工作。

9日 西藏自治区第一环保督察组在堆龙德庆区检查指导中央环保督察反馈问题和自治区本级环保督察发现问题的整改情况。

10日 西藏自治区党委宣传部副部长丁勇、区党委外宣办三处副处长罗铁柱，拉萨市委宣传部副部长龚大成带队“四讲四爱”督导组检查了堆龙德庆区教育系统“四讲四爱”群众教育实践活动和理论中心组学习情况。

12日 教育部体艺卫司副司长徐贞，教育部体艺卫司副调研员樊泽民，国家卫健委疾控局结防处干部何娟，中国疾控中心艾防中心研究员吕柯，中国疾控中心助理研究员王嘉，西藏自治区教育厅体卫处次仁顿珠，拉萨市教育局党委委员、副局长、调研员向宗，市教育局安卫办科长仁青旺堆一行在堆龙德庆区中学就结核病、艾滋病防控工作进行督导调研。

15日 西藏堆龙民泰村镇银行与堆龙德庆区东嘎镇东嘎村举行“银村合作、共建小康”活动，双方签订“银村合作”协议，向东嘎村整体授信5000万元。

16日 堆龙德庆区召开2017—2018年度大学生志愿服务西部计划工作总结表彰大会。

17日 山南市人大常委会党组成员、副主任扎西率人大考察团一行7人在堆龙德庆区考察人大依法履职情况。拉萨市人大常委会副秘书长王刚，堆龙德庆区人大常委会党组书记武保杰等陪同。

17—18日 北京市东城区和平里第四小学选派优秀援藏教师在堆龙德庆区举办主题送教讲座。堆龙德庆区七所小学教师代表共计480多人次参加培训。

21日 西藏自治区党委常委、拉萨市委书记白玛旺堆一行在堆龙德庆区古荣乡高海拔生态搬迁安置点调研指导工作。白玛旺堆强调：要以习近平新时代中国特色社会主义思想为指引，坚持以人民为中心的发展思想，全面做好易地扶贫搬迁各项工作，着力提高易地扶贫搬迁人口的后续发展能力，真正实现搬得出、稳得住、能致富。自治区副主席江白、拉萨市副市长扎西白珍一同调研。位于堆龙德庆区古荣乡的高海拔生态搬迁安置点，已有从那曲市尼玛县荣玛乡生态移民搬迁入住262户1102人。

22日 北京市海淀区委常委、区委办公室主任高念东带队党政代表团一行在堆龙德庆区考察调研。

24日 北京门头沟区法院党组书记、院长龚浩鸣，党组成员、副院长代长申，审委会专职委员胡羽等一行8人在堆龙德庆区法院对接援藏工作。

25日 由西藏自治区旅发委主办，携程国旅承办的“奢野西藏漂流首发团”在堆龙德庆区古荣乡楚布河举办，9名漂流爱好者参与了活动体验。

28日 国务院扶贫开发领导小组副组长，扶贫办党组书记、主任刘永富一行在堆龙德庆区波玛村考察了“德吉藏家”易地搬迁旅游可持续发展项目。西藏自治区党委副书记、自治区主席齐扎拉，自治区党委常委、拉萨市委书记白玛旺堆，北京市副市长王红，堆龙德庆区委书记格桑平措，区委副书记、区长杜江等陪同考察。考察中，刘永富详细询问了易地搬迁群众现在的生活状况、民宿接待客人入住、旅游增收分红等情况。刘永富对该运营模式表示肯定，他指出：在带动贫困群众脱贫过程中，要坚持以人民为中心的发展思想，因地制宜地发展产业，让老百姓的生活方式与生产资料转化为生产力，破解“一方水土养不活一方人”的难题。

30日 昌都市八宿县人大常委会副主任肖成斌带领昌都市八宿县人大考察团在堆龙德庆区考察人大工作。

31日 堆龙德庆区召开迎接拉萨市国家三类城市语言文字评估工作推进会。

8月

1日 堆龙德庆区委书记格桑平措，区委副书记、区长杜江，区人大常委会党组书记武保林，区政协党组书记、主席洛桑强巴及全体在家县级领导分别在各驻区部队开展“八一”慰问活动，向各驻区部队致以节日的问候和美好的祝愿。

同日 2018堆龙德庆区第三届觉木隆派藏戏文化旅游节活动圆满落幕。

2日 北京市门头沟党政代表团门头沟区委书记张力兵一行在堆龙德庆区考察调研。拉萨市人大常委员会主任云丹，拉萨市副市长、北京市第八批援藏干部副领队朱建红，堆龙德庆区委书记格桑平措，区人大党组书记、主任武保林和相关单位负责人陪同。

3日 堆龙德庆区举行2018年高校毕业生专场招聘会。

6日 中国消费者协会副秘书长栗元广、堆龙德庆区工商局局长洛布在东嘎农贸市场检查市场卫生环境、产品价格、质量、售后权益等情况。

7日 北京市朝阳区双井街道党工委书记董健一行在堆龙德庆区考察调研。

9日 堆龙德庆区各乡（镇）卫生院配备救护车发车仪式在区人民医院举行。

10日 由西藏自治区委组织部组织一处处长张平带队的中科院专家团队在堆龙德庆区东嘎镇检查指导便民服务中心运行情况。检查组通过实地考察、听取汇报等方式详细了解了东嘎镇便民服务中心标准化建设情况，充分肯定了东嘎镇便民服务中心的工作成绩，对下一步工作提出了意见建议。

同日 拉萨市委宣传部副部长张碧芳一行在堆龙德庆区马乡马村调研指导“五有五好”文明村镇创建活动。

17日 西藏自治区党委副书记、自治区主席齐扎拉率区、市相关部门负责人一行在堆龙德庆区调研指导工作。自治区党委副书记、常务副主席庄严，自治区党委常委、拉萨市委书记白玛旺堆，自治区副主席罗梅，自治区政府秘书长朱强，拉萨市委副书记、市长、城关区委书记果果一同调研。调研组首先在乃琼镇波玛村调研了象雄美朵旅游文化产业园建设进展情况，齐扎拉主席肯定了项目进展情况，并安排部署了下一步各项工作。随后，调研了西藏技师学院及西藏自治区中心医院选址情况。

同日　生态环境部环境规划院副院长何军一行在堆龙德庆区古荣乡嘎冲村安置点就高海拔生态搬迁点的经济发展、精准扶贫、民俗文化等发展情况进行调研。西藏自治区环保厅厅长罗杰，自治区林业厅副厅长、自治区高海拔生态搬迁办公室副主任总嘎，拉萨市副市长郑卫国，堆龙德庆区委常委、副区长刘春涛等陪同。

同日　"第五届全区藏戏大赛"颁奖典礼在罗布林卡举行，堆龙德庆区设兴藏戏队获得集体二等奖。设兴藏戏队的卓嘎荣获第五届全区藏戏大赛个人优秀奖，设兴藏戏队的旦巴平措获得第五届全区藏戏大赛个人新人奖。

19日　拉萨市教育局副局长杜建峰一行在堆龙德庆区检查2018年秋季开学工作。堆龙德庆区副区长何景平、区教体局局长林芸等陪同。

同日　10余名北京市朝阳区援藏专家组及堆龙德庆区医院医疗骨干共为100余名居民提供免费诊疗和卫生保健咨询，免费发放了药品20余种、健康知识宣传资料100余份。

20日　堆龙德庆区以社会化发放形式，将补贴资金发放给11名重点关爱对象，共计发放补贴资金66000元；为全区35名精神患者监护人发放了2018年严重精神病患者监护人补贴资金82200元。

同日　西藏自治区高级人民法院监察室主任罗坚龙一行4人在堆龙德庆区人民法院开展司法巡查工作，并召开巡查工作情况反馈会。

21日　北京市妇联副主席马红萍一行在堆龙德庆区东嘎镇桑木村考察指导"会改联"后村级妇联工作开展情况及取得的主要成效。拉萨市妇联主席向巴彩喜，堆龙德庆区委书记格桑平措，区委常委、区委办主任德吉央宗等相关单位负责人陪同。

同日　西藏自治区民政厅党组成员、副厅长、民政部海峡两岸婚姻家庭服务中心副主任从飞军，民政部社会事务司婚姻处处长郝海波带领民政部第32工作组，在堆龙德庆区羊达乡调研民政所运行情况。

23日　西藏自治区人大常委会副主任其美仁增在堆龙德庆区调研生态搬迁安置工作。

24日　西藏自治区宣讲团在堆龙德庆区召开《习近平谈治国理政》专题辅导宣讲报告会，堆龙德庆区委书记格桑平措主持宣讲报告会，全体在家县级领导，各乡（镇）、区直各单位、各寺管会、各国有企业、各驻村工作队负责人及农牧民群众、僧尼、教师等社会各界代表共计256人聆听宣讲报告会。自治区党委宣讲团成员、区党委党校马列教研部教授李宏从《习近平谈治国理政》的重大意义、丰富内涵等方面，作了全面系统的宣讲解读。

25日　中共中央政治局常委、全国政协主席汪洋一行在堆龙德庆区古荣乡高海拔生态搬迁点视察工作。其间对当地便民服务站、警务站的基础设施、人员在岗情况、工作状况等进行了了解。为掌握生态搬迁对附近就住人员的影响，汪洋随后在搬迁群众家进行走访，了解了搬迁对其家庭生活、子女上学等方面影响，听取了当地村民诉求。西藏自治区、拉萨市相关领导及堆龙德庆区委书记格桑平措，区委副书记、区长杜江等陪同。

27日　方正集团副总、北大资源集团CEO曾刚一行在堆龙德庆区考察。堆龙德庆区与北大资源集团双方洽谈了"拉萨堆龙德庆区·北大资源梦想城"项目建设相关事宜，达成了初步意向签订框架协议，项目总投资180亿元，规划总占地面积约10平方公里，项目分七期建设，启动期占地2900余亩。该项目结合拉萨城市发展方向和整体规划，融合西藏本地特色和北大资源优质产品体系，北大资源拟在拉萨市堆龙德庆区规划打造"拉萨堆龙德庆区·北大资源梦想城"。"项目整体规划有五大板块，具体包括城市形象板块、综合服务板块、健康生态板块、现代商业板块和文化旅游板块。五大板块相互支撑、互为补充，共同构筑成一个有机统一、和谐互融的整体，构建城市新生态。

28日　中国社科院民族研究所经济研究室研

究员刘小眠率调研组在堆龙德庆区调研城乡社区治理和乡（镇）政府服务能力建设情况。

29日 来自拉萨市各县（区）、各经济功能区、市直各企事业单位15支代表队共400余名运动员，在市群众文化体育中心参加由拉萨市人民政府主办的干部职工“全民健身日”工间操比赛。堆龙德庆区代表队经过激烈的角逐，以总分9.83分的佳绩荣获一等奖。

30日 西藏自治区党委副书记、自治区主席齐扎拉率区、市相关部门负责人一行在堆龙德庆区调研指导工作。自治区党委副书记、常务副主席庄严，自治区党委常委、拉萨市委书记白玛旺堆，自治区政府副主席罗梅，自治区政府秘书长朱强，拉萨市委副书记、市长、城关区委书记果果一同调研。

31日 堆龙德庆区妇女第一次代表大会顺利召开。拉萨市妇联党组书记、副主席赵金花，堆龙德庆区委副书记边旦，区委常委、区委办主任德吉央宗，区委常委、宣传部部长普旦，区人大常委会副主任郑汉宏等参加会议。会议由区政协副主席靳小卉主持。此次大会应到代表97名，因病、因事请假15名，实到代表82名，符合法定人数。

同日 拉萨市2018年堆龙德庆区首届大学生就业创业能力提升培训班第一期在成都开课，20名堆龙德庆籍大学生学员参加培训，为期15天。此次活动是初创企业、创业孵化空间企业、大学生创业的专题培训，旨在提升大学创新创业能力。

9月

3日 西藏自治区人大常委会副主任其美仁增一行在堆龙德庆区古荣乡那曲高海拔生态搬迁安置点调研指导工作。

4日 全国妇联联合自治区、拉萨市、那曲市妇联在堆龙德庆区古荣乡嘎冲村荣马乡高海拔易地扶贫搬迁安置点，共同开展了“美丽女性·幸福家庭”藏汉双语丛书赠书仪式活动，此次活动共发放了10余万套书籍。

同日 拉萨市委组织部副部长、老干局局长央金在堆龙德庆区马乡调研区、乡两级基层党建工作。

同日 拉萨市委组织部常务副部长达瓦一行在堆龙德庆区波玛村易地扶贫搬迁安置点就群众搬迁情况，党组织、工会、团组织、妇联等组织建设情况，党员、农牧民工人、团员、妇女基本情况进行调研。

7日 堆龙德庆区庆祝第34个教师节暨表彰大会在区文化活动中心召开。拉萨市教育局副调研员毛雅丽，堆龙德庆区委副书记、区长杜江及在家的全体县级领导出席会议。

9日 以“畅游魅力帮普，沐浴阳光生活”为主题的堆龙德庆区帮普沟第二届沐浴文化节在羊达乡帮普沟盛大开幕。

10日 北科建集团与堆龙德庆区举行签约仪式。西藏自治区党委常委、拉萨市委书记白玛旺堆，拉萨市委副书记、市长、城关区委书记果果，拉萨市委副书记肖志刚，拉萨市委常委、常务副市长暴剑，堆龙德庆区委副书记、区长杜江出席活动。

11日 大香格里拉旅游推广联盟、专家教授、区外骨干旅游企业及海外旅行商组成的中外嘉宾团在堆龙德庆区体验“德吉藏家”乡村民俗活动。来自德国、俄罗斯、印度、新加坡、尼泊尔、意大利、澳大利亚等国和区内外嘉宾60余人，走进藏家民宿，品味特色美食，体验地道锅庄，尽情感受了一场纯真的民俗之旅。

12日 上海市徐汇区牙病防治所医务专家团队和西藏阜康医院医护人员在堆龙德庆区古荣乡巴热村，开展“大美西藏口腔保健公益行”及送医送药送健康义诊活动。

13日 西藏自治区党委巡视办副巡视员强巴欧珠一行在堆龙德庆区调研巡察工作。堆龙德庆区委常委、纪委书记、监委主任、区委巡察工作领导小组组长尚志清，区委巡察工作领导小组成员及巡察办全体同志参加座谈会。座谈会后，调研组一行查看了巡察办、组办公场所和档案室，对区委、区政府给予巡察机构的支持给予了充分肯定，并对加强巡察办档案室建设提出了指导意见。

17日 西藏自治区党委常委、拉萨市委书记白玛旺堆，市委副书记沈海斌，市委常委、常委副书记暴剑，市委常委、统战部部长阿努次仁一行在堆龙德庆区考察调研工作。堆龙德庆区委书记格桑平措，区委副书记、区长杜江，区委副书记、政法委书记、公安局局长谢公瑾，区委常委、统战部部长普布斯曲等相关单位负责人陪同。检查组一行先后对马乡措麦村、"象雄美朵"、德吉藏家、堆龙新城、古荣乡巴热村、拉萨市城投航龙钢铁有限公司、工业园区污水处理厂、拉萨市城投工程机械商贸城、堆龙德庆区第二幼儿园、区政府服务中心、乃琼镇乃琼村、羊达乡通嘎村等地的重点工作进行了考评，并检查了文明村镇建设、乡村旅游示范点、精准扶贫、维稳综治工作、民间投资、消除"无树村""无树户"及生态文明村创建等工作。

同日　拉萨市安监局、市民宗局、市文物局组成专项检查组在堆龙德庆区督导检查寺庙消防安全工作。

18日　当雄县易地搬迁户的146名适龄儿童顺利完成入学的相关手续，标志着易地搬迁户子女全部入学。

19日　堆龙德庆区在东嘎镇祥和苑举办第一期"团结堆龙·为爱奔跑"公益慢跑活动，区委副书记边旦，区委常委、统战部部长普布斯曲和当雄县易地扶贫搬迁桑木安置点相关负责人参加活动。当雄县、堆龙德庆区易地搬迁安置点各族群众和相关单位干部职工共120余人参加了此次活动。

20日　堆龙德庆区召开国企党工委第一次会议，区委副书记、常务副区长、国企党工委书记赵涛，区委常委、纪委书记尚志清及国企党工委成员单位和各国有企业主要负责人出席会议。会议传达了《中共拉萨市堆龙德庆区委员会关于成立中共拉萨市堆龙德庆区国有企业工作委员会的通知》，审议了《中共拉萨市堆龙德庆区国有企业工作委员会工作制度》（审议稿），并就国企财务管理办法、党风廉政建设制度、"三重一大"决策制度等方面提出了具体要求。

21日　西藏自治区党委书记吴英杰在堆龙德庆区专题调研自治区中心医院用地选址情况。自治区党委副书记、自治区主席齐扎拉，区党委常务副书记、政协党组书记丁业现，区党委常委、拉萨市委书记白玛旺堆，区党委秘书长刘江，自治区副主席石谋军，自治区政协副主席王亚蓟，堆龙德庆区委书记格桑平措等相关领导陪同调研。

25日　西藏自治区党委统战部副部长吴戻军一行在堆龙德庆区检查指导工作。

26日　北京市海淀区甘家口街道办事处主任孙鹏一行在堆龙德庆区开展学习交流活动。

28日　堆龙德庆区举办第二届滭杷旅游文化节。

同日　堆龙德庆区全面完成919户易地搬迁家庭906名学生就学安置工作。为保障易地搬迁户子女就学条件，堆龙德庆区累计投资150万元对相关学校设施进行改造。

10月

8日　共青团堆龙德庆区委联合中国民用航空西藏自治区管理局，组织200余名学生开展"民航知识"主题讲座，为青少年普及科普知识，激发学生学科学用科学的浓厚兴趣。

9日　拉萨市体育局局长王宁一行在堆龙德庆区中学调研体育设施建设、校园文化艺术节等工作开展情况。

同日　墨竹工卡县政协副主席索朗扎西带领墨竹工卡县政协系统考察团在堆龙德庆区德庆乡考察"政协委员之家"建设情况。

同日　首都医科大学附属北京儿童医院、北京后生公益基金会与中国儿童少年基金会等30余人组成公益扶贫医疗队为堆龙德庆区姜昆黄小勇希望小学700余名学生进行视听免费筛查。

10日　"堆龙德庆区政务微信矩阵"正式上线。上线后，将充分发挥微信集群效应，方便大家随时随地查看堆龙德庆的各类最新消息。

12日　教育部民族教育司副司长葛维威一行5人在堆龙德庆区调研。西藏自治区教科院院长李孝裕、拉萨市教育局副局长王斌、堆龙德庆区政府副区长何景平及相关单位负责人陪同。调研组先后在古荣中心小学、区第二幼儿园、区中学通过实地调研、听取汇报等方式深入了解了堆龙德庆区双语教师队伍建设和学前双语教育发展等方面的情况。

16日 西藏自治区党委常委、组织部部长、区教育工委书记曾万明一行在堆龙德庆区调研抓党建促脱贫攻坚工作。自治区党委组织部部委会委员、区“两新”工委专职副书记吕叶辉，拉萨市委副书记、组织部部长庄红翔，堆龙德庆区委书记格桑平措，区委副书记、区长杜江等领导陪同。曾万明部长充分肯定了堆龙德庆区近年来在基层党建、社会经济、改善民生、特别是脱贫攻坚等工作上所取得的成绩，并提出了几点意见：一是大力推进基层党组织标准化建设；二是实施村级党组织带头人整体优化提升工作；三是管好用好驻村工作队、第一书记和下沉干部；四是加强党员政治教育；五是激发群众内生动力。

22日 拉萨市统计局党组书记仓琼一行在堆龙德庆区调研经济普查工作开展情况。

22—24日 北京市延庆区法院党组成员、纪检组长韩志忠一行在堆龙德庆区人民法院开展对口援助工作。

22日—11月1日 堆龙德庆区人大常委会党组书记武保林带领乡（镇）人大主席、部分人大代表在深圳市、厦门市考察学习街道人大工作。

23日 北京门头沟区总工会党组书记、主席陈波，门头沟区总工会党组成员、副主席郭燕一行在堆龙德庆区德庆乡调研基层工会工作，并向堆龙德庆区总工会捐赠对口援藏资金20万元。

24日 拉萨市副市长陆从福一行在堆龙德庆区双创空间和未就业高校毕业生家中考察调研。堆龙德庆区委书记格桑平措，区委常委、副区长李晓强陪同。

28日 拉萨市政协党组副书记、副主席江嘎一行在堆龙德庆区就政协系统党的建设工作、乡镇委员之家工作进行调研指导。

30日 共青团北京市委副书记郭文杰带领北汽集团、北汽股份、北京现代一行7人在拉萨市堆龙德庆区中学举行“美好北汽·与爱同行”北汽集团一对一爱心帮扶计划捐赠仪式。

31日 拉萨市委副书记、市长、城关区委书记果果一行在堆龙德庆区调研自治区重点项目拟选址工作推进情况。果果市长指出，自治区重点项目是有利于推动拉萨市经济高质量发展的民生工程，是自治区交给我们的光荣使命，一定要提高政治站位、统一思想认识，坚持以人民为中心的发展思想，集中力量，全力推进项目建设前期各项工作，为项目如期开工奠定良好基础，也让全市各族人民切实感受到以习近平同志为核心的党中央的关心关怀。

11月

2日 拉萨市减灾办、堆龙德庆区减灾办联合在堆龙德庆区中学组织开展了以“总结经验、完善机制”为主题的自然灾害救助应急预案演练活动。

10日 堆龙德庆区农闲时节“四讲四爱·五有五好”群众性文明实践十项活动启动仪式在乃琼镇举行。拉萨市委常委、宣传部部长吴亚松出席仪式，堆龙德庆区委书记格桑平措出席活动并讲话，区政协主席洛桑强巴，区委副书记边旦等参加启动仪式，全区各部门有关负责人共700余人参加了启动仪式。在启动仪式上，区政协主席洛桑强巴为各乡（镇）发放“十项活动”专项经费190余万元，区委副书记边旦为各村文艺队代表发放了村级文艺队启动资金5万元。

19日 堆龙德庆区妇联工作人员在德庆乡其美龙寺、热果寺和马乡聂寺，为3座寺庙和驻寺干部送医送药，送去了价值49000元的常用药品。

同日 由国家体育总局社会体育指导中心、西藏自治区体育局联合举办的“2018国家体育总局毽球、跳绳西部行活动”在堆龙德庆区姜昆黄小勇希望小学举行。在启动仪式上，国家体育总局社会体育指导中心代表向姜昆黄小勇希望小学捐赠了体育器材。姜昆黄小勇希望小学和拉鲁小学分别承接了毽球和跳绳培训活动。

23日 堆龙德庆区首届“梦创拉萨·创响堆龙”创业集市启动仪式在堆龙德庆区小微企业创业创新示范基地（羊达农业设施园）举行。

12月

5日 西藏自治区脱贫攻坚地市交叉考核组在堆龙德庆区对精准扶贫、精准脱贫工作成效进行了考核验收。根据考核组发现的问题，堆龙德庆区脱贫攻坚指挥部高度重视，召开专门反馈问题分析会议，组成专班对反馈问题进行逐一查找原因，年底已全部整改完毕。

7日 堆龙德庆区融媒体中心揭牌仪式在堆龙德庆区文化活动中心举行。堆龙德庆区作为自治区党委宣传部在全区范围内遴选的首批试点和中宣部重点联系县（区），此次揭牌标志着西藏自治区县级融媒体建设工作进入新的发展阶段。西藏日报社党委副书记、副总编赵永琦，自治区网信办网络评论工作处处长胡峥嵘，拉萨市委宣传部副部长李文华，市网信办负责人王靖元，堆龙德庆区委常务副书记张勇，区委常委、宣传部长普旦，副区长何景平出席揭牌仪式。各乡（镇）宣传委员，堆龙德庆区融媒体建设领导小组成员单位负责人，网安支队、网评员代表，融媒体中心、宣传文广系统工作人员共50余人参加揭牌仪式。

11日 西藏自治区党委常委、宣传部部长边巴扎西在堆龙德庆区调研基层党员干部理论学习、“四讲四爱”群众教育实践活动和基层公共文化服务情况。拉萨市委常委、宣传部部长吴亚松陪同。边巴扎西在调研中强调，一是学习习近平新时代中国特色社会主义思想是树牢“四个意识”、坚定“四个自信”、做到“两个维护”的本质要求，是用党的最新理论武装头脑、指导实践、推动工作的必然要求。二是要着眼于人民群众对美好精神文化生活的新期待，切实建强基层文化阵地，不断壮大基层文化队伍，开展更多寓教于乐的文体活动，不断推动农牧区物质文明与精神文明同步发展、相得益彰。三是要不断深化“四讲四爱”群众教育实践活动，全面落实基层党组织的主体责任，充分发挥农牧民宣讲员的骨干作用，抓好外出务工返乡农牧民的补课，确保活动全覆盖。

13日 堆龙德庆区召开2018年度各乡（镇）党委书记、各行业系统党（工）委书记抓基层党建工作述职评议会议。

24日 西藏中腾投资有限公司投入19.32万元为堆龙德庆区中学60名贫困学生捐赠了衣物。

26日 堆龙德庆区中小学体育骨干教师完成了在江苏省扬中市中国曲棍球培训实践基地的软式曲棍球技术及规则培训，并获得了结业证书。

27日 庆祝改革开放40周年主题晚会、影响堆龙40名基层人物颁奖典礼在堆龙德庆区文化活动中心举行。拉萨市政协副主席、秘书长张勤，市新闻出版广电局副局长格桑顿珠，堆龙德庆区委书记格桑平措，区人大党组书记武保林，区政协主席洛桑强巴，堆龙退休老领导、驻区部队领导以及在家的县级领导和各行业代表400余人参加活动。演出开始前，观众还参观了以“争做神圣国土守护者，幸福家园建设者”为主题的堆龙德庆区庆祝改革开放40周年原创文艺作品展览。此次共展出堆龙各行各业干部群众原创的美术、书法、摄影等作品59件。

政 治

中共堆龙德庆区委员会

【概况】 2018年，在市委、市政府的坚强领导下，堆龙德庆区委坚持以习近平新时代中国特色社会主义思想为指导，深入贯彻落实中共十九大精神，团结带领全区各族干部群众，紧紧围绕发展、稳定、生态三件大事，坚决打好防范化解重大风险、精准脱贫、污染防治的三大攻坚战，加快推进拉萨城市副中心、产城融合示范区、城乡统筹先导区建设步伐，奋力推动改革发展稳定各项工作再上新台阶。

2018年6月12日，西藏自治区党委副书记、自治区主席齐扎拉（中）在堆龙德庆区波玛村调研藏家精品民宿工作

【维护社会大局和谐稳定】 深入开展反分裂斗争。年内，区委提前谋划、妥善应对“后达赖”向“达赖后”转变时期的各种风险挑战，制定完善了区、乡（镇）、村三级方案预案，强化应急处突演练，突出情报搜集研判，牢牢掌握斗争主动权，以深入开展“四讲四爱”群众教育实践活动为抓手，持续在维护祖国统一、加强民族团结教育上发力，深入揭批达赖集团反动本质，夯实反分裂斗争群众基础。充分发挥基层党组织在反分裂斗争中的战斗堡垒作用，坚持在建设“遇事不糊涂、关键时刻起作用”党组织上下功夫，筑牢反分裂斗争第一道防线。

全面加强社会治理。扎实推进“雪亮工程”和全响应指挥体系建设，基本实现对重点路段、重点区域、重点场所监控全覆盖。充分发挥“护城河”检查站“过滤网”作用，累计排查车辆70.58万辆、人员182余万人次，严密防范各类“输入型”“潜入型”隐患。深化“以房管人、以证管人”的“口袋式”流动人口管理机制，2.29万流动人口登记办证率达100%。深入开展扫黑除恶、打非治乱专项斗争，停业整顿行业场所7家、行政拘留23人，强制退出“黑车”30辆，打击“沙霸”1起，打掉农村恶势力团伙1个；出动文化执法人员329人次，查获盗版、违

2018年8月7日，区委书记格桑平措（右三）在区政务中心检查指导工作

禁影像制品4000余件；发放各类宣传册1.5万余份。

有效化解矛盾纠纷。执行"区、乡（镇）、村、组、联户"五级矛盾纠纷排查调处机制和重大疑难复杂信访案件领导包案制，健全完善项目征地拆迁、建设施工、劳资纠纷等领域风险评估机制，全区矛盾纠纷排查调处率达和群众来信来访化解率均达100%，努力实现信访案件"零搁置"。

宗教领域和谐稳定。认真学习贯彻新修订的《宗教事务条例》，确保楚布寺"次曲"、乃朗寺"立经幡"、达扎寺"入行论"等佛事活动的有序开展。认真落实领导干部联系寺庙制度和属地管理责任制，明确了区、乡（镇）、村"三级"管理主体责任，推动寺庙管理进一步制度化、规范化。开展"遵行四条标准 争做先进僧尼"教育实践活动，组织30名僧尼赴其他省市参加学习培训，全年举办僧尼集中培训班2期，开展各类教育活动120余次。投入120余万元建成18座寺庙微型消防站，投入25万元对寺庙电路隐患进行整治。对和谐模范寺庙、爱国守法先进僧尼、先进寺管会，优秀驻寺干部、干警、涉宗干部进行了表彰。开展过度煨桑整治行动，切实从"采摘、运输、销售"各环节加强教育监管，29个煨桑点得到规范有效管理。

民族团结持续深化。紧紧围绕各民族共同团结奋斗、共同繁荣发展主题，全面贯彻落实党的民族政策，不断巩固和发展平等、团结、互助、和谐的社会主义民族关系，始终把加强民族团结贯穿到工作的各个方面，体现到工作的各个领域。2018年，共表彰民族团结进步模范集体34个、民族团结进步模范家庭76个、民族团结进步模范个人490名。各级党组织举办了以"民族团结"为主题的知识竞赛、歌咏比赛、演讲比赛、文艺演出、知识讲座等系列活动200余场次，使各族干部群众"三个离不开"思想更加牢固，手足相亲、守望相助、和睦相处、和衷共济的氛围日益浓厚。堆龙德庆区上榜全国民族团结进步创建示范区候选名单，羊达乡被评为自治区民族团结模范集体，区委宣传部、马乡等4家单位被评为拉萨市民族团结进步示范单位。

【乡村振兴战略】 坚持规划引领。2018年，堆龙德庆区召开区委二届三次全会，审定了乡村振兴战略实施意见，扎实推进乡村振兴总体规划和7个专项规划编制工作。采取试点先行、示范推广的工作路径，确定了乃琼镇波玛村、马乡措麦村、德庆乡德庆村为首批示范村。

以产业振兴为重点，加快发展现代农牧业。全年完成粮食总播种面积7.42万亩，创建绿色高产高效田5万亩，培育良种繁育基地0.41万亩，推广优良新品种4.9万亩，种植有机青稞2000亩，全年实现农林渔总产值达7393.8万元。加大"三品一标"认证力度，申报有机产品认证11个、有机生产基地1个、地理标志产品8个，朗孜糌粑、巴热糌粑获批使用"古荣糌粑"地理标志。开展农村集体资产清产核资，试点羊达乡完成县级初验。截至年底，全区共有农牧民合作社145家，总产值7186万元。充分发挥民泰村镇银行作用，为农牧民、小微企业提供优质便捷金融服务，全年累计发放贷款530笔1.1亿元。

以组织振兴为基础，提升基

层党建水平。在村级党组织活动场所全覆盖基础上，全面推进标准化活动场所向自然组有序延伸覆盖，完成了10个组级活动场所建设，启动了第二批15个组级活动场所项目，基层党组织政治功能和服务功能不断提升。全面实行村级财务由第三方代理记账模式，建立健全“组长村管、组财村管、组务村管”工作制度。建立健全村级民主议事、党务公开、村务公开、民主监督等各项民主管理制度，有效提升基层党组织服务群众、组织群众、宣传群众、凝聚群众的能力和水平。

2018年3月17日，区委书记格桑平措（左七）在德庆乡德庆村参加传统春耕春播仪式

以生态振兴为突破，实施农牧区人居环境整治行动。全面消除1851户“无树户”及“无树村”。积极推进“厕所革命”，新建15座乡村卫生厕所。实现102个农村饮用水源地保护工程全覆盖，确保了农村饮用水安全。健全区、乡（镇）、村、组四级垃圾转运体系，启动了马乡马村、措麦村，古荣乡加入村，乃琼镇波玛村垃圾分类处理试点工作，首创“垃圾兑换超市”，率先推出垃圾有偿回收新模式，初步实现试点村垃圾减量化、无害化、资源化目标。

以人才振兴为支撑，加大农牧民技能培训力度。先后组织开展了汽车维修、汽车驾驶、中式烹饪、挖掘机操作等专业技术培训班7期，培训群众430人；先后组织3期招聘会，实现群众就业134人；依托净土健康产业园区，累计为300余名群众提供种植技术培训；10名区级农技人员、87名乡村科技特派员、97名兽医累计为群众提供农牧科技服务500余次。

以文化振兴为保障，大力弘扬和践行社会主义核心价值观。以“四讲四爱”群众教育实践活动为总抓手，各级党组织全年开展中共十九大精神宣讲、新旧西藏对比、感党恩教育等各类宣传教育活动2000余场次。群众性精神文明创建持续深化，以争做“神圣国土守护者、幸福家园建设者”为主题，充分发挥爱国主义教育基地、村级活动场所等阵地作用，深入开展“农闲时节十项活动”等各类群众性精神文明创建活动600余场次、受众8万余人次。精心策划、编创了舞台剧《幸福新时代》和情景剧《我们永远跟党走》，并先后在拉萨市和堆龙德庆区巡回展演。顺利通过国家公共文化体系示范区创建验收，积极推进6个村级文化服务中心示范工程建设，组建了22支村级文艺队，打造了8支藏戏队伍，成功申报2个市级非物质文化遗产、3名市级非物质文化遗产传承人。开展机关学校体育设施向社会免费开放活动，成功举办了第一届全民运动会暨民族运动会、残运会。

【夯实全面建成小康社会基础】

坚决打好脱贫攻坚战。年内，堆龙德庆区狠抓产业脱贫基础，采取发展主导产业、培育扶贫产业、发挥金融作用、依托龙头企业、壮大村集体经济等模式，带动贫困群众稳定增收。狠抓就业脱贫渠道，通过技能培训、产业带动、劳务输出、开发公共服务岗位和引导群众自主就业等，积极促进贫困群众就业。狠抓易地搬迁工作，完成了桑木村、波玛村、拉萨经开区757户2798人贫困群众的搬迁工作，入住率达100%，统筹解决搬迁群众就业、就医、就学等问题，基本实现贫困家庭至少1人就业目标，主动对接、积极做好兄弟市、县易地搬迁安置工作，完成当雄县550户2326名贫困群众和那曲262户1102名高海拔生态搬迁群众入住，统筹考虑安置点产业配套、教育医疗等重点要素，就近就便解决就学、就医、就业问题，提供就业岗位580个。狠抓成效巩固，持续实施统筹贫困群众和低收入人群的医疗、教育、住房、就业激励保障政策，不断巩固和提升脱贫成效。2018年9月，堆龙德庆区以综合贫困发生率0.17%、无建档立卡贫困户错评和错退情况、群众满意度99.36%的成绩，顺利通过国家贫困县退出考核评估。

坚决打好污染防治攻坚战。深入开展蓝天保卫战，严把环保准入关，强化“三线一单”的刚性约束，严禁“三高”企业进入堆龙德庆区。不断规范砂石等运输车辆、建筑工地遮挡式低尘作业，城区路段日均洒水5次，全区空气质量优良率达97.13%。深入开展净水保卫战、河道综合整治和保护工作，全面实行“河长制”，堆龙河、拉萨河堆龙段水质均达到国家三类标准。深入开展净土保卫战，持续强化农业面源污染防治，全面完成生态保护红线划定和第二次全国污染源普查工作。完成了2600亩拉萨周边防护林工程、800亩重点区域生态公益林、334亩防沙治沙、6468亩封山育林项目建设，林业绿化覆盖率稳步提升。扎实开展中央环保督察问题整改，办结整改47件，长期坚持整改11件。监管执法力度持续加大，完成环评网上登记备案256份，联合执法270余次，行政处罚企业48家，罚金127万元。依法关闭石材加工厂21家、砂石场和取土点18家、砖厂15家、畜禽养殖企业6家，取缔堆煤场5家，搬迁废旧汽车拆解企业1家。累计受理群众举报案件28件，办复率、满意率均达100%。依法依规追究10名党员干部责任，其中，党纪处分4人、政纪处分1人、诫勉谈话1人、约谈4人。

坚决打好防范化解重大风险攻坚战。扎实开展防范和化解政府债务风险工作，认真学习、严格落实自治区《关于进一步加强政府和社会资本合作建设项目管理的紧急通知》《关于全面加强重点项目建设管理的通知》精神要求，坚持把有效防范和化解政府债务和政府隐性债务风险作为重点项目建设管理的首要政治要求，健全财政管理制度，严格项目审批程序，实现政府债务零增长。扎实开展土地私自买卖、城区私搭乱建专项整治，成立专项整治工作领导小组和工作专班，按照“遏制增量、消化存量、打击典型”原则，共查处涉及违法用地行为1160宗，对2起非法买卖土地案件进行立案侦办，查处违章建筑80处，依法拆除5起。扎实做好堆龙新城和综合保税区项目征地拆迁中农牧民生活保障工作，完成2个安置小区相关前置手续，同时，按照征地面积10%的比例，预留安置发展用地，壮大发展村集体经济，带动群众就业增收。

【提高经济发展质量和效益】 经济实力持续提升。2018年，堆龙德庆区实现生产总值（GDP）33.13亿元，按可比价格计算，比上年增长10.2%。其中：第一产业增加值1.85亿元，比上年增长0.4%；第二产业增加值27.55亿元，比上年增长11.9%；第三产业增加值3.72亿元，比上年增长4.6%。全社会消费品零售总额达11.76亿元，同比增长14.2%，完成全年目标任务的102.15%；一般公共预算收入达到

2018年3月21日，区委副书记、区长杜江（中）在马乡检查指导工作

14.56亿元，同比增长21.97%，完成全年目标任务的109.45%；农村居民人均可支配收入达15500元，同比增长11.06%。

*发展活力不断激发。*建立完善了"保姆式"招商服务机制，以"雪顿节、昆交会、藏博会、京交会"等为平台，全年开展招商引资活动10余次，正式签约了"西藏领峰国际智慧物流园""机动车检测服务中心""古荣乡40兆瓦高效农业光伏互补电站""古荣巴热生态牧场"等建设项目，意向签约了"资源·梦想城"建设项目。全年招商引资实际到位资金达25.3075亿元，同比增长14.9%，完成全年目标任务的104.58%。

*发展布局更加优化。*净土健康产业采取净土公司+羊达设施农业园孵化基地+"上三乡"净土健康产业园+合作社的产业发展模式，实施了奶牛养殖基地、古荣乡高原特色蔬菜基地等重点项目建设，成功研发了青稞面包、麦片等13种"青色麦田"系列净土健康产品，净土健康产业总产值突破2亿元。工业经济方面加快了A区转型升级，盘活了7宗闲置土地，完成了16家涉及使用燃煤锅炉企业产能改造，建成园区污水处理厂，并投入试运行；完成B区基础设施建设，推进了高原食品冷链中心、吉祥哈达等重点项目建设，截至年底，园区入驻企业达54家，园区工业增加值占全区比重32.36%。文化旅游融合以打造"药王故里、藏戏之乡、生态堆龙"为旅游品牌，以《全域旅游发展规划》为引领，加快了楚布沟、宇妥沟等重点景区专项规划编制，开通了"一元游堆龙"旅游专线，培育和推出了楚布沟山地自行车体验赛、宇妥沟药王谷藏医养生深度体验游、"觉木龙派"藏戏文化旅游节、帮普沟沐浴文化节、古荣糌粑文化节等文化旅游推介活动，全年共接待游客143.31万人次，实现旅游总收入4554.43万元。

2018年11月13日，区委副书记边旦（左一）在措麦寺检查指导党建工作

*开放交流不断深化。*按照市委九届三次全会关于"推进堆龙德庆和拉萨经开区融合发展，打造全区对外开放新高地和现代物流集聚区"的决策部署，扎实推进G6高速、青藏铁路扩能建设等重点项目建设，不断构建高效便捷的公路、铁路物流网络。建成了运营钢材集散交易中心、工程机械商贸城2个综合性商贸物流市场，启动了领峰国际智慧物流园项目建设。大力推进与经开区的融合发展，加快推进综合保税区建设，基本完成了综合保税区建设征地拆迁工作。持续深化组团式援藏工作机制和"请进来、走出去"援藏工作模式，全年共争取援藏资金1.19亿元，到位资金5950万元，实施援藏项目7个；主动加强与朝阳区、海淀区、门头沟区的交流合作，达成了在教育、医疗、社区共建、沟域经济开发等领域合作意向，选派136名干部到北京学习培训；推进医疗人才组团式援藏工作，通过传、帮、带、教等多种途径，推动堆龙德庆区医疗卫生工作水平不断提升。

*城镇化建设步伐加快。*坚持规划先行，调整完善了《拉萨市堆龙德庆区分区规划》《新城修订性详细规划》，推进"上三乡"规划编制报批工作和加入村、嘎冲村等8个村庄规划编制工作。积极稳妥推进村改居、乡改镇、镇改街道各项工作，完成了乡改镇、镇改街道报批工作。加快堆龙新城建设进度，完成了堆龙新城一期2213.48亩土地征收工作，兑现补偿资金

2018年2月8日，区委副书记边旦（右一）在三大节日期间慰问区人武部官兵

10.19亿元，全面推进新城土地二级开发，挂牌出让土地13宗，出让总面积928.78亩。加快新城重点项目建设，总投资7.64亿元、总里程9.03公里的堆龙新城路网建设项目进度达40%；总投资1.9亿元的滨河公园项目已完成相关前置手续；总投资6.65亿元的堆龙河两岸综合治理工程（下游）和总投资1.4亿元的水系连通工程，已完成第三方设计评审；总投资9.52亿元的东嘎时代广场建设项目已完成40%；总投资1.8亿元的东嘎小区建设项目进度达70%。

【持续保障和改善民生】 教育事业持续发展。年内，堆龙德庆区不断巩固和提升"五个100%"工作成果，全面实施校园设施建设、师资队伍建设和教育质量提升"三大工程"。积极推进人大附中落地衔接工作，基本完成了德庆乡顶嘎村、邦村等7所村级幼儿园建设，加快推进了第三幼儿园、第二小学、第二中学的规划建设。全区易地搬迁户子女学前258人、小学490人、初中122人，已全部妥善安排到各中小学、幼儿园就读。积极落实15年免费教育政策，下拨"三包"经费2508.15万元、营养改善专项资金452.4万元。大力实施非义务教育阶段奖励救助，累计兑现教育奖励资金429.6万元、教育资助资金384.17万元。

健康服务明显改善。积极推进区人民医院创建二级甲等工作，加快实施二级甲等医院综合楼、公共卫生应急服务中心等重点项目建设工作。全面实施药物"零差价"销售制度，建立完善以大病医疗保险为补充、覆盖农牧区的多层次医疗保障体系。畅通婴幼儿住院救治、孕产妇住院分娩绿色通道，孕产妇免费体检率、住院分娩率均达100%。为区医院和6个乡（镇）各配备了救护车1台，每村均配备村医3名，推行村级家庭医生签约式服务，村医与城乡居民签约率达98%，将村级医务人员月均工资提升至2800元。

社会保障不断健全。全面实施"五险统征"工作，各险种参保率达100%。持续深化城乡社会救助、临时救助服务体系建设，提高城乡"低保"标准和"五保"供养标准。全年实施临时社会救助3人次1.5万元、城乡居民医疗救助231人次137.07万元。做好兜底保障工作，集中供养105名五保户，五保户意愿集中供养率达100%。

就业创业持续深化。推进"双创"示范基地建设，中小企业服务中心、众创空间和3个小微企业创新创业示范基地已建成并投入使用，众创空间入驻创业团队12家。成功举办了"创业英雄汇"海选初选赛，为12名堆龙籍高校毕业生兑现创业启动资金60万元。以承办拉萨市首届"梦创拉萨·创响堆龙"创业集市启动仪式为契机，大力推介堆龙创新创业项目，为创业者搭建相互交流、分享经验平台。加强大学生就业服务和引导，通过政府购买服务面向堆龙籍未就业大学生公开招聘30名村级便民服务中心工作人员和1名桑木搬迁安置点社区工作人员，共组织66名大学生到成都开展就业创业培训。全年71名建档立卡贫困户大学生实现就业56人，497名应届毕业生实现就业403名，通过"订单式"技能培训、劳务输出、创业帮扶等措施，实现转移就业1.6万人次，新增就业1489人。

【坚持全面从严管党治党】 政治

建设不断加强。年内，堆龙德庆区牢固树立“四个意识”，自觉做到“两个维护”，始终在政治立场、政治方向、政治原则、政治道路上同以习近平同志为核心的党中央保持高度一致。认真学习党章、尊崇党章、维护党章、遵守党章，严格执行新形势下党内政治生活若干准则，严肃党内政治生活，大力发展积极健康的党内政治文化。完善和落实民主集中制的各项制度，健全区委常委会议事规则和政府党组议事规则，严格落实“三重一大”决策机制，对重大事项决策、重大项目实施、重要干部任免和大额资金使用等事项，坚持会议研究、集体决策。牢牢掌握意识形态工作领导权，认真贯彻落实党中央和区市党委关于意识形态领域工作的要求，形成了党委统一领导、党政齐抓共管、宣传部门组织协调、有关部门分工负责的工作格局。相继制定了《落实党委（党组）意识形态工作责任制工作方案》《网络意识形态工作方案》等4个规范性文件，将意识形态领域工作纳入区委巡察工作和考核指标体系，挂牌成立了自治区首家县级融媒体中心，加强党对意识形态领域工作的领导。

理想信念更加坚定。区委常委会充分发挥“领头雁”作用，深入推进“两学一做”学习教育常态化制度化，把习近平新时代中国特色社会主义思想、中共十九大精神、《中国共产党章程》《中华人民共和国宪法》《习近平谈治国理政》等作为理论中心组学习和各级党组织学习重点。截至年底，区委常委会集中学习12次，区委理论中心组学习研讨15次，县级干部带头讲党课50余次、带头宣讲中共十九大精神和习近平新时代中国特色社会主义思想60余次，区委举办党员政治教育集中培训11期、各级党组织开展教育培训80余期，共开展培训教育5100余场次。

2018年5月30日，堆龙德庆区开展十九大知识竞赛

基层基础不断夯实。完善党建考评机制，分领域制定责任清单，将职责细化到人、量化到岗，加强日常考核，制定季度考核办法。优化组织体系，组建了非公有制经济组织和社会组织工作委员会、国企党工委，成立了区教体局党委，加大在网格、“双联户”、农牧民合作组织、易地搬迁安置点、流动人口集中地建立党组织的力度，党的组织和工作触角进一步向基层延伸。

队伍建设持续推进。严格执行干部选拔任用条例，严把选人用人关，注重从基层一线、维稳一线、急难险重岗位发现、选拔、任用干部，全年共调整提拔干部185名，其中乡（镇）、寺庙、维稳一线干部占68.31%。加强干部廉政监管，坚持将干部任前廉政谈话、约谈、填写廉政档案、廉政测试等作为加强干部廉政监督管理的重要手段。对新提拔使用、岗位交流的干部实现约谈全覆盖。大力实施干部队伍素质提升工程，根据经济社会发展需求，科学制定《党员教育培训计划》，确定6大主题、34项专题培训班次，统筹区内外培训资源，培训党员干部2000余人次。深化“强党、固基、扶村”工作，选派84名干部驻村，严格执行第一书记和驻村干部考评机制，基层组织基础不断夯实。加大“三个培养”工作力度，全年发展党员275人，其中农牧民党员占67%；培养村级后备干部420名，其中致富能手101名、党员致富能手38名。

正风反腐更加深入。始终把

区委、区政府办公楼俯瞰图

纪律规矩挺在前面，扎实履行主体责任和监督责任，正确运用监督执纪问责“四种形态”，持续巩固中央八项规定及实施细则精神，深入开展“不作为、慢作为”和扶贫领域作风问题专项整治。层层传导责任压力，区委、区政府主要负责同志先后开展廉政约谈60余次，与各乡（镇）、部门党委书记约谈实现全覆盖，区纪委书记与乡（镇）纪委书记、部门纪检组长实现约谈全覆盖，区委常委与分管联系部门责任人实现约谈全覆盖。严格落实党风廉政建设责任考核制，建立完善党风廉政建设考核结果有效运用工作机制，推行村级小微权力清单制度，加大基层小微权力腐败惩处力度。强化廉政教育，区委理论中心组开展党风廉政建设集中学习5次，学习通报各级违纪违法典型案件50余件。紧盯节日节点，下发廉政过节通知13份、发送廉政提醒短信12000余条。充分发挥巡察利剑作用，完成拉萨市交叉巡察试点对国土分局和乃琼镇的第三轮巡察工作以及对4家区直单、2个乡（镇）、3个寺管会的第四轮巡察，启动了第五轮扶贫领域专项巡察。扎实推进监察体制改革，成立区监察委，协调解决好制度衔接、纪法衔接、工作衔接、人员融合、体制机制职能转化等方面工作。2018年，堆龙德庆区纪检监察机关共受理问题线索15件，办结2件、书面函询1人。

（郑腾飞）

【领导名录】

区委书记

格桑平措（藏族）

区委副书记、区长

杜　江

区委常务副书记

张　勇

区委副书记、常务副区长

赵　涛

区委副书记

边　旦（藏族）

拉萨市公安局党委委员，区委副书记、政法委书记、公安局局长

谢公瑾

区委常委、统战部部长

普布斯曲（藏族）

区委常委、区委办主任

德吉央宗（女，藏族）

区委常委、纪委书记、监察委主任

尚志清

区委常委、组织部部长

王满春

区委常委、政府党组副书记、副区长

李晓强

刘春涛

区委常委、宣传部部长

图登佩杰（藏族，5月离任）

普　旦（藏族，5月任职）

中共堆龙德庆区委办公室

【概况】 2018年，在区委的坚强领导下，区委办公室团结带领干部职工紧紧围绕区委中心工作和年初工作计划，始终坚持以“建一流队伍、树一流形象、干一流工作、创一流业绩”为目标，以“五个坚持”为引领，立足“三提升”，做好“三服务”，积极发挥参谋助手、综合协调、督查落实等职能作用，较好地完成了各项工作任务，为区委各项决策落实和各项工作开展打下了良好基础。

【协调服务】 年内，区委办公室坚持原则性与灵活性相结合，搞好县级领导之间的协调服务，建立健全区领导每日活动、每周工作安排，保障提升了工作的科学化、规范化水平。不断加强与人大办、

政府办、政协办之间协调沟通，建立完善了四大办公室重点工作会商制度，形成了以区委办牵头、区四大办公室整体联动、互相配合的服务机制。积极抓好上下级之间协调工作，及时传达区委重大决策部署，及时反映基层意见和建议，确保政令畅通。

【办文办会】 年内，区委办公室按照“精简、规范、优质”的标准，严把报备、收发、阅办、归档等环节，健全完善各项公文办理制度和流程，及时掌握文件去向，及时催办、督办，确保公文快速有序流转。2018年，共收文办理500余件、发文办理170余件；办会50余场次、同比下降12%。对确定召开的重要会议，坚持做到提前准备、分工负责、层层把关，会前认真制定会务方案和工作流程，认真检查会务细节，力求不留空当死角，确保会场布置整洁庄严、会风会纪严肃认真、会议材料齐无差错，全年累计保障“520”视频会议33次、82.5小时。

【机要保密】 年内，区委办公室积极推进机要标准化建设，完善各项制度台账，规范文电运转程序，不断提高文电办理效率，全年共收发办理密码电报517份、3481页，应急密码随行服务1次。严格执行党政密码管理规定，加强保密执法检查，确保密码设备绝对安全，密码通信绝对畅通。

【党史、档案】 年内，区委办公室深入贯彻落实中央、区、市有关党史工作的决策部署，坚持正确方向，强化依法治志，认真做好全区地方党史资料收集整理工作，不断推进修志编纂工作工作规范化、制度化、标准化建设。全年完成了第一轮《堆龙德庆县志》藏文翻译初稿，出版了2018年度《拉萨堆龙德庆区年鉴》，共计783千字。全力做好全区档案工作，推进数字化档案馆建设，先后深入各乡镇、各单位开展档案业务指导工作50余次，接受进馆文书档案579卷（11508件），实物档案6件，照片档案607张，婚姻档案42卷（824件），影像档案5盘，资料45卷，共借阅文书档案555件，照片档案59张，婚姻档案31件，底图2张，实物档案1件，全年共接待档案利用者328人次。

2018年1月19日，区委办工作人员下基层开展包村调研活动

【文稿服务】 抓文稿当好“参谋手”。年内，区委办公室坚持把文稿服务作为第一要务，牢固树立精品意识，对区委重要文稿，做到起草前深入调研、掌握实情，起草中仔细修改、斟字酌句，起草后严格审核、精益求精，确保各类文稿符合上级要求、体现区委意图、紧贴工作实际。全年共完成领导讲话、情况汇报等各类材料200余篇。

抓信息当好“千里眼”。坚持把信息工作摆在重要位置，改变以往习惯做法，跳出信息抓信息，积极采取约稿和调研相结合的办法，把捕捉信息的视觉放在落实中央和区市党委及区委决策部署上，拓展到学习兄弟县区经验做法上，延伸到县域经济社会发展的方方面面上来，为区委决策部署提供参考，做到了把准上情，吃透下情。2018年，共采编信息1435条、被拉萨市采用120条，制作电子屏播报区委重要动态信息160期，向区委领导发送动态信息120条。

抓调研当好“实触角”。年初，由区委政研室牵头，根据中央和区市党委的重大决策部署以及区

2018年5月31日，区委办组织全体工作人员召开2018年党风廉政工作专题会议

委重点工作，拟定调研课题，在广泛征求意见后，确定为当年重点调研课题，并印发至全区副科级以上实职干部，最终形成了一批质量较高的调研报告。同时，注重从领导的讲话和关注的事情、基层工作报告中收集、捕捉具有普遍性的问题，开展专题调研，为区委领导提供更多的具有超前性和可操作性的决策预案。

【督促检查】 围绕大局抓督查。年内，区委办公室紧紧围绕区委、区政府中心工作，重点任务抓督查、抓调度，建立重点工作专班推进制度，成立了11个重点工作专班组，针对全区重点项目、精准扶贫、环保督查、新城建设等重点工作开展电话督办1500余次，实地督导100余次，区委常委会专题听取专班工作推进情况10余次，有力保障了区委、政府各项重点工作顺利推进。

围绕批示抓督查。按照“一事一办、专人负责、严格把关”原则，把领导交办和上级批办的事项作为阶段督查重点，及时做好分办、转办、催办工作，不让领导交办的工作在办公室延误，不让各种差错在办公室发生。2018年先后下发《领导批示》205期、《督办通知》45期、《督查通报》11期、《督查专报》66期，真正做到了事事有回音、件件有着落。

围绕制度抓督查。不断深化横向到边、纵向到底的大督查格局，开展维稳督导200余次，项目督导200次，会风会纪专项检查70余次。完善《督查工作制度》《督查工作流程》《“积分制”督查管理办法》等10余项制度。严格执行《马上就办工作制度》，严格落实“一事一档”要求，利用LED屏、微信等平台，及时对重大事项完成情况予以公示，实现对重大事项进行实时跟踪督办问效。认真开展拉萨市转批的提案议案办理工作，办理人大代表建议议案188件、政协委员提案115件，答复率达100%。

【自身建设】 始终把理论学习作为“压舱石”。年内，区委办公室坚持用习近平新时代中国特色社会主义思想武装头脑，扎实推进“两学一做”学习教育常态化制度化，广泛开展全覆盖政治教育培训，广大干部“两个维护”的思想自觉和行动自觉不断提升、政治定力更加过硬。严格落实“三会一课”等党内政治生活制度，坚持实行每周二全体工作人员学习例会制度，制定了详细的学习计划，采取支部学、小组学、讲党课、交流讨论等多种形式，引导干部职工坚定理想信念。全年共召开党支部集中学习38次，其中党员政治教育专题学习17次，支部党员干部个人自学800余课时，心得体会120余篇。坚持学用结合、学以致用，按照“缺什么、学什么”原则，开展主题党日活动10余次，选派干部参加区内外各类培训20余人次，拓宽了干部知识面，提高了干部的综合素质和业务工作能力。

始终把团结干事作为“生命线”。坚持以诚信凝聚班子，以团结的班子带好队伍。时刻把顾全大局、维护团结放在首位，在定人定岗定责的同时，坚持分工不分家，各科室各司其职、各负其责，又相互协作、协同作战，切实形成了“全办一盘棋”的良好局面。

始终把关怀激励作为“源动力”。坚持严格要求与倍加爱护并重，注重经常给干部出题目、交任务、压担子，在培养锻炼干部的同时，也让那些能干事、干成事的

2018年1月24日，区委办开展主题党日活动—参观西藏自然博物馆

干部进入了组织视野，受到了提拔重用。2018年共调整提拔副科级干部4名，从乡（镇）、区直单位选调6名年轻人挂职锻炼，保持了办公室干部队伍有进有出的良性循环。广泛开展形式多样的文体活动，及时帮助解决干部职工生活中遇到的困难，办公室的凝聚力和向心力明显增强。同时，紧紧抓住教育引导、政策宣传、精准帮扶三项重点工作，扎实落实帮扶责任，多次组织干部职工定期不定期深入建档立卡贫困户家里，开展入户走访，带头帮助解决问题，引导转变贫困户"等、靠、要"思想，团结发动贫困户共谋脱贫思路，帮助贫困户走出困境，增强贫困群众"我要脱贫"的决心和信心。

（郑腾飞）

【负责人名录】

区委常委、区委办主任
　　德吉央宗（女，藏族）
区委办副主任、主任员
　　次仁吉宗（女，藏族）
区委办副主任
　　王秦阳
区委机要局局长
　　唐晓颖（女，藏族）
区档案局局长
　　张　毅（女）
区委办副主任、科员
　　田玉玲（女）

堆龙德庆区人民代表大会常务委员会

【概况】 年内，堆龙德庆区人民代表大会常务委员会在区委的坚强领导下，高举习近平新时代中国特色社会主义思想伟大旗帜，按照2018年区人大常委会工作报告中确定的总体工作要求，全面贯彻落实中共十九大精神和中央第六次西藏工作座谈会精神，坚持党的领导、人民当家做主、依法治国有机统一，以反映人民意愿为己任，以提高监督质量为关键，以强化代表活动为抓手，紧紧依靠全体人大代表，牢记使命、恪尽职守，全年共召开常委会会议8次、主任会议10次、党组会议10次，听取和审议"一府一委两院"专项工作报告12个，开展视察调研10次，依法任免地方国家机关工作人员26人次，补选区人大代表7名，出台制度办法2项，监督机制更加完善，监督实效不断提升，为堆龙德庆区长足发展和长治久安作出积极贡献。

【推进法治建设】 开展执法检查。2018年6月，区人大常委会开展了《中华人民共和国食品安全法》执法检查，听取了区政府关于《中华人民共和国食品安全法》贯彻实施情况的汇报，并就食品安全工作开展首次专题询问，表达了区人大常委会对食品安全问题的焦虑之心，盼望切实解决问题的迫切之情；积极配合自治区、拉萨市人大常委会开展《中华人民共和国预防未成年人犯罪法》《中华人民共和国大气污染防治法》等法律法规的执法检查，保证国家的法律法规在堆龙德庆区范围内得到正确有效的实施。

听取工作报告。2018年8月，区二届人大常委会第八次会议听取和审议了区人民政府关于开展"七五"普法工作情况的报告，督促了法治宣传教育在推进法治堆龙建设、提高社会治理法治化水平、服务经济社会发展、促进民生改善、维护社会稳定中发挥重要作用。

推进依法行政。以建设法治

政府为目标，制定出台了《堆龙德庆区人大常委会任免地方国家机关工作人员办法》，提出了任前法律知识考试新举措，督促政府部门提高公务人员的依法行政意识。制定出台了《堆龙德庆区人民代表大会常务委员会讨论决定重大事项的规定》，规范“一府一委两院”重大决策出台前向本级人大报告的内容和方式，提高科学施策、精准发力水平。听取和审议了区司法局、安监局局长述职报告，通过面对面的形式，强化人大任命干部的责任意识和履职意识。

2018年1月31日，在藏全国人大代表在堆龙德庆区开展集中视察活动

【助推经济发展】 促进经济平稳健康发展。年内，区人大常委会密切关注全区经济运行情况，加强经济工作监督和预算决算审查，听取和审议了国民经济和社会发展计划执行情况报告，认真审议了财政预算执行情况报告。根据区人民政府建议，综合考虑财力水平、债务风险、融资需求等因素，及时召开人大常委会会议，调整预算，全力支持实体经济发展，夯实财源，确保预算收入的规范及时和预算支出的合法有序。

推进现代农业优质发展。坚持问题导向，把人民群众普遍关注的民生问题作为工作重点，不断满足人民群众日益增长的美好生活需要。针对堆龙德庆区现代农业发展现状，2018年5月，常委会组织基层人大代表在内地农业产业强市考察学习，融合考察成果，向区委、区政府提出“大力发展特色优势种养业、精心打造农产品加工园、规范发展农牧民专业合作社、充分发挥电子商务平台的作用”4条建议，作为决策参考和依据。

推动双创工作纵深发展。高度重视大众创业万众创新工作，于2018年5月开展了全区双创工作专题调研，深入创业企业、龙创空间等地，对全区“双创”工作政策落实、宣传教育、资金扶持、技能培训、人才引进情况及存在的主要困难进行摸底调研，充分发挥人大监督保障促进作用。

【依法实施监督】 开展综合监督。2018年7—9月，区人大常委会成立调研组，分赴区监察委员会、法院、检察院开展综合工作调研，运用听取工作汇报、座谈交流、查阅台账、实地察看等监督方式，依法实施有效监督，全面详细地了解监察委员会成立以来工作运行情况和“两院”2018年工作开展情况，确保监察权、审判权、检察权在堆龙德庆区有效运行。

开展专项监督。2018年6月，常委会组织各级人大代表对2017年中央环保督察组反馈问题整改落实情况进行集中视察，重点对生活垃圾清理、噪音防治、工业污水处理、“河长制”工作目标落实情况进行实地察看，并以座谈会形式，听取区政府关于环境保护工作的专题汇报，尊重和保障人大代表的知情权、参与权和监督权，建立良性互动的关系，实现环境保护的社会共治。2018年11月，组织人大代表对堆龙德庆区推进“厕所革命”工作开展专题视察，听取专项工作报告并首次进行满意度测评，全面提升公厕建设和管理服务水平。

【开展代表活动】 年内，区人大常委会以充分发挥代表主体作用为目标，搭建代表活动平台，开展丰富多彩的代表活动，积极引导、支持和保障代表行使职权。

提高代表履职能力。坚持把

2018年6月27日，区人大常委会组织人大代表视察环保工作

代表培训作为一项基础性工作来抓，全年举办人大代表培训班3期，邀请四川省人大常委会、成都市委党校的领导和教授为代表们作专题讲座，邀请履职优秀的人大代表交流经验，提高人大代表政治理论水平，增强人大代表履职本领，为做好新时代人大工作提供理论支持和智力支撑。为代表征订了《中国人大》《西藏人大》《拉萨人大》等资料和书籍，让代表及时掌握人大工作动态。2018年5月和10月，分别组织2批次人大代表赴浙江省、山东省、福建省、广东省等地考察学习，进一步拓展人大代表视野，转变发展理念。2018年，共组织320余人次开展视察考察、专题调研、执法检查、学习培训等活动，帮助代表找准履职着力点，提高履职能力和水平。

激发代表履职活力。始终将代表满意、群众认可作为办好议案、建议的第一标准，进一步改进办理方式，加大督办力度。对区二届人大二次会议上代表提出的100件建议，常委会先后3次采取重点督办、会议督办、现场督办和联合督办等方式，保证办理的时间和效果，克服有些部门平时不办理、临时抱佛脚的现象。

强化代表履职管理。积极探索代表履职管理机制，建立健全了表履职电子档案，引导、激励和监督代表依法履行代表职务，推动代表履职管理工作不断走向精细化、规范化和科学化。同时，常委会及时研究批准司法部门对代表因违法而执行的司法强制措施，2018年，依法暂停1名代表履行职务，增强了代表自律意识。

【自身建设】 政治思想建设。年内，区人大常委会深入学习宣传贯彻党的十九大精神，坚持以习近平新时代中国特色社会主义思想统领人大工作，常委会党组充分发挥作用，把方向、管大局、保落实，全年共召开党组理论学习、支部集体学习40余次，开展主题党日活动11次。2018年7月，成功举办了“堆龙德庆区人大系统学习贯彻党的十九大精神知识竞赛”，切实把党的领导贯穿于人大依法履职全过程。

加强党风廉政建设。每季度召开一次党组党风廉政建设工作专题部署会，重要节假日单独部

2018年10月22日，区人大常委会组织人大代表在深圳市南山区考察学习

署，通过集中整治不作为慢作为、文山会海等形式主义、官僚主义突出问题和加强政治纪律教育专项活动，切实做到抓班子，层层传导压力；抓教育，筑牢思想防线；抓规范，健全约束机制；抓整改，全面落实管党治党责任。全年共召开了11次党风廉政建设工作会，开展了2次廉政党课活动，排查廉政风险点14个，梳理责任清单9项，党组成员开展党风廉政调研10次，通过丰富多样的活动载体，增强落实了全面从严治党政治责任的自觉性和坚定性。

注重宣传调研实效。牢牢把握人大宣传调研的主动权和主导权，围绕常委会履职重点、民生热点、基层创新亮点和代表履职闪光点，加强对人大工作的广泛宣传和深度报道，讲好人大故事，传播人大声音，增强人大影响力。2018年，向市人大报送信息120余期，数月蝉联全市人大信息排名第一名，借助"堆龙发布"微信平台发布人大新闻20余期。全年接待区内外人大考察团14批，人大工作影响力进一步扩大。

（程鹏斌）

【领导名录】

区人大常委会党组书记、主任
杨 世 军（5月离任）
区人大常委会党组书记、主任人选
武 保 林（5月任职）
区人大常委会副主任
郑 汉 宏
次 仁（藏族）
马 勇
罗桑次仁（藏族）

堆龙德庆区人民代表大会常务委员会办公室

【概况】 年内，堆龙德庆区人大常委会办公室在区委和区人大常委会党组的领导下，围绕常委会中心工作，积极履行参谋、协调、服务等工作职责，扎实做好业务工作，圆满完成了各项任务。区人大办为区人大常委会办事机构，有主任1名，工作人员2名。

【抓学习强素质】 年初，区人大办制定周密的学习计划，坚持学习制度，每周四集中学习，采取定内容、定时间、定人员、定专题的形式，全面学习贯彻习近平新时代中国特色社会主义思想和中共十九大精神。同时组织干部职工积极参加全区统一组织的各类学教活动和政治业务培训，形成了良好的学习风气。学习内容坚持政治理论经常学、法律业务知识结合学、综合知识自觉学，达到武装头脑、改善知识结构、提高素质、学以致用的目的。全年共召开学习会48次、书记讲党课2次，举办培训班3期、知识竞赛3场。

【重细节提标准】 文字服务工作。年内，区人大办始终把提高文字服务水平作为办公室一项重要工作，把好草拟、审核关，力求公文符合政策、法律法规要求，领会文件精神，贯彻领导意图，切合实际情况，努力提高文字材料的思想性、理论性、政策性、可操作性，发挥了办公室的参谋助手作用。全年形成常委会文件27份、党组文件8份、办公室文件17份、简报66期以及其他各类文件600余份。

"三会"服务工作。人大及其常委会履行职权的方式主要是通过召开人大会议、常委会议、主任会议等各种会议的形式进行，会议多、材料多、程序多是人大工作的特点，因此，围绕"三会"办会办文是办公室工作的重要内容之

2018年2月9日，区人大办在马乡马村开展慰问结对户活动

一。在人员少、经费紧张、会议多、要求高的情况下，努力提高对工作的预见性，强化超前服务意识，全年为1次人代会、8次常委会、10次主任会提供了充足的准备和会务工作服务，保证了会议的顺利进行。

协调办事工作。统筹协调是办公室的重要工作内容，也是提高工作效率和水平的重要环节。认真履行职责，充分发挥承上启下、协调内外、联系左右的重要职能，努力做好日常事务的统筹安排，理顺各方关系。全年协调政府有关部门和乡镇接待区内外考察、调研团16批次，协调对接内地兄弟县区人大常委会接待堆龙德庆区人大代表考察事宜2次，协调有关机构做好人大代表培训事宜2次，全力保障人大代表在外的交通、饮食安全和考察培训实效。

视察调研工作。配合区人大常委会做好监察委员会、法院、检察院的专项调研工作；围绕区人民政府在开展“厕所革命”“创业创新”“七五”普法、环境保护等人民群众关注的热点难点方面开展了大量的视察调研活动，掌握了第一手资料，先后形成各类调研材料6篇，为常委会审议决策提供依据。

【讲创新道民意】 年内，区人大办充分借助各种新闻媒体，拓展宣传渠道，加大宣传力度，发挥人大宣传阵地作用，对人大常委会各项活动进行报道，全方位、深层次、多角度地展现基层人大工作和人大代表履职情况，进一步提高广大人民群众对人大工作和人民代表大会制度的认识，使坚持党的领导、人民当家做主和依法治国有机统一的方略更加深入人心。2018年，向市人大编辑部报送信息简报122期，数月蝉联全市人大信息排行榜首。

（程鹏斌）

2018年12月，区人大办工作人员筹备堆龙德庆区二届人大二次会议资料

【领导名录】

区人大办公室主任

刘长景（女，1月任职）

区人大办公室副主任

樊晓瑞（女，8月任职）

区人大办公室副主任科员

巴　桑（女，藏族）

堆龙德庆区人民政府

【概况】 年内，在以习近平为核心的党中央亲切关怀下，在区市党委、政府和堆龙德庆区委的坚强领导下，在北京市的无私援助下，区政府紧密团结和紧紧依靠全区各族干部群众，坚持以习近平新时代中国特色社会主义思想为指导，牢固树立和贯彻新发展理念，正确处理好“十三对关系”，较好地完成了堆龙德庆区二届二次全委会、二届人大二次会议确定的各项目标任务，有力地推动各项事业取得新进展。

2018年，全区完成地区生产总值33.13亿元，同比增长10.2%；全社会固定资产投资、规模以上工业增加值分别同比增长19.3%、48%；全社会消费品零售总额达到11.76亿元，同比增长14.2%；一般公共预算收入达到14.56亿元，同比增长21.97%；农村居民人均可支配收入达到15500元，同比增长11.06%。

【现代农牧业】 2018年，堆龙德庆区兑现农机购置补贴427.86万元，发放农机具573台，农牧民群众机耕率达90%以上。全年农作物播种面积7.5万亩，主要农作物良种覆盖率达100%，农作物有害生物灾害损失率控制在3%以内。落实良种推广面积4.66万亩、高标准土地深松作业0.8万亩、高产创建示范田4.5万亩、测土配方示范田6.5万亩、良种繁育田0.41万亩，青稞平均产量提高5公斤/亩，实现粮食总产量2.2万吨。完成基本草原划定236.67万亩，年末牲畜存栏11.65万头（只、匹），出栏数4.147万头（只、匹），牲畜出栏率35.6%、仔畜成活率97.3%、成畜死亡率控制在1.1%以内。专业合作组织发展壮大到145家，带动5860户农牧民群众实现增收。16家合作社被评为拉萨市"百家示范社"、3家合作社被评为国家级示范社。"万户百场十中心"、高效日光温室、高原特色食品深加工基地（冷链中心）等重点项目稳步推进，净土健康产业总产值成功突破2亿元。

【工业经济】 2018年，堆龙德庆区加快工业园区A区转型升级，盘活了7宗闲置土地，3宗土地实现有效对接，完成了B区基础设施建设总工程量的87%，提升了园区承载力。实施了领峰国际智慧物流园、吉祥哈达生产线等重点建设项目，入园企业达54家，园区工业增加值占全区比重提高到32.36%。完成16家涉及使用燃煤锅炉企业的产能改造，稳步推进高争建材股份有限公司第六期技改等项目建设，建成并投入试运营园区污水处理厂。新增规模以上工业企业2家，全年实现工业总产值45.76亿元，同比增长50.26%；工业增加值达16.5亿元，同比增长18.34%；工业税收达4亿元，同比增长34.16%。建立完善"保姆式"招商服务机制，实际项目到位资金25.3075亿元，同比增长14.9%。

【现代服务业】 2018年，堆龙德庆区成功推出"一元游堆龙"优惠政策，有序实施了"药王故里、藏戏之乡、生态堆龙"旅游品牌建设。"象雄美朵"生态旅游文化产业园基础设施建设初具雏形，为全面开展招商引资、推动园区整体开发打下坚实基础。"德吉藏家"精品民宿、楚布沟自行车体验赛、藏医药养生深度体验游、觉木龙派藏戏文化旅游节、糌粑旅游文化节、帮普沟沐浴文化节等文化旅游推介活动顺利开展。以楚布沟沿线度假林卡为代表的乡村旅游呈现良好发展态势。全年接待旅游人数达143.31万人次，实现旅游总收入4554.43万元。新增规模以上服务业企业1家、达到4家，新增规模以下服务业企业12家、达到25家。拉萨综合保税区等国家战略性重点项目加快推进，钢材物流集散交易中心、工程机械商贸城等综合性商贸市场投入运营，东嘎批发市场被评定为市级商贸集聚区。羊达现代农业设施园与5家快递公司合作成立"羊达便民快递超市"，初步实现特色农产品快捷高效的推广与销售。

【城乡融合发展】 城乡发展目标更加明确。2018年，堆龙德庆区研究出台《堆龙德庆区关于大力实施以"神圣国土守护者 幸福家园建设者"为主题的乡村振兴战略实施意见》，编制完成《〈堆龙德庆区国民经济和社会发展第十三个五年规划纲要〉中期评估报告》。完成《拉萨市堆龙德庆区分区规划》《拉萨市堆龙新城修建性详细规划》编制及报批工作，启动实施《"上三乡"小城镇规划》报批工作，承接补充拉萨中心城市功能、现代化特色新城的规划布局基本形成，依托德庆乡藏药资源打造康养小镇、马乡交通资源打造物流小镇、古荣乡旅游资源打造休闲小镇的发展定位更加明确。

基础设施建设日趋完备。投入58亿元有序实施了115个基本建设项目，城乡基础设施建设明显加强。乡村公交运营良好，在补充完善市公交线路的基础上，实现30个行政村"一元通"公交线路全覆盖。国道109线那曲至拉萨（堆龙段）控制性工程完成总工程量的78%。加快推进南嘎村嘎东牧组等3条农村公路建设，持续改善城乡交通条件。完成150套小康安居工程以及318国道、109国道沿线风貌整治工程建设。加强绿色能源开发应用，开工建设古荣乡40兆瓦农光互补项目、西藏沛德堆龙德庆30兆瓦牧光互补复合并网发电项目。完成工业园区自来水厂升级改造，日均供水量达到5760吨。投入5241.3万元启动了实施通讯网络建设项目28个、学校宽带改扩建项目9个，新增宽带用户5101户。投入1298万元启动实施了68座无线基站建设，稳步提升4G通信网络覆盖面。

【统筹推进三大攻坚】 防范化解重大风险。2018年，堆龙德庆区新增全市首家民泰村镇银行，辖区金融机构达到3家，年末金融机构各项存款余额586644.66万元，其中：居民储蓄存款余额201984.88万元；年末金融机构各项贷款余额178505.62万元，有效缓解中小微企业、“三农”融资难问题。深入推进社会信用体系建设，将103名个人、63家企业法人纳入失信人员名单，限制其高消费行为。坚持把有效防范和化解政府债务和政府隐性债务风险作为重点项目建设管理的首要政治要求，健全财政管理制度，严格项目审批程序，初步实现政府债务零增长。深入开展土地私自买卖、私搭乱建专项整治行动，设立24小时专项举报电话，拆除工商资本领域非法建筑29宗，对2起非法买卖土地行为进行立案侦办。

2018年1月28日，西藏自治区党委副书记、自治区主席齐扎拉（前排右二），自治区党委副书记、区常务副主席庄严（前排右五）一行在堆龙德庆区检查指导工作

脱贫攻坚初战告捷。实现了1262户4387人建档立卡贫困群众全部脱贫，群众满意度达99.36%，顺利通过国家脱贫摘帽考核验收。规划建设的71个产业扶贫项目完工42个、正在建设29个，为贫困群众分红485.7万元、提供就业岗位1186个。1843名有劳动能力的贫困群众，实现就业1476人。承接那曲市尼玛县荣玛乡高海拔生态搬迁262户1102人，完成堆龙德庆区757户2798人、当雄县550户2326人易地扶贫搬迁。兑现教育扶贫资助金250人次236.18万元、医疗扶贫救助金2329人次769.23万元、低保资金1277人次169.26万元。完成31个扶贫产业项目融资贷款2.6亿元，帮助6家企业（合作社）实施精准扶贫贴息贷款6000万元，为46户建档立卡贫困群众实施扶贫贷款206.5万元。大力推行县级干部包村发展集体经济责任制，行政村集体经济年收入全部达到100万元以上。

污染防治成效显著。启动实施第二次全国污染源普查工作，完成生态保护红线划定工作。持续强化农业源污染防治，划定畜禽养殖禁养区20.77万亩。全面消除1851户“无树户”，完成义务植树7.6万余株、拉萨周边防护林体系工程建设2200亩、西藏生态安全屏障封山育林3000亩，林业绿化覆盖率稳步提升。全面推行“河长制”，持续开展河道综合整治和保护工作。启动实施垃圾分类回收处理试点工作，首创“垃圾兑换超市”。全区空气质量优良率达97.13%，主要江河、湖泊等地表水水质均达到Ⅲ类标准，102个农村饮用水源地水质达标率保持100%。完成自治区级生态县（区）申报工作，自治区级生态乡（镇）、行政村命名率分别达到100%和93.33%。接办群众环境信访或投诉案件60件，办结率、满意率均达100%，备案环境影响登记310份，下达备案无效项目23个，出具环评预审意见15份，行政处罚企业57家次，收缴罚金194.06万元。

【教育事业】 2018年，堆龙德庆区学校布局不断调整优化，7所村级幼儿园基本完工，区第三、第四、第五幼儿园以及第二小学、第二中学规划建设工作加快推进，人大附中在堆龙合作办学事宜洽谈工作取得实质性进展。大力支持和鼓励社会资本办学，批准试办“小太阳双语幼儿园”。全区学前三年毛入园率达 96.11%、小学入学率达 99.99%、初中入学率达 100%。妥善解决易地搬迁子女入学 907 人，在校学生数量分别同比增长 19.33%、15.18%、14.22%。深化教师队伍建设，成功引进 30 名紧缺学科专任教师，4 项课题研究成果荣获“首届西藏基础教育教学成果奖”。落实 15 年免费教育政策，下拨“三包”经费 2508.15 万元、营养改善专项资金 452.4 万元。持续做好进城务工人员随迁子女和农牧民留守儿童就学工作，适龄青少年受教育权利得到切实保障，未发生任何辍学事件。

【卫生事业】 2018 年，堆龙德庆区深入实施健康堆龙建设，农牧区基本医疗实现全覆盖，年人均补助标准提高至 515 元，住院医疗报销 1950 人次 1710.68 万元。为全区城乡居民购买 30 万元超大额补充医疗保险，兑现赔付资金 11 人次 40.72 万元。深入推进医疗费用支付方式改革，“先诊疗、后结算”受益群众 891 人次 643.01 万元。分级诊疗工作有序推进，家庭医生签约率达到 94%，便捷高效医疗服务体系不断健全。年人均基本公共服务经费提高至 65 元，持续开展全民免费健康体检，5 名先天性疾病患儿得到免费救治。全面加强重大疾病防控救治工作，确诊包虫病患者 56 人、结核病患者 1 人、风湿病患者 55 人、肝炎 247 人。兑现“一孩双女困难家庭”扶助资金 1019 人 97.824 万元、“独生子女死亡”扶助资金 108 人 58.32 万元、“独生子女伤残”扶助资金 8 人 3.36 万元。健全食药安全“3+1”监管模式，持续推进“明厨亮灶”和规范化经营公示工作。开展食药日常监管 820 家次，关停“黑作坊”2 家，连续 5 年保持食药安全零事故。

【文体事业】 顺利通过国家公共文化服务体系示范区终验。培育文化发展企业（合作社）达到 12 家，新增自治区级文化产业示范基地 1 家、拉萨市级文化产业示范基地 2 家，文化产业效益逐步凸显。研究出台民间艺术团团体奖励扶持办法，挂牌成立 8 个藏戏传习点。成功开通“堆龙藏语文平台”，有力扩大党的政策宣传覆盖面和提升工作实效性。完成“楚布谐芒”非遗挖掘申报工作，兑现非遗产业扶持资金 65 万元，持续做好 16 名非遗传承人、16 项非物质文化遗产的传承保护工作。投入文物维修资金 452 万元，26 家文物保护单位实现安全“零事故”。投入 150 万元实现了村村文艺队全覆盖。成功创作情景剧《幸福新时代》，开展“农闲时节十项活动”“五下乡”“庆祝改革开放 40 周年文艺晚会”等文化活动 120 余场次，积极倡导时代新风尚、传播堆龙正能量。搬迁户、寺庙僧尼安装广电接收设备 1052 套，开展电影放映活动 360 余场，广播电视覆盖率达 100%。成功举办首届全民运动会、民族传统体育运动会、残运会等体育赛事活动，不断增强国民身体素质。

【保障体系健全】 2018 年，堆龙德庆区建成并投入使用 3 个众创空间和 2 个示范基地，实现入驻创业团队 45 家。成功举办“双创工作能力提升”等培训活动、“梦创拉萨 · 创响堆龙”等系列活动。帮助 4 个创业项目成功对接并签

2018年2月4日，区委副书记、区长杜江在2017年堆龙德庆区招商项目推介暨答谢会上致答谢辞

2018年7月2日，区委副书记、区长杜江（左三），副区长王考昌（右一）带领区直相关部门负责人实地调研“象雄美朵”工作

署合作（投资）协议，为12名堆龙籍高校毕业生兑现创业启动资金60万元，创业带动就业27人。实名制登记应届高校毕业生502人、实现就业471人，就业率93.82%。全年开展就业再就业培训410人，培训后就业率达100%。职业介绍850人次、上岗数393人。开发就业岗位3450个，实现新增就业1560人。农牧区劳动力转移就业2.32万人次、增收6100万元。全面实施“五险统征”工作，参保3.91万人次，各险种参保率达到100%。高龄老人健康补贴标准提高到600元至3600元，办理惠民补贴“一卡通”21697张，有力促进党的惠民政策落到实处。实施临时社会救助6人次3.48万元、城乡居民医疗救助503人次412.34万元、“一站式”医疗救助45人次35.85万元、供养特困人员142人，切实做好兜底保障工作。扎实推进双拥共建，安置退役士兵5人。

【社会局势保持和谐安定】 反分裂斗争扎实推进。2018年，堆龙德庆区制定完善区、乡（镇）、村三级应急处置方（预）案，圆满完成藏博会等重要时节维稳安保任务，研究制定42项专项行动工作方案。核查各类情报信息1207条，对重大活动参与人员、机关事业单位招录人员开展政治审查2267人次。充分发挥“护城河”检查站作用，检查车辆61.21余万台次、人员147余万人次，查获涉毒人员92人，有效防范各类“输入型”“潜入型”隐患。

社会治理全面加强。扎实推进“雪亮工程”和全响应指挥体系建设，基本实现重点路段、重点区域、重点场所监控全覆盖。持续深化网格化管理和“双联户”工作。始终保持严厉打击违法犯罪行为的高压态势，立案133起，抓获犯罪嫌疑人32人，刑事拘留26人，逮捕17人，起诉37人，取保候审15人，抓获在互联网上通缉的在逃人员7人，帮助群众找回失踪人员5人，挽回经济损失80余万元。深入开展“扫黑除恶打非治乱”专项行动，调查摸排7000余人次，依法打击车队1个、取缔行业场所1家。深入开展道路交通安全整治工作，查处交通违法行为4416起，并处罚金91.02万元，行政拘留8人。受理群众来信来访87件，涉及3041人3528.53万元，实现信访事项“零搁置”目标。排查矛盾纠纷400件，涉及3500余人9000余万元。帮助3001名农民工追讨工资2356万元。认真开展安全生产大排查大整治行动，有效遏制发生较大以上安全生产事故，实现事故起数、死亡人数双下降。深入开展法律宣传和法律援助工作，帮助人民群众挽回经济损失475.42万元。

民族宗教和谐稳定。深入开展民族团结进步模范创建活动，发放表彰资金98.2万元。成功举办以“民族团结”为主题的知识竞赛、歌咏比赛、演讲比赛等系列活动，使“三个离不开”思想牢牢根植于各族人民心头，荣获“2018年全国民族团结进步创建示范区（单位）”。圆满完成楚布寺“次曲”、乃朗寺“立经幡”、达扎寺“入行论”等佛事活动。深入开展“遵行四条标准 争做先进僧尼”教育实践活动，发放表彰资金53.7万元，开展僧尼赴其他省市学习培训、红色教育等集中培训活动9期、270余人次。大力开展过度煨桑整治行动，规范管理29个煨桑点。加强宗教从业人员管理，稳步推进乃琼镇满足信教群众正常民俗宗教需求服务管理试点工作。

【持续深化改革】 2018年，堆龙德庆区加强简政放权、放管结合、优化服务改革，放宽市场准入门槛，核查更新并依法公开26个区直单位3439项权责清单。加强商事制度改革，新增小微企业4109家、市场主体达到13789家、完成企业简易注销49家。积极推行企业全程电子化登记改革，初步实现商事登记管理信息化、便利化和规范化。挂牌成立国家税务总局拉萨市堆龙德庆区税务局，大力推行电子税务工作，首创24小时自助办税服务区。扎实开展农村集体资产清产核资及成员界定工作，帮普村、羊达乡作为试点单位，分别顺利通过市级初验、本级自验。农村土地经营权确权登记5422户5.94万亩，颁证率达到100%。持续推行公务用车制度改革，“三公”经费呈明显下降趋势。

【受援合作】 2018年，堆龙德庆区依托北京市优势资源和组团式援藏新机制，深入开展“携手奔小康”对口帮扶活动，争取援藏资金1.165亿元，有序实施羊达生态农业产业扶贫等6个援藏项目。堆龙德庆区136名党员干部到北京市跟岗锻炼或学习培训。在援藏医生的指导帮助下，区人民医院完成口腔诊疗科、输血科、病案室、设备科、新生儿科等科室建设工作，持续创新和加强腹腔镜微创术、骨科手术、产钳助产术及人工破膜术等医疗方式，有力提升堆龙德庆区医疗卫生服务水平。

【自身建设】 2018年，堆龙德庆区持续巩固和深化“两学一做”学习教育常态化制度化成果，从严从实抓好区政府党组和政府系统党的建设。办理人大代表议案及意见建议188件、政协委员提案及意见建议115件，办复率、满意率、回访率均达100%。全面推行政府法律顾问制度，严格执行议事规则和重大事项请示报告。持续加强行政检查“两随机一公开”、规范性文件备案审查工作，有力推进法治政府建设。持续强化审计监督，完成扶贫资金等专项检查，以及乃琼镇、卫计委2017年度预算执行和其他财务收支审计。积极配合区委开展巡察工作，全力查处群众身边的不正之风和腐败问题。成功开通政府门户网站，及时公开重大决策、重大事项。健全完善区、乡（镇）、村三级政务服务网络和代办代跑体系，承办（代办）行政审批或便民服务事项30952件，办结率95.38%、满意率100%。全力打造良好营商环境，荣获西藏唯一的“中国营商环境百强区县”。

（郭 龙）

2018年1月6日，堆龙德庆区召开2018年全区经济工作会议，区委副书记、区长杜江对2017年度全区经济工作总结回顾并作安排部署。会议表彰了2017年度全区目标绩效争先进位先进单位、经济发展贡献企（事）业单位、精准扶贫贡献企业和优秀企业

【领导名录】

区委副书记、区长

杜 江

区委副书记、常务副区长

赵 涛

副区长

李晓强

刘春涛

张晓林

董智杭

邬斌锋

达娃卓玛（女，藏族）

何景平

马扎西（藏族）

次旦朗杰（藏族）

王考昌

堆龙德庆区人民政府办公室

【概况】 2018年，区政府办在区委、区政府的坚强领导下，始终铭记党和人民的重托，认真履行自身职能，不断创新服务方式，圆满完成了各项目标任务，为全区经济社会持续健康发展作出积极贡献。

【发挥桥梁和纽带作用】 年内，区政府办积极主动协助区政府领导处理好日常事务，让每位领导有更多的时间和精力深入实地开展调查研究和督促落实。加强与市政府办公厅的沟通联系，主动汇报工作，寻求业务指导。加强与区委办、人大办、政协办的沟通协调，全力把各类会议安排好，把每个环节衔接好。加强与各乡（镇）、各部门的联系沟通，及时传达决策部署，了解基层情况，协助区政府领导科学决策，确保各项工作有效推进。

【发挥参谋助手作用】 年内，区政府办严把文稿政策关、内容关、文字关和格式关，签发综合文字材料320余篇、区政府和政府办红头行文92份，下发各类会议纪要29期，发文数量总体保持稳定可控并呈同比下降趋势。承办政府常务会议、政府专题会议、区长办公会议、各类重点专项会议和电视电话会议82次。加大信息资源的开发利用力度，及时、准确、全面地向上级反映堆龙德庆区经济社会发展的新情况、新成就等工作动态信息961期，报送总数、上级采用数连续五年位列全市各县（区）第一。

【发挥综合协调作用】 年内，区政府办抓好文电运行管理，实行及时收发、分类登记、内部送签、统一管理，全年接收运转公文1500余件，在拉萨市争先进位考核中，公文保管率、签批率、办结率均达100%。启动实施政府组成部门协同办公系统搭建工作，对非涉密公文逐步推行“无纸化”处理，不断降低行政开销。坚持以改善服务态度、提高服务质量为重点，圆满完成政府机关三餐供应、政府采购、政府大院安全保卫、干部职工周转房管理等后勤保障工作，切实为全区干部职工营造出良好的生活工作环境。

【发挥为民服务作用】 年内，区政府办成功开通政府门户网站，拓宽了群众和社会监督渠道。全年核查更新并依法公开26个区直单位3439项权责清单，公开发布关注度高、关系公众切身利益的政府信息2000余条。完成政务服务中心改造升级，17家单位65项审批事项和便民服务事项实行集中办公，聘请律师事务所5名律师轮流每日“坐班”，提供法律援助，承办（代办）行政审批或便民服务事项30952件，办结率达95.38%，受理“12345”市长热线转办事项803件，办结率97%。

2018年7月1日，区政府办公室工作人员在包村点慰问扶贫户

【学习培训】 年内，区政府办组织学习了中共十九大、十九届二中、三中全会和全国两会精神，切实把思想和行动统一到中央和自治区的要求上来，筑牢思想之基。组织办公室全体干部开展集中学习，通过播放视频、人员授课交流等多种形式，学习了办公室工作制度和文秘写作等各方面知识，为提升服务工作质量奠定了坚实基础。

【队伍建设】 抓好素质提升工程。年内，区政府办着力抓好干部队伍建设，坚持凭能力、凭实绩选人

2018年10月7日，区政府办公室工作人员收集群众代表意见建议

用人的举措，鼓励干部坚持自学和边干边学，不失时机地组织干部参加各种集中培训，努力提高各项业务知识水平；加大干部培养力度。创新选人用人机制，选拔任用干部注重德行，注重干部的责任感和平时一贯的表现，尤其是对勤奋工作、敢抓敢管、勇于担当、肯办实事、实绩突出的干部，大胆重用。

【组织建设】 年内，区政府办领导班子将"两学一做"制度化常态化与"三会一课"制度相结合，召开了支部大会、支部委员会，集中组织学习了党章党规党纪、习总书记系列重要讲话，举办了专题党课活动。组织开展民主生活会，领导班子成员认真对照党规党纪和工作要求，通过群众提、上级点、互相谈、自己找等多种形式，深入查找班子存在的问题，通过梳理整理问题、形成台账、限期整改等措施，着力解决了一批突出问题，提升了机关工作效能，树立了为民务实清廉的良好形象。

【党风廉政建设】 年内，区政府办开展廉政谈话和经常教育提醒，持续释放严厉惩治腐败和作风问题的强烈信号，形成团结共事、相互支持的良好局面。全面彰显党要管党、从严治党的坚定决心，始终在政治上、思想上、情感上与党和人民保持"一条心"，在全面建成小康社会的发展目标上同心同向，有力筑牢党员干部拒腐防变的思想防线，不断增强集体荣誉感，积极将政府办打造成政府系统组成部门的"标杆队伍"。

（姚尕毛吉）

【领导名录】

主　任

巴桑罗布（藏族）

副主任

王 栋 栋

次仁拉姆（女，藏族）

中国人民政治协商会议堆龙德庆区委员会

【概况】 年内，政协堆龙德庆区委员会在堆龙德庆区委的坚强领导下，在拉萨市政协的精心指导下，在区人大、区政府以及社会各界的大力支持下，坚持以中共十九大精神和习近平同志关于加强和改进人民政协工作重要论述为指引，认真贯彻落实区委二届二次、三次全会精神，紧紧围绕全区经济社会发展大局，主动适应经济发展新常态，认真履行政治协商、民主监督、参政议政三大职能，为全面建设团结美丽健康幸福新堆龙作出积极贡献。2018年，堆龙德庆区共有政协委员91名。

【全体委员会议】 二届二次会议。政协第二届拉萨市堆龙德庆区委员会第二次会议于2018年1月7日上午召开，大会应到委员89人，因事、因病请假18人，实到委员71名，符合《政协章程》规定。应邀出席会议的领导有拉萨市政协副主席亚古，拉萨市政协副秘书长格罗，堆龙德庆区委书记格桑平措，区人大党组书记、主任杨世军，区委副书记、区长杜江，区政协党组书记洛桑强巴及区委、人大、政府、法院、检察院在家的领导同志。受大会主席团委托，会议由区政协副主席尼玛主持。

会议听取和审议了《政协第二届拉萨市堆龙德庆区委员会常务委员会工作报告》；听取和审议了《堆龙德庆区人民政府关于政

协第二届拉萨市堆龙德庆区委员会第一次会议以来提案办理情况的报告》；党内委员参加了“两会”党员大会；列席了堆龙德庆区第二届人民代表大会第二次会议，听取并讨论了政府工作报告、“两院”工作报告及其他报告；审议通过了《政协第二届拉萨市堆龙德庆区委员会第二次会议政治决议》；审议通过了《政协第二届拉萨市堆龙德庆区委员会第二次会议常务委员会工作报告的决议》；审议通过了《堆龙德庆区人民政府关于政协第二届拉萨市堆龙德庆区委员会第一次会议以来提案办理情况报告的决议》；听取了《政协第二届拉萨市堆龙德庆区委员会第二次会议提案审查情况报告》及其他有关事项。

2018年6月13日，拉萨市政协党组成员、副主席兼秘书长张勤（前排左二）一行在堆龙德庆区就“农村集体经济发展状况”开展专题调研

【常务委员会会议】 二届三次常委会。2018年4月19日，政协第二届拉萨市堆龙德庆委员会常务委员会第3次会议在政协党组会议室召开，区政协主席洛桑强巴主持会议。会议应到常委17名，因事因病请假8人，实到9人，符合政协章程规定。会议传达学习了全国、自治区“两会”精神及《中国人民政治协商会议章程》。通报了《政协堆龙德庆区委员会2018年第一期政协委员培训方案》《政协委员外出学习培训计划》。研究了《2018年堆龙德庆区政协委员赴区内外学习考察方案》。

二届四次常委会。2018年10月16日，政协第二届拉萨市堆龙德庆委员会常务委员会第4次会议在政协民族会议室召开，区政协主席洛桑强巴主持会议。会议应到常委17名，因事因病请假7人，实到10人。会议认真学习了关于加强新时代人民政协党的建设工作的若干意见和自治区党委常务副书记丁业现在西藏政协“习近平总书记关于加强和改进人民政协工作的重要思想”理论研讨会上的讲话精神。

二届五次常委会。2018年11月20日，政协第二届拉萨市堆龙德庆委员会常务委员会第5次会议在政协民族会议室召开，区政协主席洛桑强巴主持会议。会议应到常委17名，因事因病请假6人，实到11人，堆龙德庆区委常委、副区长李晓强，区检察院检察长张军受邀出席会议。会议书面通报了堆龙德庆区人民政府2018年上半年工作开展情况，以及区人民法院、区人民检察院2018年上半年工作开展情况。听取了区扶贫办、环保局、发改委等部门负责同志关于全区脱贫攻坚、环境保护、全区上半年经济运行情况和重点项目推进情况的工作汇报。

二届六次常委会。2018年12月29日，政协第二届拉萨市堆龙德庆委员会常务委员会第6次会议在政协民族会议室召开，区政协主席洛桑强巴主持会议。会议应到常委17名，因事因病请假4人，实到13人。会议通报并审议通过了二届三次会议议程（草案）、二届三次会议日程（草案）、二届三次提案审查委员会小组建议名单、二届三次会议讨论分组安排、二届三次会议常委会工作报告（草案）、二届三次常委会工作报告人建议名单。研究通过了新增补政协委员建议名单。学习通报了堆龙德庆区委书记格桑平措在《堆龙德庆区政协委员赴广西、云南学习考察报告》《堆龙德庆区政协委员赴阿里、日喀则学习考察报告》和《堆龙德庆区政协委员赴浙江、福建学习考察报告》上作的批示精神。

【坚持党的领导，打牢政治基础】

做好人民政协工作，坚持党的领导是关键。年内，政协常委会以旗帜鲜明讲政治为根本要求，把学习贯彻中共十九大精神作为首要政治任务，通过党组扩大会议、政协常委会、委员培训会等形式，组织政协机关和全体政协委员全面系统学、结合实际学，准确把握习近平新时代中国特色社会主义思想精髓。教育引导广大政协委员坚决维护习近平总书记在党中央和全党的核心地位，坚决维护以习近平总书记为核心的党中央和集中统一领导，引导委员坚定“四个自信”，树立“四个意识”，始终同中国共产党同心同德、同心同向、同心同行。全面贯彻区委“党建统区”战略部署，以制度建设为抓手，建立健全党组理论学习制度、党组工作规则、常委会工作规则、主席会议制度，及时传达学习中央和自治区、拉萨市、堆龙德庆区委重要会议精神，把党中央决策主张和各级党委的部署要求贯彻落实到政协工作各个方面和全过程。对政协重大工作、重要活动进行安排部署，做到党委工作推进到哪里，政协工作就跟进到哪里，确保政协履职与区委、区政府工作同频共振。

【充分发挥优势，认真履行职能】

精心组织协商议政。突出全会协商。年内，区政协围绕堆龙德庆区经济社会发展中的重大问题开展协商献策，在区政协二届二次会议期间，组织委员开展分组讨论，围绕《政府工作报告》及群众关注的热点难点问题进行议政建言，共提出意见建议20余条，并得到了重视采纳；探索专题协商。常委会定期听取“一府两院”及政府相关行业部门工作报告，了解全区经济运行、重点项目建设、精准脱贫及环境保护等重点工作推进情况，结合实际有针对性地提出意见建议，为区委、区政府提供决策参考；抓实提案协商。广大政协委员着眼于人民群众普遍关注的热点、难点问题，深入开展调研，就脱贫攻坚、生态建设、健康产业、经济发展、教育卫生、旅游产业等内容，提交提案、建议61件。区委、区政府高度重视提案工作，专门召开了提案交办会，党政分管领导亲自参与提案督办，并将提案办理情况列入办理单位的年终考核，有力促进了提案的办理落实，提案答复率达到100%，委员对提案办理情况满意率达到98.3%。

认真开展调研视察。区政协紧跟区委发展思路，通过开展专题调研视察，助推决策的落实。选择基层党风廉政建设、政协委员履职等课题开展调查研究，形成《关于做好基层党风廉政建设的建议》《关于做好政协视察调研工作的几点建议》等调研报告。同时分三批次组织40余名委员前往广西、云南、日喀则市、阿里地区、福建、浙江等省市的12个县区学习考察，形成3篇学习考察报告，就美丽乡村建设、乡村旅游、环境保护、文物保护、城市建设、现代特色农业建设等工作提出意见建议，为堆龙德庆区相关工作的提升提供了有益借鉴。

强化民主监督成效。开展提案办理监督。及时制定委员视察方案，先后组织委员就昂嘎村桥梁修建、德庆乡中心小学修建下水道、德庆乡桑仓组修建农田围栏以及增加古荣乡中心校老师宿

2018年6月4日，区政协党组书记、主席洛桑强巴（右四）带领办公室工作人员深入结对帮扶户家庭，开展“四个明白”宣讲工作

舍、保护寺庙周边环境等11个提案、6个建议办理情况开展视察、现场督办等活动4次，委员参与人数达60余人次，通过实地查看、听取汇报、座谈、询问等方式，详细了解提案办理的进展情况，有力促进了工作的落实；开展专项视察监督。针对全区违章乱建情况突出问题，组织委员会同国土、住建、规划等部门共同开展专项视察，听取委员关于打击违建工作的意见建议，形成《堆龙德庆区政协关于遏制堆龙德庆区违建态势进一步恶化的建议》，得到区政府主要领导的高度重视。组织开展教育“三包”政策落实情况的民主监督专项视察活动，深入中学、小学、幼儿园实地了解学生住宿及伙食情况，通过查看相关工作台账、听取汇报等形式，进一步加强对教育“三包”政策落实情况的监督检查；履行日常监督职责。政协主席、副主席参加区委常委会和政府常务会以及区委、区政府安排的重大会议和活动。政协委员旁听检察院、法院相关案件庭审、参与全区重点项目的检查验收以及项目建设的相关摇号等工作，通过这些日常监督工作进一步加大对相关部门的民主监督力度，为委员知情明政拓展了渠道。

【围绕中心工作，致力服务大局】

主动担当，形成合力促进社会和谐。年内，常委会团结带领广大政协委员，坚决贯彻落实区市党委和区委关于维护社会稳定的各项决策部署。党组班子成员按照区维稳指挥部的统一调度，认真落实一线维稳带班值班工作，深入各乡（镇）、村组、寺庙、企业、学校开展维稳巡查100余次，班子成员坚持蹲守在联系乡（镇），指导督促各项维稳措施落实。同时积极承担相关重点项目涉及的征地拆迁、疏导群众思想等工作。积极参与楚布寺“次曲”等宗教活动维稳工作。党外副主席、非党政协委员充分发挥自身优势，主动作为，在联系群众和各自接触的社会层面上，做了大量凝聚人心的工作，为确保堆龙德庆区社会持续和谐稳定做出积极贡献。

尽心尽力，发挥优势助力精准脱贫。区政协党组按照区委统一部署，将精准脱贫纳入政协日常工作中，区政协领导班子成员和机关干部认真落实结对帮扶任务，深入结对户家中开展入户调查、宣讲“四个明白”等政策，协助包村建立完善帮扶手册和相关工作台账，积极协调相关部门通过产业扶贫、就业扶贫、教育扶贫等措施，切实帮助贫困户脱贫致富。节日期间开展走访慰问结对户活动，共计捐款捐物价值2.9万余元。同时，政协委员也积极参与扶贫济困、捐资助学、结对帮扶等工作。工商界委员为助力村级集体经济发展，先后为加入村捐赠了一台价值22万元的多功能耕作拖拉机，为南巴村捐赠一台价值20万元的皮卡车，为困难群众捐赠慰问品、慰问金折合人民币达300余万元，在2018年12月召开的区委经济工作会议上，3名政协委员所创办的民营企业分别荣获“就业带动奖”荣誉称号。政协委员们以实际行动展现了委员热心公益、关注民生、奉献爱心的高尚情操，受到广大基层群众的一致好评，树立了堆龙政协情系民生的良好形象。

凝心聚力，巩固爱国统一战线。常委会主动加强与各族各界

2018年6月22日，区工商界政协委员为基层捐车活动在古荣乡南巴村举行，图为活动后区委书记格桑平措（右五）、区政协主席洛桑强巴（右二）与工商界政协委员们合影留念

委员的沟通联系，经常性走访慰问党外委员、宗教界委员，通过召开“3·28”座谈会、庆祝改革开放40周年座谈会，拉近了常委会与广大委员之间的距离，进一步密切党了群关系、民族关系和干群关系。全年共慰问走访基层委员36人次，发放慰问金4.8万余元。通过一系列举措，温暖了人心，增进了友谊，统一战线得到进一步巩固。

深化联络，加强交流交往。 2018年，区政协积极参与自治区、拉萨市政协开展“强化基层文化阵地建设，推动乡村文化振兴”“农村经济发展状况”“政协系统党的建设”等专项调研活动以及拉萨市政协组织的培训研讨活动，推介交流了相关工作经验和作法。接待墨竹工卡县、曲水县等兄弟政协来堆龙德庆区学习考察、交流工作。组织委员赴区内外学习考察，通过不同形式的联络沟通，扩大了“朋友圈”，宣传推介了堆龙德庆区。

编撰文史，存史资政团结育人。 在拉萨市政协的关心指导下，区政协常委会精心部署，成立堆龙德庆文史编撰领导小组，通过召开资料征集会议及书面征集资料、个别访谈等形式，收集整理了西藏和平解放以来，特别是近10年来堆龙德庆区在城市建设、经济发展、文化旅游、对外宣传、教育卫生、道路交通、民族宗教、生态环境、精准扶贫等方面的文史资料，经多次征求委员、相关部门及区委、区政府的意见建议后，完成了《拉萨市文史丛书之上谷福地·幸福堆龙》的编撰工作，这也是堆龙德庆区政协首次编写文史资料，为下一步继续做好政协文史资料工作积累了经验。

2018年10月15—26日，区政协组织15名委员在浙江、福建两省考察学习

【**自身建设**】 **深化学习，提升队伍素质。** 2018年，区政协举办委员学习培训班3期，参训人员达100余人次，同时首次在内地高校举办了委员履职能力提升班，培训内容既有中共十九大精神解读、习近平关于加强和改进人民政协工作的重要论述以及汪洋主席在全国政协系统党的建设工作座谈会上的讲话精神，也有如何履行政协职能等相关业务知识，对进一步提升委员参政议政能力起到了积极作用。政协党组和办公室党支部坚持“三会一课”制度，党组书记和支部书记带头讲党课，通过谈心谈话、参加各级党校轮训、支部集中学习等方式，着力提升机关干部党性观念和服务水平。办公室党支部以创建“五型机关”为载体，推进“两学一做”学习教育常态化、制度化，加强党员政治教育和政治纪律教育，驰而不息推进机关作风建设，持续提升机关效能。

狠抓纪律，推进良好作风。 根据《中国共产党章程》《中华人民共和国宪法》《中国人民政治协商会议章程》相关修订内容，结合堆龙德庆区政协工作实际，修改完善了“政协党组工作规则”“常务委员会工作规则”“党组‘三重一大’研究事项议事规则”“党组班子成员联系群众制度”“党风廉政建设‘一岗双责’工作制度”“三会一课制度”等13项制度，不断推进政协工作规范化、制度化建设。政协党组和办公室党支部严格落实党风廉政建设主体责任和领导干部“一岗双责”制，认真贯彻落实中央八项规定及其实施细则精神，坚决反对“四风”，落实全面从严治党责任，坚持制度约束、规范管理、照章办事，使政协机关工作更加严谨高效、规范有序。

（高振鑫）

【领导名录】

主　席

洛桑强巴（藏族）

副主席

巴桑朗杰（藏族）

尼　玛（藏族）

靳小卉（女）

钦热洛追（藏族）

中国人民政治协商会议堆龙德庆区委员会办公室

【概况】 年内，区政协办公室在区委的坚强领导下，在拉萨市政协的具体指导下，在区政协党组的直接领导下，坚持以中共十九大精神和习近平新时代中国特色社会主义思想为指导，紧紧围绕区委既定目标和政府工作部署，努力提高服务水平，充分发挥办公室枢纽和参谋助手作用，圆满地完成了年度各项工作任务，为区政协更好地推动政协发挥政治协商、民主监督、参政议政职能发挥了积极作用。2018年，区政协办公室共有工作人员7名，其中正科2名（含1名主任科员），科员2名（含借调1名），驻会委员2名，工人1名。

【提升干部职工综合素质】 加强理论学习。年内，区政协办利用机关党支部党课、主题党日、政治纪律教育、政治教育等活动，组织机关干部职工学习中共十九大精神和习近平新时代中国特色社会主义思想，学习习近平总书记关于加强和改进人民政协工作的重要思想。召开专题学习会议，学习了《关于加强新时代人民政协党的建设工作的若干意见》和修订的《中国共产党章程》《中国人民政治协商会议章程》，深刻把握核心要义，联系实际，对标要求明确努力方向，以思想大解放激发政协组织新活力，增强了政治理论功底和综合素质。

【严谨细致，规范办文】 规范办文流程。年内，区政协办按照文件拟稿、审核、签发、登记、校对、印制、分发和档案归卷、保密等程序，落实公文办理和档案管理各环节责任人，完成了历年文件整理和文史图书分类归档，提高了文件的时效性、严谨性和档案的系统性、安全性；加快办文速度。对所要办理的文件，力争做到当日文件当日清、紧急公文随到随办、重要的公文做好跟踪，确保做到不漏文、不拖延；提高办文质量。组织开展政协办办文规范培训，提高政协办干部办文质量，严格把关对于上报、下发的文件要经过办公室、办公室领导、分管领导三重审核，确保做到格式规范，文字精练，打印整洁，内容符合要求。全年共撰写简报100余篇，撰写红头文件40期，其中委员会10期，党组7期，办公室23期，未出现明显错漏。

2018年12月7日，区政协办工作人员在古荣乡加入村对贫困党员进行慰问

【按时保质，办好会议】 做好会前准备。年内，区政协办根据会议安排，提前将会务材料撰写、会议程序、后勤保障等精心安排部署，确保会议材料不出纰漏、会议程序规范到位，做到不开无准备的会，不开准备不充分的会；做好会议服务。包括会议报到、材料分发、会议记录、会场布置、新闻报道等各个环节，都有专人负责，做到周密安排；抓好会议精神落实。认真做好会议的及时传达贯彻、督办和信息反馈，确保会议精神落到实处。2018年，共筹备召开1次全委会议、4次常委会议、7次主席

会议、7次党组会议,1次提案交办会议,3次座谈会议,所召开的会议均能按时召开,顺利结束;宣传信息工作。加强与区委宣传部的联系,切实做到重大会议、重大活动有报道,全年在堆龙发布平台发布相关信息20余期,促进了政协宣传工作的整体推进。

2018年12月7日,区政协办组织举办2018年第三期委员学习培训班

【目标明确,深入调研】 年内,区政协办紧跟区委发展思路,通过开展专题调研视察,助推决策的落实。选择基层党风廉政建设、政协委员履职等课题开展调查研究,形成了《关于做好基层党风廉政建设的建议》《关于做好政协视察调研工作的几点建议》等课题调研报告。同时分三批次组织40余名委员到广西、云南、日喀则市、阿里地区、福建、浙江等地区的12个县区学习考察,形成3篇学习考察报告,就美丽乡村建设、乡村旅游、环境保护、文物保护、城市建设、现代特色农业建设等工作提出意见建议,得到区委主要领导的认可,为堆龙德庆区相关工作的提升提供有益借鉴。

【注重质量,加强督办】 开展提案办理监督。年内,区政协办及时制定委员视察方案,先后组织委员就昂嘎村桥梁修建、德庆乡中心小学修建下水道、德庆乡桑仓组修建农田围栏以及增加古荣乡中心校老师宿舍、保护寺庙周边环境等11个提案、6个建议办理情况开展视察、现场督办等活动4次,委员参与人数达60余人次,通过实地查看、听取汇报、座谈、询问等方式,详细了解提案办理的进展情况,有力地促进了工作的落实;开展专项视察监督。针对全区违章乱建情况突出问题,组织委员会同国土、住建、规划等部门相关人员共同开展专项视察,听取委员关于打击违建工作的意见建议,形成《堆龙德庆区政协关于遏制堆龙德庆区违建态势进一步恶化的建议》,得到区政府主要领导的高度重视。组织开展教育"三包"政策落实情况的民主监督专项视察活动,深入中学、小学、幼儿园实地了解学生住宿及伙食情况,通过查看相关工作台账、听取汇报等形式,加强对教育"三包"政策落实情况的监督检查;履行日常监督职责。积极参加区委常委会和政府常务会以及区委、区政府安排的重大会议和活动。政协委员旁听了区检察院、法院相关案件庭审,参与了全区重点项目的检查验收以及项目建设的相关摇号等工作,通过日常监督工作,加大了对相关部门的民主监督力度,为委员知情明政拓展了渠道。

【凝心聚力,巩固战线】 年内,区政协办主动加强与各族各界委员的沟通联系,经常性走访党外委员、宗教界委员,开展节日慰问,召开"3·28"座谈会、庆祝改革开放40周年座谈会,通过委员交流发言,拉近常委会委员之间、以及与广大委员之间的距离,进一步密切党群关系、民族关系和干群关系。2018年,共慰问走访基层委员36人次,发放慰问金4.8万余元。通过一系列举措,温暖了人心,增进了友谊,统一战线得到进一步巩固。

【突出创新,完善机制】 机关管理日趋规范。年内,区政协办结合自身工作实际,修改完善了"政协党组工作规则""常务委员会工作规则""党组'三重一大'研究事项议事规则”“党组班子成员联系群众制度”“党风廉政建设‘一岗双责’工作制度”“三会一课制度”等13项制度，不断推进政协工作规范化、制度化建设；按照区委要求，结合政协办实际，制定完善干部理论学习、考勤管理等制度。对机关干部职工逐人制定岗位责任制，严明了工作纪律，确保了办公室工作的规范、高效和有序运转。特别安排专人负责密文收发、保管，严格密文管理；严格落实党风廉政建设主体责任和领导干部“一岗双责”制。认真贯彻落实中央八项规定及其实施细则精神，坚决反对“四风”，落实全面从严治党责任，坚持制度约束、规范管理、照章办事，使政协机关工作更加严谨高效、规范有序。

（高振鑫）

【领导名录】

主　任

　　黄　敏（女）

主任科员

　　扎　桑（女，藏族，7月任职）

副主任

　　扎　桑（女，藏族，7月离任）

中共堆龙德庆区纪律检查委员会（监察委员会）

2019年1月9日，堆龙德庆区监察委员会举行揭牌仪式，区委书记格桑平措（右四），区委副书记、区长杜江（右三），区委常委、纪委书记、监委主任尚志清（左五）等参加揭牌仪式

【概况】 堆龙德庆区监察委员会于2018年1月10日正式成立，与中共堆龙德庆区纪律检查委员会合署办公，实行一套工作机构，履行党的纪律检查和国家监察两项职能。2018年，区纪委有纪委书记兼监委主任1名，副书记兼监委副主任2名，纪委常委2名（1名兼监委委员），监委委员2名；正科级干部6名，副科级干部12名，科员4名；事业人员2名，工人1名。

【落实全面从严治党监督责任】

年内，区纪委始终坚持把压实“两个责任”作为推进党风廉政建设的重要抓手，通过制度明责、强化履责、严肃追责，不断推动“两个责任”落实由被动执行向主动担责转变。组织召开了二届区纪委二次全会，对全区党风廉政建设和反腐败工作进行全面总结和安排部署。指导各级各单位及时组织召开党风廉政建设部署会，安排部署2018年工作任务。深化“双述”工作，选取6家单位负责人和4名纪检监察干部，分别在区委常委（扩大）会议和区纪委常委（扩大）会议上现场述责述廉并接受评议质询。根据党组织“一把手”、领导班子成员、乡（镇）党委书记和区属国有企业负责人在全面从严治党主体责任中负有的不同责任内容，量身定制《党风廉政建设责任书》，组织层层签订责任书400余份。督促各级党组织及主要负责人定期报告党风廉政建设主体责任及第一责任人落实情况、如实填写领导干部廉政档案、带头讲授廉政党课等，切实将党风廉政建设摆在更加突出的位置。参照拉萨市做法，开展区委书记、副书记和纪委书记约谈下级党委（党组）书记并逐级延伸工作，约谈总人数达242人。制定下发《关于县级领导开展2018年分管领域党风廉政建设工作调研方案》，督促认真履行职责范围内的党风廉政建设责任，针对区委主要领导在深入基层调研时发现的问题进行分析，提出整改措施。按照“定期督导+全年检查”模式，组织力量对各级各单位及其负责人履责情况进行督促检查，及时提出整改意见。严格执行《党政领导干部选拔任用工作条例》，配合组织部门全程参与干部选任考察，认真审查干部任前档案、核实个人报告事项，对极个别干部选拔任用期间反映的问题进行核查，如实出具廉政意见回复函118份、3031人。先后对换届选举出来的30个行政村党组织、村委会、村务监督委员会班子成员和150余名新提拔、调整的领导干部进行任前集体廉政谈话，并组织开展任前廉政知识测试。探索试行乡（镇）、区直部门党风廉政建设责任制考核“日常60%+年底40%”模式，加强干部日常监管、教育提醒，倒逼“两个责任”落实。

【加强党的政治建设】 年内，区纪委按照上级纪委、区委关于加强政治教育的安排部署，牵头在全区各级党组织中开展加强政治纪律教育，通过细化工作方案、召开动员部署会和阶段推进会、加强监督检查等措施，督促各级党组织召开思想发动动员大会52场次，制定学习计划65份，通过理论中心组学习、党支部专题学习、座谈会等开展加强政治纪律教育专题学习会500余场（次），参与学习人员达4000余人次，利用“四讲四爱”群众实践活动、“脱贫攻坚夜校”（农牧民夜校）、政治纪律巡回宣讲等载体，分8批次对全区各级党员、干部进行宣讲，受教育人数达3000余人，实现了教育全覆盖。在完成“规定动作”的同时，明确各级党组织在完成学习提高阶段任务后，要提交转段申请才可进入查摆问题阶段，召开专题组织生活会或民主生活会必须邀请纪检干部列席，进一步严格程序。扎实开展纪检监察系统加强政治纪律教育，组织全体纪检监察干部50余人进行了为期5天的政治教育专题培训，培训紧紧围绕“坚定政治立场，反对民族分裂，加强党的政治纪律和政治规矩教育”这一主题，讲党课、找问题，开展批评与自我批评，让广大党员干部树牢“四个意识”、坚决做到“两个维护”、牢记“五个必须”、坚决防止“七个有之”。紧盯“三大节日”、三月敏感期等重要节点，联合组织部、政法委、统战部等部门对各级各单位贯彻落实党的路线方针政策和决策部署情况进行督导检查达40余次，及时约谈3名违反维稳工作纪律的加油站安全监管员，并在全区范围内进行通报。联合区委主体责任办、区委组织部下发《关于严禁共产党员参与“萨嘎达瓦”宗教活动的通知》，在“萨嘎达瓦”、楚布“次曲”等宗教活动节点，统筹安排区委主体责任办、组织部、统战部干部到大昭寺、小昭寺、楚布寺等宗教场所进行专项督导检查10余次，严肃查处共产党员参与宗教活动，不断严明纪律要求。

【推动党风政风向善向好】 年内，区纪委坚持教育在先、预防在前，紧抓元旦、春节藏历新年、“五一”、雪顿节、“十一”国庆节、中秋节等重要时间节点，发通知、敲警钟、早提醒，明确纪律红线。协助区委主体责任办，制定出台《堆龙德庆区贯彻落实中央八项规定精神实施细则的办法》，安排人员到党政机关、国有企事业单位、娱乐场所、餐馆、商场、茶园、咖啡厅等场所对在执行规定方面的情况进行抽查或突击检查50余次。组织全区党员干部签订《严禁大操大办承诺书》《拒收礼品礼金红包承

2018年1月10日，堆龙德庆区举行监察委员会成立大会

诺书》《堆龙德庆区党员干部和国家公职人员不参与赌博或带有赌博性质娱乐活动承诺书》《家庭助廉承诺书》和《企业助廉承诺书》15000余份，在全区范围内营造了拒赌拒收助廉的风清气正的政治生态。牵头组织开展援藏项目管理和援藏资金管理使用自查工作，配合拉萨市援藏资金专项检查开展检查指导工作。紧盯“四风”问题新形式、新动向，建立健全“专项检查+派驻监督+单位自查”全面覆盖的监督检查机制，调动职能部门、巡察组、派驻纪检组等各方力量，与区委主体责任办、区委区政府督查室加强协作，采取集中检查、明察暗访、专项治理等形式，深入挖掘“四风”问题线索。深入开展“三公”经费自查自纠、违规发放津贴补贴及下乡调研、检查工作时主动交纳伙食费情况，督促个别单位及时整改存在的问题，严控“三公”经费不放松。

【推进监察体制改革试点工作】 年内，区纪委严格按照区市党委、纪委确定的关于深化监察体制改革时间表和路线图，及时研究制定堆龙德庆区《关于深化国家监察体制改革试点工作实施方案》和《关于区监委班子组成人员及转隶人员方案》。牵头统筹协调各成员单位，有序推进人员转隶、机构组建、业务及案件线索衔接、固定资产移交等一系列工作。1月10日，堆龙德庆区监察委员会正式成立。认真落实了自治区党委、拉萨市委和堆龙德庆区委主要领导主持召开的深化监察体制改革试点工作会议精神，统筹考虑原区纪委人员和区检察院转隶人员的专业特长、工作经历、性格特点，依据“人岗相宜”原则，采取新老搭配、交叉搭配的方式，将熟悉办案人员分配到纪检监察室，将熟悉法律文书、公诉业务人员安排到案件审理室，确保转隶人员向执纪监督一线倾斜，充分发挥检察机关转隶人员业务特长和优势。按照《关于拉萨、山南开展推动监察工作向基层延伸的改革试点意见》的要求，研究制定了《堆龙德庆区关于推动监察工作向基层延伸的改革试点方案》，扎实推进在各乡（镇）设立派出监察室（与乡镇纪委合署办公）工作，完成对监察室主任、副主任、监察员的考察鉴定，督促派出监察室限时完成挂牌工作，切实打通监察监督“最后一公里”。制定出台了《堆龙德庆区纪委监委关于调整派驻（出）纪检监察组和内设纪检机构实施方案》，按照全面派驻（出）的原则，以单独派驻（出）、综合派出和内设纪检机构相结合的方式，将区纪委原派驻的8个纪检组整合为5个派驻（出）纪检监察组，进一步完善派驻纪检监察机构领导机制和工作机制。

【监督检查】 年内，区纪委牵头开展集中整治不作为慢作为、文山会海等形式主义、官僚主义突出问题，及时下发通知，压实专项治理工作主体责任，对各单位形成的自查报告，严格审核；组织人员到区、乡、村服务中心开展作风建设专项检查；联合区委主体责任办、区委区政府督查室、区发改委成立专项督导检查组，对发现问题的整改情况进行督导检查，全年开展监督检查达30余次，发现并督促整改问题20余个，并责令提交整改工作落实情况报告。深入推进扶贫领域腐败和作风问题专项治理，对照自治区纪委书记王拥军在4月25日全区扶贫领

2018年1月18日，堆龙德庆区召开乡（镇）、区直单位党委（党组）书记向区委常委会扩大会议述责述廉及接受评议质询会议

域监督执纪问责工作座谈会上，通报的关于扶贫领域还存在“责任落实不到位、扶贫对象识别不精准、产业扶贫成效不明显”等8个问题及基层干部违反中央八项规定精神、虚报冒领专项资金、私设“小金库”、无视群众诉求等扶贫领域腐败和作风问题，调整充实扶贫工作检查领导小组，召开2018年扶贫领域腐败和作风问题专项治理领导小组会，制定《堆龙德庆区关于开展2018年扶贫领域专项监督检查工作方案》，先后5次从区纪委和区脱贫攻坚指挥部成员单位抽调熟悉脱贫攻坚业务的干部，组成明察暗访组，采取入户查访、座谈了解、实地查看、调阅资料等方式，对各乡(镇)、各相关职能单位扶贫领域主体责任、监管责任、扶贫政策、扶贫项目及资金落实等情况进行明察暗访，向12家单位反馈问题27个，责令及时整改落实，进行约谈提醒1人。

【执纪监督】 年内，区纪委在强化监督检查的基础上，注重发挥信访主渠道作用，健全来信、来访、来电信访举报平台，公布举报电话、举报邮箱，各乡(镇)纪委探索设立举报箱169个，向各乡(镇)、村、组发放藏汉双语“堆龙德庆区纪检监察信访举报监督联系卡”12400余张，明确了信访纪检监察举报受理范围、举报途径等内容，让群众明白了“举报什么、向谁举报，谁来办理”，有效疏通了群众信访渠道，积极收集掌握问题线索。充分发挥派驻(出)纪检监察组日常监督的职能，把监督触角延伸到前端。组织召开反腐败协调工作小组会议2次，审议通过《堆龙德庆区关于对涉黑涉恶腐败问题进行快查快办的工作方案》和《中共拉萨市堆龙德庆区委反腐败协调工作小组工作规则》，加强与检察机关、公安机关、司法机关等相关职能部门的协作配合，形成查办职务违法和职务犯罪案件的整体合力。建立问题线索集体分析研判机制，根据反映问题的性质不同、情节轻重、社会影响等因素，妥善确定处置方式。严格执行线索处置和执纪审查相关规定，及时将应当报上级纪委审核、备案协审的问题线索上报自治区纪委和拉萨市纪委。对受纪律处分的人员开展回访教育，引导其正确看待处分，帮助减轻思想负担，消除顾虑。加大执纪审查力度，突出监督执纪工作重点，把党的十八大后不收敛、不收手，问题严重、群众反映强烈，现在重要岗位可能还要提拔使用的三类情况，作为重点查办对象重；结合正在开展的“扫黑除恶打非治乱”专项斗争，严肃查处“村霸”“路霸”、充当“保护伞”等问题。2018年，区纪检监察机关共收到问题线索34件，涉及侵害群众利益的不正之风和腐败问题10件，扶贫领域腐败和作风问题3件，违反中央八项规定精神问题6件；给予党政纪处分5人，诫勉谈话6人，因违规发放津补贴和超标准慰问通报2家单位、因扶贫领域问题公开通报曝光1人、因违反中央八项规定精神公开通报曝光2人。

【纪检监察队伍】 年内，区纪委根据改革后的业务融合需要，先后安排20余名纪检监察干部参加自治区纪委、拉萨市纪委组织的纪律检查和国家监察双向业务培训，适时选派6名纪检监察干部(其中4名为转隶人员)到拉萨

2018年2月12日，堆龙德庆区召开节前党风廉政专题部署会议

2018年4月3日，中国共产党拉萨市堆龙德庆区第二届纪律检查委员会第二次全体会议召开

市纪委跟案锻炼。组织全区纪检系统干部开展“学习党的十九大”知识和政治业务知识测试，合格率达85%以上。结合实际，及时对区纪委监委领导班子成员分工进行调整，建立区纪委监委领导班子成员分片联系指导乡（镇）纪检监察工作机制。为适应新形势下全面从严治党新要求，制定下发了堆龙德庆区《关于调整派驻（出）纪检监察组和内设纪检机构实施方案》和《关于健全完善区纪委委员履职机制的意见》。加强纪检监察机关文化建设，关注队伍思想动态，以开展党支部活动为契机，鼓励纪检监察干部参与“3·8”妇女节趣味活动、“3·12”义务植树活动、“3·28”百万农奴解放纪念日活动，组织参观自治区军事博物馆、赴烈士陵园扫墓，参加“学习十九大、永远跟党走”知识竞赛等，不断增强队伍凝聚力。利用党支部集中学习习近平总书记治边稳藏重要战略思想和《习近平谈治国理政》及《中国共产党章程》《中华人民共和国宪法》《中华人民共和国监察法》、新修订的《中国共产党纪律处分条例》等，组织开展讨论，既提升政治理论水平，又做好纪法衔接的学习。坚持全面从严管理纪检监察干部，把自我监督与接受党内监督、民主监督、群众监督、舆论监督结合起来，决不置身于纪律红线之外、决不成为监督执纪的盲点，严防“灯下黑”。

（次央白宗）

【领导名录】

中共堆龙德庆区纪律检查委员会

区委常委、纪委书记

尚志清

纪委副书记

尼玛玉珍（女，藏族）

李雅娟（女，1月任职）

纪委常委

张峰玮（女，蒙古族）

纪委常委

强巴扎西（藏族）

堆龙德庆区监察委员会

监委主任

尚志清（1月任职）

监委副主任

尼玛玉珍（女，藏族，1月任职）

李雅娟（女，1月任职）

监委委员

张峰玮（女，蒙古族，1月任职）

达珍（女，藏族，1月任职）

中共堆龙德庆区委组织部

【概况】 年内，堆龙德庆区委组织部坚持以习近平新时代中国特色社会主义思想和中共十九大精神为指导，牢牢把握坚持新时代党的建设总要求和组织路线，认真落实全国、自治区、拉萨市组织工作会议精神以及区委二届二次、三次全会和全区党建工作会议决策部署，紧紧围绕“坚持一个统领，建设两大体系，抓好五项重点工作”的总体安排，全力打造党建立体化工程，全区基层组织建设工作取得长足发展。2018年，区委组织部有行政编制7名，实有工作人员10名，其中副县级1名，正科级2名，副科级1名。下设组织编制信息中心，有事业编制3名，实有工作人员1名。

【党建工作责任落实】 2018年，堆龙德庆区召开党建工作会议，组织各级党组织书记层层签订责任书，抓好各乡镇和行业系统党建述职评议工作，分领域分行业印发基层党建工作责任清单，建立县级干部基层党建工作联系点制度，切实压实党建“第一责任人”责任。进一步转变党建考核方式，制定季度考核办法，加强对基层党建工作的日常考核，督促区直机关和各乡镇将工作重心放在平时，推动党建重点任务落实落地。

【党的政治建设】 年内，区委组织部坚持推进“两学一做”学习教育常态化制度化，把习近平新时代中国特色社会主义思想、中共十九大精神作为各级党组织学习的重点，加大党员政治教育培训力度，坚持以理论中心组集中学习等为载体，以“主题党日”“三会一课”为抓手，充分发挥区委党校主阵地作用，区委牵头开展集中培训11期，参训人数达736人。截至年底，全区各级党组织共开展党员政治教育培训300余期，培训党员总数达5185人，占全区党员总数的96.52%。开展“为党寄语”“党旗进党家”“宣誓不信仰不参与宗教”等系列活动，党员“四个服从”“两个维护”意识更加坚定，与十四世达赖反动集团的斗争意志更加坚决，堆龙德庆区维稳根基进一步夯实。

【村级党组织建设】 年内，区委组织部下发《堆龙德庆区落实〈关于坚持以习近平新时代中国特色社会主义思想为指导大力推进基层党组织标准化建设的意见〉实施方案》，村级党组织属地牵头管理和辖区兜底治理的框架基本形成。继续强化村级领导班子能力建设，加强基层工作经济保障，基层组织生活和工作机制进一步规范。在羊达乡试点开展“新时代讲习所”、党员星级管理活动；在马乡常木村探索实践党员百分制量化评比活动，党建工作载体有了新体现，党员队伍管理有了新抓手。活动场所功能布局不断优化升级，并向偏远自然组有效延伸。探索制定了《堆龙德庆区关于进一步突出政治功能提升村级党组织组织力的实施意见》，建立完善了“组长村管、组财村管、组务村管”工作制度，全面加强村民小组党支部规范化建设，进一步理顺村党组织与村民小组党支部的关系，初步实现村党组织对村民小组和组级“三资”流动、使用以及对组级事务的有效管理。深入开展村级便民服务中心规范化建设工作，将涉及改善民生的13类57项公共服务职能下沉到村级便民服务中心，探索推行村级便民服务代跑代办制度，实现“群众有事村里办”，有效提升了基层党组织服务群众的能力和水平。

2018年10月3日，区委常委、组织部部长王满春（右一）在德庆乡门堆村开展抓党建促脱贫攻坚谈话调研工作

【抓党建促脱贫攻坚】 年内，区委组织部严格落实“不脱贫不调整、不摘帽不调离”纪律要求，与12名乡（镇）党政正职干部开展谈心谈话活动，先后2轮深入6个乡镇31个村（居）开展全覆盖调研访谈检查工作，累计谈话300余人次，提升了基层骨干队伍工作责任感，保持了脱贫攻坚工作的稳定性、连续性，为堆龙脱贫摘帽提供了坚强组织保证。大力实施乡村振兴战略，坚持区委主导，全域化推进，加大资金、资源、项目向基层倾斜力度，以村级公司市场化运作为抓手，专题研判并筛选出16个村级公司发展项目，整合各类资金2050.8万元，强化对各村净土健康产业、文化旅游产业和商贸物流产业发展等方面的工作指导。继续发展壮大村集体经济，2018年，全区30个行政村集体经济收入均达100万元以上，

其中2个行政村达500万元以上，3个行政村达1000万元以上。

2018年1月25日，堆龙德庆区召开深化党政机构改革动员部署会

【基层组织建设】 年内，区委组织部不断扩大农牧区党组织覆盖率，在双联户中建立党小组1200余个。成立了东嘎镇祥和苑社区党委，将波玛村易地扶贫搬迁点与波玛村五组合并，并对波玛村五组党支部进行了改选。规范开展驻寺管理机构基层党组织设置工作，明确了乡镇党委的属地管理职责。继续推进“两新”组织“两个覆盖”工作，组建区“两新”工委，新成立4家非公企业党组织，并筹备建立覆盖人和汽贸城、东嘎农贸市场、京东物流园区等行业集聚地的商圈党组织。组建国有企业党工委，实现加强党的领导和完善公司治理的有机统一。积极探索全区医疗卫生系统管理模式改革，制定加强了公立医疗机构党建工作的指导意见。抓好辖区中小学党建工作，对全区小学领导班子进行统一调整，推动校长、书记“一肩挑”，为充分发挥学校党组织政治核心、领导核心作用提供坚强组织保障。召开全区城市党建工作座谈会，成立城市党建工作领导小组及办公室，制定加强全区城市党建工作指导意见，确定羊达乡作为城市党建工作先行先试点。对31个软弱涣散党组织开展集中整顿，倒逼党组织晋位升级，全面提升基层党组织建设质量。

【党员教育管理】 2018年，区委组织部举办了5期395人次的新任村干部培训班，实现了对新任村干部培训全覆盖。组织3批村党组织书记、第一书记到城关区、尼木县、林周县等兄弟县区考察学习，通过横向对比，深入查找工作差距。按照“强党固基扶村”要求，选派84名干部开展驻村工作，严格执行第一书记和驻村干部考评机制，提升基层党员干部队伍战斗力。严把党员发展关，抓好发展对象考察工作，把政治思想作为确保发展党员质量的首要条件，开展了3期入党积极分子和预备党员培训工作，全年共发展党员275人，吸收入党积极分子407人。加大三个培养工作力度，储备村级后备干部420名，其中包括致富能手101名、党员致富能手38名。通过“抓两头，促中间”，引导党员干部发挥积极作用，2018年对20个先进基层党组织、75名优秀共产党员、25名优秀党务工作者进行了表彰。

【干部教育管理】 2018年，区委组织部从严落实《堆龙德庆区2018年党员干部教育培训计划》，先后举办了6大主题34个专题的培训班。深入开展领导干部读书活动，鼓励自主学习和在职深造，抓好农家书屋以及远程教育站点等线上线下平台建设，全区党员干部队伍综合素质明显提升。年初集中对全区各级领导班子运行情况和领导干部履职情况进行深入考察、全面分析，提出领导班子调整优化和干部队伍建设相关意见，更新涵盖科级及以下优秀干部的后备人才库244名，为区委选人用人提供重要参考。树立正确用人导向，坚持好干部标准和民族地区“三个特别”要求，2018年，全区共调整提拔干部186名，其中来自基层一线、维稳一线的干部64名，占总数的34%，领导班子和干部队伍结构得到进一步优化。修订完善《堆龙德庆区干部职工管理规定》，对长期病假、抽借调、学历提升等干部日常监管难点进行了制度设计，扎紧制度约束笼子。严格执行提醒函询诫勉制度，加强与纪检监察、审计、信访等部门的沟通联系，及时发现和纠正干部身上出现的苗头性倾向性问题。严格落实“凡提四必”要求，按照干部选拔任用全程纪实规定，组织专门力量对2015年以来干部选任工作开展集中倒查，进一步完善干部选任工作纪实档案。落实公务员职务与职级并行制度，全年共为4名符合条件的干部晋升职级。大力整顿三超两乱情形，通过免职、兼职、重新任职等办法对任职不规范、违规提高干部职级待遇、混编混岗任用的19名干部进行消化。严格落实领导干部任职试用期制度，对5名任职试用期满干部进行了集中考核，并予以正式任职。

【人才工作】 年内，区委组织部坚持把人才工作纳入年度目标绩效考核，与组织人事工作同安排、同部署、同落实，并适当提高了人才工作在整个综合目标考核中的权重。年初，面向堆龙籍未就业大学生公开招聘31名村级便民服务中心专职工作人员，为基层治理体系注入了新鲜血液、提供了人才支撑。建立培养帮带机制，规定专招大学生、大学生村官等人才都由区委组织部、乡镇主要领导联系包抓，教方法、指路子、传经验，帮助各类人才成长进步。加大与北京援藏单位的智力援藏交流合作力度，全年共选派24名党员干部到北京跟岗锻炼。

【机构编制管理工作】 年内，区编办推进行政审批制度改革，组织开展县（区）权责清单2018年度动态调整工作，全面梳理并审核公共服务事项清单，为全区改革发展营造良好的政务环境。积极推进县（区）党政机构改革工作，成立深化党政机构改革工作领导小组及办公室，并组建工作专班，在广泛调研了解的基础上，编制完成了《堆龙德庆区机构改革初步建议方案》，明确改革重点、任务分工、时间节点、责任部门等事项，并统筹思考编制调整、人员划转等建议方案，确保改革方案批准后顺利推进。

【老干部工作】 年内，区委老干部局全力做好离退休干部管理服务工作，认真落实离退休干部异地疗养制度，全年投入100万元，分2批次组织了51名离退休老干部到北京、广西、四川三省开展绿色健康疗养活动。坚持“五必访”制度，做到重大节日必访、生病住院必访、遇到困难必访、有家庭纠纷必访，积极帮助老干部解决实际困难，确保老干部各项待遇落到实处。充分发挥老干部余热，组织38名理论知识扎实、表达能力强的老干部组成“四讲四爱”宣讲团，深入学校、乡村、寺庙、国企宣讲党的方针、政策。同时，鼓励老干部积极参与到辖区维稳、教育等各项事业中，并组织老干部参加全市老年运动会、各类文艺演出等，不断丰富其业余生活。

【自身建设】 年初，区委组织部针对市委组织部巡察组开展组织编制领域巡察发现的问题，严格对照市委组织部巡察组反馈的问题，根据难易程度、轻重缓急，制定了6个方面19个重点事项的整改落实具体措施，明确了整改落实的牵头领导、责任单位和整改时限，着力解决了政治建设、选人用人、基层组织建设、机构编制

2018年2月5日，区委组织部工作人员在东嘎村慰问对结对帮扶贫困户

和自身建设等方面存在的突出问题。截至年底，巡察反馈的问题正在按照计划有序推进整改当中，组织人事工作运行逐步实现制度化、规范化。

（王　敏）

【领导名录】

区委常委、组织部部长
王满春
副部长、编办主任
平　旺（藏族）
副部长、老干部局局长
蔡贵珍（女，藏族，6月任职，12月退休）
副部长
邱弋桓

中共堆龙德庆区委宣传部

【概况】 2018年，在区市党委的坚强领导和区市党委宣传部的悉心指导下，堆龙德庆区委宣传部认真贯彻落实区市党委关于意识形态工作的决策部署及指示精神，以对党和人民事业高度负责的态度，以迎接、宣传、贯彻党的十九大精神为主线，以“四讲四爱”群众教育实践活动为抓手，敢于担当、主动作为，牢牢掌握意识形态工作领导权。区委宣传部加挂三块牌子（精神文明办公室、互联网信息办公室、融媒体中心），下属事业单位网络评论中心。实有行政和事业人员14名（不含工勤和公益性岗位），其中副县级1名，副科2名，普通干部11名。

【理论学习常态化】 年内，区委宣传部依托“两学一做”学习教育常态化、制度化和“四讲四爱”群众教育实践活动，采取专题研讨、辅导讲座、宣讲教育、集中培训、网络传播等方式，推进习近平新时代中国特色社会主义思想和中共十九大精神进万家、入脑入心。区委理论学习中心组示范带动，开展《习近平谈治国理政》、宪法、深入揭批十四世达赖集团反动本质等专题学习15次，各乡镇、各单位开展形式多样的专题学习400余次。与中国光华科技基金会签署了战略合作协议，打造“堆龙讲堂”文化品牌和学习阵地，举办了3期高端讲座，开展了“书海工程助力书香堆龙迈向新时代”公益图书捐赠活动，募集图书4424册，总价达10万元，惠及堆龙德庆区青少年文化活动中心、4所学校、5个农家书屋、3个寺庙。依托互联网平台创新学教模式，“堆龙发布”开辟了学习专栏，推送习近平总书记系列重要讲话及解读内容累计53条；开展“新思想趣学竞猜”活动，网上、网下同步推动新思想进乡村、进校园、进课堂活动。征订党报党刊700余份，为各级党组织配发书籍《习近平谈治国理政》第一卷、第二卷，《习近平新时代中国特色社会主义思想三十讲》《新时代面对面》《习近平总书记重要论述摘编100句》《习近平总书记经典语句摘编》《思想政治教育应知应会知识问答》27865册。

2018年7月10日，西藏自治区党委宣传部副部长丁勇（右三）带队“四讲四爱”督导组一行在东嘎镇督导检查“四讲四爱”群众教育实践活动开展情况

【“四讲四爱”群众教育实践活动】

健全机制。年内，区委宣传部在总结上年经验的基础上，建立健全了沟通联络、例会学习、督导联络、汇报反馈通报共4项工作机制；强化组织。区委书记格桑平措出席“四讲四爱”群众教育实践活动节点会议并作安排部署，分节点现场交流会在马乡措麦村、羊达乡通嘎村、东嘎镇召开。

强化宣讲。组建了4个宣讲

团、7个宣讲队(含老干部志愿宣讲队)共132人的宣讲队伍,并颁发了宣讲员聘书。选送3批共23名宣讲员参加区市宣讲培训班,举办了4期宣讲培训班和4次县级领导示范宣讲会。首次举办农牧民宣讲员比赛,投入奖励资金5万多元,调动了农牧民宣讲员的积极性和主动性。全年开展宣讲852场次,受众达120599人次。

强化实践。按要求开展“习近平新时代中国特色社会主义思想”学习活动、“厉害了我的国”等25项实践活动,开展了“争做神圣国土守护者、幸福家园建设者”原创文艺作品和改革开放新旧对比照片有奖征集活动。全年开展实践活动427场次,覆盖42359人次。

强化督导。成立了5个以县级干部为组长的督导联络组和6个以乡(镇)党委书记为组长的乡(镇)督导联络组。开展问卷督导、电话督导、入户督导、微信督导170余次,实现了乡镇、村、寺庙、学校、国企督导全覆盖。

强化宣传。中央和区市媒体报道堆龙德庆区25次,向区市报送信息235条(上级活动办采用信息49条,信息采用率位于全市前列)。策划制作了“四讲四爱”宣传片、微视频和照片墙。对姜昆希望小学编写的歌曲《四讲四爱之歌》、古荣乡那嘎村编排的舞蹈《堆谐》等5个原创文艺作品进行了策划包装。定制“四讲四爱”主题宣传品1600件,发放宣传资料21500余册,开展文艺宣传演出104场次,电影放映展播80场次。

【五有五好”文明村镇创建活动】年内,区委宣传部紧紧围绕乡村振兴战略,制定了工作方案、目标绩效考核办法及进度表,投入近20万元建立“五有”阵地,统一设立精神文明宣传栏57个、公益广告牌211个、文化大舞台30个、道德讲堂和善行义举榜36个。举行了“五有五好”文明村镇创建活动乡村志愿服务队成立仪式,组建了乡村志愿者服务队、老年志愿者服务队、青年志愿者服务队、巾帼志愿者服务队、铁路护路志愿者服务队,其中乡村志愿者服务队下设涵盖30个行政村的30支服务分队,30个行政村各设1个志愿服务站、志愿服务队队长和文明引导员;为乡村志愿者配发装备2000套,累计开展学雷锋志愿服务活动100余次。注重挖掘各乡(镇)、各行政村的特色亮点,打造“一乡一品、一村一品”,编辑出版了堆龙文明星空故事集,形成乡乡都有文明品牌活动、村村都有文明好故事的“五有五好”全景图。科学量化“五好”活动成效,建立模型发布新时代乡村文明指数。投入190万元策划开展农闲时节“四讲四爱·五有五好”群众性文明实践十项活动,推动乡村文明建设。

【精神文明创建】年内,区委宣传部广泛开展春节、藏历新年、清明节、端午节、中秋节、重阳节等“我们的节日”以及“七一”网络寄语活动,组织开展道德模范慰问评选推荐活动,区委党校讲师米玛曲珍被推荐为第六届西藏自治区“孝老爱亲”道德模范候选人,各乡(镇)均开展了最美人物评选活动。吸纳区内教育、卫生、农林专技人才组成宣讲团,走进行业机关开展“弘扬爱国奋斗精神 建功立业新时代”巡回宣讲报告会。顺利完成桑木村、羊达村爱国主义教育基地迁址改造工作,建立了乃琼村宪法文化长廊。探索建

2018年2月12日,区委常委、宣传部部长图登佩杰(右一)在羊达乡开展慰问活动

2018年7月3日，区委常委、宣传部部长普旦（右一）下乡检查“四讲四爱”实践教育活动开展情况

立堆龙德庆区新时代文明实践中心，坚持“文明传习、精神加油、人文关怀”的定位，通过“文明星空展示中心、新时代五好文明指数发布平台、东嘎村村史馆、堆龙好人馆、堆龙志愿服务指挥中心、文创和非遗展示区”六大体系架构，打造全市乃至全区乡风文明重要展示窗口和样板。同时，举办了机关道德讲堂活动，开展了文明餐桌、文明交通、文明旅游宣传教育和网络文明传播活动。

【推动文化文艺繁荣】 年内，区委宣传部整合资源，依托村级组织活动场所标准化建设，落实上级配套资金19.2万元，推进了邱桑村、常木村等6个示范村的综合文化服务中心“七个一”目标建设工作。从宣传报道、氛围营造、档案提升、村级综合文化服务中心“七个一”标准化建设、乡（镇）综合文化站管理机制等方面着手，顺利完成迎接国家公共文化服务示范区创建考核验收工作。组建了22个村级文艺队，推动了30个行政村“村村文艺队”的组建工作，制定了《堆龙德庆区民间艺术团体扶持和奖励专项资金管理暂行办法》，为民间乡土文艺团队提供150万元启动资金。打造情景剧《幸福新时代》献礼建党97周年和改革开放40周年，在藏剧院成功上演，得到了上级领导的高度评价，并于7月1日在拉萨电视台播出，新华网、搜狐网等14家主流媒体争相报道、反响热烈。成功举办了第三届堆龙德庆区“觉木龙派”藏戏文化旅游节、第二届古荣糌粑旅游文化节、第二届羊达帮普沐浴文化节、宇妥沟藏医药养生深度体验游4项品牌文化活动。加大文艺创作力度，推荐4个优秀节目入选拉萨藏晚。堆龙多支藏戏队亮相拉萨藏戏演出季竞演并获佳绩，高质量完成了雪顿节、藏博会、全运会等演出任务。

【深化“扫黄打非”工作】 年内，区委宣传部大力开展“扫黄打非”基层站点规范化标准化建设，完成15个示范点建设。深入开展“扫黄打非·珠峰”工程、“分裂势力”反动宣传品清查和“清源”“固边”“净网”“秋风”“护苗”等系列专项行动，出动执法人员329人次，检查各类文化市场经营单位285家次，依法依规办理案件3起，查处盗版违禁音像制品4千余件。大力开展“扫黄打非”社会宣传，以“3·18”文化市场宣传日、综治宣传日为契机，开展了“护助儿童健康成长、远离抵制非法出版物”护苗行动绿书签进校园活动，广泛利用各类媒介，制作发放宣传物品、宣传手册累计12000余份。

【丰富精神文化生活】 年内，区委宣传部广泛开展“我们的节日”、文明交通、文明餐桌、文明旅游、网络文明、公益广告宣传等常态化创建活动，持续传播文明理念。以培养合格接班人为目标，积极组织中小学校开展“向国旗敬礼”“网上祭英烈”“学雷锋做美德少年”“家风家教进校园”中华经典诵读等未成年人思想道德教育活动，高标准推进羊达乡中心校、德庆乡中心小学、古荣乡小学少年宫建设，不断提高学生文明素质。

【新闻宣传】 年内，区委宣传部充分利用驻站记者资源，采取专班工作宣传报道机制，在《拉萨日报》开辟了周二堆龙专版，建立了新闻宣传统筹联络机制，规范发布宣传内容。邀请接待区市传统

2018年8月9日，羊达乡通嘎村农牧民业余文艺队自编自导自演文艺节目，欢庆望果节

媒体、网络媒体173批次320余人次对外宣传报道堆龙好声音，中央媒体转发稿件59条，西藏日报、拉萨日报刊发稿件210余篇，西藏电视台、拉萨电视台报道180多次，堆龙德庆区知名度和美誉度进一步提升。专题策划宣传堆龙德庆区改革开放40周年、乡村振兴、精准扶贫、生态环保、重点产业、双创、党建、社会治理、文明创建等方面的成就12次。大力开展典型选树“淘宝行动”，广泛挖掘宣传了各行各业各条战线典型71个，文化惠民十项活动等典型做法、高海拔生态搬迁项目等典型经验、优秀农牧民宣讲员扎巴旺旦等典型人物广为人知。评选出“改革开放40周年·影响堆龙40人物”和堆龙十大发展之星，策划制作了人物微视频和故事画册，发挥典型示范引领作用。推出了《新时代·航拍堆龙》微视频，全景呈现了堆龙德庆区地理坐标和城乡变迁，为时代留存堆龙记忆。推出“发展·看堆龙”——纪念改革开放40周年系列活动主题网页，全方位展示改革开放40年来堆龙德庆区各领域的喜人变迁和发展成就。投放户外广告宣传标语1969条，面向全社会宣传习近平新时代中国特色社会主义思想和中共十九大精神。

【网信和新媒体】 2018年，堆龙德庆区各级各部门已开通微信公众号28个、微博2个。顺利承办了新春走基层、“美丽家园、幸福拉萨”等网络媒体行活动，组织开展了网络安全宣传和网络评论活动60余次。借助区内主流媒体技术资源优势，与西藏日报、中国西藏新闻网、西藏传媒集团建立战略合作伙伴关系，持续扩大新媒体和网络媒体传播力、引导力、影响力、公信力。完成了“堆龙发布”的改版升级，开设了“媒体看堆龙”专栏，搭载了视听堆龙、堆龙讲堂、堆龙微政务等功能，累计推送图文信息1312条。推进堆龙德庆区政府新闻网改版升级，更加突出民生便民、民意征集、监督举报功能，累计发布信息8475条。推进县级融媒体中心建设，率先完成西藏首个县级融媒体中心成立挂牌，基本完成人员划转和团队组建工作。充实网信工作力量（新增人员4名），选派优秀网评员进行业务培训25人次，妥善协调处置舆情案件5起。

（王瑞芳 扎西曲宗）

【领导名录】

区委常委、宣传部部长

图登佩杰（藏族，5月离任）

普　　旦（藏族，5月任职）

副部长、网信办主任

刘 祖 简（12月退休）

副部长

段 凤 芝（女，7月任职）

王 瑞 芳（女，1月任职）

网信办副主任、网评中心副主任

段 凤 芝（女，7月离任）

中共堆龙德庆区委统战部（宗教办）

【概况】 年内，堆龙德庆区委统战部始终高举习近平新时代中国特色社会主义思想伟大旗帜，深入贯彻落实中共十九大、十九届二中、三中全会和中央第六次西藏工作座谈会、中央统战工作会议、全国宗教工作会议精神，全面贯彻落实党的宗教工作基本方针和新修订《宗教事务条例》，贯彻落实习近平总书记提出的宗教界人士要做到“政治上靠得住、宗教上有造旨、品德上能服众、关键时起作用”的重大要求和自治区党委书记吴英杰在西藏宗教界代表人士座谈会上的重要讲话精神，进一步加强新时代全区寺庙僧尼和信教群众思想教育工作，有力推动藏传佛教与社会主义社会相适应。2018年，堆龙德庆区委统战部（宗教办）、民宗局有编制19名，实有12名，全区驻寺干部59名（楚布寺驻寺干部20名），宗教活动场所47座，其中有寺有僧19座，有寺无僧28座，有自治区级文物保护单位7个，市县级文物保护单位9个。

【党支部建设】 年内，区委统战部（宗教办）切实加强部门党支部建设工作，科学制定学习计划，坚持每周四下午定期召开支部学习会，通过“支部集体学、单位自主学、党员自觉学”以及观看先进人物事迹和警示教育影片、参观爱国主义教育基地等方式，进一步提升和增强党员干部的政治理论水平和宗旨意识。认真开展“庆七一”、党员主题活动日、党员志愿服务等活动，促进党性观念，增强党员意识，充分发挥党员先锋模范作用，增强党支部的创造力、凝聚力和战斗力。

寺庙管理机构党建工作。围绕“党建统领”工作要求，加强寺庙“六建”工作，指导各寺管会（专职特派员）开展党建工作，加大对寺管会（专职特派员）党建工作的督导力度，充分发挥党组织在寺庙管理中的领导核心和战斗堡垒作用，全年组织党员干部集中学习48次，集中讨论10次，主题党日活动12次。组织党员干部学习精准扶贫相关知识和政策，先后6次到包村点古荣乡那嘎村调研指导精准扶贫工作、基层党建工作和村级组织换届工作，形成1篇综合性调研报告。

党风廉政建设工作。严格贯彻落实中央“八项规定”和区党委“约法十章”市委“八项要求”和“十个严禁”，坚持廉政学习，增强干部职工防腐拒变能力，不断增强政治意识、纪律意识和自律意识，有效避免各类违纪违规现象的发生；制定和完善《区委统战部（宗教办）班子党风廉政建设分工与责任制》，建立健全干部动态监督管理制度，制定了《堆龙德庆区委统战部（宗教办）干部去向表（公示栏、登记册）》和《堆龙德庆区委统战部（宗教办）干部职工考勤登记册》，设立了《堆龙德庆区委统战部（宗教办）干部职工考勤公示栏》，增强干部职工的纪律观念，确保干部职工的去向明，有效杜绝个别干部职工的迟到、早退现象；细化《堆龙德庆区委统战部（宗教办）财务制度》，设立《堆龙德庆区委统战部（宗教办）财务公示栏》，制度规定凡超出1万元以上的开支必须召开部务会研究决定，方可支出；制定完善了《中共堆龙德庆区委统战部（宗教办）制度汇编》，为今后更好地开展各项工作奠定有力基础；细化重大决策、重大项目安排、大额度资金使用（三重一大）决策具体事项，完善决策的形成机制和程序，推进班子集体讨论决定机制，加强决策的协商、论证、听证，建立主要领导干部末位发言制度，健全决策后评估和纠错机制；继续加强对党员干部作风建设的领导，切实把作风建设和业务工作融合在一起，结合组织生活会、述职述廉等活动，运用批评和自我批评的武器，深入开展积极健康的思想斗争，促进作风建设，营造廉洁的工作环境，有效促进工作作风

2018年2月9日，区委书记格桑平措（二排左二）代表区委、区政府慰问寺庙僧尼

的进一步转变。

【健全党外人士、党外干部信息库】 年内，区委统战部（宗教办）完善党外人士档案，对堆龙德庆区党外人士进行全面的摸底调查，进一步更新完善党外代表人士及党外干部档案，健全党外后备干部信息库，截至年底，堆龙德庆区共有党外爱国人士62名，党外干部227名（事业编制213名、行政编制14名），党外后备干部4名，重点培养对象2名。3月，由区委统战部牵头组织召开了堆龙德庆区各族、各界人士庆祝“西藏百万农奴解放纪念日”座谈会，向党外人士通报了堆龙德庆区经济社会发展情况及社会局势稳定情况、区里重大决策事项，各族、各界代表人士发表了各自想法、看法，充分发挥了其参政议政、建言献策、民主监督的积极作用。为使党外人士生活补助落到实处，兑现21名党外政协委员全年生活补助费22.9万元。

【定居藏胞工作】 年内，区委统战部（宗教办）完善国外藏胞及境内亲属的登记造册工作，对探访藏胞的境内亲属进行认真调查和严格审核。积极宣传藏胞政策，在做好对藏胞的调查审核和接待工作的同时，注重对归国探访藏胞及境内亲属的宣传管理工作。同时，要求归国探访藏胞所在乡（镇）、村按照属地管理原则，做好相关监督管理工作，在政治上严格要求、在工作上重视支持、在生活上关心照顾，正面引导定居藏胞为堆龙德庆区的政治经济社会发展作出积极贡献。

【确保涉宗领域和谐稳定】 年内，区委统战部（宗教办）按照自治区、拉萨市党委政府及堆龙德庆区委、区政府和维稳一线指挥部维稳工作会议精神及相关文件要求，在各敏感节点组织召开全区涉宗领域维稳工作协调部署会议，制定完善各类维稳工作实施方案和应急处突预案，进一步细化工作措施，把工作责任落实到具体人、具体事；在2018年各重要节点，区委统战部、区民宗局、区宗教办全体包寺干部深入各寺庙蹲点与驻寺干部一同开展敏感期寺庙各项维稳工作，按照“没有法外之教、没有法外之寺、没有法外之僧”的工作要求，认真贯彻落实党的宗教政策，依法依规加强对全区宗教事务的管理，大力开展寺庙法制宣传教育工作，积极引导宗教与社会主义社会相适应；2018年3月，堆龙德庆区委书记格桑平措，区人大常委会党组书记、主任杨世军，区政协党组书记、主席洛桑强巴，区委常委、统战部部长普布斯曲深入楚布寺检查消防安全隐患排查工作并现场启动消防应急演习活动。由区民宗局牵头，联合区消防中队、安监局、文广局对辖区内17座寺庙的多名僧尼（除年老、因病、因事的25名僧尼）开展消防器材使用培训，同时，驻寺干部与僧尼班子成员一同每日对寺庙、僧舍及周边进行2次以上排查，主要排查寺庙安全隐患、僧舍内有无违禁物品及可疑人员逗留情况。区民宗局联合相关部门投入120余万元建成18座寺庙微型消防站，投入25万元对寺庙电力隐患进行整改；依法关闭5个临时宗教活动场所，楚布寺“次曲”、乃朗寺“立经幡”、达扎寺“入行论”等宗教活动安全有序开展。区委统战部（宗教办）、区民宗局联合各乡（镇）对109国道道路两端、铁路、公路桥

2018年2月1日，区委常委、统战部部长普布斯曲（中）为各寺庙僧尼宣讲党的“十九大”精神

2018年6月13日，堆龙德庆区召开2018年上半年和谐模范寺庙表彰大会

梁、河道扶栏等公共区域乱挂乱搭经幡进行了集中清理整治，严格规范经幡乱挂乱搭现象。区委统战部组织各寺管会（专职特派员）负责人召开寺庙防汛工作紧急会议，对堆龙德庆区寺庙防汛工作进行再安排再部署，各寺管会（专职特派员）根据实际情况，制定了相关方案及预案。

【教育实践活动】 年内，堆龙德庆区宗教领域深入开展“遵行四条标准 争做先进僧尼”教育实践活动，区宗教领域相关单位及时成立相应的领导小组和工作机构，全年共举办培训班14期，形成简报40期、专报3期、学习心得体会300余篇。为营造教育实践活动的浓郁氛围，区“四条标准”活动办统一为各寺庙制作展板、横幅、宣传标语、海报，并发放学习资料和学习笔记，全年制作各类展板20个、悬挂横幅36条、发放宣传资料800余册、统一制作学习笔记本500册、统一制作宣传手册500份（卡片），统一下发相册12册、统一制作聘请书41份。各寺管会（专职特派员）完成规定动作12项，自选动作24项，区委书记带头宣讲1次，各乡（镇）党委书记宣讲5次，涉宗干部宣讲118次，专家学者宣讲3次，高僧大德宣讲43次，三老人员宣讲2次，受众僧尼达2250人次。

【寺庙管理】 年内，按照拉萨市关于做好寺庙僧尼培训相关工作要求，区委统战部、区民宗局、区宗教办紧密结合“四讲四爱”群众教育实践活动及“遵行四条标准 争做先进僧尼”教育实践活动，全年各级党组织开展教育实践活动120余场次，举办寺庙僧尼各类培训7期，使广大僧尼的“五个认同”不断增强，教育实践活动取得阶段性成效。上半年共评选出6座和谐模范寺庙、223名爱国守法先进僧尼、5个先进寺庙管理机构和30名优秀驻寺干部、优秀涉宗干部，发放奖金27.2余万元；下半年，召开2018年“遵行四条标准 争做先进僧尼”教育实践活动表彰大会，大会表彰了5座模范寺庙、5个优秀组织单位及234名优秀僧尼和8名先进驻寺干部、干警，发放奖金26.5万元。按照拉萨市关于做好寺庙僧尼培训学习交流相关工作要求，区委统战部、区民宗局、区宗教办于2018年5月、10月分别开展了2期僧尼培训活动，投入资金190余万元，安排60名僧尼到其他省市进行为期19天的学习交流活动，拓宽了僧尼的视野，增长了见识，提升了修为；为做好全区加强和创新寺庙管理工作，深化寺庙管理属地责任，切实增强涉宗领域干部应对复杂局面的能力，促进干部队伍整体素质的新提高，组织了30名驻寺干部及乡（镇）涉宗干部在四川省电子科技大学高级培训中心开展了为期20天的专题培训。

【活佛培养教育管理服务】 年内，区委、区政府成立了以区委统战部常务副部长为组长的活佛管理专班，活佛专项经费由2017年的100万元增至2018年200万元。区委、区政府为主要领导班子经常看望慰问活佛，与活佛交心谈心，鼓励活佛加强学习，从正面引导活佛做一名爱国爱教的宗教界人士，坚定了活佛跟党走、拥护党的领导的信心和决心。

【民族团结进步】 2018年，堆龙德庆区共表彰民族团结进步模范集体34个、民族团结进步模范家庭76个、民族团结进步模范个人490名。各级党组织举办了以“民族团结”为主题的知识竞赛、歌咏比赛、文艺演出、知识讲座等系列活动200余场，各族干部群众“三个离不开”思想更加牢固，手足相亲、守望相助、和睦相处、和舟共济的氛围日益浓厚。羊达乡、党木龙寺被评为自治区民族团结模范集体，区委宣传部、马乡等4家单位被评为拉萨市民族团结进步示范单位。2018年，堆龙德庆区成功入围全国民族团结进步创建示范区（单位）候选名单。

【经济领域统战工作】 年内，区委统战部（宗教办）指导支持区工商联有条不紊地开展调查研究、发展会员、加强非公党建等各项工作，着力推动堆龙德庆区非公经济健康快速发展。认真开展“两新”组织党建工作，扩大非公企业党建工作覆盖率，进一步壮大非公企业党建队伍。2018年，堆龙德庆区工商联会员企业达到69家。为促进非公制经济健康发展和非公有制经济人士健康成长，帮助非公有制经济人士树立在党的领导下走建设有中国特色社会主义道路信念，区工商联于5月15—22日，组织11名民营企业家到江苏省连云港市赣榆区考察学习。

【信息调研】 积极开展调研工作。年内，区委统战部（宗教办）高度重视统战调研工作，按照区委“两学一做”专题教育实践活动领导小组的安排和上级业务部门的要求，加强统战理论研究，尤其是积极探索总结加强和创新寺庙管理取得的成效与经验，建立长期、稳定、高效的寺庙管理机制，全面提升统战工作水平，充分发挥统一战线工作在促进经济发展、构建和谐社会中的积极作用，抽调精干力量组成课题小组，形成了《堆龙德庆区委统战部关于深入那嘎村调研的情况报告》等调研报告，为区委、区政府及上级部门做好相关工作提出了具有建设性的意见建议；狠抓上报信息工作。在开展统战各项工作的同时，区委统战部（宗教办）办公室工作人员将具体各项工作开展情况，以工作简报、情况反映等方式及时进行上报。2018年，区委统战部（宗教办）共上报工作专报17期、简报117期，情况反映6期，为区委、区政府及上级业务部门决策部署提供详实的依据。

（阿旺旦增）

【领导名录】

区委常委、统战部部长
　　普布斯曲（藏族）
区委统战部常务副部长
　　唐　靓
区宗教办主任
　　次　旺（藏族）
区宗教办副主任
　　任姝芳（女）

2018年11月22日，堆龙德庆区开展“遵行四条标准 争做先进僧尼”教育实践活动表彰大会

堆龙德庆区委巡察办

【概况】 2018年，中共拉萨市堆龙德庆区委巡察工作领导小组办公室正式成立。在区委和区委巡察工作领导小组的坚强领导下，在市委巡察办的悉心指导下，巡察办聚焦巡察监督主责主业，深入贯彻习近平新时代中国特色社会主义思想和党的十九大精神，落实中央和区市党委巡视巡察工作方针，坚持深化政治巡察，加强和完善巡察内控机制建设，不断提升巡察工作规范化、科学化水平。

【党建工作】 2018年4月，区委巡察党支部正式成立，按照机关党组织标准化建设要求，及时调整补充支部成员职责分工，建立党建工作责任清单，制定支部议事规则和学习等制度，推进巡察办党支部党建工作正规化发展。

深化对习近平新时代中国特色社会主义思想和中共十九大精神的学习贯彻。按照区委党员干部政治教育培训工作总体安排，组织2名干部参加区委第一期党员干部政治教育培训班，3名干部参加区纪委组织的纪检干部党员政治教育培训班，其他干部参加支部政治教育培训。支部开展集中学习达20次以上，党员干部开展轮流讲党课4场次，撰写心得体会18篇，主要以党章和中共十九大报告等党内法规为学习教材，通过学习深化理论武装和对照查摆问题，促进作风转变；抓好意识形态领域工作，严格按照《实施细则》和《拉萨市党委（党组）意识形态工作责任制工作方案》，细化党支部书记及班子成员抓意识形态工作责任清单及分工，健全各项规章制度，确保各项工作张弛有度、有的放矢，及时做好意识形态领域热点问题的解答和教育引导工作，通过学习教育，引导和教育干部职工旗帜鲜明地同一切分裂国家、破坏稳定的行为做斗争，始终坚定做到"两个维护"；开展了主题党日、学党章、学习中共十九大精神和宪法知识测试、重温入党誓词、与党章合影、义务劳动、参观爱国主义教育基地等活动，积极营造了健康向上的文化氛围，增强教育效果，进一步锤炼党性，争做合格表率。

抓好党员廉政教育。深入抓好《中国共产党廉洁自律准则》《中国共产党党员领导干部廉洁从政若干准则》《中国共产党纪律处分条例》《中国共产党党内监督条例》等党内法规的学习，加强先进典型示范教育，违纪违法案例警示教育和重要岗位廉政风险教育，既发挥理想信念和道德情操的引领作用，又强化党纪的约束力；完善规章制度。建立巡察办、巡察组"三重一大"议事决议制度，大额资金使用、重大事项均上会研究、民主决议，进一步规范公车使用管理，加大巡察办、巡察组下乡、值班、加班等津补贴报销审核力度。定期开展廉政风险排查，重点排查权力运行、干部管理、物资采购等方面存在的风险或苗头性问题，推动廉政风险的防范落实，不断降低干部廉政风险。

2018年9月13日，西藏自治区党委巡视办副巡视员强巴欧珠（左二）在堆龙德庆区指导检查巡察工作开展情况

【巡察反馈和整改督查督办】 年内，区委巡察办坚持以钉钉子精神抓整改督查，督促被巡察党组织落实整改主体责任。2018年，联合巡察组对前三轮巡察反馈问题整改情况开展了5次回访督查，强化巡察再监督，下发督办通知4期，通报1期。8月29日，区委常委会议专题听取了二届区委第一、二轮反馈问题整改工作情况汇报，区委书记格桑平措对巡察整改工作作了重要指示，要求对整改责任不落实、整改不力、敷衍整改的，及时商请区纪委、区委组织部严肃问责、公开通报，以问责促整改。2018年，三轮巡察反馈问题247个，整改完成231个，整改完成率达到93.5%。通过《堆龙发布》微信平台等多种媒体发布巡察公告和巡察动员进驻信息15期，提炼精品信息3期，营造了良好的舆论监督氛围，提升了巡察社会影响力。

2018年7月17日，区纪委书记、监委主任、巡察工作领导小组组长尚志清（左四）带领区委巡察党支部成员与党章合影

【做好巡察成果运用和经验总结】年内，区委巡察办认真总结巡察工作经验，研究出台了《中共堆龙德庆区委员会巡察回访督查工作实施办法》《中共堆龙德庆区委员会巡察反馈问题整改销号办法》《中共堆龙德庆区委员会巡察成果运用暂行办法》《巡察发现问题线索处置办法》、巡察保密规定和保密承诺书等21项巡察制度，完善巡察机构与有关部门协调配合机制，强化巡察规范化建设。认真梳理巡察中发现的普遍性、倾向性问题，以点带面，系统治理，对巡察反映"三会一课"制度落实不到位和会议记录不规范等问题，区委巡察工作领导小组下发通知，要求全区各级党组织进行自查整改，并由区直机关工委和各乡镇组织开展党建知识培训。针对村级财务管理不规范问题，区委巡察领导小组协调政府部门聘请第三方审计单位对村级账目进行全面审计，区财政局及时举办村级财务知识培训班，提升村级财务人员业务水平。通过落实巡察整改，堆龙德庆区各级党组织党的领导和党的建设进一步加强，村级财务管理得到进一步规范。

【第四轮巡察取得实效】2018年4月，按照拉萨市委的统一安排部署，堆龙德庆区作为拉萨市第一批开展交叉巡察工作的试点县，选派了8名干部参加了市委提级巡察和交叉巡察，积累了工作经验。在充分借鉴第三轮交叉巡察经验做法的基础上，制定了《二届区委第四轮巡察实施方案》，依据中央和自治区、拉萨市《规划》精神，及时对巡察范围和内容进行适当调整，着力发现和推动查处群众身边的不正之风和腐败问题，特别是脱贫攻坚中的腐败问题、黑恶势力背后的腐败问题、落实惠民政策中的腐败问题。巡察干部侧重于选派参加过交叉巡察的干部，"以老带新"配备各组巡察干部，选调专业素质过硬的会计人员参与第四轮巡察，弥补以往会计缺乏和业务水平不高的问题，不断提高精准发现问题、客观分析问题、推动解决问题的能力和水平。第二轮巡察发现"三大问题"方面问题36个，第三、四轮巡察共发现"六个围绕"方面问题211个，移交重点事项15项，移交重点问

2018年4月25日，二届堆龙德庆区委第三轮交叉巡察工作动员部署会召开

题线索32个，有效发挥了巡察发现问题、形成震慑，推动改革、促进发展的作用。

【二届区委第五轮（脱贫攻坚专项）巡察】 按照区委部署要求，11月26日至12月25日，区委第五轮巡察专门安排对区扶贫办脱贫攻坚工作开展专项巡察，并延伸至"六脱"各单位以及乡（镇），进一步发现并解决了脱贫攻坚工作中存在的问题并提出工作建议。专项巡察紧紧围绕"五个落实"要求，重点针对各级各类检查督查堆龙德庆区脱贫攻坚工作反馈的262个问题整改情况逐一开展监督检查，发现脱贫攻坚方面存在的问题12个，提出工作意见建议6条。巡察反映的问题为巩固堆龙德庆区脱贫攻坚工作成效找准了切入点，进一步严明了脱贫攻坚工作纪律。

（张亮亮）

【领导名录】

区委巡察办主任

唐　玲（女，1月任职）

区委巡察一组组长

阿　奴（藏族，1月任职）

区委巡察二组组长

桑　旦（藏族，1月任职）

区委巡察办副主任

罗布珠扎（藏族，1月任职）

中共堆龙德庆区直属机关工作委员会

【概况】 年内，区直机关工委按照区委的部署和要求，在各党组织的支持配合下，深入贯彻落实学习习近平新时代中国特色社会主义新思想和中共十九大精神，围绕服务中心、建设队伍两大任务，全面落实从严治党要求，以机关党建规范化建设为抓手，在常态化和规范化上继续狠做文章，机关党建工作取得一定成绩。2018年，区直机关工委有工作人员3名。

【党建工作机制】 年内，区直机关工委明确了第一责任人责任，要求机关党组织书记必须由单位"一把手"兼任，制定了详细的责任清单量化、细化、硬化党建工作内容，狠抓党组织书记抓党建责任标准，落实机关党组织书记"双向述职"考核评议工作；强化日常督导检查，实行党建季度督查制度，下发季度督查通报，在区（中）直机关上下形成党建工作齐抓共管的浓厚氛围，做到动态督查抓专项整改；制定印发《中共堆龙德庆区基层组织工作手册》，狠抓"三会一课"制度，规范党内政治生活，将机关党建工作内容"量化"展现，建立了机关党建工作量化考评工作机制。

【优化党组织结构】 年内，区直机关工委及时调整补选支部委员，指导区（中）机关18个党组织按时规范地完成支部委员调整、补选工作，全年共调整补选48名支部委员；新成立了区委巡察办、审计局、交通局、藏语委办（编译局）党支部，农牧局、林业局党支部合并为农林局党支部；及时按照机构调整启动支部更名手续，对原国土局、文广局、农开办、卫生局、国税局党支部根据机构调整等进行了更名。

【强化党员意识】 做好党员发展工作。年内，区直机关工委按照新时期党员发展的"十六字"方针，严把党员"入口关"，联合区委

2018年6月20日，堆龙德庆区举办2018年区（中）直机关入党理论知识培训班

党校举办“入党理论知识培训班”，共计188人参加培训，155人顺利结业，结业率82.4%，全年新发展党员54名，预备党员转正30名，培养入党积极分子71名；积极指导党组织开展党员政治教育工作。74个党支部、1183名党员中除产假或长期病假的党员外，2018年党员政治教育做到了全覆盖，切实教育引导党员增强“四个意识”“四个自信”，做“四讲四有”合格党员；党费收缴制度进一步规范化。通过党建季度督查，要求做到区（中）直各党组织在党费收缴中做到清单、党员证、党费证、党员花名册“五五对口”，进一步规范了党费收缴制度。2018年上半年，机关2个党委、3个党总支、73个党支部的1183余名党员干部上缴的党费共计18.53万元；规范党员党组织关系接转工作。通过季度督查、摸清党员底数、理顺党员组织关系，做好党员组织关系接转工作，规范开具党组织关系介绍信，全年共转出52名党员、转入113名党员。

2018年5月30—31日，堆龙德庆区举办“学习十九大·永远跟党走”有奖知识竞赛活动

【提升基层组织战斗力】 年内，区直机关工委丰富“主题党日”内涵，指导各党组织开展学习贯彻习近平新时代中国特色社会主义思想和中共十九大精神、学党章、学系列讲话、重温入党誓词、共读一本书、共观一部电影等系列主题活动800余场次；积极开展党员志愿服务，通过机关工委组织，各党组织自行组织党员志愿服务队，通过结合扶贫攻坚、环境保护工作开展特色志愿服务活动97次；组织各乡镇、区（中）直各单位和工作队共36支代表队及108人参加了堆龙德庆区“学习十九大、永远跟党走”有奖知识竞赛活动；广泛发动各乡镇、区（中）直机关、国有企业、非公企业、驻地部队、社会组织等各行各业党员群众，在全区范围内举办一场以“幸福歌声献给党·七一唱响新时代”为主题的合唱比赛，共有19支参赛队570余人参加了合唱比赛。

（斯朗曲宗）

【领导名录】

书　记

边　　旦（区委副书记，藏族）

常务副书记

王满春（区委常委、组织部部长）

副书记

谢公瑾（区委常委、政法委书记、公安局局长，12月离任）

图登佩杰（区委常委、宣传部部长，藏族，5月离任）

普布斯曲（区委常委、统战部部长，藏族）

德吉央宗（区委常委、区委办主任，女，藏族）

尚志清（区委常委、纪检委书记）

次　　仁（区人大常委会副主任，藏族）

何景平（区政府副区长）

靳小卉（区政协副主席，女）

中共堆龙德庆区委党校

【概况】 年内，区委党校在区委、区政府的正确领导和大力支持下，紧紧围绕区委、区政府中心工作，认真贯彻落实中央和自治区、市、区委关于党校工作的总体要求，按照实事求是和与时俱进的办学宗旨，积极探索新形势下基层群众培训工作的新路子，努力服务于全区改革、发展、稳定大局，解放思想，统一认识，更新观念，圆满地完成了全年的各项工作任务，得到了区委、区政府领导的一致好评。2018 年，区委党校共有干部职工 17 名，其中事业单位管理人员 2 名，专技人员 13 名（讲师 12 名，高级讲师 1 名），工人 1 名，公益性岗位 1 名。党校内设办公室、教研室、学员管理科、信息中心 4 个部门。

【自身建设】 加强理论学习。2018 年，区委党校要求每名党员按照要求学习党章、党规，系统学习中共十九大新修订《中华人民共和国宪法》等内容，以实际行动践行合格党员标准；鼓励教师主动学习主业主课，紧紧围绕党校教育培训工作，深入学习马列主义中国化、习近平新时代中国特色社会主义思想等相关知识。

加强师资队伍建设。随着全区贯彻党和国家的文化方针政策，大力实施文化惠民工程的不断兴起，区委党校积极组织开展符合自身实际的学习活动，督促教师参加各种业务培训。组织全体教师开展集体备课和试讲活动，所有新课，都必须经过先试讲再评议，将过硬的素质和高质量的授课水平呈现给基层党员干部。同时利用业余时间参考学习专家教授讲授的先进理论，促进理论和知识不断积累和深入，力求全面提高区委党校教师授课的整体水平。

抓好科研工作。充分发挥科研为推进党的理论创新服务，为提高教学质量服务，为区委、区政府决策服务，为全区经济建设、政治建设、文化建设、社会建设和党的建设服务，努力开拓科研工作的新局面。根据专业方向、研究兴趣等，采取“以师带徒”的方式，让区委党校的教师都逐步开始涉及课题研究的范畴，切实保证课题研究工作跨入一个新的领域。

【党建工作】 加强组织建设，党支部运行更加标准化。年内，通过召开区委党校全体党员大会，选举产生支部委员会书记、副书记、纪组宣委员和工青妇委员，支部班子进一步强化，党建责任制进一步明确；严格落实党建责任制，建立健全各项党内规章制度。2018 年建立《党校党员每周集中学习制度》，完善《党校党建工作实施意见》，切实形成了层层抓落实，一级抓一级的党建工作体系；定期召开党支部专题组织生活会。根据区纪委的要求，10 月 25 日，召开了以“坚定政治立场，严守党的政治纪律和政治规矩”为主题的专题组织生活会，通过批评和自我批评，形成对照检查材料 8 篇，专项整改和整改落实意见 35 条，为进一步完善党建工作奠定了基础。

【培训工作】 年内，按照区委的统一安排和部署，区委组织部、区委宣传部、区纪委等相关部门大力支持并积极配合区委党校各项培训工作。2018 年，区委党校举办主体班次、藏汉双语班、村“两委”理论进修班、后备干部研修班、预备党员理论培训、党员政治教育培训等各类集中培训 22 类班次，共计 265 场（期）次，培训学员总人数达 41353 人次。其中计划内主体班次培训 9 类班次，共计 136 场，培训学员人数达 28290 人次，培训覆盖率比 2017 年增长 53%；同时“流动党校”培训及宣讲 8 类班次，共计 94 场次，培训学员及农牧区党员 12313 人次，培训覆盖率比 2017 年增长 7%；计划外中长期“藏汉双语”共计培训 25 场次，培

2018年9月17日，区委党校骨干教师在乃琼镇岗德林村开展民族团结日宣讲活动

训学员人数达 750 人次，培训覆盖率比 2017 年增加 13%。

【包村工作】 年内，为深入贯彻中央和自治区、拉萨市 2018 年精准扶贫有关精神和堆龙德庆区脱贫攻坚摘帽的具体部署和要求，更好地发挥党校在“脱贫摘帽”“智志双扶”的理论智库作用，区委党校积极落实相关政策和要求，步步紧跟堆龙德庆区脱贫攻坚步伐，主动挑起精准扶贫宣讲大旗，在四乡两镇、各行政村、学校、寺庙等场所开展系列巡回宣讲 3 次，发放宣传资料 4 万余份，发放务工补贴 30 余万元，党员结对帮扶建档立卡户 9 次，发放慰问物资及慰问金共 18000 余元；在强基惠民工作中，校委会积极响应区委号召，选派党校优秀党员参与到驻村工作中，同时通过谈心谈话、定期慰问、全力支持工作的形式为区委党校选派的驻村工作队员送去关怀。2018 年，校委会先后慰问派驻队员 4 次，发放慰问金 3000 元。植树节在驻村点（嘎冲村）植树 110 棵，发挥党校业务优势在嘎冲村开展理论宣讲 9 次，听讲村民达 2000 余人次，为下一步开展好驻村工作奠定了基础。

（扎西拉姆）

【领导名录】

校　长

朗　珍（藏族）

副校长

赵　鑫

支部书记

巴　珠（藏族）

堆龙德庆区创先争优强基础惠民生活动第七批驻村工作

【概况】 2018 年，堆龙德庆区及时选派 123 名优秀干部进驻 30 个行政村开展工作，其中市级驻村工作队 9 支，成员 36 名、领队 2 名；堆龙德庆区级驻村工作队 21 支，成员 84 名、领队 1 名。2018 年，除自治区财政厅为各工作队预算的办公经费、油料补贴、生活补助、强基惠民工作经费外，堆龙德庆区财政还为 21 个区乡联合派驻工作队下拨办公经费、生活补助共计 110.88 万元。

【学习贯彻党的十九大精神】 年内，各工作队联合村“两委”共开展“四讲四爱”、党的十九大精神、强农惠农富农政策等宣讲活动 396 余场次，受众 6.08 万余人次。

堆龙德庆区驻羊达乡帮普村工作队设立帮普村便民暖心超市，负责超市的日常管理工作。超市商品以进货价出售，在方便群众购物的同时，工作队还把“暖心”超市打造成了政策知识、学习教育、廉政文化的宣传阵地，形成桥头堡作用，为村委会聚集人气，有效发挥出“暖心”超市的前沿作用。

拉萨市信访局驻东嘎镇南嘎村工作队结合村委会实际，针对精准扶贫户、党员代表、妇女代表等不同群体，从不同角度进行宣讲，使“四讲四爱”群众教育实践活动在完成规定动作的基础上，实现了突出创新、突出特色，激发了宣讲对象的参与热情，取得了事半功倍的效果。

【助力打赢脱贫攻坚战】 2018 年，各工作队严格落实驻村工作队员包户帮扶制度，共包户帮扶精准扶贫建档立卡户 240 户，帮助解决困难问题 50 余件，投入资金 15.7 万元。

2018年4月24日，区委副书记边旦（左一）带队全区驻村工作队队长在古荣乡巴热村交流学习驻村工作先进经验

拉萨市政协办公厅驻古荣乡巴热村工作队经过深入调研和认真思考，确立了“项目推动、产业带动”发展理念和“一年打基础、两年促提升、三年见成效”的驻村工作思路，撰写了《堆龙德庆区古荣乡巴热村经济社会发展情况调研报告》，认真分析了所驻村的发展优势及机遇、存在的问题及短板，提出了对策建议。

堆龙德庆区驻马乡岗吉村工作队充分利用当地绵羊养殖场产业优势，积极申请建立羊毛加工厂，为当地村民增加就业机会，增加村集体经济收入。

拉萨市国税局驻羊达乡羊达村工作队利用派驻单位优势，联系村里25名未就业大学生积极参与拉萨市国税局外聘人员召录工作，截至年底，召录工作正在进行中，可解决5至10名大学生就业问题。

【维护基层社会和谐稳定】 2018年，各工作队全面掌握村情社情，定期排查矛盾纠纷，建立矛盾纠纷档案，协助村“两委”妥善处置，对重点领域排查200余次，化解矛盾纠纷73件。

拉萨市信访局驻东嘎镇南嘎村工作队充分发挥自身优势，牵头积极组建矛盾纠纷排查调处队伍，组成了村级矛盾纠纷排查调处中心、矛盾纠纷调解小组、联户矛盾纠纷调解组等三级矛盾排查调处体系，形成了全覆盖、无盲区的网格化大排查工作格局，大大降低了南嘎村矛盾发生率。

拉萨市公安局驻乃琼镇岗德林村工作队发挥派驻单位优势，深入开展矛盾纠纷和安全隐患排查化解工作，每月召开一次反映村情民意的群众代表会议，通过经常走访，全面掌握村情社情、掌握群众思想动态，切实把各种不稳定因素化解在萌芽状态。

【强基础惠民生工作】 2018年，各工作队推进基层党组织“两学一做”学习教育常态化制度化，健全完善“三会一课”、组织生活会、民主评议党员、主题党日活动等党建规章制度50余个，指导基层组织做好党员培养发展工作，全年培养农牧民入党积极分子231名，发展党员172名，规范了发展党员的相关程序，健全了工作台账。联合村党总支切实抓好加强农牧民党员政治教育和政治纪律教育工作，驻村队员开展讲党课30余次。

拉萨市药监局驻德庆乡邱桑村工作队入驻以来，采取坐下来“听”、走出去“看”、走进去“问”的形式，详细了解全村和村民的基本情况及村民的所思所想，为开展工作找准了着力点和突破口，明晰了今后的工作思路，主动配合村“两委”开展各项工作，得到了村“两委”和群众的高度评价。

堆龙德庆区驻乃琼镇色玛村工作队针对村里党建基础较弱的问题，加强对党总支落实党建工作制度情况的指导力度，着力督促党总支严格落实“三会一课”、党建工作例会、书记讲党课等党建工作制度，完善党建台账资料，组织党员签订了《党员不信仰宗教》及《党员不参与赌博》承诺书，加强了党员的政治纪律意识。

【推进乡村振兴战略】 2018年，各工作队共争取协助发展贾热村群众活动场所、岗吉村绵羊养殖基地、东嘎村扶贫出租房、门堆村牧业养殖合作社等产业项目10个，涉及资金840余万元。同时积极推进全民种草植树绿化国土行动，在驻在村陆续开展了“我为

2018年4月24日，堆龙德庆区驻村工作队第四次工作例会人员在马乡马村现场参观工作台账

堆龙献新绿”义务植树活动，累计植树3万余棵。大力开展农牧区环境综合整治活动250余次，着力整治脏乱差问题，建设美丽乡村。

拉萨市政协办公厅驻古荣乡巴热村工作队协助村“两委”完成了69户“无树户”消除工作，积极争取了树苗和网围栏，全年共新栽树木14500余棵，争取资金20.6万元购置洒水车1台，加大对新栽树木的后期管护力度，提高成活率。依托巴热果园建设了占地面积3500平方米的生态文化广场，培养了群众爱绿护绿的生态文明意识。

【基层精神文明建设】 年内，堆龙德庆区驻乃琼镇贾热村工作队在藏历新年期间，邀请拉萨市文联摄影家协会和书法家协会的艺术家们下乡开展“送万福进万家”文化惠民活动，为农牧民群众免费拍摄全家福、拍摄证件照，送画册、春联和笔墨纸砚等书法用品。

（杨博奇）

【领导名录】

组 长

格桑平措（区委书记，藏族）

常务副组长

边 旦（区委副书记，藏族）

副组长

普布斯曲（区委常委，统战部部长，藏族）

尚志清（区委常委，纪委书记）

王满春（区委常委，组织部部长）

普 旦（区委常委，宣传部部长，藏族）

靳小卉（区政协副主席，女）

主 任

边 旦（区委副书记，藏族）

常务副主任

王满春（区委常委，组织部部长）

副主任

靳小卉（区政协副主席，女）

强基办公室负责人

樊晓瑞（人大办副主任，女）

堆龙德庆区委区政府督查室

【概况】 年内，区委区政府督查室继续发扬“说办就办、马上就办、办就办好”作风，坚持以习近平新时代中国特色社会主义思想为指导，以服务区委、区政府中心工作为目标，以自治区、拉萨市各级党委政府督查工作要求为依据，求真务实，切实推动上级党委政府和区委、区政府各项决策部署落实落地。2018年下发督办通知46期，领导批示212期，督查专报73期，督查通报12期，实地督查200余次，电话督查1500余次，短信提醒8次。

【理论知识与业务学习】 2018年，督查室将提高履职能力作为加强督查干部自身建设的重要抓手，充分利用区委办“每周学习”“每周例会”等平台，加强理论知识学习，参加学习38次。同时，为进一步提高督查干部的业务素质，购买了《经济学原理》《项目管理》等书籍，拓展干部在金融和项目方面的知识，让大家广泛了解相关单位业务工作流程，确保督办工作有的放矢、有据可依。

【提高督查反馈信息及时性】 督查是推动工作落实的有效手段，反馈信息是否及时关系到下一步工作安排部署，关系到领导决策谋划。督查室根据不同情况制定反馈信息时限要求，工作人员根据职责分工，及时提醒上报督办工作信息。2018年，建立了各单位限时办结督查台账，通过电话督办的方式，由专人负责定期跟踪督促，提醒各单位按照文件要求时限完成工作落实。全年提醒4家单位，督促完成环保自查自纠工作实施方案、2018年堆龙德庆区双创工作计划、2018年统计局经济社会发展主要指标任务、住建局棚户区改造项目等事项。

【完善督查积分制管理】 档案资料是工作落实的有效依据，是评优选优的重要支撑。2018年，督查室进一步完善各单位督查落实工作台账，每月汇总并通报，对部分督办工作较少的单位，在工作作风、会风会纪等方面加强督促检查。完善督查工作机制，提高各单位工作效率，强化决策部署执行力，以强有力的工作措施和马上就办的工作作风，推动上级及区委、区政府决策部署按时落到实处，取得实效。制定下发《关于进一步加强限时办结工作的通知》，明确督查工作办结时限及联络员管理办法。

【督议定事项】 2018年，督查室按照"突出重点、统筹兼顾、形成机制、分类督办"的工作要求，以区委常委会、政府常务会等会议议定事项督办和反馈机制为主要载体，把督促落实区委、政府重要会议议定事项作为督办的第一任务，坚持从快分解任务、从严督促检查、从实落实到位，安排专人跟踪，明确落实时限，严格审核把关，确保跟踪督办事项方向不偏，落实有力，取得实效。下发督办通知46期，分解督办事项702件，完成落实634件，落实率90.3%。其中，涉及区委常委会督办15期，落实情况在常委会议上通报5次。

【督经济发展任务】 2018年，督查室根据自治区、拉萨市及区委区政府全委会、经济工作会议以及相关经济发展指标要求，按照各部门职能分工，明确责任单位，分解工作任务。及时下发《堆龙德庆区贯彻落实自治区、拉萨市〈2018年经济工作会议目标任务〉〈2018年政府工作报告〉的通知》《〈堆龙德庆区2018年经济社会发展目标任务分解〉的通知》，要求相关单位4月份开始，每月报送各项工作任务进展情况，办公室汇总后及时反馈主要领导阅知。全年撰写自治区、拉萨市及堆龙德庆区经济任务落实情况专报5期。

【督领导批示】 领导批示是部门开展具体工作的方向遵循，对领导批（交）办事项，及时下发领导批示，按照"批则有办、办则有效"的工作要求，及时转办、督促，并定期下发领导批交办事项落实情况通报。2018年，督查室共收到上级领导批（交）办事项52件，办结率100%；本级领导批（交）办事项164件，办结率84.1%；下发领导批（交）办事项落实情况通报6期。

【督生态环境保护】 2018年，督查室以中央环保督察反馈问题为契机，坚持讲政治、顾大局、守纪律、讲奉献，严格按照区、市党委政府关于"把生态环境保护作为红线、底线、高压线和'四个绝不能'"的要求，坚持青山绿水就是金山银山的指导思想，加强生态环境工作督促检查力度。藏博会期间，坚持每天对环境整治情况进行督导检查，重点加强109国道、318国道、南环线柳东大桥及岗德林村段督导检查力度，做到问题现场发现，情况现场反馈，整改及时高效。同时，联合人大、政协、纪委监委组成督导组，对中央环保督查整改事项进行现场督导，全年开展环境综合督导检查20余次。

【督项目建设】 2018年，督查室对续建新建项目一同进行督促检查，坚持一月一汇报，每月至少实地检查项目4次，确保项目落实程序规范、有序实施。同时，针对堆龙新城、"象雄美朵"及自治区中心医院征地拆迁等重点项目，实行专人负责跟踪落实。全年实地督导检查项目48次，下发项目专项督办通知4期，督办项目40个，形成项目专报10余期，对1家项目推进缓慢的单位进行全区通报。

【督会风会纪】 会议是各级组织总结成绩、分析问题、统一思想、明确方向、部署工作、推动落实的重要载体，会风反映了各组织的战斗力、号召力和凝聚力，也是各级领导干部政治素质和工作作风的直接体现。2018年，督查室把抓会风会纪作为常态化工作，形成机制，加大力度，严格按照《堆龙督查室会风会纪管理办法》，对迟到、早退等违反会议纪律行为，在2018年争先进位考核中扣除0.1分。全年督促会议45场次，下发会议通报1期，对11家单位进行通报批评。

【督扶贫开发】 2018年，督查室对精准扶贫工作进行持续跟踪督查，了解掌握扶贫工作情况，高度关注扶贫产业、贫困户就业等扶贫工作情况，及时反馈群众反映强烈的问题困难，督促扶贫开发相关政策切实落实到位。为顺利迎接国家扶贫摘帽验收评估工作，6月26—29日，督查室先后多次联合东嘎镇、住建局、城管局、扶贫办相关人员，深入桑木村、波玛村、经开区3个精准扶贫易地搬迁安置点，对贫困户入住情况、政策了解掌握情况进行督查，督促相关单位落实好搬迁户房间水电及搬迁安置点周边环境卫生。

【督人大政协办理】 2018年，督查室在逐项分解任务并充分征求、吸纳、完善各单位意见建议的基础上，于2018年3月1日召开交办会，会后第一时间下发了《关于堆龙德庆区二届人大一次、二届二次会议和政协二届一次、二届二次会议期间分组讨论意见建议督办通知》《关于人大代表建议政协委员提案办理相关要求的通知》。全年收到拉萨市人大政协建议提案7件，办结6件，办复率85.7%；本级代表建议188件，办结161件，办结率85.6%；收到委员提案115件，办结105件，办结率91.3%。

（索朗扎西）

【领导名录】

主　任

索朗扎西（藏族）

堆龙德庆区信访局

【概况】 年内，区信访局畅通信访渠道，完善工作制度，规范接待流程，强化案件办理，扎实推动信访工作制度化、法制化、规范化建设。区信访局办公场所设立于堆龙德庆区行政服务中心院内，局内设置局长办公室、副局长办公室、会议室（党员活动室）、办公室（群众工作部）、接访室、办信室、接访大厅。2018年，区信访局共有干部8名，其中挂职锻炼干部5名。

【信访受理】 2018年，区信访局共受理信访事项94件，涉及1473人，涉及资金3892.48万元。其中，双拖欠类68件，占总案件的69.4%；土地权属类、新农村建设类、劳动安全类、民事诉讼类各2件，占总案件的12.2%；产权交易类、货物运输类、司法调解类、规划建设类、立案侦查类、交通运输类、劳动仲裁类、安置补偿类各1件，占总案件的8.2%；其他类10件，占宗案件的10.2%。实现了信访事项2个月内"零搁置"目标要求。五级矛盾纠纷排查调处中心共排查矛盾纠纷405起（法律援助中心受理矛盾纠纷246件），涉及3000余人，涉及资金达上亿元。

【重要节点信访维稳】 畅通信访渠道。年内，全区各乡（镇）、各部门认真履行工作职责，坚持值班带班制度，确保群众来访随时有人接待，群众诉求及时有人倾听，群众困难及时得到解决。同时，充分发挥"互联网+信访"作用，依托网上信访信息系统，认真贯彻国家信访局"来访必登、应录尽录"的工作要求，确保信访事项网上全流转。

强化组织领导。在各重要节点期间，区信访工作联席会议办公室均提前成立信访维稳工作领导小组，制定了《中央脱贫攻坚专项巡视组在拉萨期间信访维稳应急预案》《第四届藏博会期间信访维稳工作方案》《雪顿节期间信访维稳工作方案》等10余份信访维稳应急工作方案，明确工作职责，提出工作要求，确保重要节点期间堆龙德庆区信访领域和谐稳定。

【强化组织领导】 周密部署抓落实。年内，堆龙德庆区按照"属地管理、分级负责，谁主管、谁负责"的原则，成立了堆龙德庆区信访矛盾化解攻坚领导小组，切实夯实主体责任，全面落实党政领导干部"一岗双责"要求，定期召开信访工作联席会议及专题会议，分析研判信访形势、研究解决重点信访事项，形成推动落实信访矛盾化解攻坚战的高压态势。2018年，区委、区政府主要领导亲自组织召开5次信访专题会，研究解决重点信访事项及矛盾纠纷18起。

目标管理抓落实。区委、区政府将"四大攻坚战"列为2018年度信访工作目标考核重要指

2018年6月8日，区信访局党支部开展集中学习活动

标，分别与各乡（镇）和区信访工作联席会议成员单位签订了信访工作目标管理责任书，从严从实落实源头预防、疏导教育、矛盾化解、信访维稳责任，确保责任到边到角、层层传到压力，做到问题不回避，矛盾不上交。

协调推进抓落实。全面贯彻落实《信访工作责任制实施办法》和《集中处理信访突出问题及涉访群体性事件联席会议制度》，充分发挥信访联席会议办公室统筹调度、综合协调作用，研究解决工作中存在的突出问题，推动相关职能部门形成联调联办、齐抓共管、合理攻坚的工作格局。

【畅通诉求渠道】 突出制度保障。年内，区信访局按照首访责任制的要求，坚持县级领导坐班制度，进一步拓宽传递政府声音和解决群众诉求表达渠道；突出重点人群。围绕抓重点、补短板、防风险的要求，针对长期缠访闹访、重复写举报信、反复到拉萨市、自治区、进京上访和可能到拉萨市、自治区、进京上访的重点人员，通过预约接待群众来访和带案下访的方式，逐一做好信访群众的思想教育、情绪疏导和政策解释工作，进一步提高接待办理水平，努力在服务信访群众最后一公里问题上实现新突破；突出法制引领。认真落实律师参与信访工作，针对涉法涉诉领域来访事项，通过政府法律顾问参与信访接待，义务为信访群众提供法律咨询，及时解答信访群众关注的法律问题，指引依法解决问题的办法和渠道，让信访群众明白既有依法反映诉求的权利，也有遵守法律法规、服从依法处理的义务，有效防止了无理缠访闹访等现象的发生。

【强化责任落实】 在摸清底数上求实效。年内，区信访局将全区范围内符合"四个重点"条件的信访事项全部纳入排查梳理范围，全面准确掌握信访人基本信息、诉求、上访情况和处理情况，并分类逐案建立台账，找准症结，有针对性地拿出对策措施，逐步把可能引发信访问题的工作重心从事后处理转移到事前排查调处化解上来。

在分类化解上求实效。坚持"依法、及时、就地解决问题与教育疏导相结合"的原则，紧紧围绕"事要解决"这个工作核心，在总体要求上，全面贯彻"三到位一处理"（即群众诉求合理的解决问题到位；诉求无理的思想教育到位：生活困难的帮扶救助到位；行为违法的依法处理）要求；在方式方法上，运用法律、政策、行政等手段，加大矛盾化解力度；在疑难信访事项上，严格落实领导包案制度，综合协调各方力量，全力推动解决，努力实现"小事不出村、大事不出乡（镇）、难事不出区"。

在包案化解上求实效。按照《堆龙德庆区开展信访矛盾化解攻坚战实施方案》，采取动态摸排和定期摸排相结合的方式，对符合"四个重点"条件的信访事项全部纳入化解攻坚范围。通过集中交办与动态交办相结合的方式，成立工作专班、制定化解方案、逐案建立台账，落实县级领导包案，制定稳控方案。2018 年，14 件领导包案信访事项及矛盾纠纷已全部化解，真正做到摸排一起，建档一起，化解一起，销号一起。

2018年9月21日，区信访局召开"中秋、国庆"节前部署会议

【法制宣传教育】 年内，区信访局以"七五"普法为契机，把《信访条例》等法规文件纳入法制宣传重要内容，制作图文并茂、喜闻

乐见、藏汉双语的宣传资料，加大信访法律法规宣传力度，树立了解决问题依法、群众信访守法的意识，引导群众从“信访”向“信法”转变。

【网上信访模式】 年内，区信访局健全完善网上信访事项办理程序，做到群众知情、领导知情、部门知情，实现让群众“少跑一趟路、少踏一个门槛、少走一道程序”的目标，确保信访事项依法及时妥善处理。

【提升基础业务规范化水平】 年内，区信访局坚持问题导向，针对个别乡（镇）、部门信访事项办理业务不熟练、程序不规范、办理不及时、案结事未了等方面存在的问题，全面开展“补短板、促提升”业务培训，及时补齐业务工作短板，抓好整改落实，把规范化理念贯彻到信访矛盾化解攻坚战全过程，实现“信访事项办理依法规范、处理公开公正、录入及时准确，各环节工作有规可依”的目标，为全面打赢矛盾化解攻坚战奠定了坚实的基础。

【构建基层信访工作大格局】 年内，区信访局根据工作需要和人事变动，将堆龙德庆区信访工作联席会议组成人员调整为区委副书记、区长为第一召集人，区委副书记、政法委书记、公安局局长，区政府分管信访工作副区长，区法院院长，区检察院检察长为召集人，各乡（镇）长及34家区直各部门主要负责同志为成员的工作领导小组。同时，为全面落实信访工作责任，确保信访问题能够得到及时妥善处理，切实维护群众合法权益，促进社会和谐稳定，按照拉萨市信访工作联席会议办公室关于印发《关于建立信访工作联席会议的意见（试行）》通知要求及区委、区政府主要领导指示，区信访工作联席会议办公室组织各乡（镇）分管信访工作负责人召开了关于建立各乡（镇）信访工作联席会议安排部署会。截至年底，各乡（镇）均已建立信访工作联席会，为下一步信访事项的协调处理及矛盾纠纷排查化解工作奠定了坚实基础。

【队伍建设】 年内，区信访局深化学习教育，教育引导广大信访干部树立“四个意识”，特别是核心意识、看齐意识，坚决维护以习近平为核心的党中央权威，强化担当、履职尽责，切实把信访工作责任扛在肩上、记在心上、抓在手上、落实在行动上。强化信访干部业务培训，为建设阳光信访、法制信访，全面推进堆龙德庆区网上信访信息系统建设，实现信访事项网上受理办理目标，区信访局组织举办了全区信访信息系统培训班，对区直各部门管理员进行了网上登记、受理、转交办、答复等工作流程的系统培训，确保了信访信息系统全面正常运行。为进一步提高堆龙德庆区信访干部的法律素养及调解技能，区信访局组织举办了全区信访干部培训班，对全区信访工作人员进行了信访工作的业务和技能培训，切实增强了信访干部解决矛盾纠纷的能力。

（罗　央）

【领导名录】

局　长

扎　多（藏族）

副局长

田德全

木莎拉（藏族）

堆龙德庆区地方志办公室

【概况】 2018年，在区委、区政府坚强领导下，在上级地方志办公室指导下，堆龙德庆区地方志工作坚持以习近平新时代中国特色社会主义思想为指导，认真学习贯彻中共十九大精神和自治区、市九届三次全委会、区二届二次全委会精神，紧紧围绕区委区政府中心工作，全办干部坚持“实”字当头、“干”字为先，团结协作，奋发努力，各项工作有序推进，许多工作取得了历史性突破。

【年鉴工作】 根据上级业务部门工作要求，年鉴工作要做到一年一鉴，公开出版。2018年3月5日，区地方志办公室以区委、区政府名义下发《堆龙德庆年鉴（2018）》编纂工作通知，4月9—11日进行一次校稿，5月16—18日进行二次校稿，6月12—14日进行三次校稿，同年10月8日出版印刷完成并运抵堆龙德庆区。《堆龙德庆年鉴（2018）》总计70余万字、300余张图片，新增城管局、龙腾国有资产公司、水电气公司、邮储银行、城投公司等单位的内容，为下一轮志书的编纂奠定了资料基础。2018年10月8—19日，为70多家单位（部门）、乡镇发放《堆龙德庆年鉴（2018）》共350本。同时完成了《西藏年鉴》《拉萨年鉴》堆龙篇的组稿上报工作。

【一轮志书藏文翻译工作】 区地方志办公室结合西藏自治区地市、县（区）地方志书编纂出版任务分解表，于2018年3月9日正式启动一轮志书的藏文翻译工作。一轮志书总计210万字，共17篇，涵盖内容多、专业术语强，经多方面市场调查咨询，选定叶茹汉藏翻译社进行翻译，同年10月25日，已完成全书翻译工作的85%，地方志办公室工作人员继续跟进工作进度，定期督促，截至年底，一轮志书的藏文翻译初稿已形成。

【党史工作】 年内，区地方志办公室收集整理了堆龙德庆区党代会会议材料，并为各单位、乡镇发放4期《拉萨党史2018》刊物，共计520本。

【志书交换】 随着《堆龙德庆县志》一、二轮的出版发行，区地方志办公室为三轮志书的启动开始做准备，努力学习其他省、市志书的编纂经验，开展与多地市交换

2018年4月21日，区地方志工作人员在自治区测绘局收录堆龙德庆区行政区划图资料

志书的工作。区方志办通过与四川、江苏昆山、云南楚雄彝族自治州、山东济南天桥、西藏波密等多地市方志办沟通联系后，通过邮寄的方式，将《堆龙德庆县志》一、二轮与各地市方志办交换，截至年底，已交换到特色志、名镇志书9套、20余本。

【读志用志】 为了发挥地方志的资政服务功能，区地方志办公室工作人员于2018年6月、7月通过邮寄和现场发放的方式为堆龙德庆区成都退休支部、南嘎退休支部、林琼岗退休支部的退休干部和职工送去一轮、二轮《堆龙德庆县志》共256套、512本。根据工作需要，办公室还为四大班子领导、区委常委、部分单位办公室及各乡镇制作行政区划图25幅。

【《人物传》工作】 年内，按照区委、区政府要求，区地方志办公室继续推进《历史人物传》（藏汉文）补充工作，办公室工作人员利用2个月的时间在古荣乡、德庆乡、贾木村、达东村等地对蒙萨赤江、禄东赞、三世达赖喇嘛、宇妥云丹贡布、第司·桑杰嘉措等人物资料进行考证。截至10月底，已完成《历史人物传》（藏汉文）资料初稿，包含新增人物14个。

（胡 玺）

【领导名录】

负责人

巴 桑（女，藏族）

人民团体

堆龙德庆区总工会

【概况】 年内，区总工会全面贯彻中共十九大精神，以习近平新时代中国特色社会主义思想为指导，深入贯彻习近平总书记系列重要讲话精神、特别是关于工人阶级和工会工作的重要论述，全面落实中央和区市党委党的群团工作会议、区市党委九届三次全会和区委二届二次全体（扩大）会议精神，以改革创新为动力，以强“三性”（政治性、先进性、群众性）、去“四化”（机关化、行政化、贵族化、娱乐化）为目标，紧紧围绕区委、区政府中心工作任务，牢牢把握“党建带工建”的工作主线，以实际问题和职工需求为导向，主动作为，关口前移，推动工会组织增强政治性、先进性、群众性，充分发挥工会组织联系职工、关爱职工的桥梁纽带作用，团结激励广大职工积极投身堆龙现代化建设，奋力谱写新时代堆龙振兴发展的新篇章。

【党建工作】 年内，区总工会党支部在区委、区政府的正确领导下，在区直机关工委的指导帮助下，坚持以习近平总书记关于加强党的建设系列重要讲话精神为指导，认清形势，把握重点，深学实做，不断探索工作方法，创新工作机制，扎实抓好各项党建工作落实，取得了明显成效，为推进工会事业又好又快发展提供了有力的思想、组织和作风保证。

强化责任落实。年初，及时制定区总工会《2018年党建工作计划》和《2018年党建工作实施方案》，按照计划和方案谋划支部党建工作；主要负责人坚持以身作则、率先垂范，带头落实全面从严治党各项规定，加强对党员干部日常行为的常态化管理和监督；加强和规范“三会一课”、党员调入调出、党费收缴、“党员主题党日”活动等组织管理制度建设，按照《关于新形势下党内政治生活的若干准则》要求规范党内政

2018年10月23日，门头沟区总工会党组书记、主席陈波（左五）一行在堆龙德庆区总工会调研扶贫援藏工作

2018年6月12日，区总工会举办“贯彻落实十九大·工会服务在基层”服务职工系列活动

治生活，引导广大党员自觉参加党内政治生活锻炼，及时督促支部按要求落实“三会一课”组织生活制度，使支部真正成为教育党员的学校、团结群众的核心、攻坚克难的堡垒。

夯实党建工作基础。通过工会“送温暖”活动、“贯彻落实十九大·工会服务在基层”“党员主题党日”等活动的开展，不断增强队伍战斗力、凝聚力，根据工作需要，加强与区直机关工委的沟通协调，及时接转党员组织关系，定期收缴党费，强化党员管理，搞好党员统计工作。

【干部职工疗休养】 2018年，区总工会投入资金56万元共组织2批60名干部职工、护路队员、环卫工人、劳模到云南省进行疗养，疗休养活动的开展让大家切身感受到劳动最光荣的主人翁精神，在辛勤劳动之余享受休养快乐，促进了干部职工的身心健康，通过干部职工间的相互交流，减轻了工作生活压力，开阔了视野、增长了知识，为一线职工营造了工会关爱一线劳动者的社会氛围，提升了工会组织的凝聚力和向心力。

【包村工作】 开展走访慰问活动。年内，区总工会结对党员干部按600元/户的标准对6户帮扶贫困户进行了慰问，共发放慰问金3600元；开展党建指导工作。在深入了解羊达村委员会关于党建工作开展状况、存在问题的基础上，深刻阐述加强党建工作对全村经济发展的积极意义和重要作用，建议羊达村党委要进一步压实责任，创新举措抓党建，积极发挥战斗堡垒作用和党员的先锋模范作用，推动经济等各项工作再上新台阶，并结合党员志愿服务活动对贫困农民工开展慰问活动，关心关爱贫困户，为他们排忧解难。

【安全生产监管工作】 为进一步巩固安全生产工作成效，按照“预防为主、安全第一”的方针，确保节日期间辖区企业安全生产各项工作有序开展，4月27日，由区安监局、区总工会、区交通局组成的联合执法检查组深入高速公路那拉段控制性工程KZTJ--2标段隧道、那拉段控制性工程KZTJ--3标段施工现场开展安全检查。检查重点紧紧围绕隧道进出人员登记表、门禁系统的操作和管理、隧道作业人员的安全防护（是否佩戴防尘口罩等）、职业病防治及危害告知牌等。对发现的问题要求企业进一步加强整改和完善，要求牢固树立“安全生产大于天”的意识，切实按时保量地完成整改任务，要切实加强施工人员的安全责任意识，企业要加强安全生产主体意识，形成常态化、制度化的操作流程，从根本上杜绝安全责任事故的发生。

【宣传教育】 年内，区总工会深入学习宣传贯彻中共十九大精神，开展干部职工思想政治教育。广泛深入学习宣传贯彻中共十九大精神和习近平新时代中国特色社会主义思想，加强对工会干部和广大职工的政治思想引导。扎实推进“两学一做”学习教育常态化制度化，深入开展“讲政治、重规矩、作表率”专题警示教育，教育干部职工牢固树立“四个意识”，在思想上、政治上、行动上与党中央保持高度一致。

深化社会主义核心价值观教育。大力宣传中华民族伟大复兴的“中国梦”，宣传以习近平总书记为核心的党中央治国理政新理念、新成就，引导广大职工增强道路自信、理论自信、制度自信、文化自信。广泛开展理想信念教育，把弘扬社会主义核心价值观落到实处，在职工中形成知荣辱、讲正气、作奉献、促和谐的良好作风。

加强职工和企业文化建设。推进以职工为本的先进企业文化和职工文化建设，职工文体活动亮点纷呈。整合工会文体活动资源，加强工会文化建设，不断丰富职工文化生活。

加大平安建设工作宣传力度，推进平安建设和社会综合治理工作。为深入贯彻落实中共十九大精神，增强群众平安法制意识，进一步加强社会治安综合治理社会面宣传工作，提升群众对综治工作的知晓率、满意度和安全感，结合开展的扫黑除恶专项行动，依托3月“综治宣传月”、6月“综治宣传周”“9.16”平安西藏宣传日、“12·4”国家宪法日活动的开展，围绕依法建会、工会维权、互助保障、安全生产等工作，对广大职工群众进行了广泛宣传和法律咨询解答，通过设立宣传点，发放《中华人民共和国工会法》《中国工会章程》《工资集体协商》《工伤保险条例》《劳动合同如何签订》《职业病的危害和预防》等法律知识宣传资料，现场与职工群众开展面对面的交流，为群众提供咨询服务和法律服务，普及工会相关法律知识，增强了职工们的法律意识。

2018年6月23日，堆龙德庆区工会第六次代表大会召开

【困难职工帮扶救助】 年内，区总工会按照慰问活动经费“厉行节约、严格审查、专款专用、包干使用、足额发放”的原则，根据拉萨市总工会“三大节日”慰问标准600元/人，确定了6乡（镇）166人为慰问对象，共发放慰问金9.96万元；对30个驻村工作队、10个高海拔一线寺管会、100名铁路护路队员、3个便民警务站、1个检查站开展慰问，根据拉萨市总工会“三大节日”慰问要求，驻村工作队及寺管会、便民警务站、检查站通过集体慰问2000元的方式进行慰问，铁路护路队员1000元/人的慰问标准进行慰问，共发放慰问金18.8万元。国庆前夕，深入远大建材责任有限公司、西藏特色产业股份有限公司、西藏雄巴拉曲神水藏药有限公司、古荣朗孜糌粑有限公司、羊达蔬菜种植农民专业合作社等企业，对107名困难职工开展节前慰问活动，共计发放慰问金10.7万元；组织开展“大病救助”行动，为因病致贫干部职工办实事、解难事，对符合救助的4名身患疾病的干部职工进行申报和救助，发放救助金4万元。

【服务职工】 年内，区总工会分别在堆龙德庆区德庆乡门堆村、铁路护路高天大队开展了以“送温暖、送文化、送法律、送政策、送医送药”为主要内容的“贯彻落实十九大·工会服务在基层”服务职工系列活动，活动中对40名困难农牧民工和护路队员进行慰问，发放慰问金4万元。所邀请的拉萨恒大医院专家现场开展义诊、送医送药活动，免费发放了4万余元的药品。远大农民工艺术团为现场的农牧民工、护路队员开展了内容丰富、形式多样的文艺汇演，渲染了活动气氛，弘扬了传统文化精神。拉萨市总工会、区总工会工作人员积极开展政策法律法规宣传，为现场农牧民工答疑解惑，发放各类知识宣传册

500余册，宣传物品300余份。

【工会基层组织建设和会员发展】 年内，区总工会按照"哪里有职工，哪里就要有工会组织"的要求，积极推进工会组织建设，扩大工会组织覆盖面，延伸工会组织触角。以扩大工会组织覆盖面为抓手，以提升工会组织服务职工的能力和水平为切入点，以增强工会组织吸引力和凝聚力为着力点，切实把非公有制企业组建工会和发展包括农牧民工在内的会员作为工作重点，扎实开展"农牧民工集中入会"活动，大力拓展组建工会的领域。截至11月，新组建祥和苑村居工会组织1个，全区非公企业工会组建达到7个，6个乡镇及30个行政村全部完成组建，工会组织达到47个，会员人数达9115人，其中农牧民工会员达5220人。积极承办首届堆龙德庆区民族运动会，不断丰富职工文化生活。区总工会困难职工帮扶中心作用初见成效，切实为困难职工排忧解难。

【调查研究工作】 2018年，中华全国总工会书记处书记田辉，西藏自治区总工会党组书记、常务副主席王纯丁，自治区总工会党组成员、副主席边巴，拉萨市总工会副调研员洛桑占堆分别率调研组深入堆龙德庆区总工会分别就非公企业建会、会员发展、岗位技能培训、产业扶贫、厂务公开、职工维权、西藏工会"十大"贯彻落实、脱贫攻坚工作、援藏工作视频会议、工会干部职工队伍现状和状况、存在的问题等工作开展情况进行实地考察调研，各调研组通过听取汇报、实地查看、多方了解的方式对堆龙德庆区工会工作开展的亮点和特色给予了肯定，并就存在的问题和今后的工作提出了意见建议。

【扶贫援藏】 按照北京市委、门头沟区委和北京市总工会相关扶贫协助和支援合作工作要求的任务安排，10月23日，门头沟区总工会党组书记、主席陈波带队一行4人在堆龙德庆区总工会就扶贫协调和支援合作进行实地考察调研并深入德庆乡开展基层工会工作调研，双方参会人员就各自区情、总工会机构设置、人员配置、扶贫等各项工作情况进行介绍，就扶贫和支援合作工作进行交流。

【经审工作】 年内，区总工会规范工会经费使用，工会经费收缴工作平稳推进，区财政将工会经费列入财政预算，按照新《工会会计制度》建立账目，设立单独银行账户，实行独立核算，制定了《区总工会工会经费管理暂行规定》，严格执行中央"八项规定"和有关财经纪律，严格控制工会经费开支，实行主席负责制，重大开支由工会班子和经费审查委员会集体研究，并完成了本级工会经费收支及使用情况的审计。

【国有资产和工会资产管理】 年内，区总工会按照《拉萨市总工会关于开展工会资产清查工作的通知》要求，根据工会资产结构和实际情况，确定方法步骤，通过对实物性资产、系统软件的实施盘点、资金往来等账实核对，调查资产使用情况，加以完善资产信息系统，对区总工会"职工之家"、区高天护路大队、区莫噶护路大队、古荣护路大队、区检察院固定资产进行清查，确保清查结果真实、可靠。

2018年7月9日，区总工会开展"三大节日"慰问活动

【换届工作】 年内，区总工会根据《拉萨市总工会关于各县（区）总工会做好换届工作有关事项的通知》精神，积极筹备区总工会第六次代表大会，制定了《堆龙德庆区工会第六届代表大会换届选举工作实施方案》，经区委常委会议研究同意，堆龙德庆区工会第六次代表大会于2018年6月23日顺利召开，选举产生了第六届工会委员会和经费审查委员会，通过了第六次代表大会决议。大会要求，今后五年，全区各级工会要紧紧围绕党的十九大提出的主要矛盾新转化、历史新使命、时代新课题、成果新创新、实践新征程、党建新要求，找准工会工作突破口，努力在思想理念、工作方式和工作着力点上取得新突破，以实际行动贯彻党的十九大精神。

严格民主程序，圆满完成堆龙德庆区工会第六次代表大会代表的推选工作。按照民主集中制原则，选举产生了101名出席堆龙德庆区工会第六次代表大会的代表，选出的代表具有较强的先进性、代表性和广泛性；民主协商推荐产生了堆龙德庆区总工会第六届委员会委员、经费审查委员会委员候选人预备人选。经堆龙德庆区委和拉萨市总工会同意，堆龙德庆区总工会第六届委员会设委员27名，常务委员9名，经费审查委员会设委员5名；精心做好大会主要文件的起草工作。在深入学习中共十九大、全国工会十六大及市工会十大等精神基础上，认真调查研究，总结实践经验，进行理论思考，研究发展规律，起草了出席区工会第六次代表大会领导开、闭幕式讲话稿、区总工会第五届委员会工作报告、经审工作报告等。

在完成本级工会换届的基础上，区总工会深入非公企业雄巴拉曲神水藏药厂指导基层工会开展换届工作，按照《中华人民共和国工会法》和《中国工会章程》及换届有关规定和程序，选举产生新一届工会班子，为基层工会工作开展注入了活力，夯实了基层。

【助力精准扶贫脱贫】 年内，区总工会积极参与区人社局组织的人力资源洽谈会设立咨询点，向就业者免费提供政策咨询、就业信息服务、维权服务；针对精准贫困户，组织人员参加市总工会开展困难职工（农民工）的专业技能培训班，11名精准扶贫对象参加机动车驾驶技能培训，3名精准扶贫对象参加挖掘机操作技能培训，5名精准扶贫对象参加藏餐烹饪技能培训班。

（吴志勇）

【领导名录】

主　席

拉　　珍（女，藏族）

副主席

次仁玉珍（女，藏族，7月任职）

共青团堆龙德庆区委员会

【概况】 年内，团区委在区委、区政府和团拉萨市委的坚强领导下，深入学习习近平新时代中国特色社会主义思想和党的十九大精神、各级党的群团工作会议精神，深入贯彻落实团中央十八大、自治区团十大精神、拉萨市团十大精神，树立新常态下共青团工作思维，深入实施“六大战略”，积极构建“凝聚青年、服务大局、当好桥梁、从严治团”四维工作格局，团结各族青年不忘跟党初心，

2018年11月8日，共青团拉萨市堆龙德庆区第一次代表大会第一次全体会议在区三号楼三楼会议室召开

牢记青春使命，争做神圣国土守护者、幸福家园建设者，为决胜全面建成小康社会贡献青春力量。2018年，团区委共有行政编制4名，实有4名(行政编制2名，工人2名)。全年发展团员79名。

【用科学理论和先进思想武装青年】 年内，团区委把为党育人、巩固和扩大党执政的青年群众基础作为首要政治责任，以“习近平新时代中国特色社会主义思想”和“党的十九大精神”作为青少年思想引导的主线，广泛开展“我的中国梦”“我为核心价值观代言”“红领巾相约中国梦”“践行核心价值观·争做向上向善好少年”“四讲四爱主题教育”“贯彻落实十九大精神”“七一合唱比赛”等活动，增强了思想引领的实效性。及时传达学习了团中央十八大精神、自治区团十大精神和团拉萨市十大精神。组织各级团干、少先队辅导员开展“淡化宗教消极影响”专题讨论活动，提出了意见建议。

【深化青年马克思主义者培养工程】 年内，团区委以七一和团代会为契机，举办了2期专门的团干部党性培训，参加培训的有青年干部、乡镇团干、少先队辅导员、创业青年、西部计划志愿者等共220余人。先后派遣10名团干部参加全国基层团干部学习习近平新时代中国特色社会主义思想和党的十九大精神示范培训班、全区团中央十八和团自治区十大精神专题研讨班、全区共青团宣传思想工作培训班、团中央四省藏区团干培训班等各种学习活动。

【民族团结教育】 年内，团区委围绕爱国主义、民族团结、反分裂斗争教育、淡化宗教消极影响和中华优秀传统文化教育，开展了民族团结手拉手书信往来活动、“共育民族团结花”爱心助学活动、“雪域同心·圆梦金陵”赴内地交流活动、“3·28”新旧西藏对比主题展暨民族团结手拉手千人签名活动、“民族团结代代传—青少年万人交流”活动、“团结堆龙·为爱奔跑”公益慢跑活动、“共绘民族画·同谱团结情”梦想树公益活动、“美好北汽与爱同行”爱心助学活动、“圆小天使一个梦”公益活动、优秀少先队员赴北京学习交流等，覆盖青少年2500余名，切实让青少年感受到民族团结大家庭的温暖。同时，在各级团组织、少先队组织开展知识竞赛、演讲比赛、书画比赛、文艺演出等活动，促进各族青少年交往交流交融，引导各族青少年像爱护自己的眼睛一样爱护民族团结，像珍视自己的生命一样珍视民族团结。

2018年5月20日，堆龙德庆区群团组织联合城关区团委开展“情定拉萨·缘来是你”单身青年联谊活动

【主动融入宣传大局】 年内，团区委充分发挥“青春堆龙”“堆龙青少年活动中心”等微信、抖音等新媒体优势，引导广大团员青年用“网言网语”唱响主旋律、凝聚正能量。利用微信公众号，以图片解读形式及时传达学习习近平新时代中国特色社会主义新思想；以纪念五四运动99周年暨建团96周年为契机，举办“不忘初心坚守梦想—争做神圣国土守护者 幸福家园建设者”主题微电影大赛，经过微信网络广泛宣传，共征集到21篇参赛作品；开展好“团中央网上青年大学习打卡签到”活动，组织团员青年、团干部开展自觉学习活动；联合区委宣传部研发“网络趣学”小程序，内容涉及习近平总书记经典语句摘编、党

员干部思想政治教育应知应会知识问答、四讲四爱、预防青少年违法犯罪等。

【注重积极正面宣传】 年内，团区委利用重大节日和时间节点，转发了“奏响青春建功新时代的奋进强音”“站在理想信念的制高点上——论思想建团”“堆龙德庆区情定拉萨·缘来是你单身青年联谊活动”“团结堆龙·为爱奔跑”“共青团拉萨市堆龙德庆区第一次代表大会隆重开幕”“叮咚！您的团代会照片已到账，请注意查收”等图文信息，以通俗易懂、触人心灵的话语和图片宣扬党的声音，单篇图文最高点击率达1692次。同时引导网络志愿者切实加强网络信息管控，引导青少年旗帜鲜明地开展网上舆论斗争，共同努力营造清朗网络空间。

【服务脱贫攻坚】 2018年，团区委结对帮扶干部共走访慰问结对帮扶户6次，详细了解了他们的生产、生活、就业、健康等情况，并积极宣讲扶贫相关政策，截至年底，帮扶户均已顺利脱贫；资助4名贫困农牧民青年顺利拿到驾照，组织古荣乡嘎冲村农牧民开展技能培训，申报养殖培训经费共计37500元，110名农牧民群众在32天的培训学习中，初步掌握了奶牛养殖技术和怎样预防牲畜传染疾病等方面的知识；根据团市委要求，经各乡镇推荐、团区委审核，并与区教体局、总工会、妇联报备，2018年，共资助51名贫困大学生，投入资金13.8万元。

【服务创新创业】 年内，团区委通过走访调研，掌握创业青年诉求，组织开展了“共青团与人大代表、政协委员面对面”座谈会，邀请人大代表、政协委员、创业青年及相关单位围绕“加强堆龙德庆区青年使用电商平台，奠定电商创业基础”进行交流，并提出政协提案。同时，开展三大节日双创大学生走访慰问活动，营造创新创业的浓厚氛围。

激励青年投身创业大潮。积极组织堆龙德庆区7家合作社参加第二届西藏青年创新创业展，为青年创新创业项目搭建了展示展览推介平台。组织15名农牧民青年、双创办工作人员、6名乡镇团干到堆龙德庆区各乡镇合作社实地参观学习交流，使区创业青年相互交流学习借鉴，探索抱团发展的路径。

推进农村电商发展。4月9日—5月15日，为进一步培育更多懂营销、懂互联网知识、懂电脑技术的电商专业人才，团区委、双创办举办了第一期堆龙青年电商人才孵化培育工程，对11名公职人员和创业青年进行为期1个月的专业化培训，并形成《关于堆龙发展电子商务的报告》，提交区委、区政府参考。

【搭建青年创业平台】 6月27—28日，《创业英雄汇》海选拉萨站暨“梦创拉萨·青春聚力”拉萨市第四届青年创新创业大赛圆满落幕，堆龙德庆区4个参赛项目进入拉萨市海选站复赛。团区委积极配合团市委举办“梦创拉萨·青春聚力—拉萨市就业创业政策进乡村及岗位对接系列活动”，邀请第三极众创空间就业创业政策宣讲师次旺拉宗宣讲就业政策，组织堆龙德庆区创业青年分享了创业经验，并发放了岗位对接小卡片以及就业宣传手册。

【服务乡村振兴】 年内，为进一步

2018年6月1日，团区委开展“你好，新时代”六一主题队日活动—组织小学生在西藏拉萨净土健康动物保护园参观

引导返乡大学生热爱家乡，发挥返乡大学生的智慧和力量，团区委制定了《堆龙德庆区寒暑假返乡大学生社会实践活动方案》，共有4个暑期返乡大学生社会实践项目顺利开展。

【西部计划志愿者服务】 年内，团区委共开展走访及谈心谈话活动4次、安全消防讲座及排查活动1次、派遣志愿者赴其他省市学习培训活动5次、组织志愿者开展志愿服务活动42次（志愿者自主策划活动8次，涉及法制宣传、平安巡逻、植树造林、关爱弱势群体、环境整治、会场服务等各个领域）。2018年，堆龙德庆区有留藏志愿者13名，荣获全国优秀志愿者称号4名。

【选树典型引领青年】 年内，团区委以五四青年节为契机，表彰了包括五四红旗团委、五四红旗团支部、优秀青年文明号集体在内的7个先进集体和优秀共青团干部、优秀共青团员、优秀青年志愿者、优秀创业农牧民青年、优秀创业大学生、保护母亲河先进个人在内的45名优秀个人。7月16日，堆龙德庆区召开2017—2018年度大学生志愿服务西部计划工作总结表彰大会，对10名优秀志愿者个人及1个优秀志愿者集体进行了表彰。

【保护母亲河行动】 2018年，团区委共组织开展环保服务活动17次，环保宣传活动2次，表彰“保护母亲河”先进个人5名。7月

2018年6月6日，团区委组织召开第一期堆龙青年电商人才赶义乌培训成果交流会

13日，由团区委、区直机关委、区环保局联合承办了堆龙德庆区“绿色低碳·文明出行”青年党员志愿者环帮普沟徒步暨美化环境公益活动，本次活动采取上山徒步、下山捡垃圾的形式，共有100余人参加了此次活动。12月5日，组织开展了“清理牛皮癣”、整治卫生志愿服务活动。

【青少年权益保护和预防犯罪】 年初，团区委制定了《2017年预防青少年违法犯罪工作总结暨2018年工作计划》，签订了《堆龙德庆区2018年预青工作目标管理责任书》。发挥好预青办组织协调作用，全年召开了2次预青联席会。

维护好青少年合法权益。联合相关预青成员单位举办“民族团结手拉手·法律护航共成长”藏汉双语青少年模拟法庭活动，并邀请区司法局援助律师黄华作了《杜绝校园欺凌、做遵纪守法公民》的讲座，覆盖青少年112名，发放价值11200元的健康洗护套装。

打造好青少年活动中心。区委、政府投入资金近300万元，先后完成青少年活动中心的招标、活动中心维修、暖气维修、清洁及人员招聘、课程设计等工作。

关心关爱重点青少年群体。6月15日，组织开展了“释放压力，从容备考”中考减压活动，区中学120名初三学生参加活动，邀请了心理辅导老师从认识压力、案例分析、如何释放坏情绪等为内容，为中考学生讲解了考前如何调整心态。开展了“用心守护·用爱陪伴 关爱留守儿童志愿服务活动”5期，服务留守儿童300余人，投入资金3万余元。与区委宣传部联合开发“网络趣学”小程序，设置未成年人思想道德建设、预防青少年违法犯罪相关知识。截至年底，小程序正在测试中。

青年交流交友。5月20日，团区委与区妇联、区总工会、城关区团委联合承办了“情定拉萨·缘

来是你”单身青年联谊活动，搭建了广大单身青年相识相知、情感交流的平台，共计300余名单身青年参加活动。

【基层团组织标准化建设】 9月，团区委对全区范围内的青年、团员、团干、各级团组织的基本情况进行摸底调查，共计95家单位上报相关数据，截至年底，堆龙德庆区共有常住青年10560人，常住团员1365人，团干107人（专职团干61人，兼职团干46人）。有效利用智慧团建系统，全区各乡镇团委、中学团委、护路队团总支数据录入工作均在稳步推进中。11月，团区委根据数据统计结果及相关要求，科学合理地分配各行各业团代会委员、候补委员及代表的名额，按程序进行代表推选工作，并于11月8—9日召开了共青团拉萨市堆龙德庆区第一次代表大会，选举产生第一届委员会。新建6家团组织，分别为那嘎村民间艺术团、西藏古传民族手工业、东嘎农贸市场、民泰村镇银行、仓念文化传播有限公司、东嘎镇祥和苑。制定了《共青团拉萨市堆龙德庆区委员会关于以习近平新时代中国特色社会主义思想为指导大力推进基层团组织标准化建设的实施意见（征求意见稿）》，为下一步推进堆龙德庆区团组织标准化建设提供指导。

【自身建设】 2018年，团区委围绕中共十九大精神、习近平新时代中国特色社会主义思想、习近平谈治国理政等开展党支部学习44次、主题党日活动12次、讲党课4次、党员干部职工脱产学习11次。召开组织生活会3次、廉政会议9次。开展党员政治教育培训，全体党员干部学习均达32个课时，全部通过结业考试。先后向巡察组提供2015年以来党支部建设、党风廉政、意识形态等台账，并及时做好解释说明，针对巡察反馈问题，制定了详实可行的整改方案及任务推进表，截至年底，整改工作已全部完成，并报送整改报告。

【探索改革新举措】 实行团组织扁平化管理。年内，团区委实施“团干部联系乡镇”制度，单独组建乡镇团干群，以加强对乡镇团组织的指导检查力度及对乡镇青年的有效覆盖。同时依托“堆龙团代表群”“堆龙团干群”等微信群，实现工作扁平化交流。

率先组建专兼挂团干部队伍，主动从中国石油西藏销售仓储分公司选配1名团干部兼职团区委副书记（兼职），从西藏瀚翔众创空间管理有限公司选配2名优秀青年挂职团区委团干部。中国石油西藏销售仓储分公司兼职副书记已经常委会通过任命，并经团代会选举产生。

（拉　珍）

【领导名录】

书　记

拉巴曲珍（女，藏族）

副书记

王　丹　丹（女）

堆龙德庆区妇女联合会

【概况】 年内，堆龙德庆区妇联在区委、区政府的坚强领导下，在区市业务部门的有力指导下，牢牢把握妇女和儿童对美好生活的向往，扎实有序开展了妇女儿童各项工作，为堆龙德庆区经济社会发展和维护稳定作出积极贡献。

2018年8月21日，北京市妇联副主席马红萍（前排左二）在东嘎镇桑木村指导检查会改联工作。堆龙德庆区委书记格桑平措（前排左一）等陪司

2018年，区妇联共有编制3名，实有工作人员7名，其中主席1名、副主席1名、副主任科员1名、科员2名、工人1名（驾驶员）、公益性岗位人员1名。

【妇女思想引领工作】 加强理论学习，提高思想认识。年内，区妇联以“两学一做”“党员政治纪律”“党员政治教育”学习活动为契机，组织干部职工对党的十九大、十九届二中、三中全会、中央党的群团工作会议、区市党委九届三次全会、区委二届二次、三次全委扩大会议精神、中国妇女十二大、区市妇女十大精神、特别是习近平同志在全国妇联新一届领导班子成员集体谈话时的讲话及西藏自治区党委书记吴英杰在自治区妇女第十次代表大会上的讲话精神进行认真学习研讨，确保会议精神入脑入心。紧紧围绕区委、区政府的中心工作，认真贯彻落实区委经济工作会议、党风廉政建设、政法工作会议精神及上级业务部门的相关文件精神，妇联干部的政治理论水平有了明显的提高。

强化业务培训，提高驾驭本职工作能力。为提高堆龙德庆区乡（镇）、村一级妇联主席业务能力素质和政策理论水平，区妇联开展了为期4天的基层妇联主席业务能力素质提升培训，重点讲解了中共十九大精神、《中华人民共和国婚姻法》《中华人民共和国妇女权益保障法》《中华人民共和国继承法》等婚姻家庭法律知识。组织妇女代表到日喀则地区康迪拉桑藏香加工有限责任公司、江孜县年堆乡索盖村、江孜县年堆乡尼玛藏式卡垫加工农民专业合作社、白朗县嘎东镇拉常吉阿妈幸粑农产品加工农民专业合作社、白朗县西藏三龙集团觉姆拉日文化传播有限公司参观学习。

开办巾帼夜校，助力巾帼成才。从思想上高度重视。结合堆龙德庆区实际，及时制定《巾帼夜校实施方案》，并要求乡镇妇联把此项工作作为本年度一项重点工作任务来狠抓落实；积极落实责任分工。区妇联负责教科书的购买，各乡镇妇联负责人员组织及老师的聘请，大家各司其职，各负其责，确保堆龙德庆区巾帼夜校顺利开班；统筹协调落实资金。为确保堆龙德庆区巾帼夜校能尽早开班，除市妇联下拨的3万元培训经费外，区妇联先后出资21878元用于购置学习教材，并第一时间发放到各乡镇妇联，由乡镇妇联统一下发到各行政村参训妇女手中；确保取得实效。堆龙德庆区30个行政村已全部开班，近5600余名妇女群众参与到培训当中，共培训380余场次。通过培训，使堆龙德庆区基层广大妇女掌握了基础文化知识，取得了实实在在的效果，达到了预期目的，为助力乡村振兴，帮助巾帼成才奠定了很好的基础。

2018年5月17日，堆龙德庆区妇联及妇儿工委2018年工作会召开

【巾帼关爱工作】 在藏历新年之际，为使堆龙德庆区基层贫困妇女儿童及村妇联主席度过一个欢乐祥和的节日，区妇联联合市妇联深入堆龙德庆区六乡（镇）开展“巾帼送温暖”活动，共慰问贫困母亲和孤残儿童73名，村妇联主席30名，共发放慰问金9.2万元，其中市妇联慰问1万元。为结对户送去慰问资金8000元，及时把党和政府的温暖和妇联组织的关爱送到他们的心坎上。

在“六一”国际儿童节之际，深入到包村幼儿园，开展了主题为“放飞童心·激扬梦想”庆祝“六一”儿童节助梦活动，为包村100余名幼儿园孩子们送上最美好的儿童节祝福。同时，送去价值5000余元的玩具及衣物，使每位儿童都拿到了自己心爱的礼物。

在全区实施以“做神圣国土守护者、幸福家园建设者”为主题的“乡村振兴巾帼行动”活动中，充分发挥妇联组织独特作用和妇女“半边天”作用，为堆龙德庆区六个乡（镇）贫困妇女儿童发放“格桑花”贫困妇女儿童救助基金，涉及资金达18.2万元，救助人员29名，把区委、区政府的温暖和妇联组织娘家人的温暖送到贫困妇女儿童心坎上。自治区妇联为堆龙德庆区10名两癌患者每人救助1万元，共计10万元；拉萨市妇联为堆龙德庆区2名两癌患者每人救助1万元，共计2万元，为10名考入重本的贫困女大学生每人资助了5000元，共计5万元。

关心尼姑，关爱她们的身心健康是妇联组织义不容辞的一项责任和义务，也是妇联组织的一项重要工作范畴。区妇联深入到德庆乡其美龙寺、热果寺和马乡聂寺，为3座寺庙和驻寺干部80余人开展送医送药活动，并送去价值49000元的常用药品。同时，教育引导广大僧尼增进“五个认同”、加强民族团结、遵循四条标准，依法开展各项宗教活动，自觉弘扬藏传佛教爱国爱教光荣传统，积极引导宗教与社会主义相适应。

为进一步做好北京市门头沟区妇联与堆龙妇联达成的对口支援工作，加深两地妇联之间的合作、交流、交融。北京市门头沟区妇联为德庆乡门堆村妇女捐赠了15袋爱心物资，受益妇女群众达106人。

【妇女儿童维权】 年内，区妇联以“五下乡”“3·28”“综治宣传月、“9·16”平安西藏宣传日、“12·4”宪法宣传日等各种活动为载体，深入各乡镇、行政村开展《中华人民共和国妇女权益保障法》《中华人民共和国婚姻法》《中华人民共和国未成年人保护法》《中华人民共和国反家庭暴力法》《妇女两癌防治宣传手册》等维权知识宣传，提供法律、政策、心理咨询等帮助。2018年，共举办维权宣传10次，发放各种宣传资料4700余份。通过“婚姻家庭纠纷调解室”“妇女儿童维权岗”“妇女儿童维权合议庭”共接待、下访、回访、调处妇女儿童来信来访15件（包括各乡镇、各村），信访调解率达100%。

【创新工作】 “三八”国际劳动妇女节当日，区妇联开展了“巾帼心向党·建功新时代”纪念第108个“三八”国际妇女节趣味活动，区直机关270余名妇女干部职工参加活动，并对每项胜出的前三名进行颁奖；各乡镇、各行政村、机关妇委会相继开展了形式多样、内容丰富的庆“三八”系列活动，不断丰富广大基层妇女的业余文化生活。

召开2018年妇联及妇儿工委工作会议，对2017年全区妇女儿童工作进行了全面总结，安排部署了2018年工作。对6个先进集体及37个先进个人进行了表彰；传达学习了全国妇联十一届七次执委会、自治区妇联九届五次执委会、拉萨市妇联九届六次执委会精神。

隆重召开堆龙德庆区妇女第一次代表大会，大会的召开是堆龙德庆区妇女运动史上一次十分重要的会议，也是堆龙德庆区广大妇

2018年8月31日，堆龙德庆区召开妇女第一次代表大会

女政治生活中的一件大事。大会全面回顾了过去五年堆龙妇女运动和妇女工作发展历程，谋划部署了今后五年妇女发展目标及奋斗任务，选举产生了新一届妇联领导班子。

根据全市易地扶贫搬迁安置工作专题会议精神和拉萨市委书记白玛旺堆的重要指示精神及市委组织部《关于做好易地扶贫搬迁安置点基层组织建设工作的通知》精神，2018年桑木安置点成立祥和苑社区后，为及时配套群团组织，堆龙德庆区妇联联合东嘎镇党委，召开了祥和苑社区第一次妇女代表大会，选举产生了社区妇联班子成员。会议严格按照《中华妇女联合会章程》《中华人民共和国居民委员会组织法》及有关法律程序，由祥和苑社区221名妇女代表选举产生17名妇联执委，在第一次执委会上，选举产生了妇联主席1名、专职副主席1名、兼职副主席2名。

【宣传先进典型示范引领作用】 2018年1月，西藏自治区妇联启动了“五好文明家庭”“最美家庭”评选活动，通过组织推荐、社会推荐，全自治区共50户优秀家庭受到了表彰，其中堆龙德庆区羊达乡通嘎村阿努家庭和羊达乡政府李鹏辉家庭分别荣获自治区“五好文明家庭”和“最美家庭”荣誉称号。5月29日，堆龙德庆区委书记格桑平措作了关于“做好宣传，发挥典型引领作用”的重要批示。为切实落实好此项工作，进一步宣传好典型人物，更好地发挥典型示范引领作用，区妇联从以下几方面入手，对先进典型进行广泛宣传。及时将领导批示下发到各乡（镇）妇联，并要求各乡（镇）妇联采取多种形式，做好宣传教育工作；通过一号楼大屏幕24小时滚动播放事迹材料的方式，进行广泛宣传，让全区广大干部职工了解先进事迹，进一步树立先进典型；将阿努、李鹏辉2位先进人物的事迹材料通过堆龙发布、巾帼堆龙等微信公众平台以及妇联系统微信工作群进行宣传，激励更多的人以先进为榜样，注重家庭、家风、家教建设，积极践行社会主义核心价值观，争做传统美德的传承者、社会新风的倡导者、道德规范的实践者，为建设团结美丽健康幸福新时代堆龙建功立业，谱写中华民族伟大复兴中国梦的堆龙篇章贡献巾帼力量。

【妇儿工委中期督导工作】 2018年是《堆龙德庆区2016—2020年妇女发展规划》和《堆龙德庆区2016—2020年儿童发展规划》中期评估年，为如期完成各项指标任务，顺利通过拉萨市妇儿工委对堆龙德庆区《两规》实施情况的评估验收，区妇联专门组织召开堆龙德庆区妇女儿童工作委员会2018年联络员会议暨迎评动员部署大会，对堆龙德庆区《两规》实施情况进行自查自评，查找存在问题，做好评估验收前期各项准备工作。同时，按照市政府妇儿工委办要求，安排区委组织部、区人社局、区统计局、区教育局、区卫计委、区民政局、区文化局7家成员单位做好《堆龙德庆区2016—2020年妇女发展规划》《堆龙德庆区2016—2020年儿童发展规划》实施情况汇报材料。会上并要求各成员单位必须引起高度重视，积极配合，狠抓落实，并严格按照单位一把手负总责，联络员具体负责的工作要求，结合各单位业务实际，及时拿出切实可行的措施，做好查漏补缺，改进存在问题，确保各项工作落到实处。

【基层党建】 年内，区妇联按照“十二有”标准健全党组织活动场所，做到有党旗、党徽、有党章、有场所、有“党员之家”牌子、有制度（上墙）、有展板、有党刊、有专柜、有经费、有记录、有典型等，为组织活动开展提供平台，确保发挥作用；为弘扬雷锋精神及“奉献、友爱、互助、进步”的志愿精神和弘扬爱国主义精神，继承革命烈士遗志，加强爱国主义精神，激发妇联党员干部职工的干事创业激情，区妇联党支部先后开展了以“学习雷锋 奉献他人 提升自己”为主题的党员主题志愿活动和“缅怀先烈·铭记历史”清明节扫墓等主题党日活动。开展了“建功新时代·共话党的辉煌历程”为主题的庆“七一”系列活动，集中学习了党章、重温入党誓词、围绕主题开展讨论，与宪法合影等系列活动；严格落实党费收缴管理规定，教育党员干部增强党员意识，按时、足额、自觉交纳党费；严肃党内政治生活，严格执行“三会一课”、民主评议党员等基本制度。

【党风廉政建设】 年内，区妇联严格执行党风廉政建设责任制，采取集中学习、个人自学、观看警示教育片、交流体会等多种形式，开展经常性党风廉政学习教育活动，狠抓班子廉政建设，坚持用科学理论武装头脑，牢固树立正确的世界观、人生观、价值观、权力观、地位观和利益观，不断增强妇联党员干部遵纪守法、反腐倡廉的自觉性。特别是在“三大节日”“五一”国际劳动节、端午节、“十一”国庆节等节点及前均召开干部职工大会，传达各级纪委各项纪律要求，时常提醒，将各项纪律牢记于心，保证了干部职工的清廉。组织各乡（镇）分管妇联领导，召开2018年妇联系统党风廉政建设会议，对2017年妇联系统党风廉政建设情况进行简要总结，安排部署了2018年廉政工作，并与各乡（镇）妇联负责人签订了党风廉政建设责任书。全年共召开党风廉政专题部署会议4次。

【巾帼脱贫】 年内，区妇联按照“六个精准”“五个一批”和脱真贫、真脱贫的总要求，严格按照区委、区政府精准扶贫相关文件要求，紧密结合包村困难妇女群众实际，多次深入包村点结对户家中开展政策宣传、更新明白卡、制定帮扶措施、签订帮扶责任书、开展结对帮扶等各项工作，全力助推巾帼脱贫工作进程。

（巴　片）

【领导名录】

主　席

胡仕梅（女）

副主席

刘桂香（女）

堆龙德庆区工商业联合会

【概况】 2018年，堆龙德庆区工商业联合会共有会员企业69家，全区共有13个非公有制经济组织党支部，有中共党员114名，预备党员21名。区工商联核定行政人员3名，实有干部4名。

【发挥工商联职能作用】 年初，区工商联开展了节前慰问非公企业困难职工活动，对17名会员企业困难职工进行了节日慰问，为他们送去了大米、油、砖茶等价值8500元的慰问品，并预祝他们度过一个幸福祥和的藏历新年。积极引导会员企业参加“精准扶贫”和“社会公益事业”，组织会员企业西藏域玺文化传媒有限公党支部和西藏恒跃柳工工程机械销售服务有限公司分别向桑木村易地扶贫搬迁点捐赠了医疗器材和生活用品，对那嘎村的7户贫困户（3户2000元、4户1000元）和下辖的3家幼儿园（各1万元）开展帮扶慰问活动，投入帮扶资金4万元。为推进堆龙德庆区大众创业万众创新，促进区属民营企业家更好地树立创新创业意识，提升企业核心竞争力和生存能力，为堆龙德庆区企业家搭建一个相互学习、交流互助的良好平台，助力培育、催生、打造一支政治素养高、实践能力强的创新型企业家队伍，区工商联开展了为期4天的首届民营企业家教育活动，并组织11名民营企业家到江苏省连云港市赣榆区进行为期8天的考察学习。为促进非公经济健康发展，进一步激发民营企业发展活力，区工商联组织召开了民间投资下滑问题座谈会，鼓励民营企业坚定发展信心，明确市场化

2018年9月18日，区工商联同西藏恒跃柳工机械销售有限公司相关人员在古荣乡那嘎村开展献爱心公益活动

2018年4月12日，区工商联组织召开民间投资下滑问题座谈会

改革导向，调整优化企业结构，进一步提升投资信心。

【非公企业党建工作】 年内，区工商联组织堆龙德庆区非公企业党支部党员、预备党员、积极分子共40人进行了党务基础知识培训，积极邀请了自治区党校副教授曲宗和堆龙德庆区委党校老师乔松为学员授课，为学员播放了大型纪录片《厉害了，我的国》。为庆祝建党97周年的生日，堆龙德庆区非公党工委（工商联）制定了《堆龙德庆区非公党工委纪念建党97周年庆（七一）活动方案》，6月30日下午，堆龙德庆区非公党工委在拉萨远大建材有限责任公司礼堂举办了党建工作表彰大会暨庆祝建党97周年和改革开放40周年文艺演出活动，表彰了在党建工作中成绩突出的5家党支部和14名个人，分别授予"党建工作先进集体"和"先进党务工作者"称号，进一步激励了全区非公有制经济党组织和党员不忘初心，牢记使命，以更加崭新的姿态、更加饱满的热情、更加务实的作风，为堆龙德庆区非公企业党建工作作出新的更大贡献。

【精准扶贫】 年内，区工商联工作人员深入包村点古荣乡那嘎村对结对贫困户开展入户调查问卷和慰问，结对帮扶户认为自精准扶贫政策实施后，在吃、穿、住方面得到了极大的改善，并对现有的帮扶方式和帮扶责任人的工作感到非常满意。

【党风廉政建设】 年内，区工商联根据区纪委下发的党风廉政建设和反腐败相关工作的文件精神，制定了《堆龙德庆区工商联2018年党风廉政建设工作计划》，根据区纪委要求及时报送党风廉政建设工作总结。为进一步落实党风廉政建设制度，区工商联制定并完善了财务管理、公务接待、公务用车等制度，不断提高反腐倡廉的制度化水平。2018年，先后召开了10余次党风廉政建设会议，及时传达区委、区纪委的相关文件精神，并与干部职工签订了《党风廉政责任书》。

（德吉白珍）

【领导名录】

主　席

达瓦次仁（藏族）

副主席

普布次仁（藏族）

军 事

堆龙德庆区人民武装部

【概况】 2018年，区人武部按照年度工作总体部署，坚持不懈深入学习贯彻中共十九大精神，认真落实全军政治工作会议精神，突出军事斗争准备和国防后备力量建设这个中心，守住安全稳定这条底线，大力加强思想作风建设，深入开展好群众工作和双拥工作，积极参加扶贫帮扶工作，扎实打基础，反复抓落实，单位全面建设有序展开，扎实推进，成效明显。

【思想政治建设】 年内，区人武部认真开展"传承红色基因、担当强军重任"主题教育活动，持续开展四反和防间保密教育、民族宗教政策教育，组织官兵撰写心得体会60余篇，组织交流发言7次，筑牢了官兵听党指挥、能打胜仗、作风优良的思想基础。利用民兵整组、集中训练和执行急难险重任务等时机，在广大民兵中兴起学习贯彻习近平新时代中国特色社会主义思想，并突出抓好民兵社会主义荣辱观教育，组织官兵开展走访慰问扶贫帮扶对象及宣讲党的十九大精神活动。

【民兵军事训练和维稳执勤】 年内，区人武部按照习近平主席"能打仗、打胜仗"指示要求，按照《人武部军事训练和考核大纲》规定，组织本部官兵完成了军事理论、军事技能和专业技能等科目的学习，并组织区人武部干部参加了军区军事训练比武考核。

持续加强重大节日社会面防控。在2018年元旦、春节、藏历新年节庆与"萨嘎达瓦"、楚布寺"立幡""燃灯节"等宗教活动期间，组织应急民兵90人，协助地方公安、基层乡镇，加大了辖区重要目标和区域巡逻执勤力度，累计巡逻达2700余人次。

聚力练兵备战谋打赢。2018年6月，根据军区《全区人武部军事训练考核方案》，每周利用3天时间，集中组织针对性军事训练

2018年11月，军委国防动员部检查考评组一行在堆龙德庆区检查考评民兵调整改革工作

2018年7月1日，区人武部组织官兵开展重温入党誓词活动

和理论学习，并分2批参加军区动员处组织的人武部军事训练竞赛性考核，最终取得了全自治区人武部排名第5名的成绩。

本部人员和民兵训练管理。严格落实好一日生活制度，部领导带头出操、带头组训、带头施教，单位秩序井然，管理正规，安全形势良好。安排不少于1名军事干部专职负责民兵训练管理，科学制定训练计划，按部队正规化要求加强民兵队伍管理。2018年，基干民兵无论是参加维稳执勤、抗震救灾演练，还是年终军事考核，均取得了优异成绩。

【作风建设】 年内，区人武部按照中央“八项规定”、陆军“禁酒令”、西部战区、西藏军区和警备区有关规定，大力改进作风，扎实抓好倾向性问题专题整治活动。深入贯彻习主席在“古田政治工作”会议上的指示精神，集中解决形式主义、官僚主义、享乐主义和奢靡之风等“四风”问题。严格执行领导干部廉洁从政规定，力戒官僚主义、形式主义，坚持勤俭节约、简朴办事。以重大安全隐患排查整治活动和“争创安全年”活动为契机，广泛开展“三责”（我的安全我负责、他人安全我有责、单位安全我尽责）活动、“三互”（互学、互帮、互带）活动和季安全竞赛活动，落实重大活动安全风险评估，逐人逐级签订安全稳定责任书，强化安全责任，确保全区安全稳定。

【国防教育】 年内，区人武部认真贯彻落实国防法律法规，把《中华人民共和国军事设施保护法》等重要国防军事法律法规列为国防教育重点，组织官兵定期深入学校、企业、乡镇和民兵连排等基层一线进行国防教育宣讲，取得了良好效果。建议区委、区政府设立了国防教育展厅，拓展渠道，广泛开展国防法规、国防理论和国防形势的宣传教育。

【双拥工作】 年内，区人武部扎实做好部队院校招生、直招士官等招生的政治审查、筛选把关和推荐入学工作，服务考生100余人。开展“爱心进村、法律进村、科技进村、文明进村、文化进村、项目进村”的“六进村”活动，培养了20余名种养殖技术骨干，促进农牧民群众致富增收。以开展“共产党员民族团结先锋活动”为契机，定期安排人员与区民政局工作人员一同开展节日慰问、精准扶贫帮困活动，以实际行动为群众解难题、办实事，进一步巩固了社会主义民族关系的良好局面。

【征兵工作】 2018年3—9月，区人武部以区（市）两级征兵工作会议精神为指导，遵照上级下发的新兵征集任务，严格按照征兵工作计划和征集流程，严把征兵各个关口，积极协调地方公安、民政、财政、卫生、教育等职能部门抽调人员组成征兵办，筹划安排征兵工作会议；开展征集初检、体检、政审等具体工作；主动邀请地方纪委监督征兵流程，确保征兵过程公平、公正、公开，为部队输送合格兵员多人，有效确保了兵员质量，圆满完成年度征兵工作。

（吴 近 拉巴泽仁）

【领导名录】

政 委

孙振立（上校）

部 长

刘红军（上校）

堆龙德庆区公安消防大队

【概况】 2018年，中央印发《深化党和国家机构改革方案》，全国公安消防部队成建制划归应急管理部，现役编制全部转为行政编制。大队全体官兵在党中央、国务院及上级单位的正确领导下，充分认清当前消防救援队伍面临的新形势新要求，结合学习贯彻习近平总书记重要训词精神，结合集中教育整训和违反中央八项规定精神突出问题集中整治工作，坚定不移惩治腐败，持之以恒正风肃纪，坚决立起从严从紧抓纪律作风的鲜明导向，切实推动全面从严管党治队向纵深发展，为建设一支"对党忠诚、纪律严明、赴汤蹈火、竭诚为民"的消防救援队伍提供坚强的保证。按照《中华人民共和国消防法》以及应急管理部消防救援局、西藏自治区消防救援总队的部署要求，坚持"预防为主、防消结合"方针，完善消防法规标准，健全消防安全责任制度，持续排查整治火灾隐患，加大消防安全宣传力度，不断夯实消防工作基础，提升公共消防安全水平，以创造良好的堆龙消防安全环境为总目标，求真务实，真抓实干，全力提升防火灭火、应急救援和维稳处突能力，圆满完成了各类重大活动、敏感节点的消防安全保卫任务，确保了火灾形势持续平稳。

2018年，大队共检查单位2020（家、次），发现火灾隐患1395处，督促整改火灾隐患1397处，下发《责令改正通知书》623份，处罚单位、个人3个（次），罚款10500元，依法查封危害公共消防安全单位3家。大队官兵共接警出动237起、出动车辆281余次、出动警力1148人次、抢救被困人员4人、疏散被困人员20人，抢救财产价值120万元。

【班子建设】 年内，大队始终将班子建设摆在各项工作的首要位置，全队官兵精诚合作，和谐共处。大队党委书记身先士卒，严格按照上级要求，牢牢把握整个大队的工作目标和工作方向，认真落实七项组织生活制度（会议制度、党日制度、党课制度、报告工作制度、民主生活制度、党员汇报制度、民主评议党员制度），坚持议事议案制度，充分发扬民主，从制度上、行为上规范全体指战员。

【政治教育】 年内，大队始终保持旺盛的政治热情、昂扬的精神风貌和坚韧的战斗意志，确保各项维稳消防工作圆满完成。开展了保密教育、法纪教育、党风廉政建设等各类主题教育学习活动和"作风纪律教育整顿"专题部署活动，通过交流座谈、思想讨论、帮扶教育、文化交流、撰写心得、摘抄笔记、视频宣传等方式，掌握全体指战员的思想状态，确保全体指战员思想稳定。通过一系列学习活动，使全体指战员思想得到了统一，在一定程度上解决了全体指战员安全管理等方面存在的问题，切实增强全体指战员的政治意识、大局意识、责任意识和忧患意识，坚定了全体指战员敢打胜仗、敢打硬仗的信心和决心。

【构建消防新格局】 2018年，大队以防火安全委员会为平台，以工作联席会议为纽带，全面协调公安、安监、住建、民宗、工信等有关职能部门力量，紧盯易燃易爆

2018年4月3日，区公安消防大队大队长洛桑朗卡带队在工地检查消防安全工作

2018年6月22日，区公安消防大队官兵扑灭一起桑木村报废汽车市场火灾事故

场所、文物古建筑、人员密集场所、在建施工工地、仓储物流场所五大防控重点，持续开展了易燃易爆场所、仓储物流场所、夏季消防安全整治等一系列消防安全专项整治行动，始终保持严打严治严改火灾隐患的高压态势。行动中，各有关部门紧密配合、联查联动，及时进行消防信息互通，定期开展联合执法检查，有效凝聚了消防安全打非治违强大合力，特别是公安、消防部门，积极发挥主力军作用，广大公安干警、消防官兵以“养兵千日用兵千日”精神，时刻奋战在清剿火灾隐患的最前线，对发现的隐患和消防违法行为，敢于动真碰硬。

2018年，多次召开消防工作专题会议，着力提升辖区火灾防控总体水平，大力推动出租房、群租房、三合一等“三类场所”消防安全专项整治行动、夏季消防安全检查专项行动、今冬明春火灾防控工作等贯穿全年的大项消防安全专项整治。针对辖区隐患较多的东嘎农贸市场、寺庙拉康、易燃易爆场所、民生场所、夜间营业场所以及仓储物流场所等，联合区各职能部门和辖区直接负责人分别开展有针对性的专项检查，实现了消防工作全覆盖、无缝隙排查，受到社会各界的高度赞誉和认可。

各重要节点期间，在抓好全区火灾形势稳定的同时，积极配合上级单位，采取大队领导带队、监督人员具体实施、中队全面熟悉的方式，通过白天监督检查、晚上错时夜查的工作模式，对不放心的九小场所、出租屋以及所有社会单位开展全面排查。

根据上级文件要求，向区政府请示协调，区政府拨发专款为辖区内公安派出所、便民警务站，以及所有学校购置了微型消防站装备器材，配发的装备器材有手抬机动泵、背负式细水雾、多功能水枪、消防水带、灭火器、站牌、装备器材柜、制度牌、消防强光手提灯、消防自救呼吸器、消防安全绳、消防手套、消防腰斧、消防腰带、消防头盔、消防员灭火防护服、消防员灭火防护靴等，共计1262件/套，投入资金451余万元。

【消防宣传】 年内，大队以落实《全民消防安全宣传教育纲要》为主线，以“四个必训”（有火必训、有会必训、有演必训、有用必训）为抓手，在常态化开展“九进”宣传和“错时制”宣传基础上，不断创新工作方。在开展监督执法的同时，大队监督人员还坚持结合典型火灾案例，对被执法对象进行宣传教育，使其主动消除火灾隐患，自觉抵制消防违法行为，从源头上减少隐患的产生。制定《堆龙消防大队2018年“119”消防宣传活动细化方案》，并根据方案要求开展了“全民参与，防治火灾”为主题的“119消防宣传月”活动。根据《堆龙德庆区深入学习宣传贯彻党的十九大精神“五下乡”活动实施方案》要求，开展了“五下乡”等系列宣传活动，进村入社、言传身教，受到了广大群众一致好评，宣传效果良好，氛围浓厚。2018年，大队开展消防宣传培训50余次，受训人员达6000余人，发放各类消防宣传资料6500余份。

【岗位练兵】 年内，大队为全面提高部队全体指战员整体业务技能和技、战术水平，按照支队岗位练兵实施方案要求，大队以“练为战”为指导思想，坚持“从严、从难”的训练原则，严格要求，保证训练的“时间、内容、人员、效果”的四落实。按照训练大纲要求，堆龙中队精心拟定了训练计划，依照计划内容逐一展开训练，中队干部深入现场，精心组织，官兵认真听讲，反复摸索动作要领，通过循序渐进的训练，队员们的训练成绩稳定提高。

【提高实战能力】 年内，大队对堆龙德庆区的市政消火栓进行普查，对有问题的报请区政府进行维修；制定灭火作战预案和消防安全重点单位提示卡制度；建立健全联动灭火救援机制，提高与军警民联合作战的能力。堆龙中队有针对性的组织官兵学习火场供水专业知识及易燃易爆、寺庙古建筑及人员密集场所的现场火灾扑救理论，以理论指导实践，为处理各类火灾事故打下坚实的基础，提高了官兵的实战与理论水平。

（刘　楠）

【领导名录】

大队长

洛桑朗卡（藏族）

武警堆龙德庆中队

【概况】 中队组建于1977年6月，2005年5月，原拉萨市支队与第一支队合并为拉萨市支队（旅级）后，系拉萨市支队六大队堆龙德庆县中队，主要担负堆龙德庆县看守所看守勤务和各类临时勤务。2016年随着堆龙德庆县撤县设区，更名为武警堆龙德庆区中队。2018年1月，依据军委新体制，中队正式更名为武警堆龙德庆中队。2018年，中队党支部以习主席系列讲话精神为引领，以上级党委工作部署为导向，以“保稳定，争先进”为总体目标，深入推进“两学一做”学习教育常态化制度化，认真开展“不忘初心、牢记使命”主题教育，部队建设整体稳步向好。4月初，支部班子调整后，支部一班人深刻领会上级党委首长决心意图，加快融合、密切配合，在秉承年初建队目标的基础上，把中心聚焦到“迎接保卫新中国成立70周年”上来，把重点转移到“能打胜仗、敢打硬仗”上去，大抓军事训练，严整部队风气，强力推动部队建设上台阶、换新颜。

【坚定政治信念】 年内，中队党支部坚持用党的创新理论和习主席系列讲话精神铸魂励志，强化了官兵听党指挥、立场坚定、忠实履职的政治信念。坚持紧贴强军目标搞灌输，紧贴官兵思想抓引导，紧贴岗位要求促转化，针对官兵对强军目标和新一代革命军人要义领悟不深的实际，采取专家宣讲、干部串讲、骨干辅讲的方式，围绕军人的灵魂是什么、当代革命军人怎么做才是真正的有本事等重点问题破题讲课；鼓励官兵在板报小报上谈认识、讲道理、话收获，调动了官兵钻研理论、丰富头脑、指导实践的积极性。

【提高训练水平】 年内，中队牢固树立“练兵备战”理念，结合中队应急班担负任务实际，把实战化训练作为根本，充分利用营区场地资源优势，坚持落实好应急班每天不少于6小时训练，坚持中午、晚上开饭前半小时器械训练，不断打牢官兵体能素质基础；落实“日训、周测、月考、季评”制度，建立完善官兵训练档案，把训练有功、训练有为、训练有位当作导向，把军事训练成绩作为立功授奖、入党考学、晋选士官和骨干选

2018年2月22日，武警堆龙德庆中队与堆龙德庆区看守所召开联席联防会议

2018年3月14日，中队参加联勤武装巡逻

拔的重要参考依据，激发官兵参训热情，部队战斗力进一步提升。

【班子建设】 年内，中队党支部一班人牢固树立“事业第一、集体第一、士兵第一”理念，在“两学一做”学习教育活动中，通过主官带头、支委示范、党员挂牌宣誓、支部公开承诺等方式，开展干部每月住一次班、上一次哨、帮一次厨、为战士过一次生日活动，树立了党员干部自觉站排头、上一线、打头阵的良好形象，带动和影响了中队官兵。

【固定勤务】 中队常年担负着堆龙德庆区公安局看守所的看守勤务，2018年，中队始终把固定目标执勤作为经常性执勤工作的重心，坚持以人为本，依靠规范的部署，完善的设施，强化重点，力补弱项，实现了“正规执勤、确保安全”的目标。坚持防范、约束、处置紧密结合的原则，加大对“防逃、制逃、追逃”的研究和演练，进一步完善中队各类执勤方案，做到合理布兵，科学组勤，严密组织，坚决保证固定执勤目标绝对安全、万无一失。

【临时勤务】 年内，中队完成了重要节假日期间堆龙德庆区主要路段的武装巡逻，圆满完成了楚布寺、乃朗寺现场警戒等安全保卫任务，维护了朝拜秩序，参与了区委、区政府每周的升旗护卫活动，为维护堆龙德庆区的安全稳定作出了积极贡献。

【双拥工作】 年内，中队广泛开展以“共讲党恩跟党走、共促团结反分裂、共建文明树新风、共谋发展惠民生、共抓党建固根基、共创平安保稳定”为主题的“六共”活动，积极配合区委、区政府及区中直相关部门开展拥政爱民教育、国防教育活动。同时，中队注重加强对党委、政府、用兵单位、共建单位、友邻单位的走访慰问，进一步密切警政警民关系；不定期举行党政军警民座谈会，邀请地方政府、用兵单位、友邻单位和营区周边普通群众进行座谈，积极汇报部队建设情况，征求对部队建设的意见和建议，形成了改进意见和措施，促进了拥政爱民工作的健康协调发展。

（韩　寅）

【领导名录】

中队长

谭　凯

政治指导员

兰　旭（6月离任）

程　果（6月任职）

法 治

中共堆龙德庆区委政法委员会

【概况】 年内，堆龙德庆区深入贯彻落实中共十九大和中共十九届三中全会精神，深入贯彻落实习近平总书记系列重要讲话精神、特别是“治国必治边、治边先稳藏”的重要战略思想和“努力实现西藏持续稳定、长期稳定、全面稳定”的重要指示，按照中央、自治区、拉萨市党委、政府以及市委政法委、综治委、维稳一线指挥部的决策部署，结合堆龙德庆区实际，主动治理，以打促建，强基固本，充分依靠和发动广大人民群众，扎实开展政法司法、社会治安综合治理、维护社会稳定各项工作，社会治安持续好转，群众安全感和满意度进一步提高，实现了各族群众安居乐业、社会大局安定和谐。

【党建工作】 年初，设立专项党建经费27300元，确保各项党建工作顺利开展。党员活动办公室内设党建专柜，整理党建工作各项档案6盒，整理存放图书40余册，制作制度板8张，已全部上墙。全年区委政法委党支部共组织学习40余次，对11户扶贫对象慰问15次，慰问资金达11000余元。

【社会治安综合治理】 年内，区委、区政府将加强综治工作、深化平安堆龙建设工作纳入党委、政府重要议事日程，与经济发展同安排、同部署，及时研究解决综治及平安建设工作中热点、难点问题。区综治委狠抓综治各项制度落实，各级综治办进一步细化工作任务措施，协调推进综治工作中的难点、热点问题，认真落实综治成员单位全体会议制度、综治委主任会议制度，完善干部提拔任用综治意见征求等机制。全年共召开综治委全体会议2次，综治五部委联席会议3次，综治全体成员单位会议8次。进一步加

2018年3月1日，拉萨市公安局党委委员，堆龙德庆区委副书记、政法委书记、公安局党委书记、局长谢公瑾（主席台左二）主持召开三月份维稳工作部署会议

2018年1月15日，堆龙德庆区召开综治维稳工作暨"先进双联户"创建活动表彰大会

大对责任落实的考核督促力度，坚持年初有安排、年中有督促、年底有考核。1月15日，召开了2018年平安建设暨政法综治工作会议，与各乡(镇)、区(中)直各部门、寺管会、驻区各企(事)业单位签订了《中共堆龙德庆区委 堆龙德庆区人民政府2018年社会治安综合治理目标责任书》。

【维护稳定】 年内，区委政法委认真贯彻落实区委、区政府的各项决策部署，坚持做到居安思危、安不忘危，进一步细化维稳各项工作措施、狠抓责任落实，确保了"三大节日""萨嘎达瓦"宗教活动月、楚布寺次曲活动、藏博会、雪顿节、"十一"国庆节等重要节点和谐稳定，为实现堆龙德庆区社会大局的持续稳定、长期稳定和全面稳定作出积极贡献。

【综治宣传】 年内，在三月综治宣传月、六月综治宣传周、"9·16"平安西藏宣传日期间，堆龙德庆区开展了内容丰富且形式多样的宣传活动，各乡(镇)积极联合驻村工作队、下沉干部采取定点宣传和流动宣传的方式，深入到农牧民群众中间，积极宣传"双联户"工作、强基惠民政策及相关民生政策，共向农牧民发放宣传资料4000余份。区综治办组织区公安局、法院等40余家综治成员单位集中开展综治宣传活动，特别是针对人员比较密集、外来人口多、治安复杂的地方，专门组织力量联合开展法制宣传，切实提高守法、用法意识，此次活动共悬挂横幅80多条、摆放展板70多幅，发放藏汉两种文字的各种宣传单、宣传册3000余份，为全区社会治安综合治理、平安建设各项工作措施的落实起到了积极的推动作用，为建设"团结、稳定、平安、和谐堆龙"营造良好的社会氛围。

【平安创建】 年内，区委政法委深入开展平安创建活动，健全和完善源头预防、运转高效、联调联动的矛盾纠纷化解体系，筑牢专群结合、人防物防技防结合、"打、防、管、控"一体化的治安防控体系，健全机制完善的基层基础工作体系，创建党政领导、综治协调、社会参与的平安建设体系，实现了8类重大刑事案件大幅下降，因矛盾纠纷引发的伤害案件、越级访、重复访、集体访和安全生产事故整体下降，进一步扩大了全区平安创建活动的覆盖面，在全区努力营造了团结和谐的政治环境、安全稳定的社会环境、规范有序的市场环境、诚实守信的人文环境。

【"双联户"工作】 年内，堆龙德庆区1383名"双联户"代表在基层一线发挥了重要作用，共调解矛盾纠纷507起，排查各类安全隐患412处，开展治安巡逻3960余次，整治环境卫生1682余次。特别是在各敏感期期间，主动参与村组巡逻、村道设卡等工作，在各个佛事活动中也充当治安员、宣传员、信息员等。广泛开展面向不同阶层的教育培训和政策宣传活动，共举办各类培训班40余期，参与人数达2000人次，激励引导各族群众以更大的热情参与属地联防、实现共同富裕，得到了群众的充分认可。

【扫黑工作】 年内，区委、区政府把扫黑除恶打非治乱专项斗争放在全区改革发展稳定大局中来谋划、来把握、来做实，投入了扫黑除恶打非治乱专项斗争经费20

万元。深入6个乡(镇)、30个行政村、2家农贸市场、3家商贸市场、32个运输车队、10个沙场和各建筑施工工地、7家娱乐场所、学校、交通运输场地、旅游景区、医疗机构等易滋生黑恶势力重点领域开展常态化滚动摸排,累计摸排120余次,摸排人员达4000余人次,排查娱乐场所7家、黑车80余辆、车队29组、沙场10个、采石场2个、矿山2座、农贸市场2个。共组织开展各类宣传活动20余场,累计发放各类宣传资料1.5万余份、宣传海报1200余份、张贴通告400份,悬挂横幅50条,设立宣传展板4个,大型户外广告3处。

(次仁卓嘎)

【领导名录】

区委副书记、政法委书记、公安局局长

谢公瑾

政法委常务副书记

管 兵

政法委副书记

巴 桑(藏族)

堆龙德庆区公安局

【概况】 年内,区公安局在区委、区政府的正确领导和拉萨市公安局各业务部门的精心指导下,坚持以"稳定压倒一切"为中心,确保了春节、藏历新年、萨嘎达瓦、雪顿节、藏博会等重要时段的安全工作,进一步建立健全维稳工作机制,驾驭社会防控网络,严厉打击各类刑事犯罪活动,认真贯彻党中央、国务院,自治区、拉萨市、堆龙德庆区委、区政府关于"扫黑除恶打非治乱"专项斗争工作,有效整治治安复杂场所,深入扎实的开展民爆物品及成品油管理,进一步深化"交通整治"等专项行动,确保了2018年"三无"(无重复上访、无集体上访、无信访积案)"三不出"(大事不出,中事不出,小事也不出)的工作目标。

【安保工作】 年内,在拉萨市公安局和堆龙德庆区委、区政府及区维稳一线指挥部的领导下,区公安局专门研究制定了《堆龙德庆区公安局2018年元旦春节藏历年期间安全保卫工作实施方案》《堆龙德庆区公安局第一季度、第二季、第三季、第四季度维稳防控工作方案》《三月份全区社会面安全防范工作方案》《萨嘎达瓦全区社会面安全防范工作方案》《堆龙德庆区公安局扫黑除恶打非治乱专项行动实施方案》《堆龙德庆区公安局关于第四届中国西藏旅游文化国际博览会安全保卫工作方案》等42份专项行动工作方案;根据宗教活动的特点和历年活动规模,研究制定了《堆龙德庆区公安局顶嘎寺"灌顶"佛事活动安全保卫工作细化方案》《觉木龙寺"跳神"宗教活动安全保卫工作方案》《措麦寺"讲经"宗教活动安全保卫工作方案》《其美龙寺"迎请强巴佛"宗教活动安保方案》《堆龙德庆区公安局楚布寺2018年"次曲"宗教活动安全防范方案》等12个宗教活动方案。

【开展反分裂斗争】2018年,区公安局各部门共收集上报情报信息1207条,上报专班一周动态39期,其中线索核查71期,教育处理10人。国保大队受理护照审查12人,受理边境管理区通行证837人。对参加普通高考、辅警招录、公务

2018年2月14日,西藏自治区副主席、区党委政法委副书记、公安厅党委书记刘江(前排右二)在堆龙德庆区检查指导工作。自治区公安厅党委委员,市委常委、政法委书记、市公安局党委书记马军(前排右一)等陪同

员考试、拉萨市第一届全民民族运动会、参加藏博会人员等政治审查2267人。

2018年5月23日，西藏自治区公安厅党委委员，拉萨市委常委、政法委书记、市公安局党委书记马军（左二）在堆龙德庆区楚布寺检查指导工作。堆龙德庆区委副书记边旦（右一）等陪同

【严打整治】 年内，区刑警大队在局党委的重视领导和上级业务部门的指导支持下，以确保堆龙德庆区社会治安秩序稳定为首要任务，充分发挥刑侦部门破案打击主力军作用，始终抓住辖区群众反映强烈的突出问题，强化措施，重拳出击，有力打击和震慑各类刑事违法犯罪活动，维护了广大人民群众的生命财产安全，为促进堆龙德庆区社会治安秩序持续良好发展作出积极贡献。2018年，区刑警大队共立案133起，破获61起，抓获犯罪嫌疑人32名，刑事拘留26人，逮捕17人，起诉37人，取保候审15人，挽回经济损失80余万元。

采取有力措施，深入开展打击“盗抢骗”“扫黑除恶打非治乱”“打击电信网络诈骗”等专项行动。在加大打击力度的同时加大宣传力度，全年区刑警大队积极联合法制部门在辖区开展专项行动法制宣传8次。

开展扫黑除恶打非治乱专项斗争工作。2018年，按照各级《关于开展扫黑除恶专项斗争的通知》的总体要求，协同国土、住建、工商、城管、文化等部门开展联合执法10余次，出动执法人员270余人次，对42处治安乱点进行了清理整治；查获卖淫嫖娼案件3起15人，捣毁8处卖淫窝点，整治娱乐场所3家；查获涉毒案件1起1人；查获赌博案件3起（其中1起为网络赌博案件）12人，全部作出行政处罚并没收赌资、赌具；打击1组运输车队，行政拘留4名，打击扰乱公共秩序村民2人（1人拘留，1人批评教育）；捣毁黑作坊3家，依法取缔2处非法教育培训机构；部署开展非法营运市场乱象整治工作，引导黑车以“网约车”规范运营，强制退出85辆；检查文化经营单位30家次；整治城区机动车违法停放4000余辆，行政处罚54余万元；集中整治黑车运营2次，整治车辆8辆。

继续深化“破案追逃”机制，大力开展追逃工作。区刑警大队在日常工作中，注重把预防逃犯产生、上网追逃和日常抓捕有机结合，加大追逃力度，积极开展“网上追逃”“跨区域追逃”“协作追逃”工作，全年抓获在互联网上通缉的在逃人员7名，帮助群众找回失踪人员5名。

【社会面严管严控】 年内，区公安局治安大队、各派出所及便民警务站加强对旅馆、招待所、娱乐场所、网吧、洗浴中心、流动暂住人口、出租房屋的清查整治工作力度，对辖区重点目标进行24小时巡逻检查。全年对各单位、企事业进行监督检查1800余次、铁路守护点检查78次、宾馆（招待所）检查900余次、网吧检查200余次、娱乐场所检查180余次、洗浴场所检查200次、加油站检查300余次、沿街商铺检查900余次、茶馆检查300余次、施工工地检查60余次、轮胎修理部检查420余次、石材加工厂检查210余次、废旧物品收购站检查50次、金属电焊业检查150余次、美容美发检查262次、仓库检查251次、出租房检查621次。清查流动人口18912人，办理居住证6456人、临时居住登记卡7921人。从检查的情况来看，大部分行业场所都能按照要求做到值班人员在岗在位，各监控设施运转正常，做到了实名制登记，各消防器具运转正常。同时按照“以房管人、以业管人”分类管理和动态管理的要求，切实提高流动人口和出租房屋的登记率和人户一致率，做到“底数清，情况明”。

【网格化管理】 年内，根据区域功能、居住人员情况等实际情况，区公安局实施统一编号、细化管理，并科学的依照网格地区的重要性对网格进行划分，形成乡（镇）、村各级政府和辖区各企事业单位全员参与，驻村民警负责日常综治工作的网格化管理机制，真正做到熟悉和掌握常住、流动人口基本信息，及时收集掌握居民群众对社会治安意见建议与情报信息，及时发现排查社会治安隐患与矛盾纠纷。

【青藏铁路安全防范】 年内，各派出所专门组织警力深入辖区铁路沿线进行全面细致的检查，及时查找问题了解情况，及时消除隐患。2018年，检查铁路守护点1200余处（次），铁路沿线巡逻1000余次，确保了青藏铁路堆龙段的安全。

【民爆物品安全管理大检查】 年内，区治安大队与各派出所严格依照《民爆物品管理规定》的规定，对堆龙辖区所有涉爆单位进行规范管理，专人管理、专人负责，采用追踪卡登记制防止民爆物品的流失。为预防和减少堆龙德庆区涉爆案件和事故的发生，治安大队及各派出所实行分级负责和属地管理相结合的原则，坚持严打、严防、严管、严治，组织各涉爆点工作人员进行安全教育。2018年，治安大队联合德庆派出所转存51种易燃易爆化学物品到拉萨市安委会指定的大地经纬公司，对涉爆单位（天津矿业公司）炸药库库房检查50余次。2018年，区公安局共审批炸药316021公斤，导爆管217200发，电雷管3000发。

2018年10月24日，拉萨市公安局党委委员，堆龙德庆区委副书记、政法委书记、公安局党委书记、局长谢公瑾主持召开扫黑除恶专项斗争工作专题会议

【实名制加油及加注散装油管理】 年内，为进一步提高辖区散装油品管理工作水平，扎实推进“平安堆龙、和谐堆龙”建设，确保辖区“三不出”总体目标得以实现，区公安局结合西藏自治区人民政府令规定，切实推行实名制加油，加强散装成品油管理，消除治安和消防隐患，严格按照“谁主管、谁负责、谁受益、谁负责、谁登记、谁负责、谁加油、谁负责”的原则，做好实名制登记加油和零散品销售管理及加油站安全管理工作。2018年，区治安大队共报备柴油1862500公升。

【上门服务】 年内，区公安局户籍民警继续深入堆龙德庆区四乡两镇，主动上门办理户政业务及二代证采集工作，提升了便民、利民、爱民、为民的服务水平，进一步和谐了警民关系。2018年，区公安局共办理身份证1534张，其中：初办589张，丢失补办898张，异地制证46张。新生上户358人、死亡注销136人、市外迁入343人、迁出市外138人、市内迁入46人、市内迁出82人、主项变更15人、非主项变更154人、补录户口3人、分户276户。区公安局成立了户口专项清理整顿工作组，期间，民警入乡、镇、村30余次，核查户籍信息402户，核查户成员信息1968人，发现重户15人，已

2018年11月2日，区公安局交警大队民警对车辆进行检查

注销10人，更正户籍信息9人，清理错误照片4张。

【流浪犬清理整治】 2018年，区治安大队联合各派出所共抓捕流浪犬1388只、群众主动上缴78只（已全部送养拉萨市流浪犬收容收养中心），打疫苗1600支，发放宣传单600余份。

【道路交通整治】 2018年，区公安局交警大队共接处警1200余次，出动警力2000余人，出动警车800余台。完成了拉萨市公交公司堆龙场站56名公交车辆驾驶人与堆龙德庆区公交运营公司26名驾驶人的违法记录、驾驶资格等审查情况，未发现严重违法未处理及违法记分满12分的情况。

道路交通事故处理情况。2018年，堆龙德庆区共发生各类道路交通事故812起，其中：道路交通事故9起、造成10人死亡，伤人交通事故6起、造成6人受伤，简易程序处理215起、造成经济损失381600元。依法立案1起、取保候审1人、移送起诉1起。

查处道路交通违法行为。2018年，共出动警力2000次余人，出动警车600余台，查处违法行为4416起，其中：简易程序处理2400起、强制措施程序37起，行政拘留8人，收取罚没收入910232万元。

整治旅游客车、“营转非”大客车、危化品运输车辆情况。联合德庆检查站，加大对旅游客车检查登记和“营转非”大客车的上路行驶检查，共检查旅游车辆2000余台次。组织警力9人次，对堆龙德庆区辖区的3家危化品运输单位进行突击检查，检查中，主要对GPS监控系统的值班情况，车辆驾驶人资质及押运员的配备情况进行检查，未发现值班人员不在岗，监管不到位及驾驶人违法情况。

落实“两站、两员”工作。为有效提高全区农村道路交通安全劝导员的业务素质，深入推进夏季道路交通安全“百日整治”行动，联合辖区派出所对130名交通劝导员进行培训，让劝导员明白哪些行为需要劝阻，哪些行为需要举报，检查应该看些什么，应该注意哪些安全方面的问题。积极发挥劝导站的作用，将隐患排除在基层，排除在初始。2018年，未发生一起伤亡事故，并由自治区公安厅交管总队组织全区交管系统人员到堆龙德庆区观摩学习。

【车辆管理所业务办理】 5—12月，区公安局交警大队共办理相关业务987起，驾管业务403起，车管业务584起。其中：驾驶证审验230起、补证换证171起、驾驶人年度体检2人、核发检验标志385起、变更登记16起、补换行驶证98起、委托检验6起、受托检验79起。驾驶人人像采集32人，接受咨询2560余人，发放车驾管宣传手册1200余份。

【发挥护城河检查站职能作用】 年内，德庆检查站认真履行“护城河检查站”工作职能和社会责任，按照一人一证、人证相符的工作原则，对人、车、物进行严格检查。2018年，德庆检查站共检查车辆612100台，其中检查危化品车辆436台，查处交通违法行为97起，检查来拉人员147余万人次，办理一卡通871人，查扣柴油1300公升，汽油30公升，查获一级临控人员2人（移交当雄县公安局），检查涉毒人员92人，尿检92人，其中1人是阳性，已移交市禁毒支队。协助那曲刑警队抓获1名刑事涉案人员，遣送1名不放心人员。

【公安监管】 年内，区看守所干警对监所进行不定时检查，特别是在春节、藏历年、萨嘎达瓦等重大节日期间，联合武警中队和区检察院刑事执行检查科成员开展安全大检查。在春节、藏历年节前，邀请家属与在押人员见面，积极开展亲情帮教，组织在押人员观看警示教育片，邀请堆龙德庆区检察院刑事执行科相关人员对在押人员进行了法制宣传。

【案件审核】 2018年，区公安局共审核各类案件136件，其中：刑事案件93件，行政案件43件（治安32件，交通11件）。刑事拘留25件26人，报捕21件22人，批捕18人，起诉28件40人，取保候审19件20人。行政处罚43件87人，行拘并罚款48人，行政拘留32人，罚款7人。行政诉讼1件。

【执法规范化】 年内，区公安局定期组织各办案部门执法办案民警和兼职法制员进行法律业务知识培训，提高民警执法能力与水平。加强与检、法部门的工作联动，定期、不定期邀请检察院、法院有关部门同志对公安机关办理的疑难案件进行研讨。组织民警参加案件庭审旁听，进一步提高及树立办案民警的证据意识、程序意识、法律意识和风险意识。按照各派出所辖区治安形势复杂程度、人口总数及年度办案数量，在充分调研的基础上，按照“因地制宜、分类设置、先易后难、分步实施”的原则，对东嘎派出所、乃琼派出所等执法办案场所进行改造，最大限度地减少执法安全隐患。

【法制宣传】 2018年，区执法监督大队联合刑警大队、治安大队、指挥中心、派出所等部门利用“110”宣传日、“3月综治宣传月”“4·15”全民国家教育日、“5·12防灾减灾日”“9·16平安西藏日”深入学校、乡村、人员聚集地开展法制宣传活动，共开展法制宣传7次，受教育群众达3000余人，通过摆放宣传展板、发放宣传资料及真实案例现场说法等形式，让广大人民群众知法、懂法、守法，切实增强了人民群众的法律意识。

【公安信访】 年内，区公安局始终坚持属地管理、分级负责、谁主管、谁负责，通过依法、及时、就地解决问题与疏导教育相结合的原则，全力做好公安信访、矛盾纠纷排查工作及涉访涉诉人员的稳控工作。2018年，排查梳理各类矛盾纠纷9起，其中新增2起，有效化解6起。

【民（辅）警培训】 年内，区公安局共组织5名民警参加了自治区公安厅举办的警督培训，6名民警参加了区委组织部开展的赴成都大学学习，4名民警参加了区安监局组织的安全生产培训。

【抓好队伍管理及督导检查】 2018年，区公安局按照各项工作任务的要求部署，结合工作实际，扎实开展督导检查工作，共检查督导120余次，上报督导专刊60期，确保了各部门、派出所工作的正常开展，及时掌握和了解了民（辅）警的生活、学习动态，化解了队伍中存在的问题。

【党组织建设】 推进“两学一做”学习教育常态化制度化。2018年，区公安局创新载体形式，组织民警分时段、分专题、分章节认真组织学习，认真开展专题讨论，使民警准确把握基本内容、基本要求、基本标准和精神内涵，教育引导广大民警牢固树立政治意识、大局意识、核心意识、看齐意识，严守政治纪律和政治规矩，更加自觉地在思想上、政治上、行动上同以习近平总书记为核心的党中央保持高度一致，更加自觉地在思想上、政治上、行动上同以党中央、区、市党委政府保持高度一致，最大限度地统一了民警思想。

坚持理论学习，促进队伍政治素质提高。按照区委、区政府以及市局“党的十九大”主题教育活动的学习要求，区公安局政工监察室制定了区公安局学习方案及计划表，把学习宣传贯彻党的十九大精神作为当前和今后一个时期的首要政治任务，采取集中学习与自学、导读与讨论、读书与谈体会相结合的形式，掀起学习宣传贯彻落实十九大精神的热潮。

加强党组织建设，进一步增强各支部的凝聚力、影响力、感召

2018年11月20日，区公安局组织全局民警开展拉动演练

力。2018 年，区公安局坚持“三会一课”制度，每月开展 1 至 2 次党委集体学习和个人自学，有计划、有部署地组织学习习近平总书记系列讲话精神，进一步夯实基层党组织建设，充分发挥基层党组织战斗堡垒作用。

【开展精准扶贫工作】 年初，区公安局组织党员民警对 33 户帮扶家庭进行走访了解，建立了明白卡，准确掌握帮扶家庭的基本情况和需求，为下一步的脱贫攻坚打下坚实基础。2018 年，区公安局民警共开展走访入户 8 次。

【110 接处警正规化建设】 年内，区公安局指挥中心把推进 110 接处警工作作为规范执法、服务群众的重要抓手，提高民警 110 接处警质量和服务态度，确保 110 在接处警中不发生“冷、硬、横、推”现象，全面提升群众安全感和满意度。2018 年，指挥中心共受理群众报警 4028 起，其中刑事案件 191 起，治安案件 1725 起，交通案件 1600 起，求助 512 起。

【信息收集反馈】 2018 年，区公安局办公室共整理上报公安简报 1070 期，每日信息 280 期，起草制定各类报告建议、工作预案、汇报材料等 220 余份，阅办文件 800 余份，公安行政平台签收、发送文件、信息 3600 余份。

【信息建设及日常维护】 2018 年，区公安局网安大队、信通科对已安装旅馆业系统的 160 余家宾馆、招待所与出租房进行网络排查 300 余次，新安装 46 家社会信息采集系统，完成卫星点名任务 10 次，开展网安信息工作培训 5 次，对辖区内的 19 家网吧进行检查 20 余次，浏览舆情信息 36000 条。

【保密工作】 年内，区公安局以求真务实的态度，教育全局民（辅）警自觉履行保密义务和职责，确保业务工作开展到哪里，保密工作就跟踪到哪里，保密责任就落实到哪里，始终绷劲保密这根弦。办公室联合信通科组织保密学习 5 次，开展保密检查 70 余次。

（王亿波）

【领导名录】

拉萨市公安局党委委员，堆龙德庆区委副书记、政法委书记、公安局党委书记、局长

谢公瑾

公安局党委副书记、政委

蒋学忠

公安局党委委员、副局长

普布扎西（藏族）

白玛多吉（藏族）

公安局党委委员、刑警大队队长

洛　旦（藏族）

公安局党委委员、局纪委书记

马　霞（女）

堆龙德庆区人民检察院

【概况】 年内，堆龙德庆区人民检察院在区委、区政府的关心和支持下，在上级检察院的坚强领导下，紧紧围绕区委中心工作，忠实履行宪法和法律赋予的职责使命，全面从严治检，稳步推进司法体制改革，扎实履行法律监督职能，各项检察工作取得新突破。2018 年，区检察院内设 7 个科室，有政法专项编制 29 名，实有干警 35 名，男干警 11 名，女干警 24 名，具有本科及以上学历干警 33 名（研究生 10 名），员额检察官 12 名，检察官助理 7 名，书记员 3 名，行

政人员11名。

【坚决维护社会局势持续稳定】 年内，区检察院积极参加敏感时段和重点部位值班备勤工作，累计投入检力912人次、出动车辆350余次，参加乃朗寺、楚布寺、顶嘎寺、达札寺等安保执勤共计60余人次，检察长及干警参加区维稳一线带班、值班43人次，领导干部深入包村点、包寺点进行维稳督导2次，派出4名干警驻村、下沉、驻加油站。同时，加强值班备勤和单位内保工作，检察干警坚持24小时值班备勤达805人次，确保内部安保责任落实，实现了“三无、三不出”。

【依法严厉打击各类刑事犯罪】 年内，区检察院共受理公安机关提请批准逮捕案件52件66人，批准逮捕42件50人，不捕数10件14人。共受理审查起诉案件67件91人，共起诉各类犯罪54件74人，不起诉刑事犯罪案件13件17人。出庭支持公诉54次，向法院提出量刑建议54份，采纳率达100%。法院审结43件63人，其中有罪判决43件63人，无无罪判决。追诉漏诉1件1人，发出书面《纠正违法通知书》3份，发出《检察建议》2份，口头建议1次。积极开展扫黑除恶打非治乱工作，成立领导小组，制定工作方案，召开专题工作会议4次。受理涉恶案件1件4人，其中审查批准逮捕2人，受理涉恶线索2件4人，已反馈1件1人，正在核查当中1件3人。

【扫黑除恶打非治乱工作】 2018年，区检察院积极开展扫黑除恶打非治乱工作，成立了领导小组，制定了工作方案，召开专题工作会议4次，受理涉恶案件1件4人，其中审查批准逮捕2人，受理涉恶线索2件4人，已反馈1件1人，正在核查当中1件3人。

【参与社会治理创新】 年内，区检察院共接待受理来信来访10件10人，检察长接待6件6人，受理控告申诉案件3件3人，已办理3件3人。结合“五下乡”“综治平安宣传月”“宪法宣传”“大手牵小手，一起来普法”法律进校园等法制宣传活动，派出干警60余人次，发放检察便民卡800余张、公益诉讼宣传资料900余份、宣传纸杯1000余个、藏汉宣传资料2000余份，解答群众咨询10余人次，受教育群众达3000余人次。

【侦查监督和立案活动监督】 年内，区检察院为避免有案不立、降格处理等现象的发生，对本辖区内的侦查机关和各派出所开展立案监督检查7次，对程序性违法行为发出书面《纠正违法通知书》1份，口头纠正11次，对工作管理中的不规范行为发出《检察建议》4份，对5起影响重大的案件提前介入，充分行使侦查监督权。向区农林局发出检察建议，督促岗德林村对旭日度假村内树木进行日常监督管护，责令涉案人员在毁林原始地貌上补种1560株柳树，并对整改情况进行回访，此案被市检院采纳为公益诉讼典型案例。

【刑事审判活动监督】 年内，区检察院健全“判前建议、判后审查”工作机制，对审判活动依法进行监督，全面、及时、认真地审查每一件判决，追诉漏诉1件1人，发出书面《纠正违法通知书》3份，发出《检察建议》2份，口头建议1次，切实履行好对审判活动罪名

2018年3月12日，区检察院党组书记、检察长张军带领干警参加全区植树活动

认定是否正确、量刑是否适当、审理案件的程序是否合法的监督职能，确保办案质量。

【刑事执行监督】 年内，区检察院为提高在押人员法制观念和自我保护意识，促进看守所依法、科学、文明管理，进一步保障在押人员合法权益。组织干警到看守所开展法制讲座和日常监所检察48次、安全防范大检查5次，对在押人员的进行个别谈话34次、在押人员情况检查14次，受理羁押必要性审查案件1件，对羁押必要性进行全面审查，提出口头纠正意见8条，开展法制讲座2次。对堆龙德庆区35名社区矫正人员中的2名违反相关报到和请假规定人员，给予口头警告处罚。

【推进司法体制改革】 年内，区检察院为加强检察官的正规化、职业化、专业化建设，明确检察人员分类管理及实行检察官员额制，根据西藏自治区第二批检察官入额遴选考核工作方案要求，全院范围内符合条件的5名检察员根据考试加考核结果，经层层上报，通过遴选委员会审议，拟确认1名第二批员额检察官，保留2名检察官员额保留资格。

根据中央司法改革关于员额检察官、检察官助理和书记员配备要达到1∶1∶1的要求，区检察院全面落实员额检察官办案责任制，成立了10个办案组，聘请了14名书记员。2018年，区检察院10名入额检察官办案140件（含积存案件21件），院领导亲自带领办案59件，党组书记、检察长出庭4次、列席审委会1次。非员额内检察官一律不得单独办案，严格按照检察官办案权力清单和责任清单落实相关权责，入额检察官切实担负起办案责任，没有出现推诿办案责任的情况。

【检察队伍建设】 2018年，区检察院分别制定学习计划和学习方案，召开专题部署会议2次，开展政治教育集中学习32学时，开展经常性教育10次，参加区党校培训3期12人。落实管党治党责任，加强党员政治教育培训，进一步增强“四个意识”坚定“四个自信”，召开“全面加强政治建检、打造过硬检察队伍”专项教育动员部署会议，以党组织生活会形式开展政治纪律教育学习14次。

努力提高检察队伍思想政治素质，构建学习型领导班子，按照学习计划严格执行，党组成员带头集中学习与自主学习相结合，不断提高政治理论水平。结合“两学一做”常态化学习教育，组织全院干警学习40余次，其中专题学习十九大精神3次，不断开展宪法专题、党组理论中心组学习、意识形态、党风廉政教育等学习活动，9名干警在学习会上进行了交流发言，集中观看教育影片2部，撰写心得体会40余篇。参加区内外业务培训10余人次，参加中检网第二期全国检察机关“习近平新时代中国特色社会主义思想”及第四期“党风廉政建设专题研修班”共38人次。在党组的带领下，全院各项工作得到了各级领导的肯定，先后获得了拉萨市文明单位，区委、区政府目标绩效争先进位考核“进位奖”、社会治安综合治理工作、先进集体和民族团结进步模范集体奖等18项荣誉。

自觉坚持党要管党、从严治党的方针，把党建工作与检察工作同研究、同部署、同检查、同落

2018年12月25日，区检察院党组书记、检察长张军（左二）出席法庭支持诉讼

实。针对人员岗位不断变动的实际，向区机关工委提出由党总支降格为党支部，对新成立的党支部进行了改选，并召开党员大会，总结了上半年党建工作开展情况，部署了下半年党建工作的安排，同时加大党建宣传工作力度，制作党建走廊文化墙，开展系列党建主题活动11次，严格落实“党务公开”制度，注重公开方式方法的多样化，借助党务公开栏、检察内网和“红色之微”党员微信群等平台，公开党组织重大决议、党员个人承诺书和党费收缴情况等各类信息20条。全年收缴党费6507元。

坚持把党风廉政建设工作列入党组重要议事日程，严格落实“一岗双责”，层层签订党风廉政建设责任书35份，对重点任务和工作责任分解细化、责任到人，召开专题研究部署党风廉政建设工作会议3次、党风廉政建设总结大会2次；严格执行民主集中制原则，充分发挥集体领导作用，坚持做到一把手末位发言，确保决策的科学性和正确性；为严格组织纪律，严格实行上下班指纹签到，在公务派车中严格落实“派车单”制度，不定期检查公车停放和出行情况，全年无任何违纪情况发生。

在市检院、区委、区政府的正确领导下，深入贯彻学习中共十九大精神和习近平新时代中国特色社会主义思想，成立了以区检察院党组书记、检察长张军为组长的意识形态工作领导小组，落实中央“八项规定”“一岗双责”制度，将意识形态工作纳入《堆龙德庆区人民检察院2018年中心理论组学习计划》，并制作了《堆龙德庆区人民检察院政治建设口袋书》。院党组书记主持党组会议专题研究意识形态工作2次，开展党支部讲“党课”6次，主题党日环保会议5次。结合“不忘初心、牢记使命”主题教育，开展中心理论组学习6次，其中习近平新时代中国特色社会主义思想与中共十九大精神等相关理论学习4次。结合政治教育、政治纪律教育专题学习，全年召开学习会议10余次，谈心谈话32次，提出意见建议50余条，撰写心得体会40余篇，集中观看廉政警示教育片5次。

2018年6月3日，区检察院开展“大手牵小手，一起来普法”法律进校园活动

【“一院一品”建设】 年内，区检察院结合本院工作实际，围绕生态环境保护工作，着力打造“立足检察监督、服务生态文明”检察品牌，聚焦主责主业，切实发挥好党支部的战斗堡垒作用和党员干警先锋模范作用。开展“四讲四爱”法制宣传活动、“送党恩进高墙”等活动5次，不断推进党建工作与检察业务相融合，开展“七一建党节”爬山等主题党日活动，增进了友谊，增强了团队协作意识，提高了检察队伍的凝聚力和战斗力。

【强化内外监督】 年内，区检察院严格执行司法办案各环节操作流程和检察机关司法工作基本规范，强化内部监督制约，全面运用检察机关统一业务应用系统。区检察院案件管理中心采取口头纠正等相应的措施促使办案部门“应填尽填完善填录”，实现了案件办理网上流转。全年共制作案件电子卷宗94件，卷宗总数263卷，共13639页，电子卷宗的应用为案件承办人和辩护律师提供了高效、安全的工作便利。对132件案件进行评查，对存在的问题和不规范的方面进行全面整改，未发现承办人违规办案的现象。

通过设立检务公开宣传栏、

加强日常法制宣传活动、检察长接待日等形式推动检务公开，主动邀请人大代表、政协委员、信访局及侦查机关办案人员对作不起诉决定的故意伤害案件进行公开宣布，认真听取代表意见和建议，并认真答复。对符合案件公开条件的案件通过网上案件信息公开平台发布。全年公开程序性信息95条，公开法律文书信息46条，其中起诉40条，不起诉6条，公开率达99%。

【法律监督】 年内，区检察院在侦查监督、公诉、未检、刑事执行检察、民事行政检察、刑事控告申诉检察等业务部门，实行以办案系统自动分案为主、指定分案为辅的案件确定承办机制，员额内检察官全部参加办案系统自动轮案，确保了案件分配过程随机透明；法律文书最低审批权限按照《关于基层院检察官权力清单的通知》中所规定的各类人员权限进行设定，经最低审批权限人审批同意，生成相应文号后在网上申请使用院印，无违规操作的情况；对于涉案财物处置中的突出问题，建成了专门的涉案财物管理室，配备了监控和其他设备设施，形成了信息登记、单据打印、流程管理、查询为一体的涉案财物管理机制，对涉案财物流转全过程监控，切实加强了对检察机关涉案财物的管理，确保了办案活动规范有序进行；积极参与社会诚信体系建设，服务非公有制经济发展，全年受理行贿犯罪记录查询共220次。

【推进精准扶贫工作】 年内，为深入贯彻落实区委关于精准扶贫工作决策部署，切实解决关系群众利益的实际问题，区检察院30名党员干部与包村点35户群众进行结对，组织党员干部多次逐家逐户开展实地调研，建档立卡35户，多次入村填写精准扶贫"明白卡"，制定帮扶措施，为群众宣传、讲解国家的扶贫政策4次，统计扶贫对象就业情况和就业需求，确保每户至少有1人实现就业，聘请了14名堆龙籍大学生担任书记员，安排就业6户6人从事厨师、保洁员工作，共解决就业岗位20个。党员干部自筹资金10500元，开展了一系列暖人心的活动。节前慰问驻村工作队，了解了工作队工作开展情况，送了去慰问金5000元，有力推动了精准扶贫工作的深入开展，拉近了党群干群关系。

（何　凤）

【领导名录】

党组书记、检察长

张　　军

党组成员、副检察长

达　　珍（女，藏族）

伊 金 娟（女）

次仁卓玛（女，藏族）

党组成员

仓　　珍（女，藏族）

2018年7月1日，区人民检察院组织干警开展庆"七一"重温入党誓词活动

堆龙德庆区人民法院

【概况】 年内，堆龙德庆区人民法院在区委领导、区人大监督、区政府支持、区政协民主监督以及上级法院指导下，深入贯彻落实习近平新时代中国特色社会主义思想、中共十九大、十九届二中、三中全会精神，认真贯彻落实区委二届三次全会精神，紧紧围绕努力让人民群众在每一个司法案件中感受到公平正义的工作目标，坚持公正司法，深化司法体制改

革，加快智慧法院建设，攻坚“基本解决执行难”工作，审判执行工作平稳运行、稳中向好。2018年，区法院共有政法专项编制65名，实有干警64名，党员59名。正职院长1名（副处级），副院长4名、挂职副院长2名。员额法官20名，司法辅助人员18名，司法行政人员12名，司法警察9名，工勤人员5名。内设10个科室，下设4个人民法庭。全年共受理各类案件3115件，审执结2681件，同比分别增长17.72%和10.37%，结案率86.07%，结案标的6.38亿余元。

【深入开展反分裂斗争】 年内，区法院牢固树立总体国家安全观和稳定压倒一切、长期作战思想，抓住西藏特殊矛盾，坚持中央对达赖集团的定性和斗争方针不动摇，深入研判反分裂斗争的新动向、新特点、新情况，时刻保持清醒头脑，牢牢掌握反分裂斗争的主动权，做到旗帜十分鲜明、立场十分坚定、行动十分自觉。紧紧围绕3月敏感时期、萨嘎达瓦、重大宗教活动、藏博会等敏感节点，制定工作方案预案，强化值班备勤、巡逻联防、矛盾联调等工作，倾尽洪荒之力、勇担维稳之责。

【依法惩治刑事犯罪】 年内，区法院积极推动以审判为中心的刑事诉讼制度改革，深入贯彻罪刑法定、尊重和保障人权、证据裁判、疑罪从无等理念和原则，不折不扣落实到每一个案件。2018年，受理各类刑事案件59件，审结55件，结案率89.83%，判处罪犯77人。依法维护人民群众生命财产安全，审结了故意伤害、聚众斗殴、危险驾驶等犯罪案件29件40人；审结了盗窃、诈骗等侵犯财产类犯罪案件20件30人，增强了各族群众安全感；依法保护非公有制经济合法权益，审结了公司企业工作人员挪用资金犯罪案件2件3人；严厉惩处妨害社会管理秩序罪，深入开展禁毒斗争，审结了走私、贩卖、运输、制造毒品，非法持有毒品，容留他人吸毒犯罪案件4件4人。打好扫黑除恶打非治乱专项斗争主动仗整体仗，积极宣传、广泛发动群众，营造了全民参与专项斗争的浓厚氛围。

【社会治安综合治理】 年内，区法院发挥自身优势，服务乡村振兴战略，积极协助有关部门处置土地、林地承包、征地拆迁、补偿等涉农纠纷20余起。坚持重点要防、难点要盯、热点要疏、一般要复，全年受理来信来访70余件，化解涉诉、涉执信访案件24件。坚持和发展“枫桥经验”，积极推进多元化纠纷解决机制建设，诉前调处案件160余件，指导人民调解、行业调解组织化解矛盾13起，重调解、轻判决，民商事案件调撤率达62.30%；强化法治宣传教育，开展以宪法为主的普法宣传220场次，发放藏汉双语宣传资料4万余份，受宣传群众2.4万余人次，引导各族群众以法治思维、法治方式解决纠纷。

【服务经济社会发展】 年内，区法院受理各类民商事案件2267件，审结1976件，结案率87.16%，结案标的2.62亿余元。坚持以人民为中心的发展思想，审结劳动争议、劳动合同、交通事故责任纠纷等涉民生案件159件。审结民间借贷、金融借贷、融资租赁等案件148件。审结与公司、企业、证券、保险等有关合同纠纷案件1605件，营造了良好营商环境。坚持

2018年4月10日，西藏自治区人大常委会副主任李文汉（前排右三）在堆龙德庆区人民法院调研指导工作。堆龙德庆区委副书记边旦（右一）等陪同

依法裁判和协调化解相结合，加大合法性审查力度，审结行政案件2件，助推法治政府建设。

【推进执行攻坚】 年内，区法院按照最高人民法院的部署，制定了时间表、路线图，加大投入保障，坚持问题导向，坚持刀刃向内，坚持精准发力，全面打响“基本解决执行难”攻坚战。全年受理执行案件767件，执结629件，执结率82.01%，执结标的3.76亿余元。对照“四个90%，一个80%”核心指标，全部达标，并顺利通过中央第三方评估。为有效破解查人找物和财产变现难题，建立完善网络查控系统，共查询2522次，冻结款项2298.02万元；建立网络司法拍卖平台，进行网络拍卖3次，成交额52万元；与保险公司合作，引入执行悬赏保险机制，压缩老赖空间；引入执行救助机制，发放执行救助金18.4万元；严厉打击规避执行、抗拒执行等违法行为，联合公安机关对113名老赖实施布控，累计抓获25人，依法拘留18人、罚款2.15万元，不间断开展“集中执行”“夜间执行”“假日执行”等行动，啃下一批“骨头案”；推进执转破，加快重塑经济结构，将涉及金额1000余万元的7起被执行人资不抵债、符合破产条件的“僵尸企业”，依法转入破产程序；积极推进社会信用体系建设，依法公布失信黑名单160人，对160名失信被执行人采取限制高消费、招投标、出入境等信用惩戒措施。

【平稳化解涉军停偿案件】 年内，区法院深入贯彻以习近平为核心的党中央关于涉军停偿工作的重大决策，站在依法维护国防利益、支持军队改革的政治高度，紧紧依靠区委领导，组建骨干审判团队，强化军地联动，对涉军停偿案件开通绿色通道，坚持优先立案、优先审理、优先执行。全年共受理涉军停偿案件和涉军善后司法保障案件63件，为部队挽回经济损失110余万元，清退租户、分租户1000余户，腾退涉案土地20万余平方米。辖区内涉军停偿工作已全部完结，做到了确保军队财产不流失，群众利益不受损，实现了政治效果、法律效果和社会效果的有机统一。

【深化司法体制改革】 年内，区法院深入推进人员分类管理，完成第二批法官入额工作，2名干警进入员额法官队伍，以政府购买服务的方式招录聘用制书记员、警务辅助人员26名，审判力量得到进一步充实；健全法官业绩评价、审判责任追究制度机制，明确各类人员职责，落实“让审理者裁判、由裁判者负责”的要求；协调组织、人社、财政等部门，完善法官、司法辅助人员、司法行政人员绩效考核及奖金分配实施办法，将绩效奖金与工作质效直接挂钩，树立奖优罚劣的鲜明导向。2018年，面对案件大幅增长的压力，全体法官加班加点，法官人均办案达183件，同比提高17.98%，人均办案量居全区三级法院第一，院庭长办案1771件，同比提升23.47%，占案件总数的56.87%。

【司法公开】 年内，区法院坚持以公开为原则、以不公开为例外，将司法公开覆盖法院工作各领域、各环节。完善审判流程、庭审活动、裁判文书、执行信息四大公开平台，在满足当事人知情权、参与权的同时，自觉接受监督，倒逼

2018年8月24日，区人大常委会副主任次仁（右排右四）及部分代表、委员一行7人在区人民法院听取工作汇报

法官提升司法能力，让人民群众以看得见的方式感受公平正义。2018年，公开裁判文书831份、审判流程信息3115条、执行信息767条和庭审直播150场次。

【司法为民】2018年，区法院严格落实立案登记制，坚持有案必立、有诉必理，当场立案率达95%，为各族群众依法维护自身权益敞开大门。深化家事审判改革，促进家事纠纷专业化、社会化、人性化解决，审结家庭纠纷、继承纠纷、抚养纠纷62件，强化对未成年人、老年人和妇女权益的保护。加快推进“四位一体”诉讼服务中心建设，接待群众3600余人次，巡回办案387件，以法院干警的辛苦指数换取各族群众的幸福指数。根据审判辖区广、流动人口大等实际，通过推行电子送达方式，送达文书1500余份，方便群众参加诉讼。强化弱势群体司法保护，减缓免交诉讼费案件413件，减缓免诉讼费45.15万元。

【自身建设】年内，区法院把政治建设作为党的根本性建设，部署开展了“加强政治纪律教育”“全面加强政治建设、打造过硬法院队伍”专项教育整顿活动，推动“两学一做”学习教育常态化制度化。把学习贯彻习近平新时代中国特色社会主义思想与学习贯彻习近平总书记关于治边稳藏的重要论述以及给隆子县玉麦乡群众的回信、致电西藏民族大学建校60周年的贺信精神结合起来，

2018年7月24日，北京门头沟区法院党组书记、院长龚浩鸣(右五）一行3人在堆龙德庆区人民法院对接援藏工作

凝心聚魂、补钙壮骨，把准政治方向、强化政治定力，干警“四个意识”进一步树牢、“四个自信”更加坚定、践行“两个维护”更为自觉。利用理论中心组学习会、民主(组织)生活会等平台，组织学习40次，组织干警52人次参加政治轮训。

坚持“抓党建带队建促审判”思路，扎实推进基层党组织标准化建设、基层党组织组织力提升工程。严格落实“三会一课”、民主生活会、组织生活会、谈心谈话等组织生活制度，严肃党内政治生活。组织开展党组书记上党课、重温入党誓词、向宪法宣誓、大力表彰先进、主题党日活动等，推进新时代党的建设制度化、规范化、科学化，着力提升基层党组织凝聚力、战斗力。2018年面对繁重工作任务，干警们不辞辛劳，无私奉献，4个集体、16名个人受到县级以上表彰。

以增强“八种本领”为目标，以司法能力建设为导向，抓好业务培训工作，选送业务骨干22人次参加培训，组织干警120余人次参加最高人民法院“每月一讲”专题授课；坚持任人唯贤德才兼备选人用人标准，树立有为才能有位、有位必须有为的鲜明导向，推荐提拔使用干部17人；加强基础设施建设，本级财政投资1700万元建设干警应急处突待命房、国家投资1194万元建设德庆、柳梧、羊达3个人民法庭和投资306万元建设的诉讼服务中心项目已基本完工；加大受援工作力度，协调北京市门头沟区法院、延庆区法院组团到藏考察援助工作，从结对、人才、智力和资金援助、经验共享等方面进行深入对接，落实援助资金20万元；扎实开展驻村工作，突出基层组织建设和脱贫攻坚战，选派3名干警深入到驻村点，协调落实民生项目3个，为民办实事20余件，帮助困难群众真脱贫、脱真贫；扎实开展“结

2018年6月29日，区人民法院开展迎“七一”重温入党誓词活动

对认亲交朋友”活动，捐款、捐物价值6万余元，帮助困难群众解决就学、就业、就医问题。

落实全面从严治党“两个责任”，层层签订党风廉政建设责任状，推动形成主要领导亲自抓、分管领导具体抓、各部门负责人直接抓的工作局面。严格执行中央八项规定及其实施细则精神、防止干预过问案件“两个规定”等制度，持续改进司法作风，严防“四风”问题反弹回潮。集中整治不作为慢作为乱作为假作为，查摆问题14条，对标对表、即行即改。加强警示教育，学习典型案例通报，组织干警参观廉政教育基地，用身边事教育身边人，始终做到清醒、警醒、警钟长鸣。

牢固树立监督就是支持、监督就是关爱的理念，向区人大常委会专题报告“基本解决执行难”工作情况并根据审议意见改进工作，配合专项调研和督导检查2次，邀请代表委员列席重要会议、观摩庭审、现场见证执行60余人次；支持、配合检察机关履行监督职责，检察长列席审委会2次、出庭支持公诉2次，检察机关开展民事执行等方面法律监督8次；通过设立举报箱、举报电话、随案发放廉政监督卡等措施，主动接受当事人监督，发放廉政监督卡2681份，随机回访400余次；充分发挥司法民主，人民陪审员参审案件153件，拓展了司法民主渠道，切实凝聚公正司法合力。

（伍 飞）

【领导名录】

党组书记、院长

巴 桑（藏族）

党组成员、副院长

慕艳梅（女）

洛桑达吉（藏族，1月任职）

达瓦次仁（藏族）

米玛次仁（藏族）

阿旺单增（藏族，挂职）

曹永超（挂职）

审判委员会专职委员

晓 央（女，藏族）

堆龙德庆区司法局

【概况】 年内，堆龙德庆区司法行政工作在区委、区人大、区政府、区政协的领导和监督下，在上级司法行政机关的指导以及在各相关部门的积极配合下，扎实开展各项业务工作，以化解矛盾纠纷、维护社会和谐稳定为目标，以服务经济为主线，着力提高司法行政加强和创新社会管理水平，充分发挥司法行政机关维护社会稳定、服务经济发展、促进社会公平正义、推动依法治区的职能作用，为建设和谐社会、平安堆龙做出积极努力。

【法制宣传教育】 年内，区司法局全力推进全民学习宪法工作，开展了“我与宪法合影”为主题的宣传工作，并在乃琼镇乃琼村设立宪法宣传长廊，进一步营造宪法宣传的浓厚氛围，推动了全区各族群众学习宪法的积极性；为加快推进法治堆龙建设，创建了“法治堆龙”公众平台，详细添加了各单位办事流程及权责清单，加大全民普法力度，方便群众足不出户就能了解各单位的工作职能；为进一步提高政府依法决策水平，加快建设法治堆龙建设，2018年，专门聘请5名执业律师组成堆龙德庆区政府法律顾问团，实行工作日便民服务中心轮流坐班制度，接待群众法律咨询，一定程度上缓解了因各类纠纷引起的上访事件，在普及法律、受理法律诉求、推进依法行政等工作中发挥了积极作用；为扩大法律宣传的受众范围，区普法办结合广大群众涉及面较多的法律法规方面的问题，精心制作了6部(环保宣传、整治乱搭乱建、法律知识解答、以案释法、青少年法律解答、扫黑除恶)普法动漫视频，在堆龙德庆区所有区乡线路公交车上循环播放，在群众长时间乘坐公交车过程中，无形中普及了法律知识；在学校宣传中设立"优秀普法小小宣传员"，把普法宣传工作贯穿到中小学生日常学习生活中，对在活动中涌现出来的小小宣传员进行颁奖，受到了学生的欢迎。积极配合团区委在区中学开展"模拟法庭"活动，并在堆龙德庆区所有中小学校课堂中增设法制课，将学习法律知识进行全面普及。

【人民调解】 年内，全区各级人民调解组织体系已全部建成，并已形成人民调解、行政调解、司法调解相互结合的工作模式。2018年，全区各级调解组织共计排查纠纷284次，预防纠纷122件，成功调解各类案件78件，标的额981万元，其中：拖欠农民工工资纠纷58件、合同纠纷7件、婚姻家庭纠纷3件、邻里纠纷3件、损害赔偿纠纷2件、其他劳动争议纠纷2件、道路交通事故纠纷1件、消费纠纷1件、其他纠纷1件。

【特殊人群管理】 2018年，堆龙德庆区社区矫正工作紧紧围绕"提高矫正质量，探索工作机制，创新管理模式"的工作思路，进一步将堆龙德庆区社区矫正工作制度化、规范化、科学化，积极推动堆龙德庆区社区矫正工作健康发展。对全区辖区内所有社区服刑人员实行腕带定位、手机监管双重管理，通过平台终端定位，实现对社区服刑人员24小时管控，实现了社区服刑人员监管工作更加主动高效；堆龙德庆区在册刑释解矫人员帮教工作坚持"以稳定为目标、以帮教为手段、以安置为重点"的工作思路和"教育、挽救、感化"的工作方针，不断推进刑释解教人员的社会管理创新，做到重点管控、重点转化、重点帮教，严密防范，确保不出现脱管漏管和重新犯罪情况发生。

2018年6月15日，西藏自治区普法领导小组一行在堆龙德庆区司法局调研"七五"普法工作推进情况

【法律援助】 2018年，区司法局法律援助中心共受理案件172件，受益人数683人。其中：受理刑事案件2件，受理民事案件170件，挽回经济损失510余万元。提供法律咨询124人/次，代写法律文书34份。结合"两学一做""四讲四爱"教育实践活动，针对妇女、未成年人及农民工等开通了快速通道，方便弱势群体第一时间能够得到法律援助。积极配合信访、劳动局等部门办理信访、劳动转办案件，全年共办理信访转办案件74件，涉及人数100余人，涉及金额254万元，切实消除了一批积案、疑难案件，维护了社会稳定。

【队伍建设】 2018年4月，区司法局组织东嘎、乃琼司法所等社区矫正管理骨干7人到重庆市司法局、重庆市璧山区司法局、宜宾市司法局考察学习。2018年9月，在拉萨市司法局的牵头下，区司法局组织堆龙德庆区42名调解员以及柳梧2名调解员在区委党校举办了为期2天的业务培训，通过专业知识、经验技巧等授课内容，为提高调解工作实效性打

2018年3月20日，区司法局联合区委宣传部、区民宗局、区宗教办、各乡（镇）、各寺管会（专职特派员）分批对全区在编宗教教职人员开展法律知识考试工作

下了坚实的基础。

【包村扶贫】 年内，区司法局局长庹超带领全体干部多次到包村贾热村就精准扶贫工作与村委会书记、驻村工作队员座谈交流，了解存在的问题和困难，走访慰问了7名贫困户。

（庹 超 任 胜）

【领导名录】

局 长

庹 超

副局长

米 玛（女，藏族）

拉萨市堆龙德庆区综治委铁路护路联防工作领导小组办公室

【概况】 2018年，堆龙德庆区铁路护路联防工作中总投入人力8.2万余人次，车辆0.4万余台次，车辆巡线里程30.8万余公里，徒步巡逻1.39万余次，徒步巡逻里程8.6万余公里，排除铁路安全隐患22起，排查可疑人员508次978人，排查可疑车辆736次1138台，清理沿线闲杂人员1847次2505人，清理沿线停靠车辆1613次2084台，迎送朝佛磕头人员62次513人次，清理牲畜669次1028头（只匹），自行修复防护栏2次264处。

【党建统领铁路护路联防工作】 以"两学一做"学习教育为主题，推进学习型党组织建设。年内，区护路办邀请党校老师举办党的十九大精神、"四讲四爱"群众教育实践活动专题辅导2次，党总支班子成员集中学习26次，开展中共十九大精神、党章内容知识竞赛各1次，党员共撰写心得体会104篇，组织讨论9次。加强党员政治纪律教育，组织开展了为期一周的集中培训，注重日常学习，重点学习了马克思主义"五观""两论"和习近平总书记在第六次西藏工作座谈会上的讲话精神。扎实开展"感党恩"教育，为专职护路队员增长补贴，购买雇主责任险，从身边发生的巨大变化讲起，使全体队员深刻认识"惠在何处，惠从何来"，队员的获得感、幸福感进一步增强。

以"四项工作"为抓手，推进规范化党组织建设。落实主体责任，建立了以党总支书记为第一责任人、副书记为直接责任人、支部书记为具体负责人的党建工作领导体系。坚持把党建与铁路护路联防工作同研究、同部署、同推进，进一步细化、量化目标任务，制定《党建目标责任书》，并就党建工作履行情况做出公开承诺，广泛接受监督。每月召开一次党建工作例会，探索党建工作的新思路，好举措，每季度召开一次党建协调推进会议，全年共召开党总支委员会议28次，开展书记上党课4次。制定了《党内激励关怀帮扶制度》，利用"互助基金"对4名家庭成员去世、发生意外、生活遇到特殊困难的党员进行慰问。党员有较大思想波动时，及时指派专人与其进行交心谈心，疏导思想疙瘩，确保党员始终处在党组织的关爱之中。落实发展党员制度，按照年初制定的《发展党员计划》，2018年，共有18名队员递交了入党申请书，19名积极分子正式发展为预备党员。结合"七一"建党庆祝活动，组织党员学习党章，重温入党誓词，举行入党宣誓仪式，开展了拔河、篮球比赛等丰富多彩的文体活动。执行党总支议事制度规则，认真落实党总支委员会“三会一课制度”，严格执行党内组织生活，全年召开专题组织生活会1次，党总支开展年度述职测评1次，开展主题党日活动12次，组织志愿者服务活动61次。成立了党风廉政建设工作领导小组，将党风廉政建设列入重要议事日程来抓，自觉遵守执行中央“八项规定”精神实施细则、自治区“约法十章、九项要求”、拉萨市委“八项要求”；坚决杜绝党员信教、公车私用、公款私用、参与赌博等违反违纪情况的发生，制定《堆龙德庆区护路办廉政风险防控措施》和《堆龙德庆区护路办权力清单》，并划分了风险等级，努力将行政权力运行风险降至最低。

以“争先创优”为抓手，推进服务型党组织建设。2018年，由沿线党团员带头，协助交警维持道路交通事故秩序8次；协助公安部门维持哲蚌寺、楚布寺、乃朗寺、达扎寺、顶嘎寺佛事活动现场秩序共9次，义务打扫福利院、学校大院等卫生126次，帮助困难群众春播、秋收等好人好事33次，护路大队文艺小分队慰问演出5场次，铁路沿线植树2120株，开展“清理铁路沿线垃圾”活动57次，捡拾垃圾933余袋。各护路大队文艺分队以“3·28”纪念百万农奴解放日、“7·1”庆祝建党节等为契机，开展慰问演出5场次，得到沿线干部群众的高度赞扬。

【铁路护路联防】区委、区政府始终将铁路护路联防工作列入重要议事日程，每逢重大节假日、特殊敏感时期召开堆龙德庆区维稳工作会议，将铁路护路联防工作作为重点工作进行安排部署，并成立维稳督导检查组，加强对铁路护路联防工作的督导检查。2018年，为每名专职护路联防队员落实全勤补贴、特殊岗位补贴和生活补贴1300元/月/人，解决了护路大队、中队改扩建，护路营房安装地暖项目，护路营房安装变压器等项目，投入23.85万元解决了专职护路队员雇主责任保险。在“三大节日”期间，投入38.5万元慰问了专职护路队员。

【“敏感期”铁路安保工作】 全面进行动员部署。年内，每逢重点敏感时段来临前，区护路办先后组织召开专题会议13次，传达各级维稳工作会议精神，传达自治区、拉萨市护路办及堆龙德庆区委、区政府和区综治委铁路护路联防工作领导小组的各项通知、指示精神，动员部署敏感期铁路护路联防工作，下发了专题《方案》11份、《通知》9份、《预案》2份。在2018年“三大节日”“两会”“萨嘎达瓦”“雪顿节”第四届“藏博会”“燃灯节”等期间，青藏铁路堆龙段进入一级戒备，共计136天。

强化安保工作措施。为确保戒备期间青藏铁路堆龙段的万无一失，区护路办抽调3名工作人员蹲点到沿线3个护路大队，指导和督导辖区铁路护路联防工作。办公室留守4名工作人员，负责日常上传下达工作。铁路沿线全体专职护路联防队员一律停止请假，确保全时全员全心在岗。按照一级戒备预案要求，结合堆龙德庆区铁路护路工作实际，每天投入人力426人（包括各督导组48人），对重点地段设卡6处，

2018年3月9日，西藏自治区政协副主席高扬（右排右三），拉萨市委秘书长，市政协党组书记、主席，经济技术开发区党工委书记，市直机关工委书记袁顺旺（右排右二）一行在古荣护路大队慰问专职护路联防队员

坚决做到重点目标加岗加哨。对督导工作进行分工分组，一级戒备期间将区护路办蹲点组、大队负责人分成4组，每天安排2组进行巡逻，确保24小时有人巡逻。各涉铁乡（镇）、各派出所按照《堆龙德庆区综治委铁路护路联防工作督导检查岗位职责》要求，加强对辖区铁路沿线的巡查力度。重点对铁路桥梁、涵洞、隧道、明洞及防护栏损坏情况进行排查，共排除安全隐患22起。

2018年2月11日，区委书记格桑平措（左四）带队一行在莫嘎护路大队检查指导工作并亲切慰问专职护路联防队员

【定期组织应急预案演练】 2018年，区护路办组织开展应急预案演练43次，演练中共出动人力630人，有效锻炼了应急队伍快速反应和处置突发事件能力，演练取得了预期成效。

【铁路治安专项整治】 开展废旧金属收购站排查整治。年内，区护路办对辖区废旧金属收购站进行排查，与2家商户签订了《拒收铁路电缆、光缆及设施设备责任状》，从源头上堵塞违法犯罪分子销赃渠道；加强防牲畜上道工作。深入沿线各行政村及牲畜养殖户家中，大力宣讲爱路护路知识，与各行政村及牲畜养殖户签订《牲畜管理责任书》共34份；加强铁路重点人员管控工作。加强铁路沿线未成年人的监护管理，强化宣传力度，并与沿线各行政村签订《未成年人监护管理责任书》17份；加强沿线“五残”人员监护管理。深入沿线“五残”人员家中，对监护人进行爱路护路宣传教育，签订《铁路沿线“五残”人员监护人维护铁路运输安全协议书》45份，切实做到铁路重点人员监护责任到位，教育到位，管理到位；加强沿线可疑人员的排查。全体执勤队员及巡查人员严密监视沿线磕头朝佛人员、徒步旅行人员等可疑人员的动态，按照各自铁路守护责任段进行迎送交接，坚决做到不仅严防生面孔，还要盯紧老面孔，确保万无一失。

【落实情况报告制度】 年内，区护路办认真落实《情况报告制度》，主动、及时向上级汇报各项工作开展情况，杜绝瞒报、漏报、误报、迟报等现象发生。2018年，向上级汇报各类护路文件、信息共计324份，切实做到政令畅通，互通信息、密切配合。

【矛盾纠纷排查化解】 2018年，堆龙德庆区境内排查涉铁矛盾纠纷2起，分别为青藏铁路K1888+300m至1893段两侧800余亩耕地灌溉水渠与铁路排水沟共用，村民灌溉农田时需进入防护栏进行引水，拉萨市护路办及区护路办联合开展整治，制定了具体措施；青藏铁路K1946+500m至K1947段上行右侧6家个体工商户在铁路安全保护区内私搭乱建、摆放设备、堆放垃圾等，区护路办先后2次联合路地相关部门进行整治，并得到妥善解决。

【落实值班检查制度】 由于铁路护路工作的特殊性，每逢重大节假日、敏感时期，区护路办做到全员在岗，各护路大队、中队认真安排常态下和敏感时期的值班、带班及督导检查。2018年未发生一起被盗案件、道路交通事故、犯罪治安案件及泄密事件。

【安全生产】 年内，按照区护路办制定的《车辆安全管理规定》要求，与各护路大队负责人、驾驶员签订《车辆安全管理责任书》，教育驾驶员认真遵守《道路交通安全法》及文明驾驶相关规定；落实区纪委《关于进一步加强公务用车使用管理的通知》精神，进一步明确办公室、各护路大队车辆管理第一责任人和直接责任人，明确车辆使用范围、责任及维护程序。制作了《堆龙德庆区铁路护路办公室（护路大队）派车单》，并严格按要求进行登记，同时加强对车辆驾驶员的教育管理，严格落实车辆管理有关规定。严格落实《队员自身安全管理规定》和《执勤纪律规定》，杜绝出现队员自身安全事故。各护路大队、中队组建安全生产检查组，加强对日常的用火、用水、用电安全监督检查，2018年未发生任何安全事故。

2018年1月26日，堆龙德庆区召开综治委铁路护路联防工作会议

【护路文化建设】 年内，区护路办积极组织人员参加了2018年拉萨市“牢记使命 热爱家乡 守护铁路”文艺汇演，在日常工作之余开展了丰富多彩的文艺娱乐活动，各护路大队文艺分队受邀参加了堆龙德庆区乃琼镇民族团结月系列活动之红歌大赛活动、庆祝西藏百万农奴解放59周年文艺汇演、庆祝建国69周年文艺汇演，共演出5场次，受到了沿线干部群众的一致好评。

【“以劳养护”工作】 年内，区护路办在沿线各护路大队、中队修建了牛圈9间，猪圈7间、鸡圈4间、鸭圈1间，截至年底，大队养殖牛58头（其中牦牛5头）、猪17头、藏鸡44只、鸭13只、鹅6只。在沿线各护路大队、中队修建温室10间，种植了西红柿、黄瓜、莴笋、菠菜、大白菜、小白菜、青椒等蔬菜。2018年，通过养殖业种植业的开展，为专职护路联防队员节省生活费8万余元，改善了队员伙食条件，减轻了队员经济上的负担，更调动了队员的工作积极性。

【护路宣传】 年初，区护路办制定宣传计划，针对性的制作宣传资料、购置宣传物品，指定专人负责，利用3月综治宣传月等活动为契机，在堆龙德庆区城区、沿线乡（镇）、村组、学校、企业单位、施工现场等地，以现场宣讲、悬挂横幅、图片展览、发放传单的方式宣传以《中华人民共和国铁路法》《铁路运输安全条例》等为主要内容的法律法规。全年共开展铁路护路宣传31次，悬挂横幅23幅次，图片展览180幅次，发放宣传单、宣传画册，发放标有“知路、爱路、护路”有关知识的书包、热水袋、毛巾、塑料手套、围裙、杯子、文具盒、练习本等宣传物品1.6万余份，受教育群众达3万余人。同时，区护路办利用广播、电视等媒体进行大力宣传，全年堆龙德庆区铁路护路联防工作被中央文明网刊登1次，西藏日报刊登1次，西藏电视台报道2次，中国西藏之声网报道1次，宣传活动取得了良好的成效。

（普布扎西）

【领导名录】

区人大常委会副主任、区护路办主任

次　仁（藏族，1月离任）

区护路办主任

西绕加措（藏族，1月任职）

经济管理

堆龙德庆区发展和改革委员会

【概况】 2018年是贯彻中共十九大精神的开局之年，是改革开放40周年，是决胜全面建成小康社会、实施“十三五”规划承上启下的关键一年。区发改委深入贯彻落实中共十九大精神、中央经济工作会议精神，认真贯彻落实区市党委九届三次全会和区市经济工作会议精神，以习近平新时代中国特色社会主义经济思想为指导，准确把握中国经济已由高速增长阶段转向高质量发展阶段的重要判断，牢牢把握“稳中求进、进中求好、补齐短板”的工作总基调，坚持新理念新思想新战略，紧扣社会主要矛盾变化，坚持以供给侧结构性改革为主线，抓好发展、稳定、生态三件大事，正确处理十三对关系，坚持和完善六大战略，着力创建拉萨城市副中心、产城融合示范区、城乡统筹先导区，突出抓重点、补短板、强支撑，牢牢把握建设团结美丽健康幸福新堆龙的发展目标，为堆龙德庆区决胜全面建成小康社会奠定坚实基础。2018年，区发改委有编制13名，实有工作人员19名。

2018年4月15日，北京市门头沟区委书记张立兵（右三）带队一行在堆龙德庆区考察调研援藏项目

【经济目标】 2018年，堆龙德庆区实现地区生产总值33.13亿元，同比增长10.2%，完成年初既定目标任务的100.45%；其中：第一产业增加值1.85亿元，同比增长0.4%（可比价）；第二产业增加值27.55亿元，同比增长11.9%（可比价）；第三产业增加值3.72亿元，同比增长4.6%（可比价）。三次产业结构调整为5.6：83.2：11.25。一般公共预算收入完成14.56亿元，同比增长21.97%，完成年初既定目标任务的105.1%。完成社会固定资产投资72.5亿元，同比增长20%，完成年初既定目标任务的100%。价格总水平基本稳定，居民消费价格指数控制在2%以内。主要经济指标均实现高位增长态势，增幅继续位

居全市前列。

【重点项目推进】 2018年,全区共实施5000万元以上项目24个,各级各类投资计划执行基本到位。国道109线那曲至拉萨段控制性工程(堆龙段)、青藏铁路扩能、拉林铁路机务段等国家重点项目加快推进;古荣乡那区高海拔生态功能区生态搬迁安置项目建成并实现搬迁入住,西藏自治区医院项目建设用地完成征地拆迁工作,拉萨综合保税区海关联检大楼及配套工程、西藏领峰国际智慧物流园等区市重点项目开工建设;堆龙新城基础设施、"象雄美朵"生态旅游文化产业园区等重点领域投资力度持续加大,开发建设进程稳步加快;易地扶贫搬迁安置配套、棚户区改造、小康安居等民生项目加快建设,部分工程完工投入使用或不同程度进入收尾阶段;实施了一批社会事业类、民族宗教类、社会治理类等关键领域、重点环节重点项目,补齐短板得到持续强化。招商引资促进作用明显,全年招商引资项目27个,总投资90.41亿元,实际到位资金25.31亿元,同比增长14.9%,完成年初既定目标任务的104.58%;其中工业园区招商引资到位资金比重达45.71%。西藏沛德堆龙德庆30兆瓦牧光互补复合并网发电、堆龙德庆区古荣乡40兆瓦农光互补2个能源项目、国家电投拉萨物流园区4.1兆瓦屋顶分布式发电等新能源项目奠基开工建设,生产性资产投资规模扩张,长期投资作用明显。

2018年3月26日,西藏自治区发改委规划处工作组一行在堆龙德庆区调研规划情况

【净土健康产业】 2018年,西藏专项高原特色产业项目新建高效温室12万平方米,古荣乡优质蔬菜生产基地建设成效初显。高原特色食品深加工基地(冷链中心)项目开工建设,净土健康产业链不断延伸。优质青稞、经济林木、有机果蔬、特色藏药材等净土健康优胜业态向各大园区推广覆盖,实现"堆龙净土""青色麦田"系列产品在区内外各大卖场、超市铺货达10余家,销售额达100余万元,净土健康产业总产值突破2亿元。

【新型工业】 2018年,堆龙德庆区加快推进新型工业化发展战略,促进绿色食(饮)品加工、藏医药研发生产、农副产品深(精)加工、高新技术产业等优势产业快速发展,鼓励和引导企业加大新产品研发投入,优化产品结构。大力倡导和支持建筑建材企业通过技术创新、技术改造提升新型生产线建设,西藏高争建材股份有限公司第六期技改项目初步完成矿山生态改造治理。园区实体经济不断向好,经济脱虚向实提档升级,A区10宗闲置土地成功盘活7宗,西藏领峰国际智慧物流园区、吉祥哈达生产线等5个入园项目落地开工建设。B区新建成通浪路、西嘎路、浪康三路、浪康四路,园区基础设施配套功能日趋完善。全年完成工业总产值45.76亿元,同比增长50.26%;工业销售产值46.57亿元,同比增长27.39%;完成工业增加值21.57亿万元,同比增长54.72%;完成工业投入28.56亿元,同比增长40.85%;实现工业税收39.59亿元,同比增长32.78%。

【文旅产业融合发展】 2018年,堆龙德庆区"旅游+"工作成效初显,围绕打造"上谷福地、药王故里、藏戏之乡"形象品牌,积极推动文化体育、藏医药、休闲农业、扶贫

2018年9月16日，区委书记格桑平措（左三）在工业园区调研企业生产经营情况

产业与旅游产业深度融合，“楚布沟山地自行车体验赛”“觉木龙派藏戏文化旅游节”“堆龙糌粑旅游文化节”“邦普沟沐浴文化节”“藏医药养生深度体验游体验游”等各类旅游品牌推介活动带动群众直接或间接增加旅游收入。“象雄美朵”生态旅游文化产业园区基础设施建设稳步推进，园区9条道路6条完成工程施工，古堡桥梁建成使用，象雄壁画绘制工作全面完成。“德吉藏家”精品民宿、波玛村家庭旅社、桑木自然民宿村、楚布沟沿线度假林卡等乡村旅游呈现良好发展态势，全年实现旅游接待143.31万人次，旅游创收4554.43万元，增长速度均为20%以上。

【脱贫摘帽顺利完成】 2018年，经开区精准扶贫易地搬迁安置点完成了搬迁入住配套工程建设，全区757户2798人贫困群众全部实现搬迁入住。那曲高海拔生态功能区生态搬迁安置点群众在古荣乡落户，实现了生态移民“搬得进、留得住、能致富”的工作目标。昌都“三岩”片区芒康县、贡觉县以及拉萨市偏远贫困地区当雄县、尼木县等跨区域易地搬迁安置任务完成，贫困群众就近“就业、就学、就医”得到妥善解决。援藏投资的波玛村“德吉藏家”易地搬迁扶贫开发项目全面完工并投入运行。村集体经济发展助力脱贫成效显著，全区30个行政村集体经济年收入均达100万元以上，有力带动贫困群众实现分红增收，扶贫产业实现贫困群众就业1186人、分红485.7万元。ABC三类低保补助标准不断提高，实施建档立卡贫困群众100%救助政策，帮助634名贫困群众以保脱贫。全年兑现教育资助金250人次236.18万元，有效根除贫困大中专学生就学期间学习生活困难等问题。撬动金融扶贫贷款额度9.67亿元，为142户建档立卡贫困群众，以1.08%利率完成融资贷款595万元。全年减少贫困人口1237户4311人，综合贫困发生率控制在0.17%以内，顺利通过国家脱贫摘帽考核评估验收，正式成为西藏自治区第二批退出国家贫困县的区（县），群众认可度达99.35%。

【污染防治】 2018年，堆龙德庆区坚持问题导向，强化中央环保督查问题坚决整改落实到位，全年办结中央第六环保督查组反馈案件47件，余下11件需要长期整改办结的正在稳步推进当中，工业园区污水处理、重点区域山水林田湖草生态修复、污染源治理等一批环保督查举报的典型案件得以切实整改到位。严格执行排污许可制度，污染防治力度持续加强，燃煤散烧、违规排放污水废水、露天焚烧垃圾行为有效遏制，采石采砂、危险废弃物等行业行为得到进一步清理规范。强化“环保智慧”平台运行管理，畅通群众参与渠道，按期处理60起环境举报案件，27家环境违法企业得到依法处理，环境信访案件办结率、满意率均达到100%。严格执行环境影响评价制度，严把项目环评审批关，坚决禁止“三高”项目进入。全年新开工建设29个水源点保护工程，水源点保护实现全部覆盖；完成拉萨周边防护林体系工程建设，实现人工造林800亩、封山育林1400亩，全面完成“无树村、无树户”消除任务；全区28个行政村被评为“自治区级生态村”、6个乡（镇）全部完成“自治区级生态乡（镇）”创建评选，占比分别为93.33%、100%。环境质量总体良好，全年空气质量优良率达到97.13%，与2017年基本持平，地表水水质持续保持在Ⅲ类质量标准。

【受援工作】 2018年，堆龙德庆区计划实施援藏投资项目8个，总投资16750.00万元，其中援藏资金12350.00万元，2018年度需完成援藏投资指标任务3100.00万元，实际完成年度援藏投资9600余万元。援藏投资项目涵盖易地扶贫搬迁、改善基础设施建设、基层组织政权建设、产业扶贫等工程项目。加快推进堆龙德庆区经济社会发展，不断巩固脱贫成果，确保按脱贫摘帽计划脱贫摘帽，同时为贯彻落实中央扶贫开发工作会议和东西部扶贫协作座谈会议精神，进一步与北京市门头沟区对接好“携手奔小康”对口帮扶具体事项。2018年4月14—18日，门头沟区常务副区长彭利锋一行再次到堆龙德庆区考察调研，并与区委、区政府召开座谈会，研究对口帮扶协作事宜；2018年8月2日，门头沟区委书记张立兵一行在堆龙德庆区进行考察调研，主要象雄美朵生态旅游文化产业园区古堡桥梁、园区整体规划、花卉种植、扶贫产业开发等情况进行调研，同时看望慰问2户德吉藏家易地扶贫搬迁建档立卡贫困户，详细了解了贫困户经济收入、就业、民宿收入等情况，并送去慰问金。门头沟区捐赠了慈善款100万元、200个公益性以补岗位工资96万元和用于50亩的玫瑰花苗。初步形成了突出产业带动，助力脱贫资金，加大项目扶持增收等内容的携手奔小康的合作意向，同时堆龙德庆区将持续结合扶贫工作实际，加强建立联络机制，强化信息对接力度，共同商定符合扶贫工作的产业项目，积极争取援藏产业机动、帮扶资金，全面推进堆龙德庆区脱贫攻坚见成效。

北京市门头沟区6个镇与堆龙德庆区6个乡镇，两地教育卫生总工会等部门建立对口支援结对关系，为将来深入开展两地扶贫协作工作奠定了坚实的基础，为迎接“10·17”国家扶贫日，10月16日，在门头沟区开展了以“文化搭桥，旅游展示、消费扶贫”为主题，通过特色文化演出、旅游产品推广和结对地区（堆龙德庆区）农副产品展销等方式，推介门头沟区和结对地区（堆龙德庆区）旅游资源、农副产品等的活动，进一步增进了两地扶贫协作兄弟情义。

【政务服务体系建设】 2018年，堆龙德庆区加快建设“以区政府服务中心为龙头、乡（镇）政务服务中心为主体、村政务服务站为基础”的三级政务服务网络和代跑帮办体系，不断规范服务标准、疏通服务难点、丰富服务手段，实现了全域服务“零距离”。进一步健全企业信用记录和黑名单制度，实施监管结果公开，建立了失信惩戒制度，将存在突出问题的项目单位及有关人员纳入“黑名单”，通过信用体系的完善，为堆龙德庆区投资经营活动营造良好的信用环境。全年三级政务服务体系共办理行政审批事项、便民服务事项30952件，办结29523件，办结率达95.38%；共受理“12345”热线803件，办结779件，办结率达97%。

【防范化解重大风险】 2018年，堆龙德庆区财政管理制度不断健全，严格项目审批程序，政府债务和政府隐性债务风险得到有效防

2018年10月20日，堆龙德庆区委副书记、常务副区长赵涛主持召开重点项目推进会

范和化解，初步实现政府债务零增长。积极做好重点领域风险防范和处置，坚决打击违法违规金融活动，加强薄弱环节监管制度建设，深入开展土地私自买卖、私搭乱建专项整治，查处涉及违法用地1160宗，103名个人63家企业法人被纳入失信人员名单，保持了金融和实体经济、金融和房地产、金融体系内部的良性循环。加大劳动保障维权力度，不断巩固提升劳动关系基础，严厉打击违反劳动法的“双拖欠”行为，全年累计为2199名农民工讨薪1972.3万元，受理案件170件，结案率达97%。

【社会事业协同发展】 教育事业不断发展。全年新建德庆乡桑仓村、顶嘎村、马乡莫嘎村、聂村、色兴村、卓木嘎村等6个村级幼儿园，稳步减少“大班额”现象，学前教育三级网络初步形成。积极稳妥推进“五个100%”教育目标任务，基本实现区域内义务教育均衡发展。以教研工作带动教学工作，教学质量不断提高，全区学前三年毛入园率达96.11%，小学入学率达99.99%，巩固率为100%，初中入学率达100%，巩固率为100%。

医疗卫生水平不断提升。启动区医院“二级甲等”创评准备工作，县级公立医院改革成果不断巩固。组团式援藏工作成果显著，全年救治受益群众787人，金额达468.86万元。稳步推进分级诊疗、家庭医生签约服务制度工作，签约率达94%。加大医疗卫生领域投入力度，基本公共卫生服务经费提高到人均65元，农牧区基本医疗制度保持全覆盖，政府年人均补助标准提高至515元。

文化惠民成效显著。全年新组建30支村级文艺队，实现了村级文艺队全覆盖，推动文化惠民深入实施，全年村级文艺队演出场次达150余场，全年累计开展各类文艺活动300余场次，受众人数达3万人次。进一步完善区级群众活动中心、六个乡镇基层文化站点公共文化服务功能，持续扩大公共文化场所免费开放力度。大力发展文化产业，全年新建成1个自治区级、2个市级文化产业基地。

社会保障不断健全。城乡最低生活保障工作按照动态管理原则，实现“应保尽保、应退尽退”，全年兑现城乡低保金和农村低保“两线合一”资金484万元和82万元；特困供养工作有序开展，特困供养人员142名完成建档造册工作。

（德庆曲珍）

【领导名录】

主　任

杨开颜

副主任

杜原红

伊　苏（藏族，2月任）

堆龙德庆区财政局

【概况】 年内，区财政局全面贯彻落实习近平新时代中国特色社会主义思想和十九大精神，认真学习领会中央财经工作会议精神，紧紧围绕省、区和区委区政府各项决策部署，坚持以绩效为导向，实施更加积极的财政政策，全力做好保基本、守底线、促均衡、提质量等新时代财政工作，保障堆龙德庆区经济社会健康可持续发展。

【财政收支】 2018年，全区财政收入完成（全口径）169067万元，

2018年7月24日，区财政局局长土登主持召开村组财务培训开班仪式

比上年同期减少28491万元，减少14.42%。其中：一般公共预算收入完成145641万元，比上年同期增加30389万元，增长21.97%，完成年初预算110.46%，完成全年奋斗目标107.78%；政府性基金预算收入完成33255万元，比上年同期减少49051万元，减少59.60%。1—10月，全区财政支出完成142154万元，比上年同期减少33344万元，减少19%。其中全区一般公共预算支出127592元，比上年同期数150252万元，减少22660万元，减少15.08%，为预算的56.84%。1—10月，全区政府性基金预算支出31345万元，比上年同期数90630万元，同比减少59285万元，减少65.41%。

【一般公共预算收入】 2018年，全区一般公共预算收入145641万元，比上年同期数115252万元，增加30389万元，增长21.97%，完成全年奋斗目标（市级）109.45%，完成全年奋斗目标（本级）103.44%。其中：税收收入完成130861万元，比上年同期数111680万元，增加19181万元，增长17.17%，占财政收入的96.35%。非税收收入完成4951万元，比上年同期数3572万元，增加1379万元，增长38.61%，为预算的155.20%，占财政收入的3.65%。

【一般公共预算收入运行分析】 2018年，全区增值税收入同比增长24.36%，主要原因为堆龙新建项目山南的国道项目、阿里的国道项目等钢材和水泥销旺季，增长较多，受股权转让收入征收增值税的政策因素影响，营改增税制改革也导致增值税收入增收；企业所得税收入同比减少65.42%，主要原因是而2018年同期无此项税款；个人所得税收入同比增长15.35%，主要原因是利息股息红利所得，其他转让等因素增收；从各行业收入情况看，租赁和商务服务业、批发和零售业、信息传输、软件和信息技术服务业为堆龙德庆区主要税收收入来源行业，金融业、交通运输、仓储和邮政业、科学研究和技术服务业同比增幅较大，企业效益良好，缴纳税款增多直接推动该行业收入的增长；近年来，堆龙德庆区通过大力实施招商引资战略，成功引进了一批纳税大户落户堆龙德庆区，为堆龙德庆区经济和社会发展作出积极的贡献，堆龙德庆区各项经济指标大幅攀升，经济社会运行质量明显提高，但相关财税政策的实施对堆龙德庆区财政收入产生一定的影响，导致堆龙德庆区很多意向入驻企业处于观望状态，已入驻企业则处于考虑、观望状态，部分纳税大户甚至已经将公司迁转等，对堆龙德庆区完成2018年本级财政收入影响较大。

【一般公共预算支出情况】 1—10月，全区一般公共预算支出127592元，比上年同期数150252万元，减少22660万元，减少15.08%，为预算的56.84%。在预算执行中的支出进度上，堆龙德庆区的预算支出进度有点缓慢，主要原因是2018年实行国库集中支付改革，不存在以拨代支的现象；部分预算单位年初预算的资金，因预测的不准确，导致无法实施；有些是项目跨年实施，无法执行预算资金。

【政府性基金预算收支完成情况】 政府性基金收入情况。2018年，全区政府性基金预算收入完成33255万元，比上年同期减少49051万元，减少59.60%。减少的主要原因为堆龙德庆区国土局设立为分局之后，堆龙德庆区的核心区内的土地供应权是市国土局，政府性基金预算收入也是核心区之外的部分土地出让收入。2018年，全区政府性基金预算收入完成107899万元，比上年同期数98966万元，同比增加8933万元，增长9.03%。完成全年奋斗目标（市级）101.98%。

政府性基金支出情况。1—10月，全区政府性基金预算支出31345万元，比上年同期数90630万元，同比减少59285万元，减少65.41%。主要用于征地拆迁补偿支出31345万元。

【完善政府预算体系】 年内，区财政局强化公共财政预算和政府性基金预算编制，将政府收支活动全部纳入预算管理。根据堆龙德庆区实际，严格实行有限的预算收支挂钩政策，把收支压力传导到各部门。按照“全面规范、公开透明”的预决算信息公开管理要求，2018年，全区预算公开单位54家，做到预决算公开全覆盖。

【改进预算管理和控制】 国库集中支付改革。根据《拉萨市县级财政国库集中支付制度改革实施方案》的要求，2018年起，全区所有预算内资金，通过国库集中支付系统进行操作，为进一步深化国库集中支付制度改革，加强财政财务管理监督，减少单位现金支付结算，提高公务支出透明度，堆龙德庆区准备启动公务卡，由于系统还未建立完成，截至年底，尚未实行公务卡结算；推进"一卡通"试点工作。为规范财政补贴资金的发放，根据拉萨市财政局要求，区财政局及时成立推进"一卡通"工作领导小组，组织各乡（镇）开展财政补贴资金"一卡通"工作，截至年底，各乡（镇）已着手开展此项工作。

【财政收入管理】 年内，区财政局做大做强净土健康发展等支柱产业，积极申报效益好、潜力大的项目，增强经济发展后劲和财政持续增收能力。全面规范税收优惠政策，按照《国务院关于税收等优惠政策相关事项的通知》《西藏自治区人民政府关于清理规范财税政策的通知》要求，积极配合财政部专员办对2017年所得税进行专项检查，进一步规范税收优惠政策，维护国家税制。

【优化财政支出结构】 年内，区财政局严格控制政府性楼堂馆所建设，财政供养人员以及"三公"经费等一般性支出，严格执行中央八项规定，1—10月，全区"三公经费"支出49.45万元，同比减少80.13%。一般性支出得到较好控制。清理规范碎片化投入，整合资金、集中财力，进一步增强重点领域和薄弱环节财政保障能力。

【国有资产管理】 年内，区财政局履行好国有资产处置审批手续，防止国有资产收入的流失，切实把家底摸清、摸实。截至年底，已完成了全区固定资产清理工作。

【规范村级财务】 年内，为进一步规范村级财务，加强村级财务管理，营造公开透明、规范有序的村级财务，区财政局精心组织村级财务人员，进行为期一周的财务知识的培训。为30个行政村聘请代理记账人员，处理财务相关事务。

（杜　曾）

【领导名录】

局　长

土　　登（藏族）

副局长

格桑德吉（女，藏族）

副局长

武 雅 文（女，6月任职）

堆龙德庆区审计局

【概况】 年内，堆龙德庆区审计局全面贯彻中共十九大精神，以习近平新时代中国特色社会主义思想为指导，认真贯彻落实全国审计工作会议和二届区委三次全会精神，狠抓工作落实，各项工作取得一定的成效。2018年，区审计局由行政编制2名，其中：科级领导职数2名，实有工作人员4名。

【审计监督】 年内，区审计局紧紧围绕区委、区政府中心工作，坚持问题导向，提高审计监督能力。全年共开展6次专项检查、2项审计工作、配合区直有关部门开展专项检查1次、配合支持区委巡察工作1人次。同时积极配合做好了国家审计署在堆龙德庆区的

2018年7月23日，区审计局工作人员参加乃琼镇2017年度预算执行和其他财政收支审计进点会

调研工作。

【党建工作】 强化学习教育，唱响学习贯彻中共十九大精神的主旋律，打造活力党建。年内，区审计局始终把政治建设放在首位，通过对区委二届二次全体（扩大）会议、区市党委九届三次会议、各级纪委全会精神等的学习，引导广大机关党员自觉用习近平新时代中国特色社会主义思想武装头脑，每月坚持2次政治理论学习，增强“四个意识”，树立“四个自信”，保持定力，激发活力。通过参加上级审计部门组织的培训，逐步提高干部业务知识水平，为审计工作的开展开拓了思路、奠定了基础。全年共组织开展党员集中学习42次，观看专题教育片4次，组织参观爱国主义基地1次，开展了与宪法合影和宪法知识竞赛等活动，撰写心得体会、观后感等76篇。

树立一切工作到支部的鲜明导向。2018年2月，区审计局成立后，及时向区直机关工委提交成立党支部的请示，通过召开党员大会，按照规定程序选举产生党支部书记，并就党支部成员职责进行分工。组建了党员志愿服务队，全年共组织开展义务植树活动、“人人动手参与，共建美丽堆龙”第30个爱国卫生月自愿清洁活动等党员志愿服务活动6次。丰富党员活动内容，制定了《拉萨市堆龙德庆区审计局2018年“党员主题活动日”工作实施方案》，全年共开展主题党日活动19次。按照“控制总量、优化结构、提高质量、发挥作用”的工作方针，严格做好党员发展工作，2018年发展入党积极分子1名，4—12月收缴党费339.31元。

强化民主监督，营造风清气正的良好氛围，打造人文党建。坚持完善及落实“三会一课”制度，根据审计局工作职责，结合党员干部队伍思想实际，把政治思想教育和业务知识培训紧密结合起来，制定《拉萨市堆龙德庆区审计局党支部书记讲党课活动实施方案》。召开党员大会23次，党支部书记讲党课4次。严格执行党内政治生活制度。注重加强民主集中制建设，班子成员之间既分工协作又相互支持。在大额财务安排、物资采购、评先选优等问题上，都是经过集体讨论决定，遇事及时沟通，不搞一言堂。

【党风廉政建设】 切实履行职责。年内，区审计局始终牢固树立“抓好党风廉政建设是本职、抓不好是失职、不抓是渎职”的理念，开展与党员干部谈心谈话6人次，切实履行“一岗双责”；强化组织推动。坚持把党风廉政建设与审计业务工作同部署、同检查、同落实、同考核，召开党风廉政建设专题工作会议13次，传达学习各级党委、纪委党风廉政建设相关文件11次，制定下发了《拉萨市堆龙德庆区审计局2018年党风廉政建设和反腐败工作计划》《拉萨市堆龙德庆区审计局2018年度党风廉政建设和反腐败工作重点任务分解方案》《拉萨市堆龙德庆区审计局政治纪律教育工作方案》等文件，把从严治党主体责任融入日常业务、制度建设中。

【开展扶贫工作】 年内，区审计局以春节、藏历新年等为契机，向帮扶对象送去了慰问品、慰问金。同时，向帮扶对象宣传了脱贫政策和措施，希望他们坚定信心，勇于克服困难，保持积极乐观的生活态度，全年共组织党员开展结对帮扶活动6次。

（李焕好）

【领导名录】

局　长

白玛曲珍（女，藏族，2月任职）

副局长

李　焕　好（女，2月任职）

拉萨市国土资源局堆龙德庆分局

【概况】 年内，拉萨市国土资源局堆龙德庆分局按照区委、区政府的统一部署要求，深入贯彻中共十九大、十九届历次会议和习近平总书记系列讲话精神，采取一系列措施，抓学习、抓制度、抓落实，把改进工作作风、优化服务环境作为推进国土资源管理工作发展的一个重要落脚点，扎实开展“两学一做”学习教育活动，切实转变工作作风，强化“服务发展，保护资源、维护权益”责任意识，主动担当、克难而进，各项工作取得一定的成效。2018年，堆龙德庆分局共有干部职工17名，其中：局长1名，副局长1名，主任科员1名（市国土资源局派驻堆龙德庆分局），副主任科员3名（1

名事业编制),科员4名,工人2名,事业编制4名,市不动产登记中心派驻堆龙德庆分局1名。

【作风建设】 2018年,堆龙德庆区分局以开展“两学一做”学习教育常态化为着力点,认真制定学习计划表、学习考勤表,通过集中学习、上党课、党员活动日、观看警示教育等专题纪录片等活动,不断强化党员思想政治教育,增强“四个意识”,坚定“四个自信”,坚决维护习近平总书记党中央的核心、全党的核心地位,坚决维护党中央权威和集中统一领导,把准政治方向,坚持党的政治领导,夯实政治根基,涵养政治生态,防范政治风险,永葆政治本色,提高政治能力。2018年,共组织集中学习30余次,撰写心得体会50余篇,召开主题组织生活会2次,观看警示教育片、平语近人系列等专题纪录片10余次。

【党风廉政建设】 年内,堆龙德庆分局积极推行领导干部问责制,建立健全“一把手”负总责、分管领导具体负责、领导班子成员共同抓的工作机制。优化完善重大事项集体决策制度,对建设用地审批,国有建设用地使用权及采矿权招标拍卖挂牌出让、储备资金列支计划等问题实行集体决策。确定了包括土地审批、土地出让、土地整理、土地登记抵押、征地拆迁、土地执法、采矿权审批、思想道德、体制机制等9个关键环节共32个廉政风险点及防控措施,制作了《廉政风险防范管理流程图》和《堆龙德庆区国土局廉政风险点及防控措施一览表》。在工程建设领域专项治理工作中,着重解决了非法批地、低价出让土地,擅自改变土地用途、违规征地拆迁以及违法违规审批和出让探矿权、采矿权等问题,切实维护人民群众的根本利益,维护国土资源部门的良好形象,促进反腐倡廉工作。

2018年3月23日,区委书记格桑平措(左四)在堆龙新城建设项目土地储备现场指导工作

【落实最严格耕地保护制度】 2018年,堆龙德庆分局通过宣传教育(以“6·25”土地宣传日等为契机,大力宣传)、抓土地整治、抓层层落实、抓异地补充(异地补充耕地项目),落实好耕地保护制度。全年拉萨市下达的耕地保护目标责任为123947亩,基本农田保护责任为78616亩,堆龙德庆区按照任务要求严格落实各项保护工作,耕地保有量、基本农田保护任务、保护指标均未减少。

【土地征收】 2018年,堆龙德庆分局完成了5平方公里堆龙新城一期建设用地。完成了242户本地户、75家企业、319户外来户、桑木片区44户、村集体、龙腾大厦区粮食局15家商铺、19家租户、区邮政局6家商铺、粮食局院内15户民宅、南嘎村五组8户村民的评估报告签字确认和征地拆迁补偿协议;完成了物流保税区214户本地村民、21家外来户、11家企业、村集体部分地上附着物共360.78亩的协议签订工作和补偿资金兑换工作;完成了物流保税区安置项目113户本地户及33户外来户的协议签订工作和补偿资金兑换工作;完成了拉林机务段项目乃琼村25家企业及村集体地上附着物的协议签订工作和补偿资金兑换工作;完成了青藏铁路格拉段(堆龙段)扩能改造项目贾热村942.11亩、色玛村9.31亩、乃琼村17.82亩、古荣乡古荣村18.29亩、德庆乡昂嘎村11.59

亩的土地征收工作补偿资金兑换工作和项目涉及征地拆迁范围内的35户温室、2户民宅、2宗土地、1座林卡、村民树木和铁丝网等地上附着物的协议签订和兑现补偿资金工作；完成了羊达乡羊达村2225.9亩集体土地及个人树木、村集体树木、温室大棚的协议签订工作和补偿资金兑换工作；完成了国道109线那曲至拉萨段（堆龙段）控制性工程马乡常木村、乃琼镇波玛村已核实道路断面内征收土地面积及征地拆迁范围内涉及的大部分地上附着物的协议签订工作和补偿资金兑换工作；完成了西藏自治区医院项目协议签订工作和补偿资金兑现工作。

【基础业务】 2018年，堆龙德庆分局共办理各类权证6961件，其中：不动产登记证明341件，不动产证书6211件（数目不等是由于开发商首次登记不发证书和证明）。严格审评项目用地手续，截至年底，堆龙德庆分局项目用地预审5件，用地初审12件、用地复函39件，保证了堆龙德庆区建设项目顺利实施。完成了堆龙德庆区德庆乡、马乡、古荣乡农村宅基地确权登记颁证工作，共计发证3771本。完成了马乡、古荣乡、羊达乡、乃琼镇（3个村）5个乡镇24个行政村农村集体土地所有权确权登记颁证外业测绘调查及数据确认工作，涉及集体土地411宗，面积120.19平方公里。

【矿产管理】 2018年，堆龙德庆区境内采矿企业共计14家，其中非金属采矿13家，金属矿1家；区内探矿企业共计16家。加强矿山的巡查管理力度，采取定期、不定期相结合的方式，对矿产违法行为进行集中整治，坚决打击各项违法行为，对违法采砂、采矿行为，将坚决予以严厉打击取缔，并欢迎广大群众对国土工作的监督和支持，鼓励广大群众对违法行为进行举报，形成全民齐抓共管良好工作格局。完成《拉萨市非金属矿业权设置》编制工作，在国土资源部已备案，拉萨市国土资源局委托第三方单位编制的《西藏自治区拉萨市砂石粘土矿产资源规划调整方案》在国土资源部成功备案，此次矿产资源规划编制工作堆龙德庆分局征求了各乡镇意见，并将各乡镇上报的满足未来5年开采规模的新设点列入编制工作中。

【执法监察】 2018年，堆龙德庆分局共开展土地执法巡查300余次。根据2018年堆龙德庆区“五下乡”安排表，安排专人到各乡（镇）、村委会开展法律知识宣传、有奖知识竞赛活动，发放宣传手册2000余本，现场对农牧民群众提出的土地问题予以解答。在6月25日土地宣传日当天，堆龙德庆分局派出3个宣传小组，分别到乃琼镇岗德林村、区政府主干道以及羊达乡进行宣传，切实增强广大群众遵纪守法的法律意识，为征地工作带来便利；根据国家土地例行督察整改工作要求及拉萨市《整改方案》，督促完成了堆龙德庆区工商资本违法租地建厂主要问题，主要为2016年土地卫片执法检查内144宗私自租赁土地违法建设图斑中29宗违法图斑拆除工作；根据《拉萨市人民政府关于非法买卖占用集体土地有关问题的处理意见》《拉萨市人民政府关于建立健全农村集体土地管理机制的意见》文件精神以及2018年7月11日自治区党委

2018年6月25日，堆龙德庆分局开展“6·25”土地宣传日活动

常委、拉萨市委书记白马旺堆通知召开的拉萨市土地私自买卖、城区私错乱建问题整治工作专题会议精神，结合堆龙德庆区工作实际，起草了《拉萨市堆龙德庆区人民政府关于开展清理整治私自买卖土地、私错乱建违法行为专项行动工作方案》，已报请区委区政府研究。2018年，堆龙德庆区土地执法卫片图斑总量共计856宗，违法用地图斑624宗，军事用地图斑2宗，合法用地图斑83宗，其他用地图班144宗，矿产卫片51宗。

【环保工作】 2018年，堆龙德庆分局深入落实各项环保工作，重点开展中央环保督查反馈问题中涉及分局的6项环保案件办理工作，截至年底，6项环保案件办理工作正在按照整改工作方案稳步推进；按照工作要求积极开展了堆龙德庆区23处采场地质环境生态恢复治理工作，截至年底，堆龙德庆分局已委托专业技术单位完成全区23处采场地质环境生态恢复治理方案编制工作，并按照工作计划分批次报请区发改委进行项目审核；同时开展了堆龙德庆区沿线、沿河、沿路范围内采砂场地质环境恢复治理工作。2018年底，已完成中心城区范围内4家采砂场地质环境生态恢复方案编制单位确定工作。

【“送温暖”慰问活动】 堆龙德庆分局在春节、藏历新年来临之际，堆龙德庆分局领导带领工作人员慰问了包村点乃琼镇加木村贫困户，慰问组与困难群众亲切交谈，嘘寒问暖，详细地询问他们的家庭生活情况和存在的困难，鼓励他们要树立信心，积极应对，克服困难。

【精准扶贫】 堆龙德庆分局精准扶贫联系点为乃琼镇加木村，共有结对帮扶对象18户。2018年.先后12次到包村点开展入户调查，详细了解了结对帮扶对象的家庭成员、生产经营、经济收入、种植和养殖、房屋和基础设施建设等情况，对存在的困难和问题进行了面对面的交谈，对生产和生活方面的主要打算和诉求进行了心贴心的交流。同时，分局将地灾防治工作和扶贫攻坚工作有机结合，对辖区30个精准扶贫村排查出的68处地质灾害安全隐患，设立警戒标志，划定危险区、制定防灾预案，通过发放“两卡”（防灾明白卡、避险明白卡），落实地灾监测员等防灾减灾措施，实施了以地灾防治为基础的精准扶贫，取得显著成效。组织专业地勘队伍，对地质灾害隐患全面排查，在此基础上，编制了地灾防灾预案和应急处置预案，对30个精准扶贫村68处地质灾害隐患点建立群测群防专职监测队伍，将防灾责任、防灾措施和帮扶工作责任落实到点到户。针对排查出的地质灾害隐患点，科学编制帮扶村地质灾害防治方案，重点突出“一隐患点一措施”，不仅有效避免了群众因灾致贫、因灾返贫，还保障了群众生命财产安全。结合部门职能，要求汛期地质灾害隐患较严重的乃琼镇、德庆乡、马乡、羊达乡各安排1名建档立卡贫困户担任“地质灾害群测群防员”，每年每人补贴2000元。

（潘文红）

2018年1月25日，堆龙德庆分局党员干部慰问结对帮扶群众

【领导名录】

局　长

许　毅

副局长

阿旺旦增（藏族）

不动产登记中心主任

达瓦拉宗（女，藏族）

堆龙德庆区统计局

【概况】 年内，区统计局在区委、区政府的正确领导下，在上级业务部门的关心支持下，在各相关部门的密切配合下，坚持以中共十九大、十九届中纪委二次、三次全会精神为指导，全面贯彻党的十九大精神，深入贯彻落实习近平总书记系列重要讲话精神和治国理政新理念、新思想、新战略，特别是治边稳藏重要战略思想，认真贯彻落实党中央、国务院、自治区党委、政府关于统计工作的重要决策部署，紧紧围绕年初工作目标任务，立足服务全区经济建设和社会发展大局，坚持改革创新，凝心聚力，克难奋进，扎实推进各项工作，取得了较好的成效，为推进全区各项事业提供有力的数据保障。2018年，区统计局共有工作人员8名，其中：局长1名、副局长1名、副主任科员4名，科员2名。

【党组织建设】 2018年，区统计局在区委、区政府正确领导下，在区直机关工委的细心指导下，坚持以中共十九大、十九届中纪委二次、三次全会精神为指导，全面贯彻党的十九大精神，进一步夯实支部党建基础，继续加强服务型党组织建设，不断提高党建工作水平。2016年6月，区统计局党支部成立，2018年有正式党员6名，无预备党员。结合“三大节日”“妇女节”“建党节”“扶贫日”等重要节日，先后举办了“送温暖”“主题党日”“四必访”等各类活动，把党的温暖送进了结对帮扶户、困难职工、驻村干部、住院干部的心里。全年共收缴党费1468元，收缴率达100%，开展慰问活动10次，送去慰问金7772元。

【经济运行】 2018年，全区实现地区生产总值33.13亿元，比上年同期增加3.28亿元，同比增长10.2%，完成全年目标任务的100.45%。其中第一产业增加值1.85亿元，同比增长0.4%；第二产业增加值27.55亿元，同比增长11.9%；第三产业增加值3.72亿元，同比增长4.6%，三次产业结构为：5.6:83.2:11.2。

2018年，全区实现农林牧业总产值35579万元，同比增长10.2%。实现工业总产值457587.93万元，同比增长50.26%；完成工业销售产值465712.67万元，同比增长27.39%；完成工业增加值215723.19万元，同比增长54.72%；实现工业税收39587.34万元，同比增长32.78%；完成工业投入285569万元，同比增长40.85%；规上工业增加值增长48%。

2018年，全区500万元以上固定资产投资完成41个项目，其中500—5000万元项目17个，5000以上24个。全年投资增长速度为26.5%，全面完成了2018年任务指标。

2018年，全区实现社会消费品零售总额117577.4万元，同比增长14.2%，完成全年目标的100.77%。全区一般公共预算收入完成145641万元，同比增长21.97%，完成目标任务的109.45%。农村居民人均可支配收入达15500元，同比增长11.06%。完成招商引资项目28个(续建项目11个，新建17个)，项目总投资90.41亿元，实际项目到位资金25.3075亿元，同比增长14.9%，完成全年目标任务的104.58%。

第四次经济普查工作采玫委

2018年6月25日，区统计局局长强巴云旦带队在马乡措麦村进行入户宣讲活动

托第三方公司的方式开展，截至年底，已开展完所有单位清查工作，清查单位共计8675家。

（马新宇）

【领导名录】

局　长

强巴云旦（藏族）

副局长

陆丽丽（女）

堆龙德庆区工业和信息化局

【概况】 年内，堆龙德庆区工业和信息化局在区委、区政府的正确领导下，在上级主管部门的指导下，主动适应经济发展新常态，以科学发展观为指导，紧紧抓住“发展”主线，深化改革，加强管理，完善服务，统筹兼顾，通过抓项目、争投入、强素质，在工业经济运行、企业服务、产业规划调研、企业入规、产业招商、企业信息化推进、产业集群建设等方面做了大量的工作，确保各项工作上台阶，为区域经济健康可持续发展再铸辉煌。2018年，区工信局内设商务局、招商引资局、国有资产委员会、质监局等部门，共有行政编制7名，其中科级领导职数4名，实有工作人员12名。

【工业经济】 2018年，区工信局及时准确把握工业经济运行态势，增强堆龙德庆区工业经济分析的时效性、预见性、针对性和指导性，促进全县工业经济又好又快发展。2018年，全区完成工业总产值457587.93万元，同比增长50.26%；完成工业销售产值465712.67万元，同比增长27.39%；完成工业增加值215723.19万元，同比增长54.72%；实现工业税收39587.34万元，同比增长32.78%；完成工业投入285569万元，同比增长40.85%。全区规上工业增加值同比增长48%。

3月，区工信局对辖区内企业开展调研，了解了企业的基本经营状况、用工情况、企业品牌建设情况、2018年投融资计划、生产经营计划和重点项目开展情况及企业经营过程中存在困难，充分挖掘工业经济增长点；组织辖区工业企业相关人员参加财税培训，30余家企业共60余人参加了培训；配合区统计局督促辖区销量较大的规下企业开展升规工作，西藏高争骨料有限责任公司、西藏藏中建材股份有限公司已成功申规，并完成申规任务；组织相关单位到成都大学开展产业发展相关培训；在“春节、藏历年”“国庆”等节假日及“安全生产月”“防震减灾日”期间，多次开展企业安全生产检查、同时配合上级部门开展工业企业节能检查工作，全年出动执法检查人员80余人次，制作宣传横幅20余条，发放宣传资料3000余份；对东嘎水泥厂职工安置情况进行回访，同时针对东嘎水泥厂生产情况，联合相关职能单位，从各单位职责和业务出发，对企业存在的安全隐患及相关证照进行排查；配合拉萨市工信局安装电子政务外网二期工程，共安装78个网点，涉及全区各单位、乡（镇）及各行政村；9月12日，组织全区工业企业主要负责人、财务负责人参加《新财税 新视角 新机遇》财税实务研讨会；按照自治区相关要求，碘盐相关工作职能转移至区工信局，顺利完成了此项工作的交接，并参加了自治区工信厅组织的盐务工

2018年11月15日，副区长何景平（左二）、区工信局局长刘强（右一）一行在（重市庆）考察招商项目

2018年3月15日，区工信局局长刘强（中）在辖区工业企业调研

作培训，已开展2次盐务检查。

【招商引资】 2018年，堆龙德庆区共接待区内外客商600余人次，招商引资项目数28个，其中续建11个、新建17个，项目总投资90.41亿元，项目实际到位资金25.3075亿元，同比增长14.90%，完成全年目标任务的104.58%。（2018年招商引资实际到位资金目标任务是24.2亿元。）

为充分宣传全区招商引资及投资环境，推介净土健康产业及旅游文化、城市综合开发等招商引资重点项目，区主要领导亲率工商、税务、招商、财政等相关部门人员组成招商小队到内地进行招商活动，考察招商项目。2月4日，组织筹备了在四川省成都市召开的招商项目推介会。以“雪顿节”“昆交会”“藏博会”“京交会”等活动及自主招商等招商活动为契机，引进了总投资3亿元的西藏沛德能源科技有限公司、总投资4.28亿元的西藏齐耀新能源开发有限责任公司。

2018年，在中国信用小康指数之中国营商环境满意度大调查中，堆龙德庆区荣登2018中国营商环境百强区县榜。

【商务工作】 引导商贸企业扩大促销。年内，区商务局积极引导督促企业，抓住节假日，藏历年、春节、雪顿节时机，加强宣传，采取合理的促销措施，拉动消费增长。2018年，堆龙德庆区完成社会消费品零售总额117577.4万元，同比增长14.2%。

全力开展促销费活动。积极开展2018年全区农牧区碘盐配送工作，截止4月2日，堆龙德庆区2018年农牧区碘盐配送工作全面完成，此次碘盐配送工作覆盖了堆龙德庆区6个乡镇30个行政村，共计配送碘盐222442公斤，受益农牧民群众达40444人；积极为堆龙德庆区企业申报商贸集聚区认定、外贸小微企业“两创”资金项目；继续做好对商贸流通领域企业环保整改工作的监督检查，定期、不定期对辖区企业进行检查，掌握企业整改进度；及时开展电子商务示范区建设项目，根据拉萨市政府相关工作要求，由拉萨市净土公司承办此项工作，堆龙德庆区联合拉萨市净土公司对区、乡、村三级电子商务服务中心进行了踩点测量；严格按照相关要求办理汽车报废手续，全年共审核报废车辆3000余辆；积极承接上级部门下放职能，截至年底，完成6家再生资源经营者备案工作；按照自治区商务厅、拉萨市商务局的相关工作要求，指导督查辖区内加油站开展油气回收改造工作，截至年底，辖区内9座加油站均已完成油气回收改造；按照年初计划安排，联合区统计局对辖区内商贸企业进行调研，将西藏龙行福运汽车租赁有限公司、西藏冀鑫汽车销售有限公司升为商贸领域线上企业；经区委、区政府研究，由区政府解决家电家具下乡缺口资金4028592.05元，截至11月，已全面兑付完成。

【国有企业健康发展】 年内，区国资委制定下发了《堆龙德庆区属国有企业设立子公司（或合资）审批表》，并召集区属国有企业召开会议，要求各区属国有企业自通知下发之日起严格按照审批表内容，规范设立子公司（或合资）的审批程序，做好设立子公司（或合资）前期准备工作，在充分争取主要领导明确性意见后报区国资委审核备案。本着实事求是、不隐瞒、不谎报瞒报的原则，区国资委托第三方从国企经营情况、发展计划、存在的问题等方面入手，对国企2017年和2018年上半年度开展审计工作，审计工作完成后形成审计报告，将汇总梳理存在的问题及时反馈至主要领导及相关部门。

“三资”管理从固定资产抓起，要求国企建立固定资产登记责任卡，督查建立完善固定资产账户、固定资产登记本、固定资产登记卡，做到每年至少开展一次固定资产清查工作，并对实物进行盘点，确保固定账本、登记本、卡片相符，要求责任到人，防止固定资产流失。

草拟了《堆龙德庆区国有企业管理办法（试行）》，并已提请政府常务会审议《堆龙德庆区国有企业管理办法（试行）》。草拟了《堆龙德庆区国有企业经营业绩（含党建）考核办法》，并已提请政府常务会审议《堆龙德庆区国有企业经营业绩（含党建）考核办法》，截至年底，正在按照主要领导的修改意见进行再审核、再修改。

【发挥质监职能】 年内，按照拉萨市工信局的安排部署，区工信局组织工商、药监、安监、商务等部门配合市工信局开展了矿用设备、危险化学品、特种设备三个专项整治和以农资、食品、建材为重点的十大专项检查，出动执法人员50余人次，严厉地打击了制假、售假犯罪分子的嚣张气焰，为创造公平竞争的市场环境发挥了积极作用。

扎实推进质量兴市工作，初步形成了政府推动、部门联动、企业主动的质量技术监督工作机制。认真开展自查自纠，重点检查企业落实安全管理机构、落实安全责任人员、落实安全规章制度、设备使用登记证、作业人员特种设备作业证、设备依法按期检验、制定特种设备应急预案并组织演练的情况。针对存在的问题，查漏补缺，及时进行整改，认真填写《堆龙德庆区特种设备安全大检查自查自纠情况汇总》。根据各特种设备使用单位上报的《特种设备安全大检查自查自纠情况汇总表》及相关设备检验报告，初步建立了堆龙德庆区特种设备档案。

为确保雪顿节、国庆节、中秋节期间特种设备安全运行，按照关于做好节前特种设备安全工作部署，区工信局对辖区重点区域及人员密集场所开展特种设备安全专项检查。重点检查天天超市、世邦欧郡、农贸市场、宝利沥青等人员聚集场所的电梯、压力容器、压力管道等，全力保障节日期间特种设备安全运行，营造安全、欢乐的良好氛围。

通过“质量月”“安全生产月”“3·15”“标准日”开展宣传活动6次，发放宣传单、宣传品500份。通过宣传活动，进一步加大“质量、地理标志保护工作”宣传力度，促进质监工作“政府重视、百姓关注、企业支持”的良好氛围。

2017年，在拉萨市质监局的指导下，堆龙德庆区向国家质检总局科技司提交“古荣糌粑”地理标志产品专用标志使用申请，经审查合格，于2018年3月16日在国家质监总局核准公布了堆龙德庆区西藏拉萨堆龙古荣朗孜糌粑有限公司、西藏拉萨堆龙古荣巴热糌粑有限公司2家企业在相关产品上使用地理标志产品专用标志；为有效保护地理标志保护产品，规范地理标志产品的生产、加工、经营秩序，加强专用标志的

2018年3月27日，区工信局组织人员开展为农牧民配送碘盐活动

管理，保证地理标志产品的质量和特色，结合实际起草了《古荣糌粑地理标志产品保护管理办法》，征求了工商、食药、税务、古荣乡等相关单位的意见，提请政府常务会议审议，待审议通过后公布实施；对堆龙德庆区具有潜在地理标志保护特色农产品进行了深入挖掘整理，建立了堆龙德庆区地理标志保护产品资源库。

【党建工作】 突出政治建设。年内，区工信局牢固树立“四个意识”，坚决维护以习近平为核心的党中央权威和集中统一领导，自觉贯彻落实自治区、拉萨市和堆龙德庆区委、区政府各项决策部署，严守党的政治纪律和政治规矩，严肃党内政治生活，推动党内监督制度化，扎实维护党章的严肃性和权威性，严禁党员干部信仰宗教、参与宗教活动。全年开展党员政治纪律教育21次，撰写心得体会32篇，组织开展专题研讨2场，开展谈心谈话1次。开展党员政治教育12次、32课时及测试。

坚定理想信念。深入学习习近平总书记系列重要讲话精神和治国理政新理念新思想新战略，深入推进“两学一做”学习教育常态化制度化，全年区开展集中学习20次，开展学习研讨6次，党支部书记讲党课5次，全局上下理想信念更加坚定，党性更加坚强。

深化正风反腐。切实履行主体责任，层层传导压力，党支部书记与班子成员签订了《党风廉政建设责任书》。深入学习贯彻中央纪委相关文件精神，全年开展党风廉政专题学习13次，党支部书记讲廉政党课2次。

（段喜娟）

【领导名录】

局　长

刘　强

副局长

德　吉（女，藏族，2月任职）

次仁玉珍（女，藏族）

久美旺修（藏族，2月任职）

堆龙德庆区城市建设投资经营有限责任公司

【概况】 年内，在区委、区政府、区国资委的坚强领导下，公司紧紧围绕堆龙德庆区中长期发展战略规划目标，认真贯彻落实以“开拓、创新、效率、团结”的为核心的公司经营理念，以完善机构、顺畅流程、健全制度等工作入手，扎实推进各项工作稳步进行。2018年，公司共有干部职工35名，其中政府委派人员4名，社会招聘31名。

【经济运行情况】 2018年，公司总资产24465.54万元，较2017年22432.84万元同比增长9%，实现营业利润40.74万元，较2017年利润增加108.74万元。

【党建工作】 2018年7月，公司单独设立党支部，通过党支部大会选出党支部书记和党支部副书记。为推进党员干部活动阵地建设，公司结合自治区、拉萨市、堆龙德庆区关于党员活动室标准化建设实施方案，按照“九有”标准，已建成较为规范化、标准化的党员活动室。全年开展党风廉政教育23次，学习中共十九大精神4次、学习习近平总书记关于严明党的政治纪律和政治规矩重要论述9次、学习党内法规11次、学习西藏反分裂斗争维稳形势9次、开展“四讲四爱”主题教育实践活动39次、撰写心得体会25篇、参

2018年3月27日，区委书记格桑平措（左三）同区城投公司员工一起植树

观警示教育基地1次。

【项目建设】 公司代建在建的项目。“堆龙德庆区象雄美朵旅游文化产业园区道路工程”项目，投资1.1亿余元。

马乡、德庆乡安居工程建设项目。德庆乡小康安居工程投资6038.27余万元，马乡小康安居工程投资2880.21余万元；工业园B区基础设施建设项目，投资24038.36余万元。

已完工项目。堆龙德庆区堆龙曲东东嘎、古荣乡防洪工程项目，总投资2302.8余万元；堆龙德庆区城区段防洪堤二期工”项目，总投约2908.26余万元；堆龙德庆区马乡防洪堤工程项目，总投资1225.62余万元；德吉藏家扶贫款开发项目已完成精品民宿的主体工程和内外墙抹灰，公司于2018年4月与西藏达孜县建筑安装工程总公司签订了暂定金额为1400万元的劳务施工合同（具体费用以最终实际结算金额为准）。

公司自营项目。砂石料场项目贾热村砂石料厂、通嘎村砂石料厂、岗德林砂石料厂已实现投产。砂石料厂项目投资7854余万元。318国道、109国道堆龙段沿线5个广告牌安装项目，其中4个已经投入使用。

【完善公司框架体系】 年内，为完善公司发展框架体系，提高经济效益和加强与现有合作方的劳务合作的目的，保证堆龙德庆区基础设施建设工作顺利开展，公司多次召开“三重一大”会议和总经理办公会进行研讨，在区委、区政府、区国资委的帮助下，成立堆龙城开建筑公司。

【财务管理】 年内，公司建立了良好的银企关系和税企关系，定期与国税、银行业务进行沟通，认真听取对方意见和建议，使工作能更快速、更有效地完成，并按时办理纳税申报。积极做好汇算清缴工作，在规定的时间内向国税等部门报送年度企业所得税纳税申报表，并汇算清缴，结清应缴应退税款，报送的资料包括年度企业所得税纳税申报表纸质资料和电子数据。认真做好常规性财务工作对接，从原始发票的取得到填制凭证，从会计报表编制到凭证的装订和保存，从经济合同的归档到各种基础财务资料的收集，都达到了正规化、标准化。

【脱贫攻坚工作】 年内，公司按照自治区有关文件精神，根据各级强基惠民活动和扶贫工作要求，结对帮扶古荣乡嘎冲村4户18人。全年共开展慰问5次，为帮扶户送上了大米、食用油和慰问金共计1200元，并与他们倾心交谈，了解其家庭情况和实际需求，帮助他们树立自强自立、自力更生、勤劳致富观念，彻底告别“等、靠、要”思想，并与相关部门研究制定脱贫计划，针对性地开展帮扶工作，帮助2户帮扶户解决了就业问题，并签订长期合同，一户帮扶户户主女儿患有突发性癫痫，经与有关部门沟通，为其争取了去内地医治的机会，治疗后病情稳定。

（杨宇兴）

【领导名录】

总经理

汪　吉（藏族）

副总经理

拉　加（藏族）

副总经理

杜晓颖

马乡—德庆小康安居工程

堆龙德庆区净土产业投资开发有限公司

【概况】 2018年,公司总资产达4.29亿余元,同比增长6%。其中公司在建工程投资达10201.93余万元,无形资产达15627.11余万元,公司全年营业收入达4263.43余万元。

【党建工作】 年内,公司进一步强化主体责任,扎实抓好党建工作,积极开展学习中共十九大精神、"四讲四爱""两学一做"学习教育活动,全年开展集体学习30余次,"四讲四爱"宣讲25余次,实践活动19次,政治纪律教育4次,发挥了公司基层党支部的战斗堡垒作用和模范带头作用。严格执行民主集中制,完善议事规则和决策程序,强化对领导干部日常监督和管理,签订2018年度党风廉政建设目标责任书、企业助廉守法承诺书及制定《党风廉政建设和反腐败工作暨惩防体系建设任务分解表》,细化责任落实,明确公司领导班子成员按照各自职责分工,落实"一岗双责"责任制,公司党支部书记与班子成员签订了《党风廉政建设责任书》,形成主要领导负总责,分管领导亲自抓,全体干部职工积极参与,一级对一级负责的党风廉政建设工作格局,确保党风廉政建设各项任务落到实处,不断增强党性观念和宗旨意识。

【重点项目推进情况】 古荣乡温室建设项目。项目位于古荣乡加入村,项目总投资5000万元,资金来源为产业扶贫有偿资金,计划新建161栋高效日光温室及配套附属设施。项目于6月10日开工建设。

堆龙德庆区优质蔬菜生产基地。项目位于古荣乡加入村,总投资5044.06万元,其中中央预算内投资1800万元,申请有偿资金3055万元(已提请区委、区政府审议通过),剩余部分企业自筹。计划新建高效日光温室150栋及配套附属设施,截至年底,项目前置手续已办理完成,项目施工招标已完成。

德庆乡藏红花种植基地。区净土公司在2017年对德庆农业设施园温室改造升级的基础上,2018年着力将该园区打造成藏红花种植基地,基地总投资约1300万元,资金来源为产业扶贫资金,种植99栋温室藏红花。

【高原特色食品深加工基地】 该项目占地面积186亩,投资4.3亿余元,主要建设青稞食品加工厂、冷链中心及办公生活等附属设施。

青稞食品加工厂位于堆龙德庆区羊达工业园区,因项目实施地点变更(地点由工业园区A区变更至B区),需重新办理前置手续,截至年底,项目实施新址已选定,新的项目方案已编制完成,总投资5000余万元。

冷链中心项目位于羊达工业园区B区,计划总投资3.83亿元,申请产业扶贫贷款2.1亿元,产业扶贫政策性资金3000万元,企业自筹1.4亿元,截至年底,项目前置手续已办理完毕,已完成2#、3#加工区的主体建设。

【苗木花卉种植】 3—4月,完成了象雄美朵生态旅游文化产业园种植区北美海棠、红叶碧桃、紫丁香、黄刺玫等苗木的补栽工作。4—5月,完成了560亩油菜、50亩万寿菊及孔雀草、6亩格桑花的种植工作,支付种子款34970元,共发放劳务工资260.74万元。有

2018年8月28日,区委副书记、区长杜江(右三)带队督导公司重点净土产业项目

序开展薰衣草种植工作，该项目属2018年产业扶贫项目，总投资796万元，资金来源为有偿资金。种植工作自3月启动，4月底完成，截至年底，已支付种子款269.91万元，地膜款14.99万元，发放劳务工资233.91万元。

【房地产开发项目】 该项目位于堆龙新城核心区，占地64.5亩，计划投资约8亿元。截至年底，项目国土规划手续已办结，完成了企业投资项目备案，取得了房地产开发资质。

【市场及品牌建设】 年内，为拓展市场提高"堆龙净土""青色麦田"品牌知名度，公司在区工信局及市相关职能部门的组织协调下，先后参加了南京特色产品推介会、北京中关村美食节之"美酒美食嘉年华"、北京第五届京交会、第四届西藏旅游博览会、北京门头沟参展会等展销活动，提升了堆龙净土健康产品的知名度。公司旗下的绿地销售公司按照"公司＋基地＋农户"的模式，全年销售农副产品360余万元。"堆龙净土""青色麦田"系列产品在市区各大卖场、超市铺货达10余家，销售额达100余万元。

【精准扶贫帮扶工作】 2018年，为认真做好1—4月临时劳务用工统计及工资发放工作，公司组织专人对用工情况进行统计核实，此次种植招募临时用工208人，涉及波玛易地搬迁户132人，共支付工资247360元。加强对贫困家庭剩余劳动力的引导，采取组织季节性劳务创收、引导长期转移就业等方式实现增收脱贫。截至年底，"象雄美朵"产业园种植区通过雇佣临时劳务工，解决就业208人，涉及波玛易地搬迁户190人。

（次仁卓玛）

【领导名录】

党委书记、董事长

阿旺次仁（藏族）

党委副书记、总经理

骆 翰 墨

副总经理

洛桑次仁（藏族）

堆龙德庆区龙跃恒通水电气服务发展有限公司

【概况】 年内，堆龙德庆区水电气公司在区委、区政府和国资委的大力支持和帮助指导下，深入开展"四讲四爱"主题教育活动，坚持供水工作为全区人民服务的宗旨，紧紧围绕着全区的经济大局，以保障全区城镇居民生产和生活用水用电为根本，各项工作取得了长足进步。公司经营范围为自来水收费及管理、水电气设备承台、配套设备的安装及维护检修、工程建设与建立、招投标、水电气物资设备经销、水电气项目投资及管理。2018年，公司下设总经理室、综合办公室、党建办公室、人资办公室、财务室、收费室、工程部、安装抢修部，共有员工39名，其中4名为政府委派。

【党建工作】 年内，公司党支部在区委、区政府的正确领导下，进一步加强党的思想建设、党风廉政建设、作风建设，加强党员管理，扎实开展教育实践活动。每月落实"三会一课"制度，全年公司党支部参加支委会会议8次，召开党员大会10次，党课10次。认真学习和贯彻落实党风廉政建设

2018年6月12日，区委书记格桑平措（左一），区委副书记、区长杜江（右二）在区工业园区污水处理厂检查指导工作

文件精神，严格按照《廉政准则》规范党员行为，公司党支部与每位党员签订了《党风廉政建设目标责任书》，签订率达100%。

【安全生产】 年内，工业园区水厂在组织开展安全生产培训时，以提高职工安全意识和防范技能为重点，培训内容切合岗位实际需要，注重培训的实效性。2月26日，开展了安全用电知识培训。6月22日、8月13日，分别开展了消防安全培训，使广大职工充分掌握和了解安全工作的重要性；在安排检修时，先进行安全告知，要求施工单位必须签订安全协议，并加强在作业过程中对安全措施落实情况进行检查，检查施工单位是否按安装标准规定进行作业，讲明安全措施要求；根据公司统一部署，开展了春、夏、秋、冬安全生产大检查，各部门制定活动方案，检查门口值班台账是否完善，防暴棍、防暴服、消防沙、灭火器等消防设施是否齐全、过期、损坏。

【窗口服务】 2018年，公司区水电气公司共受理工单262件，办结262件，按时办结率为100%。

【水厂运行】 2018年，工业园区水厂供水量达270万立方米，供水普及率达80%，水厂建立了《水厂供水安全检查表》《水厂日常检查表》等相关台账，6月，工业园区水厂完成绿化工作。

【水费收取】 2018年，公司实现自来水销售392.72万吨；售水金额706.89万元，同比增长48%。抄表率达90%，收费率达80%。

【工程情况】 2018年，公司承建的工程项目共9个，其中：已完工项目4个，完成总工程量80%以上的项目3个，2个项目处于前置后续阶段。代建项目共2个，其中农村饮水项目完成建设进度达80%，“厕所革命”工程项目完成建设进度的90%。工业园区污水处理厂建设已于10月建设完成，12月进入运营阶段。

【管网维修】 2018年，公司共完成管网维护70余次，管网抢修（24小时）134次，安装新水表35个。

（唐　伟）

【领导名录】

总经理

刘　波

副总经理

郑　军

次仁多吉（藏族，5月任职）

堆龙德庆区龙腾国有资产投资运营有限公司

【概况】 年内，公司在区委、区政府和国资委的大力支持和帮助指导下，深入学习贯彻中共十九大精神和“四讲四爱”主题教育活动，坚持以服务为宗旨，切实办好区委、区政府和区国资委分派给龙腾公司的各项工作任务。

【双创工作】 2018年3月起，公司协助区双创办完成对西藏（堆龙）创新创业中心的场地选址、装修和运营工作，建立起了25人专业的运营团队，解决了当地就业人员11人（堆龙籍藏族大学生5人），初步建立了符合堆龙双创实际情况的运营和管理体系，建立起“梦创拉萨·创响堆龙”品牌和三团一组导师团（专家导师团、投资人导师团、匠人导师团及政策咨询服务组）共20人的人才阵地，

2018年9月30日，公司组织各项目负责人召开安全生产会

引入了大账房、1798创投、1796创业咖啡、博筌投资等第三方服务载体。

开发启用了微信公众号及企鹅号“西藏创新创业”，完成西藏堆龙创新创业宣传片制作等宣传工作，宣传报道40余次，其中包含拉萨市两创示范、堆龙发布、腾讯网、天天快报等官网和媒体头条报道，初步完成线上平台西藏堆龙创新创业中心www.pzcxcy.com，形成“PC端官网”“手机端微官网”“小程序”“触摸屏查询系统”“后台运营管理系统”等矩阵式的综合线上平台的设计、开发和部署，并进入试运行阶段，待后续建设资金到位后，即可进行最后完善和总体功能上线。

开展了“梦创拉萨·创响堆龙”“创业英雄会”“首届守艺杯技能大赛”“下一个独角兽之项目推荐会”“创业360之创业联谊会”“创业360之徒步纳木错”等系列活动，服务创业者300余人次。

与西藏大学、西藏职业技术学院、林芝农牧学院等高校紧密合作并开展大学生双创活动及培训等双创工作；与自治区人社厅、自治区工信厅、自治区团委、拉萨市双创办、拉萨市人社局、市工信局、团市委积极对接开展双创工作。“拉萨市级众创空间”的认定审核于9月进入公示阶段，“拉萨市大学生就业基地”的认定通过了初审。

【扶贫助困项目】 截至年底，古荣乡巴热村奶牛场项目已正式开工建设，建设完成率达30%，带动巴热村实现运输增收近300万元，带动就业50余人。捷龙龙福机动车检测线项目已正式动工，已完成建设90%的工程量。龙腾停车场已完成招投标，正积极办理前置手续。

【升级改造项目】 智慧政务项目。2018年，公司的电子政务、智慧城管、平安城市项目已完成近90%的工程量，其他子项目如智慧教育、智慧环保、智慧国土等10余个子项也将陆续启动；龙腾大厦项目。已经做完前期准备工作，由于农业银行堆龙支行、中国邮政堆龙分局搬迁选址未确定暂时停滞。

【堆龙德庆区公交运营有限公司】 为切实解决上三乡农牧民群众的出行需求，2017年4月，堆龙德庆区公交运营有限公司正式运营，解决堆龙德庆区户口人员就业19人，其中贫困户2人。截至年底，运营线路逐步覆盖全区24个行政村、90余个自然村。新建了44个公交停靠站点，实现乡镇和建制村停靠站点覆盖率达到50%以上，初步建立起布局合理、畅通有序、运行稳定的农村客运网络。

公交公司运营应执行全额度补贴制度，2018年，运营预算为334余万元，截至年底，只拨付了150万元，公司顶着运营经费短缺压力发送了1.7万余班次，车辆营运总里程达71.58余万公里，累计接送乘客12.8万余人次。公司现执行区政府一票制票价，每人次1元，相当于每接送1名乘客需补贴21元，间接为农牧民增收319余万元，有力地落实了党中央、国务院乡村振兴战略，加快了堆龙德庆区农牧民脱贫致富的进程。

【西藏龙行福运租赁服务有限公司】 2018年，西藏龙行福运租赁服务有限公司在区委、区政府的坚强领导下，在相关职能部门的大力协助下，紧紧围绕贯彻落实中央和区市公务用车制度改革的工作要求，特别是自治区主席齐扎拉的重要批示精神，进一步统一思想、明确目标、落实责任，推动公务用车制度改革各项工作向纵深发展，有力推动了堆龙德庆区公务用车改革再上新台阶。截至10月底，公司总资产达3001.76余万元，同比2017年10月增长172.33%，公司营业收入1065.71万元，同比2017年10月增长5.3%，全年收入达1265.71余万元。公司解决堆龙德庆区人口就业39人，其中有1名贫困人口。

（刘昭君）

【领导名录】

总经理

罗江西

副总经理

巴桑桑珠（藏族，12月任职）

李少君（6月任职）

堆龙德庆区工业园区管委会

【概况】 2018年，堆龙德庆区工业园区管委会在区委、区政府的正确领导下，主动适应新常态，积极应对新挑战，牢固树立创新、协调、绿色、开放、共享的发展理念，不断完善基础配套，促进转型升级，强化招商引资，提升服务质量，优化发展环境，团结一心，攻坚克难，各项工作进展顺利。

工业园区于2005年开发建设，前身为羊达乡工业园区，起步园区为2平方公里。2008年6月，县委、县政府及时对工业园区规划进行调整，总体规划面积为6.07平方公里，以109国道为界分为A、B两区，2018年，已开发面积8500余亩（含道路）。《堆龙德庆县工业园区产业发展规划》依据《拉萨市东嘎新区控制性详细规划》于2013年编制，2016年底着手进行修编，《拉萨市堆龙德庆区工业园区产业发展规划（2016—2030年）》于2017年9月4日通过堆龙德庆区政府2017年5月8日第45次常务会议研究审定。同时园区原规划环评于2015年4月获批，新修编规划环评于2017年12底获批。经过多年的运营，园区管委会制定了《堆龙德庆区工业园区管理办法（试行）》，在2015年拉萨市第十届人民政府第32次常务会议上通过批准为市级工业园区，并于2017年9月取得市级工业园区批复。

【经济运行】 2018年，园区共实现工业总产值133139.63万元，同比增长15.67%，其中规上企业实现工业总产值82452.6万元；完成工业增加值53501.15万元，同比增长12.38%，其中规上企业实现工业增加值25137.97万元；完成工业销售产值140585.71万元，同比增长22.44%，其中规上企业实现工业销售值82034.1万元；完成税收21550.61万元，其中工业税收6050.92万元，同比增长23.63%，其中规上企业实现工业税收2371.82万元。实现固定资产投入12.71亿元；招商引资实际到位12.08亿元，解决就业1141人，其中农牧民就业580人。

【园区配套设施】 年内，园区积极构建中央财政、地方政府投资、援藏投资等协同发展、综合发力的投资促进体系，截至年底，已累计投入固定资产16.58亿元。2018年，自来水厂、110KV变电站、园区垃圾转运站、强弱电入地、给排水管网入地、A区绿化美化工程、A区道路附属设施建设工程、园区污水处理厂等基础设施将陆续投入使用，园区基础设施日趋完善，配套功能基本形成，为各类企业入驻创造了良好的硬件条件。

【招商引资】 2018年，园区积极开展团队招商、活动招商、以商招商、节会招商等各类招商形式，坚持领导带头招商，多次到浙江、河南、浙江、北京、上海、成都等地，有针对性地开展宣传推介，取得了较好的效果。同时，组织召开了园区入园项目联席会议2次，确定新入园项目2个。健全项目专班工作机制，梳理确定重点项目全部组建专班，从项目立项审批、前置手续办理、开工建设，到施工环境、生活配套等，全程跟踪服务。截至年底，园区开工建设企业5个，着手办理前置手续企业3个。

【做大做强实体经济】 园区土地日趋饱和，为合理利用园区土地资源，做大做强园区实体经济，推进园区经济脱虚向实、提档升级，2018年，工业园区积极开展园区企业转型升级工作，委托第三方专业机构对园区现有企业开展摸底调查工作，按"一企一案"的原则，对现有企业存在的个性、共性问题进行整理并研究制定解决方

2018年8月12日，区委书记格桑平措（右四）在工业园区调研招商引资项目

案。同时，为避免造成国有土地资源浪费，集约利用园区土地，针对园区10宗闲置土地，园区管委会多次与各企业负责人沟通、商谈，经不懈努力，已成功盘活7宗，依据土地所在产业区域，正逐步开发建设符合产业规划的项目，剩余3宗项目正积极对接中；考虑园区现有企业中，因融资难等问题发展缓慢，园区积极组织召开银企对接会，通过介绍小微快贷等金融产品、宣讲政府类金融政策等方式，使企业了解相关政策。同时经与企业沟通联系，10余家企业表示有符合产业规划的好项目，愿意合作，截至年底，正积极协商中。

【安全生产及企业环保】 安全生产。2018年，园区紧紧围绕"安全第一、预防为主"的方针，始终坚持把安全生产工作摆在突出位置来抓，在园区内企业墙面张贴环保、安全生产等宣传标语40余份，开展安全生产大排查工作6次，签订安全生产责任书20余份，发现隐患及时整改4条，发放安全生产标语、警示语100余份。7月12日，邀请内地专家开展安全生产专题培训，组织企业安全管理人员通过学习、参观、座谈讨论、实地考察等形式，圆满完成了此次安全生产知识培训；环境保护。全年开展环保专题会议3次，签订环保、"门前三包"责任书60余份，发现隐患及时整改2条，发放宣传环保袋、环保手册100余份。2018年6月初—7月底，对园区内所有企业进行登记普查，截至年底，共普查登记企业88家，其中属于工业园区内企业52家，普查质量已顺利通过自治区环保厅、市环保局、区环保局的核查验收。指定专人跟踪协调污水处理厂建设进程。紧扣制定的污水处理厂建设时间节点，按倒排工期原则专项跟踪督查，对建设进度实行周报、月报制度，并及时向相关领导反映污水处理厂在项目建设过程中遇到的问题，为项目按时按量运营提供保障，形成专项简报20余篇，专题汇报5篇。

【党建工作】 党建工作。年内，园区党支部及时向上级党组织申请了补充调整支部书记、支部委员人选，调整充实了党建领导小组，制定了2018年党建工作计划、学习计划及《党建工作责任清单》，明确工作职责，按照"一岗双责"制度要求，落实党建工作责任制，层层传导压力，并逐级签订党建承诺书；开展"两学一做"学习教育活动。全年累计开展"书记讲党课"4次，集中学习22次，开展警示教育、学习交流、知识竞赛、志愿服务、党性教育等活动10余次，开展"主题党日"活动12次，在科级以下党员中开展加强政治教育培训班，圆满完成32学时的学习任务；做好党员发展管理工作。全年确定9名入党积极分子，其中8名为企业职工，1名入党积极分子转为预备党员，确保了党员队伍生机和活力；认真做好党费收缴清查工作。严格按规定足额、及时收缴党员党费945.6元；积极开展"两新"企业党建工作，协助企业新成立党支部2个，探索成立了企业联合党支部1个，从而真正把园区企业流动党员组织起来、管理起来；开展软弱涣散党组织整顿。针对每季度排查出来的问题，进行集中整改，认真查摆问题，形成整改报告，进一步改善了班子队伍力量，提高党建管理水平。

【党风廉政建设】 层层落实工作责任。2018年，园区在抓好业务线工作的同时，主动做好分管范围内的党风廉政建设工作，切实提高履行"一岗双责"的意识和能力，签订《2018年党风廉政工作责任书》10份；依靠制度管事管人。"第一责任人"坚持重大决策、干部评优、重大项目安排（包括物资采购）、重大突发事件处置和大额资金使用等"三重一大"事项集体研究、集体决策；常态抓实廉政宣教。为搞好党风廉政宣教工作，全年开展廉政党课2次，传达学习中央、自治区、市、区有关廉政规定30余次，组织开展专题政治纪律教育学习活动18次，形成简报18期，心得体会18篇，并结合政治纪律教育学习情况召开专题组织生活会1次，收集整改意见10余条，组织党员干部参观廉洁警示基地、观看廉洁警示教育片5次；全年开展精准扶贫走访活动10余次，投入慰问金、各类生活必需品10000余元。慰问驻村工作队5次，调查研究2次，帮助驻村点解决了实际问题，为驻村工作提供了强有力的支持和保障。

（欧阳小月）

【领导名录】

主　任

王　保　峰（1 月离任）

次旦罗布（藏族，2 月任职）

副主任

顿珠拉久（藏族）

欧阳小月（女，试用）

堆龙德庆区安全生产监督管理局

【概况】 2018 年，堆龙德庆区安全生产监督管理局在区委、区政府的正确领导下，在上级业务部门的关心指导下，认真贯彻落实习近平总书记系列重要讲话精神，全面落实国务院、自治区、拉萨市对安全生产工作的部署，以落实安全生产“党政同责、一岗双责”和企业主体责任为抓手，以预防和减少事故为核心，深化安全生产工作改革创新，严格安全生产监管措施，为全区经济社会持续快速发展提供了良好的安全生产环境。2018 年，区安监局共有编制共 5 名，实有工作人员 10 名，其中：行政编制 4 名，事业编制 1 名，工人 2 名，公益性 3 名，没有分科室。

【组织领导】 年内，堆龙德庆区严格按照“党政同责、一岗双责、齐抓共管、失职追责”，将安全生产工作列入区委常委会和政府常务会议的议事日程，定期召开区委常委会和政府常务会听取、研究安全生产工作 3 次，及时研究解决存在的重难点问题，并对 2017 年度安全生产工作先进单位和先进个人进行表彰，召开了全区电动自行车消防安全综合治理、加油站安全监管、安全生产季度会议共 5 次，明确了阶段安全生产总体目标和工作重点。

【推动安全生产改革发展】 年内，区安监局建立健全安全生产责任联系点和考核奖惩等工作机制，将安全生产工作纳入经济社会发展、党政领导干部选拔任用、社会管理综合治理考核体系之中，严格落实监督问责和“一票否决制”。调整充实区安委会成员，层层签订责任状，完善制定《堆龙德庆区安全生产党政同责暂行办法》和《堆龙德庆区安委会成员单位安全生产工作职责》，建立安全生产诚信“黑名单”管理制度。全面理清区委、区政府和区直单位、乡（镇）、行政村安全生产监管职责，有效解决各级各部门之间责任虚化、职能交叉等突出问题，初步形成齐抓共管的安全生产大格局。依法公开执法部门 3442 项权责清单，严格实施执法考核机制，全力推行跨部门、跨领域联合执法，不断规范行政执法行为。

【安全生产监督检查】 年内，区安监局根据有关法律法规，制定安全生产执法计划，采取“定人员、定时间、定责任、定措施”的原则，规范执法检查的数量、频次、内容和形式，明确重点监管对象、检查内容和执法措施，确保监管的实效；区安委会办公室相继下发有关安全生产大检查、安全生产督导检查、汛期和节假日安全生产部署文件 6 份，成立领导小组、制定工作目标、明确检查对象和责任单位；针对三大节日和三月份、萨嘎达瓦、雪顿、中秋、国庆期间事故隐患的特点，按照“全覆盖、零容忍、严执法、重实效”的总体要求，对全区寺庙、学校、物流仓储、危化储存经营企业、人员密集场所、烟花爆竹零售、建筑施工、

2018年1月18日，区委书记格桑平措（右二）在加油站检查指导安全生产工作

道路交通安全隐患进行了全面排查治理；通过聘请专家对全区危险化学品储存经营企业进行了细致检查，对发现的隐患逐一造册登记，明确整改要求和时限；完成高争建材公司安全生产标准化示范建设，加大矿山和危险化学品行业安全生产标准化推广普及力度，坚决遏制重特大事故的发生。全年共出动检查人员420人次，职业健康危害检测企业为61家，排查治理安全隐患150余处，停业整改企业4家，行政处罚1万元，打掉非法生产乙炔气体窝点1家，排查协调各类矛盾纠纷18起，涉及资金391余万元。

【安全生产宣传】 年内，区安监局充分利用网络、手机等新媒体进行安全生产宣传，在政府新闻网开辟了“平安堆龙”专栏，在“堆龙发布”“堆龙安监”等微信公众平台刊发安全生产信息。以“综治宣传月”“安全生产宣传月”“安全生产西藏行”“平安宣传日”等重点宣传活动为契机，制作并发放宣传资料12300余册，发放印有宣传标语的宣传袋、雨伞、杯子、围裙等物品5130余份，切实营造人人参与、人人关心安全生产的社会氛围。对辖区内小学和幼儿园开展安全生产宣传教育活动，发放安全知识手册210余个，印有安全宣传标语的安全帽640顶，并在堆龙德庆区主干道悬挂安全生产宣传横幅6条，在30各村委会宣传栏上粘贴安全生产宣传展板。

【安全基础能力建设】 年内，区安委办把基层安全生产监管工作作为重点，组织各乡镇、安委会成员单位安全监管员23人到成都开展为期10天的安全生产监管培训。邀请专家对堆龙德庆区重点领域、重点项目进行为期5天的安全生产管理培训，共224人参加。区安委办联合东嘎镇、乃琼镇、羊达乡、区消防大队相关人员分别到辖区7个村委会开展安全生产知识培训，并发放了有关宣传资料，登记了下三乡仓储物流企业基本信息。

2018年5月28日，副区长、区安委会副主任、安委办主任次旦朗杰组织召开2018年安全生产监管干部赴成都培训动员会议，并提出相关要求

【提升整体工作水平】 积极开展教育实践活动。年内，区安监局继续深入开展“两学一做”和“政治纪律”教育活动，制定党员干部学习计划，定期开展集体理论学习，坚持与安全监管工作相结合，与加强干部作风建设相结合，认真完成党风廉政建设和反腐败工作任务，并由分管副区长以“反腐倡廉永远在路上”为主题，为全局党员干部职工上了一堂站位高、立意深、指导性强的专题党课；严格责任追究。年初制定执法工作计划，局主要负责人与各执法人员签订了《依法行政责任书》，把行政执法规范化落实情况作为一项重要内容列入年度考核和评先评优的重要依据，认真执行行政许可法、处罚法、安全生产法，全年未发生一起行政诉讼案件，未发生一起执法人员工作失误和吃、拿、卡、要、报现象。

（益西卓玛）

【领导名录】

局 长

陈 斌

副局长

旦增坚才（藏族）

堆龙德庆区税务局

【概况】 2018年，堆龙德庆区税务局在区委、区政府的正确领导下，围绕税收中心工作，继续加强党的组织建设和思想建设、作风建设，积极探索工作新思路，不断实践工作新途径，努力构建工作新格局，着力开创工作新局面，圆满完成了全年各项工作。2018年，全局共有行政人员25名（含3名长期病假和1名借调市局机关服务中心）。自7月税务机构改革后，堆龙德庆区税务局下设7个内部机构，分别为税源管理股、征收管理股、法制股、办公室、信息中心、收入核算股、纳税服务股。

【税收预测】 年内，区税务局完善和落实税收分析工作机制，扩大信息数据来源，强化经济税收调查、分析和预测工作，加强重点税源企业税负、盈亏、税额增减等要素的监控分析，提高重点税源监控能力。抓住重点领域、重点行业和重点税源，不断提高收入质量，确保圆满完成税收任务。

【风险管控】 2018年，堆龙德庆区增值税专用发票审批通过率达85%。区税务局工作人员在进行专票审批事项时，把风险排查点集中在公司投资人背景、设立公司的目的和动机、经营范围（主营、经营模式、注册认缴资金和投入资金、进销上下游客户社会信用情况（业务真实性）、有无关联交易、货物、劳务咨询、生产环节、运输、仓储、资金结算、票据开具、同行同类市场规则情况（毛利，买方市场还是卖方市场）等方面；在“金三”数据方面注重企业税负是否存在明显偏低或偏高的情况，是否有充分的理由解释说明税负异常情况，票流、物流、资金流等三流是否齐备，进销是否匹配；在外部数据可靠性方面注重企业投入资金及资金周转率能否撬动所报业务量，同类同行业货品价格是否符合市场行情，毛利水平、结算周期等是否符合市场行情，业务流转是否基本符合市场规则（如某项产品的购入地是否合理等）。

【纳税服务】 受理业务情况。2018年，区税务局办理税务登记3647户，代开发票共6009份，其中：增值税专用发票3480份，增值税普通发票2529份，开具外管证（跨区域涉税事项报告）430份，报验外出经营活动管理证明457份。同时，在第二办税服务厅内设立了“互联网+”体验区，在办税大厅设立了即时办结岗和实行延时服务，在纳税人之家休息室内启用了办税大厅排队叫号实时提醒信息，缓解纳税人在办税服务厅着急等待的心情；办税服务大厅业务受理情况。2018年服务人次95618人，业务办理次数100592笔，纳税人之家接待5472次，分流等候2776次，发放各类宣传视频102次，发放宣传手册32730册；电子税务工作。2018年，共对3000余户纳税人进行电子税务局专项培训和操作引导，设立电子税务局操作区和体验区，由专人引导纳税人到电子税务局体验区、操作区进行体验和办理相关涉税事项，全年区税务局通过电子税务局申报户数达2685户，占可推行电子税务局户数的90%。在原有4项“无等待”业务流程基础上，针对性地制作业务流程，缩短纳税人等候时间，解决办税服务大厅拥堵问题，此外，鉴于沟通问题，区税务局派相关干部为本地企业开展自然人扣缴客户端藏语培训共6期，培训180人次，保障了自然人扣缴客户端在当地企业的

2018年7月20日，国家税务总局拉萨市堆龙德庆区税务局举行挂牌仪式

2018年12月30日，区税务局组织纳税人开展培训活动

使用及个人所得税全员申报。

【党建工作】 2018年，区税务局共组织中心组学习12次，召开党员大会5次、支部委员会5次，开展党员固定活动日11次、专题党课12次、学习研讨2次、局内廉政教育培训4次。同时，党建工作经过了3次区政府的检查、1次市税务局检查，从基本无资料到资料齐全、从资料散乱到资料科学化归档。

【交流思想汇报】 年内，区税务局以每月定期召开总结大会的形式，及时梳理干部在工作生活中的问题和困难，及时了解干部的思想动态，邀请纪检组长对窗口工作人员进行思想廉政教育活动，做到倾情带队，严管善待。全年举办交流会12期，共有22人进行了发言交流。

【精准扶贫】年内，区税务局支部走乡入户，一一核实扶贫资金和扶贫物资的到手情况，并详细了解了结对亲戚的生活情况，包括生病医疗费、小孩上学、就业困难等问题。同时，与县、乡、村三级政府扶贫工作人员进行座谈，进一步核实困难户的情况，征求意见、建议，以便更好地开展扶贫工作。按照区党委、政府关于扶贫工作的相关要求，做好帮扶亲戚的政策宣讲，了解脱贫攻坚工作开展后其自身生活水平提高程度，让贫困户从心里认清及肯定脱贫工作带来的获得感和幸福感。2018年，为古荣乡噶冲村贫困户资助爱心基金达4万余元。

（张　琴）

【领导名录】

堆龙德庆区国家税务局

局　长

朱 军 民（7月离任）

纪检员

扎西次仁（藏族（7月离任）

副局长

杨　　宇（7月离任）

洛桑赤列（藏族，7月离任）

国税局稽查局局长

达娃卓嘎（女，藏族，7月离任）

国家税务总局堆龙德庆区税务局

局　长

朱 军 民（7月任职）

纪检员

扎西次仁（藏族，7月任职）

副局长

杨宇（7月任职）

洛桑赤列（藏族，7月任职）

由于机构改革，撤销了原堆龙国税局稽查局，原堆龙德庆国税局稽查局局长达娃卓嘎（女，藏族）在堆龙德庆区税务局法制股工作。

堆龙德庆区工商行政管理局

【概况】 年内，堆龙德庆区工商局在拉萨市工商局党组、堆龙区委、区政府的坚强领导下，认真贯彻落实全市工商工作会议、堆龙德庆区经济工作会议精神，着力深化放管服改革，大力推动市场主体发展，积极维护市场经济秩序，努力优化消费环境，各项工作取得了新进展。2018年，区工商局下设执法科、注册大厅、办公室3个科室，共有11名干部职工。

【优化服务】 2018年，全区共有市场主体14439户，其中个体10050户，企业4220户，农专169户。全年新增市场主体4948户，其中企业1088户，注册资金199.2050万元；个体3850户，注册资金

86229.56 万元；农专 10 户，注册资金 5093 万元。区工商局窗口业务人员根据《工商登记审批事项目录》要求，严格执行针对工商登记所涉及的 32 项前置审批事项，增设“绿色通道”，优先为残障人士、大学生创业等特殊群体办理业务，优质快捷的为广大服务对象办实事，方便服务对象。逐步引导企业办照走全程电子化程序，方便企业快速取得市场准入资格证，开展经营活动。全面推行“多证合一”“证照分离”，在堆龙德庆区政务大厅逐渐规范化的形势下，工商系统的登记信息将实现与 33 个政府部门间的信息互联，力争让市场主体只进一个部门的大门，就能把要办的所有的事项办结。

【开展年报工作】 年内，区工商局通过宣传引导、设立服务站点、上门指导等方式，多措并举推进企业年报公示工作。2017 年企业应年报 3083 户；已年报 2743 户，年报率为 88.97%；个体工商户应年报 6377 户，已年报 5401 户，年报率为 84.69%；农民专业合作社应年报 157 户，已年报 143 户，年报率 91.08%。

【“双随机、一公开”工作】 年内，区工商局制定了《堆龙德庆区工商局“双随机一公开”工作计划》，按照市局下发的抽查的名单，选派专职工作人员，通过电话通知、实地走访和采用年报数据的方式，进行企业基本信息核对工作。2018 年，区工商局共抽查企业（农专）186 户，农牧民专业合作社 3 户，个体工商户 320 户。

【监管执法】 年内，区工商局继续推行集中办案制度，探索完善监管机制，加强竞争执法，开展重点领域市场监管执法，着力解决社会关注和群众关切的热点问题，努力维护公平竞争的市场秩序。2018 年，共立案查处各列违法案件 10 件，其中：商标案件 1 件，无证无照经营案件 1 件，产品质量案件 8 件，案值 51950 元，罚没金额 43960 元。全年吊销案件 185 件。

【专项整治】 年内，区工商局开展安全生产大检查，制作了《高危企业实地检查记录表》，做到检查有记录、整治有台账。全年共检查市场主体 725 户。对辖区内广告市场、高危行业、旅游市场、土特产市场、汽车租赁、红盾护农、农贸市场、铁器电焊加工等行业开展专项整治 369 次，并配合区内专项组开展“扫黑除恶”“扫黄打非”“禁毒宣传”等工作。

【打击传销】 年内，区工商局积极协调相关部门开展合作，成立堆龙德庆区打击传销工作领导小组并制定工作方案，明确目标责任，做到内外结合、上下联动的打击传销工作体系。采取“勤巡查、严监控、端窝点、抓头目、堵回流”的方式，对人员密集行政村、外出人群流量较大的乡镇，逐乡逐村排查，在源头上杜绝违法犯罪行为的发生。

【消费维权】 年内，区工商局通过各大商店、超市、宾馆等重点场所的电子显示屏和街道宣传条幅等媒介，大力宣传新《中华人民共和国消费者权益保护法》，提高消费者的维权意识，在“3·15”当日受理咨询 25 起，发放宣传资料 398 份。按照年初工作安排，在原有 5 个消费维权联络站点的基础上，2018 年新增 2 个联络（拉萨

2018年3月5日，区工商局执法人员对经营商户开展执法检查

城投物流有限公司、西藏航龙钢铁物流有限公司)，同时在区工商局"12315"消费维权站安装了监控设施，加快"12315"规范化建设步伐。2018年，受理消费者投诉、举报电话238件，消费者投诉的热点问题主要集中在汽车维修和工程机械方面；受理12345政府热线转办47件，案值243.6万元，为消费者挽回经济损失90.1万元；办理诉转案1件，案值0.52万元，罚没款0.6万元。按照市局统一要求，对辖区内的刹车片、润滑油、电动车用蓄电池进行抽检，共抽检45个批次，对1起润滑油不合格问题立案调查并给予行政处罚。11月28日，区工商局副局长拉巴次仁、区城投物流公司董事长罗丹次仁在城投物流大门口进行"12315消费维权服务点"挂牌仪式，并向企业负责人和联络人员告知了其主要职责。

【实施商标广告战略】 *商标数量稳步增长*。年内，区工商局按照"培育一批，申报一批，储备一批"的发展思路，充分发挥商标在经济发展中的重要作用，提高堆龙德庆区企业产品的知名度和市场竞争力。2018年，堆龙德庆区商标注册数量达168件，拥有驰名商标2件，著名商标9件。

推行商标行政指导。严格落实商标"四书五进"(四书：商标注册建议书、商标运用指导书、商标管理提示书、商标保护警示书；五进：进窗口、进乡镇、进企业、进商场、进园区))指导制，开展商标行政指导30次，开展"五进"15次。在对辖区的驰名商标和著名商标进行商标续展工作的同时，对辖区"珠峰牧场""圣香海螺"2家符合申报著名商标资格的企业，通过"一对一"跟踪服务的方式，帮助企业准备申报相关材料，并与申报企业保持联系，进行申报商标的指导工作。

【队伍建设】 年内，区工商局认真落实市局关于推进"两学一做"学习教育常态化制度化的实施意见，结合实际，制定了《堆龙德庆区工商局2018年度党员理论学习计划》，始终把思想教育作为首要任务，坚持融入日常、抓在经常；将党章党规和系列讲话作为经常性学习内容和理论培训必修课程，按照要求制定理论学习计划，以"优作风、强纪律、敢担当"专题学习为主要抓手，组织党员领导干部定期开展集体学习。10—11月，按照堆龙德庆区在全体党员中深入开展"政治教育"培训工作的统一部署，多渠道的"补课"，及时补齐党员教育"短板"，全面提升了党员队伍素质。以"三会一课"为基本制度，全年组织党员集体学习20余次，党员结合自身实际，开展专题讨论2次，抄写笔记20余篇，撰写对照检查材料2次，心得体会2篇。

加强党风廉政建设。年初，召开堆龙德庆区工商局党风廉政建设和反腐败工作专题会议，及时传达贯彻市局2018年党风廉政建设和反腐败工作会议精神，研究部署区工商局2018年党风廉政建设工作；严格落实"两个责任"清单要求，以《市局2018年度党风廉政建设目标责任书》为依据，形成《堆龙德庆工商局2018年度党风廉政建设目标责任书》，统一责任目标、统一责任内容，统一责任追究，统一签署形式，分三个层级组织局内签订党风廉政建设主体目标责任书11份，将党风廉政建设年度任务书面分解到班子成员、职能部门；充分发挥党支部活动在学习教育中的龙头作用，将反腐倡廉教育内容纳入理论学习计划，全年组织党员集中学习反腐倡廉内容8次，区工商局长洛布局围绕党风廉政建设和反腐败工作讲党课2次，并对全体党员进行约谈2次。结合区工商局工作实际，针对人财物管理等不同岗位特点，抓住容易滋生和引发腐败的重点部门、关键岗位，有针对性地开展廉洁教育和提醒。

【精准扶贫和非公党建】 年内，区工商局组织党员干部按照区委、区政府提出的"规划到户，责任到人"的工作原则，认真落实精准扶贫工作，到贫困户家中开展慰问6次，购买物资及慰问金合计2000余元。扎实开展非公党建指导工作，充分发挥党建联络员作用，经常性与两个非公党支部进行党建工作的交流，在"七一"建党节当天，组织全体党员干部及两个非公党支部成员，听取了由支部书记洛布的关于"发扬老西藏精神"的党课，并到扶贫点开展慰问主题活动，带领非公党支部党员开展重温入党誓词活动，积极发挥党员的先锋模范作用。2018年，区工商局共有党员11名，积极分子6名。同时，加强党支部活动室建设，新增了多媒体设备，购买了党建书籍，建立健全了非公党支部的硬件设施。

（央　吉）

【领导名录】

局　长

洛　布（藏族）

副局长

拉巴次仁（藏族）

谯　莉（女）

堆龙德庆区旅游局

【概况】 年内，在拉萨市旅发委、区委、区政府的坚强领导下，区旅游局依托现有旅游资源，大力实施全域旅游发展战略，旅游产业呈现稳定、持续、快速发展态势。2018年，全区旅游接待人数143.31余万人次，同比增长20%，旅游收入4554.432万元，同比增长20%。

【干部队伍建设】 年内，区旅游局健全完善“一把手”负总责、班子成员齐抓共管的领导体制和工作机制，通过召开党风廉政专题会、民主生活会，开展学习、加强研究、落实责任、强化监督。自加强政治纪律教育活动开展以来，区旅游局党支部及时召开动员会，制定学习方案和计划，全年组织党员干部共计学习20余次，每人学习学时达到36小时以上，确保了活动的圆满完成。

【精准扶贫工作】 年内，区旅游局先后10余次深入扶贫对象家中了解情况，出谋划策，局干部职工为结对帮扶户送去物资和资金合计8000余元。从旅游专项资金中支出22万元，用于对楚布沟境内的村组购置帐篷、家具等，带动沿线农牧民群众8户20人直接或间接从事旅游业。借助“冬游西藏 共享地球第三极”活动，完善德吉藏家精品民宿基础服务设施，38间客房已对外经营。适时推出“德吉藏家”精品民宿活动，在4月26日至8月31日期间实行食宿和交通全免的系列优惠政策，2018年共补贴40余万元。8月，对参与“德吉藏家”民宿经营的15户扶贫搬迁户进行首次分红，分红30750元，解决当地就业10人，平均每人每月增加现金收入3000元。

【旅游执法】 年内，区旅游局按照全域旅游整体要求，专门制定工作方案，成立工作领导小组，建立《堆龙德庆区旅游局行政执法投诉举报制度》，畅通旅游投诉渠道，联合区安监局、卫生局、公安局、食品药品监管局、工商局、国税局、区消防大队等单位对全区旅游景点、宾馆、招待所、接待游客的寺庙等进行摸底调查和整顿。2018年，共进行检查走访37次，被检查场所达22处，处理游客纠纷3起，联合市旅发委、市公安局、市药监局、市民宗局等部门开展联合执法3次，并取得预期效果。

【宣传推介】 年内，堆龙德庆区突出“上谷福地 药王故里 藏戏之乡”形象品牌推广，坚持体育、藏医药与旅游深度融合，先后举办了第四届楚布沟山地自行车体验赛、“2018堆龙德庆区第三届觉木隆派藏戏文化旅游节”“第二届堆龙糌粑旅游文化节”“第二届邦谷沟沐浴文化节”、2018堆龙德庆区第三届藏医药养生深度体验游体

2018年7月10日，堆龙德庆区召开象雄美朵旅游文化产业园古堡桥绘画暨直龙寺历史介绍专家评审会

验游等活动。结合堆龙实际，在西藏自治区交通旅游地图上宣传推介堆龙旅游资源，并借助堆龙旅游官方微信平台等新兴媒体及时发声，截至年底，关注人数已达千余人、发送信息60余次、浏览次数达10000余人次。

【旅游培训】 10月9—23日，区旅游局选派各乡（镇）、旅游重点村及相关单位旅游骨干共22人到南京旅游职业学院进行培训学习，切实提高了旅游从业人员服务水平；积极组织局干部参加区、市旅发委组织的安全生产和旅游服务标准化等相关培训，参训人数达20余人次。

【特色亮点工作】 年内，区旅游局针对堆龙德庆区旅游业在资源开发深度、旅游产品层次以及旅游品牌建设等方面不足的现状，及时理清工作思路，于年初推出了“一元游堆龙”旅游专线，该产品依托区政府龙行福运公司“一元通公交”的政策优势，将堆龙德庆区境内多个旅游资源串联在2—3条不同风格路线上，供游客自行选择，并已进入试运行阶段。制作“象雄美朵”生态旅游文化产业园古堡桥壁画、古堡桥电子导览器、《象雄古壁画解说词》《象雄文化略论之智者喜宴》，为游客全方位讲解象雄历史文化。

【“厕所革命”工作】 年内，区旅游局按照“三分建设、七分管理”原则，建立健全旅游厕所管理、保洁员管理长效机制，不断提升厕所管理水平。2018年，共检查旅游厕10余次，针对存在的问题，要求在规定时间内进行整改。

2018年9月28日，堆龙德庆区在古荣乡南巴村举办2018堆龙德庆区第二届糌粑旅游文化节

【景点介绍】 楚布沟：楚布沟以优美的自然环境和类型多样的景观资源为其主要特征，在蜿蜒14公里的河谷中，连绵的山体、葱翠的山林、清澈的河流、如画的田园、秀丽的牧场、悠然的村落彼此融合，相互映衬，宛如一幅徐徐展开的藏区风光画卷，可以给人带来如在画中行的美好感受。

楚布沟不仅自然资源丰富，其宗教特色也较为突出，河谷内分布着楚布寺，乃朗寺等西藏著名寺庙。其中楚布寺作为藏传佛教噶玛噶举派的主寺，拥有较高的宗教影响力和国际知名度，1962年被列为西藏自治区文物保护单位，被国务院宗教事务局确定为“国家二级文物保护单位”，是堆龙德庆区最著名的旅游景点，每年吸引着众多的朝圣者和游客的前去参观朝拜。神圣壮观的宗教寺庙与秀丽的自然环境融为一体，为楚布河谷增添了圣洁神秘的氛围，也是楚布河谷的未来旅游亮点和带动引擎。

宇妥沟：宇妥沟可以称为一次神奇的人文休闲康疗之旅，沟内是著名的藏医药王宇妥·云丹贡布的出生地所在，也是松赞干布的大臣禄东赞和藏妃子门萨赤江的出生地所在，从历史文化角度分析，宇妥沟是堆龙德庆区最负盛名的人文历史景点，以宇妥·云丹贡布出生地的独特地位，以及享誉区内的著名温泉景点—邱桑温泉，加上邱桑寺、其美龙寺和顶嘎寺的宗教文化气息，形成一种集人文、历史、宗教、康疗为一体的综合性旅游场所。

加木沟：加木沟是相传文成公主进藏途径之地，沟内除优美的自然景色外，还有清修地—帕罗日追，以及文成公主使用过的灶台。沟内还有两座神湖：仁巴措和圭日措。加木沟徒步旅游是近年来作为徒步旅游重点打造开发。

比西沟：比西沟是以种植和开发养生饮料沙棘、红景天等，未来可以作为采摘体验活动来吸引游客。

嘎东沟：嘎东沟内有着历史悠久的嘎东寺、文殊庙，每年的藏历初三嘎东寺都会举行盛大的法事大会，附近的当地的村民都会在这一天来到嘎东寺祈福当年风调雨顺，除去灾害。沟内绑索拉（哲蚌寺吴梓山西侧）山上拉萨及堆龙全貌尽收眼底，还有村西侧的夏日由于独特的山体特征，在嘎东沟内形成一道靓丽的风景线，未来嘎东沟内可作为徒步、观日出、以及朝拜为重点进行打造。

邦古沟：邦古沟也是离堆龙德庆区较近的一条沟，沟内自然景色优美，每年沐浴时节很多周边城市的人们都会选择到邦古沟内进行沐浴，每年藏历的7月6—12日期间举行，历时7天。在此期间勤劳质朴的藏族人民成群结队，扶老携幼，纷纷前往河水之滨，洗去一年的风尘。沟内还有历史悠久的热擦寺。

雄巴拉曲——盆中圣水：视为佛教徒奉神灵、解除众生干渴之苦的圣水清泉，也成为灌溉周围千亩良田的唯一水源。如果沐浴或饮用此泉水，能治愈皮肤病、黄水、头痛等很多疾病。神水的奇妙功能和神秘的传说，从古至今吸引着国内外游客和朝圣者，每年约有3万人次到此朝圣度假。

马乡油菜花风景园：位于109国道旁（马乡设兴村聂组），其依托旅游厕所、停车场、大片油菜花，集拍照、休闲、娱乐于一体的风景园区。

直龙寺遗址：位于堆龙德庆区乃琼镇波玛村象堆4组，海拔4032米，据相关文献记载直龙寺遗址为吐蕃第二代赞普穆赤赞普时期修建有37处苯教象雄宗教集会道场之一"堆龙龙松"集会道场。在11世纪佛教后弘期由苯教大师象堆当巴崔成西绕改建为苯教寺庙。17世纪五世达赖时期，准噶尔军摧毁了该寺，从此就成了目前所见的寺庙建筑遗址。

桑木民俗自然村：桑木民俗自然村坐落在本区东嘎镇桑木村，位居美丽的堆龙河畔，距区城2公里。村内有68户、300多人，是一个人杰地灵、风景秀丽、地势平坦的小村庄，是三世达赖喇嘛的出生地。西藏民主改革前，桑木村被据为哲蚌寺、色拉寺的庄园。桑木村民间艺人辈出，也可以说是西藏民间歌舞的摇篮。

邱桑温泉：堆龙邱桑温泉距今约有1500年的历史。相传当年宗喀巴云游到现在的堆龙德庆乡一带时，脚被荆棘扎伤了，他找了一处小温泉准备洗清伤口，这时他看见一只爪子受伤的乌鸦走向了山坡上的另一处温泉，只在泉水中泡了一下爪子就能正常走路了。宗喀巴也走过去试了一下，发现这处泉水果然对伤口愈合有神奇的功效，后来他就在这里挖了一个坑，让更多的泉水流进来，并四处传播温泉能治病的消息，让更多的人来这里治病。后人为尊称大师的甘露，把这个泉水命名为"邱桑"（藏语，意为好水）。

（李伟永）

加木沟

【领导名录】

局　长

朗珍曲尼（女，藏族）

副局长

徐文博（女，1月离任）

丹增旺求（藏族，1月任职）

社会事业

堆龙德庆区民政局

【概况】 年内,区民政局在区委、区政府的正确领导下,在上级业务部门的关心和帮助下以及各乡(镇)党委、政府和区直有关部门的积极配合下,紧密结合党的十九大和十九届二中、三中全会、中央第六次西藏工作座谈会精神,认真践行"民政为民、民政爱民"的工作理念,以保民生、保稳定、促发展为根本目标,着力保障和改善民生,狠抓重点,突出亮点,扎扎实实开展了社会救济救灾、基层政权建设、双拥优抚、勘界联检以及行政事务等各项工作。

【城乡低保】 区民政局按照《西藏自治区城乡最低生活保障实施办法(试行)》的通知,2018年起将原来分类补贴改为差额补贴。1—6月,为堆龙德庆区农村低保户380户1277人,发放农村最低生活保障金87.048万元,兑现两线合一资金81.85万元;6—12月,为堆龙德庆区农村低保户146户466人,发放农村最低生活保障金48.84万元;全年为城镇低保户403户433人发放城镇低保资金416.03万元。

2018年1月19日,西藏自治区党委副书记、自治区常务副主席庄严(右)在堆龙德庆区五保集中供养服务中心走访慰问孤寡老人

【医疗救助】 2018年,堆龙德庆区医疗救助503人次,发放救助金412.34万元。城乡医疗救助"一站式"即时结算工作有序开展,共结算"一站式"医疗救助人数45人,发放救助资金35.85万元。

【临时救助】 年内,区民政局按照自治区临时救助相关政策要求,为更好解决困难群众生产生活中遇到的实际困难,让困难群众有饭吃、不受冻,确保每一名困难群众基本生活有保障,全年临时救助6人次,落实救助资金3.48万元。

【特困供养工作】 年内,区民政局根据福利机构标准化建设要求,堆龙德庆区五保集中供养服务中心生活照料服务、居室卫生服务、洗衣服务、医疗服务、交通安全、食品安全、消防安全工作属于试运行阶段；持续开展特困供养人员核查工作，深入各乡（镇）、各寺庙对特困供养人员进行摸底排查，统计意愿供养老人数据并集中供养；截至年底，全区特困供养人员144名，其中集中供养102人，分散42人，并已完成建档造册。

【残疾人工作】 2018年，全区共有残疾人1501人，兑现残疾人两项补贴226.56万元。以“全国助残日”为契机，开展了主题为“全面建成小康社会，残疾人一个也不能少”的助残日宣传活动，使社会各界人士更进一步关爱残疾人，让残疾人不仅建立了自尊心、自信心，而且对生活更加充满希望；为切实提升残疾人参与感和获得感，积极营造扶残助残的良好社会氛围。在区委、区政府和各有关部门的积极配合下，在堆龙德庆区开展堆龙德庆区首届残疾人运动会，积极引导全社会强化对残疾人和残疾事业的关注和关心。

【救灾救济】 年内，区民政局制定完善救灾《应急预案》，建立24小时汛期值班制度，切实做好汛期排查检查工作。2018年7月，那嘎村13户房屋内出现涌水现象，德庆乡门堆村2户房屋受损，区民政局积极协调有关单位组织村民立即转移住所，发放救灾物资，确保生命安全。

做好强化应急队伍建设。借用区护路队区位优势，有效缩短应急反应时间，分别在莫嘎、高天、古荣三个护路大队成立3支堆龙德庆区应急抢险队伍，组织应急抢险救援队伍开展防震、防火、居民疏散及安置等演练4次，举办应急救助培训2次，切实提高了应急队伍的应急救援能力。拉萨市减灾办、堆龙德庆区减灾办联合在堆龙德庆区中学组织开展以“总结经验、完善机制”为主题的自然灾害救助应急预案演练活动，通过演练，进一步强化自然灾害应对过程中的决策力和执行力。

组织减灾委员会成员开展了以“行动起来，减轻身边的灾害风险”为主题的“5・12”防灾减灾宣传活动，各单位通过悬挂横幅、设立宣传点发放宣传资料、张贴海报，放置展板、讲解避灾自救知识等形式向广大群众宣传普及防灾减灾知识，活动累计发放各类宣传册共1800余册。

【婚姻登记】 2018年，区民政局共办理结婚登记621对，办理离婚登记142对，补办结婚登记129对，未发生违规现象，登记合格率达100%。此外，已完成2017年婚姻登记归档工作。

【基层政权及社区建设】 年内，羊达乡通嘎村申报为自治区级社区建设示范点；东嘎镇、羊达乡、乃琼镇撤乡（镇）设立街道办事处请示已上报拉萨市并下发文件批复；桑木搬迁安置点已成立居委会；做好堆龙德庆区申报全国农村社区治理实验区建设相关工作。

【社会组织工作】 年内，区民政局完成了2018年社会组织党建工作基本情况摸底及上报工作。严格按照《社会团体登记管理条例》和《民办非企业单位登记管理暂行条例》的相关规定和市民政局工作安排部署，下发了《关于开展2018年度社会组织年检工作的通知》，对年检对象、内容、上报材料、时间、程序、标准等进行了明

2018年8月1日，区四大家班子领导一行在驻区部队开展走访慰问活动

确的规定。

【行政区划与地名工作】 年内,区民政局认真做好第五轮县级行政区域界线联合检查工作,制定了订实施方案,成立了工作领导小组,及时组织开展界线的各项外业工作;积极宣传勘界和行政区域界线管理工作的有关政策,大力推进平安边界建设,维护行政区域界线附近地区社会稳定;做好与城关区、曲水县、林周县、当雄县、贡嘎县边界联检的各项工作及周边毗邻地区平安边界创建工作;为做好堆龙德庆区城区及环城28条道路、4座桥梁、2到前往道路、桥梁、隧道广泛征求所在地村委会、长者、群众代表的意见建议,截至年底,已完成堆龙德庆区城区及环城28条道路、4座桥梁、2条隧道的初步命名工作;积极与自治区民政厅联系,完成堆龙德庆区行政区划绘制图。

【双拥优抚安置】 年内,区民政局组织驻区部队在堆龙德庆区人员密集场所了开展免费送医送药、清扫卫生、参军入伍政策宣讲等一系列活动,以八一建军节为契机,开展了"党建+扶贫+双拥"创新活动,部队与结对乡(镇)形成双拥共建单位。组织社会各界人士参加驻地部队举行的"2018厄尔布鲁士之环"参赛官兵凯旋仪式,在此次出国比武中,参赛官兵们取得了"2018厄尔布鲁士之环"国际军事比赛综合第二名以及山地编组射击、11公里急行军、冲顶厄尔布鲁士峰等单项第一、6个单项第二的好成绩。认真做好退役士兵就业安置工作,对符合安置条件的5名退役士兵已顺利安置,对12名自主就业退役士兵及时发放一次性经济补助。2018年,本级财政累计投入33.41万元,为优抚对象和驻区部队办真事、办实事。积极开展退役军人信息采集工作,截至年底,已完成退役军人信息采集工作。

2018年4月26日,堆龙德庆区举办第一届残疾人运动会

【老龄工作】 年内,区民政局完成了对55周岁以上老年人统计及80岁以上高龄老人统计、建档、核查工作,把是否残疾、低保、经济困难、空巢、留守、失能等纳入统计范畴;为全区老干部办理老年人优待证,并为其讲解老年人优待政策。及时兑现70岁以上老年人寿星老人健康补贴124.32万元。

(次旦卓嘎)

【领导名录】

局　长

仓决卓玛(女,藏族)

副局长

旦增欧珠(1月离任)

陈　文　珂(女)

拉巴次旦(藏族,7月任职)

堆龙德庆区人力资源和社会保障局

【概况】 年内,堆龙德庆区人力资源和社会保障局在区委、区政府的正确领导下,在自治区、拉萨市大力支持和指导下,紧紧围绕2018年拉萨市各县(区)人社工作各项目标任务,充分履职尽责,坚持科学合理,公正透明的原则,着力提升工作效能,促进各项工作任务圆满完成,全面落实惠民政策,不断增进民生福祉,为堆龙德庆区健康和谐发展提供坚实基础。

【增强劳动者职业技能】 年内,区人社局努力建设高技能人才队伍，组织农民工、高校毕业生、企业职工等各类群体开展了职业培训与能力开发，增强劳动者职业技能，促进就业。2018年，全区实现就业再就业培训432人，培训合格率达95%，培训就业率达80%。

全年农牧民转移就业培训1324人，开展培训21期；开展职业介绍850人次，职业介绍成功393人；建档立卡贫困人口转移就业培训7期356人，培训合格率达90%，培训后就业率达85%，开发就业岗位3450个。举办人力资源洽谈会3场次，107家各类企业和用工单位提供就业岗位2536个，进场求职人员达1800人次，达成就业意向882人；实现新增就业1560人，其中就业困难群体167人，失业人员再就业349人。城镇登记失业率控制在2.2%以内，城镇调查失业率控制在5.5%以内，职业技能鉴定128人。小微企业吸纳就业25410人，农牧区劳动力转移就业0.91万人，实现收入0.61亿元。创业培训2期65人（高校毕业生8名），创业成功3人，创业带动就业12人。实名制登记应届堆龙德庆区户籍高校毕业生502名（建档立卡69人），已就业471人（建档立卡69人），未就业31人，就业率达93.8%。

【城乡养老保险】 年内，区人社局贯彻执行《中华人民共和国社会保险法》，继续推进新农保工作，加强城乡居民养老保险宣传力度，提高各险种参保人数及参保率和覆盖面，认真开展基金监督制度自查，切实加强基金的管理。2018年，全区机关事业单位养老保险参保人数2129人，完成目标任务的109%。机关事业单位征缴基金7075.71万元，职业年金征缴基金1010.82万元，共计8086.53万元，完成目标任务的161%；城乡居民养老保险参保人数为18900人，完成指标任务106%，征缴基金191.67万元，完成指标任务106%（不含政府补贴）；城镇职工医疗保险参保人数2507人（包括退休人员338人），完成目标任务的100.3%，征缴基金3337.76万元，完成目标任务的160%。城镇居民医疗保险参保人数2116人，完成指标112%，征缴基金110.13万元，完成目标任务115%。失业保险参保人数1113人，完成目标任务的111%，征缴基金137.15万元，完成指标任务的159%。工伤保险参保人数6480人，完成目标任务180%，征缴基金410.46万元，完成目标任务的256%。其中机关事业单位参保人数2169人，征缴基金51.36万元，企业单位参保人数4351人，征缴基金362.92万元。生育保险参保人数2169人，完成目标任务的101%，征缴基金184.45万元，完成目标任务的159%。

【工资福利和专技工作】 专业技术人员的职称评审和继续教育培训工作。2018年，全区确认初级专业技术资格68人，其中：卫生系统41人，文化系统5人，农牧系统17人，水利系统5人。向拉萨市人社局请示中级职称16人，其中：卫生系统6人，文化系统1人，农牧系统1人，水利系统2人，教育系统6人。办理资格证和聘任证书160本，完成全区60名申报中级职称继续教育手册登记工作。及时报批区人民医院、农林局岗位更新工作。

促进人才资源的合理配置，营造宽松的人才流动环境。根据区委组织部人事调动相关手续，

2018年8月3日，拉萨市人社局局长马百胜（右二）在堆龙德庆区指导招聘会工作。堆龙德庆区委副书记、区长杜江（左二）等陪同

协助办理调动手续 21 人(其中调出 4 人,调进 17 人);追加核定 5 名退伍干部的工龄;正常退休 6 人,其中事业专技人员 2 人,工人 4 人;按照 2017 年度享受 64 号文件要求,办理提前退休 6 人。

做好增资呈报和工资福利审批工作,强化基础性管理。完成了机关事业单位调整西藏特殊津贴标准增资呈报工作,做到数据详实、情况清晰。2018 年,审批完成 18 名新录用大学生的工资定级工作(其中公务员 13 名,事业人员 5 名),审批完成 2 名退伍新安置工人工资;审批完成 5 名援藏医生的工资工作;配合区委组织部完成全区法官及检察官绩效工资上报工作;审批 13 名退休人员的退休工资待遇;审批完成 1246 名人员工资变动上报工作,并及时兑现干部职工变动工资;完成区委政法委和区司法局共 23 名干部的工作津贴兑现;为 46 名农牧系统干部发放了畜牧兽医医疗卫生津贴;发放乐 12 名"三支一扶"人员工资;发放为 9 名退休老干部发放了丧葬费、抚恤金,共计 1086815.92 元。

【维护劳动者合法权益】 年内,区人社局切实履行劳动保障监察职责,贯彻执行劳动保障法律法规,严格监督检查用人单位遵守劳动法律法规的情况,积极受理违反劳动法律法规的案件,进一步提高办案质量和结案率,对案件以最短时间给双方当事人公平、公正的调解。2018 年,共为 2199 名民工讨回工资 1972.3 万元,共受理案件 170 件,办结案件 165 件,结案率达到 97%,其中:群众投诉举报案件 94 件,已办结 92 件,正在办理 2 件;12345 转办案件 61 件,已办结 58 件;信访转办案件 7 件,已办结 7 件;市长信箱转办案件 3 件,已办结 2 件;现场协调处理案件 7 件。完善以签订劳动合同为基础的劳动用工备案制度,掌握各类用人单位用工信息,实现对劳动合同签订、履行、解除等情况的监管。日常工作中加强对企业办理劳动用工备案工作,指导企业建立职工花名册,督促企业及时办理劳动用工备案手续,并为企业及时办理劳动用工备案提供便捷服务。截至年底,共有 171 家用人单位进行劳动用工备案工作,涉及人数 4375 人。继续以规范劳动市场秩序为工作重点,加强劳动相关法律法规宣传教育普及工作,加大劳动监察执法力度,继续重点解决拖欠农民工工资、收缴民工工资保证金和清查用工领域黑恶势力等问题,保障劳动者合法权益。截至年底,共督促收缴 41 家用工单位缴纳民工工资保证金 2539.56 万元,涉及民工 1444 人;督促 141 家用工单位为 4537 人缴纳工伤保险 453.558 万元;督促 171 家用工单位办理劳动用工备案,与民工签订劳动合同 4663 份。全年开展法律法规宣传 11 次,发放各类宣传手册 2400 余册。

2018年6月14日,拉萨市人社局党组书记彭丽华(前排右二)在堆龙德庆区易地搬迁招聘会现场指导工作

【政府购买人员管理机制】 2018 年,全区共开发 286 个政府购买岗位,分别为村级便民服务中心 31 个,政务服务中心 30 个,各部门政府购买人员 225 个(宣传部 3 人、公安局 46 人,检察院 18 人,法院 30 人,教体局 56 人,城市管理局 45 人,环保局 4 人,乡镇综合执法所 23 人)。截至年底,村级便民服务中心已上岗 31 人,政府服务中心上岗 15 人,各部门政府购买人员上岗 87 人。

2018年9月，堆龙德庆区人社局第一期高校毕业生就业创业提升培训开班仪式在成都市举办

【乡村振兴】2018年，全区开发市场就业岗位3164个，并积极通过网络和区、乡（镇）、村三级平台发布岗位信息，确保有意向的就业家庭至少实现1人稳定就业。根据拉萨市的相关要求和指示精神，对堆龙德庆区2018—2020年“土专家”进行考核，截至年底，堆龙德庆区农牧科技技术人员共有60名，兽医65名，村医74名。根据年初针对堆龙德庆区6个乡村特色产业的调研，积极发展乡村特色产业，并联合双创办对堆龙德庆区小微企业（合作社）进行资金补贴，截至年底，堆龙德庆区共有乡村特色产业100余家，实现农牧民转移就业250余人。切实推进乡村振兴工作，筑牢城乡居民养老保险基础，截至年底，城乡居民养老保险累计发放3704人，征缴651.07万元，做到养老金按季度足额发放，保障参保人的根本利益。

【政策法规宣传】建立综合协调的执法工作机制。年内，区人社局建立以区公安局、信访局、安监局、司法局等多家职能部门协调的联合执法领导小组执法机制，配备专业人员，形成工作网络，清理建设领域拖欠工程款和农民工工资等现象，并按照目标、任务、节点，落实工作部门和责任人，做到每项工作任务实、节点明、责任清；加强宣传，提高社会认知度。在党建、党风廉政和反腐败、大学生就业创业、社会保险、监察工作等方面，采用发放宣传册、悬挂横幅、LED显示屏、报纸、媒体等方式做好宣传工作，共印刷、采购30余万元宣传用品，发放3000余本宣传册。

【做好包村点扶贫工作】年内，区人社局根据掌握了解的实际情况，经同村委员领导班子，村民代表商议，初步拟定“输血”和“造血”相结合，积极调动和发展当地优势，借助外部支持，最终实际脱贫致富的目的。在开展帮扶工作中，积极做好思想和组织动员工作的同时，教育引导扶贫对象克服“等、靠、要”思想，树立自力更生、自主创业、自我解困意识，力求在必要的外力扶持下，通过群众自身不懈努力实现脱贫致富；坚持职业技能培训、创业培训促进创业为中心，紧紧围绕全区改革发展稳定大局，坚持抓重点、攻难关、创亮点、求突破的工作思路，下大力气做好就业再就业工作，开创出就业工作新局面；将包村工作列入区人社局重要工作日程，按要求到村开展各项工作，充分发挥部门优势进行帮扶，同时通过包村工作，进一步将部门工作与当前乡村振兴工作结合起来，培养区人社局干部对农村工作的认识，密切干群关系，改进工作作风，进而促使工作更上新台阶。

【民生工作】年内，区人社局对劳动保障监察的投诉举报、书面审查、工资保障金办理等多项业务工作流程进行简化，在办理生育、医疗、工伤等保险时，严格按照市局要求的流程办理，在材料、提供证明等内容上严格按要求执行；工资福利部门查询工资等流程由拉萨市人力资源和社会保障局规定。

【自身建设】队伍建设。年内，区人社局狠抓自身队伍建设，切实转变工作作风，结合“两学一做”学习教育、加强政治教育等活动，创新工作方式，增强干部素质。认真落实党内组织生活制度，召开专题组织生活会和民主评议党员工作部署会，严格执行党支部“三会一课”制度，加强全局党员干部的管理教育工作，确保党员政治教育人均达到32课时，受教育率达到100%。

严格执行党风廉政主体建设，进一步健全完善制度。区人社局党支部始终以高度的政治责任感和历史使命感，把主体责任记在心上、扛在肩上、抓在手上，年初安排部署了2018年党风廉政建设重点工作，尽职尽责种好“责任田”，层层签订了党风廉政建设责任书。深入推进惩治和预防腐败体系建设，努力构建不想腐、不敢腐、不能腐的长效机制。认真健全并落实了党风廉政专题会议制度、领导干部个人重大事项报告和述廉制度、党风廉政建设考核和监督制度、民主生活会制度、廉政谈话提醒制度。

转变工作作风，增强服务意识。严格按照中央“八项规定”、自治区“十条禁令”、拉萨市“九项要求”精神，积极谋划工作，不敷衍，不积压，无乱收费、乱摊派现象；认真对待办事群众，主动承担责任；认真贯彻党风廉政建设制，做遵法、学法、守法、用法的模范；重点整治纪律涣散问题，对无视组织纪律和工作纪律、“为官不为”现象进行大力整顿，重申“五不让”的纪律要求，配合纪检部门明察暗访工作，从而减少直至杜绝办事拖拉、相互推诿、敷衍塞责的现象。

（梁 爽）

【领导名录】

局 长

洛桑达吉（藏族，1月离任）

王保峰（1月任职）

副局长

土登群培（藏族，8月离任）

杨 洁 琼（女）

次 吉（女，藏族，8月任职）

堆龙德庆区民族宗教局

【概况】 2018年，堆龙德庆区民族宗教工作在区委、区政府的坚强领导下，在上级业务部门的有力指导下，高举习近平新时代中国特色社会主义思想伟大旗帜，深入贯彻落实中共十九大、十九届二中、三中全会和中央第六次西藏工作座谈会、全国民族宗教工作会议精神，依法加强对全区民族宗教事务的管理工作，认真贯彻落实党的民族宗教政策和区市区各级党委政府的重要决策部署，认真抓实抓好年初工作安排的落实，民族宗教工作扎实有序开展。2018年，区民宗局有编制7名，实有工作人员8名（含借调人员1名），下设综合办公室、民族团结工作办公室、宗教事务办公室、项目财务办公室。

【基层党组织建设】 2018年，区民宗局经请示区直机关工委同意后，于4月25日召开党员大会，及时补选改选以党支部书记、副书记、专职委员为核心的支部班子。进一步修订完善了《堆龙德庆区民宗局支部委员分工》《民主评议党员制度》《三会一课制度》《党支部学习制度》《三重一大制度》《党建工作责任清单》等支部工作制度并上墙公示，以接受群众和上级领导、业务部门的监督和指导。深入学习《中国共产党章程》、党纪党规、习近平新时代中国特色社会主义思想和党的十九大精神、党的民族宗教政策和社会主义核心价值观、《中国共产党廉洁自律准则》《中国共产党纪律处分条例》《中国共产党党内监督条

2018年2月14日，拉萨市委常委、统战部部长阿努次仁（左一）在堆龙德庆区看望慰问活佛专班及驻寺干部

例》、堆龙德庆区党风廉政建设文件制度汇编手册等内容。开展了“党员承诺践诺”“党支部书记讲党课”“主题党日”等一系列活动，全年党支部组织党员干部集中学习30余次，开展各类活动12次。把坚持脱贫攻坚作为农村基层党组织事务的核心任务，充分发挥农村基层党组织在脱贫攻坚中的组织引领作用。建立健全老党员、生活困难党员关爱帮扶机制，经常了解党员的困难和思想动态，做到在重大节日、生病住院、生活中遇到重大困难时及时走访慰问。

2018年2月9日，堆龙德庆区召开春节、藏历年寺庙僧尼座谈会

【交流培训】 2018年，区民宗局紧密结合“遵行四条标准 争做先进僧尼”教育实践活动，开展寺庙僧尼学习教育培训2次；社会流动从事宗教活动人员培训1次；联合区委统战部、宗教办、卫计委开展寺庙僧尼卫生员培训活动1次；联合区文广局开展寺庙文物保护培训1次；配合区委统战部开展僧尼赴其他省市学习交流培训活动2次；开展寺庙僧尼宣讲员培训活动1次；开展寺庙僧尼财务人员培训班1次。为深入推进堆龙德庆区寺庙僧尼法治宣传教育，切实提高寺庙僧尼法制观念，举办了2018年寺庙僧尼学习宪法专题讲座3期，参训僧尼90人次、驻寺干部30人次。全体参训僧尼进一步加深了对法律知识的认识和理解，提高了运用法治思维和法治方式解决问题的能力，形成了崇尚宪法、遵守宪法、维护宪法的良好氛围。

【民族团结宣传教育】 2018年，堆龙德庆区区直各单位、各乡（镇）、驻军部队、学校、寺庙、企事业单位利用黑板报、宣传栏、挂横幅、LED显示屏等载体开展了内容丰富、贴近生活、贴近群众的宣传活动，大力宣传《拉萨市民族团结进步条例》《民族区域自治法》等相关内容，悬挂藏汉两种文字宣传横幅210余幅，LED显示屏滚动宣传民族团结标语24处。在“9·16”平安西藏宣传日和“9·17”民族团结进步节期间，区直各单位通过悬挂横幅、发放宣传资料等方式开展宣传教育活动，活动中，发放宣传资料55000余份，发放印有民族团结标语的手提袋、抽纸盒等宣传品14500余个，投入资金10余万元。通过宣传教育活动，进一步巩固了全区各族干部群众自觉遵守党的民主政策，坚决执行党的民主政策，牢固树立了“三个离不开”（汉族离不开少数民族，少数民族离不开汉族，各少数民族之间也互相离不开）思想，不断增强“五个认同”（对伟大祖国的认同、对中华民族的认同、对中华文化的认同、对中国共产党的认同、对中国特色社会主义的认同），树立正确的国家观、民族观、历史观、文化观，推动了堆龙德庆区民族团结进步事业健康发展，使民族团结之花在堆各族干部群众中开得更加绚丽夺目。

【模范表彰大会】 2018年，为进一步做好全区民族团结进步模范集体、家庭和个人评选表彰活动，区委、区政府高度重视，采取自下而上、自上而下、上下互动、逐级评选的方式方法，以优中选优的原则对各组织推荐的集体、家庭、个人进行筛选，并报区委组织部、区纪委审核后，于10月10日上午在区文化活动中心隆重召开了堆龙德庆区民族团结进步模范表彰大会，大会表彰模范集体34个、模范家庭76个、模范个人430名、模范个体商户60名，发放奖金98.2万元。

【开展民族团结活动】 2018年，区民宗局按照拉萨市民宗局文件精神，制定了《中共堆龙德庆区委堆龙德庆区人民政府关于印发堆龙德庆区开展第28个“民族团结宣传月”暨第七个“民族团结进步节”活动实施方案》，牵头联合区委宣传部、区直机关工委、团区委、司法局等多家单位在全区范围内开展了以“民族团结”为主题的文艺演出、演讲比赛、歌唱比赛、知识竞赛、民族团结讲座等丰富多彩的文化体育活动，各级党组织开展系列活动200余场次，各族干部群众“三个离不开”思想更加牢固，手足相亲、守望相助、和睦相处、和衷共济的氛围日益浓厚。

【慰问活动】 年初，在区委、区政府的大力支持和关心下，区民宗局根据寺庙规模、僧尼人数制定慰问方案，为各寺庙送去慰问资金共计13余万元。在“三大节日”前夕、年中、年末组织人员到结对包村点看望慰问结对帮扶和包村点困难党员，送去了价值8000元的慰问品和慰问金，同时还关心关注他们的生产生活情况，帮助他们解决就业问题。

【宗教领域为民办实事项目】 为切实改善民生，着力解决僧众最关心、最直接、最现实的利益问题，按照区人大、政协提案和各寺庙的实际情况，2018年，区民宗局向区委、区政府申报了6座寺庙为民办实事项目，区政府投入专项资金558万元。向上级民宗部门争取小额寺庙维修项目2个，投入资金29余万元。

【岗位补贴资金】 2018年，区民宗局按照《堆龙德庆区宗教活动场所僧尼管理成员岗位补贴和绩效奖励发放管理实施细则（暂行）》要求，做好岗位补贴和绩效奖励发放工作，使寺庙管理委员会班子僧尼成员真切感受到党和政府对他们的关心与厚爱。2018年，兑现各寺管会（专职特派员）班子僧尼成员岗位补贴60万元。

2018年，堆龙德庆区召开民族团结进步模范表彰大会

【宗教活动】 2018年，区民宗局按照《西藏自治区大型宗教活动管理办法》相关规定，经拉萨市、堆龙德庆区政府审批，按惯例开展宗教活动，审批手续齐全、安保措施到位。全年参加大型宗教活动的朝佛人员约22.09万人次，大小车辆2.6万余辆，朝佛人次比上年同期下降了21.64%，信教群众基本来自寺庙周边及邻近县，各项佛事活动未出任何问题。特别是楚布寺“次曲”、达扎寺夏季“入行论”和冬季“入行论”佛事活动，时间长、人员多，区委、区政府高度重视，各涉宗部门协调联动，切实做好了活动期间安保工作。

【补充吸收工作】 2018年，区民宗局按照《关于做好拉萨市2017年度藏传佛教寺庙僧尼自然减员补充新增僧（尼）入寺前培训的通知》文件要求，区民宗局组织2017年新吸收的14名僧尼开展为期4天的藏传佛教自然减员补充新增僧尼入寺前培训工作，通过培训，切实提高了新增僧尼的文化素质、道德修养。

【管理教育服务】 2018年，为切实将社会流动从事宗教活动人员管理工作落到实处，将社会流动从事宗教活动人员纳入社会综合治理范畴，按照“属地管理分级负责、层层落实责任”的原则，层层签订责任书，全面落实了“区与乡（镇）、乡（镇）与村、村与组、组与联户代表、联户代表与户及本人保证”的“五级”管理责任制。

【服务管理试点工作】 2018年，为扎实推进拉萨市满足信教群众正常民俗宗教需求的服务管理试点工作，将乃琼镇作为试点乡镇，摸底梳理了辖区内信教群众的信仰教派情况，成立了满足信教群众正常民俗宗教需求的服务管理试点工作领导小组，设领导小组办公室，制定印发了《关于堆龙德庆区满足信教群众正常民俗宗教需求服务管理试点工作的实施方案》。召开了堆龙德庆区满足信教群众正常民俗宗教需求服务管理试点工作动员培训会，要求切实发挥寺管会（专职特派员）、网格人员、村两委、双联户重要作用。截至年底，乃琼镇寺庙及社会流动从事民间宗教活动人员能够满足辖区内信教群众宗教信仰需求，辖区内从未发现外来人员在辖区内开展宗教活动，从未出现以宗教为借口从事占卜、算命、驱鬼、行巫医等封建迷信活动或坑蒙拐骗情况。

【安全生产】 2018年，区民宗局根据上级有关业务部门维稳工作要求以及分管领导指示精神，及时传达学习安全生产工作会议精神，联合涉宗部门、安监局、消防队在寺庙开展了安全生产大排查，重点排查寺庙线路布置是否安全、大殿内酥油灯是否存在安全隐患、消防安全制度是否完善、干部消防安全意识是否到位等情况，对发现的安全隐患及时进行整改，特别是对部分寺庙线路破旧老化的问题，投入专项经费11余万元进行修理，及时解除了安全隐患。根据《2018年度拉萨市涉宗领域春夏火灾防控工作的方案》精神，为夯实堆龙德庆区涉宗领域火灾防控基础，做好全年春夏季火灾防控工作，制定了堆龙德庆区涉宗领域2018年春夏季工作方案，并联合区消防大队在各寺庙开展僧尼消防培训和消防演练活动，确保了堆龙德庆区宗教领域不出任何安全生产事故。

【规范各类临时宗教活动场所】 2018年，按照中央、区市各级党委政府关于规范整治各类临时宗教活动场所工作要求，区委、区政府高度重视、精心部署，结合堆龙德庆区实际情况，成立了以区委书记格桑平措为组长、各乡（镇）党委书记和有关部门负责人为成员的规范整治各类不符合法律法规设立的宗教临时活动地点工作专班组，制定了《堆龙德庆区规范整治各类不符合法律规设立的宗教临时活动地点实施方案》。同时，按照相关要求教育引导信教群众，要合法依规开展宗教活动，在区委、区政府的正确领导下，在分管领导的带领下，经过乡镇、公安的共同努力，圆满完成了整治工作，将5处非法各类临时宗教活动场所关闭。

（主国权）

【领导名录】

局　长

朗杰次成（藏族）

副局长

马 玉 华（回族，女）

次仁扎西（藏族）

堆龙德庆区卫生和计划生育委员会

【概况】 年内，堆龙德庆区三级医疗预防保健网络基本健全，初步实现了保健不出村，小病不出乡，大病不出区，重疑难病及时转诊的工作目标，能为农牧民群众提供综合、便捷、安全、有效、经济的医疗卫生保健服务，使堆龙德庆区农牧民群众有地方看病、看得起病，确保病有所医的国家政策得以有效落实。2018年1月，堆龙德庆区卫生局更名为堆龙德庆区卫生和计划生育委员会，共有编制5名，实有工作人员（人口计生委）9名；医疗卫生下属机构有区医院、疾病控制中心、5个乡（镇）卫生院、25个村卫生室。全区卫生计生工作人员共358名。

【党建工作】 年内，区卫计委定期组织党员干部和广大职工进行理论学习，提升党员干部素质，以中共十九大精神和习近平总书记重要讲话精神为重点，制定了支部学习计划。全年共召开党员大会4次、支部委员会会议11次、组织生活会2次，开展基层党建督导2次、集中学习71次、书记讲党课活动3次、专题组织生活会2次，撰写学习心得体会30余篇，印发党建、党风廉政建设简报85期。与干部职工签订了《党员公开承诺书》《禁赌承诺书》《堆龙德庆区医疗卫生行风建设“九不准”承诺书》和《个人廉政风险防范承诺书》，切实提升基层卫生系统党建、党风廉政工作。

【卫生事业】 年内，区委、区政府把医疗卫生事业视作重大的民生工程，逐年加大卫生领域投入力度，全力抓好医疗卫生领域项目建设。2018年，全区本级财政投入资金继续实施“精准扶贫合作医疗救治”政策，对辖区内农牧民群众实行不设上限，予以80%以上医疗救治报销；继续投入100万元作为先天性疾病患儿和重大疾病救治资金；投入100万元专项资金，为全区农牧民群众购买30万元的超大额补充医疗保险，不断增强政府医疗兜底力度。投入170万元用于乡村医生绩效考核，提升基层医务人员收入，用待遇留人。同时投入9400万元修建堆龙德庆区人民医院（二级甲等医院）综合楼建设项目，积极发挥县级医院区域内龙头带动作用。在市卫计委的帮助下，争取国家投资240万元、本级财政配套700万元建设区疾控中心业务用房。争取援藏资金550万元为各乡镇卫生院及区人民医院购置救护车及相关配套设备，解决了原有救护车故障频发，保障了堆龙德庆区应急救护水平。

2018年8月1日，副区长达娃卓玛（右二）在德庆乡检查指导三病筛查情况

【农牧区医疗制度健康运行】 2018年，全区农牧民个人筹资率达100%，农牧区医疗政府年人均补助标准提高至515元，较2012年的人均300元增加215元。农牧区参加个人筹资人数为40008人，个人筹资缴费金额为30元，合作医疗个人筹资总金额120.02万元。全年堆龙德庆区住院报销3088人次，住院总费用3640.32万元，报销补偿总额2383.77万元。

【健康扶贫】 2018年，按照堆龙德庆区建档立卡户、低收入群体、一般农牧民实施100%、90%、80%自付费用的救治报销，截至11月底，救治报销2127人次，报销金额703.6万元。截至10月底，30万元超大额保险报销11人次，报销金额43.72万元。

【全面实施国家基本药物制度】 在自治区卫计委下发的《国家基本药物目录（2009年版基层部分）》基础上，区卫计委按照《西藏自治区政府关于基层医疗机构基本药物采购工作实施办法》的要求，2018年共采购西药196种和藏药227种。

【促进基本公共卫生服务逐步均等化】 年内，区卫计委按照自治区基本公共卫生服务项目，明确了堆龙德庆区公共卫生服务范围，确保国家和自治区基本公共卫生服务项目免费向城乡居民提供。为进一步落实基本公共卫生服务，提高服务质量，规范和加强基本公共卫生服务专项经费管理，充分发挥资金使用效益，通过政府购买服务的方式，大力开展各项公共卫生服务，如包虫病、慢病管理、地方病防治、规划免疫、结核病防治，性病艾滋病防控等公共卫生工作。

堆龙德庆区每年投入100万元用于解决先天性疾病患者看病难、看病贵的问题，2018年8月，带领堆龙德庆区5名先天性疾病患儿到首都儿科研究所进行救治，前期康复治疗已完成，投入救治金额10余万元。

大力推行家庭医生（乡村医生）签约服务制度，根据乡镇居民的健康状况和健康需求情况，分类推进家庭医生式签约工作，重点与辖区内65岁以上老年人、孕产妇、0—6岁儿童、慢性疾病患者、重性精神疾病患者等愿意接受家庭医生式服务的人群签订家庭医生式服务协议并提供服务。同时对重点人群每月随访1次，普通人群每季度随访1次，截至11月底，堆龙德庆区农牧民群众与家庭医生团队签约人数39375人，签约率为98%，其中长期外住人员4277人，随访率87%。全年组织开展村医集中培训8次，培训内容涉及计划生育、藏医、基本医疗知识等方面，培训村医313人次。

2018年，全区基础免疫的各类疫苗应种9089针次、实种8728针次，接种率达96.03%，其中辖区内流动儿童共接种1272针次。完成了对7所小学、29所托幼机构的新生入托入学2090名学生的查验工作，查验率100%，并按照要求进行补种工作。

大力实施"降消""母子系统保健"和"孕期微营养素补充"等项目，继续实施城乡农牧民孕产妇住院分娩特殊报销补偿政策和生活救助政策，积极开展妇女常见病普查诊治。

2018年，对全区544名早孕妇女发放了叶酸，发放叶酸片682盒，发放率81.9%。继续对农牧民住院分娩实行优惠政策，农牧民住院分娩费用实行100%报销补偿，对每位住院分娩的农牧民和护送者分别给予50元的奖励补助。住院分娩率持续2年达100%，计生两项扶助金发放率达100%，受助合格率达100%。完成出生缺陷体检323对，免费孕前优生优育体检430对。

【公立医院内部管理】 年内，区卫计委制定了区人民医院"二级甲等"医院创建工作计划，明确分级诊疗疾病谱106种，在全区范围的医疗机构实行，制定分级诊疗工作实施意见、考核评价标准。继续实行医院所有药品"零差价"销售，药品品种达451种（西药基本药物339种，藏药基本药物112种），受益人数达3万余人。积极开展医联体建设工作，与西藏自治区第二人民医院、拉萨市人民医院签订了"医联体"协议并实施；充分利用现有的医疗卫生资源优势，深化医疗资源"双下沉、两提升"工作，区人民医院与德庆乡卫生院、马乡卫生院、古荣乡卫生院、羊达乡卫生院、乃琼镇卫生院等签订了"医联体"协议，对于妇科、外科、高血压等专科疾病开通绿色通道，同时派骨干医师下乡进行会诊，不断规范了双向转诊工作，提升了基层医疗机构就诊率。2018年，区人民医院门、急诊病人量为33394人次，较2017年同期增长10.2%；住院人数1239人次，较2017年同期相比增长6%；手术151例，较2017年同期增长4%；平均住院日9.3天，与2017年同期缩短0.3天。区人民医院分级诊疗向上级医院转诊人数308人，较2017年同期下降43.8%。

2018年，区藏医院继续推广血疗法、盐疗技术，受益达800余人，根据藏医药典自行研发足浴甘露舒康（医院内部外用制剂），得到广大患者好评，并在藏医住院病人推广使用。2018年，在北京市朝阳区卫计委支持下，投入

2018年5月3日，堆龙德庆区召开卫生系统第一季度卫生计生工作会议

2018年3月11日，堆龙德庆区医务人员为检查站、护路队、派出所开展送医送药送健康活动

19.5 万元资金建立医院 wisso 智慧远程医疗中心；在援藏专家与北京市垂杨柳医院的积极沟通下，先后有 2 名分别患有脑瘫后遗症及颅咽管瘤的患儿到北京治疗，并取得满意疗效。

【推进华大基因检测项目】 2018 年，堆龙德庆区无创产前基因检测目标人群是 457 人，已检测 387 人，完成率达 84.6%；新生儿遗传性耳聋听力检测目标人群是 574 人，已检测 346 人，完成率达 60.2%；HPV 检测目标人群是 8035 人，已检测 5046 人，完成率达 62.8%。

【"三病"筛查】 年内，区卫计委制定下发了《堆龙德庆区结核病、肝炎、风湿病(骨关节疾病)综合防治工作方案》，及时召开了堆龙德庆区结核病、肝炎、风湿病(骨关节疾病)综合防治工作动员部署会议，安排部署全年"三病"筛查救治工作。2018 年，累计筛查结核病 38414 人，筛查风湿病 36845 人，其中：结核病确诊 1 例、治疗管理 1 例；风湿血沉阳性 1021 例；抗 O 阳性 847 例；类风湿因子阳性 651 例；血尿酸阳性 1942 例。完成 13—14 岁人群的结核菌素试验 618 人，其中检出 3 例弱阳性。肝炎筛查人数 3476 人，其中乙肝确诊人数 247 人，丙肝患者确诊 1 人。

（次旦卓嘎）

【领导名录】

主　任

李　宁

副主任

李扎西（藏族）

堆龙德庆区食品药品监督管理局

【概况】 2018 年，堆龙德庆区食品药品监督管理局在区委、区政府的坚强领导下，在上级业务部门的正确指导下，紧紧围绕"依法行政，执政为民"的工作宗旨，不断建强党组织建设，强化机关党风廉政建设，加强食品药品安全监督管理，切实保障公众饮食用药安全，稳步推进国家食品安全示范城市创建工作，进一步提升了食品药品安全保障水平，增强了群众对食品药品安全满意度。2018 年，区食药监局全局在职干部职工 11 名，其中：正科级干部 1 名，副科级干部(含副主任科员)4 名。

【党组织建设】 2018 年，区食药监局每周定期组织干部职工开展集中学习活动，全年开展集中学习 48 次，共 240 人次参加学习活动。严格落实"三会一课"制度，全年共召开党员会议 10 次、支部委员会 12 次，开展讲党课活动 6 次。每月积极开展"主题党日活动"和"党员志愿者服务活动"，并组织开展了读书、看电影、参观、关爱儿童老人、慰问等系列活动，全年共开展 12 次主题党日活动和 6 次党员志愿活动，投入党建经费 7700 元。严格落实区委、区政府出台的各项规定细则和部门内部各项规章制度，坚持"三重一大"议事规则，坚持每月对党务、业务、党风廉政建设、干部管理等事项进行公开公示，切实推动权力在阳光下运行。深入开展政治纪律教育活动，查摆突出问题 24 条，修改完善制度 5 项。定期组织干部深入对口包村点，及时了解包村点经济社会发展和社会综合治理面临的困难，协助包村点谋发展、定思路。先后开展了3月敏感月维稳督查指导、精准扶贫工作宣传与指导、“七一”党建日、民族团结日等包村对口工作，共开展慰问、指导工作6次，送去慰问金7000元。

【食品安全示范城市创建】 年内，区食药监局按照《拉萨市落实食品安全党政同责的实施意见》的文件精神，组织人员深入各乡（镇）围绕基层食品药品安全监管工作进行专题调研，要求食品安全监管工作要做到“四个全覆盖”，即管理全覆盖、监督全覆盖、宣传全覆盖、督查全覆盖。组织乡（镇）分管负责人、协管员先后2次召开农牧区食品安全专题座谈会，传达学习食品安全党政同责实施意见，研究分析食品安全状况，安排部署食品安全监管任务，并制作发放了《乡（镇）食品药品安全工作职责》和《食品药品安全协管员工作制度》上墙制度牌。根据食品安全党政同责和创城工作要求，进一步完善各乡（镇）、各成员单位年度目标责任制考核。

【责任落实】 6月初，区食药监局组织召开全区食品药品安全工作会议，区政府同各乡（镇）、食品安全委员会成员单位签订《食品安全责任书》共18份，同乡（镇）签订《食品药品安全监管工作责任书》共6份，层层落实食品安全职责，齐心协力治理食品药品安全。

【能力提升】 2018年，区食药监局组织干部职工积参加业务培训21次，参训人数32人次，涉及食品安全创城专题、食品药品监管、食品药品数据共享、食品药品监管、党建等培训内容，在此基础上，开展乡（镇）食品药品协管员专题培训3次，参培人数30人次。区食安办组织乡（镇）分管负责人、区农林局、区食药监局共12人参加了在武汉市举办的食品安全示范城市专题培训。

【过程监督】 年内，区食药监局在食品经营环节监管实行以“日常监督、专项整治、联合监管+食品抽检”的工作模式，全年共开展日常监管820家次，出动执法人员310人次，下达监督意见书240余份。乡（镇）协管员全年开展排查640家次，对校园及周边的“五毛食品”、酒类、食品流通环节、旅游市场、农牧区集体聚餐、一次性餐具等食品进行专项监督，对学校医务室药械质量安全、疫苗流通质量安全、中药饮片质量安全等开展专项监督。在萨嘎达瓦期间，开展了食品药品专项整治及觉木龙寺“冬季跳神”“楚布寺‘次曲’、达扎寺“入行论”等宗教佛事活动期间的食品安全保障工作，共开展食品药品专项监督13次，食品安全保障5次，监督检查541家次。区食安办积极发挥组织协调作用，在“三大节日”“五一”雪顿节、国庆等时段开展食品安全联合监督5次，出动执法人员150余人次，有效整改了50多项食品经营不规范经营行为。

【严厉打击违法违规行为】 2018年，区食药监局共接到举报23起，其中：政府热线8起，电话投诉10起，其他单位转办5起。涉及食品销售9起，餐饮服务经营7起，小作坊4起，药品3起，均已全部受理办结。对每一起投诉举报案件高度重视、及时处理，通过现场笔录、监督意见书、责令整改书等执法文书依法依规处理。

2018年7月18日，区食药监局工作人员在SOS儿童村举办食品安全知识专题讲座

2018年12月26日，区食安办组织开展食品安全突发事件应急处置桌面推演暨实践培训活动

【核查处置不合格食品药品】 年内，区食药监局认真落实食品抽检各项工作任务，专门制定了抽检工作方案，成立了工作领导小组，积极配合第三方抽检公司顺利完成各项抽检任务。2018年，辖区内共接收国抽省抽市抽895批次。利用自治区配发的快检车设备和试剂，区食药局执法人员到学校、福利院食堂进行现场检测45余批次，及时将不合格食品检验报告送达经营者手中，并向经营者讲解相关法律法规，在处罚警醒的同时也注重教育，做到防患于未然。结合学校及养老院食品安全治理工作需要，针对学校及三县福利院食品供货方食品安全情况，组织开展了堆龙德庆区第三方食品安全抽检工作，共计抽检7类食品涉及肉类、酥油、鸡蛋、水果、蔬菜等品种，共支出检测经费3万元。

【企业主体责任落实】 年内，区食药监局开展食品经营从业人员专题培训共8期，参训人数300余人次。同时，积极引导东嘎农贸批发市场落实食品安全主体责任，向东嘎农贸批发市场管理方补助4.5万元检测经费，大力支持市场食品安全快速检测工作。

【食药宣传】 年内，区食药监局结合“五下乡”“综治宣传月”“世界环境日”“化妆品宣传日”“食品安全宣传周”等活动，积极开展食品药品安全宣传活动共11次，发放宣传资料、布袋、围裙等1500余个（册）。

（赖雪萍）

【领导名录】

局 长

郭 斌（1月退休）

负责人

张淑娟（女，3—12月主持工作）

副局长

尼玛江才（藏族）

赖雪萍（女）

堆龙德庆区人民医院

【概况】 年内，堆龙德庆区人民医院在区委、区政府和上级卫生主管部门的关心指导下，严格遵照上级领导的指示精神，全院上下围绕稳步推动公立医院改革工作，凝心聚力、开拓创新，较好地完成了各项医疗卫生工作。

区医院占地33335.00平方米，建筑面积5705.17平方米，共有50张床位，院内设有行政科、总务后勤科、医务科、信息科、护理部、设备科、病案室、财务科、保卫科、内科、外科、手麻科、儿科、口腔科、藏医科、妇产科、120急救中心、药房、影像科（B超、心电、放射科）、检验科、供应室及收费室等22个科室。拥有西门子16排CT机、奥林帕斯腹腔镜、强生超刀、彩超、全自动发光免疫分析仪等大型设备，设施设备条件能够基本满足病人的治疗需求。2018年，全院共有工作人员156名，编制110名（含工人3名人），占70.51%；聘请临时工34人，占21.79%；公益性岗位6名，占3.84%；借调3名，占1.92%，政府购买性2名，占1.28%；三支一扶1名，占0.64%。专业技术人员职称副高4名，占3.63%；中级22名，占20%；初级36名，占32.72%；其他69名，占62.72%。

【基层党建】 2018年，为更好发挥基层党支部的战斗堡垒作用，区医院党支部成立了7个党小组，并在每周一召开支部院务周例会，决议医院的三重一大事宜，在每周四召开党建暨党风廉政学习会议，全年共召开党建暨党风廉政学习专题会议39次、季度主题会议3次（书记讲党课），开展支部活动4次。严格按照党章及上级党组织的相关文件会议精神，以制度建设和组织建设为抓手，2018年增加了1名预备党员、2名积极分子，同时进一步完善党支部各项规章制度，配齐配强党组成员，建立健全相关组织机构，有效增强基层党支部的凝聚力和战斗力。

区医院每周组织全院党员干部认真学习《中国共产党章程》《习近平系列重要讲话》、中共十九大会议精神、《西藏自治区贯彻〈中国共产党问责条例〉实施办法》等，要求每个党员在集体学习和自学时，必须做好笔记记录和撰写心得体会，全面强化职工防腐拒变能力，广泛开展以科学发展观为统领的医德医风、行业纪律、法律法规等教育，增强干部职工的政治意识、大局意识、责任意识，提高广大干部职工的整体素质。

【医疗扶贫】 年内，区医院在2个驻村点多次开展免费"送医、送药、送温暖"活动，投入1.2万元为乃琼镇色玛村6户结对认亲贫困户送上慰问品和慰问金。为贫困户开展免费全身体检并及时反馈，针对存在的疾病，免费调剂药品并指导他们用药。2018年解决了2名对口贫困户子女的就业问题。

【完成各项应急保障任务】 2018年，区医院积极响应区委统战部及民宗局的工作部署，为保障全区各寺庙佛事活动顺利开展，派出救护车及医务人员参加市区各寺庙佛事活动20次，参与突发应急抢救245次，出色完成了各项医疗救治应急处突任务。

【公共服务】 免费开展义诊活动，提高群众健康意识。年内，区医院为深入开展送医、送药活动，宣传贯彻落实党的十九大会议精神，以实际行动践行"两学一做"专题活动，根据区委、区政府的指示精神，组织骨干人员、援藏医生、部分党员干部，组成医疗小分队，为全区四乡两镇一线执勤点、驻村点、驻寺点、护路点、派出所维稳工作人员及各行政村村民开展医疗巡诊工作（送医、送药、送温暖活动），全年共开展义诊活动12次，为近5000人次进行了免费诊疗，发放了120多种藏、西药，并指导服药，总价值近17余万元，得到全区一线维稳工作人员和广大老百姓的一致好评。

开展固定会诊活动。为解决三县福利院老人们的健康问题，区医院藏医科的医生在每周三到三县福利院进行固定会诊，免费为老人们送医送药，得到了福利院老人们的一致好评。

落实医疗救治机制，确保易地搬迁生计保障。在堆龙德庆区易地搬迁期间，为做好医疗救助工作，区医院全面落实执行先诊疗后结算的政策，为易地搬迁中身患疾病的人员进行诊疗，不因疾病影响易地搬迁正常工作的开展，确保搬迁户"搬得称心、住得安心"。

【执行药品"零差价"销售】 2018年，区医院继续执行药品零差价，所有药品按实际进价"零差率"销售，"零差率"销售药品品种达100%，通过药价大幅度降低，切实减轻了广大农牧民群众的就医负担。已有451种藏西药（西药339种、藏药112种）实行了零差价销

2018年10月16日，北京市卫计委工作组一行在堆龙德庆区医院慰问在岗援藏专家并合影留念

售，受益患者4万余人，得到了国家卫健委、自治区卫计委、拉萨市卫计委及堆龙德庆区委、区政府领导的高度认可和广大农牧民患者的真心欢迎。

【执行“先诊疗、后结算”】 2017年起，区医院执行“先诊疗、后结算”政策，缓解了农牧民群众“看病难”的现状。2018年，“先诊疗、后结算”受益群众达891人，金额达643余万元，这一举措使老百姓切实享受到了医疗卫生事业改革发展带来的便利和实惠，真正体现了公立医院改革的公益性和公立性。

【提高医疗技术水平】 区医院历来十分重视传承和发扬藏医药工作，把打造和发展藏医药特色科室纳入推动全院医疗卫生事业的重要位置，医院于2月中旬增设藏医住院部，有3名藏医骨干医师轮流值班，满足广大农牧民群众对藏医诊疗的需求。此外医院妇产科在援藏专家和自治区藏医院老专家的指导下，新开展了子宫全切和瘢痕子宫剖宫产术，填补了两项技术空白，为医院妇产科的发展奠定了基础。2018年医院继续聘请自治区藏医院妇产科专家索娜和退休老专家等5名专家轮流坐诊，为全区广大患者提供专家服务，前来排队就诊的人络绎不绝，此举不但为医院提高了业务量，也为前来就诊的患者提供了更高水平的诊疗服务。

【完成各项民生项目】 年内，区医院根据市卫计委、区卫计委的要求，为落实好各项惠民政策，区医院积极开展“三病筛查”项目和“华大基因”项目，按照要求制定了详细的工作方案，做好惠民项目的宣传工作，积极开展相关工作。具体开展情况如下图：

“三病筛查”工作统计表

表1

项目名称	三病筛查		
	结核	风湿	肝炎
筛查人数	38414	36845	7318
确诊人数	1	55	乙肝513 丙肝1

华大基因项目开展统计表

表2

项目	目标任务总数	堆龙德庆区分娩总数	区医院分娩人数	上级医院分娩人数	区医院筛查人数	上级医院已筛人数	总计	完成率
无创基因	457	373	174	198	206	181	387	84.6%
耳聋基因	574	373	174	198	165	181	346	60.2%
HPV	8035	–	–	–	5046		5046	62.8%

【业务工作】 2018年，区医院围绕全市卫生重点工作，按照年初既定的目标，完成了各项医疗工作，医疗业务指标稳中有升。2018年，医院门、急诊病人量为45617人次，较2017年增长3.4%；住院人数1729人次，较上年增长9.3%，全年手术641例，较2017年增长10.9%，病床使用率91%，较上年增长1%，平均住院日9.5天，与2017年缩短0.3天。各科室业务指标完成情况如下：

堆龙德庆区人民医院2018年业务数据统计表

表3

<table>
<tr><th>科室</th><th colspan="2">门诊人数</th><th colspan="2">住院人数</th><th>手术次数</th></tr>
<tr><td>外科</td><td colspan="2">950</td><td colspan="2">299</td><td>290</td></tr>
<tr><td>内科</td><td colspan="2">7637</td><td colspan="2">630</td><td>615</td></tr>
<tr><td>妇产科</td><td colspan="2">3887</td><td colspan="2">411</td><td>406</td></tr>
<tr><td>藏医科</td><td colspan="2">3445</td><td colspan="2">39</td><td>39</td></tr>
<tr><td>急诊科</td><td colspan="2">18031</td><td colspan="2">350</td><td>350</td></tr>
<tr><td>口腔科</td><td colspan="2">2525</td><td colspan="2">–</td><td>–</td></tr>
<tr><td>专科门诊</td><td colspan="2">2225</td><td colspan="2">–</td><td>–</td></tr>
<tr><td>项目办</td><td colspan="2">6891</td><td colspan="2">–</td><td>–</td></tr>
<tr><td>疼痛科</td><td colspan="2">26</td><td colspan="2">–</td><td>–</td></tr>
<tr><td>合计</td><td colspan="2">45617</td><td colspan="2">1729</td><td>1700</td></tr>
<tr><td rowspan="2">辅助科室</td><td>检查项目</td><td>检验常规</td><td>检验生化</td><td>超声</td><td>放射</td></tr>
<tr><td>合计</td><td>20178</td><td>8708</td><td>10018</td><td>13619</td></tr>
</table>

2018年手术量据统计表

表4

<table>
<tr><th>科室(台次)</th><th colspan="2">项目</th><th>总计</th></tr>
<tr><td rowspan="6">外科</td><td>阑尾切除术 53</td><td>拔甲术 2</td><td rowspan="6">204</td></tr>
<tr><td>LC 51</td><td>大型清创缝合术 60</td></tr>
<tr><td>PPH 3</td><td>胃穿孔 1</td></tr>
<tr><td>骨科手术 7</td><td>疝囊修补术 1</td></tr>
<tr><td>肛周脓肿 8</td><td>LA+LC 2</td></tr>
<tr><td>包块切除 16</td><td></td></tr>
<tr><td rowspan="3">妇产科</td><td>剖宫产 28</td><td>取环术 41</td><td rowspan="3">111</td></tr>
<tr><td>绝育术 16</td><td>取皮埋 10</td></tr>
<tr><td>子宫全切 9(其中阴式2台)</td><td>利普刀切除宫颈赘生物 7</td></tr>
<tr><td>急诊</td><td colspan="2">大型清创缝合 326</td><td>326</td></tr>
<tr><td>总计</td><td colspan="2">641</td><td></td></tr>
</table>

【医疗组团式援藏工作】 普外科建设。年内,区医院规范外科诊疗、手术操作常规,培养无菌观念及意识,并进行相应的考核;开展了腹腔镜下胆囊摘除术,腹腔镜下及开腹阑尾切除术等手术,手术例数较上年同期大幅度增加。

麻醉科。在保障日常手术麻醉的前提下,积极开展疼痛门诊,向全院分步培训输血相关知识,还进行了心肺复苏、气管插管交互式培训,注重麻醉专业流程管理,进行适当改进,从流程上做到更适合本地特色的手术麻醉工作,保障手术麻醉安全进行。

2018年3月30日，区医院召开第二届春季职工运动会

影像科。在援藏专家的指导下新开展了心脏超声、血管超声、浅表小器官检查以及妇产相关的超声检查；对放射科工作人员进行放射防护及影像相关知识技能的培训，以及临床一些常见病，多发病影像诊断的培训。弥补了区医院部分超声检查和CT诊断的空白。

妇产科。剖宫产手术比上年同期明显增加，并相继开展了妇科腹腔镜输卵管手术、无痛分娩、无痛人流术及宫颈病变门诊。

骨科创伤。开展了各种关节脱位闭合复位术，桡骨远端骨折闭合复位石膏外固定术以及四肢骨折手术。医疗队参与了部分业务，协助制定相关医疗制度，提出许多合理化建议。

护理学。带领区医院护理团队，从建章立制上着手，加强了区医院护理整体工作。截至年底，已编制完成《2018堆龙德庆区人民医院院感管理制度》一书。

【搭建京藏医疗“天路”】 5月31日，以副区长达娃卓玛为组长的6名人员组成考察团，赴成都市龙泉驿区人民医院、北京市垂杨柳医院以及香港大学深圳医院，历经12天，学习先进的医院管理模式和公立医院的深化改革经验。6月14日，北京市朝阳区垂杨柳医院院长任龙喜等一行在堆龙德庆区医院考察指导二甲工作开展推进情况。6月15日，在北京市朝阳区卫计委、北京市垂杨柳医院以及北京医学奖励基金会的支持和帮助下，医院wisso智慧远程医疗中心正式成立，由北京市垂杨柳医院任龙喜院长、北京医学奖励基金会秘书长王立恒以及堆龙德庆区医院院长泽多共同为其揭牌，通过先进的远程会诊系统，可以让本地医生联系到北京知堆龙德庆区名医院的专家，为区医院医疗队提供了有利的后勤保障。这一举措不仅提高了医院的医疗水平，更为堆龙德庆区农牧民提供更好更高的就医平台。

【环保工作】 医院医疗废物处理管理工作。年内，为使医院的医疗废物得到有效处理，杜绝医疗废物对环境的污染，确保医疗废物的收储环节、转运过程处置方式规范化，根据环保部门的要求，区医院将医疗废物管理工作委托给西藏中油优艺环保服务有限公司处置，并签订合同。同时院内专门建立医疗废物处理暂存站，通过各种制度、流程上墙，加强对医疗废物的处置进行有效管理。重新设计并印发了《医疗废物交接登记本》，进一步规范科室医疗废物与医院医废暂存间负责人之间的交接登记，加强医疗废物管理，避免隐患事件发生。

医院污水处理管理工作。按照环保部门要求，对区医院污水处理站进行改造和维修，将污水处理站交由第三方物业管理公司管理，与污水处理相关工作由物业管理公司负责，医院领导和相关负责人对有关工作定期进行检查和考核，确保污水处理工作有效开展和运行，能够使处理过的污水达到排放标准。

放射科辐射监测和防辐射工作。在拉萨市环保局、堆龙德庆区环保局的监督下，建立了区医院放射科，为防止辐射线的泄露，在放射科室X光室、CT室、DR室、胃肠机室内的所有墙内放置了铅板。

中级职称以上人员名单

表 5

等级	职称	姓名	性别	民族	工作单位	职务名称	批准单位	批准时间
副高级 4 人	副主任医师	泽多	男	藏	堆龙德庆区人民医院	院长（副高）	自治区人社厅	2018 年 11 月
	副主任医师	罗布次仁	男	藏	堆龙德庆区人民医院	党支部书记（副高）	自治区人社厅	2008 年 8 月
	副主任药师	陈玮	女	汉	堆龙德庆区人民医院	副主任药师（副高）	自治区人社厅	2017 年 6 月
	副主任医师	尼玛仓决	女	藏	堆龙德庆区人民医院	副主任医师（副高）	自治区人社厅	2018 年 1 月
中级 22 人	主治医师 17 人 主管护师 2 人 主管药师 1 人 主管技师 2 人	巴桑	女	藏	堆龙德庆区人民医院	内科主任（中级）	拉萨市人社局	2004 年 7 月
		次旺	男	藏	堆龙德庆区人民医院	主治医师（中级）	拉萨市人社局	2008 年 1 月
		巴珠	女	藏	堆龙德庆区人民医院	影像科主任（中级）	拉萨市人社局	2009 年 3 月
		次仁措姆	女	藏	堆龙德庆区人民医院	副院长（中级）	拉萨市人社局	2009 年 7 月
		张琮	男	藏	堆龙德庆区人民医院	药剂科主任（中级）	拉萨市人社局	2009 年 9 月
		夏晖	男	汉	堆龙德庆区人民医院	主治医师（中级）	拉萨市人社局	2010 年 9 月
		王仕会	女	汉	堆龙德庆区人民医院	主治医师（中级）	拉萨市人社局	2010 年 9 月
		吴仕华	男	汉	堆龙德庆区人民医院	主治医师（中级）	拉萨市人社局	2010 年 9 月
		德吉卓嘎	女	藏	堆龙德庆区人民医院	主管护师（中级）	拉萨市人社局	2011 年 12 月
		白玛措姆	女	藏	堆龙德庆区人民医院	主治医师（中级）	拉萨市人社局	2012 年 11 月
		张相梅	女	汉	堆龙德庆区人民医院	主治医师（中级）	拉萨市人社局	2012 年 11 月
		巴桑	女	藏	堆龙德庆区人民医院	主治医师（中级）	拉萨市人社局	2013 年 7 月
		达瓦	男	藏	堆龙德庆区人民医院	主治医师（中级）	拉萨市人社局	2014 年 1 月
		拉巴顿珠	男	藏	堆龙德庆区人民医院	院办主任（中级）	拉萨市人社局	2017 年 6 月
		毛卫	男	汉	堆龙德庆区人民医院	医务科主任（中级）	拉萨市人社局	2017 年 6 月
		葛军	男	汉	堆龙德庆区人民医院	外科主任（中级）	拉萨市人社局	2017 年 6 月
		拉珍	女	藏	堆龙德庆区人民医院	主治医师（中级）	拉萨市人社局	2017 年 6 月
		白玛旺姆	女	藏	堆龙德庆区人民医院	主管技师（中级）	拉萨市人社局	2017 年 6 月
		索朗拉姆	女	藏	堆龙德庆区人民医院	内科副主任（中级）	拉萨市人社局	2017 年 6 月
		白波	男	汉	堆龙德庆区人民医院	检验科主任（中级）	拉萨市人社局	2017 年 8 月
		尼珍拉	女	藏	堆龙德庆区人民医院	主治医师（中级）	拉萨市人社局	2017 年 8 月
		央金	女	藏	堆龙德庆区人民医院	主管护师（中级）	拉萨市人社局	2018 年 5 月

（格　央）

【领导名录】

院　长

泽　　多（藏族）

书　记

罗布次仁（藏族）

副院长

次仁措姆（女，藏族）

毛　　卫（2月任职）

冯　　清（援藏，12月任职）

堆龙德庆区疾病预防控制中心

【概况】 2018年，区疾控中心在区委、区政府的正确领导下，在上级主管部门的大力支持下，结合《中华人民共和国传染病防治法》《中华人民共和国职业病防治法》《突发公共卫生事件处理条例》等法律法规，全面深化医疗卫生体制改革，以保障人民群众身体健康为己任，以预防控制重大传染病、提升疾控工作服务水平为重点，攻坚克难，扎实工作，圆满完成了各项工作的目标任务。2018年，区疾控中心有事业编制29名，实有在职职工24名，其中：中职5名，初职9名，医士（护士）4名，高级工1名，普工2名，公益性1名，驾驶员2名。本科12名、大专6名、中专2名，高中1名，初中3名。中心设传染病控制科、地方病科、检验科、性病艾滋病科、结核病防治科、妇幼保健科、健康教育科共7个科室。

【政治思想】 加强理论学习。年内，区疾控中心采取每周四全体职工集中学习的方式，有目的、有计划地开展政治理论学习，截至11月底，共组织集中学习36次，开展书记讲党课活动3次，召开了以加强思想政治纪律教育活动为主题的专题会议，撰写学习心得体会29篇。

加强党的组织建设，发挥战斗堡垒作用。区疾控中心党支部与全体党员干部职工签订了《党员公开承诺书》《禁赌承诺书》《堆龙德庆区医疗卫生行风建设“九不准”承诺书》和《个人廉政风险防范承诺书》。在建党98周年之际，紧扣“四讲四爱”主题教育实践活动，走访慰问本单位包村的“三老”人员，发放慰问金2100元。

落实党风廉政建设各项工作。要求广大党员严格遵守中央八项规定精神，严格遵守廉洁自律规定，扎实改进“四风”，积极推进党风廉政建设责任制落实，时刻要求全体干部职工要坚定政治纪律、政治规矩和廉洁自律底线，不断转变工作作风，依法依规开展工作，努力营造风清气正、干事担当的氛围，建设一支忠诚、干净、担当的疾控队伍。

【重大疾病防控】 艾滋病防治工作常抓不懈。年内，区疾控中心认真开展艾滋病主动监测工作，完成主动监测任务48人，检出HIV阳性0。完成所有住院病人和孕产妇HIV快速检测，检测率达100%。同时，在中心办证大厅设置防艾专用安全套发放点，重点针对流动人员、娱乐场所从业人员推广使用安全套，控制艾滋病性接触传播。

完成地方病工作任务。2018年，共接到上报不明原因死亡动物7个，快速检测均为阴性。旱獭数量调查20个样方，总面积903.6Ha，见獭35只，平均旱獭密度为0.03只/Ha；采集各类动物血清212份，其中狗血44份、绵羊血154份、活旱獭血14份；探

2018年8月24日，区卫计委、区疾控中心联合开展突发公共卫生应急演练活动，副区长达瓦卓玛（右二）参加活动并讲话

洞干蚤调查305个洞，未捡蚤。完成在新老疫区灭獭工作2次，共计堵洞数482个，废弃洞819个，共出动人员20人次，车辆5次；按照项目要求，完成了5个乡（镇）300份食用碘盐的定量检测工作；完成了对饮茶型氟中毒、克山病监测工作。

开展结核病防治工作。2018年，共登记初诊患者224人，其中因症就诊14人，乡镇推荐169人，转诊27人，追踪11人，密切接触3人，检出结核病阳性7例，阴性31例。2018年共登记结核病患者37例，其中阳性6例，阴性22例，胸膜炎9例，截至年底，治愈1例，正在治疗35例。截至11月底，共痰检266人，其中初诊患者193人，复查患者73人，肺结核病人系统管理率100%。

"三病"筛查及救治工作。截至12月初，累计筛查结核38414人次、风湿36845人次，其中结核病确诊1例、治疗管理1例；风湿血沉阳性1021例；抗O阳性847例；类风湿因子阳性651例；血尿酸阳性1942例。完成了13—14岁人群的结核菌素试验，共计618人，其中检出3例弱阳性。

继续做好包虫病防治工作。2018年，在东嘎镇桑木村祥和社区搬迁点发现疑似包虫病9例，到上级医院复查确诊4例。

加大上消化道癌防治工作，提高群众防病意识。完成上消化道癌筛查150人，其中筛查出：胃溃疡24例、胃窦炎59例、胃糜烂7例、食管炎20例、胃炎27例、十二指肠溃疡2例、胃切除术后1例、胃癌待定1例、未见异常6例。

2018年8月24日，区卫计委、区疾控中心联合开展突发公共卫生应急演练活动

持续做好慢性病防治管理工作。截至10月底，完成了高血压、糖尿病、重症精神病、65岁以上老年人的建档立卡及登记造册工作，其中：高血压1516人、糖尿病90人、重症精神病32人、65岁以上老年人2519人。

加强免疫工作。2018年5月，对4乡2镇25名通过预防接种考核的医护人发放预防接种资质证书，同时完成对预防接种人员相关知识的培训。截至10月底，基础免疫的各类疫苗接种率达96.03%以上，其中应种9089针次、实种8728针次，对辖区内流动儿童共接种1272针次；完成了AFP主动监测工作，按时将监测结果上报，无迟报、漏报，截至年底，未发现AFP疑似病例；年中开展针对长春长生、武汉生物制品研究有限公司生产的狂犬疫苗和吸附无细胞百白破（批号201607050-2）事件，未发现（批号201607050-2）疫苗以及过期疫苗；完成对7所小学、29所托幼机构的新生入托入学2090名学生的查验工作，查验率100%，并按照要求进行补种工作；全面开展好甲肝乙肝疫苗查漏补种工作，甲肝应补种114人，实补种144人。乙肝应补种第一剂24人、实际补种24人，乙肝应补种第二剂30人、实补种30人，乙肝应补种第三剂81人、实补种80人；堆龙德庆区计划免疫预防接种儿童信息录入工作共完成录入3534名，其中：古荣乡580名、德庆乡670名、马乡418名、羊达乡216名、东嘎镇764名、乃琼镇748名、经开区138名；2018年冷链运转16次，做到时时监测及时记录，保证了计划免疫冷链正常运转和疫苗质量。

【应急处理】 开展"重大传染病防控应急演练"活动。年内，区疾控中心为有效应对各种突发公共卫生事件，于2018年8月24日在堆龙德庆区副区长达娃卓玛的统一指挥下，组织区卫计委、区疾控中心、区医院、各乡镇、村级相关人员在古荣乡南巴村举行了重大疫情防控应急处置演练，此次演练活动共参演医务人员34人、出动车辆8台次。

传染病发病概况。2018年1月1日—11月30日，堆龙全区网络直报及电话共报告法定传染病甲、乙两类7种共282例，总发病率为409.53/十万，无甲类传染病报告。丙类传染病3种410例，占发病总数595.42%。占首位的法定传染病为手足口病，其次是梅毒、肺结核、病毒性肝炎，手足口病以散居儿童为主，梅毒、肺结核、病毒性肝炎都均以群众多发。（注：以上数据均从国家疾控信息网提供。）

做好疫情的主动监测及防控工作。定期分析全区及周边疫情，通过对重点单位、重点人群开展急性传染病早期监测预警处置工作，积极防止和减少聚集性传播疾病的发生。截至11月底，共处置预警疑似病例2200人次。同时，对四乡两镇的卫生院、托幼机构及中心小学共发放手足口病抗病毒喷剂395瓶，投入资金5.2万元。对各学校发放手足口病防控工作预警书45份，水痘预警13份，猩红热预警1份，并对各所学校老师进行手足口病防控相关知识讲解。

2018年9月27日，区疾控中心组织工作人员在德庆乡开展育龄妇女健康知识讲座

【健康教育及健康促进工作】 年内，区疾控中心围绕“3·24”世界结核病、“4·25”全国免疫接种、“5·15”碘缺乏病、“世界无烟日”“12·1”世界艾滋病日等卫生宣传日，精心策划组织各类宣传咨询活动，联合各级卫生医疗机构、学校开展宣教活动9场次，共发放相关疾病防治知识宣传折页及健康教育宣传资料9种，共12000余份，发放宣传小礼品7种2000余份，悬挂横幅11条，受教人员达6000余人次，进一步增强了人们对相关健康知识的知晓率。在各单位醒目区域张贴“禁止吸烟”标识，全区所有室内公共场所、工作场所全面禁止吸烟，实现了无烟医疗卫生机构、无烟政府办公楼和无烟学校全覆盖。全年订制各类健康教育宣传册11种、宣传折页5种、海报6种、宣传品10种。

【卫生监督】 公共场所日常卫生监督检查工作。截至11月底，区疾控中心公卫监督科共出动执法车辆55台次、卫生监督员190人次，检查各类公共场所168家。下达《卫生监督意见书》134份，完成现场审核76家，办理公共卫生许可证30家，办理健康证4197人。完成“双随机”监测任务12户，并及时录入各类数据至公共卫生监督信息网络平台。受理市政府投诉举报事件1起，下达整改意见书及监督笔录4份。

医疗服务监督。全年共检查25家个体诊所，出动监督员80人次，车辆21台次，下达卫生监督意见书12份。受理举报非法行医2起，由区卫计委联合区疾控中心执法人员对举报事件进行查处，并要求限期整改。

农村饮用水监测。针对市政供水、农村集中式供水点进行水质采样及送检，共计采点38户水样76份和1份复检的水样，除马乡政府及小学水样锰超标外，其余均合格，截至年底，已完成2018年城市、农村饮用水的采样、送检及网上录入工作。

农村环境卫生监测。完成5乡2镇20个行政村、100户村民、

6所中小学校的基本情况、厕所与粪便无害化状况、垃圾情况、污水情况、病媒生物情况的入户调查。先后完成20份土壤样品的采集、送检工作,已完成数据录入及上报。

学校卫生综合评价。完成本辖区内中小学校及托幼机构的监督检查,检查覆盖率达97.3%,下达执法意见书36份,对7所中小学进行学校卫生监督综合评价,其中4所学校评价为B级良好、3所学校为C级合格,区疾控中心已将此次监督评价的结果向堆龙德庆区教育(体育)局和7所中小学校进行通报。

食品安全风险监测。全年共计监测奶制品4份、婴幼儿配方米粉2份、风干牛肉6份、其他各类食品4份,已全部送至拉萨市疾控中心检验科进行检测。

【妇幼重大卫生项目】 规范农村孕产妇住院分娩补助项目。年内,区疾控中心妇保科动员各乡镇卫生院不断加大对项目的宣传力度,使党的这项惠民政策家喻户晓,努力提高全区项目补助兑现率。截至11月底,堆龙德庆区农牧区住院分娩产妇376人,享受补助产妇306人,补助兑现率达91.3%;兑现补助金额31.21余万元。

阻断艾滋病母婴传播工作。利用健康教育工作,围绕各种卫生宣传日以及区、乡医疗机构及妇幼专干大力宣传“预防艾滋病母婴传播”知识,并发放各种宣传册、画报、宣传单等资料到孕产妇手中,向孕产妇传递艾滋病母婴传播知识和信息;提供自愿咨询与自愿检测服务。2018年产妇中孕期HIV免费咨询406人、检测406人、无HIV阳性患者;孕期乙肝检测406人,阳性患者35人,乙肝阳性产妇所生的新生儿在出生后24小时内均已接种了免疫球蛋白;梅毒检测406人,阳性患者16人,梅毒阳性产妇在孕期均接受治疗,所生新生儿中死胎2例、梅毒感染的有2例,也正在接受治疗。

农村孕产妇增补叶酸预防神经管缺陷项目。按照区、市的要求加强项目宣教工作。加强项目宣教是“增补叶酸预防神经管缺陷”项目的重要内容。堆龙德庆区通过采取宣传栏、印发宣传资料等形式宣传待孕农村妇女及孕早期妇女补充小剂量叶酸的好处及领取叶酸的程序。大力宣传小剂量叶酸增补相关知识,提高待孕妇女的优生优育的意识,尽量为减少新生儿神经管畸形出生缺陷的发生做好预防工作。2018年对全区544名早孕妇女发放了叶酸,发放叶酸片682盒,发放率81.9%。

新生儿疾病筛查工作。按自治区《新生儿疾病筛查项目实施方案》的相关要求,成立了以卫计委主任为组长、相关部门负责人为成员的领导小组,全区新生儿疾病筛查215人、复筛8人,转诊3人,听力筛查227人、复筛12人、转诊4人,未检出阳性患者。

贫困地区儿童营养改善项目。营养包的出入库登记、查验包装是否完整均有专人负责;对营养包的存放标准均要求避光、阴凉、通风、干燥、离墙隔地及防鼠;同时采取直接配送和领取的方式进行发放,区、乡均做到及时发放、配送营养包。乡–村配送利用每月入村进行儿童疫苗接种时携带营养包发放给村医及当地适龄儿童,同时向家长讲解营养包的作用及食用方法。2018年,共发放营养包4502盒、受益儿童达4310人次。

完成孕产妇、新生儿特定疾病及“两癌”患者保险理赔。按照保险协议的相关规定,上报2016至2017年符合条件的案例共108件(包括农牧户籍及城镇户籍)。截至年底,接受保险理赔的共107人,理赔金额达30余万元。

母婴安全保障项目工作。多措并举,实现高危管理,降低两个死亡率,加强高危妊娠管理,全力做好危重孕产妇急救网络建设。对高危孕产妇采取“早期筛查、跟踪监护、逐级转诊、死看死守、上下联动、无条件救助”的原则,按照母婴安全保障项目“五色”管理要求,履行职责,切实保障母婴生命安全。实行筛查、管理、指导责任追究制,确保高危孕产妇100%住院分娩率,高危婴儿及时得到救治。

妇女“两癌”筛查项目工作。指定专人对选定的2个乡镇以村为单位多次入村宣传,把两癌筛查项目工作的目的和意义以及具体做法讲清讲透,通过宣传,有效提高广大农牧区妇女参加“两癌”筛查的自觉性。6—12月,完成“宫颈癌”初筛妇女298人,已录入系统为283人;HPV检测疑似共10人;“乳腺癌”初筛妇女308人,其中(未到年龄5人)。截至年底,发现乳腺初筛疑似患者的共8人，后续复查及确诊工作正在于上级医疗机构沟通协调。

【妇幼保健两项系统管理】 孕产妇系统管理情况。2018年，全区孕产妇总数616人，建卡数614人，建卡率为99.67%，产妇数406人，分娩总数408人，双胎数2例，死胎死产4例，活产数404人，其中：男婴209人、女婴195人。接受系统管理产妇人数398人，管理率为98.5%。接受早检的产妇数398人，早检率为98.5%。流动孕产妇管理数51人、建卡数51人、其中：产妇39人，活产男婴23人、女婴16人；全区高危孕产妇筛查数284人，其中：高危产妇筛选出177人，高危孕妇107人，高危产妇住院分娩177人，分娩率为100%。孕产妇死亡数为0。

0—7岁儿童体检工作开展情况。全区0—7岁儿童体检人数3475人，体检率为85%；5岁以下儿童体检数2953人，体检率为98.17%，低体重人数241人，身长迟缓人数551人，超重人数452人，肥胖人数253人。3岁以下体检人数1853人、体检率为98.72%。

（次仁央金）

堆龙德庆区疾控中心中级职称以上人员名单

表6

序号	姓名	性别	民族	批准单位	批准时间
1	向巴泽登	男	藏	自治区人社厅	2001年8月4日
2	达娃	男	藏	自治区人社厅	1990年7月6日
3	次仁拉加	男	藏	拉萨市人社厅	2018年5月6日
4	尼玛卓嘎	女	藏	自治区人社厅	2009年9月28日
5	兰岚	女	回	自治区人社厅	2012年9月12日

【领导名录】

主　任

向巴泽登（藏族）

副主任

次旦卓嘎（女，藏族）

堆龙德庆区文化广播电影电视（新闻出版、文物）局

【概况】 年内，区文广局以习近平新时代中国特色社会主义思想为指导，全面贯彻落实中共十九大会议精神，在上级业务部门大力支持和区委、区政府的正确指导下，继续深入贯彻中共十九大会议精神，高举旗帜、围绕大局、服务人民、改革创新，以加强建设文化、广电各项事业为总目标，着力推进公共文化服务体系建设工作，创造了文化广播电影电视工作的新局面，为“建设经济强区，共创和谐美好新堆龙”提供了强大的精神动力和文化支撑。2018年，区文广局共有在职干部职工29名，其中：行政编制9名，事业编制11名，工人7名，公益性岗位2名。内设行政办公室、文化办公室、财务办公室、文物办公室、文化执法（扫黄打非）办公室、广电办公室、电影管理站。

【群众文化】 2018年，区文广局坚持以丰富群众文化生活为目的，以繁荣群众文化为主线，组织民间艺术团联合梦之舞演艺公司、远大农民工演出队、老年艺术团、8支藏戏队开展了数百场丰富多彩、喜闻乐见的群众性文化活动。堆龙德庆区民间艺术团积极参加了拉萨市全运会开幕式、西藏自治区第十二届运动会暨第四届民族传统体育运动会开幕式、觉木隆藏戏文化艺术节、西藏旅游文化国际博览会开幕式、“3·28”大型剧目、“堆龙德庆区们永远跟党走”“沿海边疆手拉手春雨工程”、古荣糌粑文化节、邦普沟沐浴节等演出活动，还在“农闲时节十项活动”“五下乡活动”期间深入基层为广大农牧民群众送去文化精神食粮，同时堆龙德庆区民间艺术团还参加了2018

2018年3月28日，区委副书记、区长杜江在大型情景剧《我们永远跟党走》文艺演出活动上致辞

年西藏电视台和拉萨电视台的晚会。全年累计开展文艺活动120余场(次),参演人员6000人次,观众达156000余人次。

为庆祝“3·28”百万农奴翻身解放纪念日活动,堆龙德庆区全新制作了以堆龙德庆区农奴翻身解放为现实题材的情景剧《我们永远跟党走》,并在堆龙德庆区文化活动中心观演厅进行演出,后对该剧进行提升和改造,为纪念中国共产党建党97周年献礼,成功完成了情景剧《幸福新生活》的演出,得到了区委、区政府领导及社会各界的好评。同时,堆龙德庆区民间艺术团以较高的艺术造诣和表演水准参加了拉萨市藏历新年联欢晚会。2018年,堆龙德庆区文化活动中心免费开放以来,开展了50次大型文艺演出、会议及艺术展等活动。

【文化惠民活动】 年内,区文广局为深入贯彻落实中共十九大关于实施乡村振兴战略的工作部署,新组建30支村级文艺队,实现了村级文艺队全覆盖,并出台了堆龙德庆区民间艺术团团体奖励扶持办法。堆龙德庆区马乡设兴藏戏队荣获第五届自治区藏戏大赛二等奖,队员卓嘎荣获第五届自治区藏戏大赛个人优秀奖,年仅六岁的旦巴平措荣获新人奖。同年,自治区文化厅为堆龙德庆区德庆乡桑仓藏戏队颁发了藏戏传习点称号。

【公共文化免费开放】 年内,区文广局为激发各类社会主体参与公共文化服务的积极性,提升服务水平,满足群众多样化需求,充分依托区文化活动中心职能优势,举办各类公共文化免费培训班,同时邀请专业老师为开设的藏文书法、舞蹈、声乐、唐卡绘画、民族器乐、朗诵、吉他、少年合唱班、播音主持等9大类内容授课。2018年,堆龙德庆区30余名学生赴北京参加了第十三届爱祖国少年才艺电视展演节目,通过孩子们的精彩演绎,传承了中国传统文化,激发了民族自豪感和国家荣誉感;同时设立中国歌剧院拉萨考级点,为堆龙德庆区社会艺术水平考级工作提供有力保障;乡镇文化站及村文化室也充分利用农牧民群众农闲时节及青少年学生寒暑假等有利时机,积极开展一系列有针对性的文化和技能培训活动;上海格物文化发展研究院院长符湘林带队检查组一行,对堆龙德庆区在第三批国家公共文化服务体系示范区工作实地验收时给予高度肯定。作为公共文化服务体系的一项重要内容,公共文化免费培训活动受到了广大农牧民群众和青少年学生的热烈欢迎和一致好评,截至年底,有文艺爱好者近300人参加培训。

【文物和非物质文化遗产保护】 年内,区文广局为加强26家文物保护单位层层有人负责、有人监督、有人管理,开展了签订文物安全责任书活动;制定文物安全突发事件应急预案,确保堆龙德庆区内各级文物保护单位在遇到突发事件时处置有序、尽一切力量将损失降到最低点;文物安全巡查行动进展有序。区文广局深入最基层对区内各级文物保护单位进行文物防火防盗消防安全大检查23余次,开展各项整改10余次。深刻吸取巴西博物馆发生火灾的教训,结合区民宗局投入15万元对聘请专业水电人员对堆龙德庆区26家文物保护单位的用电线路进行全覆盖的改造；不可移动文物保护工作落到实处。对自治区级文保单位觉木龙寺大殿内十分珍贵的四根禅定柱，区文广局投入6万元建立与文物本体风貌相统一的防护栏，并对该寺存放可移动文物场所加强安全防护设施；投入25万元在觉木龙寺保护范围内修建排水设施，解决该寺在夏季雨季时长期积水问题，有效防护因自然灾害对文物建筑的破坏；对古荣乡嘎冲村和东嘎镇那嘎村境内的土墓葬群进行考古工作，确保文物安全工作做到万无一失；对辖区自治区级文物保护单位热擦寺大殿裂痕，区文广局本着抢救为主的原则，及时实地勘察险情，邀请具有文物保护资质施工方进驻热擦寺，修复大殿整体屋面，共计投入6万元；对热玛庄园、甲拉庄园投资400万元进行整体维修，截至年底，2处庄园均已修复完工并交付所在村委会予以管理；文物安全宣传培训工作有序开展。为切实做好今冬明春区各文物保护单位火灾防控工作，区文广局联合区民宗局、消防大队、各寺管会、各寺庙僧尼在德庆乡其美龙寺集中开展文保单位火灾防控应急演练，使得各驻寺干部和僧尼不仅学习文物保护单位消防安全防控知识，还通过实际操作掌握了有关火灾现场的应急处置的方法、灭火器的原理、基本操作方法及注意事项，组织自救、保护转移重要物品、疏散人员等，达到了预期效果。同时举办2018年堆龙德庆区首届文物安全工作培训班，参加培训的有民宗、统战、各乡镇、寺管会共计37人。2018年，区文物局被拉萨市评为七县一区唯一一家文物安全先进集体。

2018年9月15日，秦皇岛市文化志愿者在堆龙德庆区文化活动中心举行沿海边疆手拉手——“春雨工程”交流演出

【文化市场综合管理】 大力开展文化市场专项整治。年内，区文广局按照上级文件要求和工作部署，先后在敏感及重大节假日等时段开展文化市场专项整治工作，整治期间，明确工作职责，按要求开展多项突击检查和联合检查。1月初至10月底，执法队共出动329人次，检查各类文化市场经营单位共285家；深入开展“扫黄打非”专项行动。开展实施了“清源”“护苗”“净网”“秋风”“固边”等专项行动，活动中，区文化执法大队制作了5000册“扫黄打非”宣传册及护苗行动宣传物品3千个，发放700余册扫黄打非宣传资料、1200个宣传物品及2000余份文化市场宣传资料；在堆龙德庆区中学开展了“护助少年儿童健康成长、远离抵制非法出版物”为主题的2018护苗行动绿书签进校园活动，共发放绿书签300余份、笔记本300余册、宣传海报50余张。开展“扫黄打非”各相关专项行动的信息已上报32期；全面排查文化市场安全隐患。按照相关文件精神，联合相关职能部门开展文化市场安全生产隐患排查，督促经营场所做好消防和安全生产工作，检查中对存在安全隐患的经营场所进行责令整改；加强文化市场宣传力度。充分利用“3.18”文化市场宣传日、“4.26”知识产权保护宣传、“三月份综治宣传日”等各种渠道大造舆论声势，派发文化法律法规及“扫黄打非”宣传手册2千余份；展示宣传海报，邀请媒体宣传“扫黄打非”活动开展情况，利用公众平台及LED宣传“扫黄打非”活动开展内容，扩大社会关注度和影响力；先后对互联网上网服务、歌舞娱乐、音像制品、

2018年3月28日，区文广局首次打造的大型情景剧“永远跟党走”学生代表演出现场

打字复印店等经营场所进行全方位法制宣传。

【广播影视】 年内，区文广局完成了对堆龙德庆区农牧民清流机顶盒11008套设备的升级置换、安装、入网工作，切实保障堆龙德庆区农牧民群众收听收看广播电视权益；为堆龙德庆区精准扶贫易地搬迁户波玛点安装、配备101套设备，确保易地搬迁户正常收听收看广播电视；积极开展广电巡查工作，对堆龙德庆区168个操管人员发放每人500元补助，共计84000余元；加大对农村电影放映工作的实施力度，结合各大从区、市电影公司引进大量的藏、汉语爱国主义影片和科教片，配合“五下乡”“两学一做”“四讲四爱”“十九大红色电影进基层”等各类活动，开展主题电影放映工作，积极开展电影进学校、进农牧区、进机关、进军营活动。2018年，累计放映电影360余场，受益群众10000余人次，得到了广大农牧民群众的一致好评。

【党建工作】 完善组织保障体系。8月，区文广局党支部把深化政治教育作为加强思想政治建设，融入党建工作中，召开专题会议，一起共同学习探讨，从严抓实思想教育，拧紧思想“总开关”。完善局党支部学习计划，扎实开展社会主义核心价值观宣传教育和“党员干部讲党课”活动，制定了实施方案、机关制度，真正做到思想上、政治上、行动上、语言上与党中央保持高度一致。

夯实党建思想基础。按照“全覆盖、多渠道、求实效”的要求，全体党员干部以高度的政治责任感和饱满的政治热情，积极参加学习实践活动，按照区直机关工委的要求，继续积极开展星型党组织、服务型机关创建工作，促进党员队伍整体素质的提高，保证各项工作顺利开展。

加强党风廉政建设。全面贯彻落实区市、区纪委相关文件、会议精神，深化学习中央八项规定，扎实开展政治教育学习活动。牢固树立党员干部廉洁自律、廉洁从政的思想意识，经常性开展廉政谈话活动，促进领导干部增强廉洁行政、依法行政的自觉性。

（俞兰芳）

【领导名录】

局　长

米　玛（藏族）

副局长

朱志霞（女）

堆龙德庆区农林局

【概况】 2018年，堆龙德庆区农林局在区委、区政府的坚强领导下，深入贯彻落实习近平新时代中国特色社会主义思想，大力实施以“神圣国土守护者 幸福家园建设者”为主题的乡村振兴战略，持续推进农牧业供给侧结构性改革，深刻贯彻“三农”改革精神，狠抓农村改革、结构调整、产业发展、科技投入、项目建设、国土绿化等工作，在全区上下的共同努力下，圆满完成了全年各项目标任务。2018年，区农牧局内设林业办公室、行政办公室、财务办公室、科技办公室、动检站、推广站、农机站、草补办、清产核资办（临时成立的工作专班）等部门，共有在职干部职工31人，其中：行政5名（正科2名），工人6名（含净土公司3名），事业编制专业技术人员20名。

【农牧民人均可支配收入】 2018年,全区农村居民人均可支配收入达15500元,同比增长11.06%,比拉萨市增长水平高0.46%,增速位居全市第一,比拉萨市高1131元。

【农业工作】 2018年,全区粮食种植面积38668.35亩,比上年减少15531.45亩,同比下降28%;油料播种面积5508.75亩,比上年减少2062.2亩,同比下降27.24%;蔬菜种植面积11260.05亩,比上年减少439.95亩,同比下降3.76%。全年粮食总产量9747.7吨,比上年减少13678.2吨,同比下降58.4%;全年油料产量813.584吨,比上年减少627.59吨,同比下降43.55%;全年蔬菜产量70776.067吨,比上年减少2724.07吨,同比下降3.71%。

良种推广。全年引进藏青2000、喜拉22号、山冬7号等优质粮食作物新品种共16余万斤,完成良种推广面积4.66万亩、标准土地深松作业8000亩、高产创建示范面积4.5万亩、测土配方示范面积6.5万亩、创建良种繁育田面积0.41万亩,实现青稞平均单产396公斤/亩(较2017年单产提升10斤)。

农资调运。全年完成化肥调运1580吨、农药3.5吨,有机肥16.5吨、积造农家肥10余万吨,各类农用物资储备充分、供应及时、使用到位、效果达标。

农业灾害治理。充分调动乡镇农牧综合服务中心工作职能,严格落实技术员包乡工作责任

2018年3月17日, 区委书记格桑平措(右四),区委副书记、区长杜江(右三),区政协主席洛桑强巴(右五)等参加马乡2018年春耕仪式

制,层层抓落实、抓技术,加大科技服务投入力度,建立田间管理工作服务台账,安排作物病虫害及旱灾、水灾等灾害监测值班人员,实行灾害日报告制度,全年开展田间技术指导39次,完成病虫害防治1500余亩,农作物病虫害控制在3%以内。

“三秋”工作。组织动员全区农业技术队伍,深入一线开展“三秋”现场指导督促工作,抢抓有利农时做到“成熟一片、收割一片”,确保颗粒归仓,完成秋收7.5万亩、秋翻0.26万亩、秋播0.26万亩。

农业机械化。稳步提升农业机械化综合水平,2018年实现机耕5.5万亩、机收5万亩、机播5万亩,兑现国家农机购置补贴427.86万元,发放农机具573台。贯彻落实农机安全生产各项工作要求,开展农机专项整治工作3次,全年无农机安全事故发生。

科技培训。围绕全县科技服务体系建设工作,针对种植业工作需要,通过专题培训、现场实地讲解、以会代训等方式,举办各类培训共16期,发放培训宣传资料3000份(套、册),受训人数达4200余人。

【畜牧业工作】 2018年,全区肉类总产量2208.05吨,比上年减少1991.95吨,同比下降47.43%。其中:猪肉总产量316.33吨,比上年减少202.46吨,同比下降39%;牛肉总产量1805.42吨,比上年减少1712.6吨,同比下降48.68%;羊肉总产量70.92吨,比上年减少92.27吨,同比下降56.54%;家禽肉总产量15.38吨,比上年减少421.64吨,同比下降96.48%;全年禽蛋总产量12.73吨,比上年减少131.53吨,同比下降91.18%。

重大动物疫病防控工作。召开春秋防疫工作动员部署会,层层签订责任书,规范和完善免疫建档立卡工作,在全面普查掌握

畜禽存栏情况下，落实集中免疫制度，全年完成畜禽免疫 19.130 万头（只、匹），全年牲畜免疫密度达 100%，无重大疫情发生。

黄牛改良工作。成立专项督导检查组，制定奖惩制度，层层签订目标责任书，加大政策宣传力度，动员组织技术培训 2 期，完成黄改冻配 2500 头，去势公牛 418 头，新生犊牛 4899 头，成活 4767 头，成活率达 97.3%，兑现牲畜良种补助资金 22.5 万元。

接羔育幼。动员部署县乡村兽医队伍，深入牧区开展巡回指导 67 次，合理安排接羔点，全年完成接羔育幼 11640 头（只、匹），成活 11292 头（只、匹），成活率达 97.3%。

动物监督执法。认真推进《堆龙德庆区畜禽养殖监管的长效机制》。全年开展肉制品检疫报检 74 次、出动检疫 74 次、冷鲜肉专项整治 24 次、过时冷鲜肉封存冻库 3 次，动物及动物产品检疫率、检疫合格证安全率达 100%；通过高频率、全方位的检查执法，严厉打击了违反畜产品安全的不法行为，有效保障了堆龙德庆区畜产品质量安全，促进了畜牧业健康发展。全年辖区内没有发生一起畜产品质量安全事故。

包虫病防治。组织召开家犬投药及新生羔羊免疫工作动员大会，进一步规范家犬投药剂量、新生羔羊免疫剂量、药物保存等技术操作。积极争取专项资金，购买发放了驱虫药、疫苗、稀释液、羊耳标、犬只一次性防护服等各类防护物资共计 3.2 吨。全年完成驱虫投药 10 次，驱虫覆盖率达 100%；完成 5.2862 万只家犬的免疫、采集基本信息、植入芯片及办理免疫证书工作；完成新生羔羊免疫接种工作，共计免疫 0.8585 万只（耳标识），免疫率达 100%。

【国土绿化】 *无树村、无树户”工作*。2018 年，全面完成堆龙德庆区 1851 户“无树户”的消除工作，累计栽植油松 3963 株、桃树 5327 株、红叶李 510 株。同时，按照“一户一档”的要求，建立了完整的信息档案，并顺利通过市级验收。

生态文明村建设方面。按照区委、区政府要求，完成措麦村、加入村、巴热村、嘎冲村、邦普村、波玛村 6 个村的生态文明村建设工作及 2 个生态文明广场建设工作，全年完成 27446 余株树苗（约 499 亩）栽植工作。

重点村绿化。积极响应落实自治区主席齐扎拉“树上山”的要求，在东嘎村西嘎山进行山体绿化，完成栽植 1750 株柳树和 330 株柏树的种植工作。

义务植树工作。由区委、区政府主要领导模范带头，开展“我为堆龙献新绿”义务植树活动，积极动员各机关单位、乡（镇）村组，国有企业、社会团体、寺庙僧人等力量大力开展义务植树，累计栽植了 7.6 万余株树苗，有力推动了堆龙德庆区国土绿化工作。

重点绿化工程项目。完成了 109 国道的绿化补植补栽工作，涉及 6 个村 26 个点 386 亩，累计栽植 2.8 万余株；完成节点乡（镇）绿化提升工作，以德庆乡为重点打造对象，对现有绿植进行整改提升，累计栽植 7381 株。完成拉萨周边防护林体系（重点区域造林）工程建设，投入 54 万元，完成人工造林 800 亩，封山育林 1400 亩，累计栽植 6044 株新疆杨、2590 株旱柳。完成西藏生态安全屏障封山育林项目，投入 60 万元完成乃琼镇乃琼村比西沟封

2018年7月30日，副区长王考昌主持召开全区粮食功能区划定工作动员部署会

山育林3000亩，建设护山网围栏5504米。

【亮点工作】 农村深化改革工作。年内，区农林局深刻领会中央关于农村改革各项政策精神，认真贯彻落实各级农村改革工作任务，成立了堆龙德庆区农村集体资产清产核资工作领导小组和专班工作组，安排落实工作经费133万元，制定了《堆龙德庆区农村集体资产清产核资工作实施方案》。召开了全区动员部署会，区乡村三级建立领导小组，区级专班由8名成员组成，30个行政村均配备了专干。2018年举办集中培训4次，完成现场督察、走村入户指导等多种形式培训31次，累计培训3000余人，发放各类宣传资料5000余份。截至年底，自治区试点村帮普村全部完成清产核资及成员界定工作，羊达村及通嘎村已完成资产清查，其他乡镇试点村已全部完成固定资产盘点工作。研究制定了《堆龙德庆区清产核资工作成员界定办法（意见稿）》，扎实开展试点村成员身份界定和登记核实工作，编制了成员花名册，开展了张榜公示和修正工作。截至年底，已顺利完成1384户、4228人的登记工作，初步认定经济组织成员有3993人，堆龙德庆区农村集体资产清产核资工作以高分顺利通过市级初验，并得到了高度评价。

粮食功能区划定。2018年，制定了《堆龙德庆区粮食生产功能区划定实施方案初稿》，成立了工作领导小组，外业划定工作全部完成，共划定粮食功能区4.5万亩。

基本草原划定。全面完成堆龙德庆区基本草原划定工作，并于2018年5月2日通过自治区级验收，此次基本草原划定共有基本草原图斑224个，划定面积达236.67万亩，87个地块，主要为重要放牧场。

合作社发展。2018年，全区共有农牧民专业合作社135家（包括国家级示范社3家，市级示范社5家，县级扶持合作社8家），累计注册资金总额达1.3075亿元，入社成员2943名，全年实现总产值11649余万元。顺利完成市级“百家示范社”县级考评推荐工作，共推荐16家百家示范社。组织完成国家示范社及自治区示范社推荐工作，共推荐了1家国家级示范社、2家自治区级示范社。同时，通过搭建能人反哺平台，整合扶贫、产业、科技、农牧等资源，累计投入扶持资金200万元，引导培养1名致富能手，2名大学生创业，培育了10家初具规模的农牧民合作社，并引导企业和合作社开展三品一标认证工作，完成有机品种认证10个。

（次旦平措）

【领导名录】

局　长

　　旦增久乃（藏族）

副局长

　　央吉拉姆（女，藏族，3月任职）

　　杨　方

主任科员

　　普　片（女，藏族）

堆龙德庆区扶贫（农发）办公室

【概况】 自脱贫攻坚战打响以来，堆龙德庆区始终坚持以习近平总书记扶贫开发重要战略思想为指引，全面贯彻落实上级党委、政府关于脱贫攻坚的部署要求，将脱贫攻坚作为重大政治任务、发展任务和民生任务来抓实，牢牢把握“两年脱贫、三年巩固”的工作目标，紧紧围绕中央“六个精准”（扶贫对象精准、项目安排精准、资金使用精准、措施到户精准、因村派人精准、脱贫成效精准）“五个一批”（发展生产脱贫一批、易地搬迁脱贫一批、生态补偿脱贫一批、发展教育脱贫一批、社会保障兜底一批）和自治区相关要求，以破解“扶持谁、谁来扶、怎么扶”三大问题为发力点，以统筹“建档立卡”贫困户脱贫与低收入人群稳定增收为着眼点，认真执行“扶真贫、真扶贫、真脱贫”的工作要求，深入实施“以业脱贫、以迁脱贫、以教脱贫、以补脱贫、以保脱贫、以助脱贫”六项措施，确保贫困户持续增收，基本达到“两不愁、三保障”的现行脱贫标准。截至年底，全区1260户4316名贫困群众人均可支配收入达8826.98元，已远超年初目标4990元。2018年9月，以综合贫困发生率0.17%、无错退错评情况、群众满意度达99.35%的成绩，顺利通过国家贫困县退出考核评估。

【党建促脱贫】 区委总揽全局。

2018年，堆龙德庆区成立了由各级党组织书记任组长的区、乡（镇）、村三级扶贫开发工作领导小组，签订了三级脱贫责任书，扎实落实乡（镇）党委书记、村党组织第一书记作为本辖区精准扶贫第一责任人职责，落实县级干部包乡（镇）包村、区直单位包村、普通党员干部包户的责任机制，构建了上下贯通、横向到边、纵向到底的责任体系。成立了区脱贫攻坚指挥部，下设由分管县级干部任组长、相关单位负责人为成员的“以迁脱贫、以业脱贫、以补脱贫、以教脱贫、以保脱贫、以助脱贫”六个专项推进小组，确定了社会保障、教育资助、医疗救助、就业激励等一系列政策的顺利实施。

人大、政府、政协党组协同发力。区人大党组充分发挥职能作用，聚焦脱贫攻坚，持续抓好对各类精准扶贫政策、资金、项目的法律监督，发挥好人大代表在脱贫攻坚中的示范引领、建言献策、监督检查作用。区政府党组扎实履行主抓责任，全力落实资金投入、产业发展、易地搬迁、生态补偿、督导考核、贫困退出等方面工作，投入本级财政资金2.797亿元，用于产业发展、教育资助、医疗救助、兜底保障、易地搬迁等重点领域，为全区打赢脱贫攻坚战奠定坚实基础。区政协党组主动融入脱贫攻坚大局，发挥民主协商优势，聚焦脱贫攻坚重点难点问题和重要环节，主动调查研究，开展民主监督，积极为精准扶贫精准脱贫谏真言、献良策。

乡（镇）党委主抓落实。严格按照国家和区市相关要求，严把收入核算、实地查验、走访评议、公开公示、核实审批等关键环节，扎实做好精准扶贫精准脱贫数据采集和统计，全面摸清建档立卡贫困人口的基本情况、致贫原因，因户施策、因人施策、分类帮扶，指导村级组织逐户制定脱贫攻坚具体方案，认真落实各项扶贫政策措施。

2018年12月12日，国家发改委工作组一行在堆龙德庆区调研易地搬迁工作

村级党组织具体落实。扎实落实利民惠民政策，确保各项扶贫政策落实到户、扶贫措施精准到人。逐一对建档立卡贫困户进行精准核查、精准核实，及时排查调处脱贫攻坚矛盾问题，积极做好群众思想教育引导。认真落实村集体经济发展、易地扶贫搬迁动员、生态补偿兑现等工作，积极鼓励农牧民党员致富带头人发展脱贫致富项目。着力提升基层党组织的政治功能和服务功能，村级便民服务中心完成全覆盖，实现群众在家门口办事的工作目标，打通了脱贫攻坚政策落实“最后一公里”。

【坚持扶贫与扶志相结合】 年内，区扶贫办深入培育和践行社会主义核心价值观，依托“四讲四爱”群众教育实践活动，整合驻村工作队、下沉干部、乡（镇）扶贫专干等基层力量，深入宣传中央、区市党委、政府和区委、区政府各项惠民利民政策，深入开展“农闲时节十项活动”等群众性精神文化创建活动，大力弘扬自力更生精神，大力培育脱贫光荣正能量，教育引导贫困群众逐步淡化宗教消极影响，切实把精力转移到发展生产上来，逐步转变“等、靠、要”思想，不断调动贫困群众积极性和主动性。

【坚持扶贫与扶智相结合】 年内，区扶贫办始终将发展教育作为摆脱贫困的根本抓手，贯彻落实以教脱贫的各项政策措施，加大教育投入力度，制定了《堆龙德庆区非义务教育阶段精准扶贫及低收入家庭贫困子女资助规定》，进一步提高贫困学生奖励资助标准，将贫困家庭大学生生活费资助标准由每学年3000元提高到每学年8000元，并对学费进行实报实销，区外大学生享受每人每学年600元交通补助费，着力帮助贫困家庭学子顺利完成学业。始终坚持将提升贫困群众就业技能作为扶智的重要抓手，按照“技能促就业、就业促脱贫”的工作思路，持续加大劳动技能培训力度，全年累计开展培训班26期，培训贫困群众3917人次。鼓励自主创业、就业，健全小微企业创业创新工作机制，采取订单式培训与“四业工程”相结合的方式，积极开展劳动技能培训，举办了10场“春风行动暨精准扶贫就业专场招聘会”，实现了1319名贫困群众就业。制定出台了《精准扶贫建档立卡贫困户和低收入家庭就业脱贫激励机制》，明确规定与企业签订1年以上劳动合同协议的堆龙籍建档立卡贫困户和低收入群体，给予自主就业人员每月200元奖励，给予政府对接企业岗位实现就业人员每月100元奖励。

【产业脱贫】 依托原有产业带动脱贫。年内，区扶贫办充分发挥羊达现代设施农业示范园的辐射带动作用，组织200余名贫困群众开展种养殖培训，实现130余名有劳动力贫困群众就业。依托区净土公司、区城投公司等区属国有龙头企业，吸纳8名堆龙籍大学生就业（其中7名为建档立卡贫困户），带动220名贫困群众就业。依托工业园区项目建设，累计用工8275人次。依托雄巴拉曲等藏药产业、古荣朗孜糌粑等青稞产业和藏地吉龙等乳制品产业发展，以“就业＋分红”方式，拓宽贫困群众增收渠道。

培育新产业带动脱贫。立足拉萨城市副中心区位优势、产业基础和市场需求，因地制宜发展实体经济。壮大发展净土健康产业，建成并运营了古荣乡、马乡、德庆乡净土健康产业园，鼓励扶持天赐源实业有限公司实施有机肥、青稞麦绿素、中藏药饮片加工项目的建设。壮大发展文化旅游产业，全力打造“药王故里、藏戏之乡、生态堆龙”旅游品牌，加快推进“象雄美朵”生态旅游文化产业园建设。壮大发展商贸物流业，加快推进拉萨综合物流保税园区、领峰智慧物流园建设，大力培育了以服务城市大宗商品交易为主的钢材集散交易中心、工程机械商贸城等一批综合性大型市场，并引进京东电商平台在堆龙德庆区落户，切实让贫困群众在工程建设、企业运营、产业发展中实现稳定就业、持续增收，为贫困群众长期稳定致富奠定坚实基础。

2018年7月19日，堆龙德庆区召开迎接国家脱贫摘帽专项评估检查汇报会

建设扶贫产业带动脱贫。十三五期间规划建设的83个产业扶贫项目，截至2018年底，已完工53个、正在建设18个，累计为贫困群众分红1000余万元，提供就业岗1186个。

产业融资带动脱贫。以金融支撑为抓手撬动脱贫，成立了堆龙德庆区益新农业开发有限公司作为产业精准扶贫投融资平台，通过扶贫贴息贷款、扶贫产业项目融资贷款、贫困户扶贫小额贷款3种模式，有效发挥金融机构“精准滴灌”的助推作用。整合全区产业扶贫发展资金1.41亿余元作为风险抵押金，撬动金融扶贫贷款额度9.67亿元，完成了43个产业扶贫金融贷款项目，完成融资贷款5.65亿元；为512户建档立卡贫困群众，以1.08%利率完成融资贷款1845.95万元，积极帮助贫困群众发展实体经济，加快“末端扶贫”向“源头扶贫”转变。

2018年3月13日，区脱贫攻坚指挥部总指挥长张勇（横排右一）、副总指挥长李晓强（横排左一）组织召开指挥部列会，安排部署相关工作

【多渠道多形式提供就业岗位】产业吸纳促就业。年内，区扶贫办依托净土健康、文化旅游、特色工业、商贸物流等主导产业发展，通过德庆、马乡、古荣净土健康产业园，“象雄美朵”生态旅游文化产业园，工业园区、京东物流等重点产业发展，带动379名有劳动力贫困群众就业，月均增收3000余元；劳务输出促就业。依托青藏铁路格尔木至拉萨段扩能改造、拉林铁路机务段、G6高速等国家重点项目建设，有序组织劳务输出，实现贫困群众劳务输出213人，月均增收3200余元；开发岗位促就业。根据城镇治理服务需求，设置704个公共服务岗位，实现483名贫困群众就业，月均增收2000元以上。严格按政策要求统筹落实以补岗位（是政府有关部门为确保精准扶贫对象实现稳定就业、增收脱贫所购买的生态补偿岗位，每人每年国家补助标准为3000元）。全年安排1763名建档立卡贫困户及低收入群众上岗，1843名有劳动能力的贫困人口中实现就业1532人，占有劳动能力贫困人口的83%，其中在产业和劳务输出领域就业的有969人，占有劳动能力贫困人口的52.58%，占已就业贫困人口的67.5%。

【易地搬迁】注重“搬得出”。年内，区扶贫办结合工业园区、“象雄美朵”生态旅游文化产业园、经开区等产业布局，因地制宜、科学规划，确定了桑木村、波玛村、经开区3处易地搬迁安置点，累计投入资金2.07亿元，完成757套易地搬迁安置房建设，易地搬迁群众入住率达100%；注重“留得住”。成立了3个易地搬迁安置点党支部，充分发挥党组织服务能力、引领能力，通过开展群众性文艺活动、邻里互帮互助活动、联谊活动，帮助搬迁群众尽快融入新的生活环境。安排易地搬迁安置点附近学校主动接收搬迁群众学龄子女，办理转入学手续，实现就近便上学。充分考虑堆龙德庆区教育、医疗等资源覆盖水平和支撑能力，以自治区中心医院落户堆龙为契机，启动了堆龙德庆区第二中学、第二小学、藏医院、区人民医院二级甲等医院综合楼建设等重点项目；注重“能致富”。统筹推进易地搬迁安置和贫困群众就业工作，加强以岗位开发和劳务输出等方式带动搬迁群众稳定就业，大力鼓励和扶持搬迁群众自主就业，实现易地搬迁群众每户至少1人就业目标；注重“稳承接”。主动对接、积极做好兄弟市、县易地搬迁安置工作，统筹考虑产业配套、医疗教育等重点要素，全力推动安置房选址建设。截至年底，完成当雄县550户2326名贫困群众和262户1102名那曲高海拔生态搬迁群众入住工作，累计提供就业岗位300个。

【坚决防止返贫】扎实落实兜底保障。年内，区扶贫办全面实施“两线合一”政策，制定出台了《堆龙德庆区农牧区最低生活保障实施细则》，在原有补贴基础上，提高了三类低保人员补助标准，帮助634名贫困群众通过以保脱贫措施实现脱贫；健全完善医疗救助。制定出台了《堆龙德庆区农牧区合作医疗核销、报销、商业保险赔付及精准扶贫医疗救助实施政策》，为全区城乡居民购买了30万元超大额医疗补充保险，投入1300万元作为合作医疗大病统筹补充资金，在领取医疗合作报销、保险赔付、超大额报销赔付后仍有自付费用的，采取医疗救助不设封顶线和起付线救助措施，坚决防止因病致贫、返贫；扩大覆盖范围。以“实现全面脱贫、稳固脱贫成果”为目标，在确保建档立卡贫困户稳定脱贫、稳定增收的同时，统筹实施人均年收入在3645元至4100元之间的低收入群体的帮扶措施，健全完善医疗、教育、住房、就业等方面的激励保障政策，切实让发展成果人人共享。

【宣传教育】 以“五个掌握”为支撑，确保宣传教育有导向。年内，区扶贫办要求全区干部特别是各乡（镇）、村、驻村工作队干部要精准掌握本区域扶贫基本情况、作职责、政策措施、进退程序、脱贫标准，切实做到心中有数、胸有成竹；以“四个明白”为标准，确保宣传教育有实效。采取集中宣讲、村组讨论、“一对一”讲解等方式，重点向贫困群众讲清楚能够享受哪些政策，已经享受哪些政策，脱贫之后还能享受哪些政策，以及自身增收脱贫的措施、成效等情况，确保贫困群众明白识别过程、明白脱贫标准、明白政策措施、明白帮扶信息；以“三个了解”为抓手，确保宣传教育有纵深。不定期召开群众大会，逐户开展入户宣讲，扎实做好疑虑解答、政策宣传、教育激励三项工作，通过了解建档立卡贫困户识别要求、识别程序、识别标准，消除失衡心态；通过政策宣传了解自身可享受的惠民政策，增强群众自我发展、建设家园的信心。

【扶贫领域作风建设】 扎实做好扶贫项目资金监管。年内，区扶贫办严格执行扶贫管项目、财政管资金的工作模式，按照计划、执行、监督三分离原则，分工负责，各司其职，建立相互协调、相互制约的工作机制。严格执行财政报账制度，采取账目核查、实地检查、入户访谈等方式，对扶贫政策落实、产业项目建设、扶贫资金使用、易地搬迁安置等领域实行全覆盖专项审计，确保扶贫资金专款专用、规范使用；扎实开展扶贫领域监督考核。深入开展扶贫领域腐败问题专项治理，聚焦扶贫领域“四个意识”不强、责任落实不到位、工作措施不精准、资金管理使用不规范、工作作风不扎实等突出问题，不间断开展明察暗访，加强监督执纪问责，扎实做到不优亲厚友，不弄虚作假，不搞“走读式、挂名式”帮扶，不搞“算账式、游走式、突击式”脱贫，确保脱贫工作务实、脱贫过程扎实、脱贫结果真实，做到阳光廉洁扶贫。

【动员社会各界参与扶贫】 精准援藏助脱贫。年内，区扶贫办与北京市门头沟区签订了携手奔小康行动框架协议，确定了斋堂镇与东嘎镇、妙峰镇与德庆乡、军庄镇与马乡、龙泉镇与古荣乡、永定镇与区乃琼镇以及潭柘寺镇与羊达乡结对帮扶计划。坚持把80%的援藏资金用于脱贫攻坚，累计投入1.53亿元实施了波玛村特色民宿及德吉藏家扶贫开发、经开区易地扶贫搬迁等6个项目，在解决就业、促进增收、易地搬迁等方面发挥了重要作用。大力实施“走出去、请进来、沉下去”人才队伍素质提升工程，“组团式”医疗援藏小组帮助区医院制定了“十三五”发展规划，建立规范了内控管理制度，科学设置了新生儿科等5个科室，建立了远程医疗会诊系统，指导区医院成功创建为“二级乙等”医院，为堆龙德庆区脱贫攻坚注入强大动力。

结对认亲谋发展。全区2032名干部职工与建档立卡贫困户实现结对全覆盖，28名县级干部、51个区直单位定点帮扶贫困村，实现30个贫困村定点帮扶全覆盖。全体结对干部紧紧抓住教育引导、政策宣传、精准帮扶三项重点工作，定期不定期开展入户走访，引导转变贫困户“等、靠、要”思想，团结发动贫困户共谋脱贫思路，积极帮助贫困户走出困境，切实增强贫困群众我要脱贫的决心和信心。

（黄　尧）

【领导名录】

主　任

杨　炜

副主任

拉巴普赤（藏族）

四郎平措（藏族）

堆龙德庆区水利局

【概况】 年内,在区委、区政府的坚强领导下,在上级业务部门的大力支持下,在各乡(镇)的积极配合下,堆龙德庆区水利局深入学习贯彻学习党十九大精神,根据自治区、拉萨市工作安排,围绕水利基础设施建设,农村饮水安全巩固提升等项目,不断提高全区农田水利基础设施建设水平,扎实推进水利扶贫工作,全面做好农田灌溉、供水设施、堤防工程等水利设施建设,不断提高干部职工及群众的水利工程管护意识,着力搞好生态环境建设,狠抓农田灌溉、防汛抗旱、灾后重建、饮水安全、水土保持、行政执法、党风廉政以及河(湖)长制等各项工作,对标对表,攻坚克难,各项工作稳步推进。2018年,区水利局内设有行政办公室、财务办公室、水政办公室、水利普查办公室、农水办公室、河长制办公室、党建办公室以及防汛值班室等部门,共有在职干部18名,其中:正科级1名,副科级3名,行政编制6名(1名为长期病假),事业编制11名,政府购买服务人员2名。中共党员占职工总数的94%。

【防汛抗灾】 年内,区水利局按照"安全第一,常备不懈,以防为主,全力抢险"的防汛抗旱工作方针,认真落实"七个到位"要求,即防汛责任到位、预案修订和演练宣传到位、抢险物资和队伍准备到位、值守人员和巡查到位、隐患排查和整改到位、避险知识宣传到位、预警发布和避险转移到位,实现了2018年人员零伤亡。2018年堆龙德庆区降雨偏多,整个汛期降雨量、降雨日较同期增多,且降雨集中,强度偏大,河水位高于往年,已超出历史最高水位。8月29日22:00,启动了堆龙德庆区防汛Ⅳ级蓝色预警应急响应,面对严峻复杂的形势,区防汛抗旱指挥部各成员单位牢固树立"四个意识",坚守"党政同责、一岗双责,齐抓共管、失职追责"的原则,主动防范、科学调度,及时启动应急预案,调用防汛储备物资,强化部门协同和乡、村、组整体联动,取得了防汛抗灾工作的全面胜利,做到了无人员因灾伤亡、无一处水利工程失事,有力地保障了人民群众的生命财产安全。

2018年5月4日,长江水利委员会督导检查组在堆龙德庆区开展2018年度河长制工作督导检查工作。西藏自治区水利厅副厅长赵辉(左三),拉萨市水利局局长韩云栓(右三),堆龙德庆区委副书记、区长、区总河长杜江(右四)等陪同

2018年,堆龙德庆区各乡(镇)不同程度遭受洪涝灾害共53处,2户民房墙体倒塌;冲毁防洪堤28处,总长4800千米;冲毁渠道总长21千米;冲毁农田草场面积1384亩;冲毁道路及桥梁12处。

2018年,堆龙德庆区纳入预算的支农防汛经费为600万元。汛期结束后,该笔经费用于防汛救灾共支出558.15万元,其中落实防汛物资储备经费支出301.78万元。

【续建项目】 2018年,堆龙德庆区总投资11902.78万元完成水利续建项目共8个,分别为拉萨市堆龙德庆区堆龙曲马乡防洪工程,总投资1517.62万元;堆龙德庆区2017年农村饮水安全巩固提升工程,总投资99.47万元;2017年小农维修养护项目,总投资188.35万元;堆龙德庆区城区段防洪堤二期工程,总投资2908.26万元;堆龙德庆区2017年小型农田重点县项目,总投资2509.2万元;2017年第一批脱贫攻坚统筹整合资金项目，总投资500.01万元；拉萨市堆龙德庆区堆龙曲东嘎镇古荣乡防洪工程，总投资2302.8万元；拉萨市堆龙曲堆龙德庆区德庆乡防洪工程，总投资1877.07万元。截至年底，以上项目全部完工。

【新开工项目建设】 2018年，全区水利新开工项目共8个（含市级项目5个和本级财政项目3个），总投资25506.09万元，分别为拉萨市堆龙德庆区马乡朗巴村防洪工程，总投资1655.83万元，已完成工程量的30%；拉萨市堆曲灌区项目堆龙片区，总投资1.6亿元，已完成技术交底工作；拉萨市堆龙德庆区乃琼镇波玛村波玛北沟防洪堤工程，总投资2257万元，已完成技术交底工作；堆龙德庆区2018年高效节水灌溉工程，总投资3357万元，已完成工程量的53%；堆龙德庆区一期防洪堤羊达段维修养护工程，总投资54万元，该项目已完工；堆龙德庆区2017年农村饮水安全巩固提升工程，总投资873.91万元，该项目已完工；堆龙德庆区堆龙河乃琼镇贾热村进水口工程，总投资391.51万元，已完成工程量的50%；堆龙德庆区马乡措麦村农田水利基础设施工程，总投资916.84万元，该项目已完工。

【"河长制"工作】 2018年，堆龙德庆区进一步完善县（区）乡村三级河长体系，全区32条河流共配备51名河长、6名警长和208名管护人员，按要求制作了详细河长名录，各河流全部设立了公示牌，共33块。此外，印制了河长制宣传手册、纸杯、环保袋和通讯录等相关宣传资料，借助西藏电视台、拉萨晚报、拉萨市人民政府管网、拉萨文明网等媒体报道堆龙德庆区河长制工作开展情况，全方位宣传河长制工作。

2018年，为加快推进堆龙德庆区河长制工作进程，巩固清河成果，早日实现"河畅、水清、岸绿、景美"的总体目标，区河长办工作人员会同各乡（镇）有关工作人员对辖区河湖管理范围内乱占、乱采、乱堆、乱建"四乱"突出问题进行全面排查，要求各乡（镇）要高度重视，加强领导，落实职责分工、深入排查问题、加强协同联动、加强明察暗访，按照责任要求和进度安排，确保问题清理整治到位。

2018年11月12日，拉萨市全面推行河长制督查领导小组办公室主任旺杰（右一）在堆龙德庆区马乡开展乡（镇）河长制督查工作

【环境保护】 加强领导，完善制度。年内，区水利局编制完成了《水利局2018年度环境保护工作计划》，定期报送关于环保督察问题清单内容；强化责任，严格执法。严格水资源管理，认真开展取水许可排查、工业园区自备水井关闭等工作，制定了入河排污口专项排查治理工作专项的相关内容。

【党建工作】 加强思想意识形态领域工作。年内，区水利局严格落实区委全面从严管党治党主线要求，加强和规范党内政治生活，严守党的政治纪律和政治规矩，坚决落实区委、区政府的各项决策部署。组织学习党章和党的纪律规定，组织观看《厉害了，我的国》专题纪录片，抓好干部队伍意识形态领域工作；切实强化党风廉政建设党组织主体责任。结合班子成员分工，及时分解党风廉政建设责任，明确责任主体、责任范围、责任内容、责任要求，落实党组主要负责人"第一责任人"责任和班子成员"一岗双责"责任，认真抓好项目招投标、施工组织、资金管理等重要环节廉政风险防控，确保项目建设合法合规、资金高效运行，同时以开展“扫黑除恶”专项斗争、整治群众身边的不正之风、切实办好民生实事为切入点，持续开展党风廉政建设社会评价工作；强化作风建设。严格落实中央“八项规定”，加强干部的纪律教育、作风建设，让干部知敬畏、存戒惧、守底线，努力锻造实干担当的水利干部。

【推进水利设施建设】 年内，针对2018年水利施工项目，区水利局制作了水利项目作战图，实施水利项目挂图作战，详细列出各个项目立项、审批、投资规模、形象进度等内容，严格落实牵头领导、项目办公室负责制度，合理倒排工期、自加压力、勇挑重担，确保全力打赢项目攻坚战。同时，完善项目推进工作机制，形成局长抓全局，分管副局长抓推进，工程技术员现场管的三级负责制，确保项目顺利推进。

（龚艳辉）

【领导名录】

局　长

拉巴卓玛（女，藏族）

副局长

谢　远　晋

堆龙德庆区教育（体育）局

【概况】 年内，区教体局围绕全面提升教育管理科学化、队伍建设专业化、教育科研常态化、信息教育本土化、基础设施现代化水平的目标，全区教育系统广大教职员工齐心协力，推动各项工作有序、高效运行，在深化区域内义务教育均衡发展工作成果的基础上，贯彻落实自治区第九次党代会提出的“五个100%”教育目标任务，全面加强常规管理，扎实开展素质教育，努力提升教育教学质量，大力促进学生德、智、体、美、劳的全面发展和身心健康成长。

2018年，全区四乡两镇共有8所中小学校（含初级中学1所、完全小学7所），另有2所区级幼儿园、5所乡镇中心幼儿园和25所行政村级幼儿园（不含拉萨SOS儿童村及小太阳幼儿园）。全区在校（园）中小学生、幼儿9537名，其中：初中生1896名（不含市六中就读的德庆乡学生）、小学生5019名、在园幼儿2622名（另有拉萨SOS儿童村100名幼儿及小太阳幼儿园443名幼儿）；全区在编专任教师人数806名，其中：正高级教师1名、高级教师31名（副高级职称）、一级教师311名（中级职称），教师学历合格率达100%，教师本科以上学历者占比为66.29%。

【义务教育】 2018年，全区初中阶段教育入学率达100%，巩固率达100%；小学入学率达99.99%，巩固率达100%，在校中小学生人数相比2017年度显著增加，主要来源为精准扶贫及高海拔生态搬迁户子女及外来流动人口随迁子女。为适应外来流动人口随迁子女就近就便入学的需求，继姜昆黄小勇希望小学开设汉族班之后，区中学于2018年秋季学期开设首届汉族班，义务教育阶段适龄儿童就近就便入学原则得到进一步落实。各中小学校严格按照国家规定要求设置并开齐开足课程，突出教育教学的中心地位，以全面实施素质教育作为教育教学工作的主线，以教育信息化作为实施素质教育的推手，进一步规范办学行为。圆满完成小考、中

2018年5月3日，堆龙德庆区召开2018年度教育工作会议

考工作，做好2018年度内地西藏初、高中班（校）招生考试工作，采取到校地点相同学生为集结对象的做法，堆龙德庆区籍2018年内地西藏班学生出藏工作顺利。

【学前教育】 2018年，区政府本级财政投入教育事业经费中安排学前教育发展资金400余万元，全区幼儿园硬件设施基本达到国家规定标准。全区适龄幼儿在园率达96.11%左右，幼儿园双语教育普及率达100%。尊重学龄前儿童身心特点和学前教育规律，科学推进幼儿双语教育工作，管理梯队合理，加强督导检查，杜绝幼儿园教育"小学化"倾向，预防安全事故发生，城区幼儿园实现"两教一保"，各乡、村幼儿园在保证"一教一保"基础上，按照园所幼儿数量进行适当配备教师，努力提高保育教学工作水平。民办学前教育开始起步，区教体局同意试办"堆龙德庆区小太阳双语幼儿园"，并切实加强监管，进一步规范办园行为。

【党建统教】 2018年，区教体局按照党建和党风廉政建设工作相关计划、方案及任务分解表，层层签订目标责任书，将"点线面"的工作同步推开，有序落实各党支部党员活动室标准化建设，10所中小学校党员活动室按照标准完成5大板块布置，达到"九有"标准化建设要求。制定了《堆龙德庆区教育系统基层党组织党建工作督导方案》和《量化考核实施细则》，对基层学校党组织开展党建及党风廉政建设督导检查，针对督查中存在的问题下达督查整改通知单并督促整改落实。同时，对全区中小学校领导班子进行了调整。

2018年4月24日，区教体局牵头承办的堆龙德庆区第一届全民运动会胜利闭幕

【德育工作】 年内，区教体局进一步加强和改进新形势下青少年学生的思想教育工作，突出抓好反对分裂、维护祖国统一、维护民族团结为核心的爱国主义教育以及社会主义核心价值观教育，拓展德育活动空间，推动德育工作深入开展。积极开展习近平新时代中国特色社会主义思想进校园、进课堂、进师生头脑宣传教育活动，在原有校园小记者及新闻站等软硬件基础设施上，成立堆龙中学校园广播站、校园电视台，学校意识形态工作有了新的阵地。启用了《道德与法治》全国统编教材，增强法治教育吸引力，通过"模拟法庭"等方式，营造"比、学、赶、帮、超"的学习氛围。开展了全区青少年法治教育主题实践活动、"预防校园欺凌"活动、环保教育进校园活动、禁毒工作进校园活动，取得了良好成效。

【"四讲四爱"教育实践活动】 年内，区教育系统"四讲四爱"教育实践活动，坚持规定动作不走样，自选动作有特色，具体动作做得细，各项工作有序推进，取得积极的成效。姜昆黄小勇希望小学自编的"四讲四爱"文明礼仪歌，代表拉萨教育系统参加全区教育系统"四讲四爱"群众教育实践活动第三、第四节点转段会议暨"文明礼仪进校园"活动启动仪式表演，60余名学生齐唱了"四讲四爱"文明礼仪歌，并接受了拉萨市电视台、西藏日报社、商报的采访与录制，受到广大家长和学生的一致好评。

【教研工作】 年内，区教体局加强常规管理，大力推动学校精细化管理，突出教育科研对提升教育教学质量的带动作用，促进学生德、智、体、美、劳的全面发展和身心健康成长。局机关及教研室实行示范教学、蹲点教研制度，以听评课、主题教研、课题研究等活动为载体并持续跟进，从中学、小学、幼儿园教师聘任28名兼职教研员。开展质量监测共6次，含期末拉萨市西部三县区的联考1次，教育部少数民族质量检测小学、初中各1次，六年级毕业统考1次，全区三、六年级月考2次。开展校际联合教研，共谋藏语文教育发展，区中学与拉萨市北京实验中学、拉萨市江苏实验中学和达孜区中学联合开展初三藏文复习备考计划研讨会。参加拉萨市教研所组织的论文、课题大赛，推荐论文10篇、课题研究3个。召开2017年期末质量分析会议，形成监测报告，采用全新的评价方式，分析全区7所小学的期末质量，小学毕业升入初中后的跟踪监测效果良好。首届西藏自治区基础教育成果展示会上，堆龙教育研究课题荣获3项二等奖和1项三等奖，其中《西藏美术本土化研究》经西藏自治区教育厅选送参加北京中国教育创新成果公益博览会。

【师资队伍建设】 年内，区教体局面向区外生源，引进30名区外高校毕业生充实到教育教学一线工作，其中：小学教师3人，中学教师10人，学前教育教师17人。全面实施教师队伍树德强技专业发展工程，加强师德教育，创新培训培养方式，提高教师专业素养。2018年投入师资培训专项资金300万元，开展各类培训1320次，782名教师参训，其中针对“三科”教材开展培训7场，参训教师504人。全区4名中学老师和15名小学老师、6名学前教育老师在区教育局教研室命题限时的“设计教案—无网课件制作—撰写说课稿—演示说课—课堂教学—效果检验”6项关卡活动中荣获“最秀教学五环节”赛课奖项；2名学前教育老师、5名小学老师、3名中学老师参加全市赛课活动，取得4个第二名、4个第三名的好成绩。小学科学教师顿珠罗杰、英语教师次仁央宗和幼儿园教师次仁拉姆参加西藏自治区教师课堂教学技能大赛，分别荣获科学组第一名、英语组第二名和幼教语言类第三名；海选生成的47名教师在堆龙德庆区小学开展现场命题书写作画的“两笔一画”决赛，9位评委采取现场打分与比对视频录像进行综合评价，最终生成30名相对优秀的选手参加市级书画比赛，荣获了多项荣誉；在教师网络晒课活动中，取得了64名区优、28名市优、3名省优、1名部优的好成绩；34名教师获堆龙德庆区级教学能手、16名教师获市级教学能手、3名教师获自治区级教学能手称号。

【教育信息化】 年内，区教体局为乃琼镇中心小学、区小学、区第二幼儿园配备了1套拼接屏，为羊达中心小学配备了2套LED电子显示屏，为姜昆黄小勇希望小学配备了1套LED电子显示屏及完成新综合楼光纤接入，为马乡中心小学配备了2套LED电子显示屏，为德庆乡中心小学配备了1套LED显示屏；全区各学校虚拟实验室建设已全部完工并运用于教学中，区中学室外LED显示屏项目、教育局会议室改造升级工作有序完工；利用网络信息手段开展教师信息技术提升，2018年堆龙德庆区41名中小学幼儿园教师报名参加了2018国培项目，国培项目顺利开展。全区60名教师参加拉萨市级教育技术能力提升培训，培训合格率达100%；全区30人次参加第二届为期三天的“人工智能，教育信息化促进教学变革与创新”培训，结业率达到100%。全区93名教师报名参加首届101教育PPT杯西藏自治区中小学教师课件制作大赛，收到作品128个。全区14名教师参加“国培计划（2018）”——西藏自治区拉萨市中小学理科教师工作坊坊员线下集中研讨活动。

【“周五讲堂”活动】 年内，区教体局制定“周五讲堂”实施方案，利用每周五下午时间，开展系列主题活动，力求将“周五讲堂”打造成堆龙教研品牌。“周五讲堂”以师德师风、教学五环节、五个100%、部编教材改革、教学质量提升策略、教育教学观、党建活动等为主题，争创具有针对性强、辐射面广、重实效轻形式、具有本区特色的教研模式。每周制定不同的主题，依据各学校行课时间，确定参加“周五讲堂”人员，通过多渠道联系市教研所、援藏专家、市直各校名师作专题讲座，力促区内教师在专家、名师的引领下成长为学习型、研究型、创新型教师。

【以教脱贫】 年内，区教体局高度重视精准扶贫搬迁户适龄青少年儿童入学入园工作，满足其就近就便、免试免测入学入园的需求。认真兑现“农村低保”类建档立卡免费教育补助政策，圆满完成大学生奖励、资助以及内地初高中、中职贫困家庭学生生活补助等资金发放工作。对433名堆龙德庆区户籍农牧民大学生（包括成考）的应届在校生兑现402万元奖励金，对31名堆龙干部职工子女非义务教育阶段在校生发放奖励资助27.6万元，对250名堆龙德庆区户籍的建档立卡（含农村低保）大学在校生兑现免费教育补助资助金251.9955万元（含自治区和拉萨市的资助金），对低收入人群和残疾、孤儿的大学在校生及建档立卡初高中在校生共计兑现132.18万元。

2018年9月19日，第三届“小米图书馆”雪域高原献爱心校园公益捐赠活动在堆龙德庆区马乡中心小学举行，共青团拉萨市委书记任映绮、北京援藏指挥部规划部部长徐迪出席活动

【语言文字工作】 年内，区教体局履行堆龙德庆区语委办工作职责，落实“普通话初步普及，汉字应用基本规范”工作要求，推进堆龙德庆区迎接拉萨市国家三类城市语言文字评估工作，深入各迎检单位督导检查迎检工作准备情况，根据市语委专项督导检查情况反馈，督促各单位抓好自查整改。以“推普周”活动为契机，制定了《堆龙德庆区语委第21届全国推广普通话宣传周活动方案》，进一步推动国家三类城市语言文字达标创建工作。顺利完成拉萨市对堆龙德庆区国家三类城市语言文字工作的评估验收，全面完成2018年普通话等级测试基础性工作。

【教育教学交流】 年内，区教体局邀请清华附小援藏教师韩冬在堆龙德庆区中学多媒体会议室开设专题讲座，组织32位小学语文教师聆听了讲座。墨竹工卡县教体局教研室、学前办负责人及局教研人员到堆龙德庆区第二双语幼儿园、乃琼镇中心双语幼儿园、波玛村双语幼儿园开展学前教育考察交流活动；林芝市教育局相关科室、县（区）教体局、市直学校负责同志等25人到堆龙德庆区参观交流学习，重点考察学习了堆龙德庆区推进“五个100%”教育目标任务工作的好经验和好做法；林芝市巴宜区教体局一行13人到堆龙德庆区参观学习“五个100%”教育目标任务的实施和学校管理经验；那曲市色尼区中小学校长、督导室、教研室人员一行45人到堆龙德庆区观摩学习义务教育均衡县区创建工作。

【安全卫生】 年内，各学校专职保安人员协同学校成立了护校队、巡防队、处突队开展安保工作，加强对校园矛盾纠纷、安全隐患的排查和处理，加大“校园欺凌”事件整治。协调区疾控中心积极开展包虫病、禽流感防控工作，组织学校开展城市“清洁日”、环境日主题活动，协助区食药监局开展学校食堂主厨培训活动。进一步加强食品卫生、交通消防等方面的安全防控，连续实现“零事故”“三不出”目标。完成了校车年审手续、保险手续和易地搬迁点学生接送公交车协调事项，安全有序地接送区辖学校学生。

【体育工作】 年内，区教体局利用新分、调入、轮岗等多种渠道，配备专职体育老师，按照课程标准上好体育与健康课，保证体育课规范化训练；开展阳光体育运动，以跳绳、篮球、乒乓球、呼啦圈、踢毽子、广播操队列、队形比赛、冬季长跑等活动保证学生每天有一小时体育活动时间(含体育课);通过举办春秋季学校运动会等形式,激发学生参与体育锻炼的热情;各校根据师资优势及学生喜好,培育了篮球、乒乓球、健美操等特色体育项目,形成了"全面发展、各有特色"的体育工作格局;大力发展校园足球,及时举办了校园足球联赛;提高现有体育场所的使用率,对使用率不高的学校予以批评指正;区教体局承办了堆龙德庆区第一届全民运动会、第一届民族传统体育运动会暨第一届残疾人运动会于4月21日开幕,4月26日闭幕,共19个代表队参加,参赛运动员1105人,设有田径等9个大项,5个民族传统项目;组建堆龙德庆区代表团参加了拉萨市首届全民运动会,派出143人组成堆龙德庆区代表团,全程参加市运会各个项目的比赛,取得4金3银14铜,获团体总分第五名、田径类团体第三名以及多个单项道德风尚奖;代表堆龙德庆区参加全市工间操比赛的区教育队,获得全市工间操比赛冠军;积极参加拉萨市校园足球联赛,获得团体总分第一名。

【基建项目】 年内,区教体局成立教育项目推进领导小组,为扎实推进全区教育项目建设推进工作提供强有力的组织保障,结合教育系统年度建设目标、任务和项目进度,对项目实施过程中的程序规范、操作规程、资金到位情况、建设质量和项目建设进度等工作,及时掌握情况,发现和解决存在的问题,确保项目保质保量,按时完成。姜昆黄小勇希望小学教学及辅助用房建设项目于2017年7月开工,2018年续建完工,终验后交付使用;区第二小学建设项目完成可研评审,进入初步设计评审;德庆乡、马乡7所幼儿园项目工程全部完工并交付使用;德庆乡中心小学风雨操场建设项目、德庆乡中心小学教师宿舍楼建设项目均完工并交付使用;乃琼中心小学综合楼建设项目完成招标,准备开工;区第一初级中学改扩建项目前期工作基本完成;区第二初级中学建设项目办理前期手续,对设计方案进行调整;区第三小学建设项目、区第三及第四幼儿园建设项目办理了前置手续;区第五幼儿园完成前期工作,进入可研评审;乃琼镇波玛村幼儿园改扩建项目第二次可研即将评审;古荣中心小学改扩建项目完成前期工作,进入评审;配合拉萨市教育局积极推进人大附中项目落地堆龙德庆区。

【教育经费保障】 2018年,堆龙德庆区政府本级财政投入教育事业经费2.6亿余元。区教体局根据拉萨市财政局、教育局相关文件精神,按照上年度财务执行和决算情况,本着教育公平的原则,依据区域内义务教育均衡发展要求,将经费预算到校,实行校财局管、统筹安排,坚持经费向办学条件不足、教育设备薄弱的学校倾斜,进一步解决区内教育资源不均衡现象。落实各乡镇校车运行补贴,分2次将补贴经费足额划拨到各乡镇,保证学生上下学接送。

附表:

区教育系统中级职称以上人员名单

表7

姓名	性别	工作单位	专业技术职务名称	批准单位	批准时间
朱艳美	女	区中学	正高级教师	自治区人社厅	2018年6月
张瑞芝	女	区小学	高级教师	自治区人社厅	2013年8月
贺红侠	女	区中学	高级教师	自治区人社厅	2014年11月
徐丽	女	区中学	高级教师	自治区人社厅	2014年11月
次仁白玛	女	区中学	高级教师	自治区人社厅	2015年12月
巴珍	女	区中学	高级教师	自治区人社厅	2015年12月

续表7

姓名	性别	工作单位	专业技术职务名称	批准单位	批准时间
仁增	男	区教研室	高级教师	自治区人社厅	2015年12月
王书清	男	区中学	高级教师	自治区人社厅	2015年12月
古扎	男	区小学	高级教师	自治区人社厅	2015年12月
普珍	女	区小学	高级教师	自治区人社厅	2015年12月
巴桑卓嘎	女	区小学	高级教师	自治区人社厅	2016年2月
王芳	女	区中学	高级教师	自治区人社厅	2016年12月
尼玛次仁	男	区教研室	高级教师	自治区人社厅	2017年7月
达娃央金	女	乃琼中心小学	高级教师	自治区人社厅	2017年7月
房明娟	女	区中学	高级教师	自治区人社厅	2017年10月
索朗白珍	女	区中学	高级教师	自治区人社厅	2017年10月
珠扎	男	区中学	高级教师	自治区人社厅	2017年10月
张洋	女	区中学	高级教师	自治区人社厅	2017年10月
米玛	男	区中学	高级教师	自治区人社厅	2017年10月
袁金红	女	区中学	高级教师	自治区人社厅	2017年10月
王成林	男	区中学	高级教师	自治区人社厅	2017年10月
涂卉	女	区中学	高级教师	自治区人社厅	2018年6月
王萍	女	区中学	高级教师	自治区人社厅	2018年6月
胡燕梅	女	区中学	高级教师	自治区人社厅	2018年6月
次拉姆	女	区中学	高级教师	自治区人社厅	2018年6月
李迎春	女	区中学	高级教师	自治区人社厅	2018年6月
达珍	女	区教研室	高级教师	自治区人社厅	2018年6月
益西旦增	男	区教研室	高级教师	自治区人社厅	2018年6月
央金	女	区教研室	高级教师	自治区人社厅	2018年6月
李军	男	羊达中心小学	高级教师	自治区人社厅	2018年6月
边巴	男	区小学	高级教师	自治区人社厅	2018年6月
巴桑卓玛	女	古荣中心小学	高级教师	自治区人社厅	2018年10月
扎西顿珠	男	区中学	一级教师	拉萨市人社局	2018年11月
布穷	男	区中学	一级教师	拉萨市人社局	2018年10月

续表7

姓名	性别	工作单位	专业技术职务名称	批准单位	批准时间
普布仓曲	女	区中学	一级教师	拉萨市人社局	2016年7月
王霞	女	区中学	一级教师	拉萨市人社局	2015年12月
土登央金	女	区中学	一级教师	拉萨市人社局	2015年12月
德吉卓嘎	女	区中学	一级教师	拉萨市人社局	2015年12月
李雪优	女	区中学	一级教师	拉萨市人社局	2015年12月
赵有萍	女	区中学	一级教师	拉萨市人社局	2015年12月
王磷	女	区中学	一级教师	拉萨市人社局	2015年12月
次仁央拉	女	区中学	一级教师	拉萨市人社局	2015年12月
晋美多吉	男	区中学	一级教师	拉萨市人社局	2016年7月
平措德吉	女	区中学	一级教师	拉萨市人社局	2016年7月
彭正强	男	区中学	一级教师	拉萨市人社局	2016年7月
卓嘎	女	区中学	一级教师	拉萨市人社局	2016年7月
赵吉明	男	区中学	一级教师	拉萨市人社局	2011年1月
达瓦次仁	男	区中学	一级教师	拉萨市人社局	2015年12月
丹巴杰参	男	区中学	一级教师	拉萨市人社局	2016年7月
普布德吉	女	区中学	一级教师	拉萨市人社局	2015年12月
格桑曲珍	女	区中学	一级教师	拉萨市人社局	2016年7月
扎西曲珍	女	区中学	一级教师	拉萨市人社局	2015年12月
阿乃	女	乃琼中心校	一级教师	拉萨市人社局	2014年5月
达瓦次仁	男	区教研室	一级教师	拉萨市人社局	2008年6月
德庆央宗	女	姜昆希望小学	一级教师	拉萨市人社局	2017年9月
次仁	男	姜昆希望小学	一级教师	拉萨市人社局	2017年9月
旦增曲扎	男	姜昆希望小学	一级教师	拉萨市人社局	2011年5月
德吉拉珍	女	姜昆希望小学	一级教师	拉萨市人社局	2014年5月
贾惠芳	女	区教研室	一级教师	拉萨市人社局	2011年5月
洛桑曲珍	女	姜昆希望小学	一级教师	拉萨市人社局	2017年9月
穷达	女	姜昆希望小学	一级教师	拉萨市人社局	2017年9月
旦增罗布	男	区小学	一级教师	拉萨市人社局	2011年5月

续表7

姓名	性别	工作单位	专业技术 职务名称	批准单位	批准时间
赤尼	女	乃琼中心校	一级教师	拉萨市人社局	2017年10月
曲尼旺姆	女	区小学	一级教师	拉萨市人社局	2009年6月
边巴次仁	男	区小学	一级教师	拉萨市人社局	2017年4月
尼玛片多	女	区小学	一级教师	拉萨市人社局	2014年5月
次旦卓嘎	女	区小学	一级教师	拉萨市人社局	2012年5月
边巴卓玛	女	区小学	一级教师	拉萨市人社局	2017年10月
尼玛卓玛	女	区教研室	一级教师	拉萨市人社局	2013年6月
贾亮	男	马乡中心校	一级教师	拉萨市人社局	2017年10月
米玛仓决	女	区小学	一级教师	拉萨市人社局	2017年10月
色珍	女	姜昆希望小学	一级教师	拉萨市人社局	2013年5月
仓琼	女	区小学	一级教师	拉萨市人社局	2014年5月
达娃曲珍	女	区小学	一级教师	拉萨市人社局	2017年12月
拉巴	男	乃琼中心校	一级教师	拉萨市人社局	2017年12月
边巴次仁	男	区教研室	一级教师	拉萨市人社局	2015年12月
拉巴多杰	男	区小学	一级教师	拉萨市人社局	2017年12月
尼珍	女	姜昆希望小学	一级教师	拉萨市人社局	2018年12月
旦珍	女	马乡中心校	一级教师	拉萨市人社局	2017年10月
巴蓉	女	羊达中心校	一级教师	拉萨市人社局	2017年12月
拉巴次仁	男	区小学	一级教师	拉萨市人社局	2015年12月
唐素芳	女	姜昆希望小学	一级教师	拉萨市人社局	2015年12月
拉姆次仁	女	区二幼	一级教师	拉萨市人社局	2018年12月
马红霞	女	区二幼	一级教师	拉萨市人社局	2018年12月
米玛坚才	男	乃琼中心校	一级教师	拉萨市人社局	2017年10月
巴桑卓嘎	女	乃琼中心校	一级教师	拉萨市人社局	2014年5月
白玛次仁	男	羊达中心校	一级教师	拉萨市人社局	2017年10月
仓决	女	姜昆希望小学	一级教师	拉萨市人社局	2017年10月
旦增念扎	男	区教研室	一级教师	拉萨市人社局	2017年10月
尼珍	女	乃琼中心校	一级教师	拉萨市人社局	2017年10月

续表7

姓名	性别	工作单位	专业技术 职务名称	批准单位	批准时间
拉巴卓玛	女	石景山幼儿园	一级教师	拉萨市人社局	2017年12月
玉珍	女	区小学	一级教师	拉萨市人社局	2010年6月
扎桑	女	乃琼中心校	一级教师	拉萨市人社局	2015年12月
达瓦	女	羊达中心校	一级教师	拉萨市人社局	2012年5月
冲多	女	乃琼中心校	一级教师	拉萨市人社局	2017年10月
旺堆尼玛	男	乃琼中心校	一级教师	拉萨市人社局	2017年10月
巴桑	女	石景山幼儿园	一级教师	拉萨市人社局	2014年5月
次尼	女	乃琼中心校	一级教师	拉萨市人社局	2013年5月
仓决	女	姜昆希望小学	一级教师	拉萨市人社局	2011年5月
仓木啦	女	羊达中心校	一级教师	拉萨市人社局	2009年6月
尼玛旦增	男	区小学	一级教师	拉萨市人社局	2017年10月
西洛	男	区小学	一级教师	拉萨市人社局	2017年10月
巴桑晋美	男	区教研室	一级教师	拉萨市人社局	2011年11月
拉姆次仁	女	姜昆希望小学	一级教师	拉萨市人社局	2017年4月
白玛曲尼	女	区二幼	一级教师	拉萨市人社局	2017年3月
仓决	女	区小学	一级教师	拉萨市人社局	2016年9月
索朗德吉	女	乃琼中心校	一级教师	拉萨市人社局	2013年5月
欧梅	女	石景山幼儿园	一级教师	拉萨市人社局	2017年12月
次德吉	女	乃琼中心校	一级教师	拉萨市人社局	2014年5月
边巴卓玛	女	乃琼中心校	一级教师	拉萨市人社局	2017年10月
边巴	男	古荣中心校	一级教师	拉萨市人社局	2017年9月
扎西次仁	男	区小学	一级教师	拉萨市人社局	2017年10月
扎桑	女	区小学	一级教师	拉萨市人社局	2017年10月
达瓦扎西	男	区教研室	一级教师	拉萨市人社局	2009年6月
顿珠多吉	男	马乡中心校	一级教师	拉萨市人社局	2017年10月
洛珠	男	古荣中心校	一级教师	拉萨市人社局	2017年9月
巴桑卓玛	女	乃琼中心校	一级教师	拉萨市人社局	2017年10月
强桑	女	区小学	一级教师	拉萨市人社局	2012年5月

续表7

姓名	性别	工作单位	专业技术职务名称	批准单位	批准时间
洛桑曲珍	女	区小学	一级教师	拉萨市人社局	2014年5月
杨玉红	女	古荣中心校	一级教师	拉萨市人社局	2017年9月
达瓦卓玛	女	乃琼中心校	一级教师	拉萨市人社局	2014年5月
德吉	女	区小学	一级教师	拉萨市人社局	2017年10月
米玛	男	古荣中心校	一级教师	拉萨市人社局	2017年9月
平措	男	乃琼中心校	一级教师	拉萨市人社局	2017年10月
索朗	男	石景山幼儿园	一级教师	拉萨市人社局	2017年12月
平措德吉	女	古荣中心校	一级教师	拉萨市人社局	2017年9月
玉珍	女	石景山幼儿园	一级教师	拉萨市人社局	2019年1月
益西白玛	女	乃琼中心校	一级教师	拉萨市人社局	2015年12月
边巴卓玛	女	姜昆希望小学	一级教师	拉萨市人社局	2017年9月
多吉次仁	男	姜昆希望小学	一级教师	拉萨市人社局	2017年9月
朱鸿	男	区教研室	一级教师	拉萨市人社局	2012年5月
丹增卓玛	女	区小学	一级教师	拉萨市人社局	2009年6月
扎西德吉	女	乃琼中心校	一级教师	拉萨市人社局	2014年5月
宗吉	女	乃琼中心校	一级教师	拉萨市人社局	2012年5月
宋德军	男	乃琼中心校	一级教师	拉萨市人社局	2012年5月
米玛旺堆	男	古荣中心校	一级教师	拉萨市人社局	2017年9月
强珍	女	区小学	一级教师	拉萨市人社局	2017年10月
达娃	女	羊达中心校	一级教师	拉萨市人社局	2018年12月
白玛德吉	女	羊达中心校	一级教师	拉萨市人社局	2012年5月
索朗次仁	男	羊达中心校	一级教师	拉萨市人社局	2007年5月
白玛卓嘎	女	区小学	一级教师	拉萨市人社局	2017年10月
平措	男	羊达中心校	一级教师	拉萨市人社局	2017年10月
尼玛	女	区小学	一级教师	拉萨市人社局	2016年9月
达娃	女	区小学	一级教师	拉萨市人社局	2017年10月
拉珍	女	羊达中心校	一级教师	拉萨市人社局	2017年2月
边巴卓嘎	女	桑木幼儿园	一级教师	拉萨市人社局	2016年3月

续表7

姓名	性别	工作单位	专业技术职务名称	批准单位	批准时间
江白加措	男	羊达中心校	一级教师	拉萨市人社局	2017年10月
哈吉娜	女	区小学	一级教师	拉萨市人社局	2011年5月
班珍	女	乃琼中心校	一级教师	拉萨市人社局	2013年5月
罗吉	女	乃琼中心校	一级教师	拉萨市人社局	2017年10月
尼玛次仁	男	区小学	一级教师	拉萨市人社局	2012年5月
次仁占堆	男	乃琼中心校	一级教师	拉萨市人社局	2017年10月
达嘎	女	羊达中心校	一级教师	拉萨市人社局	2015年12月
普布占堆	男	区小学	一级教师	拉萨市人社局	2012年5月
边巴次仁	男	乃琼中心校	一级教师	拉萨市人社局	2017年10月
拉珍	女	桑木幼儿园	一级教师	拉萨市人社局	2013年5月
白玛卓嘎	女	姜昆希望小学	一级教师	拉萨市人社局	2013年5月
达娃	女	石景山幼儿园	一级教师	拉萨市人社局	2016年3月
边巴卓玛	女	区二幼	一级教师	拉萨市人社局	2019年1月
尼珍	女	羊达中心校	一级教师	拉萨市人社局	2017年4月
洛桑旦增	男	马乡中心校	一级教师	拉萨市人社局	2017年12月
普琼	男	区小学	一级教师	拉萨市人社局	2009年6月
尼玛次仁	男	德庆中心校	一级教师	拉萨市人社局	2017年10月
达杰	男	德庆中心校	一级教师	拉萨市人社局	2017年10月
达珍	女	区小学	一级教师	拉萨市人社局	2015年10月
晋美达瓦	男	乃琼中心校	一级教师	拉萨市人社局	2017年10月
琼达	男	石景山幼儿园	一级教师	拉萨市人社局	2017年12月
索朗	男	姜昆希望小学	一级教师	拉萨市人社局	2014年5月
加措	男	古荣中心校	一级教师	拉萨市人社局	2017年4月
旺久	男	德庆中心校	一级教师	拉萨市人社局	2017年12月
土旦	男	德庆中心校	一级教师	拉萨市人社局	2017年12月
次仁德吉	女	桑木幼儿园	一级教师	拉萨市人社局	2009年6月
次旦平措	男	德庆中心校	一级教师	拉萨市人社局	2017年10月
巴桑旦增	男	德庆中心校	一级教师	拉萨市人社局	2017年10月

续表7

姓名	性别	工作单位	专业技术职务名称	批准单位	批准时间
索朗念扎	男	德庆中心校	一级教师	拉萨市人社局	2017 年 10 月
周峰	男	区小学	一级教师	拉萨市人社局	2009 年 6 月
加雷	女	羊达中心校	一级教师	拉萨市人社局	2012 年 5 月
旦增曲然	男	姜昆希望小学	一级教师	拉萨市人社局	2014 年 5 月
次吉达瓦	男	乃琼中心校	一级教师	拉萨市人社局	2012 年 5 月
次仁旺堆	男	姜昆希望小学	一级教师	拉萨市人社局	2017 年 9 月
坚才	男	乃琼中心校	一级教师	拉萨市人社局	2017 年 10 月
达瓦卓玛	女	石景山幼儿园	一级教师	拉萨市人社局	2019 年 1 月
次仁玉珍	女	区小学	一级教师	拉萨市人社局	2018 年 12 月
查斯	男	马乡中心校	一级教师	拉萨市人社局	2017 年 12 月
卓玛措	女	区教研室	一级教师	拉萨市人社局	2008 年 5 月
格桑	女	区小学	一级教师	拉萨市人社局	2019 年 1 月
巴桑	女	古荣中心校	一级教师	拉萨市人社局	2017 年 4 月
坚宗	女	古荣中心校	一级教师	拉萨市人社局	2017 年 12 月
央宗	女	马乡中心校	一级教师	拉萨市人社局	2017 年 12 月
措吉	女	乃琼中心校	一级教师	拉萨市人社局	2017 年 12 月
米玛	女	乃琼中心校	一级教师	拉萨市人社局	2015 年 12 月
次旦央宗	女	区小学	一级教师	拉萨市人社局	2019 年 1 月
次仁拉吉	女	区教研室	一级教师	拉萨市人社局	2015 年 12 月
达娃次旦	男	德庆中心校	一级教师	拉萨市人社局	2017 年 12 月
白珍	女	姜昆希望小学	一级教师	拉萨市人社局	2012 年 5 月
斯朗曲珍	女	德庆中心校	一级教师	拉萨市人社局	2017 年 10 月
米玛普赤	女	德庆中心校	一级教师	拉萨市人社局	2017 年 10 月
努努	男	羊达中心校	一级教师	拉萨市人社局	2017 年 10 月
穷吉	女	区小学	一级教师	拉萨市人社局	2017 年 10 月
张文文	女	区小学	一级教师	拉萨市人社局	2014 年 5 月
尼玛卓玛	女	乃琼中心校	一级教师	拉萨市人社局	2017 年 12 月
德吉央珍	女	区小学	一级教师	拉萨市人社局	2012 年 5 月

续表7

姓名	性别	工作单位	专业技术职务名称	批准单位	批准时间
张秀花	女	姜昆希望小学	一级教师	拉萨市人社局	2015年12月
巴央	女	乃琼中心校	一级教师	拉萨市人社局	2017年4月
边巴卓玛	女	姜昆希望小学	一级教师	拉萨市人社局	2017年9月
德吉卓嘎	女	乃琼中心校	一级教师	拉萨市人社局	2017年4月
普布	女	古荣中心校	一级教师	拉萨市人社局	2017年9月
贾智慧	女	姜昆希望小学	一级教师	拉萨市人社局	2018年1月
次仁央金	女	乃琼中心校	一级教师	拉萨市人社局	2015年12月
白玛西落	女	区二幼	一级教师	拉萨市人社局	2015年12月
贡觉坚参	男	羊达中心校	一级教师	拉萨市人社局	2018年12月
次仁央拉	女	区小学	一级教师	拉萨市人社局	2019年1月
旦增旺姆	女	姜昆希望小学	一级教师	拉萨市人社局	2016年7月
央珍	女	区小学	一级教师	拉萨市人社局	2013年5月
张洪	男	区教研室	一级教师	拉萨市人社局	2012年5月
吴晓玉	女	区小学	一级教师	拉萨市人社局	2015年12月
高波	女	区中学	一级教师	拉萨市人社局	2016年7月
旦增欧珠	男	乃琼中心校	一级教师	拉萨市人社局	2018年12月
次旦央宗	女	区小学	一级教师	拉萨市人社局	2013年5月
宗巴	女	姜昆希望小学	一级教师	拉萨市人社局	2018年12月
李占宏	男	区教研室	一级教师	拉萨市人社局	2017年10月
德吉卓嘎	女	乃琼中心校	一级教师	拉萨市人社局	2008年11月
普布多吉	男	古荣中心校	一级教师	拉萨市人社局	2015年12月
次珍	女	石景山幼儿园	一级教师	拉萨市人社局	2017年12月
米玛次仁	男	姜昆希望小学	一级教师	拉萨市人社局	2008年6月
赵东来	男	区教研室	一级教师	拉萨市人社局	2014年5月
阿旺益西	男	乃琼中心校	一级教师	拉萨市人社局	2017年12月
扎西元旦	男	古荣中心校	一级教师	拉萨市人社局	2017年4月
欧珠	男	区小学	一级教师	拉萨市人社局	2015年12月
殷臣秀	女	姜昆希望小学	一级教师	拉萨市人社局	2016年7月

续表7

姓名	性别	工作单位	专业技术职务名称	批准单位	批准时间
次仁卓玛	女	乃琼中心校	一级教师	拉萨市人社局	2017 年 12 月
旦珍	女	姜昆希望小学	一级教师	拉萨市人社局	2016 年 8 月
白玛卓嘎	女	古荣中心校	一级教师	拉萨市人社局	2018 年 12 月
央珍	女	羊达中心校	一级教师	拉萨市人社局	2017 年 10 月
边巴卓嘎	女	区小学	一级教师	拉萨市人社局	2015 年 10 月
旺东	男	乃琼中心校	一级教师	拉萨市人社局	2015 年 8 月
米玛布知	女	姜昆希望小学	一级教师	拉萨市人社局	2017 年 4 月
吉安卓玛	女	古荣中心校	一级教师	拉萨市人社局	2018 年 12 月
旦增平措	男	区小学	一级教师	拉萨市人社局	2017 年 10 月
卓玛	女	古荣中心校	一级教师	拉萨市人社局	2017 年 12 月
德吉群措	女	区教研室	一级教师	拉萨市人社局	2018 年 12 月
尼玛卓嘎	女	姜昆希望小学	一级教师	拉萨市人社局	2016 年 8 月
扎西卓玛	女	姜昆希望小学	一级教师	拉萨市人社局	2015 年 8 月
次仁曲宗	女	古荣中心校	一级教师	拉萨市人社局	2018 年 12 月
顿珠罗杰	男	德庆中心校	一级教师	拉萨市人社局	2018 年 12 月
洛桑曲珍	女	乃琼中心校	一级教师	拉萨市人社局	2017 年 12 月
尼珍	女	羊达中心校	一级教师	拉萨市人社局	2014 年 3 月
格桑德吉	女	乃琼中心校	一级教师	拉萨市人社局	2016 年 7 月
边珍	女	乃琼中心校	一级教师	拉萨市人社局	2016 年 7 月
尼玛卓玛	女	古荣中心校	一级教师	拉萨市人社局	2015 年 12 月
祁静	女	德庆中心校	一级教师	拉萨市人社局	2019 年 1 月
央金	女	姜昆希望小学	一级教师	拉萨市人社局	2016 年 3 月
次旦拉姆	女	区教研室	一级教师	拉萨市人社局	2012 年 5 月
索朗德吉	女	羊达中心校	一级教师	拉萨市人社局	2012 年 10 月
尼玛曲珍	女	乃琼中心校	一级教师	拉萨市人社局	2015 年 8 月
德吉央宗	女	羊达中心校	一级教师	拉萨市人社局	2015 年 12 月
边巴卓玛	女	区小学	一级教师	拉萨市人社局	2015 年 12 月
郭宗英	男	区教研室	一级教师	拉萨市人社局	2015 年 12 月

续表7

姓名	性别	工作单位	专业技术职务名称	批准单位	批准时间
拉巴次仁	男	区小学	一级教师	拉萨市人社局	2017 年 12 月
唐红	女	区小学	一级教师	拉萨市人社局	2017 年 12 月
尼玛次仁	男	马乡中心校	一级教师	拉萨市人社局	2017 年 12 月
巴桑次仁	男	乃琼中心校	一级教师	拉萨市人社局	2016 年 1
次仁央宗	女	乃琼中心校	一级教师	拉萨市人社局	2018 年 12 月
次仁曲旦	男	乃琼中心校	一级教师	拉萨市人社局	2016 年 9 月
德吉尼玛	女	羊达中心校	一级教师	拉萨市人社局	2016 年 9 月
次仁平措	男	乃琼中心校	一级教师	拉萨市人社局	2016 年 10 月
杜斌	男	区教研室	一级教师	拉萨市人社局	2017 年 1 月
多吉旺堆	男	区小学	一级教师	拉萨市人社局	2016 年 9 月
达珍	女	桑木幼儿园	一级教师	拉萨市人社局	2017 年 1 月
索朗加布	男	古荣中心校	一级教师	拉萨市人社局	2019 年 1 月
尼普	女	区小学	一级教师	拉萨市人社局	2017 年 10 月
次仁措旺	女	区中学	一级教师	拉萨市人社局	2019 年 1 月
拉珍	女	德庆中心校	一级教师	拉萨市人社局	2017 年 8 月
索朗曲珍	女	马乡中心校	一级教师	拉萨市人社局	2010 年 7 月
谭振霞	女	石景山幼儿园	一级教师	拉萨市人社局	2018 年 12 月
洛松朗措	女	德庆中心校	一级教师	拉萨市人社局	2016 年 4 月
旦增甘登	男	德庆中心校	一级教师	拉萨市人社局	2017 年 9 月
史磊	男	乃琼中心校	一级教师	拉萨市人社局	2018 年 11 月
闫烁	女	古荣中心校	一级教师	拉萨市人社局	2013 年 1 月
霍娟	女	马乡中心校	一级教师	拉萨市人社局	2018 年 11 月
泽丁卓玛	女	石景山幼儿园	一级教师	拉萨市人社局	2018 年 7 月
郑文玉	男	区教研室	一级教师	拉萨市人社局	2015 年 9 月
白玛德庆	女	古荣中心校	一级教师	拉萨市人社局	2019 年 1 月
索朗次仁	男	古荣中心校	一级教师	拉萨市人社局	2019 年 1 月
普布仓决	女	区中学	一级教师	拉萨市人社局	2017 年 4 月
索朗次仁	男	区中学	一级教师	拉萨市人社局	2018 年 10 月

续表7

姓名	性别	工作单位	专业技术职务名称	批准单位	批准时间
朗杰卓嘎	女	区中学	一级教师	拉萨市人社局	2012年4月
阿旺拉姆	女	德庆中心校	一级教师	拉萨市人社局	2018年10月
米玛次仁	男	德庆中心校	一级教师	拉萨市人社局	2018年10月
强巴卓嘎	女	区中学	一级教师	拉萨市人社局	2017年10月
次仁平措	男	区中学	一级教师	拉萨市人社局	2018年12月
阿奴	女	区中学	一级教师	拉萨市人社局	2015年12月
德吉	女	区中学	一级教师	拉萨市人社局	2016年7月
尼玛罗布	男	区中学	一级教师	拉萨市人社局	2018年10月
马明	男	区中学	一级教师	拉萨市人社局	2019年1月
谢娜	女	区中学	一级教师	拉萨市人社局	2019年1月
胡耀华	男	区中学	一级教师	拉萨市人社局	2019年1月
赵菲菲	女	区中学	一级教师	拉萨市人社局	2019年1月
卓嘎	女	区中学	一级教师	拉萨市人社局	2017年10月
白红梅	女	区中学	一级教师	拉萨市人社局	2009年6月
格桑	女	区中学	一级教师	拉萨市人社局	2005年4月
普布卓玛	女	区中学	一级教师	拉萨市人社局	2017年10月
尼玛卓玛	女	区中学	一级教师	拉萨市人社局	2017年10月
巴桑	女	区中学	一级教师	拉萨市人社局	2017年10月
央珍	女	区中学	一级教师	拉萨市人社局	2017年2月
格桑达瓦	男	区中学	一级教师	拉萨市人社局	2017年10月
次仁措姆	女	区中学	一级教师	拉萨市人社局	2017年10月
次吉	女	区中学	一级教师	拉萨市人社局	2017年10月
扎西央宗	女	区中学	一级教师	拉萨市人社局	2017年10月
薛富春	男	区中学	一级教师	拉萨市人社局	2017年10月
元旦卓玛	女	区中学	一级教师	拉萨市人社局	2017年10月
龙宗	女	区中学	一级教师	拉萨市人社局	2017年2月
次仁央啦	女	区中学	一级教师	拉萨市人社局	2017年10月
次珠啦	女	区中学	一级教师	拉萨市人社局	2017年10月

续表7

姓名	性别	工作单位	专业技术职务名称	批准单位	批准时间
石达	男	区中学	一级教师	拉萨市人社局	2017年10月
索次	男	区中学	一级教师	拉萨市人社局	2017年10月
韩庆龄	女	区中学	一级教师	拉萨市人社局	2017年10月
佟福鼎	男	区中学	一级教师	拉萨市人社局	2017年10月
莫春燕	女	区中学	一级教师	拉萨市人社局	2017年10月
普琼	男	区中学	一级教师	拉萨市人社局	2017年10月
扎西	男	区中学	一级教师	拉萨市人社局	2017年10月
陈新龙	男	区中学	一级教师	拉萨市人社局	2017年10月
普布琼达	女	区中学	一级教师	拉萨市人社局	2017年10月
洪飞	女	区中学	一级教师	拉萨市人社局	2017年10月
游艳梅	女	区中学	一级教师	拉萨市人社局	2017年10月
央吉	女	区中学	一级教师	拉萨市人社局	2017年10月
索朗卓嘎	女	区中学	一级教师	拉萨市人社局	2017年10月
曲吉	女	区中学	一级教师	拉萨市人社局	2017年10月
边巴卓玛	女	区中学	一级教师	拉萨市人社局	2017年10月
巴桑拉姆	女	区中学	一级教师	拉萨市人社局	2017年10月
扎西	男	区中学	一级教师	拉萨市人社局	2017年10月
格桑仁增	男	区中学	一级教师	拉萨市人社局	2018年12月
扎西旺堆	男	区中学	一级教师	拉萨市人社局	2017年12月
次仁曲宗	女	区中学	一级教师	拉萨市人社局	2017年12月
欧珠央宗	女	区中学	一级教师	拉萨市人社局	2017年12月
益西曲珍	女	区中学	一级教师	拉萨市人社局	2017年12月
仓决	女	区中学	一级教师	拉萨市人社局	2017年12月
白玛玉珍	女	区中学	一级教师	拉萨市人社局	2017年12月
尼玛卓嘎	女	区中学	一级教师	拉萨市人社局	2018年12月
扎桑	女	区中学	一级教师	拉萨市人社局	2018年12月
米玛	女	区中学	一级教师	拉萨市人社局	2017年12月
白玛更吉	女	区中学	一级教师	拉萨市人社局	2018年12月
尼珠	女	区中学	一级教师	拉萨市人社局	2017年4月

（赵东来）

【领导名录】

书　记

何 景 平（9月离任）

达瓦扎西（藏族，9月任职）

局　长

林　　芸（女）

副局长

达瓦扎西（藏族，9月离任）

平措扎西（藏族，7月任职）

索朗多吉（藏族，7月任职）

堆龙德庆区粮食局

【概况】 年内，堆龙德庆区粮食工作认真贯彻落实中共十九大会议精神，紧紧围绕自治区、拉萨市、堆龙德庆区委、区政府整体工作部署和全区经济发展大局，高度重视粮食安全，紧抓粮食流通管理和改革促创新，加速粮食经济发展，提升粮食工作水平，为堆龙德庆区"率先科学发展，加快建设宜居幸福的现代化国际城区"提供有力的粮食安全保障。

【推进服务民生两项工程】 推进粮食质量安全保障工程。年内，区粮食局严格按照拉萨市粮食局的要求和通知精神，摸清企业自身的基本情况及收购情况，进一步了解了辖区5家企业的经营情况，按照粮食收购年检工作的流通和相关企业提供的数据，对5家公司（堆龙古荣巴热糌粑有限公司、堆龙古荣朗孜糌粑有限公司、堆龙净土产业投资开发有限公司、西藏特色产业股份有限公司及西藏三鸣饲料有限公司）的粮食许可证进行了年检。

推进放心粮油工程。深入开展放心粮油进农村进社区工作，抓好放心粮油工程示范企业建设，抓好放心粮油进社区服务网络建设，改造完善放心粮油销售网点，完善粮食配送服务网络，更好地满足堆龙德庆区民众生活需求。

开展粮食库存检查。准确掌握粮食库存底数，按照财务账、统计张、保管账、三账及实物相互核对的方式，经核对实物与账面数字相符，通过检查掌握了堆龙德庆区粮食库存与质量和卫生安全情况，掌握了仓储管理和收购资格情况。启动粮食质量检测强化粮食监管力度，全年区开展专项执法检查12次，对粮食质量开展不定期检查，杜绝不合格粮油流入市场。认真开展2018年度粮食安全县（区）长责任制考核工作，确保堆龙德庆区群众吃上放心粮油。

【加快粮食发展三项建设】 加快智慧粮库建设。年内，区粮食局按照国家局粮食信息化建设意见要求，以区级粮食储备库为主要平台，加快建设智慧粮库，运用智能管理模式和物联网信息技术，实现储备粮自动化、智能化管理，稳步推动堆龙德庆区智慧粮库建设。

加快储备设施建设。实施堆龙德庆区粮油储备基础设施改造，指导德庆乡、马乡、柳梧等片区改建地方储备库，增加堆龙德庆区仓储仓容。严格执行粮情检查制度，发现问题及时汇报和处理，使问题解决在萌芽状态，保持仓库内外清洁卫生，粮食堆码整齐，做到仓外三不留，仓内面面光。

加快执法体系建设。继续推进堆龙德庆区规范化执法工作，加强地方储备粮政策性用粮检查，加强入区粮油产品质量监督检查，加强粮油诚信经营引导和监管，推行诚信等级评定管理，促进粮食经营者诚信经营、守法经营。

2018年2月6日，常州市粮食局与堆龙德庆区粮食局对口援助座谈会在堆龙德庆区发改委二楼会议室召开

【抓好五项重点工作】抓好粮食购销工作。年内，区粮食局严格执行和落实国家粮食收购政策，强化粮食购销工作的组织领导，充分发挥国有粮食企业促农增收的主导作用，努力掌控粮源，继续提升为全区种粮农民售粮服务的水平。每月定期向市粮食局汇报购销统计数据，保证工作井然有序地进行。

抓好地方储备粮油管理。优化原粮储备结构，深化地方储备粮规范化建设，以精细化、标准化管理，推进花园式和谐粮库建设，确保区本级储备粮食质量安全、数量准确。

抓好粮食应急管理。完善粮食应急管理机制，根据区政府工作部署，做好全区粮食应急加工企业、应急供应网点核定工作，抓好全区应急粮油的储存监管，保障应急粮油关键时刻调得出、用得上。

抓好行业指导，引导居民健康消费。发挥行业协会作用，引导粮油行业企业加快产业升级，积极培育龙头骨干企业，实现工业总产值增长。强化堆龙德庆区域粮食安全形势认识，提高广大群众对粮食工作的认知，激发公民对粮食的关心。根据市粮食局的要求，10 月 16—22 日是国家第 28 个爱粮节粮宣传周，区粮食局以“改变移民未来—投资粮食安全，促进农村发展”为主题悬挂横幅，开展爱粮节粮科普知识宣传活动，引导群众科学消费，促进膳食结构和粮食升级。

抓好安全管理工作。深入推进安全生产网格化、标准化管理，实施粮油仓储企业事故隐患自查标准，强化安全检查和隐患排查治理，提高安全生产规范化管理水平。

【全面落实五项保障措施】深入学习贯彻中共十九大和一届一中全会精神。年内，区粮食局按照区委、区政府工作部署，组织粮食系统干部职工深入学习中共十九大精神，确定奋斗目标，结合粮食部门实际，狠抓工作落实，贯彻落实好区委、区政府工作要求，全面提升粮食系统科学发展水平。

加强党建、精神文明建设。巩固创先争优活动成果，推进基层党组织和学习型党组织建设，保障粮食工作平稳较快发展。组织开展道德讲堂、创建文明窗口系列活动，推进职工民主管理，指导粮食系统先进单位争创全区文明单位。

加强干部队伍建设。推行“人才兴粮”战略，制定了人才建设工作意见，加大人才引进、培养和管理力度，加强科学发展考核工作，建立完善目标考核指标体系，培育结构合理、专业突出、精干高效的粮食干部队伍，促进粮食工作创新发展。

加强作风建设。认真贯彻落实中央八项规定要求，结合粮食工作实际，制定贯彻办法抓好落实。按照区政府“加速、提升、创新、增效、落实”的要求，积极开展“寻标、对标、达标、夺标、创标”和“治庸、治懒、治散、治慢、治拖、治瞒”活动，树立雷厉风行、精益求精、攻坚克难、爱岗敬业、奉献担当的工作作风，提高工作质量，营造团结进取、干事创业的工作氛围。

（袁德军）

【领导名录】

局　长

杨开颜

负责人

边　巴（藏族）

堆龙德庆区中学

【概况】年内，堆龙德庆区中学在区委、区政府及区教体局的正确领导下，认真贯彻落实中共十九大精神，深入落实基层党建工作责任制和党风廉政建设责任制，积极开展“四讲四爱”群众教育活动，坚持以“成人、成才”的办学思路，解放思想，与时俱进，树立“以人为本”的办学理念，加强教师队伍建设，以课堂转型为契机，以校园文化建设为载体，努力提高教学质量，力创平安学校、和谐校园。2018 年，全校共有教职工 181 名，在校学生 1915 名。

【党风廉政建设】年内，区中学通过召开党支部会议、校委会会议、中层干部会、党员大会和参加培训班，开展理想信念、党纪党规、法律法规教育；通过党员大会、教职工大会，弘扬“公正、包容、责任、诚信”的价值取向，开展师德建设主题教育活动，每位教师都签订了师德承诺书，形成了“执教为民、廉洁从教”的良好氛围。

【开展“四讲四爱”主题教育实践教育活动】 年内，区中学通过创新宣传渠道，营造浓厚氛围，正确引导学生树立“‘四讲四爱’‘过好当下幸福生活’人人学、‘四讲四爱’‘过好当下幸福生活’共参与”的思想观念，以开展主题演讲比赛、手抄报比赛、歌咏比赛、朗诵比赛和游学等活动为抓手，让学生用自己的心语抒发对党、对祖国的无限热爱和美好祝福，深化感党恩教育，开展专题培训，建强学生宣讲队伍，用通俗易懂的语言向参训学生进行详细讲解，积极开展“四讲四爱”“过好当下幸福生活”主题教育实践活动。

【岗位大练兵活动】 年内，区中学为进一步贯彻落实自治区教工委《关于贯彻落实自治区第九次党代会精神确保实现“五个100%”教育目标的实施意见》文件精神，开展了首届理化生教师实验技能大赛、“颂美文，展风采”朗诵大赛，通过比赛促进了理化生教师课堂实验教学能力提升和实验教学专业化发展，提升了理化生教师实验教学操作技能，强化了理化生教师在教学中进行实验的规范性意识，进一步提高了实验教师创新能力和实验教学技能。2018年，学校教师韩庆龄、巴桑拉姆2位教师指导的学生在第五届“东方少年中国梦”作文大赛中学作文比赛中分获一等奖、三等奖；段昭老师在“2018年拉萨市理化生教师实验教学操作技能大赛”中获得三等奖；谭阿璐老师获得“2018年全区初中教师教学竞赛决赛”英语组一等奖、李天奎老师获得“2018年全区初中教师教学竞赛决赛”数学组三等奖；达瓦次仁老师获得“拉萨市教师岗位大练兵藏文字体”二等奖；朱世清老师获得“拉萨市第二届青少年科技创新大赛”优秀科技人员；朱世清老师、薛富春老师指导的“解决遥控直升飞机在高原无法起飞的问题”的作品获得第九届全国青少年科学影像节三等奖；谭阿璐老师的《幽默教学，让初中英语课堂更轻松》、朱世清老师的《浅析西藏自治区中学信息技术教育》论文分获拉萨市中小学教师岗位技能大练兵活动——“优秀论文”一等奖和三等奖；谭阿璐老师的Danny′s Favorite Colour获拉萨市中小学教师岗位技能大练兵活动——“优秀教案”；周婷老师的Let′s go shopping、周萍老师的The Object clause获拉萨市中小学教师岗位技能大练兵活动——“优秀作业设计”。

2018年10月12日，教育部民族教育司副司长葛维威（右五）一行在堆龙德庆区中学调研双语教学工作

【师德师风建设】 年内，区中学成立了由校长任组长，其他班子成员和班主任为成员的师德师风教育活动领导小组，通过广播、黑板报、标语、展板、简报、学习手册、学生问卷调查等形式开展师德师风教育活动，引导教师不仅重言传，更要重身教，时时处处体现为人师表。同时，多次组织广大教师认真学习《教师法》《教育法》《中小学教师职业道德规范》《教育部关于加强和改进师德建设的意见》等法律法规，通过政治学习、业务学习、开展读书活动等载体，增强广大教师的法制观念，提高广大教师的职业道德素质，力促教师在提高政治素质、思想素养上求实效，在转变教育理念、提高教育教学质量上求实效，在服务学生、服务家长、服务社会上求实效，在为人师表、树立良好形象上求实效，在促进学校发展、争先创优上求实效。

【教师业务培训】 年内，区中学通过“国培计划”、区培计划、校本培训、城乡结对和建立“手拉手”联谊学校、邀请区教科所、市教研所专家、市内兄弟学校名师来校指导，通过研、培、导、练、赛等多种形式，积极挖掘教师的潜能，发现教师的创新点，提升教师专业成长，为教育教学质量的提升创造有利条件。2018年，培训教师达140人次，有力地促进了教师专业素质。

【课堂教学】 教学工作是学校的中心工作，教育质量是学校的生命线，而进行课改研究就是提升教育教学质量的强有力的保证。年内，区中学要求全体教师树立“面向全体、全面发展、主动发展”的教学思想，努力做到“把眼光盯在质量上，把功夫下在备课上，把基础放在个人素质提高上，把关键放在教学方法的改革上，把目标放在全体学生的进步和提升上，把效果显现在40分钟的课堂上”，保证教学工作扎实有效。

在常规管理工作中，充分发挥教学管理处的作用，定计划、定措施，展开竞争，在课堂教学、作业指导、成绩考查、专业发展等方面对教学工作进行量化考核。以抓教学细节入手，规范教学教研常规工作，着力打造高效课堂，做好推门听课、集体备课、一课多讲、同课异构等多形式课堂教学活动，坚持面向教育教学实践、切实解决实际问题，以如何使学生日日有进步为着眼点，筹建课题，大兴研究之举，积极找对策，转变教学理念，抓好教学环节，集中教师进行自我反思、全面总结、提炼经验。同时，各类考试结束后，组织教师对试卷成绩进行分析，认真反思，查漏补缺，研究对策，增强实效。

为了深入推进区中学教学教研工作，全面落实市、区《振兴教育教学质量三年行动计划》，学校组织部分教师到拉萨市一中、拉萨北京实验中学参观学习，同时邀请全国名师、名校长、骨干教师到区中学开展讲座、上示范课，开展与内地西藏班校长交流活动。

为确保学生德、智、体、美、劳全面发展，学校利用现有教学设施，开设了阳光阅读课、阳光体育课、心理健康课、兴趣课等校本课程，组建了校文艺队、校足球队，校鼓乐队等，成立了科技兴趣小组、计算机兴趣小组等，每学期定期举办学生美术作品展、学生成就展，并利用“五四”“六一”“十一”“一二·九”等节日开展评奖活动，促进学生健康发展。

【拓展教育教学空间】 年内，区中学以形式多样的活动为载体，激发学生学习兴趣，充分发挥现有教育资源的作用，开展丰富多彩的课余活动，学校的图书室、体育场（馆）、青少年活动中心、实验室等场所向学生开放，有组织、有计划地为学生安排丰富多彩的科技、文艺、体育等活动；有计划地组织社会实践活动，积极探索实践教学和学生参加社会实践帮老助残的有效机制，丰富学生的生活体验，在实践中发展，在体验中成长；强化德育实践环节，利用清明节、五四青年节、一二·九爱国运动、9月民族团结月、法制进校园、开辟校外法制基地、新生军训、卫生安全教育等活动，加强新生思想政治建设；每年召开不少于3次的家长会，开展“大家访”，加强家庭教育、社会教育，引导家长树立正确的教育观，促学生文明养成、自我管理有长足的发展。2018年，组织100余名学生赴拉

2018年9月10日，区委副书记、区长杜江(前排右一)代表四大班子在区中学走访慰问全体教师

萨市青少年实践基地进行素质拓展，与自然科学博物馆联合，组织400余名学生参加了自然博物馆、牦牛博物馆、西藏大学游学活动。寒假期间学校组织24名学生在区教体局工作人员的统一带领下去北京交流学习、14名学生赴南京市参加“雪域同心，圆梦金陵”西部公益游学活动，40名校足球队员（U13男队20名、U13女队20名）赴成都市双流开展足球集训。

【思想道德教育】 年内，区中学开展了“科技其实很简单”第二届校园科技节之科技知识竞赛、“四讲四爱”群众教育之第五届教职工艺术节暨文艺赛演活动、第六届校园文化艺术节暨纪念“一二·九”运动爱国诗歌朗诵比赛活动、春季“校长杯”第三届校园足球班级联赛、第二届校园篮球班级联赛等一系列活动，利用升国旗、奏国歌、国旗下的讲话、主题班会、学生大会、新生军训、播放有意义的影片等活动加强学生政治思想教育；利用校园广播、班级板报、校园宣传栏、阳光小报等宣传平台渲染政治思想教育氛围，加强对学生的爱国主义和集体主义教育。同时，结合重要的节假日、纪念日，开展有意义的教育活动，如结合三月份“向雷锋同志学习”、综治宣传月活动，开展了一系列“传承雷锋精神”和反对分裂、爱我中华活动；结合清明节，开展网上祭英烈活动，以培养学生爱国情感；结合“五四”召开表彰大会，弘扬“爱国、进步、民主、科学”的五四精神，并举办了“践行党的十九大会议精神 给力青春·放飞中国梦”为主题的2018年度入团宣誓仪式暨纪念“五四运动”99周年表彰大会暨文艺汇演；在十一月组织学生参加“珍惜青春·远离犯罪”模拟法庭活动；结合““一二·九”运动”开展朗诵活动，进一步激发学生的爱国热情和历史使命感。

【民族团结教育】 抓舆论宣传。年内，区中学充分利用横幅、宣传标语、黑板报、校园广播等宣传工具，在校园内加大宣传力度，广泛宣传党的民族政策，宣传民族团结教育的重要性，使广大师生在自觉与不自觉中受到了民族团结的教育，营造和谐民族氛围；学习民族理论政策。为了更好地了解和掌握民族理论政策、民族法律法规和民族基本知识，组织全体师生，深入学习《民族区域自治法》《拉萨市民族团结进步条例》等法律法规；民族团结教育进教材。将民族团结教育列入教学计划，各任课教师依照任教学科特点在课堂上对学生渗透民族团结教育、爱国主义教育、人格塑造等教育，做到了在教案中有体现，在课堂上有落实，切实保证教学时间、教学质量和教学效果；利用民族团结教育月、重大节日、纪念日等契机组织开展丰富多彩的活动，加强各族师生之间的文化交流，促进了民族团结，如开展民族团结月活动、开展民族团结演讲比赛；将藏民族的民族舞穿插到学生课间操中，并开发为校本课程，以这种“春风化雨、润物无声”的方式，增进民族文化的交流与融合，增强学生的民族团结意识。

（李瑞祖）

【领导名录】

校党支部书记

扎西旺堆（藏族）

校　长

王 书 清

副校长

朱艳美（女）

副校长

强巴卓嘎（女，藏族，12月离任）

堆龙德庆区中学中级以上职称人员名单

表8

序号	姓名	性别	专业技术职务	批准单位	批准时间
1	朱艳美	女	中教正高级	西藏自治区人社厅	2018年6月15日
2	袁金红	女	中教高级	西藏自治区人社厅	2013年1月1日
3	王成林	男	中教高级	西藏自治区人社厅	2012年12月31日
4	索朗白珍	女	中教高级	西藏自治区人社厅	2013年9月5日

续表8

序号	姓名	性别	专业技术职务	批准单位	批准时间
5	大米玛	男	中教高级	西藏自治区人社厅	2015年9月5日
6	贺红侠	女	中教高级	西藏自治区人社厅	2014年11月28日
7	房明娟	女	中教高级	西藏自治区人社厅	2014年11月28日
8	徐丽	女	中教高级	西藏自治区人社厅	2014年11月28日
9	张洋	女	中教高级	西藏自治区人社厅	2014年11月28日
10	珠扎	男	中教高级	西藏自治区人社厅	2014年11月28日
11	次仁白玛	女	中教高级	西藏自治区人社厅	2016年1月1日
12	巴珍	女	中教高级	西藏自治区人社厅	2016年1月1日
13	王书清	男	中教高级	西藏自治区人社厅	2016年1月1日
14	王芳	女	中教高级	西藏自治区人社厅	2017年1月1日
15	胡燕梅	女	中教高级	西藏自治区人社厅	2013年6月15日
16	王萍	女	中教高级	西藏自治区人社厅	2013年6月15日
17	次拉姆	女	中教高级	西藏自治区人社厅	2013年6月15日
18	涂卉	女	中教高级	西藏自治区人社厅	2018年6月15日
19	李迎春	女	中教高级	西藏自治区人社厅	2018年6月15日
20	央珍	女	中教一级	拉萨市人社局	2008年5月30日
21	龙宗	女	中教一级	拉萨市人社局	2008年5月30日
22	次吉	女	中教一级	拉萨市人社局	2008年5月30日
23	次仁央啦	女	中教一级	拉萨市人社局	2007年4月24日
24	薛富春	男	中教一级	日喀则人社局	2012年9月14日
25	游艳梅	女	中教一级	日喀则人社局	2012年9月14日
26	普布仓曲	女	中教一级	日喀则人社局	2008年9月18日
27	扎西央宗	女	中教一级	拉萨市人社局	2007年4月24日
28	央吉	女	中教一级	拉萨市人社局	2013年5月
29	高波	女	中教一级	拉萨市人社局	2016年7月28日
30	元旦卓玛	女	中教一级	拉萨市人社局	2012年5月31日
31	卓嘎	女	中教一级	山南人社局	2007年8月27日
32	白红梅	女	中教一级	拉萨市人社局	2009年5月19日

续表8

序号	姓名	性别	专业技术职务	批准单位	批准时间
33	佟福鼎	男	中教一级	拉萨市人社局	2013年5月
34	韩庆龄	女	中教一级	拉萨市人社局	2012年5月31日
35	赵菲菲	女	中教一级	拉萨市人社局	2017年12月25日
36	胡耀华	男	中教一级	拉萨市人社局	2015年12月25日
37	洪飞	女	中教一级	拉萨市人社局	2013年5月
38	赵吉明	男	中教一级	拉萨市人社局	2011年11月1日
39	强巴卓嘎	女	中教一级	拉萨市人社局	2006年4月28日
40	石达	男	中教一级	拉萨市人社局	2011年5月31日
41	次仁措姆	女	中教一级	拉萨市人社局	2005年3月29日
42	索次	男	中教一级	拉萨市人社局	2007年4月24日
43	莫春燕	女	中教一级	拉萨市人社局	2010年5月31日
44	陈新龙	男	中教一级	拉萨市人社局	2013年5月
45	大普琼	男	中教一级	拉萨市人社局	2007年4月24日
46	女巴桑	女	中教一级	拉萨市人社局	2009年5月19日
47	普布卓玛	女	中教一级	拉萨市人社局	2007年4月24日
48	格桑达瓦	男	中教一级	拉萨市人社局	2009年5月19日
49	尼玛卓玛	女	中教一级	拉萨市人社局	2010年5月31日
50	普布卓玛	女	中教一级	拉萨市人社局	2012年5月31日
51	次珠啦	女	中教一级	日喀则人社局	2011年11月28日
52	扎西	男	中教一级	日喀则人社局	2011年11月28日
53	索朗卓嘎	女	中教一级	日喀则人社局	2012年9月14日
54	曲吉	女	中教一级	拉萨市人社局	2014年5月31日
55	卓嘎	女	中教一级	拉萨市人社局	2014年5月31日
56	巴桑拉姆	女	中教一级	拉萨市人社局	2014年5月31日
57	扎西	男	中教一级	拉萨市人社局	2014年5月31日
58	边巴卓玛	女	中教一级	拉萨市人社局	2014年5月31日
59	扎西曲珍	女	中教一级	拉萨市人社局	2016年1月1日
60	王磷	女	中教一级	拉萨市人社局	2016年1月1日

续表8

序号	姓名	性别	专业技术职务	批准单位	批准时间
61	赵有萍	女	中教一级	拉萨市人社局	2015 年 12 月
62	次仁央啦	女	中教一级	拉萨市人社局	2016 年 1 月 1 日
63	阿奴	女	中教一级	拉萨市人社局	2016 年 1 月 1 日
64	李雪优	女	中教一级	拉萨市人社局	2016 年 1 月 1 日
65	王霞	女	中教一级	拉萨市人社局	2015 年 1 月 1 日
66	土登央金	女	中教一级	拉萨市人社局	2015 年 12 月
67	达瓦次仁	男	中教一级	拉萨市人社局	2015 年 12 月
68	普布德吉	女	中教一级	拉萨市人社局	2015 年 12 月
69	马明	男	中教一级	拉萨市人社局	2011 年 5 月 31 日
70	格桑	女	中教一级	拉萨市人社局	2005 年 3 月 29 日
71	谢娜	女	中教一级	拉萨市人社局	2013 年 5 月 29 日
72	格桑曲珍	女	中教一级	拉萨市人社局	2016 年 7 月 28 日
73	普布琼达	女	中教一级	拉萨市人社局	2006 年 4 月 28 日
74	仓决	女	中教一级	拉萨市人社局	2017 年 12 月 27 日
75	次仁曲宗	女	中教一级	拉萨市人社局	2017 年 12 月 27 日
76	米玛	女	中教一级	拉萨市人社局	2017 年 12 月 27 日
77	扎西旺堆	男	中教一级	拉萨市人社局	2017 年 12 月 27 日
78	益西曲珍	女	中教一级	拉萨市人社局	2017 年 12 月 27 日
79	白玛玉珍	女	中教一级	拉萨市人社局	2017 年 12 月 27 日
80	欧珠央宗	女	中教一级	拉萨市人社局	2017 年 12 月 27 日
81	尼珠	女	中教一级	拉萨市人社局	2017 年 4 月 19 日
82	晋美多吉	男	中教一级	拉萨市人社局	2016 年 7 月 28 日
83	德吉	女	中教一级	拉萨市人社局	2016 年 7 月 28 日
84	小卓嘎	女	中教一级	拉萨市人社局	2016 年 7 月 28 日
85	朗杰卓嘎	女	中教一级	林芝市人社局	2012 年 4 月 25 日
86	索朗次仁	男	中教一级	那曲人社局	2014 年 1 月 6 日
87	索朗卓嘎	女	中教一级	拉萨市人社局	2014 年 5 月 31 日
88	尼玛罗布	男	中教一级	日喀则人社局	2013 年 7 月 29 日

续表8

序号	姓名	性别	专业技术职务	批准单位	批准时间
89	平措德吉	女	中教一级	拉萨市人社局	2016 年 7 月 28 日
90	普布仓决	女	中教一级	拉萨市人社局	2017 年 4 月 19 日
91	次仁央拉	女	中教一级	拉萨市人社局	2015 年 12 月
92	李雪优	女	中教一级	拉萨市人社局	2015 年 12 月
93	扎西曲珍	女	中教一级	拉萨市人社局	2015 年 12 月
94	彭正强	男	中教一级	拉萨市人社局	2016 年 7 月
95	次仁措旺	女	中教一级	日喀则人社局	2012 年 9 月
96	德吉卓嘎	女	中教一级	拉萨市人社局	2015 年 12 月
97	布穷	男	中教一级	那曲市人社局	2014 年 12 月
98	扎西顿珠	男	中教一级	日喀则人社局	2015 年 12 月

城市建设·环保

堆龙德庆区住房和城乡建设局

【概况】 年内，在区委、区政府的正确领导下，在全区各部门的大力支持和鼎力配合下，堆龙德庆区住建局紧密结合学习贯彻中共十九大和十九届二中、三中全会、中央第六次西藏工作座谈会精神，紧紧围绕“质效提升”工作目标，在改革与堆龙德庆区发展的大环境下，紧跟上级党委、政府的步伐，不断强化业务水平，优化服务水平，努力践行“忠诚、敬业、奉献、担当、高效”精神，狠抓精细化管理，上下一心、务实重行、开拓创新，以贯彻落实区委、区政府各项重点工作为载体，积极提升管理理念，学习先进管理方法，提高管理水平。区住建局下设6个内设办公室和1个事业机构，分别为办公室、基建办、财务室、安居办、房产办、新城办、圣洁保洁服务中心。2018年，区住建局共有在职干部职工21名。

2018年11月26日，区住建局召开政治教育组织生活会

【作风效能建设】 着力加强政治思想建设。年内，区住建局深入学习贯彻中共十九大、自治区九届三次全会等重大会议精神，强化理论武装，加强政治建设，坚决维护党中央权威和集中统一领导，在思想上政治上行动上同以习近平为核心的党中央保持高度一致。坚持把党建工作放在更加突出位置，与业务工作同安排、同部署、同促进，持续推进“两学一做”学习教育常态化制度化，扎实推进基层党建标准化建设，提高住建系统基层党组织建设整体水平，切实筑牢住建事业发展的基层基础；严格执行中央、区市关于作风建设相关规定，注重问题导向，加强惩防体系建设，狠抓风险防控，与全局干部签订《个人廉洁自律承诺书》20余份，开展谈话提醒4次，认真接待处理物业管理、建设工程等各类纠纷和群众投诉，全年办理12345市民服务热线50多件，书记市长信箱3件，

办结率达100%。

【环卫工作】 年内,随着堆龙德庆区城市化发展步伐的加快,群众对城乡环境的需求不断增加,区住建局在环卫工作上不断创新工作方式,加大资金投入,完善管理体制,改进工作作风。为进一步巩固工作成效,圣洁保洁服务中心环卫工人从2017年的469名增加到596名(城区357名,乡镇239名)。增加环卫工作车辆的配备,截至年底,配置有监督执法皮卡车2辆,洒水车9辆(城区7辆,乃琼镇1辆,羊达乡1辆),摆臂式垃圾车11辆,压缩式垃圾车9辆(其中2辆带摆臂功能),道路洗扫车5辆,电动环卫三轮车137辆;南嘎村自行购买有1辆摆臂式垃圾车,波玛村自行购买有1辆压缩式垃圾车。

为提高工作水平,按照服务区域和路段,实行分组包干管理,一环扣一环,层层管理,互相监督,人人负责,用制度管人,做到奖罚分明。经过不懈努力,环卫工作办公环境和设备设施得到了明显改善,管理模式和各项制度逐步完善,工作效率显著提高。2018年,堆龙德庆区垃圾转运处置量已达7000余吨,垃圾清运率达98%以上。

【垃圾分类】 加强制度建设,推进垃圾分类工作有序开展。年内,区住建局通过制定针对试点村马乡马村和古荣乡嘎冲村生活垃圾分类工作实施方案,明确生活垃圾分类工作指导思想、目标任务、实施范围、实施步骤、处理规定等,细分了生活垃圾处理职责分工,通过成立工作领导小组,强化生活垃圾分类日常管理、监督、检查等措施,确保该项工作顺利开展。

开展培训工作。组织环卫监督员、环卫工人于6月4日举办生活垃圾分类工作培训会,环卫监督及环卫工人代表共30余人参加培训,通过培训提高了环卫监督员及环卫工人垃圾分类工作管理水平和业务能力。

开展宣传活动。2018年6月5日至7月9日,在全区范围内共进行了3次垃圾分类工作宣传活动,组织人员走村入户详细地向群众解释垃圾分类的意义、普及垃圾分类的相关知识。

落实硬件配置,试点实施垃圾分类工作。将马乡马村和古荣乡嘎冲村设为垃圾分类试点村,对各村人员聚集较多的茶馆及商店配备了可回收绿色垃圾桶和不可回收红色垃圾桶,以及回收绿色垃圾袋和不可回收红色垃圾袋等设备;在马乡马村开设首个"可回收垃圾兑换超市",将村民收集的可回收垃圾"以物易物"可以兑换生活用品,将回收的垃圾统一运输至拉萨市中转站打包,再运往内地进行资源再利用。

【基建项目实施】 堆龙德庆区乃琼镇政权建设项目。项目包含新建综合业务用房2671.20平方米、乡镇文化及便民服务中心1075.12平方米、职工活动中心及食堂1132.88平方米、周转房1219.68平方米、附属用房297.11平方米、门卫房75.60平方米、公厕76.44平方米及室外总体。项目估算总投资3570.22万元,资金来源为本级配套和拉萨经开区解决。2017年11月29日移交政投代建管理中心。截至年底,已完成工程量的85%。

堆龙德庆区民兵训练基地(二期)建设项目。建设内容为100米和50米靶场及投弹场。截至年底,项目已完工。

堆龙德庆区2017年棚户区(危旧房)改造建设项目。包括东嘎镇南嘎村、羊达乡通嘎村2个点905户。截至年底,通嘎村315户已完工。

堆龙德庆区市政道路及地下管网建设项目。包括新建9条(乃加二路、加落二路、拉青路、加米一路、乃加三路、新村路、滨河北路、柳东路、团结路)道路,长度9.029公里,总投资176364.88万元(包含征地拆迁费用),拟用地面积70万平方米(1051亩),其中改造29万平方米(438亩)。该项目于2018年3月开始施工。截至年底,已完成投资的10%。

堆龙德庆区10个自然组综合活动场所建设项目。建设内容为新建古荣乡南巴村冲麦组综合活动场所171.05平方米,厕所7.36平方米,总体工程包括砼硬化201.40平方米,围墙工程70米,电气工程1项,给排水工程1项,绿化工程144.02平方米,升旗台1座等,项目总投资894.3441万元,建设资金由本级财政解决(其中2017年解决500万元,不足部分由2018年本级财政解决)。开工日期为2017年10月17日，计划工期90天（不含冬季停工期）。截至年底，项目已完工。

堆龙德庆区象雄美朵生态旅游产业园路网（含给排水）建设项目。建设内容为路面、路基、防护、排水、给水、强弱电排管、环境保护及配套工程，项目总投资27742.95万元，其中9741.9014万元由交通专项资金解决，剩余部分资金为融资贷款。截至年底，已完成该项目总投资的65%。

2018年堆龙德庆区东嘎镇（桑木村）棚户区改造项目。改造的桑木村棚户区有居民581户，按照原有路网进行道路硬化改造，改造道路总长度为8.686公里，建设内容主要为棚户区总建设面积55894平方米，其中混凝土道路改造48933平方米、人行道5184.00平方米，绿化（混播草坪）1777.00平方米、拆除原有路面工程、给排水工程、路灯工程及配套设施等。项目于2018年8月20日开标，截至年底，完成总工程的50%。

2018年堆龙德庆区羊达乡（羊达村）棚户区改造项目。改造范围内涉及居民903户，羊达村按照原有路网进行道路硬化改造，一、二、八组改造道路总长度10.576公里，四组改造道路总长度3.979公里，建设内容主要为建设总面积为91479.00平方米，其中混凝土道路改造70964.00平方米、人行道4803.00平方米，绿化（混播草坪）15712.00平方米、给排水工程、电照工程、交通工程、涵洞工程、拆除原有路面工程及配套设施及旱厕改造水厕等，项目于2018年8月22日开标，截至年底，完成总工程的50%。

2018年堆龙德庆区其美龙棚户区改造项目。建设内容为新建沥青道路长为1786.53米，宽为4.5米；新建水泥道路长为3192.90米，宽为3米；新建石板道路面积为10437.12平方米；修建排水沟长为8172.33米，宽为0.5米；修建卵石人行道长为9958.86米，宽为0.9米；新建村活动中心434平方米；新建大停车场3600平方米；新建公共卫生间60平方米；建筑外立面修缮为50519平方米；铺设管线入地长度为5016.41米；修建硬质广场面积2517.16平方米；绿化升级面积24290平方米；院墙修缮长度8805.65米等，项目总投资2470.82万元，其中2028万元为国家投资，不足部分本级财政解决。截至年底，完成总工程的10%。

堆龙德庆区马乡脱贫奔小康安居工程。建设内容为A户型（123.85平方米）20套、B户型（153.74平方米）25套、C户型（186.82平方米）5套、院落工程、总体水电、绿化工程、道路工程、设备购置等基础设施及附属项目等。截至年底，该项目主体已完工。

堆龙德庆区德庆乡脱贫奔小康安居工程。建设内容为A户型（123.85平方米）40套、B户型（153.74平方米）50套、C户型（186.82平方米）10套、装饰工程、院落工程、水泵房及水池工程、村级活动场所、援藏幼儿园、总体水电、绿化工程、沥青道路工程等基础设施及附属项目。截至年底，该项目已完工。

堆龙德庆区2018年厕所革命建设项目。建设内容为新建15座公厕，改造2座公厕，估算总投资711.38万元，截至年底，已完成总投资的85%。

堆龙德庆区东嘎村人居环境整治项目。项目包括烧结砖铺装6366平方米，现状水泥路补残1000平方米，混凝土铺装28096平方米，30厚花岗岩1300平方米，混凝土篮球场342平方米，路缘石工程7299平方米，屋顶改造3680平方米，绿化工程20924.00平方米，围墙改造470米及小品、门卫室、电气工程、太阳能路灯工程。项目概算总投资1597.82万元，资金来源为本级财政配套。截至年底，项目前置手续已完成。

堆龙德庆区人和路改造项目。建设内容为改造人和路360.256米，断面宽度16米，3米×2人行道，5米×2人行道。道路工程：沥青混凝土4039.96平方米、防滑花岗岩1823.548平方米；给排水工程：排水混凝土管DN400：383.52米；雨水混凝土管DN400：520.15米；给水球墨铸铁管DN150：80.35米；给水球墨铸铁管DN200：329.00米，各类给水阀门、阀门井、消火栓等；电气工程：电力管槽385.90米，通信管槽387.10米，路灯共14盏：9米高路灯10盏，中杆路灯4盏（12米高）等内容；交安工程：各类划线、标志牌、信号灯等。项目概算总投资675.10万元，资金来源为本级财政配套。

【安居工程实施情况】 易地搬迁工作推进情况。2017年堆龙德庆区计划完成精准扶贫搬迁安置房600套,共分为二个区域、二个单体项目,其中经开区B区购置300套、桑木村购置300套。经开区B区安置点由拉萨市国家级经济技术开发区组织实施,由堆龙德庆区住建局购买300套作为2017年精准扶贫易地搬迁安置房屋。桑木村农牧民集中安置区项目由拉萨市城投公司负责组织实施,建成后由堆龙德庆区住建局购买300套安置房,作为2017年精准扶贫300套易地搬迁安置用房。该安置用房团购工作完成,购买协议已签订,堆龙德庆区已经按照协议资金拨付相应团购资金,累计完成投资4212万元,已组织183户群众实现桑木村搬迁入住。

援藏项目推进情况。德庆乡基础设施改造项目、马乡基础设施改造项目与德庆乡、马乡农牧民集中安置区同步推进中,于2018年度11月开工,完成投资2000万元,其中德庆乡、马乡各1000万元。波玛村德吉藏家(易地搬迁)扶贫开发项目总投资6000万元,包括土建工程(打桩工程、基坑支柱、场地平整13408.4平方米,地上主体工程13408.4平方米,住宅5620平方米、游客接待中心2749平方米、民宿4739.4平方米、附属用房300平方米)、安装工程(电气、弱点智能化、给排水、消防工程)、设备购置(变配电购置)、室外工程(园林绿化工程、道路场地、供水、供电)等。截至年底,该项目已投入运营。

2018年6月10日,区住建局开展垃圾分类相关知识培训工作

桑木村农牧民集中安置区购房工作。该工作于2014年启动,经过5次调研摸底,3次申报,2次筛选,2次逐级审批,3次认购签印,堆龙德庆区已有189户群众缴纳2万元定金自意购买桑木村农牧民集中安置区住房。户型及户数为:B户型(87.26平方米)7户,C户型(104.85平方米)102户,D户型(123.06平方米)45户,E户型(138.47平方米)35户。截至年底,项目建设已完成,购房群众实现已搬迁入住。

【建筑市场监管】 工程项目建设管理规范有序。2018年,区住建局加大对明火作业、生活电器和重大危险源的安全监管,加强施工现场消防安全的防范工作,确保消防设施齐全有效,并联合相关部门进行安全检查,坚持日常检查、集中排查和阶段验收相结合方式,全年开展安全生产检查100余次,签发整改或停工通知书80余份;企业管理深入细致。持续整顿拖欠工程款和农民工工资现象,加强工程开工、验收备案等环节监控,并与资质晋级和项目招投标相挂钩,落实农民工工资保障金制度,努力减少建设行业拖欠现象。

(格列拉姆)

【领导名录】

局　长

金　咪(藏族)

安居办主任

洛　旦(藏族)

副局长

王妤玮(女,8月离任)

李登耀(6月任职)

堆龙德庆区环境保护局

【概况】 年内,堆龙德庆区环保局以习近平新时代中国特色社会主义思想为指导,全面贯彻中共十九大精神,贯彻落实中央关于全面加强生态环境保护的一系列决策部署，牢固树立新发展理念，按照“节约优先、保护优先、自然恢复为主”的方针，坚定走“生产发展、生活富裕、生态良好”的文明发展道路，紧紧围绕全面建成小康社会，筑牢国家生态安全屏障和建设美丽西藏的目标要求，大力实施“环境立区”战略，以保持并不断改善环境质量和解决突出环境问题为重点，坚决打好污染防治攻坚战，营造天蓝地绿水清、人与自然和谐共生的生态环境。2018年，区环保局共有工作人员11名(含公益性1名)。

【推动中央环保督察问题整改落到实处】 中央环保督察转交举报案件办理情况。年内，中央环保督察期间，堆龙德庆区共接到中央第六环保督察组反馈主办案件58件，截至年底，已办结中央第六环保督察期间举报案件47件，未完结属于长期整改案件11件，其中包括重点案件2件。为确保11件长期整改案件有序推进，堆龙德庆区召开环境保护专题会议，对整改工作进行部署，提出了“周报送、月总结”的要求，同时区整改办组织区纪委监察委、区委、区政府督查室不定期对11件长期整改举报案件进行督查、督办，确保整改工作如期完成。

中央环境保护督察整改反馈问题办理情况。为推动整改任务的有序开展，堆龙德庆区成立了以区委副书记、区长杜江为组长的堆龙德庆区中央第六环境保护督察反馈意见问题整改工作领导小组，并研究制定了26项重点举措的《贯彻落实中央第六环境保护督察组反馈意见整改方案》和《贯彻落实中央第六环境保护督察组反馈意见问题整改措施清单》。针对工业园区污水厂项目建设迟缓等重点问题，研究制定《拉萨市堆龙德庆区污水直排问题整改方案》和《堆龙德庆区工业园区污水处理厂建设整改工作方案》，严格按照污水处理厂的整改时限“倒排工期”，制定《西藏自治区堆龙德庆区工业园区污水处理厂工程通水测试计划》，进行“挂图作战”。同时建立“主要领导带队核查环境问题、整改责任单位每周汇报、分管副区长和包案副区长每半月汇报、重大事项及时汇报、区委区政府督查室持续督办”等工作机制，确保各项整改工作有序推进。截至年底，共召开中央环保督察专题会议6次，进行现场督察40余次。工业园区污水处理厂已经完成主体工程建设，已正式运行。

【生态文明建设】 年内，区环保局大力实施以“神圣国土守护者、幸福家园建设者”为主题的乡村振兴战略，正在编制堆龙德庆区生态振兴规划；已按照《中共拉萨市委员会 拉萨市人民政府 关于成立拉萨市生态文明建设领导小组的通知》文件内容，拟定《堆龙德庆区委员会 堆龙德庆区人民政府 关于成立堆龙德庆区生态文明建设领导小组的通知(代拟稿)》，并报送至堆龙德庆区委办进行审核，待审核通过后正式印发；成立生态文明工作专班，根据常委会要求，进一步调整充实《堆龙德庆区生态文明工作专班实施方案》，将专项推进组扩充至12个，统筹推进环保督查反馈问题整改、生态文明建设示范区创建、山水林田湖草生态修复、全国第二次污染源普查等生态环境保护工作；在编制完成《堆龙德庆区生态文明建设示范区创建规划(2017—2020年)》的基础上，顺利完成堆龙德庆区创建自治区级生态区和羊达乡创建自治区级生态乡镇工作。堆龙德庆区6个乡镇均已创建成为自治区级生态乡镇，覆盖率达100%；开展《比西沟生态规划》编制单位比选工作，待比选结果出来后将立即开展规划编制工作；根据自治区、拉萨市污防治目标任务，堆龙德庆区已完成《拉萨市堆龙德庆区污染防治攻坚战三年行动计划(2018—2020年)》。

【污染防治】 年内，区环保局严格落实排污许可制度。全面完成排污许可费改环境保护税工作，共办理排污许可证70个；开展燃煤散烧整治工作，向辖区内4家物业公司和各乡(镇)人民政府下发了《关于在堆龙德庆区内禁止燃煤散烧的通知》，并签订《堆龙德庆区燃煤散烧管控目标责任书》；严厉打击露天焚烧垃圾行为，采取不定期抽查方式，重点对国道沿线露天焚烧垃圾进行全面排查，共查处露天焚烧垃圾行为4起，均已依法进行处罚4000元；联合安监、国土、水利等部门开展采石、采砂专项检查，进一步对堆龙德庆区采石、采砂行业进行规范、清理。共取缔8家违法采砂的砂石料场，整合4家砂石料场；对G109国道那拉高速第二合同段、第三合同段、第四合同段开展扬尘专项检查，对3个合同段的施工点、取料点及道路运输扬尘进行检查，依法处罚11万元；开展污染源废水排放核查专项行动，对重点企业、学校、宾馆、畜禽养殖等污染源进行全面核查，对未办理排污许可证、违规排放污水废水等问题依法进行处理；规范危险废物处置工作，实行危险废物申报转移和处置制度，联合区安监局、公安局、卫计委等相关部门开展4次危险废物专项检查；开展畜禽养殖专项检查，联同区农林局对辖区内的重点畜禽养殖企业进行专项检查；积极开展全国第二次污染源普查工作。根据自治区及拉萨市要求，区人民政府制定了《堆龙德庆区人民政府关于开展第二次全国污染源普查工作的实施方案》，对堆龙德庆区所有工业污染源、农业污染源、生活污染源、集中式污染治理设施、移动源及其他生产、排放污染物的设施进行全面排查。堆龙德庆区于6月15日召开了堆龙德庆区第二次全国污染源普查工作推进会，对工作开展情况和存在的问题进行研究、解决。已于7月底完成第一阶段的入户调查和数据采集工作（国家下发的污染源底册中工业企业和生产活动的591家单位、60家规模化畜禽养殖场、49台生活源锅炉、14个入河（海）排污口进行全面核查）及第二阶段清查、普查工作。

年内，堆龙德庆区环境质量持续保持优良。根据《拉萨市空气质量监测季报》数据显示，1—10月全区空气质量有效监测天数279天，优良天数271天，优良率达到97.13%，与2017年同时期基本持平。前三季度，堆龙河地表水水质均能保持《地表水环境质量标准》（GB3838–2002）Ⅲ类质量要求。

2018年8月30日，区环保局邀请生态环境部西南督察局机关副书记、纪委书记、督察五处党支部书记、处长但家文在堆龙德庆区作生态文明建设专题讲座

【建设项目环境管理】 年内，区环保局严把环评审批关，禁止“三高”项目进入堆龙德庆区。对不符合国家产业政策、环保法律法规、城市总体规划和清洁生产要求的建设项目，实现一票否决制。严格控制工业园区“两高”行业的增产能，对园区项目建设按照环评制度和“三同时”制度严格执行，网上备案环评登记表305份，备案无效项目42个，均已下达《项目备案无效通知》。出具环境影响评价报告表环评预审意见15份，自主审批砂石场建设项目1个。未出现“未评先批”“拆分环评”“越权审批”现象。已将排查出的43家未批先建企业清理至2家。

【环境监察】 年内，区环保局按照“全覆盖、零容忍、严执法、重实效”的总体要求，全面开展环境监察工作，加大对重点区域、领域、企业的环境专项检查力度，共开展环境监察执法200余次，出动监察执法人员400余人，下达限期改正通知书10份，下达行政处罚事先（听证）告知书60份，下达行政处罚决定书58份，已缴纳罚没收入194.056万元。

【饮水水源地建设项目】 2018年，全区共有农村饮用水源点102个，区环保局已完成49个农村饮用水源保护项目建设，对取水口周围及保护区内的区域进行了精心保护，主要包括水源地保护区隔离防护与保护工程以及水源地保护区标志工程(界桩、界碑、标识牌及两次水质监测)。

【提升全区群众环保意识】 年内,堆龙德庆区巩固“禁白”工作成果领导小组与农贸市场管理方、各乡(镇)等签订了《堆龙德庆区“禁白”工作目标责任书》,进一步明确相关单位“禁白”工作职责,强化目标管理。加强对白色污染重点单位的监管力度,组织执法部门对农贸市场、超市、餐饮店、主要交通干线等重要地段不定期开展“地毯式”的联合执法检查。全年开展联合执法4次,出动执法人员16余人次,出动车辆4车(次),专项检查农贸市场、大小超市、个体户等13家,对违规销售购买使用一次性发泡塑料餐具、塑料购物袋的单位形成有效震慑,形成打击违规销售、购买、使用行为的高压态势。以三月综治宣传月、“六五”世界环境日等时间节点为契机,通过悬挂横幅、发放“禁白”宣传资料、发放环保购物袋、设置宣传点等方式针对超市、农贸市场、消费者、商户等广泛开展多种有效的宣传活动,全年开展“拒绝车窗垃圾”等“禁白”相关专项宣传活动16次,累计派出专项宣传组16个,悬挂宣传横幅16余条,累计发放各类宣传资料2000余册,发放环保袋10000余个。

【生态保护红线划定调整工作】 年内,区环保局制作填报了《堆龙德庆区生态保护红线调整区域汇总表》,委托第三方技术公司(深圳市爱华勘测工程有限公司西藏分公司)对调整区域进行绘制、核定,已送至国家生态环境部进行审核。

【环境信访】 2018年,区环保局共处理各类环境信访案件60件(“12345”市政府服务热线转接27件,“12369”拉萨市环保局转交5件,堆龙德庆区环保局举报电话28件),办结率、满意率均达100%。

2018年11月,生态环境部西南督察局督察五处支部代表与堆龙德庆区环保局党支部开展党组织结对共建活动

【环境执法绩效评估】 年内,区环保局根据《西藏自治区生态环境保护考核办法(试行)》和《拉萨市生态环境保护考核办法(试行)》的要求,制定切实可行的环境绩效评估工作方案,撰写了《堆龙德庆区环境保护实绩考核办法(试行)》,分发至四乡二镇,根据工作计划,每年2次对各乡(镇)进行环保工作验收,未通过的,将直接影响到区级年底验收的总成绩。

(韩金钰)

【领导名录】

局　长
　　旦增卓玛(女,藏族)

副局长
　　仁青江村(藏族)

堆龙德庆区城市管理局(城市管理综合执法局)

【概况】 年内,在区委、区政府的正确领导下,堆龙德庆区城市管理综合执法局紧紧围绕“深化改革、完善机制、综合治理、加快建设”这一目标,积极探索和推进城市管理新模式,不断加强城管执法队伍自身建设,全面提升城市综合管理水平,较好地完成了本年度的各项任务。

【党风廉政教育】 年内,区城市管理局以全面贯彻中共十九大和十九届三中全会精神，以习近平总书记系列重要讲话精神为指导，认真落实中纪委七次全会的决策部署，牢固树立“四个意识”，强化廉政教育，严肃党内政治生活，持续深化作风建设，保持惩治腐败高压态势，积极构建不敢腐不能腐不想腐的体制机制，奋力推进全面从严治党向纵深发展，为城市管理工作健康发展提供坚强保障。

【城市管理宣传工作】 年内，区城市管理局创新宣传方式，通过走进校园、贴近群众、媒体宣传、新媒体舆论宣传等多种渠道对城管执法工作进行宣传，全年开展专项宣传活动5次，媒体报道2次，微信公众平台发布7次，宣传片拍摄1次，共发放宣传资料13000余份，设立城市管理户外宣传广告位3处。

【单元区管理】 年内，区城市管理局继续实行单元管理，推行“路段长制”管理模式，将堆龙德庆区中心区域主次干道、背街后巷划分为4个管理单元，由4个中队分别负责管理，通过开展日常巡查工作，对违反城市管理法律、法规、规章、规定的行为进行巡查、报告、劝阻、制止，督促其改正。同时成立应急中队，处理各种突发事件，协调乡镇、公安民警联动，联合解决城市管理工作问题。

【集中整治与日常管理相衔接】 年内，区城市管理局依法从严治理单元区、重点管理道路占道经营、出店经营、乱堆乱放、车辆乱停乱放等严重影响市容市貌的行为，坚持把重心放在日常管理上，做到勤巡、细查、敢管、善为，不断提升城市管理精细化水平。

【治理城市环境】 年内，区城市管理局继续加大出店经营专项整治，坚持教育与处罚相结合，在巩固2017年的治理成效上，更加科学合理地制定单元网格管理模式，健全监督机制，改善了治理后反弹，反弹后再治理的死循环；疏堵结合规范流动商贩，针对流动商贩屡禁不止的情况，根据实际情况，划分重点路段进行定点值守，严格控制学校，农贸市场等重点区域的流动商贩，在严治理的同时，划定路段规范流动商贩和年货市场，同时派员值守，严格管理。全年共劝诫出店经营4800余起；劝离流动商贩1300余起；处罚乱倒垃圾15起，处理噪音扰民1起；专项清理牛皮癣和小广告2次、13000余条，处罚乱涂乱画1起。

【大气污染防治整治】 年内，区城市管理局在辖区内重要路口节点处设立防遗撒卡点，检查过往大型货运车辆未覆盖篷布、遗撒、带泥行使的违法行为，同时还联合交警支队制定大型货车限行管理办法，限定大型货运车辆进入城区的时间，设置大型货运车辆绕行标志；与辖区的所有运输车队、商混公司签订了责任书，规范货运车辆运输密闭问题；加大建筑工地的巡查力度，确保施工有围挡，进出车辆有清洗，裸露砂土有覆盖，施工场地有洒水；加强对露天烧烤的监管，鼓励露天烧烤入店经营，推广使用净化型家用抽油烟机，严厉查处带来油烟污染的流动商贩；制定常态化监管方案，加大对焚烧垃圾、秸秆等固体废弃物的查处力度。全年劝诫未覆盖篷布的车辆8700余起，处

2018年4月26日，区城市管理局召开业务工作暨党风廉政建设工作总结部署会议

罚道路遗撒65起；共整改建筑工地86家，处罚1起；清理露天烧烤51家，劝诫露天烧烤入店经营16次；查处焚烧垃圾17起，处罚2起。

【专项整治违停车辆】 2018年，堆龙德庆区109国道（堆龙大道）沿线、仁和汽配城周围车辆违停现象较为严重，严重影响了堆龙德庆区城市形象，给市民出行带来不便。区城市管理局联合交警部门双管齐下，共同治理违停车辆。联合执法本着宣传教育和处罚相结合的原则对沿街占道违停行为进行教育劝导，同时对长期乱停乱放、屡教不改，不配合治理工作的车辆，一律按照相关法律予以处罚，规范了道路的安全畅通。全年开展与交警的联合执法行动15次，清理了东嘎菜市场南门、人和汽贸城等重点违停地段，营造了良好的交通环境。

【户外广告规范管理】 年内，区城市管理局继续加强对户外广告和门头招牌管理工作，积极对沿街商铺门头招牌进行升级改造，逐步实现户外广告设置规范化，加强日常巡查，对辖区内各类违规设立的广告进行全面拆除。2018年，共拆除违规户外广告600余处，大型广告牌30余处，更换破损、存在安全隐患的店招200余处。

2018年8月19日，区城市管理局联合交警大队集中整治仁和汽配城车辆乱停乱放问题

【创建精细化管理示范街】 随着堆龙德庆区城市建设步伐加快，为推进城市管理综合行政执法工作的制度化、规范化、精细化，2018年确定创建示范街为“堆龙大道与德庆大道“T”型路口至堆龙大道与团结路“T”型路口段”，在区委、区政府的大力支持下，截至年底，已完成该项目改造的设计、概算、评估等工作。

【部门联动协作】 年内，根据区城市管理工作专题会议精神，成立行政执法小组，设立24小时专项举报电话（0891—6552900），安排24小时值班人员，严格按照“即转即办”的要求，扎实开展综合执法受理转办工作。真正从法律层面梳理解决完善本单位的执法事项和执法程序，使得执法主体更加明确，推动了执法工作科学化、法制化，全年共接办举报案件81件。

【罚没收入】 2018年，区城市管理局共行政处罚103起，处罚金额53875元，所有罚没收入已上交国库。

（李俊保）

【领导名录】

局　长

普次伦珠（藏族）

副局长

孔　畅

土登群培（藏族）

交通·通信

堆龙德庆区交通运输局

【概况】 2018年，在自治区、拉萨市、堆龙德庆区委、区政府的坚强领导下，在上级行业部门的关心指导下，区交通运输局认真贯彻落实习近平总书记关于农村公路和交通扶贫的重要指示批示精神，坚持把推进农村公路提质增效作为打赢脱贫攻坚战的先决条件，作为农业和农村发展的先导性、基础性设施，着力从注重连通向提升质量安全水平转变，从以建设为主向建管养运协调发展转变，实现农村公路路网结构持续优化，质量明显提升，养护全面加强，城乡交通一体化格局基本形成。2018年，区交通运输局有行政编制4名，其中科级领导3名，实有工作人员2名，下设行政办公室、工程办公室、农村公路养护办公室等科室。

2018年3月30日，西藏自治区党委副书记、自治区主席齐扎拉（中排右一），拉萨市委副书记、市长，城关区委书记果果（中排右二）一行在象雄美朵古堡桥项目现场检查指导工作。堆龙德庆区委书记格桑平措（中排右三）等陪同

【党建工作】 区交通运输局党支部于2018年1月成立，共有直管党员5名，其中男性党员4名，女性党员1名。在党支部书记的带领下，开展了形式多样的政治理论学习，利用每周一上午的时间，集中学习党的理论知识，利用局微信平台、“微党课”开展党员讲党课学用结合，制定了党员教育学习计划，按时召开党员大会，积极开展党组织活动。

【“农村四好公路”建设】 堆龙德庆区作为2017年“四好农村路”督导检查示范县，区委、区政府高度重视“四好农村路”建设工作，深入贯彻落实习近平总书记提出的建设“四好农村路”的重要指示、批示精神，推进农村公路建、管、养、运全面协调发展。

2018年，全区农村公路总长405.23公里，共有102条农村公路，其中：县道2条，乡道3条，专用公路8条，村道89条。6个乡镇全部通畅，30个行政村全部通畅，140个自然组中106个道路通畅、34个道路通达。

积极实施、申报农村公路建设项目。2018年，区交通运输局实施建设农村公路6个项目，其中道路建设项目3个，小桥建设项目3座。依托项目建设增加固定资产投入，申报区、市及本级自筹项目10余个（正在审批），市局下达的第一批公路建设项目共1个，该项目已经完成招投标，并已进场。堆龙德庆区自筹资金新建项目共5个，其中2个项目已经完成招投标手续并进场施工，项目进度达95%，剩余3个项目已经完成前置手续。

构建四级联户养护体系。全面加强群防群治工作力量，依托精准扶贫44名乡村道路交通养护员（工资每年3500元），建立健全"政府牵头、部门指导、乡镇协作、社会参与"的养护工作机制。全面落实县级人民政府的主体责任，层层签订农村公路养护管理目标责任书，积极构建了区、乡（镇）、村、道路养护员四级联合养护体系，同时对堆龙德庆区汛期水毁桥梁及道路进行安全隐患排查，重大隐患及时上报市交通运输局。

确保农牧民群众绿色出行。2018年，堆龙德庆区投入运营的绿色电动车共计20台，开通农村客运班线6条，运营线路覆盖堆龙德庆区6个乡镇的30个行政村和90个自然村，极大满足和改善了老百姓外出需求和出行条件。2017年农村客运公交运行以来，车辆运营事故率0，班线正点率97%，车厢服务合格率98%，乘客满意率达98%以上。

【区内交通重点项目建设】2017年，象雄美朵规划三号路1号桥建设项目，在施工、监理、设计、代建等单位的努力下，于2018年11月正式通过初步验收，并取得自治区、拉萨市领导的高度认可。

（陈　鹏）

【领导名录】

局　长

江　只（藏族）

副局长

陈　鹏

中国电信集团
堆龙德庆区电信分公司

【概况】堆龙德庆区电信分公司位于堆龙德庆区青藏路25号，业务主要覆盖堆龙德庆区城（包括人和汽贸城）、4个乡2个镇以及拉萨市经济开发区。2018年，公司共有员工11名，其中：中共党员5名，管理岗位3名。下设7个服务营销中心、11家合作营业厅，在各乡镇建立天翼手机卖场各1家；有乡镇代理点4家，区内有代理点42家，方便了广大电信客户办理各类电信业务。

【推进精准扶贫工作】年内，区电信分公司为确保各项优惠政策落地，积极落实西藏电信公司统一制定的资费政策、终端普及、视频服务三项通信业务扶贫优惠政策，全年办理扶贫专属包213部，扶贫终端办理50户、宽带办理23户，高清办理23户，赢得了广大扶贫户的赞誉，提升了中国电信的感知。

【网络建设】2018年，为助力打造堆龙德庆区智慧城市建设，区电信分公司在已完成平安城市、电子政务、智慧城管等项目建设工作，待区政府验收；剩余项目公司将继续按时按量完成，为堆龙

2018年11月15日，区电信分公司工作人员下乡开展业务推广活动

区的智慧城市建设尽职尽责。

【其他工作】 年内，区电信分公司牢固树立“以人为本”的理念，坚持以“安全第一，预防为主、综合治理”的安全生产方针，从讲政治、保稳定、促发展的角度，进一步强抓全年安全生产和维稳保通工作，增强安全生产政治责任感和紧迫感，认真制定完善安全生产值班制度，做到组织健全、责任明确、措施到位。完善生产区和通信机房巡检制度，认真落实各项安全防范措施和应急预案的演练，加强防范，及时疏导化解各种不安全、不稳定因素，确保全年安全生产和维稳保通工作万无一失。

（尼玛嘉措）

【领导名录】

局　长

曹建平（7月离任）

索朗罗布（藏族，9月任职）

副局长

永春花（女，3月离任）

尼玛嘉措（藏族，3月任职）

刘树忠

中国移动拉萨分公司堆龙德庆区移动分公司

【概况】 中国移动堆龙德庆区分公司位于堆龙德庆区团结路24号，辖区市场范围覆盖堆龙德庆区2镇4乡。2018年，公司共有员工18名，城区下设5家合作营业厅，6个乡镇各设1家移动服务站，辖区内有渠道代理点19家、集团单位236家。

【网络建设】 年内，区移动分公司深入贯彻执行国家提速降费政策，通过加大对取消语音长途/漫游费用、流量漫游费等宣传，结合客户常见超套问题，依托流量放心用、语音畅享包等业务，实现客户降费目标及满意度的提升。通过新建基站、依托FDD频段针对村级市场提升信号覆盖能力，针对偏远农牧区依托CPE形式实现宽带覆盖，全面提升堆龙德庆区域网络能力。2018年，新增网络基站31个，网络基站总数达264个。

【五下乡活动】 年内，区移动分公司积极响应区政府号召，在马乡、古荣乡、羊达乡、德庆乡、乃琼镇、东嘎镇等6个乡镇，开展了《送政策、送法律、送文化、送科技、送爱国教育》为主要内容的送通信“五下乡”宣传服务活动，为广大农牧民群众送去优惠产品及优质服务。

【精准扶贫】 年内，区移动分公司积极响应网络扶贫政策，联合区网信办、扶贫办开展扶贫终端捐赠仪式，共发放了22部移动智能终端，并由西藏移动公司制定统一扶贫套餐，同时区移动公司员工向建档立卡用户宣传优惠政策，降低区域建档立卡贫困用户手机消费；按照区政府及拉萨移动公司党委统一部署，组织干部职工对7户帮扶贫困户进行慰问，赠送了大米、面粉、粮油等慰问品。全年堆龙德庆区移动公司投入帮扶资金5000余元。

【慰问部队】 在“八一”建军节到来之际，区移动分公司慰问组到辖区内部队进行慰问，为部队官兵送去了水果、饮料等节日慰问品。

（孙鸿平）

【领导名录】

总经理

李　攀（5月离任）

彭措云登（藏族，5月任职）

2018年8月2日，区移动分公司在驻地部队开展慰问活动

中国邮政堆龙德庆区邮政分公司

2018年12月20日，区邮政分公司经理达姆卓玛在羊达乡波玛村慰问结对贫困户

【概况】 年内，区邮政分公司在区政府及市分公司关怀和指导下，全体干部职工心往一处想，劲往一处使，紧紧围绕年初市分公司所确定的方针目标，向管理要效益，以服务求创新，调动一切积极因素，迎难而上促发展，努力完成市公司下达的各项工作任务，为分公司步入良性循环奠定了坚实的基础。2018年，区邮政分公司共有干部职工8名。

【经营指标】 2018年，区邮政分公司累计实现业务收入273.24万元，同比增长-11.23%。

【业务收入】 2018年，区邮政分公司函件业务完成4.14万元；集邮业务完成7.6万元。报刊发行完成102.5万元；电商及代理业务完7.9万元；包快业务完成107.1万元；商品销售完成7.4万元；分销业务完成36.5万元。

【业务工作】 区邮政分公司于2018年3月7日与区财政局、区公安局签订了交通违法处罚资金上缴合作协议，3—12月，收取罚没款7911笔、金额81082.5元，代办费81082.5元；2018年8月15日，区邮政分公司与区法院签正式签订法院专递寄递协议，8—12月，寄递量达1309笔，寄费收入达51350元；2018年春季教辅销售达293781元；2018年9月，与经开区外包网点签订康域药业公司寄递包快大客户协议，9—12月，包快收入达10623.2元；函件定制了邮资封片，收入3万元；2018年9月，完成柳悟乡乡邮网点的移交工作，截至年底，网点已经正常运营。在2018年的“精情端午”的专项营销活动中，区邮政分公司所有干部职工积极参与销售分销粽子，共销售粽子43371.5元；在明月寄相思，思乡月活动中，全员参与营销，成功销售月饼、红酒共116431元；四季度跨赛销售分销粮油242489.5元。

（达姆卓玛　次仁罗布）

【领导名录】

经　理

达姆卓玛（女，藏族）

金　融

中国农业银行股份有限公司堆龙德庆区支行

【概况】 年内，中国农业银行股份有限公司堆龙德庆区支行始终坚持“服务三农”“普惠金融”的市场定位，紧紧围绕“政治责任第一、市场份额第一、服务担当第一”的目标，主动地适应新形势，树立新观念，在注重业务发展的同时，将业务发展同风险防控、内控管理并重，扎实推进各项精细化管理，理清工作思路，明确职责分工，量化工作内容，夯实各项业务基础，在精准扶贫、易地搬迁等工作方面作出了重要贡献。

【业务指标】 年内，区支行在业务工作发展的同时，积极发挥党组织的作用，不断加强思想政治工作和精神文明建设工作，坚持“围绕业务抓党建，抓好党建促发展”的思路，突出了党组织政治上核心作用和业务上保障作用的发挥，各项工作和业务经营指标都取得了较好的成绩。截至2018年末，各项存款余额为514988万元，其中对公存款351164万元，较年初增加30322万元；储蓄存款163824万元，较年初增加34484万元。各项贷款余额119624万元，其中个人贷款29491万元；法人贷款39208万元；涉农个贷50925万元。

2018年3月17日，农行区支行开展结对帮扶摸底调查活动

【“三农”业务】 年内，根据农总行的要求，堆龙德庆区支行全面开展三农“一号工程”，发放惠农e贷183笔、金额16575000元，全面升级惠农通43个点的机具，并根据当地的实际情况，适当的调整部分惠农通服务点。同时与政府相关部门沟通协商后，顺利对接农牧民“一卡通”工程，共计发卡2000余张。

做好精准扶贫，助力脱贫攻坚。截至年底，堆龙德庆区支行累计向建档立卡贫困户发放贷款3125万元，贷款余额为3066万

2018年5月2日，农行区支行举行征地补偿款发放活动

元。累计向5家企业发放产业扶贫贷款11300万元。开展金融扶贫政策宣传30余次，发放宣传折页3500多张。

创新服务理念，积极拓展新型产品。为农牧民发放了新型贷款产品惠农E贷，为小微企业开发了微捷贷产品。2018年，共发放3笔贷款，金额230达万元，解决了小微企业融资难等问题。

【特色工作】 2018年，堆龙德庆区支行手工营业网点古荣营业所、马营业所顺利上线，实现堆龙德庆区支行全面电子化营业。2018年3月17日，在古荣乡噶冲村组织开展了全体党员结对帮扶活动，参与活动的每位党员在了解贫困户家庭基本情况后，都能力所能及的帮助解决实际困难；全年先后开展4次帮扶活动，投入帮扶资金3万余元。3月18日，组织青年志愿者到南山公园开展“清洁绿水青山”活动，对负责的路段进行集中清扫，进一步用实际行动践行习近平总书记“绿水青山就是金山银山”的绿色发展理念。6月30日，组织党员干部到西藏自治区爱国主义教育基地—清政府驻藏大臣衙门以及拉萨市爱国主义教育基地—根敦群培纪念馆参观学习，此次活动不仅激发了大家的爱国热情，培育和践行社会主义核心价值观，更坚定了参与活动人员坚定爱国敬业、诚信友善的崇高信念。

（白贵花）

【领导名录】

行　长

杨 满 林（4月离任）

索朗罗布（藏族，4月任职）

副行长

张　　鑫（10月离任）

索朗罗布（藏族，4月离任）

尼玛旦增（藏族，10月任职）

达　　珍（女，藏族，11月任职）

中国邮政储蓄银行堆龙德庆区支行

【概况】 年内，中国邮政储蓄银行堆龙德庆区支行始终坚持“以客户为中心，产品为导向”的经营原则，秉承“根植百姓，服务大众”的经营理念，立足当地实际，认真履行社会责任，积极为当地广大

2018年6月14日，区支行员工向客户宣传金融知识

2018年1月20日，中国邮储银行西藏区分行与堆龙德庆区人民政府签订战略合作协议

群众提供优良的金融服务。2018年，支行个人存款余额29190.04万元，公司存款余额19601万元，发放各类贷款共计411笔，发放金额25352万元，完成理财销量15163.75万元。

【业务工作】 2018年，支行有效个人客户数增至8190户，公司客户增至265户，为辖区内个人及单位客户提供柜面服务18余万次，解决区内小微企业及涉农融资共1.37余亿元，解决区内个人消费贷款6137余万元，为区内9家行政企事业单位免费代发工资1.5万人次，为区内个人客户提供理财增值服务1.47亿元。

【金融宣传】 年内，支行充分利用特殊的地理位置优势，每月在银行网点组织开展“防范电信、网络诈骗宣传活动”“消费者权益保护宣传活动”“金融消费者权益日活动”“打击和防范经济犯罪宣传日活动”“珍爱信用宣传活动”“如何鉴别假币宣传活动”等活动10余场，帮助区内广大群众了解身边的金融风险。活动通过与业务发展创新相结合、与企业文化建设相结合、与增强服务意识相结合，以活动促工作、以活动促发展。全年共发放相关宣传册6000余本。

【助攻扶贫】 年内，依托支行“三农金融中心”，逐步提高服务地方经济发展和中小微企业的能力，尤其是三农领域，2018年，发放贷款金额1196万元。

（巴桑央吉）

【领导名录】

行　长

阿旺央金（女，藏族）

副行长

巴桑央吉（女，藏族）

乡（镇）概况

东嘎镇

【概况】 年内，在自治区党委、拉萨市委及堆龙德庆区委、区政府的坚强领导下，东嘎镇牢固树立以人民为中心的发展思想，团结带领全镇党员干部和群众，紧紧围绕发展、稳定、生态三件大事，迎难而上、主动作为，圆满完成了全年既定的目标任务，各项事业发展持续向好。东嘎镇位于青藏公路与拉贡公路交会处，距离拉萨市区仅 12 公里，是堆龙德庆区驻地镇，也是堆龙德庆区乃至整个拉萨市的西门户，地理位置极其重要。东嘎镇总面积 10 平方公里，下辖 3 个行政村、1 个社区，17 个村民小组，2018 年全镇总户 3233 户，常住人口 10037 人，其中妇女 5458 人，劳动力 2996 人（祥和苑未统计）；东嘎镇设 5 个党委、16 个党支部，党员总数为 678 名，其中农牧民党员 617 名（东嘎村党员 118 名，南嘎村党员 142 名，桑木村党员 138 名，祥和苑社区党员 219 名），占农牧民人数的 6.2%。全镇共有干部职工 91 名，行政编制 56 名（副科级以上干部 14 名），事业编制 22 名，工人 4 名，公益性 3 名，政府购买服务性岗位 6 名。社区、村居“两委”班子成员共 38 名，其中妇女干部 4 名，选派下沉干部 8 名，学历为本科以上 8 名、高中以上 8 名、初中以上 22 名。调整充实了村级配套监督委员会、共青团、妇委会、民兵、治保等组织。各村级组织活动场所、农家书屋和群众活动中心全部健全。

【党建工作】 坚定理想信念。年内，东嘎镇深入学习贯彻落实党的十九大精神、习近平新时代中国特色社会主义思想、习近平总书记系列重要讲话精神和治国理政新理念新思想新战略，深入推进“两学一做”“四讲四爱”学习教育实践活动，突出党员政治教育学习，全年理论中心组开展学习研讨 36 次，开展主题党日活动 12 次，班子成员带头讲党课 8 次，各级党组织开展专题学习教育实

2018年12月27日，中共东嘎镇第一届代表大会第二次会议与会代表合影留念

践活动239场次，全镇上下理想信念更加坚定，党性更加坚强。

扎实落实主体责任。进一步增强“四个意识”，坚决维护党中央权威和集中统一领导，自觉贯彻落实各级各项决策部署，层层落实管党治党责任，党的领导和党的建设全面得到加强。全年镇党委开案专题研究党建工作12次、党建工作专项检查4次、镇党政班子成员深入各行政村督导检查25次。

严格落实重点工作。深入贯彻落实习近平总书记关于党的建设和组织工作重要论述，突出村级党组织政治功能，提升村级党组织的组织力力，认真按照区强基惠民工作部署和要求，全力推进强基惠民工作，并对各驻村工作队进行考核指导。初步建立了领导责任制和群众联系点制度，进一步拓宽了党群、干群联系与沟通的渠道。圆满完成了中共东嘎镇祥和苑社区委员会及社区第一届居委会、居务监督委员会选举工作。出台了《关于成立商圈党支部的实施方案》，以康达汽贸有限公司为示范点，成立商圈党支部，促进城市党建健康稳步发展。

积极推进党组织标准化建设。从工作作风、廉洁自律、工作绩效、群众满意度等方面加强对村级工作的指导和考核，健全村委会、下沉干部及驻村工作队考核机制，切实强化管党治党主体责任。以党建促乡村振兴、促精准扶贫、促社会治理，夯实党在基层的执政基础。整合优化镇村公共服务和行政审批职责，投入40余万元实施村级活动场所标准化建设，进一步强化镇、村服务能力。全年镇级完成代办事项2022个，村级完成代办3245个。

2019年1月19日，东嘎镇利用农闲时期举办乡村趣味运动会

围绕群团抓党建，营造社会新风尚。认真收集整理青年信息，多方位推进青年就业创业，精心组织辖区青年参加创业大赛。2018年，圆满完成桑木村妇改联试点工作，迎接了北京、各省区、自治区、拉萨市等各级妇联的参观、学习、交流活动。

【党风廉政建设】 履行党委主体责任。年内，东嘎镇制定了《2018年党风廉政建设工作计划》，与各村签订《党风廉政建设责任书》，全年共召开21次党委会议，分阶段听取专题汇报会4次，班子成员形成调研报告20余份。党委书记认真履行“第一责任人”职责，开展廉政谈话共2次，镇长对辖区范围内违反政治纪律村干部进行提醒谈话1次。配齐镇级纪检干部和村级纪检监督员，成立纪委监察委员会，完善机构设置，结合政治纪律教育学习、党章党规专题学习活动，组织党员干部集中学习20次，传达学习各级案例通报17次，下发通报17次，观看警示片5次，受益共计500余人次。紧盯重要节点，开展节前廉政提醒会9次，成立综合督导检查力量，开展各类督导检查1164次。

履行纪委监督责任。镇纪委书记每个季度定期向镇党委书记报告党风廉政建设和反腐败工作。进一步加大对村级重点工作完成情况的督促力度，对各行政村不作为慢作为、文山会海等形式主义官僚主义突出问题开展专项检查，制定整改措施。截至年底，正在初核问题线索1个，对村级纪检监督员进行考核和业务指导1次。严肃政治纪律，传达学习了《关于严禁共产党员和国家公职人员参加宗教活动的通知》

等政治纪律的文件，受教育人数达980余人次。紧盯“三大节日”、楚布“次曲”活动等重要节点，先后成立16个督导组，开展各类督导检查264次。坚持把落实中央八项规定精神和自治区党委“约法十章”“九项要求”及市委“八项要求”作为作风建设的基础性和经常性工作来开展。全年共召开各类节前廉政提醒会10次，各级党组织主要负责人与班子成员谈心谈话54次，镇党委主要领导批评教育干部职工11人次。

【意识形态领域建设工作】 2018年，东嘎镇认真贯彻落实党中央和区市党委、堆龙德庆区委关于意识形态领域工作的要求，形成了党委统一领导、党政齐抓共管、宣传部门组织协调、有关部门分工负责的工作格局，镇党委会专题研究意识形态领域工作5次。主要领导深入村组指导调研意识形态工作20余次，形成调研报告4篇。制定了《东嘎镇2018年度意识形态工作方案》《意识形态工作例会制度》《意识形态工作双向述职制度》《意识形态工作协调机制》等规章制度，加强党对意识形态领域工作的领导。

【经济工作】 经济运行稳中有增。2018年，东嘎镇农村人均可支配收入19126.84元，同比增长2988.86元，增长率18.52%，其中，现金收入达18160.43元，占人均可支配收入的95%；镇级固定资产投资达326.3万元，社会消费品零售总额3.6亿元。

财政预算执行良好。2018年，东嘎镇镇级财政收入达46.4292万元，同比增长12.3192万元，增幅36.52%；全年共计完成财政支出3.2525亿元，累计向民生事业投入达425.86万元。

集体经济呈现快速发展。2018年，东嘎镇农村经济总收入达15609.57万元，同比增长1859.95万元，增幅13.53%，其中：第一产业收入1441.16万元，第二产业2233.22万元，第三产业11935.19万元；村集体经济收入达2434.24万元（东嘎村1156.5万元、南嘎村1162.39万元、桑木村115.35万元），同比增长274.52万元，增长率15.6%。2018年，全镇已有19个农牧民专业合作社，共计创收1069.3万元，辐射带动全镇剩余劳动力246户、376人。

【乡村振兴】 完善基础设施建设。年内，东嘎镇完成东嘎村5个小组的农网改造和桑木村一、二组及南嘎村七组棚户区改造、南嘎牧组道路建设，共计投资5227.2万元。

打造文明旅游乡村。依托桑木民俗度假村、桑木藏年花、格桑花种植业和嘎东寺，全力打造东嘎镇乡村旅游文化品牌。2018年，接待游客3000余人次，桑木藏年花品牌闻名区内。

大力实施重点项目。桑木片区征地拆迁工作，已完成98%的工作量；东嘎村委会综合业务用房建设项目主体已完成；桑木村扶贫出租房建设项目主体基本完工。

构建乡村治理体系。打造“一站式办理”“一条龙服务”的综合便民服务平台，2018年共受理各类事项2707项，开具本级证明37项，办结率达100%。

【政府自身建设】 强化安全监管。2018年，东嘎镇累计检查餐饮、药品、化妆品单位417家，签署安全

2018年4月24日，在堆龙德庆区第一届运动会上，东嘎镇男子足球代表队荣获冠军

承诺书29份；查处黑作坊2起；开展违建排查工作65次，形成上报国土专报28期；对涉事人员累计劝导40余次；走访识别卫星图斑120余处，并对其中6处进行拆除。同时，重点打击东嘎村一、二组侵占公共用地违建私房行为，拆除违建房屋面积95平方米。

坚持依法行政。积极办好人大、政协代表议案建议，收集选民意见和建议共57件，答复率达100%。完善“三重一大”事项集体决策机制，全年共召开政府会议19次、采购会议16次。

【精准扶贫工作】 以业促脱贫。年内，东嘎镇严格评选拉萨市勤劳致富对象15名、堆龙德庆区勤劳致富对象12名，兑现奖励金额2.4万元；对2017年自主就业工作中涌现出的14名积极就业脱贫户予以表彰，兑现奖励金额3.26万元。实现100户建档立卡户分红，共计分红35万元。

以补助脱贫。筛选出249名符合2018年生态补偿岗位标准的工人，兑现全年工资95.15万元。筛选出155名符合2018年定向补助人员。

以教助脱贫。兑现2017—2018学年建档立卡及边缘户大学生及高中生的学费、路费、生活费共29.2655万元，对建档立卡户中9名大学新生进行资助，资助金额1.8万元。

以迁带脱贫。认真完成121户建档立卡户家庭住址坐标信息录入工作和国家搬迁新系统录入工作，创新制作63户结对帮扶干部入户帮扶情况板，并悬挂到户。

【双创工作】 年内，东嘎镇成功举办了首届梦创拉萨创响堆龙创业集市活动。顺利完成辖区内未就业高校毕业生政策宣传和教育指导工作，受益人员达200余人次。全年共计劳务输出1012人次，劳务输出总收入达6311.07万元。城镇调查失业率稳定在2.2%以内。

2018年9月5日，东嘎镇组织全体干部职工开展主题为“保护环境 从我做起 爱护家园 从党员做起”党员日活动

【教育事业】 2018年，全镇投入教育事业16.26万元，占镇级财政总收入的42.81%。召开第33个教师节暨表彰大会，发放表彰资金4.58万元；奖励“小升初”六年级教师学生共30000元；兑现2017年新入学大学生镇级资助奖励43800元；完成“小升初”整班移交工作，移交率100%；完成辖区内61名新入学大学生2018—2019年度非义务教育阶段资助奖励审核、上报工作。

【文化事业】 年内，东嘎镇开展了10余项大型文体活动，参与人数达5000余人次；“农家书屋”实现全覆盖，藏书量达5000余册，涵盖图书种类10余类；调整充实东嘎镇“扫黄打非”领导小组，制作工作制度12项，形成网格片区图4项，工作站点5个，抽样检查辖区网吧（网咖）5家，音响店4家；顺利通过公共文化服务体系创建示范区国家第三方验收工作，东嘎镇桑木村成功申报国家级生态文化村。

【卫生工作】 年内，东嘎镇累计开展孕前筛查70对140人，出生缺陷筛查29对58人；新农合工作正常运行，2018年全镇参合人数5785人，参合率达100%；全面推行家庭医生签约服务，截至年底，东嘎镇家庭医生签约率达100%。

【民生保障】 年内，东嘎镇新型农

村养老参保人数2170人，参保率为95%；60岁以上享受养老保险人数560人，养老保险发放率100%；完成涉农保险赔付上报对接工作，共涉及27人、42头牲畜，赔付金额共计17.64万元；为群众申请临时救助金12800元。

【防汛抗灾】 年初，东嘎镇召开年度防汛大会，与各行政村签订了防汛安全责任书。全年累计开展防汛隐患点排查工作28次，购置发放镇村防汛物资11类、9000余件，累计投入资金228040元。

【生态文明建设】 狠抓日常监管，巩固督察成效。年内，东嘎镇累计投入65万元，整改各类突出问题30余起；完成辖区内300余家企业"一企一档"基础信息复查完善和联合执法检查工作；协调处理环境违法违规案件16件，实现辖区燃煤淘汰替代率达90%以上、河道水体清理净化率达100%，河道、国道沿线可视范围内采石采砂场关停取缔率达100%。

强化宣传力度，推动监督巡查。开展各类环保宣传10余次，发放15000余册宣传资料；签订镇、村两级环境保护目标责任书，为6名建档立卡户提供了环卫工岗位；购买10辆电动垃圾清运车，解决村组垃圾清运不及时，垃圾堆放不规范等问题。

完善机制创新，探索河长制新思路。成立河长制领导小组，健全相关工作机制，制作辖区5条堆龙支流河长制公示牌17块，开展河道垃圾清理工作50余次。

植树造林，绿化环境，为创建"绿色东嘎"添砖加瓦。组织干部职工及农牧民群众800余人次在桑木村铁器电焊市场后山体、嘎东沟水泥厂后山体及西嘎山开展义务植树活动，种植了3万余株经济林作物和树苗。

【信访工作】 年内，东嘎镇不断加强基层调解组织建设，配齐基层调解员，不断完善重大事项社会稳定风险评估机制，不断健全矛盾纠纷预防化解体系。2018年，全镇共受理信访案件52起，其中：已结案47起，司法途径解决3起，正在协调解决2起。

【扫黑禁毒工作】 年内，东嘎镇成立扫黑除恶打非治乱和禁毒专项斗争工作领导小组，通过悬挂横幅，播放LED显示屏，张贴海报等形式进行宣传，营造了社会舆论氛围。以东嘎村为试点单位，将好的做法向其他村组进行宣传，为扫黑除恶打非治乱工作奠定坚实的基础。

【双联户工作】 加强队伍建设。年内，东嘎镇对联户长中无作为、责任心不强、群众意见较大的进行了及时调整。同时，在祥和苑社区成立后，推选出82个联户单位。截至年底，全镇共有432个联户单位，其中常驻联户单位257个，企事业联户单位175个，组成了一支工作责任心较强，业务素质过硬的联户长队伍。

深化"先进双联户"评选工作。对2018年在全镇"双联户"工作中表现突出的单位授予"先进集体"荣誉称号，向169户家庭授予"先进双联户"荣誉称号。兑现2018年度169户镇级"先进双联户"奖励资金84500元。东嘎镇被评选为2018年拉萨市双联户先进集体。

【督查工作】 2018年，东嘎镇按

2018年8月9日，东嘎镇举行首届最美东嘎人颁奖典礼

送东嘎信息数量382期，东嘎党建信息数量195期，东嘎之窗平均每天发布信息3篇。同时，堆龙德庆区发布以及拉萨市、自治区的公众号上均有东嘎镇信息的发布，并且在拉萨电视台、西藏电视台、拉萨广播台《拉萨晚报》《西藏日报》等媒体均报道过东嘎镇十九大学习、十项活动、特色产业以等工作。全年共收到区级领导批（交）办及督办事项共99件，其中涉及东嘎镇镇39件，已全部办结，办结率100%。

（四郎卓玛）

【领导名录】

党委书记

旦增平措（藏族）

党委副书记、镇长

贺　进

党委副书记、人大主席

普布卓玛（藏族）

党委副书记

马立玲（女）

党委副书记、东嘎镇派出所所长

朱久年

党委委员、武装部部长

强巴次仁（藏族，南嘎村第一书记）

党委委员、纪委书记

仇力晖

党委委员、组织委员

索娜央珍（女，藏族）

党委委员、宣传委员

宋　宇

副镇长

则　比（女，回族）

扎西次仁（藏族）

尼玛仓（女，藏族）

乃琼镇

【概况】 乃琼镇位于堆龙德庆城区以南，北隔堆龙河，西部与古荣乡相邻，南部与曲水县连接，东临109国道，距堆龙德庆区城区2公里，距拉萨市中心约13公里，平均海拔3700米，辖区总面积约256平方公里。辖区设有岗德林、乃琼、色玛、加木、波玛、贾热6个行政村，37个村民小组，全镇总人口3554户、10269人。

【基层党建】 严格责任意识，不断强化党的政治建设。年初，乃琼镇同各村签订责任书，制定党建工作各项工作任务清单，将任务责任分解到人，制定完成时限，每季度听取一次党建工作进展情况，年中和年底各安排一次党建工作考核验收，细化考核方案，采取查阅台账、听取汇报的形式对各村党组织的党建工作进行重点检查，以确保党建工作各项任务落到实处；贯彻民主集中制，坚持班子末位发言制，落实“三重一大”决策机制，特别是对重大事项决策、重大项目实施、重要干部推荐和大额资金使用的事项，坚持会议研究、集体决策。全年共召开13次党委会议，研究重大事项65起，涉及重大资金680余万元，议事决策水平不断提高；借助镇人大、政协之家平台，充分了解掌握各村各类隐患420起，将群众反映的热点、焦点、难点问题登记在案，分类销号，特事特办。

抓好教育活动，不断提升党组织活力。严格落实“三会一课”制度，深入贯彻落实“两学一做”学习教育常态化制度化，全年召开理论中心组集中学习12次，党委会组织学习13次，组织十九大专题学习6次，专题研讨3次，各级领导班子及成员的思想认识和宗旨意识进一步增强，提高了班子队伍的决策能力。各级党

2018年9月20日，西藏自治区基层人大干部培训班组织学员在乃琼镇开展现场教学

组织结合“主题党日”活动、“两学一做”学习教育常态化制度化这条主线，围绕“政治纪律学习教育”“党员政治教育活动”要求，开展各类专题学习400余场次，进一步丰富了党内组织生活，使党员的理想信念更加坚定、党性更加坚强；制定关于学习党的十九大精神、宪法知识、党章及保密法的学习方案，有计划、有步骤地开展学习和宣讲，在学习党的十九大精神活动中，制作了十九大藏汉双语学习笔记本和十九大精神的藏汉宣传册，发放到每一名党员、联户代表手中，确保十九大精神的宣传覆盖到每一户。

加强村级党组织建设，不断发挥党组织战斗堡垒作用。开展软弱涣散基层党组织整顿工作，如：加木村根据查找出来的问题，对反映出来的村集体经济薄弱、发展能力差，第一书记长期缺位等具体问题进行集中整改；全面完成村级党组织标准化建设（因无场地，贾热村、色玛村除外），充分发挥3个村级爱国主义教育基地的积极作用，开展常态化新旧西藏对比和爱国主义主题教育，用社会主义核心价值观引领乡村文明新风尚；自“强党固基扶村”专项工作开展以来，全镇23名第一书记、下沉干部通过主动参与、积极沟通等方式参与到村“两委”各项事务中，使各村工作效率得到明显提升，各项制度和规章制度的执行力得到加强，对各村发展集体经济、帮助群众增收方面起到良好作用；按照党员发展“十六字”方针，严把质量关，进一步规范了发展党员推荐、表决、公示、政审等流程，全年共转正党员35名，发展预备党员45名，培养积极分子125名；截至年底，所有行政村农村集体经济收入实现了100万元以上目标，乃琼村村集体经济收入达1150万元；指导波玛村搬迁安置点完成党支部融合成立工作，配合经开区完成德吉康萨搬迁安置小区党委及居委会选举成立工作。

2018年3月25日，区委书记格桑平措（左一）带队一行在乃琼镇调研指导工作

【党风廉政建设】 强化压力传导，推进“两个责任”落实。年内，镇党委坚决落实全面从严治党要求，切实扛负管党治党的政治责任，坚持把党风廉政建设与经济社会发展各项工作同谋划、同推进、同考核。全年召开党委（扩大）会议13次，研究10项有关党风廉政建设事项。落实班子成员党风廉政建设责任分工，制定《乃琼镇党风廉政建设目标任务分解表》，与各村签订《乃琼镇2018年度党风廉政建设责任书》，层层分解任务、层层传导压力。坚持党风廉政建设定期汇报制，每季度主动听取领导班子成员汇报党风廉政建设及反腐败工作3次，全年共召开主体责任履职通报会3次，督导检查党风廉政建设责任制12次，对推动工作不利的村党委进行通报并要求限期整改。强化监督检查。继续将谈话提醒工作作为党员干部日常监管重要手段，全年对50名党员干部进行谈话。整改完成区委三轮巡察反馈的21项问题，进一步提升党政班子自身建设。

严格监督执纪，弛而不息纠“四风”。充分发挥纪检监督职能，切实加强对涉及面广、资金量多等重点部门、重点对象、重点领域、重点环节的监督和管理，2018年监督重大事项6起，审核村委财务公开11次，纠正不合理村级事务9起。镇纪委联同财务等部门对6个行政村的“三公经费”“三

2018年3月19日，区委副书记、区长杜江（左二）在乃琼镇贾热村检查指导村集体经济发展工作

务公开”及“四议两公开”进行督促检查。紧盯重要时间节点开展专项检查，发送节日提醒廉洁短讯，将纪律挺在前面。全年共开展11次作风纪律检查，及时向被检查单位提出整改意见7份。

加强廉政教育，筑牢拒腐防变思想防线。组织党员干部开展“严明政治纪律、严守政治规矩”专题教育活动，全年开展专题学习9次，观看警示教育片3场次，学习通报各级违纪违法典型案件28件，召开节前廉政纪律要求部署会议9次，教育引导党员干部坚定理想信念、严守政治纪律和政治规矩，筑牢拒腐防变思想防线。全年编撰“廉政快报”6期，发送廉政短信100多条次。依托廉政教育基地，开展“廉政教育+警示教育”组合式廉政教育模式，组织100多人次参观学习，营造了教育在先、正风肃纪的良好氛围。

坚持打铁必须自身硬，建设忠诚干净担当队伍。组织镇、村两级纪检干部认真学习中共十九大报告和习近平新时代中国特色社会主义思想，不断增强“四个意识”、坚定“四个自信”、坚决做到“两个维护”。全年召开纪检工作会议3次，选派2名纪检干部参加全市纪检监察系统执纪审查业务培训，选派5名纪检干部参与市纪委的案件调查工作以及区委巡察工作，不断提升纪检干部执纪审查能力。

【意识形态工作】 **开展“四讲四爱”，坚定核心意识。**年内，乃琼镇继续开展“四讲四爱”进茶馆、进田间地头、进车队等活动，首次推动“四讲四爱”进工地，宣讲员走进综保区工地现场开展宣讲。2018年，乃琼村坚才老师荣获自治区级优秀宣讲员称号。全年乃琼镇组建宣讲团7个，面向农牧民、外来流动人口开展宣讲300余场次，受众4万余人次，发放宣传海报500余份，开展督导检查30余次。

加强文化建设，丰富群众生活。建立五支村级文艺队，以“三大节日”为契机，开展文化、科技、卫生、法律和爱国爱教宣传五下乡活动；依托贾热村觉木龙藏戏国家级非物质文化遗产优势，积极参加“民间文化艺术之乡”评选活动。为切实让党员干部、贫困群众切实增强责任感、组织认同感，组织开展了“三八”妇女节趣味运动会、弘扬雷锋精神的“道德大讲堂”、西藏百万农奴解放纪念日文艺汇演、生产技能大比拼、第三届“青春阳光杯”五四演讲比赛、集中升国旗、慰问“三老”人员、“民族团结月”、预防青少年犯罪、“关爱女性健康、撑起乃琼半边天”“学文化知识、助乃琼腾飞”等一系列活动，进一步传播了正能量，提升了党员干部和群众爱国、爱党、爱家的责任感和使命感。

加强网络宣传，提升乃琼影响。通过“腾飞乃琼”微信公众号对外发布300余篇党政要闻，文章涵盖乃琼镇工作生活的方方面面，成为向外宣传乃琼的重要平台。

【群团工作】 年内，乃琼镇团委开展了“五四”演讲比赛、普法宣讲、预防青少年犯罪等活动，丰富团组织生活；组织开展了“扫黄打非、护苗2018”专项行动，向家长和学生普及网络安全知识，加强乃琼网络环境整治，清理网络有害信息，提升安全意识和网络素养。乃琼镇妇联积极开展“藏历新年送温暖”“三八”妇女节、“母亲节”“六一”儿童节等活动，丰富了妇女儿童的精神生活；在6个行政村开办了“巾帼夜校”，妇女群众踊跃报名，积极学习科学文化知识，提高了农牧区群众的整体素质。乃琼镇工会充分发挥工会组织的职能，积极与综治办一同协调处理劳资纠纷，维护农民工的合法权益；8月7日，镇工会联合区卫计委、镇派出所深入保税物流园区施工现场，对建筑工人集中进行“四讲四爱”集中宣讲暨“送医送药送温暖”活动，惠及农民工160余人次。

【双联户工作】 年初，经镇党委会通过，成立乃琼镇“双联户”领导小组，督促各村成立“双联户”领导小组，确保“双联户”工作上有领导指挥，下有具体负责。全镇共有375名联户代表，2018年乃琼镇评选村级“先进双联户”74个、镇级“先进双联户”15个”。

【民族团结】 年内，乃琼镇结合学习贯彻中央民族工作会议精神和区、市第九次党代会精神，紧紧围绕维护祖国统一、加强民族团结这个着眼点和着力点，进一步巩固和发展民族团结、宗教和顺、社会稳定的大好局面。积极组织辖区内农牧民群众参加中国西藏旅游文化国际博览会活动，让他们充分了解了当前西藏科学发展、和谐稳定、民族团结、宗教和睦、民生改善、生态良好、党建加强、边疆巩固的大好局面。充分利用电视、广播、报刊、网络、横幅、标语、橱窗等多种渠道和形式，广泛宣传党的民族宗教政策。举办讴歌乃琼镇各民族和睦相处、和衷共济、和谐发展为内容的红歌大会。在中华人民共和国成立69周年之际，镇党委政府组织各行政村、护路大队、学校举办文艺汇演活动，同时对文艺演出者及民族团结宣传月中涌现出的先进个人和先进家庭进行表彰，表彰了8名先进个人和6个先进家庭。

【经济发展】 年内，乃琼镇以建设国家级经济开发区B区、拉萨市西货运站、拉萨保税物流园区和青藏铁路机务段为契机，努力转变经济发展方式，大力发展文化旅游业和现代仓储物流业，积极推动第二、三产业持续发展。2018年，全镇农村居民人均纯收入16277.14元，增长18%。继续依托觉木隆藏戏、加木赛牦牛和“象雄美朵”旅游文化产业园区建设等民族文化旅游资源，严格落实“产业兴乡战略和“旅游+”工作，积极推进贾热村、加木村、波玛村旅游文化产业发展。依托重大项目建设，积极发展岗德林村、乃琼村、色玛村现代仓储物流业，充分利用土地征用款大力发展“一村一品”产业。

【农牧工作】 2018年，全镇农作物播种总面积8298.3亩，其中粮播面积3981亩，占总耕地面积的33%，完成目标任务的100%。农作物损害控制率为99%，机耕、机播、机收分别达到95%以上。动物防疫9534头，动物出栏5125头、存栏4409头，牲畜仔畜成活率97%，春秋牲畜接种疫苗达到100%，抗体保护率达到98%以上，有效预防高致病性禽流感、口蹄疫、猪蓝耳病等疫病，做到镇不漏村、村不漏户、户不漏禽、禽不漏针，针不漏量，确保全镇畜牧的安全。

【水利工作】 乃琼镇辖区内的河流总长度为75公里。襄堆沟：涉

2018年3月31日，乃琼镇开展“勤劳能致富·幸福靠奋斗”生产技能大比拼活动

玛村四组至波玛村五组河流长度7公里；加木沟：加木一组至五组河流长度23公里；雄普沟：贾热村至色玛村河流长度30公里；比西沟：乃琼村至岗德林村河流长度15公里。辖区内支流为堆龙河波玛村进水口至岗德林蔬菜基地，长度18公里。

根据《堆龙德庆区全面推行河长制工作实施方案》要求，2018年，乃琼镇及时制定了《乃琼镇河长制工作方案》，成立以镇党委书记为组长、镇长为副组长、各村第一书记为成员的领导小组，并与各村委会签订了目标责任书，明确责任分工。全镇共有51个河道管护员，以各村为单位负责辖区内河道巡逻和清理垃圾工作，实行考勤管理及不定期抽查工作制度，对河道管护员进行严管。组织镇干部、村"两委"、农牧民群众等开展以"讲贡献、爱家园"为主题的活动5次，涉及群众200余人次对河道进行垃圾清理，有效解决河道脏、乱、差的问题。为加强防汛工作顺利开展，投入资金9.28万元购买防汛物资储备，包括编织袋15000袋、铅丝20圈、手电筒75个、雨衣120件、雨靴120双、铅丝笼95圈、铁锹80把、十字镐80把、老虎钳80个，并发放给各村，保证村民生产生活安全。

【为民办实事项目】 2018年，乃琼镇加木村道路过境段路灯安装工程已完工，投资19万元；加木村600米道路硬化建设及板涵洞已开工，投资44.88万元；加木村新建商品房基本完成建设，投资137.36万元；贾热村铁路建设失地农民就业安置中心建设项目已立项，各个项目建设均在稳步推进。

2018年共实施3个强基础惠民生为民办实事项目，分别为波玛村象雄美朵林卡度假项目，、投资20.5万元；加木村商品房及党建超市项目，投资37万元；贾热村赛马场地建设项目，投资34.5万元，共计投入102万元。除加木村党建超市未建设外，其他项目均已完成验收。

【征地拆迁】 年内，乃琼镇把征地拆迁工作作为重点工作，定期召开征地拆迁工作推进会，对阶段工作结果进行总结，深入分析征地拆迁面临的形式，及时解决工作小组出现的问题，同时研究下一阶段的目标，顺利完成自治区医院（选址为岗德林村蔬菜基地）的征地拆迁工作。涉及拆迁群众600余户，兑现拆迁补偿款2.2亿元。

【食药安全】 年内，乃琼镇紧紧围绕广大农牧民群众的身体健康和生命安全，根据《2018年食品安全工作目标责任书》各项任务要求，以保障群众饮食安全为出发点，突出重大节日、重要区域、重点单位的宣传和检查，狠抓镇、村、学校等食品药品安全协管员关键作用，不断加强农家宴、学校食堂、机关食堂和建设工地食品安全管理，不断加强食品药品跟踪监控力度，努力构建起了镇、村两级食品药品安全工作的监管网络体系。按照区食药监局相关部署要求，对辖区内的食品生产销售及餐饮服务点进行分片、无死角排查，共排查438处，其中食品销售点186处、餐饮服务点247处，小作坊3处、大型食品加工制作企业2家，共计发放办理食品经营许可证通知单300余份。通过悬挂横幅、发放《食品安全科普宣传手册》等方式，积极开展食品药品安全宣传活动，发放食品安全

2018年9月30日，乃琼镇举办"民族团结一家亲、同心共筑乃琼梦"之庆祝建国69周年文艺汇演活动

宣传资料 5600 余份，进一步增强农牧民群众食品药品安全意识，有效防止群体性中毒事件发生。

【教育发展】 年内，乃琼镇着眼学生全面发展，积极推进素质教育，坚持把巩固和提升学前三年教育质量作为重点，扎实推动“四个 100%”目标落实（小学入学率达 100%、巩固率达 100%、学前教育入园率达 100%、小学毕业生整班移交率达 100%）。以开展爱国主义读书教育活动为契机，积极推进书香校园建设；进一步建立完善师生结对帮扶制度，进一步关心关爱“留守学生”，通过定期让“留守学生”给父母写一封书信、通一次电话等活动，扎实推进“家校共建”工作。着力抓好加强校车安全管理，积极推进纪律、安全、卫生教育，确保了校车的绝对安全。2018 年，为全面扎实地做好“两基”和“均衡教育”工作，进一步优化师资队伍建设，镇政府在本级财政无收入的情况下，在教育方面投入 3.3 万余元的资金，改善了学校的配套设施，并对 2018 年考上其他省市西藏班的 3 名学生进行奖励。积极开展教师节感党恩活动，先后慰问了中心小学教师、附属幼儿园教师、退休教职工共 120 人次，积极营造出了尊师重教的良好环境。严格落实教育奖励制度，组织发放了 2017—2018 学年高校在校生家庭经济困难（残疾）资助金，资助金发放对象共 27 名学生，每人 8000 元，共计发放 216000 元；组织发放普通高校家庭经济困难新生入学资助金，共有 5 名学生，区内大学生 4 名，每人 500 元，区外大学生 1 名，每人 1000 元。

【卫生与健康】 2018 年，乃琼镇举办室内健康教育培训 6 次，室内健康知识讲座 6 次，举办户外健康教育活动 10 次，发放宣传册 2392 册、宣传袋 760 个、雨伞 250 把、纪念品 997 份，发放儿童保暖内衣 160 套；全镇筹资人数 10183 人（其中堆龙中学学生 320 人），筹资金额为 30.1 万元，筹资率达 100%；合作医疗核销 17671 人，核销总金额 76.8 万元。全年镇卫生院积极到各村开展送医、送药、送健康巡回医疗活动 12 次，义诊人数 2569 人次；组织全镇 5750 名群众进行免费体检，并建立健全了健康档案；积极推进婴幼儿住院救治、孕产妇住院分娩工作，孕产妇免费体检率、住院分娩率实现两个 100%。积极开展肺结核等传染病救治工作，传染病有效管理率实现 100%；2018 年 9 月对全镇 6 个行政村重新更换家庭医生签约服务协议书，签订家庭医生签约协议书 3376 本，全镇签订户数 3376 户、人数 9600 人；由镇卫生院和各行政村共同出资 68400 元为 6 个行政村 18 名村医配发了电动摩托车，“送医入户”工作扎实推进，镇域公共卫生服务能力持续提升。

【民政保障】 2018 年，乃琼镇不断完善困难群众临时救助制度，“五保”户供养金兑现率达 100%，救助工作实现全覆盖。扎实推进清退违规低保和超标低保户工作，经过核查，全镇不符合低保条件的民政对象有 23 户 69 人。帮助 156 名群众办理了民政医疗救助，发放救助金 770448.5 元，为特困户、优抚对象、特困人员、三属、特困残疾人、百岁老人、义务兵等人群免费发放清油 84 桶、面粉 84 袋、大米 84 袋，赠送慰问金 8.4 万元。年初发放各类补助金 154.451 万元，其中区民政局老龄两项补贴总金额为 2.16 万元，拉萨市寿星老人健康补贴 4.725 万元，堆龙德庆区寿星老人健康补贴 18.23 万元，拉萨市残疾人“两项补贴” 23.958 万元，堆龙德庆区 1—4 级残疾人生活补贴 93.6 万元，县级残疾人补贴 9.984 万元，0—16 岁残疾儿童康复补贴 1.44 万元，特殊群体医保费 3540 元。2018 年，乃琼镇新农保参保人数达 5419 人，其中 16—59 岁参保人数为 4557 人，领取待遇人数 862 人，2018 年新型农村社会养老保险征缴款 449700 元。

【精准扶贫】 2018 年，全镇 198 户 556 名建档立卡贫困群众人均年收入 14430 元，高标准超过国家扶贫线（堆龙德庆区 2017 年脱贫标准为 4265 元 / 人 / 年），在现行条件下实现了真脱贫，下辖 6 个行政村全部达到了真摘帽标准，2018 年 6 月份接受国家验收并顺利通过。

*产业脱贫成效显著。*依托“象雄美朵”生态旅游文化园、高争水泥厂、岗德林蔬菜基地、堆龙善财福利综合有限公司等产业，以“就

业＋分红”方式，拓宽贫困群众增收渠道。同时结合城镇治理服务需求，带动219名有劳动力贫困群众就业，就业率达80%；自主就业77人，占35.15%。

以迁脱贫深入推进。2018年，58户189人搬迁至经开区B区安置点，3户8人搬迁至桑木村村安置点。截至年底，搬迁户达到122户413人。

社会兜底不断巩固。通过多重保障政策的组合、叠加，最终让贫困患者看得起病，提高全镇群众医疗救助保障水平，确保建档立卡贫困户医疗自付费用100%报销、低收入人群90%报销，最大限度解决因病致贫、返贫问题，为打赢脱贫攻坚战提供有力的保障。

社会参与脱贫持续发力。扎实推进脱贫攻坚和社会保障制度的有效衔接。2018年，以保脱贫1户1人。

以补脱贫，重生态、利长远。2018年，全镇共有238个生态补偿岗位，每人每年3500元，按照上下半年分2次发放。

党建脱贫不断深入。严格落实“一乡一业、一村一品”发展战略，大力发展推动“一村一品”。2018年6个行政村的村集体经济基本上都实现了年初制定的目标，其中2个村的村集体经济收入实现1000万元以上。

【双创工作】 年内，由于拉萨西货站、综合保税物流园区建设等国家重点项目的入驻，乃琼镇失地农牧民数量不断增加，为保障农牧民失地不失业、不降生活标准，乃琼镇党委政府高度重视，争取拉萨市资金375万元，广泛征求群众意见，组织农牧民举办了铁路建设失地农牧民群众再就业技能（汽车驾驶、挖掘装载机操作）培训，涉及316人（汽车驾驶培训230人，挖掘装载机操作86人）。依托区“春风行动”暨高校毕业生专题招聘会、“象雄美朵”产业园、拉萨综保物流园区、西货站等重大项目建设，实现劳务输出1783人次，转移就业869人，高校毕业生实现就业68人，未就业大学生赴成都培训15人。依托区小微企业创业创新基地城市示范引领作用，积极配合抓好各项政策和资金落实，持续推进小微企业创业创新帮扶和就业服务工作，扎实推进待业大学生就业创业工作。

（沈巾琪）

【负责人名录】

党委书记

尼　玛（藏族）

党委副书记、镇长

任　威

党委副书记、人大主席

格桑曲珍（女，7月离任）

琼 卓 玛（女，7月任职）

党委副书记、派出所所长

马　钰

党委副书记

李 雅 娟（女，1月离任）

刘　敏（女，7月任职）

党委委员、人武部长

巴　珠（藏族）

党委委员、纪检书记

格桑德吉（女，藏族）

党委委员、组织委员

禹 新 娟（女）

党委委员、宣传委员

曲尼旺姆（女，藏族，7月离任）

赵 天 恩（7月任职）

副镇长

巴　桑（藏族，乃琼村第一书记）

米　珍（女，藏族）

高 祥 龙（7月离任）

王 妤 玮（女，7月任职）

羊达乡

【概况】 羊达乡距拉萨市中心17公里，总面积119.7平方公里，其中耕地面积8958.45亩。辖3个行政村、12个村民小组，共1413户4275人。有18个基层党支部，正式党员人数316名、预备党员14名、入党积极分子13名，其中农牧民党员254名。有建档立卡贫困户119户387人，占总人口的9.1%，边缘户35户113人。农牧民劳动力2526人，已就业625人；2018年高校毕业生共53人，已就业53人，就业率达100%。有中心小学1所、幼儿园3所；全镇有1座乡级文化服务活动中心、3座村文化宣传站、3所农家书屋；1座寺庙（2名僧人）、3座拉康；1所乡卫生院、3个村级卫生医务室、1个乡级兽医站、6名兽医；县级工业园区1个，现代设施农业园区1个。2018年羊达乡农村经济总收入达10077.14万元，同比增长18%。3个行政村集体经济年收入均达100万元的增收目标。

【党的建设】 全面推进政治建设。年内，羊达乡把理论武装作为政治建设的先导，把学习贯彻习近平新时代中国特色社会主义思想和党的十九大精神作为首要政治任务，以鲜明政治态度号召全乡党员干部职工，树牢“四个意识”，坚定“四个自信”，做到“两个维护”，确保党中央大政方针和自治区党委、拉萨市委、堆龙德庆区委决策部署在羊达落地生根。年初召开羊达乡党建工作部署会，安排2018年度基层党组织建设重点任务12项；全面推进思想建设。按照区委统一部署和上级部门的具体要求，以羊达乡理论学习中心组为依托，举办了推进习近平新时代中国特色社会主义思想和中共十九大精神专题学习培训（研讨）班，举办理论学习中心组学习会27次，开展研讨27场次，辅导讲座5次，党员政治教育培训12次，党委会集中学习14次，集中收听收看大会实况转播和远程教育30场次，印编学习辅导资料5000余份。各级书记讲党课25次，组织党员干部、农牧民党员3100余人次参加政治教育专题学习34场次、达78课时，制作各类宣传栏51个，组织党员干部职工学习1350余人次，党员干部撰写学习心得体会300余篇，每名党员干部撰写学习笔记及描红党章程达3万余字，确保所有参学党员满足32学时的要求，督导检查村党委（党总支）和各村民小组党支部做好基层党建七项重点任务及软弱涣散基层党组织整改工作30余次；强化思想政治引领。以推进“两学一做”学习教育常态化制度化和“四讲四爱”群众教育实践活动等为载体，深入学习贯彻《中国共产党章程》、全国“两会”及区委二届二次全委会精神，学习贯彻中央、自治区、拉萨市、堆龙德庆区委系列重要文件和领导讲话精神，推进乡党委用党的创新理论武装头脑，强化党员干部职工的思想政治引领和凝心聚力工作，在群众中开展新旧西藏对比，把党的好声音传递到基层，引领全乡各族群众感党恩、听党话、跟党走，自觉争做“神圣国土守护者、幸福家园建设者”。

凝心聚力抓落实，坚决执行党建“第一责任人”。党支部规范化建设。年初，在村“两委”、下沉西藏干部、驻村工作队、热察寺管小组（加入帮普村党支部）、卫生院中成立了党支部，截至年底，全乡共有18个党支部。组织开展全乡党建工作会议，组织各基层党组织书记层层签订责任书，并开展乡村两级党组织书记抓基层党建工作述职评议，层层传导压力，落实党建工作责任；确保组织生活规范化。乡党委以增强党组织生机活力为根本，突出党员政治教育和政治纪律教育，严格执行“三会一课”、谈心谈话、民主生活会、组织生活会、民主评议党员等基本制度，深入开展党员承诺践诺、民主评议党员、“主题党日”等活动，党内活动有了很好的抓手，党的组织生活得到了有效规范，党员政治意识、大局意识、核心意识、看齐意识得到显著增强；发挥党建工作领导小组协调作用。成立以乡党委书记为组长的党建工作领导小组，建立健全党建工作领导小组会议制度，充分发挥领导小组“谋全局、管宏观、抓大事、重协调、建机制、促落实”的职能作用，统筹协调各成员认真履行党建工作职责，定期听取工作汇报，安排部署，层层压实责任，完成阶段性党建工作任务，督

2018年7月10日，西藏自治区党委宣传部副部长丁勇（左一）带队“四讲四爱”检查督导组在羊达乡和通嘎村检查指导工作

促指导抓好落实，形成齐抓共管的大格局。

探索实践求创新，开创党建工作新局面。开展“党旗进党家”活动。坚持以马克思主义中国化最新理论武装头脑、指导实践。为贯彻落实好习近平总书记提出的“把群众家门口事情办好”的要求，通过送党旗进党家，与农牧民党员一同谈规划、理思路、指问题、谋发展，帮助农牧民党员问计民生，把脉会诊，助力发展，真心实意为群众排忧解难，切实解决好“服务群众最后一公里”的问题；落实好“党员不信仰宗教”活动。主要通过党员公开承诺，旨在让全乡党员能够坚决拥护以习近平同志为核心的党中央权威，树牢“四个意识”，坚定“四个自信”，深入揭批十四世达赖和达赖集团的反动本质，严守党章规定，坚定理想信念，牢记党的宗旨，做马克思主义无神论者，全心全意为人民服务；组织好“三亮三公开·党员星级评比”活动。为持续巩固好党员不信仰宗教、党旗进党家活动成果，进一步强化党员政治教育，坚定政治立场，严守党的政治纪律和政治规矩，引导全乡党员铭记党员身份，履行好党员义务，树牢马克思“五观”“两论”、践行“两个维护”，通过党员亮身份、亮工作职责、亮服务承诺，增强党员服务意识。公开组织生活、公开身份特点、公开考核评价，树立党员服务形象。党员争创星级，强化党员服务活力，同时有效的接受农牧民群众的监督；开办好羊达“新时代讲习所”活动。乡党委紧紧围绕深入学习贯彻习近平新时代中国特色社会主义思想和党的十九大精神，扎实推进“党建统乡”，切实加强农牧区基层组织建设工作，探索建立以“六讲六干”为主题的“新时代党员群众讲习所”，紧紧围绕“讲什么、谁来讲、怎么讲、如何讲”，来保障讲习所开讲的效果，并从四个层面，突出其政治宣传功能，使之成为宣讲习近平新时代中国特色社会主义思想和党的十九大精神的前沿阵地。同时有效地将全乡党建工作、纪检监督、意识形态、工青妇及乡村振兴战略、抓党建促脱贫等各项工作进行统筹融合，使之成为培训学习的合力点和着力点。

统筹兼顾抓重点，扎实推进党建经常性工作。全力做好基层党组织标准化建设。乡党委坚持以习近平新时代中国特色社会主义思想为指导，以建设学习型、服务型、创新性、引领型、战斗型“五型党组织”基层党组织为目标，着力推进组织设置、领导班子、党员队伍、组织生活、工作载体、运行机制、场所建设、基础保障标准化建设，全面提升组织力，充分发挥基层党组织的政治引领作用。乡党委以建好用好管好活动场所为关键，推进活动场所规范化建设，强化场所政治功能和服务功能，遵循“服务区域和政治功能最大化、办公场所最小化”的设置原则；注重党员发展教育管理工作。严把入口，疏通出口，严格党员发展程序，认真落实好“三会一课”、组织生活会、民主评议党员，开展好七一党建活动，重点落实好“主题党日”活动，坚持把党员教育与日常管理有机结合；注重党员政治教育和政治纪律教育培训。采取“九个一”措施，即开展一次专题学习、上好一堂专题党课、组织一次答题活动、开展一次知识竞赛、开辟一块宣传专栏、组织一场文艺汇演、进行一轮监督检查、组织一次教育培训、进行一次专题

2018年5月15日，羊达乡“讲党恩爱核心、讲团结爱祖国、讲贡献爱家园、讲文明爱生活”群众教育实践活动启动仪式暨“党旗进党家”活动在羊达村举行

研讨。

强基固本增本领，全面加强自身建设。坚持政治统领。深入学习践行新思想，切实在学懂弄通做实上下功夫，真正把握其重大意义、丰富内涵和精神实质，以理论学习、思想武装促进党建工作质量提升，切实担负起新时代基层党建工作新使命；强化党建引领。深入推进“党建统乡”战略，注重党建引领作用，不断提高服务机制，提高服务效能。围绕群众事情有处办、群众困难有人帮、群众诉求有处说，充分利用互联网思维加强基层党建，建设“党组织建设 + 平安建设 +e”的理念，开通智慧党建通道，把党的组织生活、党员教育管理、党员服务群众等各类信息全面融入党建数据库，实现上下信息互联互通，形成区域互动、数据共享、信息共联的基层城市党建信息化格局；加强作风锤炼。坚决贯彻落实中央八项规定、实施细则。自觉践行党的优良传统，大力弘扬“老西藏精神”和“两路精神”，不断改进工作作风，求真务实、勤奋敬业、轻车简从、服务基层。落实党章党规，完善党员信息，严格干部职工请销假制定，营造良好的政治生态。

履职尽责求突破，解决服务群众最后一公里。党的十九大报告明确了“党是领导一切的”，乡党委不断探索实践“服务群众最后一米的问题”，乡村两级便民服务中心隶属上下级关系，均实行一般事项直接办理，特殊事项承诺办理，重大事项联合办理，上报事项负责办理。2018 年，乡便民服务中心累计为农牧民群众办理事项 2143 余件，其中户籍类 149 余件、边境通行证 168 余件、油料开具证明 260 余件、牲畜保险 90 余件、医疗救助 38 余件、车辆证明和贫困学生资助证明 1438 余件。以小见大，辐射带动了 3 个村级便民服务中心高效运转。2018 年各村为农牧民群众办理事项 2654 余件，其中羊达村 1702 余件、通嘎村 592 余件、帮普村 360 余件。

【妇联工作】 引领妇女思想。年内，羊达乡针对妇女开展宣传教育工作，宣传党的路线方针政策、男女平等、妇女儿童的法律法规知识。组织妇女参加读书活动和现代远程教育等多形式、多内容的学习，开展科技、环保、妇幼卫生、家庭教育、实用技术等培训。全方位教育、引导妇女发扬自尊、自信、自立、自强精神，提高思想道德素质、科学文化素质，努力成为“四有”时代新女性。

带领妇女就业创业和增收致富。以提高农牧民妇女的生活质量为中心，以妇女的实际需求为导向，以培养妇女解决问题的能力为重点。围绕“党政所急、妇女所需、妇联所能”，深入开展城乡妇女创业小额担保贴息贷款工作，争取母亲小额循环项目、妇代会创收基地等项目，组织开展妇女编织、巾帼夜校系列等培训，为创业、就业妇女牵线搭桥。

提高妇女健康意识和健康水平。乡妇联与乡卫生院多次联合召集全乡农牧民妇女群众参加妇女保健、妇科炎症、两癌筛查等知识讲座，向大家宣传妇女健康知识并介绍如何通过日常生活中的饮食调理进行疾病的预防和身体的保健以及更年期的症状和自查方法。

维护妇女儿童权益，减少家庭暴力。羊达乡 3 个行政村通过夜校班开展农牧民“防家暴妇女儿童维权”知识讲座，宣讲“家暴非家务，让我们对家暴说不！’及“认识危险，远离侵害”相关维权知识。各行政村 100 余名妇女聆听了讲座。

以和谐家庭创建为重点，引领家庭文明建设。以五好文明家庭、妇女能手、三八红旗手评选为重点，常态化开展家庭美德宣传实践。2018 年羊达乡被评选为自治区五好最美家庭 2 户、自治区三八红旗手 1 名、市级五好文明家庭 2 户、堆龙德庆区合格家长 1 名、堆龙德庆区女科技明白人 1 名。

【履职尽责服务民生】 强化学习，提高队伍整体素质。年内，全乡共组织人大代表、政协委员集中专题学习 13 次；开展选民接待日活动，把人大代表、政协委员之家当成联系选民之家。定期和不定期在人大代表之家接待选民来访，与选民交心，了解选民意愿，掌握选民需求，积极解决合理诉求和实际困难，通过为民办实事项目为群众解决实际问题 20 多件，“人大代表之家”“政协委员之家”工作的开展得到了群众普遍认可；8 月堆龙德庆区兰达乡第一届人民代表大会第三次会议隆重召开；充分发挥“人大代表之家”“政协委员之家”服务大局的重要作用。积极参加区人大、区政协举办的各项活动并选派2名委员、10名代表到其他省市学习；参加互学互观互视察活动和接待林芝、阿里、日喀则、山南、拉萨市各县(区)的交流代表16次，1000余人次。

加强流动人口服务管理。2018年，羊达乡切实加强流动人口管理服务工作，并联合派出所对辖区流动人口基本信息进行详细登记备案，认真做好流动人口清查摸底工作，做到“人来登记，人走注销”。同时进一步完善了“以证管人、以房管人、以业管人、优化服务”的服务管理模式，保障了流动人口的合法权益，促进了羊达乡社会经济的稳定发展。

【产业振兴】 加快产业转型步伐。年内，羊达乡通嘎村采砂合作社为实现可持续发展，顺应环保理念，将村集体经济单一化向多元环保化转型。合作社与堆龙德庆区城市建设投资有限公司以股份制模式合作运营，提供了23个直接就业岗位，在岗职工实现年现金收入18000—24000元。

发展物流产业。借助物流功能区规划建设工作，创办西藏通嘎村物流有限公司，缓解群众的就业压力，进一步增加上岗员工家庭现金收入，有效改善生活质量与生产水平。截至年底，项目已建成过半，建成部分已投入运营，解决了2名贫困户和7名农牧民群众就业。

修建商品房，发展服务业。通嘎村在堆龙德庆区以南，物流公司以北修建一座四层的商贸综合楼，年底项目已完工，为通嘎村本地群众提供大量稳定的劳动岗位和一定的经济收入。同时能够全面带动钢材、仓储物流、采砂、合作开办驾校等产业的发展，为羊达乡带来良好的经济收入和社会效益；羊达村利用自身优越的地理位置、便利的交通条件，在村委会旁修建3层综合商贸楼，共包括40间商品房，40间出租房，投资达1480万元，项目正在招租中。

2018年5月10日，羊达乡“四讲四爱”宣讲团走进茶馆开展宣讲活动

净土健康产业持续壮大。羊达设施农业园区作为堆龙德庆“现代设施农业示范园区”(即：孵化基地)，共有温室337栋，占地700亩，总资产4000余万元，年产无公害蔬菜360万公斤，年产值1900万元以上，年利润总额达500万元。项目建成后累计带动248户4000余人次致富增收(临时性用工)；累计支付临时性用工工资89.988万元，户均增收3628元；累计支付土地流转费800万元，123户372人土地流转户年均增加收入9214元；带动17名(5名建档立卡户)产业工人人均年收入24000元。几年来32户112人贫困户依托该项目脱贫，带动建档立卡户42户168人直接受益。连续3年为堆龙种植户减免租金85万元。

大力发展旅游休闲产业。依托帮普村丰富的自然资源，优美的自然环境和热察寺神秘悠久的历史文化底蕴，充分利用现有的帮普热萨度假村及已修建的帮普沟林卡项目，大力发展旅游休闲产业。2018年9月成功举办“第二届帮普沐浴文化节”，将帮普村旅游文化资源转化为经济优势，形成政府搭建平台，农牧民实际创收的合作模式，为农牧民带来经济收入55万元。

绿色种植业初具规模。继续充分利用帮普村的环境资源和地域优势，再次发动贫困户种植红皮土豆。2018年20户建档立卡贫困户和24户边缘户与村委会签订种植收购协议。共种植红皮土豆50亩，收获红皮土豆42.6294万斤，实现现金收入42.6294万元，户年均增收1.0149万元。

创新乡村物流建设。在区委、区政府的大力支持下，2018年3月，在羊达乡净土产业投资有限公司成立了羊达便民快递超市，已与申通快递、韵达快递、天天快递以及百世汇通达成长期合作意向。自营业后，日接单量100余件。通过快递超市，群众可就近就便收发快递，大大降低了群众的网购成本。

【生态文明建设】 扎实推进河长制工作落实。年内，羊达乡落实专职河道管护员8名，设立“河长制”公示牌8个，及时更新告示相关河湖保护工作职责及监督举报实施细则，形成逐级负责、环环相扣、责任到人、不留盲点的河道管护体系；严格落实辖区属地监管职责，以“爱国卫月”“农闲十项活动”及各类环境卫生整治活动为契机，组织羊达乡干部职工、村“两委”、广大群众、护河员及环卫工人500余人次，出动机械100余次，开展堆龙河及帮普沟沿线环境卫生清理整治行动，清理垃圾40余吨，全面改善羊达乡河湖生态环境。

积极推进环境治理。配备26名乡村级环卫工人、8名护河员及3名环境监督员，负责各自辖区日常环境卫生的清理及监督工作，实行工作本管理签字盖章制度；在原有设施设备基础上为3个行政村配备7个全新的移动式垃圾斗、10个抄网杆、2台推土机以便开展常规环境卫生工作和应对突发环境卫生事件；开展了以“我爱我家·生态羊达我在行动”“干干净净迎新年，美化家园做贡献”“绿色低碳·文明出行”等主题环境卫生综合整治活动10余次，积极组织乡干部职工及村“两委”、驻村工作队及广大农牧民群众开展环境卫生整治行动，2018年共清理生活垃圾、建筑垃圾30余吨，出动1800余人次，动员广大农牧民群众主动参与到环境卫生整治活动中，使环境保护工作常态化和自觉化。

全面巩固全乡禁白工作成果。针对羊达乡辖区109国道及村组主干道的环境卫生问题，制定并与沿线商户、企业（个体）责任人签订《羊达乡门前三包责任书》131份，发放相应告知书及门前三包处罚实施细则400余份，要求将各自门前道路的卫生、设施、秩序等按照规定清理干净并摆放整齐，全面改善乡容乡貌。

将查处违法违规建设、破坏和污染土地等纳入到常态化工作机制中。主动查处并严厉打击未批先建、改变土地性质、无证加工经营、破坏生态环境等违法行为，形成羊达乡环境保护、私搭乱建周巡查机制。在2018年的各类巡查检查工作中，共出动180余人次、90余车次。截至年底，已强制拆除泽巴组违建、帮普沟违建及通嘎村原西郊电站水渠违建桥体。

加大整治力度，解决垃圾和污水两大难题。依托拉萨市堆龙德庆区“棚户区”改造项目，通嘎村顺利完成村组内供水、排污管道的铺设、村组内道路全面硬化以及组内绿化（植树种花草，设置围栏）美化村居工作。

【文化振兴】 扎实开展“四讲四爱”群众教育实践活动。羊达乡

2018年3月28日，羊达乡举办纪念“3·28”西藏百万农奴解放纪念日文艺演出活动

积极调动整合现有的各类宣传资源，大力丰富宣传载体。2018年，通过采用阵地宣讲与流动宣讲相结合、个人宣讲与团队宣讲相结合、集中宣讲与入户宣讲相结合的模式，乡村两级宣讲小分队（含“三老”人员、致富带头人）开展宣讲达130余场次，派出宣讲人员150余人次，累计受众达40000余人次。

多举措培育和践行社会主义核心价值观。在全乡广泛开展“弘扬好家风，传承好家训”的活动，乡机关组织引导广大干部职工向身边优秀家庭学习，组织大家观看拉萨市道德模范事迹系列短片，让大家感受良好家风的魅力，自觉建设好自己的家庭，让每个家庭成为国家发展、民族进步、社会和谐的重要基点；积极组织开展“我们的节日”。以开展我们的节日之春节、藏历新年、清明节缅怀先烈爱国教育活动、“话端午·促团结”、“当一天儿女尽一份孝心”为主题九九重阳节等系列主题活动，把健康向上的传统文化发扬光大，使广大农牧民群众认知传统、尊重传统、继承传统、弘扬传统，使民族传统节日成为展示和传播优秀民族文化的利器，成为弘扬和培育伟大民族精神的有效载体，深入推进社会主义核心价值观建设。

深入开展“五有五好”文明村镇创建活动。围绕乡村振兴战略，加强农村精神文明建设，努力打造富有影响力的乡村文明建设和文化繁荣的平台和品牌。深入开展“有精神文明宣传栏、有公益广告牌、有文化大舞台、有文明引导员、有志愿服务站，思想觉悟好、道德风尚好、行为习惯好、精神面貌好、遵规守纪好”的“五有五好”文明村镇创建活动，建好习近平新时代中国特色社会主义思想和社会主义核心价值观宣传阵地。

2018年7月13日，羊达乡开展“绿色低碳·文明出行”党员志愿者环帮普沟徒步暨美化环境公益活动

推进精神文明阵地建设。以弘扬伟大爱国主义精神为目的，以村情村史、民风民俗、先进典型、新旧对比等为主要内容，2018年全乡各行政村已完成爱国主义教育基地的建设，组织全乡干部职工、村“两委”、农牧民党员及农牧民代表1000余人参观爱国主义教育基地。

依托乡村文艺队，开展文化惠民活动。2018年，羊达乡3个行政村均成立业余文艺队，共有队员94人。按照堆龙德庆区委、区政府的关于农闲时期开展丰富群众业余文化生活的要求，利用“7.1”“望果节”“国庆节”等节日契机，各行政村结合群众喜好，开展“唱幸福生活·赞美好今生”乡村文艺大比拼、团结一家亲”吉祥羊达新春大联欢活动等农闲时期丰富群众业余文化生活十项活动40余场次，受众人数达3000余人，为广大农牧民群众提供了丰富的精神食粮。

开放公共文化资源，满足群众文化需求。全面实行公共文化服务免费开放政策。乡综合文化站图书室书藏书达3000余册，长年免费对外借阅，全年借阅人次达500余人次。全乡3个行政村每个村建有农家书屋，每周对公众提供服务的时间不低于30个小时。

【社会保障】 对低保对象进行动态管理。截至10月，羊达乡农村低保对象10户29人，低保资金统一实行“一卡式”发放；加强宣传和落实70周岁以上老人保健补助和百岁寿星长寿补助发放管理工作。羊达乡70—79岁老人103人，80岁以上高龄老人41人；

通过积极开展全乡境内的空巢、失能老人和孤儿、留守儿童的排查工作，了解全乡弱势群体的生活状态，呼吁大家关注弱势群体。羊达乡空巢老人 4 人，失能老人 1 人，留守儿童 1 人，孤儿 0 人；关爱残疾人士。羊达乡现有残疾人 153 人。2018 年累计办理残疾证 7 个，为残疾人宣传讲解相关优惠政策、发放残疾人辅助器材（发放手杖 7 个、轮椅 1 人、坐厕椅 10 个），兑现残疾人补贴；开展 2018 年羊达乡城镇居民养老保险待遇领取人员资格认定工作。截至年底，羊达乡 60 岁以上待遇领取人员共计 378 人，已死亡冒领人员 78 人，需退资金 277555 元，应发丧葬抚恤金 87800 元。

【医疗卫生服务】 积极开展健康教育宣传活动。年内，乡卫生院组织开展结核知识、慢性病知识等宣传活动 6 次。制作健康教育宣传栏乡卫生院 3 版，更新 5 次，各村卫生室 2 版，更新 2 次，宣传对象涉及 600 余人，知晓率 92%；积极开展防疫工作。全乡预防接种免疫儿童应种 1472 次，实种 1472 次，接种率 100%。儿童死亡 0 例，结核 0 例，传染病死亡 0 例，疑似结核病人转诊 2 人；坚决贯彻落实相关惠民政策。乡卫生院发放“一孩双女”奖扶资金 98 人 94080 元、发放“独生子女伤残死亡”扶助资金 35880 元；做好慢病管理工作。全乡高血压、慢性病建档立卡 190 人，精神病建档立卡 10 人，糖尿病建档立卡 9 人。慢病随访次数每人 3 次共计 627 次，随访率 100%，体检率 100%；开展包虫病及“三病”筛查工作。10 月 29 日启动 2018 年农牧民健康体检工作以来，成立了由医疗、护理、B 超、心电、检验、放射、统计组成的医疗队，全力保障体检工作有序进行。截至年底，已完成 2913 人的体检工作，其中农牧民体检 2255 人，中学生体检 179 人，小学生体检 479 人，体检率 70%。经核查，发现 1 例结核病患者，未新增包虫病患者；继续做好家庭医生签约服务和新型农村合作医疗报销工作。家庭医生签约 1349 户 4142 人。合医筹资金额 124950.00 元，全乡集资 1381 户 4165 人，集资率 100%；做好常规门诊工作，羊达乡全年卫生院门诊 10886 人次，核销金额 303606.15 元；村医门诊 3225 人次，核销金额 65065.98 元。

【教育事业】 年内，羊达乡坚定不移的贯彻落实“两免一补”政策；切实抓好保学控辍工作，确保学前教育入学率、小学入学率及巩固率均保持 100%；加强学校及周边安全管理工作。三月开学季，乡小学周边流浪狗较多，乡机关联合乡派出所立即开展抓捕流浪狗行动，及时消除安全隐患；进一步提升学生的消防安全意识和法制意识，在乡小学组织了一场消防演习和预防青少年犯罪演讲比赛活动；加大对学校及幼儿园的关注关怀力度和教育投入力度。羊达乡每半月至少去一次乡中小学及幼儿园检查督导和交流指导工作，及时沟通解决教育上出现的困难或问题。2018 年“六·一”儿童节和教师节之际，乡政府以慰问、表彰等方式对中心校及 3 个村级幼儿园累计投入教育资金 66901 元；在乡中心小学举办“小手牵大手：送家长一句话”第二届教育亲子活动。旨在通过漫画展现、书信对话以及角色扮演等形式，引导和教育在校学生在扶贫思想、违章建筑、违法租赁土地、校园霸凌、环境卫生整治和个人卫生方面塑造正确认知和价值观，进而间接影响父母的观念意识转变。

【农林牧业协调发展】 2018 年，羊达乡总播种面积 2575 亩，其中春耕面积 2320 亩，粮食作物播种面积 1677 亩，其中青稞播种面积为 1530 亩，豆类 12 亩，马铃薯 135 亩，油菜播种面积 303 亩，经济作物播种面积为 603 亩。各类新生仔畜 3720 头，其中牦牛 1670 头，成活率 95.96%；黄牛 972 头，成活率 97.08%；绵羊 175 头成活率 9.07%；山羊 321 头，成活率 99.78%；猪 30 头，成活率 99.71%。

完成春秋季动物防疫工作。全乡应免牲畜 33022（头、只、羽），实免 33022 头；牦牛应免 3247 头，实免 3247 头；黄牛应免 1257 头，实免 1257 头；牛应免 705 头，实免 705 头；绵山羊应免 965 只，实免 965 只；猪应免 248 头，实免 248 头；家禽应免 26600（只、羽），实免 26600（只、羽），免疫率达到 100%。切实做到了乡不漏村、村不漏户、户不漏畜、畜不漏针、针不漏量。

大力消除“无树户”。2018年羊达乡帮普村共种植苗木5500株（紫花槐、油松、桃树等），以农户为单位，无树户家中每户5棵，通过细心管理照料，树木长势良好，成活率达85%以上。

巩固包虫病防治效果。全年共实施12次家犬驱虫，数量达6240只，送去犬粪采样175份，对654只家犬植入芯片。同时乡兽医人员结合实际情况向农牧民宣传包虫病防治方法。

针对非洲猪瘟的严峻形势，严格执行非洲猪瘟疫病防治紧急办法，成立羊达乡非洲猪瘟疫病防治领导小组，实行日报告制。对辖区内各大养殖场进行检查、宣讲非洲猪瘟相关知识，不定期检查是否存在泔水饲养生猪的现象，确保羊达乡人民生产生活平稳有序。

【打赢脱贫攻坚战】 2018年，羊达乡扶贫工作在上一年度的基础上，继续高度重视、加大投入、上下一心、主动作为，狠抓各项扶贫政策的贯彻落实，细化脱贫工作的每一环节每一领域。全年共召开党委政府专题扶贫会议15次，研究制定具体方案，科学有效制定脱贫计划，准确采取脱贫措施。错退率、漏评率均为0，群众满意度达到95%以上，顺利通过国家脱贫考核组验收。

以业方面。羊达乡建档立卡贫困户共有劳动力184人，现已实现就业131人，其中各级政府购买岗位59人（乡政府安排就业9人），帮助实现就业25人，通过思想教育引导，实现42名贫困群众自主就业，帮助创业5户（开茶馆、办商店、跑运输、编织卡垫等）。

以迁方面。截至年底，全乡已实现72户248人搬迁入住，同时大力协助桑木搬迁点祥和苑社区和经开区社区成立党委和居民委员会、居务监督委员会，确保了搬迁贫困户的后期管理等各方面工作顺利开展。

以教方面。兑现全乡2017年新生大学生入学装备资金补贴（共计4人，2000元/人入学装备资金）。兑现西藏自治区2017—2018学年建档立卡大学生免费教育区、市、堆龙德庆区补助资金，资金兑现涉及人数23人，其中建档立卡大学生22人，低保户大学生1人，资金涉及211100元，其中区外高校共14人，资金涉及160540元，区内高校共9人，资金涉及50560元，资金兑现过程中，由乡纪委全程监督，确保资金发放无误。

以补方面。2018年以补岗位139个，定向补助226个，以补岗位资金已经全部兑现完成。

以保方面。2018年低保人员已经全部核查完毕，低保资金统一实行“一卡式”发放。

以助方面。根据以助脱贫有关政策，建档立卡贫困户医疗费用实行100%实报实销。2018年初实行精准扶贫医疗救助代跑代办以来，共计为群众代办业务100余件，切实做到让群众少跑路，干部多跑腿。

（杨　伟）

【领导名录】

党委书记

刘　军

党委副书记、乡长

强　勇（藏族）

党委副书记、人大主席

洛桑索朗（藏族）

党委副书记、派出所所长

刘继元

2018年11月30日，羊达乡举办“小手牵大手、送家长一句话”教育亲子活动

党委委员、人武部长

达瓦次仁（藏族）

党委副书记

王 亚 娟（女）

党委委员、纪委书记

琼 卓 玛（女，藏族，7月离任）

索朗拉吉（女，藏族，7月任职）

党委委员、组织委员、羊达村第一书记

仁旦卓玛（女，藏族）

党委委员、宣传委员

文　　兵（4月借调堆龙德庆区住建局）

副乡长

拉　　珍（女，藏族）

钟　　晋（女）

扎西罗登（藏族）

古荣乡

【概况】 古荣乡地处青藏铁路及109国道沿线，距离县城约22公里，全乡总面积约764.79平方公里，其中耕地面积1.33万亩，草场面积13.45万亩，全乡牲畜总存栏19959头（只、匹）。全乡下辖6个行政村、32个村民小组，总户数为1897户，总人数6676人，其中纯牧民177户392人。2018年全乡生产总值达1.4亿元，同比增长12.9%，其中：第一产业收入达8501.05万元，同比增长16.5%，其中农业收入6479.2万元，牧业收入1783.21万元，林业收入238.64万元。第二产业收入1729.6万元，同比增长12.5%，第三产业3769.35万元，同比增长5.68%。全乡农牧民人均纯收入14279.46元。共有各类农村合作社48家，主要产业为糌粑、青稞、小麦、藏鸡、藏鸡蛋、奶牛养殖、设施农业等。

【党建工作】 2018年，古荣乡共有基层党组织46个，其中乡村党委6个，党总支1个，党支部39个（村组党支部37个，乡机关党支部1个、乃朗寺管委会党支部1个），共有690名党员，占全乡总人口数的10.34%，其中农村党员612名，占党员总数的88.7%。党员中初中以上学历83名，占12.52%。乡党委严格按照堆龙德庆区委、区政府的部署和要求，以中共十九大、十九届二中、三中全会精神和习近平新时代中国特色社会主义思想为指导，深入学习宣传贯彻中共十九大精神，围绕全乡中心工作，突出全面从严治党这个主线，以开展“两学一做”学习教育为牵引，以建立和落实党委工作责任制为抓手，以加强基层党组织及党员干部队伍建设为重点，紧紧抓住发展这个第一要务，全乡呈现出党建水平不断提升，经济社会健康发展的良好态势。

【党风廉政建设】 加强党员干部学习教育。年内，古荣乡组织广大党员干部，学习贯彻中央和自治区、市、区党委、纪委党风廉政建设工作会议精神，观看党风廉政建设教育片等进一步增强党员干部遵纪守法的自觉性，真正做到管好自己带好队伍。完善乡村干部坐班值班督查机制，促进常态长效管理；落实一岗双责，保持风清气正。严格落实《党风廉政建设目标责任书》，领导干部带头做出廉洁自律承诺，对分管范围内落实党风廉政从业责任书，做到常检查，常提醒。各级党组织召开民主（组织）生活会。2018年，乡党委班子以及各级党支部召开39次民主（组织）生活会和专题组织生活会，会议严格按照上级要求，

2018年3月27日，古荣乡农牧民春耕春播仪式

做到“咬耳扯袖、红脸出汗”常态化；贯彻落实民主集中制。重大事项由党委会议讨论决定，进一步规范议事决策程序，完善决策制度，乡党委自身建设全面加强；加大案件查处力度。用好监督执纪问责“四种形态”，让党员干部习惯在受监督和约束的环境中工作生活，乡纪委接区、乡信访件1件，处理了结1件，给予延长预备期处分1人，有效形成震慑。

【意识形态工作】 年内，古荣乡党委、政府把意识形态工作纳入重要议事日程，与经济建设、政治建设、文化建设、社会建设、生态文明建设、脱贫攻坚等工作紧密结合，通过“两学一做”学习教育活动、“四讲四爱”群众教育实践活动和“农闲时期十项活动”，进一步树牢农牧民群众和干部职工的“四个意识”，坚定“四个自信”，坚决做到“两个维护”。全年开展“四讲四爱”群众教育实践活动102次，参与人数15000余人次和举办“农闲时期十项活动”共38场，参与人数5000余人次。

【党的基层组织建设】 全力推进基层党组织标准化建设。年内，古荣乡按照“服务功能最大化，办公区域最小化”的要求，投入60多万元，对6个行政村进行标准化建设。实现突出便民服务功能、突出办公议事功能、突出教育培训功能、突出文化娱乐功能“四个突出”，帮助群众代跑代办，解决服务群众“最后一公里”的问题；发展壮大村级集体经济推进乡村振兴。结合各村实际情况研究发展思路和工作计划，各村集体经济收入均达到100万元以上，有效推动村集体经济发展，实现农牧民增收致富；转化提升软弱涣散基层党组织。坚持上下联动，科学制定对策，针对各支部找准问题根源，突出整改实效，组织乡包村领导班子成员赴软弱涣散村、组协调指导工作15次，顺利完成各支部整顿任务；强化抓党建促脱贫攻坚工作中党委的作用。坚持“书记抓、抓书记”的党建工作理念，积极探索精准扶贫与党建工作机制的有效衔接，切实加强党组织书记抓党建促脱贫攻坚工作责任意识。重点抓好干部结对帮扶，解决群众脱贫思想问题。以“党建+产业扶贫”为抓手，解决群众发展增收的问题。加强活动阵地建设，解决群众精神文化生活单一的问题。抓实扶贫干部队伍，解决群众结对帮扶考核的问题。

【人大工作】 2018年，古荣乡人大主席团按照法定程序召开了乡一届人大三次会议，听取审议乡人大工作报告、人民政府工作报告、乡财政预算报告，选举政府副乡长一名，收集代表意见建议46件，年内已得到解决的8件，占建议总数的17.78%；代表满意率仅达到了50%以上，正在多方解决的22件，占建议总数的48.89%；因法规、政策、权限等因素不能解决并需要做出解释说明的7件，占15.55%；建议自力更生解决并提出解决措施意见的8件，占建议总数的17.78%。乡人大主席团切实履行了宪法和法律赋予的职责，为促进全乡社会稳定和谐发展发挥了积极的作用。同时积极发挥乡人大代表的作用结合中央环保工作推进，组织环保志愿活动3次；针对为民办实事项目、意见建议办理情况督办开展实地视察活动4次；精准扶贫精准脱贫、村集体经济、高速公路等专题调

2018年8月10日，堆龙德庆区五有五好志愿服务启动仪式在古荣乡加入村举行

研4次；重视信访工作，解决重大矛盾纠纷2次。

【社会治安综合治理】 年内，古荣乡在区委政法委的指导下，坚持“打防结合、预防为主、标本兼治、重在治本”的方针，积极构建新形势下治安防控体系，强化治安防范，狠抓基础建设，深入推进社会矛盾化解，集中力量解决影响社会和谐稳定的源头性、根本性、基础性问题。充分发挥覆盖全乡人民调解员作用，在各类敏感节点先后开展7次集中排查；全乡共调解矛盾纠纷10个，调解率100%，调成率90%，做到矛盾纠纷早发现、早报告、早控制，早防止。同时认真落实每月一次的综治工作例会，听取矛盾纠纷排查和调处工作汇报，有力地避免矛盾激化和群体事件的发生。强化矛盾纠纷排查力度，坚持每月一次的矛盾纠纷排查，适时组织召开党政维稳联席会议，坚决执行矛盾纠纷排查情况零报告制度。将每周的星期一、五定为书记、乡长接待日，对农牧民群众关心的热点、难点问题进行解答。以“扫黑除恶”为载体，持续深化平安创建工作，把“扫黑除恶”与基层组织建设结合起来。进一步加强基层组织建设，坚决防止“村霸”、涉黑涉恶等不符合村干部条件的人选进入村“两委”班子，对黑恶势力干扰破坏选举的，坚决依法打击。组织宣传20余次，悬挂横幅20条，张贴严打通告30张，每村宣传标语不少于5幅，打造“扫黑除恶”专项斗争舆论氛围，使“扫黑除恶”专项斗争工作真正达到家喻户晓，人人皆知，得到群众的最广泛支持。

2018年3月27日，古荣乡举办“唱幸福生活 赞美好时代”文艺大比拼活动

【经济发展】 2018年，全乡生产总值达1.4亿元，同比增长12.9%，其中；第一产业收入达8501.05万元，同比增长16.5%，其中农业收入6479.2万元，牧业收入1783.21万元，林业收入238.64万元。第二产业收入1729.6万元，同比增长12.5%，第三产业3769.35万元，同比增长5.68%。全社会固定资产投资3.83亿元，同比增长19.68%；社会消费品零售总额达0.78亿元，同比增长16.41%；居民消费品价格涨幅在3%以内，城镇调查失业率在5%以内，城镇登记失业率在2%以内；农村居民人均可支配收入增长18.1%，达到14279.46元；建档立卡贫困人口人均可支配收入增长19.05%，达到8943.51元。

【现代农牧业】 年内，古荣乡成立农牧工作领导小组，制定古荣乡人民政府关于推动现代农牧业高质量发展的工作计划。开展农牧工作宣传和技能培训活动13次，培训农牧民群众4550余人次，全年共开展农牧业工作督导检查6次，认真开展田间管理、牲畜防疫工作。新建养鸡场1个，扩建藏香猪养殖场2个。深入响应“万户百场十中心”号召，2000头奶牛养殖场和300头奶牛养殖合作社正在施工建设，种植优质牧草和青饲料21.3公顷。

【文化旅游】 年内，古荣乡高度重视文化旅游业发展，依托资源禀赋，制定《古荣乡中长期旅游发展规划》《古荣乡“互联网+”乡村旅游初步意见》《古荣乡休闲体育旅游项目库》等“旅游+”融合发展规划。“生态、文化、休闲、体育、特色农产品”五只拳头协同发力，乡党政主要领导在充分了解掌握本乡优质旅游、文化资源的基础上，大力实施“走出去、引进来”的工作方针，邀请各类旅游公司、策划公司、专家团至古荣乡楚布沟进行实地考察6次，特别是洽谈了楚布沟漂流、生态园区体验园、古荣林卡度假村、户外素质拓展基地等项目。全乡改扩建度假村3家，实施了楚布圣水保护工程，全年接待游客数量达13万人，同比增长30%。成功举办第二届楚布沟自行车大赛、首届楚布河漂流活动、第二届古荣糌粑旅游文化节、古荣草莓采摘节和古荣枸杞采节摘等活动。

【项目建设】 年内，古荣乡完成土地流转7000亩，1000亩高效温室大棚开工建设，7000亩的高标准农田项目治理工作已经完成，200亩的休闲生态园已初具规模，初步达成4000万元投资合作意向。2018年古荣生态农业园生产蔬菜瓜果900万斤，接待草莓、西瓜采摘游客1000余人次，创造经济效益1300万元，带动30名群众就业，种植户人均增收4万元。加大项目申报力度，共申报项目12个，涉及旅游业、村集体经济发展和扶贫工作，配合协调落地6个。开工建设古荣到曲水旅游公路、加入村小康安居、2000头奶牛养殖场、1000栋温室大棚等重点项目，那曲高海拔搬迁点顺利完工并搬迁入住，高速工程和巴热农村公路顺利推进。

【农村集体资产清产核资和“三权分置”工作】 年内，古荣乡切实做好群众工作，引导群众深入认识“三权分置”工作的重要性并积极配合，对土地、林地和宅基地确权工作先后多次实地测量走访，顺利完成确权工作，土地确权工作已顺利完成证件颁发。嘎冲村作为农村资产核查的试点单位，清查工作有序开展，其他村正在同步开展宣传引导，为全面完成农村集体资产清查工作打下坚实基础。截至年底，嘎冲村农村资产核查工作已召开了动员会、身份界定意见征求会和第一轮固定资产清产通报会。

2018年6月5日，古荣乡召开党的十九大精神和环保知识宣讲会

【民生保障】 精准扶贫精准脱贫工作。年内，古荣乡制定了《古荣乡2018年精准扶贫工作方案》等纲领性文件，并按方案要求，切实落实“六脱”工作，建立脱贫人口的跟踪监测机制和应急帮扶机制，全面关注脱贫人口及边缘户的家庭变化、生活现状、就业情况和思想意识。狠抓脱贫巩固，研究低收入人群保障措施，对精准识别建档，精细研究对策，狠抓措施落实，强化督导检查。

创业就业工作。建成古荣乡小微企业就业创业服务中心和古荣乡就业创业基地，组织致富带头人、大学生创业代表给未就业群众讲课、“古荣乡创业经验交流会”、就业技能培训会各一次，组织群众和全乡未就业大学生参加各类招聘会6次，开展农牧民技能培训2次，为全乡创业群众提供创业就业、智力交流的平台。全乡2018届毕业生就业率达到94%。

教体工作。及时兑现教育奖励资助，兑现凭证齐全，健全校车日常管理台账记录。大力加强学校5个100%的工作要求，将古荣中心校建设成为西藏自治区落实5个100%工作的示范小学，西藏自治区专门组织全区各市教育领导进行参观学习。选派乡分管领导、派出所有关干部民警兼任学校“法制副校长”，深入学校开展法制宣传教育工作，校园欺凌、周边安全防护到位。

文广工作。全年开展农闲时节十项活动、3·28感动古荣人物评选、5·4原生态歌曲大赛等各类文化活动20余次。在各村都成立文艺队，群众参与度高涨，群众受宗教的影响逐渐淡化。建立文物、非物质文化遗产名录档案，共投入10万元对文物场所隐患进行维修。对全乡范围内电视广播系统进行排查，及时兑现相关扶持资资金。努力发展文化产业，培育那嘎藏戏队、妇女手工编织合作社、藏式家具合作社等文化民俗类组织，带领群众增收致富。

卫生与健康工作。将健康堆龙建设纳入年度工作计划之中，制定《关于推进“健康乡镇”建设的实施方案》，对卫生与健康工作先进集体和健康家庭进行表彰。乡卫生院和村卫生室正常运转，严格进行门诊登记。大力实施健康卫生行动，农牧区医疗个人筹资率婴幼儿死亡率、孕产妇死亡率、传染病发病率、传染病报告率、包虫病筛查率及救治率、免费健康体检率、家庭医生签约率均达标。

民政救助工作。挂牌成立民政所，退伍军人信息采集工作完成率100%。对困难群众、退伍军人、孤寡老人、残疾人进行慰问，及时向群众全额兑现救助金，发放凭证齐全，不存在冒领等现象。按照“应保尽保，应退尽退”原则，全面开展低保筛查工作，低保户从122户降低到22户，对确定的低保户健全档案资料。加大防抗灾工作力度，特别是在雨季，及时建立防汛抗旱工作应急方案，向各村发放防抗灾物资。

2018年8月7日，古荣乡农牧民欢度望果节（图为赛马表演）

【生态文明建设】 年内，古荣乡强化生态文明建设党政同则，强化落实，切实做到党政同责、齐抓共管。建立健全环保相关台账，建立“大气污染防治”“水污染防治”“土壤污染防治”“声环境污染防治”等工作方案。落实“河长制”工作，全面推行河长制工作，建立《河长制工作会议制度》《河长制信息通报制度》等6项制度，年初，对楚布河进行疏通，先后7次组织300余人进行河道清理。开展污染防治工作，聘用环卫工人53名，实行环卫工包村、包片区、包路段机制，不定期对环卫工人上岗情况进行监督检查，制定了环卫工人绩效奖励办法。开展“禁白”工作，对监督主体、人员、设备、经费一律落实到位。在辖区内悬挂“禁白”宣传横幅10余幅，设立“禁白”公示牌，开通监督举报电话并保持畅通，“禁白”工作日常管理、监管到位，台账设置齐全。深化植树造林，将加入村、巴热村打造成国土绿化的示范村，在嘎村冲一组建成苗圃基地，全乡共植树造林1200亩，除高海拔的纯牧区外，实现户户有树木、村村有树林，超额完成植树造林目标任务。

（吕孝峰）

【领导名录】

党委书记

索朗曲珍（女，藏族）

党委副书记、乡长

陈 传 勇（仡佬族）

党委副书记、人大主席

欧珠平措（藏族）

党委副书记

吕 孝 峰

党委副书记、派出所教导员

马 进 忠

党委委员、宣传委员

白玛曲珍（女，藏族）

党委委员、纪委书记

刘　　青（女）

党委委员、组织委员

黄 西 霞（女）

党委委员、人武部部长

强巴次仁（藏族，7 月离任）

尼玛旦增（藏族，7 月任职）

副乡长

次仁玉珍（女，藏族，7 月离任）

杨 恒

尼玛偏多（女，藏族）

扎西群宗（女，藏族，7 月任职）

马乡

【概况】“马”为藏语音译，意为“红色”，因境内部分山土颜色呈红色而得名。马乡位于堆龙德庆区西北部，堆龙河中游，距区政府驻地约 40 公里。南依堆龙古荣乡，北接堆龙德庆乡，东与林周县接壤，西与当雄县接壤。极点直线距离东西 32 千米，南北 21 千米，总面积为 470 平方公里，平均海拔为 3900 米；全乡属山地、冲积河谷平原、洪积扇、风积沙地地形地貌，为高原温带半干旱气候区；农作物品种有青稞、小麦、油菜、豌豆等；畜牧养殖有牦牛、黄牛、绵羊、犏牛、山羊、藏鸡、藏猪等；矿产资源以红土为主，另有少量铁、大理石等。

2018 年，全乡下辖 6 个行政村、19 个自然小组，共有 1589 户 5329 人。全乡共设党总支 6 个，党支部 17 个，党员总数为 533 名（正式党员 499 名，预备党员 34 名），其中干部党员 115 名，农牧民党员 418 名。共有建档立卡精准扶贫户 211 户 732 人（低保户 46 户 169 人，五保户 32 户 34 人）；设有 7 个文化宣传站；7 个农家书屋；1 所中心小学，7 个学前教育点；519 名在校学生，48 名教师；有乡级卫生院 1 座，村级卫生室 6 所，配备医务人员 14 名、村医 18 名。乡境内共有 3 座寺庙，有寺有僧宗教活动场所 6 个，有寺无僧宗教活动场所 6 个。

【党的建设】 加强领导，明确责任，确保党建工作落实到位。认真履行党委主体责任，全年共组织召开党委会议 20 次，研究工作 106 项；发展党员 41 名，其中农牧民党员 38 名，干部党员 3 名。注重年轻干部培养教育，6 名被推选为“优秀干部”，1 名提任为副科级干部。试行“村级党组织 + 党员 + 网格管理”服务模式，以 17 个村级责任网格、109 个单元为抓手，整合资源、形成合力，以网格党建片区为中心强化党建引领。

加大督查，强化落实，着力推进廉政建设。坚持党员领导干部以身作则的原则，充分发挥党组织书记表率作用；坚持“两学一做”学习教育常态化制度化，认真落实“三会一课”、书记讲党课、主题党日活动，截至年底，开展各类党建活动 109 次。深入开展党员政治教育和政治纪律教育，开展党员政治教育学习培训 117 期、政治纪律专题教育集中学习 12 次，签订《2018 年党风廉政责任书》15 份、《党员不信仰宗教承诺书》525 份；在全区率先开通行政村微信公众号，实现微信公众号村级全覆盖，进一步将党务、政务、财务进行公开透明，共发布 242 条；发挥纪委监督作用，乡纪委开展督导检查 34 次，下发廉洁通知 9 次，进一步强化党员干部纪律意识；开展扶贫领域专项督查 5 次，监督发放扶贫惠民资金 11 次约 1827.7 万元，顺利通过国家审计署对马乡扶贫领域的全面检查；深化惩防体系建设，重新制

2018年3月17日，区委书记格桑平措（右三），区委副书记、区长杜江（右一）和马村农牧民群众一起参加春耕仪式

定2018年《廉政风险等级确定和防控措施审核备案表》19份。同时在3个村打造廉政文化角，切实将反腐触角延伸至百姓身边。

*运用载体，开展活动，提高党员群众整体素质。*结合妇女节、"3·28"西藏百万农奴解放纪念日、建党节等节庆日，开展了文艺表演、书法比赛等大型纪念活动，并对优秀党员、党务工作者、先进党总支和优秀党支部书记进行隆重表彰；深入开展"四讲四爱""五有五好"、农闲十项、"遵行四条标准 争做先进僧尼"等群众性思想教育活动，开展覆盖性宣讲75次、机动性宣讲150次，受众累计达4.1万余人次。发放宣传资料1万余份，张贴宣传标语1500余张，制作固定宣传栏32个，撰写简报150余份、总结汇报14份，撰写心得体会600余份，制作工作台账43个。邀请区委党校讲师授课8次，自行组织培训8次，举办大讨论活动6次，组织观看爱国主义电影10次，创新性提炼特色活动6个；创新党员教育新模式，自行制作《中国共产党章程》藏语音频版U盘450个，光盘100套，发放至每位农牧民党员手中，提高了全乡党员的理论水平。

*充分调研，科学设置，完善村级活动场所。*马乡从乡机动经费中支出100余万元，规范各村级组织活动场所功能布局，统一制作党群服务中心"中国社区"logo，购置办公设施、门牌标识、管理制度等，并定期对其进行检查。截至年底，全乡6个行政村村级组织活动场所已全部投入使用，进一步完善便民服务大厅功能设置，规范办事流程，实现14项59条待办事项，基本实现农牧民"一站式"服务，切实解决联系服务群众"最后一公里"问题。

2018年8月28日，区委副书记边旦（右二）在马乡措麦村考察调研措麦村乡村振兴工作

【四讲四爱主题教育】 年内，马乡以群众教育实践活动为契机，成立马乡教育实践活动领导小组及督导组，实行分片督导责任制，定期不定期开展活动督导检查18次，对各村提出整改意见9条。全乡9名宣讲员共集中培训9次，乡党委书记作示范性宣讲2次，组织参观爱国主义教育基地8次，举办3次为期6天的"我为群众宣讲"理论培训班，并邀请区委党校同志作专题辅导。乡活动办组织各村开展覆盖性宣讲8次，受众累计达30000余人次。开展机动性宣讲100余次，受众累计达9000余人，发放宣传资料4000余份，张贴宣传标语1000余张，制作固定宣传栏12个，撰写简报100余份、总结汇报4份，制作工作台账20余个。开展十九大精神宣讲12次，组织机关党员干部专题学习4次、专题研讨2次，教育引导党员干部群众不断增强"四个意识"，坚定"四个自信"，筑牢坚决做到"两个维护"的思想根基。通过宣讲，群众更加坚定了听党话跟党走感党恩的决心和信心。

【经济发展】 2018年，全乡完成农村经济总收入1.313亿元，完成固定资产投资1.34亿元，较同期增长5720万元，农牧民人均可支配收入14926.42元，同比增长26%，村集体创收目标均突破100万元。实现粮食总产3121.264吨，油料总产223.243吨，蔬菜总产796.7715吨，高产创建、测土配方农田1.27万亩，有机青稞试验种植2000亩，青稞良种统供率达95%以上，农作物有害生物灾害损失控制率在0.3%以内。积极开展牲畜疫病防控工作，春秋两季性畜防疫率达100%，年末牲畜存栏达1.7万头，兑现强农惠农补贴资金225.58万元。大力培育发展新型农业经营主体，助力农业新型模式经营，引导马村格兴林农业农牧民专业合作社、常木村热色农产品种植农民专业合作社发展“合作社＋土地流转＋农户”的经营模式，共流转1200余亩农田。

优化农牧业实体产业。争取650万元和100万元资金分别扩建了马村犏牛养殖项目和措麦牦牛养殖繁育基地；投入280万元建设岗吉藏绵羊养殖项目；大力发展马乡净土产业设施园区，增加农产品附加值，进一步推广高原特色农产品，扎实推进朗巴村火山岩深度开发项目、常木村河道清淤项目、岗吉村花岗岩开发项目，加快推进企业更高质量发展，带动辖区内经济发展。创办措麦村残疾人家具厂、马村博域藏香加工农民合作社等16家小微企业。2018年，争取产业项目投资共1166万元，确定了设兴村休闲农庄建设和措麦赛马场改扩建项目，购置了岗吉村挖掘机和常木村装载机。

大力发展第三产业。发展农村电子商务，与羊达乡达成初步意见，建立乡镇物流中心，覆盖全乡6个行政村物流中转点，解决部分农牧民就业，增加农牧民收入。全力推进“大众创业，万众创新”工作，积极引导辖区内创业青年和未就业大学生开展创业，培育出岗吉村念扎等一批有志创业青年，注册成立了堆龙丰足农产加工和常木村娘孜糌粑等公司，带动了农产品销售、广告制作等行业发展，成功举办了马乡“梦创拉萨·创响堆龙”创业集市等一系列活动，有效促进农牧民就业创业。

【工青妇团】 2018年，马乡团委共有7个团支部，92名团员，新发展团员11人，推优入党6人，乡团委以“3·28”“五四”“六一”“七五普法”为契机，开展了各类文娱活动、书法比赛及法制宣传活动，丰富广大青少年的文化生活。引导广大青年积极就业创业，做好青年创业大赛的推荐准备工作；为马乡3名贫困优秀大学生争取“国酒茅台”“芙蓉学子”“阳光学子”等资助每人5000元。马乡工会完成了30名工会会员的入会工作，并建立困难职工档案14人，协助上级单位对马乡14名困难职工进行慰问，慰问金14000元。马乡妇联积极开展“三八”“六一”系列活动，丰富妇女儿童的精神生活，建立贫困母亲、孤残儿童、留守儿童数据库，并对他们进行慰问。携手上级妇联及现代妇产医院对马乡254名妇女进行免费妇科体检。积极为马乡5名“两癌患者”申请救助3万元，为马乡4名贫困女大学生申请助学金2万元。

2018年3月17日，马乡开耕仪式现场，图为农牧民群众为国家领袖像献哈达

【巩固脱贫攻坚成果】 加强督查，查漏补缺，做到立行立改。2017年各级第三方验收提出的16项整改问题全部整改到位，马乡以开办夜校及扶贫日等实践教育活动为载体，开展各类形式的培训班、主题宣讲会及专题感恩教育讲座等达40余场次，突出治懒、治弱、治难，通过制作展板、微信平台、文艺演出等方式宣传推广脱贫实践中涌现出来的先进典型，帮助贫困人口摆脱思想观念上的“贫困”，激发贫困群众脱贫致富的信心和共建美好家园的愿望。2018年建档立卡户年人均纯收入

达9356.77元，共完成易地搬迁户125户，新增意愿搬迁户15户。

【人居环境改善】 马乡在全区乃至全市率先开展垃圾分类试点工作，2018年，建成2个垃圾分类兑换中心，回收垃圾近14.5吨，兑换物品金额达1万余元，垃圾分类回收率达70%以上，共接待各级交流考察、新闻报道等30余次。在全乡109国道两侧完成3万多平方米的绿化工作，在植树造林工作中，消除无树户408户，推广树苗1.6万棵，栽种树苗1.4万余棵，实际推广完成率86.6%。全乡共配备36名环卫工人、6个志愿服务队伍、19辆环卫保洁车，投资35万元实施了水源点保护项目，建成2处水源点储水池和5处保护围栏。定期、不定期开展环境卫生宣传教育活动，累计开展环保入户宣传5次，环保宣讲会16次，悬挂横幅26条，发放宣传材料1200余份。

2018年9月5日，马乡机关干部在109国道沿线清理垃圾

【民生工作】 2018年，马乡本着“以民为本、为民服务、为民解困”的工作理念，全面落实惠民政策，着力解决群众最关心、最直接、最现实的利益问题。全年便民服务中心各窗口共受理便民事项4198件，办结率为100%，各村便民服务站月受理量60余件，现场办结率达到96%，限时办结率达到100%，代办率达到100%。投资2880万元基本完成了50套小康安居住房，切实提高群众住房保障。严把群众食品药品安全关，开展食药监督检查50余次，严把低保关，调整了59户不符合条件的低保户，新纳入1户符合低保条件的对象，全年共发放低保资金40.91万元。完成了164名残疾人动态管理和系统录入工作，兑现残疾补贴、寿星老人补贴等民政惠民资金共78.7万元。接受群众民政医疗救助委托61人次，投入救助金额达40.4万元。积极开展全民参保计划和社会保障卡数据采集工作，完善社会保障体系，农村养老保险参保人数为2552人，参保率达97%，同比增长11%。此外，累计兑现教育资助金60.44万元、生态岗位资金136.15万元、定向补助资金6.78万元、精准扶贫医疗救助金39万余元。

【教育事业】 马乡教育工作以“一切为了学生、一切从学生出发”为工作原则，于2017年底兑现53名学生奖励资金共50.4万元。兑现“北京拉萨两县两区建档立卡大学生助于项目”资助金1.6万元，涉及8名学生；兑现2017—2018学年家庭困难学生资助金8.2万元，其中包括边缘户在校大学生18人，资助金额5.4万元，边缘户初高中生1人，资助金额为0.2万元，建档立卡初高中生6人，资助金为1.8万元，孤儿在校大学生1人，资助金额0.8万元。

【卫生事业】 2018年，为切实提高马乡农村基本公共卫生服务项目的管理水平，扎实落实农村基本公共卫生服务项目的各项内容，提升农牧民健康素养与意识，开展健康讲座13次，发放宣传单、宣传册6000余册，张贴横幅、宣传画36幅。疫苗应种人数213次，实种人数201次，流动应接种20人，实种人数16人，接种率达98%，入托、入学儿童预防接种证查验率达100%。

【文化事业】 2018年，马乡以丰富群众文化生活为目的，实现了

"村村文艺队" 全覆盖，组织开展了45场次群众性文化活动，参演人员达220余人次，观众达8500余人次。乡机关及各村隆重举办了"3·28"百万农奴解放纪念日专题文艺汇演、三八妇女节、七一党建等专题活动。

【创新基层服务治理】 年内，马乡组织联户长开展政策培训3次，逐步规范双联户工作。积极构建农村道路交通安全和流动人口管理体系，规范道路交通安全，提升群众交通安全意识，交通违法率明显减少。强化铁路护路联防工作，全年开展护路巡逻520余次，督导检查150余次，出资39840元为护路队员购买了服装鞋子等物资，慰问护路人员228人次，发放慰问金11710元，并从乡政府机动经费中支出2.9万元搭建护路队员家属接待室，激发了护路队员恪尽职守保卫铁路的工作热情。

（李　永）

【领导名录】

党委书记

达瓦次仁（藏族）

党委副书记、乡长

王定平

党委副书记、人大主席

次　央（女，藏族）

党委副书记

平措朗杰（藏族）

党委副书记、派出所所长

索朗严扎（藏族）

党委委员、纪检书记

马晓伟

党委委员、组织委员

央　宗（女，藏族）

副乡长

格桑曲珍（女，藏族）

洛桑央金（女，藏族）

袁　超

德庆乡

【概况】 德庆乡，藏语意为"极乐之地"，位于堆龙德庆县西部，地处堆龙河上游两岸，距市中心约67公里，距县政府约55公里。东北部和西部分别与林周县和当雄县接壤，东南部与马乡相连。全乡区域面积约930平方公里，其中耕地面积17598.3亩，草场面积55400公顷，平均海拔4220米。全乡辖6个行政村，23个村民小组。2018年，全乡总户数2025户、总人口7745人。乡机关设有8个内设机构和4个副科级事业机构，分别为党群综合办公室、政务综合办公室、经济发展和社会事务办公室、维护稳定和综合治理办公室、便民服务中心、财务所、司法所、民政所；农牧综合服务中心、文化服务中心、后勤服务中心、卫生院，共有干部职工78名（借调8名、下沉干部14名、医务人员12名、三支一扶5名、其他4名）。德庆乡具有鲜明的地方特色和深厚的藏文化底蕴，乡境内名胜古迹随处可觅。藏医鼻祖宇妥云丹贡布、吐蕃赞普松赞干布的妃子门萨赤江、大臣噶东赞（禄东赞）分别出生于德庆乡邱桑村、门堆村和顶嘎村；乡境内有4座寺庙，有藏区著名的其美龙天葬台和顶嘎天葬台及堆龙邱桑温泉。

【确保各项决策部署落地生根】 2018年，德庆乡党委充分发挥"领头雁"作用，扎实推进"两学一做"学习教育常态化制度化，严格落实"三会一课"制度，把习近平新时代中国特色社会主义思想、中共十九大精神、党章、宪法、《习近平谈治国理政》等内容作为党委

2018年6月25日，德庆乡全体干部职工与宪法合影

理论中心组和各级党组织学习重点，实现了全体党员学习教育全覆盖。全年乡党委召开理论中心组学习暨“两学一做”学习10期，其中，理论中心组学习研讨4期，乡党政班子成员带头讲党课30余次、带头宣讲中共十九大精神和习近平新时代中国特色社会主义思想40余次，同时在全乡广大群众中大力开展“四讲四爱”群众教育实践活动471场次，受众人数35000余人次。着力建强“五支队伍”（宣传信息员队伍、文艺骨干队伍、网评员队伍、政治宣传员队伍、乡村志愿服务队伍），大力开展农闲十项活动，在丰富群众业余生活的同时，不断增强广大农牧民群众“感党恩爱核心”的意识。乡党委每季度组织人员深入到各寺庙开展“遵行四条标准 争做先进僧尼”现场宣讲活动，有力促进了宗教和睦、佛事和顺、寺庙和谐，广大党员、群众、僧尼的思想基础更加牢固。

2018年11月24日，德庆乡召开第一届人民代表大会第三次会议

【组织建设】 年内，德庆乡认真学习党章、尊崇党章、维护党章、遵守党章，严格执行新形势下党内政治生活若干准则，严肃党内政治生活，大力发展积极健康的党内政治文化。完善和落实民主集中制的各项制度，健全乡党委（扩大）会议和乡长办公会议事规则，严格落实“三重一大”决策机制，对重大事项决策、重大项目实施、重要干部任免和大额资金使用，坚持会议研究、集体决策。全面启动党员政治教育培训，乡党委及时召开党员政治教育培训动员会，全年乡机关开展教育培训17期、培训党员28名，各村党委（总支）、各寺管会党支部开展教育培训103期、培训党员499名，完成527名党员教育培训，覆盖率达80%以上。认真贯彻落实党中央和区市党委、堆龙德庆区委关于意识形态领域工作要求，形成了党委统一领导、党政齐抓共管、宣传部门组织协调、有关部门分工负责的工作格局。2018年，乡党委（扩大）会上研究意识形态领域工作2次，研究制定了《德庆乡2018年度意识形态领域工作暨宣传思想文化工作计划》等文件，同时乡党委按照党中央治边稳藏战略和自治区维稳十项措施，紧密结合德庆乡维稳形势，着眼于德庆乡的长治久安，坚持“党建统乡、分类施策、统筹推进”的意识形态领域工作方法，坚持全乡“四类正能量带动四类负能量”，坚持“八大块”人群管理模式，牢牢掌握意识形态领域工作的领导权。

【基层阵地建设】 基层基础不断夯实。2018年，乡党委共召开党委（扩大）会议15期，研究和部署党建工作90余件，召开党建工作推进会议4次，开展日常党建考核24次，党政领导下村检查调研党建工作18次，主要领导对党建工作薄弱村主要领导和驻村工作队队员约谈8人次。完善党建考评机制，分领域制定责任清单，将职责细化到人、量化到岗，加强日常考核，制定季度考核办法。大力整顿软弱涣散党组织，实行末位倒排，对班子不团结、党组织书记能力不强、发展思路不清等党组织进行“拉网式”排查，集中整顿软弱涣散基层党组织3个。乡党委根据2018年村级组织标准化建设的要求，以建设“学习型、服务型、创新性、战斗型”基层党组织为目标，按照“服务区域最大化、办公面积最小化”的原则，在打造“八个阵地”上下狠功夫，进一步优化村级活动场所的结构，

2018年3月28日，德庆乡举办表彰先进脱贫户活动

全面提升村级党组织组织力，突出政治功能，创新活动方式，进一步扩大基层党的组织覆盖和工作覆盖。截至年底，德庆乡除门堆村要整村搬迁外，其他5个行政村均已完成标准化建设任务并长期坚持。

抓班子带队伍不断优化。乡党委以党委理论中心组学习、党员政治教育培训、加强政治纪律教育学习及党风廉政建设专题学习等为主要抓手，狠抓了乡党委班子成员、党员干部作风建设，全年没有迟到早退、上班期间违纪的现象，逐步形成了风清气正的政治生态。紧紧依托各类集中培训教育平台，有计划地安排干部集中脱岗培训，组织村干部参加学历提升、廉政教育、惠民政策宣讲等各类学习培训班20余期700余人次。严格按照“控制总量、优化结构、提高质量、发挥作用”的方针，2018年，发展入党积极分子32人，入党积极分子转为预备党员26人，预备党员转为正式党员29人。截至年底，全乡村级后备干部有83名。

【党风廉政建设】 年内，德庆乡始终把纪律规矩挺在前面，扎实履行主体责任和监督责任，正确运用监督执纪问责“四种形态”，严格落实中央八项规定及实施细则精神，深入开展“不作为、慢作为”和扶贫领域作风问题专项整治。全年乡党委组织开展党风廉政建设集中学习会7次，乡机关和各村开展加强政治纪律教育学习会70余次，学习通报各类违纪违法典型案件30余件。紧盯节日节点，召开节前党风廉政建设廉洁会议10余次。全力配合区监委扎实推进监察体制改革，成立区监察委派驻德庆乡监察室，协调解决好制度衔接、纪法衔接、工作衔接、人员融合等方面工作。2018年，乡纪委核实问题线索4件，提交区纪委问题线索1件，进行提醒谈话、廉政约谈、谈心谈话20余次，通报违反维稳工作纪律1次。

【卫生整治和文化建设】 年内，德庆乡结合“四讲四爱”群众教育实践活动，积极组织广大党员群众在所在村组和国道沿线、重点路段、人群集中地、乡周边及各村委会等地方开展爱国卫生大整治、大清理活动，在“三八”妇女节、“3·28”西藏百万农奴解放纪念日、“五一”劳动节、“七一”建党节、国庆节等节日期间组织开展了8次卫生大清扫活动。安排40名保洁员和6名环境保护监督员对辖区内国道沿线和村居周边进行清理，确保村容整洁、乡风文明。

加大文化服务投入力度，配置文化人员力量，规范乡综合文化站、农家书屋管理。截至年底，德庆乡乡文化站共有藏书3000余册，各村农家书屋共有藏书1600余册，均达到上级所要求的标准，且书籍全部免费对群众开放。

【经济发展】 2018年，德庆乡农村经济收入1.403亿元，其中：第一产业收入5772.56万元，第二产业收入3185.89万元，第三产业收入5075.65万元。民间固定资产投资1.001亿元，社会消费品零售总额2677.18万元，居民消费价格涨幅控制在3%以内。农牧民人均可支配收入1.37万元，同比增长21.9%。

加大良种调剂力度，优化种植业结构，粮经饲比例由2017年的64∶27∶9调整为2018年的62.7∶17.7∶19.6，在种植藏青

2000 青稞的基础上，推广了喜拉22号有机青稞种植，切实达到了提质增效的目的。截至年底，全乡牲畜存栏总数31687头（只、匹），其中成畜26781头（只、匹），仔畜4906头（只、匹），出栏数2697头（只、匹）。大力发展特色产业，围绕德庆乡特色产业（风干牦牛肉）、特色旅游资源（温泉、藏药浴、度假林卡等）、特色的区位优势（109国道旁及公安检查站）等，实施了以邱桑村为中心，发展集玉妥云丹贡布、禄东赞、松赞干布藏妃门萨赤江故里历史观光和温泉、休闲等综合体的旅游发展模式，形成了集旅游、观光、特色农产品销售等为一体的“一条龙”服务业，在增加集体收入的同时也带动相关产业的发展，增加了农牧民的现金收入，同时加快实施乡政府周边以及各村委会所在地商品房、百货店建设，推进商业和服务业的发展。

加大实施乡村振兴战略。结合建档立卡户易地搬迁安置工作，将邱桑村、邦村、顶嘎村共3881.71亩的土地与堆龙德庆绿岸禾谷农业科技开发有限公司进行流转，每亩租金为1000元/年，保证了群众的现金收入，同时，立足长远以G6高速闸口为依托，加紧协调加油站、物流仓储中转站、旅游服务区规划建设工作等，为当地群众就近就便就业创造条件。通过争取项目、发展净土健康产业等，不断壮大集体经济，2018年，德庆乡6个行政村集体经济收入达1205.6143万元，各村均实现了100万元目标，其中邱桑村实现村集体收入230余万元。

【保障和改善民生】 优先发展教育事业。2018年，德庆乡小学入学率、巩固率、整班移交率均达100%。在庆“六一”期间，乡党委政府对德庆乡双语幼儿园和乡中心校开展慰问活动，共计发放慰问金0.8万余元。教师节期间，通过表彰先进教师等方式共计投入3.2万元。

医疗服务明显改善。乡党委政府及时召开全民健康体检部署会，积极动员全乡群众参加体检，严格落实全民健康体检工作要求，截至年底，共完成体检人数6534人，参检率达80%以上。定期不定期对乡卫生院及各行政村卫生室进行药品质量安全检查，为农牧民群众打造安全的用药环境。

就业创业持续深化。德庆乡共有应届毕业生85名，其中83名已就业，本乡的应届大学生就业率达97.6%，建档立卡贫困户大学生就业率达100%。积极组织群众参加中式烹调师、钢筋二技能、挖掘机技术、驾驶技术等培训，累计培训300余人次；组织群众参加堆龙德庆区2018年“春风行动”专场招聘会、拉萨市精准扶贫易地搬迁堆龙德庆区桑木安置点专场招聘会、拉萨市建档立卡贫困劳动力转移就业专场招聘会，全年通过组织参加各类培训会、招聘会，共有100余人顺利就业。

鼓励创业、拓宽就业渠道。积极宣传上级有关高校毕业生创业系列优惠政策，转变传统思想观念，借助动态跟踪走访高效毕业生的渠道，积极宣传各类政策，积极向高校毕业生及学生家长开展就业形势、就业创业政策宣传，向广大群众分析透就业形势，讲清楚就业政策，指明白就业途径，引导未就业高校毕业生树立正确的就业观和择业观。通过开展德庆乡小微企业技能比拼、小微企业作品展览等方式将德庆乡小微企业

2018年5月17日，德庆乡举办“四讲四爱”群众教育实践活动启动仪式

作品在全乡范围内进行推广推介，同时为小微企业交流经验、增加销量、推广宣传提供了良好的平台。

社会保障不断健全。2018年德庆乡新增养老保险119人，享受养老保险共705人，应参保人数为4196人，缴纳养老保险2.5万元。截至年底，人社窗口共代办合作医疗报销722人次，其中，精准扶贫户报销406人次，报销金额共3520.67万元。

服务群众体系不断健全。2018年，乡服务中心、村服务中心为群众办理各类事项共2908件，办结率达98%以上，其中，综合治理窗口处理各类信访、矛盾纠纷43件次、受理边境通行证129人次，开具油料证明336次；党政窗口开具各类介绍信1925次，受理户籍（转户、上户、变更、销户、分户）173次，受理车辆年审141件次，调查受理困难学生84人次；民政窗口受理医疗救助77人次。

民政救助工作进一步强化。德庆乡共有低保户58户213人，残疾人329人，优抚对象32人，五保户19人，老龄人口358人。深入开展低保户核查工作，精准做到应保尽保、应退尽退，2018年经核查后因收入超标准、有车辆、分户等情况，清退了12户42人。全年民政窗口共受理医疗救助77人次、救助金额36.94万元，临时救助3人次、救助金额0.83万元。

切实履行“河长制”职责，永葆母亲河的清澈。2018年，按照上级部署，对全乡河流主支干的保护工作进行属地化责任分解。在6个行政村设立河长的基础上，各村民小组内设立河流专管员，明确职责，在河道显眼处设立河长制公示栏，强化跟踪问效，全面深入推进水环境综合治理，提升水环境质量和河道生态环境面貌。

加大“无树村、无树户”农村人居环境整治工作。为保护和改善生态环境，严格按照“绿水青山就是金山银山”的理念，按照拉萨市让绿色成为发展底色的要求，全面消除“无树村”和“无树户”现象。2018年，德庆乡全力开展消除“无树村”和“无树户”工作，共种树3990棵。

加大力度检查食品药品安全工作。2018年，德庆乡食品安全委员会办公室联合区食药监局在全乡辖区内小餐馆、中心校、各幼儿园、食品经营店等单位开展排查活动。2018年，在辖区内集中开展食品药品专项检查8次。全年德庆乡辖区内没有发生任何食品药品安全事故。

【重点工作落实】 脱贫攻坚工作。年内，德庆乡突出内生动力，坚持“志智双扶”，推动“要我脱贫”向“我要脱贫”转变，鼓励贫困群众学技能；突出就业脱贫，积极提供多样化就业服务，大力引导群众自主就业，促进贫困群众稳定增收，2018年通过自身努力、政府安排、干部引导，辖区内共有124名自主就业贫困人员，104名就业人员从事政府购买服务型岗位，178人得到引导性转移就业，建档立卡就业人员占劳动力贫困人口的67.6%；2018年德庆乡易地搬迁户186户807人，其中138户585人搬迁至桑木村，23户95人搬迁至波玛村，25户127人搬迁至经开B区，搬迁户数占德庆乡建档立卡户的76%，入住率均达100%，并统筹解决了搬迁群众就业、就医、就学等问题，基本实现贫困家庭1户至少1人就业目标；突出脱贫成效巩固，把深入实施乡村振兴战略作为巩固提升脱贫成效的根本抓

2018年3月17日，德庆村春耕春播仪式活动现场

手，制定脱贫成效巩固提升三年行动计划，坚持脱贫不脱责任、脱贫不脱政策，确保如期全面建成小康社会，坚持把打赢脱贫攻坚战作为三大攻坚战之首。截至年底，全乡贫困综合发生率由2015年的14.2%下降到0%，无建档立卡户漏评和错退情况，群众满意度达90%以上，建档立卡户人均收入达7221.29元。

全面完成乡村振兴战略示点村的规划设计及群众思想动员工作。德庆村为2018年乡村振兴示点村，针对德庆村其美龙组基础设施相对较差，组内没有排水系统，道路均为土路，且存在多户门前道路不能通车的问题，乡党委政府积极开展环境整治工作，同时做好群众的思想工作。截至年底，德庆村其美龙组“美丽乡村幸福家园”风貌整治项目已经动工，群众大力支持此项目的开展，向往美好生活的决心更加坚定。

协调推进那拉高速建设工作。德庆乡德庆村、昂嘎村涉及那拉高速征地工作，其中，德庆村征地面积为478.06亩，补偿金额共22116169.2元，昂嘎村征地面积706.12亩，补偿金额27685193.6元；全年机械租赁收入达780余万元，车辆运输收入达1800余万元；解决相关矛盾纠纷160余起。截至年底，那拉高速建设各项工作顺利开展。

加快小康安居工程建设。自2017年小康安居工程实施起，通过前期走访入户、信息采集、建立档案，召开专题座谈会，为工程的顺利开展奠定了基础。截至年底，

2018年6月9日，德庆乡举办“爱国歌曲大家唱”文艺汇演活动

该项目共占地679.87亩，征地涉及农户147户，第一期100套住房已全面竣工，第二期143套住房正在积极筹备中。共为被征地群众兑现资金34464686.4元。

全面开展扫黑除恶、打非治乱专项斗争活动。自堆龙德庆区委召开打黑除恶、打非治乱专题工作部署会起，德庆乡结合实际，制定了专项行动工作方案，并成立了专项工作领导小组，及时召开专题部署会。通过制作户外“扫黑除恶”公益广告、悬挂横幅、LED滚动播放、发放宣传资料、设置举报箱等方式，在全乡营造了扫黑除恶打非治乱专项斗争的浓厚氛围。截至年底，在全乡范围内开展扫黑除恶、打非治乱专项斗争专题活动宣讲会30余次，针对辖区内运输队人员开展2次、对人大代表、政协委员开展3次、村一级开展20余次。全年德庆乡辖区内未存在黑势力、恶势力现象。

（强巴卓嘎）

【领导名录】

党委书记
罗桑次仁（藏族）
党委副书记、乡长
陈　敏
党委副书记、人大主席
旦增群培（藏族）
党委副书记
旦巴雅杰（藏族）
党委委员、宣传委员、德庆村第一书记
杜军毅
党委委员、人武部长
索朗多吉（藏族，7月离任）
次仁顿珠（藏族，7月任职）
党委委员、纪委书记
张良宏
党委委员、组织委员
梁彩丽（女）
副乡长
旦增曲珍（女，藏族）
多吉旺堆（藏族，邱桑村第一书记）
扎西曲珍（女，藏族）

司法所所长

高 祥 龙（7月任职）

经发办主任、昂嘎村第一书记

单珍卓嘎（女，藏族）

农牧综合服务中心主任、门堆村第一书记

索朗次仁（藏族）

文化服务中心主任、邦村第一书记

索朗扎西（藏族）

后勤服务中心主任、顶嘎村村第一书记

索朗扎西（藏族，7月离任）

扎西达杰（藏族，9月任职）

柳梧乡

【概况】 柳梧乡下设4个行政村、1个居委会，乡级卫生院1个，村级卫生室3个，共有学校6所，农业银行储蓄所1所，寺庙4座，拉康1座，驻地部队3支。2018年，辖区共有1850户5754人。

【矛盾排查调处】 随着机场高速、青藏铁路、拉日铁路开通运营，拉萨高新区建设发展及南环路柳梧段的施工建设，柳梧乡社会事业经济得到快速发展，同时也面临着众多的挑战，因征地补偿、劳务输出等方面而产生的群众内部潜在的问题和矛盾逐步显现出来。对此，乡党委、政府实行包村干部包案责任制，强化综合考核制度，将化解矛盾的能力作为包村干部工作能力考核的一个主要工作，强化了干部职工深入村、组、户的工作力度和各种矛盾的疏导化解效率。2018年，柳梧乡成功调解了10余起矛盾纠纷，实现了小事不出村、大事不出乡的良好局面。

【铁路护路】 2018年，为切实做好柳梧乡境内铁路护路工作，以“防恐怖、防爆炸、防破坏”为核心，以预防为主，全面确保柳梧乡境内的铁路安全畅通，在新区综治办的具体指导下，按照属地管理原则，乡党委、政府专门成立了由乡党委书记王龙龙任组长，乡党委副书记、乡长格桑多布杰为常务副组长，乡党委委员、人武部部长、综治办主任旦增晋美任副组长，综治工作人员及专职护路人员为组员的柳梧乡铁路护路护线领导工作小组。并坚持定期、不定期、敏感日期间“日督导”的巡查督导力度，重点检查各重点部位、护路队员在岗在位情况；在“两节”和“三月份”期间柳梧乡党委书记、乡长先后2次前往各护路队，把在党和政府的温暖送到在一线奋斗的护路工作人员。

【双联户工作】 2018年，柳梧乡按照“联户平安、联户增收”的总体要求，认真落实“十联”工作任务，积极探索“联户增收”新模式、新途径。柳梧乡积极引导、组织群众建成一系列农村特色产业项目，其中主要有德阳村藏鸡养殖项目、达东村扶贫开发项目（二期）等，辐射带动了全乡1850户增收。

【党员干部廉洁自律】 2018年，柳梧乡始终把增强全乡党员干部廉洁意识，提高自律能力作为一项经常性的工作来抓，同时结合当前的政治纪律教育学习活动，通过学习《关于妥善解决共产党员信仰宗教问题的通知》《中国共产党纪律处分条例》《关于新形势下党内政治生活的若干原则》等

2018年8月2日，西藏自治区党委常务副书记、区政协党组书记丁业现（中右一）一行在柳梧乡达东村调研乡村振兴战略推进和基层党建工作，并看望慰问驻村干部及村“两委”班子成员

条例，促进反腐倡廉学习教育的扎实开展和强化柳梧乡党员干部意识形态领域。2018年，共组织学习10余次，进一步提高了全乡党员干部的廉洁自律意识及自律能力，增强了广大党员群众参与监督的自觉性。

【发挥基层党组织和老党员的作用】2018年，在“两学一做”“四讲四爱”、党员政治教育活动中，开展“党员政治教育结对帮扶宣讲”活动，乡机关全部党员与各基层党支部党员结成对子，并结合自身特点，利用农闲、晚上等不同时间段组织召开学习讨论，2018年，各支部组织学习30余次；各基层党支部重视发挥老党员作用。在“四议两公开一监督”等重大决策中，积极发挥老党员作用，使农牧民党员队伍焕发了新的活力，充分发挥了党在农牧区工作中战斗堡垒的作用；加强对乡、村“两委”干部学习培训。在农牧民党员中开展各种培训，培训农牧民党员300余人次，有力促进了农牧民群众增收和党员脱贫致富，2018年，培养党员致富带头人15名。

【基层党组织建设】转变党建工作管理模式。年内，柳梧乡继续按照“党要管党”的原则，采取以乡党委总负责为，党委成员、副科以上干部按照包村模式合作共同抓，下沉干部协助村两委具体抓的措施，加强基层党组织建设。年初，乡党委与四个村级党支部签订党建工作责任书，形成层层有责任、层层有落实的党建责任

2018年8月6日，西藏自治区宣传部副部长、文明办主任仁青洛布（中）一行在达东村调研

体系；坚持“党建带团建”的工作思路，促进各民团组织的协调发展。在抓好村级“两委”组织的基础上，柳梧乡狠抓全乡共青团、妇联等组织的管理工作，指派1名乡党委委员具体负责乡一级的工作，同时在各村明确兼职负责人，不定期组织学习，开展各项工作。

【扶贫攻坚】思想扶“志”。年内，柳梧乡将扶贫政策宣传与开展“四讲四爱”主题教育实践活动相结合，引导群众解放思想、更新观念，克服“等、靠、要”思想，树立勤劳致富光荣理念，实现由“要我脱贫”到“我要脱贫”的转变，努力倡导“依靠勤劳智慧，脱贫致富光荣”的良好社会风气；技能扶“智”。“一人技能在手，全家脱贫不愁”，柳梧乡十分重视贫困人口技能培训，确保有劳动能力的贫困人口有一技之长，增加脱贫的长效性和稳定性。1—6月，柳梧乡组织了1期挖掘机装载机技能培训，1期中式烹调师技能培训，2期保洁员培训，1期餐厅服务员培训，1期汽车驾驶培训，建档立卡贫困户中式烹调师培训专班1期。通过组织技能培训引导和支持有劳动能力的群众，依靠自己的双手创造幸福今生。

结合十九大报告提出的乡村振兴战略，坚持将扶贫开发与乡村振兴、特色产业发展有机结合，针对所辖4个行政村的特点，下大力气重点实施了柳梧村“城中村改造”、桑达村“小康示范村基础设施改造升级”、德阳村“扶贫搬迁和净土健康产业”、达东村“整村推进暨扶贫综合（旅游）开发”等扶贫及小康示范工程，全面推动4个行政村水、电、路、讯、网等基础设施改造提升，促进农牧民生产方式、生活习惯、收入结构的根本转变。2018年，柳梧乡脱贫攻坚工作顺利通过国家级检查验收，实现脱贫摘帽。

【经济发展】 2018年，全乡固定资产投资623901万元，较上年增加422.9%；农村经济总收入达10133.00元，比上年增加8.4%；农牧民人均收入达14755.56元，比上年增加2.6%；粮食总产量1982.56吨，油菜籽产量171吨，牛奶产量610.44吨；农牧民合作医疗、养老保险参保率均达100%。

【农牧工作】 2018年，全乡农作物种植面积6617.61亩。其中，粮食作物4670亩、经济作物1758.73亩、饲草种植188.88亩、荒地新开垦种植青饲玉米500亩。发放有机肥730吨（其中德阳300吨、桑达200吨、达东230吨）；发放种子共计68.5吨，其中藏青（2000）51吨、青贮玉米17.5吨（分别为德阳藏青（2000）22.5吨、青贮玉米7.5吨；达东藏青（2000）12吨、青贮玉米10吨；达东藏青（2000）12吨、青贮玉米10吨；桑达藏青（2000）16.5吨）。畜牧业方面对乡辖区内88牧户、253人，落实发放抗灾饲草饲料（22727.2斤青稞皮），并协助财务将2017年牲畜出险理赔清单、理赔资金共计1273400元兑现到各村村民手中（其中柳梧村344400元、桑达村37800元、达东村348600元、德阳村541800元）。

【新农村建设】 强化精神文明建设。年内，为满足农牧民日益增长的物质文化需求，柳梧乡党委、政府想办法、出主意，筹集资金，充分利用藏民族能歌善舞的特点，组织农牧民业余文艺演出队，把浓郁的民族风情、乐观进取的生活风采和昂扬向上的时代精神有机地结合起来，凝聚人心，激发热情，从群众中来，到群众中去，让群众得到教育，丰富群众精神文明生活。组织农牧民群众在藏历新年、六一儿童节、望果节、国庆节等传统节日与非传统节日期间举办各类文化活动、文艺演出，丰富了农牧民群众的业余文化生活。充分利用“农家书屋”的作用，配齐适用农牧民群众生产生活的书籍，组织村民定期学习，提高村民科技致富的能力；推进农业机械化。在柳梧新区管委会的正确领导和帮助下，乡党委政府以“为农服务、兴乡富民、促农增收”为宗旨，加强协调力度，全面推进农业机械化。

【项目建设】 年内，柳梧乡紧紧围绕“一年脱贫，四年巩固”的目标任务，强化组织领导，精准施策，以产业发展为抓手，以农村经济结构和生活方式转型提升为突破口，深入贯彻落实“一村一品”发展战略，积极发展“以城带乡、产城融合”道路。柳梧乡以项目带脱贫，鼓励贫困户就业。坚持将扶贫开发与特色产业、城乡一体化有机结合，在特色旅游业、种植业、基础设施建设改造升级等方面取得显著成效。2018年，柳梧乡实施了德阳村规模经济林建设项目（3期）、柳梧村青铁小区监控路灯安装及绿化改造项目，达东村的奶制品销售点建设项目、达东村2、3组防洪水渠建设项目，桑达村的商品房附属工程项目、桑达村仓储中心建设项目、桑达村农田灌溉水渠建设项目，德阳村的农田灌溉水渠建设项目、桑达村奶牛养殖场购置设备及奶牛采购等项目。打造城乡一体、产业互动、节约集约、生态宜居的新型农村建设。全面促进了农牧民生产方式、生活习惯、致富途径、收入结构、思维方式的大转变，有

2018年12月20日，柳梧乡召开人大政协意见征求会

力地促进了农牧民增收和农村发展，为柳梧乡群众脱贫致富、共奔小康奠定坚实的基础。

【净土健康产业】 年内，乡党委、政府针对各村现有资源、产业特点进行分析规划，并积极联系有关部门，为各村申请项目，以奠定柳梧乡净土健康产业发展为基础，重点开展实施经济效益较好、增收快的几类项目。达东村酸奶销售点。选址位于达东村村内，占地面积约500平方米，共投入200万元资金；柳梧乡规模经济建设林项目。该项目选址位于柳梧乡德阳村，在已建有一定数量经济林的基础上，新开垦荒地1000亩，用以建设经济林。该项目总投资1500万元，其中果树采购560万元，果树以政府采购的形式已完成采购，果树种植及配套建设已完工。

【教育工作】 年内，在区市“三包”政策的基础上，柳梧乡实行在校学生资助和大学生升学奖励制度，针对贫困户小学、初中、高中在校生每人每年再分别给予1000元、2000元、3000元的教育资助金；针对全乡农牧民子女，高中毕业达到国家录取分数线且被全国各类全日制本专科高校录取的大学生，按照大专、本科、硕士、博士分别给予8000元、10000元、12000元、20000元升学奖励。2018年高校升学奖励共资助68人，资助资金共计522000元。此外，建档立卡户子女为高校生的，除以上奖励外，还享受学费、书本费、住宿费、路费全额报销。

【卫生事业】 年内，为规范柳梧乡疫苗接种，在柳梧新区社会事业局的支持下，柳梧乡卫生院设立单独疫苗接种室。2018年，开展流动人口体检2256人次，0—6岁儿童体检495人；家庭医生签约服务已覆盖柳梧乡4896人，签约率95%；在建筑工地、火车站等流动人口较集中地点，开展健康教育知识宣讲、传染病防治等知识讲座；对乡卫生院、各村卫生室进行药品安全检查5次，未发现药品过期违禁现象，食品药品安全率控制在100%。

【高校毕业生就业】 年内，柳梧乡应届高校毕业生58人，通过多次入户走访，宣传就业政策，引导转变就业观念，并开展就业帮扶，积极实现岗位对接，实现就业54人，就业率达93%。

【柳梧村工作队及下沉干部】 年内，柳梧乡按照上级关于村级组织活动场所建设的相关要求，积极配合开展村级活动场所标准化建设工作，先后建成了便民服务中心（村“两委”办公室），综合会议室（影像资料室）、党员活动室（村民议事中心）、农家书屋（电子阅览室）等相关活动场所，为进一步规范村委活动、服务群众提供了重要的场地保障。柳梧村于5月中旬组织召开了“四讲四爱”主题教育实践活动动员部署会，并按照相关工作要求，制定“四讲四爱”工作计划、活动方案，并适时调整了活动领导小组，为把“四讲四爱”主题教育实践活动引向深入提供了组织保障。通过上述举措，进一步夯实了柳梧村长足发展和长治久安的思想基础、群众基础、基层基础，凝聚起各族群众感党恩、听党话、跟党走的广泛共识。

桑达村工作队及下沉干部。年内，桑达村工作队建立健全村各项规章制度并落实到日常工作中，认真抓好党员发展工作。采用村“两委”班子成员包组，小组长、联户长、党员包户的形式，桑达村党员干部签订了包组包户责任书。年中，根据上级工作部署和要求，对辖区内2018年应届毕业大学生就业情况进行走访，详细了解并认真研究该村就业未就业情况，对学生本人和家长都进行思想宣传，发放了政策宣传资料。

德阳村工作队及下沉干部。德阳村农牧民长期以来以种植传统青稞、小麦、红土豆等，基本为自给自足。主要经济收入来源为打临工、到外务工维持生活。群众致富渠道单一。年内，德阳村在以农牧业生产为主的基础上，结合群众生产生活实际，逐步转型开发了以经济果林种植、加气砖厂等产业项目，着重发挥群众的主观能动性，以“确保群众就业就在家门口”的脱贫战略，从而实现群众在项目中拓宽增收渠道，在产业项目建设过程中改变生产生活环境的目的。为使村民受益程度提高，乡政府领导及村两委班子成员、下沉干部农闲时间，走村入户,和群众拉家常,掌握群众的思想状况;农忙季节,深入田间地头和群众话生产,了解群众的生产困难;节日期间,深入贫困户家中嘘寒问暖。对德阳村的村情民意、急需解决问题、基层组织建设、社会发展和稳定等基本情况,进行了全面了解,为更好地开展工作创造有利条件。

达东村工作队及下沉干部。工作队自2018年1月5日正式入驻达东村,工作队根据达东村的实际情况编写了工作方案,于1月13日组织村"两委"班子及各组组长召开了动员大会,向农牧民群众阐明了此次工作队驻村的重要意义、任务、目的等,在农牧民群众中广泛动员宣传,使群众充分了解驻村工作的必要性。第七批工作队驻达东村后按照柳梧新区管理委员会强基办要求,由工作队队长组织学习新七项任务。牢记驻村期间工作队的七项任务,以此七项为基础,结合达东村实际,在驻村期间内完成驻村工作队的任务。

【康乐居委会】 曲水搬迁群众228户692人和昌都搬迁群众10户38人,合计238户730人分别于4月和6月搬迁至该安置点。易地搬迁点临时党支部成立,曲水、昌都、柳梧乡分别下派工作人员处理搬迁群众日常事务。10月8日,成立康乐党支部,并于10月25日成立康乐居委会。2018年,康乐居委会已初步建立健全各项制度,党员政治理论学习和新党员发展工作稳步进行,坚持民主集中制,密切联系群众,使班子成员能够相互促进、合作共事,切实推进居委会各项事业的发展。

(张程樂)

【领导名录】

党委书记

王龙龙

党委副书记、乡长

格桑多布杰(藏族)

党委副书记、乡人大主席

达娃曲桑(藏族,4月离任)

党委副书记

洛桑卓玛(女,藏族)

党委委员、纪委书记

米玛仓决(女,藏族)

党委委员、宣传委员、副乡长

王　楠(女)

党委委员、组织委员

央　宗(女,藏族)

党委委员、纪委副书记、统战委员

罗布次仁(藏族)

党委委员、政法委员、人武部长

旦增晋美(藏族)

副乡长

刘金凤(女)

旦增卓嘎(女,藏族)

附 录

受区(县)级以上表彰的先进集体名录

表 9

获奖单位	获奖名称	表彰时间	授予单位
堆龙德庆区司法局乃琼司法所	2018 年全国人民调解工作先进集体	2018 年	司法部
堆龙德庆区信访局	信访工作“三无”县(市、区)	2018 年	国家信访局
堆龙德庆区民宗局	第六批全国民族团结进步创建示范区	2018 年	中华人民共和国国家民族事务委员会
堆龙德庆区铁路护路志愿服务队	最佳志愿服务组织	2018 年	全国宣传推选学雷锋志愿服务“四个 100”先进典型活动组委会
共青团拉萨市堆龙德庆区委员会	2018 年西部计划绩效考核优秀等次县级项目办	2018 年	全国项目办
桑木村	2018 年全国生态文化村	2018 年	中国生态文化协会
羊达乡	2018 年西藏自治区民族团结进步模范集体	2018 年	中共西藏自治区委员会、西藏自治区人民政府
马乡人民政府	全区“先进双联户”创建活动先进街道(乡镇)	2018 年	中共西藏自治区委员会、西藏自治区人民政府
马乡人民政府	自治区创先争优强基础惠民生活动优秀组织单位	2018 年	中共西藏自治区委员会、西藏自治区人民政府
堆龙德庆区环保局	2018 年度西藏自治区各县(区)目标绩效争先进位生态环境保护考核良好奖	2018 年	西藏自治区人民政府
堆龙德庆区委宣传部	2017 年度全区宣传思想文化系统先进单位	2018 年	西藏自治区党委宣传部
堆龙德庆区司法局	第一届“法治西藏”微电影微视频动漫征集大赛二等奖	2018 年	西藏自治区党委宣传部、西藏自治区司法厅、西藏自治区普法办
堆龙德庆区委统战部	2018 年全区统战系统信息工作先进集体	2019 年	中共西藏自治区委员会统一战线工作部
拉萨市堆龙德庆区公安消防大队	2017 年度基层建设先进单位	2018 年	中共武警西藏自治区消防总队委员会

续表9

获奖单位	获奖名称	表彰时间	授予单位
拉萨市堆龙德庆区公安消防大队	先进基层党组织	2018年	中共武警西藏消防总队委员会
堆龙德庆区铁路护路志愿服务队	西藏自治区最佳志愿服务组织	2018年	西藏自治区精神文明建设指导委员会
堆龙德庆区人民法院执行局	全区法院先进集体	2018年	西藏自治区高级人民法院
堆龙德庆区人力资源和社会保障局	2017年全区人社系统劳动保障监察先进单位	2018年	西藏自治区人力资源和社会保障厅
乃琼镇	全区乡镇(街道)工会规范化建设"八有"达标单位	2018年	西藏自治区总工会
羊达乡	西藏自治区五一劳动奖状	2018年	西藏自治区总工会
德庆乡	全区乡镇(街道)工会规范化建设"八有"达标单位	2018年	西藏自治区总工会
堆龙德庆区文广局	堆龙德庆区文化活动中心2017年度全民健身优秀站点	2018年	西藏自治区体育局
农行堆龙德庆区支行	2018年度全年电子化收官攻坚工程项目组织实施先进集体	2018年	中国农业银行西藏自治区分行
堆龙德庆区委宣传部	全国网络平台知识技能竞赛西藏自治区选拔赛优秀奖	2018年	西藏自治区党委网信办
堆龙德庆区人民政府	2017年度拉萨市目标绩效争先进位考核县区争先二等奖	2018年	中共拉萨市委员会、拉萨市人民政府
堆龙德庆区委政法委	2018年度"先进双联户"创建活动先进区	2018年	中共拉萨市委员会、拉萨市人民政府
堆龙德庆区民宗局	拉萨市2018年度民族团结进步模范集体	2018年	中共拉萨市委员会、拉萨市人民政府
堆龙德庆区信访局	2017年度信访工作先进县(区)二等奖	2018年	中共拉萨市委员会、拉萨市人民政府
堆龙德庆区护路办	2017年度拉萨市铁路护路联防工作一等奖	2018年	中共拉萨市委员会、拉萨市人民政府
桑木村	2018年度民族团结进步模范集体	2018年	中共拉萨市委员会、拉萨市人民政府
东嘎镇	2018年拉萨市先进双联户、先进集体	2018年	中共拉萨市委员会、拉萨市人民政府
羊达乡	拉萨市2018年度民族团结进步模范集体	2018年	中共拉萨市委员会、拉萨市人民政府
古荣乡人民政府	拉萨市民族团结进步创建活动示范单位	2018年	中共拉萨市委员会、拉萨市人民政府
马乡人民政府	拉萨市民族团结创建活动示范单位	2018年	中共拉萨市委员会、拉萨市人民政府
德庆乡	拉萨市创先争优强基础惠民生活动优秀组织单位	2018年	中共拉萨市委员会、拉萨市人民政府
堆龙德庆区委宣传部	2018年度堆龙德庆区民族团结进步集体	2018年	拉萨市人民政府

续表9

获奖单位	获奖名称	表彰时间	授予单位
堆龙德庆区环保局	2018年度拉萨市各县(区)目标绩效争先进位生态环境保护考核二等奖	2018年	拉萨市人民政府
柳梧乡人民政府综治办	2018年度民族团结进步模范集体	2018年	拉萨市人民政府
堆龙德庆区第二幼儿园	优秀团队	2018年	拉萨市人民政府
堆龙德庆区委办	2017年度信息工作先进集体	2018年	拉萨市委办公厅
堆龙德庆区委统战部	2018年度全市统战民宗系统工作先进集体一等奖	2019年	中共拉萨市委统战部、拉萨市民族宗教事务局
堆龙德庆区委办	2017年度全市工会结对帮扶村工会工作先进集体	2018年	拉萨市总工会
堆龙德庆区人民政府办公室	继续保留"拉萨市文明单位"	2018年	拉萨市精神文明建设指导委员会
堆龙德庆区总工会	2017年度全市工会工作目标责任考核	2018年	拉萨市总工会
共青团拉萨市堆龙德庆区委员会	荣获2017年度拉萨市预青工作目标考核第一名	2018年	共青团拉萨市委员会
姜昆黄小勇希望小学	青年文明号	2018年	共青团拉萨市委员会
武警堆龙德庆中队	2018年度文明单位	2018年	拉萨市精神文明指导委员会
堆龙德庆区人民法院	继续保留"拉萨市精神文明单位"	2018年	拉萨市精神文明单位建设指导委员会
堆龙德庆区工商局	文明单位	2018年	拉萨市精神文明建设指导委员会
东嘎镇	拉萨市文明村镇	2018年	拉萨市精神文明建设指导委员会
南嘎村	拉萨市文明村镇	2018年	拉萨市精神文明建设指导委员会
马乡人民政府	文明村镇	2018年	拉萨市精神文明建设指导委员会
拉萨市堆龙德庆区公安消防大队	好班子	2018年	中共武警拉萨市消防支队委员会
堆龙德庆区公安局	优秀侦查办案(执法)部门	2018年	西藏自治区拉萨市公安局
堆龙德庆区公安局楚布寺派出所	优秀派出所	2018年	西藏自治区拉萨市公安局
堆龙德庆区公安局交警大队	先进集体	2018年	西藏自治区拉萨市公安局
堆龙德庆区人民检察院	2018年度基层检察院考核第二名	2019年	拉萨市人民检察院
堆龙德庆区人民法院	2017年院机关目标考评先进部门	2018年	拉萨市中级人民法院
堆龙德庆区人民法院	拉萨全市法院首届"天平杯"运动会足球比赛第三名	2018年	拉萨市中级人民法院
堆龙德庆区人民法院	拉萨全市法院首届"天平杯"运动会拔河比赛第三名	2018年	拉萨市中级人民法院

续表9

获奖单位	获奖名称	表彰时间	授予单位
堆龙德庆区统计局	2018 年度“七一”唱响红歌文艺汇演活动中荣获第一名	2018 年	拉萨市统计局
堆龙德庆区统计局	2018 年度全市统计工作先进集体	2019 年	拉萨市统计局
堆龙德庆区工信局	2018 年度拉萨市质量工作先进集体	2018 年	拉萨市质量技术监督局
堆龙德庆区工商局	2018 年度全市工商系统目标绩效考核第一名	2018 年	拉萨市工商局
堆龙德庆区民政局	拉萨市第三届老年人运动会优秀组织奖	2018 年	拉萨市老龄委
堆龙德庆区人力资源和社会保障局	2017 年度目标考核二等奖	2018 年	拉萨市人力资源和社会保障局
堆龙德庆区人力资源和社会保障局	优秀基层劳动就业社会保障公共服务平台	2018 年	拉萨市人力资源和社会保障局
堆龙德庆区人力资源和社会保障局	2017 年度优秀调研课题	2018 年	拉萨市人力资源和社会保障局、拉萨市公务员局
堆龙德庆区人力资源和社会保障局	2017 年拉萨市职业技能大赛优秀组织奖	2018 年	拉萨市就业局
堆龙德庆区食品药品监督管理局	拉萨市 2017 年度食品安全工作优秀奖	2018 年	拉萨市食品安全委员会
堆龙德庆区文广局	拉萨市 2019 年春节、藏历新年电视联欢晚会优秀组织奖	2019 年	拉萨市广播电视台
堆龙德庆区文广局	2017 年度全市文物安全工作先进集体	2018 年	拉萨市文物局
堆龙德庆区农林局	2017 年度全市农牧业工作二等奖	2018 年	拉萨市农牧局
堆龙德庆区第二幼儿园	优秀基层党组织	2018 年	中共拉萨市教育局委员会
堆龙德庆区中学	2018 年“城投杯”拉萨校园足球联赛(初中组)一等奖	2018 年	拉萨市教育局
堆龙德庆区中学	初中数学子课题实验基地校	2018 年	拉萨市教育局
堆龙德庆区城市管理局	城市管理先进集体	2019 年	中共拉萨市城市管理委员会党组、拉萨市城市管理委员会
农行堆龙德庆区支行	2018 年“春天行动”储蓄业务先进集体	2018 年	中国农业银行拉萨分行
农行堆龙德庆区支行	2018 年“春天行动”零售业务先进集体	2018 年	中国农业银行拉萨分行
农行堆龙德庆区支行	“万马奔腾”对公业务营销组织奖第三名	2018 年	中国农业银行拉萨分行
农行堆龙德庆区支行	2018 年度“万马奔腾”零售业务综合营销储蓄存款先进集体	2018 年	中国农业银行拉萨分行
羊达乡	拉萨市 2017 年度政务服务工作先进集体	2018 年	拉萨市市民服务中心
羊达乡	五四红旗团委	2018 年	共青团拉萨市委员会
堆龙德庆区中学	第五届“东方少年中国梦”新创意中小学作文大赛优秀组织奖	2018 年	北京市文学艺术界联合会

续表9

获奖单位	获奖名称	表彰时间	授予单位
堆龙德庆区人民政府	堆龙德庆区“幸福歌声献给党·七一唱响新时代”和唱比赛二等奖	2018 年	中共堆龙德庆区委员会、堆龙德庆区人民政府
堆龙德庆区委统战部	2018 年度目标绩效争先进位考核三等奖	2019 年	中共堆龙德庆区委员会、堆龙德庆区人民政府
堆龙德庆区信访局	2017 年度全区环境保护工作先进单位	2018 年	中共堆龙德庆区委员会、堆龙德庆区人民政府
堆龙德庆区人大办	环境保护工作先进单位	2018 年	中共堆龙德庆区委员会、堆龙德庆区人民政府
堆龙德庆区人大办	民族团结进步模范先进集体	2018 年	中共堆龙德庆区委员会、堆龙德庆区人民政府
堆龙德庆区政协办	2017 年年度“六五”普法先进集体	2018 年	中共堆龙德庆区委员会、堆龙德庆区人民政府
堆龙德庆区政协办	2017 年度全区环境保护工作先进集体	2018 年	中共堆龙德庆区委员会、堆龙德庆区人民政府
堆龙德庆区政协办	2018 年度民族团结进步模范先进集体	2018 年	中共堆龙德庆区委员会、堆龙德庆区人民政府
堆龙德庆区纪律检查委员会	2017 年度全区环境保护工作先进单位	2018 年	中共堆龙德庆区委员会、堆龙德庆区人民政府
堆龙德庆区纪律检查委员会	2017 年度全区信访工作先进单位	2018 年	中共堆龙德庆区委员会、堆龙德庆区人民政府
堆龙德庆区纪律检查委员会	堆龙德庆区创先争优强基础惠民生活动优秀组织单位	2018 年	中共堆龙德庆区委员会、堆龙德庆区人民政府
堆龙德庆区纪律检查委员会	2017 年度社会治安综合治理工作先进集体	2018 年	中共堆龙德庆区委员会、堆龙德庆区人民政府
堆龙德庆区委组织部	堆龙德庆区第一届全民运动会优秀组织奖	2018 年	中共堆龙德庆区委员会、堆龙德庆区人民政府
堆龙德庆区委党校	2018 年度目标绩效争先进位奖	2019 年	中共堆龙德庆区委员会、堆龙德庆区人民政府
堆龙德庆区委党校	2018 年绩效考核进位奖	2018 年	中共堆龙德庆区委员会、堆龙德庆区人民政府
堆龙德庆区信访局	2017 年度全区安全生产先进单位	2018 年	中共堆龙德庆区委员会、堆龙德庆区人民政府
堆龙德庆区信访局	2018 年度目标绩效争先进位考核进位奖	2019 年	中共堆龙德庆区委员会、堆龙德庆区人民政府
共青团拉萨市堆龙德庆区委员会	2018 年度堆龙德庆区目标绩效争先进位考核二等奖	2019 年	中共堆龙德庆区委员会、堆龙德庆区人民政府
共青团拉萨市堆龙德庆区委员会	2018 年度堆龙德庆区民族团结进步模范先进集体	2018 年	中共堆龙德庆区委员会、堆龙德庆区人民政府
堆龙德庆区民宗局	堆龙德庆区第一届全民运动会体育道德风尚奖	2018 年	中共堆龙德庆区委员会、堆龙德庆区人民政府
堆龙德庆区民宗局	2017 年度社会治安综合治理工作先进集体	2018 年	中共堆龙德庆区委员会、堆龙德庆区人民政府
堆龙德庆区民宗局	2018 年度全区藏语文社会用字治理工作先进集体	2018 年	中共堆龙德庆区委员会、堆龙德庆区人民政府

续表9

获奖单位	获奖名称	表彰时间	授予单位
堆龙德庆区民宗局	2017年度“六五”普法先进集体	2018年	中共堆龙德庆区委员会、堆龙德庆区人民政府
堆龙德庆区民宗局	2017年度全区安全生产先进单位	2018年	中共堆龙德庆区委员会、堆龙德庆区人民政府
堆龙德庆区委政法委	2018年度全区安全生产先进单位	2018年	中共堆龙德庆区委员会、堆龙德庆区人民政府
堆龙德庆区委政法委	2017年度全区信访工作先进单位	2018年	中共堆龙德庆区委员会、堆龙德庆区人民政府
堆龙德庆区公安消防大队	2018年度民族团结进步模范先进集体	2018年	中共堆龙德庆区委员会、堆龙德庆区人民政府
堆龙德庆区公安消防大队	2017年度“六五”普法先进集体	2018年	中共堆龙德庆区委员会、堆龙德庆区人民政府
堆龙德庆区公安消防大队	2017年度全区安全生产先进单位	2018年	中共堆龙德庆区委员会、堆龙德庆区人民政府
堆龙德庆区公安消防大队	2017年度社会治安综合治理工作先进集体	2018年	中共堆龙德庆区委员会、堆龙德庆区人民政府
堆龙德庆区公安局治安大队	2017年度社会治安综合治理工作先进集体	2018年	中共堆龙德庆区委员会、堆龙德庆区人民政府
堆龙德庆区公安局	2017年度目标绩效争先进位考核三等奖	2018年	中共堆龙德庆区委员会、堆龙德庆区人民政府
堆龙德庆区公安局乃琼派出所	2017年度全区安全生产先进单位	2018年	中共堆龙德庆区委员会、堆龙德庆区人民政府
堆龙德庆区人民检察院	“学习十九大，永远跟党走”知识竞赛三等奖	2018年	中共堆龙德庆区委员会、堆龙德庆区人民政府
堆龙德庆区人民检察院	2018年度民族团结进步模范先进集体	2018年	中共堆龙德庆区委员会、堆龙德庆区人民政府
堆龙德庆区人民法院	2017年“六五”普法先进集体	2018年	中共堆龙德庆区委员会、堆龙德庆区人民政府
堆龙德庆区人民法院	2017年度全区信访工作先进单位	2018年	中共堆龙德庆区委员会、堆龙德庆区人民政府
堆龙德庆区人民法院	2017年度优秀青年文明号集体	2018年	中共堆龙德庆区委员会、堆龙德庆区人民政府
堆龙德庆区司法局	2018年度堆龙德庆区综治工作先进单位	2018年	中共堆龙德庆区委员会、堆龙德庆区人民政府
堆龙德庆区司法局	2018年度堆龙德庆区信访工作先进集体	2018年	中共堆龙德庆区委员会、堆龙德庆区人民政府
堆龙德庆区护路办	2017年度目标绩效争先进位考核一等奖	2018年	中共堆龙德庆区委员会、堆龙德庆区人民政府
堆龙德庆区护路办	2017年度社会治安综合治理工作先进集体	2018年	中共堆龙德庆区委员会、堆龙德庆区人民政府
堆龙德庆区护路办	2017年度“六五”普法先进集体	2018年	中共堆龙德庆区委员会、堆龙德庆区人民政府
堆龙德庆区护路办	2017年度全区安全生产先进单位	2018年	中共堆龙德庆区委员会、堆龙德庆区人民政府

续表9

获奖单位	获奖名称	表彰时间	授予单位
堆龙德庆区护路代表队	2018年第一届全民运动会优秀组织奖	2018年	中共堆龙德庆区委员会、堆龙德庆区人民政府
堆龙德庆区护路办	2018年度民族团结进步模范先进集体	2018年	中共堆龙德庆区委员会、堆龙德庆区人民政府
堆龙德庆区税务局	2018年度财税贡献先进企事业单位特殊奖	2019年	中共堆龙德庆区委员会、堆龙德庆区人民政府
堆龙德庆区国土局	目标绩效争先进位考核进位奖	2018年	中共堆龙德庆区委员会、堆龙德庆区人民政府
堆龙德庆区国土局	全区信访工作先进单位	2018年	中共堆龙德庆区委员会、堆龙德庆区人民政府
堆龙德庆区统计局	2018年度目标绩效争先进位考核进位奖	2019年	中共堆龙德庆区委员会、堆龙德庆区人民政府
堆龙德庆区工信局	2018年度目标绩效争先进位考核一等奖	2018年	中共堆龙德庆区委员会、堆龙德庆区人民政府
堆龙德庆区安监局	2017年度全区信访工作先进单位	2018年	中共堆龙德庆区委员会、堆龙德庆区人民政府
堆龙德庆区安监局	2018年度民族团结进步模范先进集体	2018年	中共堆龙德庆区委员会、堆龙德庆区人民政府
堆龙德庆区安监局	2017年度目标绩效争先进位考核二等奖	2018年	中共堆龙德庆区委员会、堆龙德庆区人民政府
堆龙德庆区安监局	2017年度社会治安综合治理工作先进集体	2018年	中共堆龙德庆区委员会、堆龙德庆区人民政府
堆龙德庆区安监局	2017年度全区环境保护工作先进单位	2018年	中共堆龙德庆区委员会、堆龙德庆区人民政府
堆龙德庆区安监局	2017年度社会治安综合治理工作先进集体	2018年	中共堆龙德庆区委员会、堆龙德庆区人民政府
堆龙德庆区工商局	2018年度财税贡献企事业特殊奖	2019年	中共堆龙德庆区委员会、堆龙德庆区人民政府
堆龙德庆区民政局	2017年目标绩效争先进位考核三等奖	2018年	中共堆龙德庆区委员会、堆龙德庆区人民政府
堆龙德庆区人力资源和社会保障局	2017年度社会治安综合治理先进集体	2018年	中共堆龙德庆区委员会、堆龙德庆区人民政府
堆龙德庆区人力资源和社会保障局	2017年度安全生产先进集体	2018年	中共堆龙德庆区委员会、堆龙德庆区人民政府
堆龙德庆区人力资源和社会保障局	2017年度全区信访工作先进单位	2018年	中共堆龙德庆区委员会、堆龙德庆区人民政府
堆龙德庆区人力资源和社会保障局	2018年度民族团结进步模范先进集体	2018年	中共堆龙德庆区委员会、堆龙德庆区人民政府
堆龙德庆区卫生和计划生育委员会	2018年度民族团结进步模范先进集体	2018年	中共堆龙德庆区委员会、堆龙德庆区人民政府
堆龙德庆区食品药品监督管理局	2017年度全区环境保护工作先进单位	2018年	中共堆龙德庆区委员会、堆龙德庆区人民政府
堆龙德庆区疾病预防控制中心	2018年度民族团结进步模范先进集体	2018年	中共堆龙德庆区委员会、堆龙德庆区人民政府

续表9

获奖单位	获奖名称	表彰时间	授予单位
堆龙德庆区文广局	2018 年度目标绩效争先进位考核进位奖	2018 年	中共堆龙德庆区委员会、堆龙德庆区人民政府
堆龙德庆区农林局	2017 年全区环境保护工作先进单位	2018 年	中共堆龙德庆区委员会、堆龙德庆区人民政府
堆龙德庆区农林局	2018 年度民族团结进步模范县级集体	2018 年	中共堆龙德庆区委员会、堆龙德庆区人民政府
堆龙德庆区扶贫办	2018 年度目标绩效争先进位考核三等奖	2019 年	中共堆龙德庆区委员会、堆龙德庆区人民政府
堆龙德庆区水利局	2018 年度目标绩效争先进位考核二等奖	2019 年	中共堆龙德庆区委员会、堆龙德庆区人民政府
堆龙德庆区教体局	“六五”普法先进集体	2018 年	中共堆龙德庆区委员会、堆龙德庆区人民政府
堆龙德庆区住建局	2018 年度目标绩效争先进位考核三等奖	2019 年	中共堆龙德庆区委员会、堆龙德庆区人民政府
堆龙德庆区城市管理局	2018 年度目标绩效争先进位考核进步奖	2019 年	中共堆龙德庆区委员会、堆龙德庆区人民政府
堆龙德庆区城市管理局	2018 年度民族团结进步模范先进集体	2018 年	中共堆龙德庆区委员会、堆龙德庆区人民政府
农行堆龙德庆区支行	2018 年度金融支持奖	2018 年	中共堆龙德庆区委员会、堆龙德庆区人民政府
东嘎镇	2017 年度全区信访工作先进集体	2018 年	中共堆龙德庆区委员会、堆龙德庆区人民政府
东嘎镇	2017 年度全区安全生产先进集体	2018 年	中共堆龙德庆区委员会、堆龙德庆区人民政府
东嘎镇	堆龙德庆区“幸福歌声献给党、七一唱响新时代”合唱比赛二等奖	2018 年	中共堆龙德庆区委员会、堆龙德庆区人民政府
东嘎镇	堆龙德庆区第一届全民运动会男子足球第一名	2018 年	中共堆龙德庆区委员会、堆龙德庆区人民政府
东嘎镇	2018 年度民族团结进步模范先进集体	2018 年	中共堆龙德庆区委员会、堆龙德庆区人民政府
东嘎镇	堆龙德庆区“学习十九大、永远跟党走”知识竞赛一等奖	2018 年	中共堆龙德庆区委员会、堆龙德庆区人民政府
东嘎镇	2017 年全区藏语文社会用字管理工作先进集体	2018 年	中共堆龙德庆区委员会、堆龙德庆区人民政府
东嘎镇	2017 年度社会治安综合治理工作第三名	2018 年	中共堆龙德庆区委员会、堆龙德庆区人民政府
东嘎村	2017 年度全区五四红旗团支部	2018 年	中共堆龙德庆区委员会、堆龙德庆区人民政府
东嘎镇	堆龙德庆区第一届残疾人运动会优秀组织奖	2018 年	中共堆龙德庆区委员会、堆龙德庆区人民政府
乃琼镇	2018 年度目标绩效争先进位考核进位奖	2019 年	中共堆龙德庆区委员会、堆龙德庆区人民政府
乃琼镇	2018 年度民族团结模范先进集体	2018 年	中共堆龙德庆区委员会、堆龙德庆区人民政府

续表9

获奖单位	获奖名称	表彰时间	授予单位
乃琼镇	堆龙德庆区第一届全民运动会精神文明奖	2018 年	中共堆龙德庆区委员会、堆龙德庆区人民政府
乃琼镇	2017 年度全区环境保护工作先进单位	2018 年	中共堆龙德庆区委员会、堆龙德庆区人民政府
乃琼镇	2017 年度全区信访工作优秀集体	2018 年	中共堆龙德庆区委员会、堆龙德庆区人民政府
共青团乃琼镇委员会	2017 年度全区五四红旗手	2018 年	中共堆龙德庆区委员会、堆龙德庆区人民政府
羊达乡	2017 年全区藏语文社会用字管理工作先进集体	2018 年	中共堆龙德庆区委员会、堆龙德庆区人民政府
羊达乡	2017 年度全区安全生产先进单位	2018 年	中共堆龙德庆区委员会、堆龙德庆区人民政府
羊达乡	2017 年度全区环境保护工作先进单位	2018 年	中共堆龙德庆区委员会、堆龙德庆区人民政府
羊达乡	堆龙德庆区第一届残疾人运动会精神文明奖	2018 年	中共堆龙德庆区委员会、堆龙德庆区人民政府、堆龙德庆区残疾人联合会
羊达乡	2017 年度全区信访工作先进集体	2018 年	中共堆龙德庆区委员会、堆龙德庆区人民政府
羊达乡	2018 年度先进双联户创建活动先进乡镇	2018 年	中共堆龙德庆区委员会、堆龙德庆区人民政府
马乡	2017 年度全区安全生产先进单位	2018 年	中共堆龙德庆区委员会、堆龙德庆区人民政府
马乡	2017 年全区藏语文社会用字管理工作先进集体	2018 年	中共堆龙德庆区委员会、堆龙德庆区人民政府
马乡	2018 年度民族团结模范先进集体	2018 年	中共堆龙德庆区委员会、堆龙德庆区人民政府
马乡	堆龙德庆区第一届全民运动会精神文明奖	2018 年	中共堆龙德庆区委员会、堆龙德庆区人民政府
马乡	2018 年度目标绩效争先进位考核二等奖	2019 年	中共堆龙德庆区委员会、堆龙德庆区人民政府
马乡	2017 年度社会治安综合治理工作第三名	2018 年	中共堆龙德庆区委员会、堆龙德庆区人民政府
马乡措麦村彩德家具合作社	2018 年度民族团结模范先进集体	2018 年	中共堆龙德庆区委员会、堆龙德庆区人民政府
德庆乡	2017 年度目标绩效争先进位考核二等奖	2018 年	中共堆龙德庆区委员会、堆龙德庆区人民政府
德庆乡	2018 年度目标绩效争先进位考核达标奖	2019 年	中共堆龙德庆区委员会、堆龙德庆区人民政府
德庆乡	2017 年度全区安全生产先进单位	2018 年	中共堆龙德庆区委员会、堆龙德庆区人民政府
德庆乡	2017 年全区藏语文社会用字管理工作先进集体	2018 年	中共堆龙德庆区委员会、堆龙德庆区人民政府
德庆乡	2017 年度社会治安综合治理工作第二名	2018 年	中共堆龙德庆区委员会、堆龙德庆区人民政府

续表9

获奖单位	获奖名称	表彰时间	授予单位
德庆乡	2018年度民族团结进步模范先进集体	2018年	中共堆龙德庆区委员会、堆龙德庆区人民政府
德庆乡	堆龙德庆区第一届残疾人运动会道德风尚奖	2018年	中共堆龙德庆区委员会、堆龙德庆区人民政府、堆龙德庆区残疾人联合会
堆龙德庆区纪委支部委员会	2017—2018年度先进基层党组织	2018年	中共堆龙德庆区委员会
堆龙德庆区护路办党总支	2017—2018年度先进基层党组织	2018年	中共堆龙德庆区委员会
区发展和改革委员会	2018年度目标绩效争先进位考核二等奖	2019年	中共堆龙德庆区委员会
堆龙德庆区农林局	2017—2018年先进基层党组织	2018年	中共堆龙德庆区委员会
堆龙德庆区中学	“六五”普法先进集体	2018年	中共堆龙德庆区委员会
堆龙德庆区中学	2018年度民族团结进步模范先进集体	2018年	中共堆龙德庆区委员会
东嘎镇	2017—2018年度先进基层党组织	2018年	中共堆龙德庆区委员会
羊达乡	2017—2018年度先进基层党组织	2018年	中共堆龙德庆区委员会
堆龙德庆区公安局	全区民族团结先进集体	2018年	堆龙德庆区人民政府
堆龙德庆区第二幼儿园	全区藏语文社会用字管理工作先进集体	2018年	堆龙德庆区人民政府
堆龙德庆区环保局	堆龙德庆区安全生产先进单位	2018年	堆龙德庆区人民政府
堆龙德庆区环保局	堆龙德庆区信访工作先进单位	2018年	堆龙德庆区人民政府
堆龙德庆区环保局	堆龙德庆区目标绩效争先进位考核二等奖	2018年	堆龙德庆区人民政府

说明：由于各单位资料提供不全，可能有遗漏

受区（县）级以上表彰的先进个人名录

表10

姓名	性别	民族	籍贯	政治面貌	工作单位	获奖名称	表彰时间	授予单位
巴　珍	女	藏	日喀则	中共党员	堆龙德庆区中学	全国五一劳动奖章	2018年	中华全国总工会
拉巴多杰	男	藏	日喀则	中共党员	堆龙德庆区小学	优秀裁判员	2018年	中国大学生体育协会
杜婷婷	女	藏	甘肃	群众	乃琼幼儿园	全国第三届美术大赛优秀奖	2018年	中国美术大赛网
吉安卓玛	女	藏	堆龙德庆区	中共党员	古荣中心小学	教育科学童谣指导大赛一等奖	2018年	教育科学编辑部
吉安卓玛	女	藏	堆龙德庆区	中共党员	古荣中心小学	教育科学杂志优秀作文指导一等奖	2018年	教育科学编辑部
旦增曲然	男	藏	四川	中共党员	古荣中心小学	国培计划西藏自治区小学骨干校长培训优秀学员	2018年	中国教师教育网
旦　珍	女	藏	拉萨	中共党员	马乡中心小学	国家级优秀青年教师培养奖励计划	2018年	中国教师发展基金会、教育部教师工作司
仓决卓玛	女	藏	日喀则	中共党员	堆龙德庆区民政局	《中国双拥》年度人物“提名奖”	2018年	《中国双拥》年度人物推选工作组织委员会
阿　努	男	藏	拉萨	中共党员	羊达乡	全区第二批优秀村党支部第一书记	2018年	中共西藏自治区委员会
多吉旺堆	男	藏	四川德格	中共党员	德庆乡人民政府	西藏自治区优秀第一书记	2018年	中共西藏自治区委员会
黄　敏	女	汉	重庆巫山	中共党员	堆龙德庆区政协办	自治区民族团结先进个人	2018年	中共西藏自治区委员会、西藏自治区人民政府
平措扎西	男	藏	日喀则	中共党员	堆龙德庆区教体局	优秀村第一书记	2018年	西藏自治区委员会、西藏自治区人民政府
巴桑扎西	男	汉	那曲	中共党员	乃琼镇人民政府	西藏自治区优秀驻村工作队员	2018年	西藏自治区委员会、西藏自治区人民政府
索朗扎西	男	藏	西藏南木林	中共党员	堆龙德庆区委区政府督查室	2017年度自治区督查工作先进个人	2018年	西藏自治区党委办公厅
黄　敏	女	汉	重庆巫山	中共党员	区政协办	全区政协系统2018年度社情民意先进个人	2019年	西藏自治区政协
唐　菲	男	汉	重庆潼南	中共党员	堆龙德庆区信访局	三等功	2018年	西藏自治区党委组织部、西藏自治区人力资源和社会保障厅
陈　亮	男	汉	四川阆中	中共党员	东嘎镇人民政府	2015—2017年度工作做出较大贡献三等功	2018年	西藏自治区党委组织部、自治区人力资源和社会保障厅
尼玛仓	女	藏	堆龙德庆区	中共党员	东嘎镇人民政府	2015—2018年度工作做出较大贡献三等功	2018年	西藏自治区党委组织部、自治区人力资源和社会保障厅

续表10

姓名	性别	民族	籍贯	政治面貌	工作单位	获奖名称	表彰时间	授予单位
唐　靓	男	汉	四川岳池	中共党员	堆龙德庆区委统战部	2018年自治区优秀信息员	2018年	西藏自治区党委统战部
普布次仁	男	藏	拉萨	党员	堆龙德庆区人民检察院	刑事执行检察人才库	2018年	西藏自治区人民检察院
才旦同珠	男	藏	那曲	中共党员	堆龙德庆区公安消防大队	个人三等功	2018年	武警西藏消防总队委员会
王丹丹	女	汉	河南	中共党员	堆龙德庆区团委	最美志愿者	2018年	西藏自治区文明办
旦增西宁	男	藏	日喀则	中共党员	堆龙德庆区委宣传部	2018年度全国网站平台知识技能竞赛西藏自治区团队优秀奖	2018年	西藏自治区网信办
巴桑央吉	女	藏	拉萨	团员	邮储银行堆龙德庆区支行	2017年西藏优秀共青团员	2018年	共青团西藏自治区委员会
旦增曲然	男	藏	四川	中共党员	古荣中心小学	“情暖格桑花，大手牵小手”活动“爱心大使”	2018年	共青团西藏自治区委员会
李鹏辉	男	汉	陕西武功	中共党员	羊达乡	2018年西藏自治区最美家庭	2018年	西藏自治区妇女联合会、西藏自治区家庭教育学会
杨洁琼	女	汉	甘肃	中共党员	堆龙德庆区人社局	宣传工作先进个人	2018年	西藏自治区人社厅
努　努	男	回	堆龙德庆区	中共党员	羊达中心小学	雅酷笔栽第二届文化活动暨全区中小学教师藏文书法大展中入选	2018年	西藏自治区文化厅
康剑平	男	汉	湖南	群众	堆龙德庆区教体局	全区初中教师教学竞赛决赛优秀辅导教师奖	2018年	西藏自治区教育厅
张　洪	男	汉	四川	中共党员	堆龙德庆区教体局	全区教育系统优秀党务工作者	2018年	西藏自治区教育工委
次仁拉姆	女	藏	拉萨	中共党员	堆龙德庆区第二幼儿园	自治区级赛课三等奖	2018年	西藏自治区教育厅
卓　嘎	女	藏	山南	中共党员	堆龙德庆区小学	全国优质课大赛一等奖	2018年	西藏自治区教育厅
次仁央宗	女	藏	四川	中共党员	乃琼中心小学	全区小学教师教学技能竞赛决赛英语学科二等奖	2018年	西藏自治区教育厅
顿珠罗杰	男	藏	尼木	中共党员	德庆中心小学	西藏自治区教学技能大赛一等奖	2018年	西藏自治区教育厅
次旦旺久	男	藏	林周	中共党员	德庆中心小学	全区中小学教师教学竞赛决赛科学学科一等奖	2018年	西藏自治区教育厅
谭阿路	女	土家	张家界	群众	堆龙德庆区中学	2018年全区初中教师教学竞赛决赛英语组一等奖	2018年	西藏自治区教育厅
卓玛群宗	女	藏	四川德格	中共党员	堆龙德庆区中学	2018年自治区高中、中职学校招生网上阅卷优秀评卷教师	2018年	西藏自治区教育厅
李天奎	男	汉	甘肃武威	群众	堆龙德庆区中学	2018年全区初中教师教学竞赛决赛数学组三等奖	2018年	西藏自治区教育厅

续表10

姓名	性别	民族	籍贯	政治面貌	工作单位	获奖名称	表彰时间	授予单位
次仁措姆	女	藏	拉萨	中共党员	堆龙德庆区中学	自治区优秀社会体育指导员	2018年	西藏自治区体育局
拉巴多杰	男	藏	日喀则	中共党员	堆龙德庆区小学	优秀社会体育指导员	2018年	西藏自治区体育局
次仁措姆	女	藏	拉萨	群众	堆龙德庆区中学	自治区优秀社会体育指导员	2018年	西藏自治区体育局
加　措	男	藏	堆龙德庆区	中共党员	古荣中心小学	西藏自治区指导奖	2018年	西藏自治区藏棋协会
巴　桑	男	藏	山南	中共党员	古荣中心小学	西藏自治区指导奖	2018年	西藏自治区藏棋协会
巴　桑	男	藏	山南	中共党员	古荣中心小学	藏棋城投杯	2018年	西藏自治区藏棋协会
古　扎	男	藏	阿里	群众	堆龙德庆区小学	全区中小学教师藏汉书法大赛一等奖	2018年	西藏自治区书法协会
吉安卓玛	女	藏	堆龙德庆区	中共党员	古荣中心小学	第六届“东方少年中国梦”作文大赛二等奖	2018年	北京作家协会
韩庆龄	女	汉	甘肃武威	中共党员	堆龙德庆区中学	第五届“东方少年中国梦”作文大赛中学作文一等奖指导教师	2018年	北京市文学艺术界联合会
巴桑拉姆	女	藏	拉萨	中共党员	堆龙德庆区中学	第五届“东方少年中国梦”作文大赛中学作文三等奖指导教师	2018年	北京市文学艺术界联合会
阿旺央金	女	藏	拉萨	预备党员	邮储银行堆龙德庆区支行	西藏金融五一劳动奖章	2018年	中国金融工会西藏工作委员会
古　扎	男	藏	阿里	群众	堆龙德庆区小学	全区中小学书法展览优秀作品	2018年	西藏自治区教育科学院
次　仁	男	藏	曲水	中共党员	堆龙德庆区护路办	2017年度全区铁路护路联防工作先进个人	2018年	西藏自治区综治委铁路护路联防工作领导小组
旦增旺堆	男	藏	堆龙德庆区	中共党员	高天护路大队	2017年度全区铁路护路联防工作先进个人	2018年	西藏自治区综治委铁路护路联防工作领导小组
益西顿珠	男	藏	山南浪卡子县	中共党员	高天护路大队	2017年度全区铁路护路联防工作先进个人	2018年	西藏自治区综治委铁路护路联防工作领导小组
巴　桑	男	藏	堆龙德庆区	中共党员	古荣护路大队	2017年度全区铁路护路联防工作先进个人	2018年	西藏自治区综治委铁路护路联防工作领导小组
阿　旺	男	藏	堆龙德庆区	群众	古荣护路大队	2017年度全区铁路护路联防工作先进个人	2018年	西藏自治区综治委铁路护路联防工作领导小组
扎西旺堆	男	藏	堆龙德庆区	中共党员	莫嘎护路大队	2017年度全区铁路护路联防工作先进个人	2018年	西藏自治区综治委铁路护路联防工作领导小组
次旦多吉	男	藏	墨竹工卡	群众	莫嘎护路大队	2017年度全区铁路护路联防工作先进个人	2018年	西藏自治区综治委铁路护路联防工作领导小组
黄　敏	女	汉	重庆巫山	中共党员	堆龙德庆区政协办	拉萨市民族团结先进个人	2018年	中共拉萨市委员会、拉萨市人民政府

续表10

姓名	性别	民族	籍贯	政治面貌	工作单位	获奖名称	表彰时间	授予单位
索朗扎西	男	藏	堆龙德庆区	中共党员	堆龙德庆区护路办	2017年全市铁路护路联防工作先进个人	2018年	中共拉萨市委员会、拉萨市人民政府
旦巴次仁	男	藏	堆龙德庆区	群众	高天护路大队	2017年全市铁路护路联防工作先进个人	2018年	中共拉萨市委员会、拉萨市人民政府
岗　组	男	藏	山南浪卡子县	群众	高天护路大队	2017年全市铁路护路联防工作先进个人	2018年	中共拉萨市委员会、拉萨市人民政府
格桑旦增	男	藏	堆龙德庆区	中共党员	高天护路大队	2017年全市铁路护路联防工作先进个人	2018年	中共拉萨市委员会、拉萨市人民政府
阿旺平穷	男	藏	堆龙德庆区	中共党员	高天护路大队	2017年全市铁路护路联防工作先进个人	2018年	中共拉萨市委员会、拉萨市人民政府
洛桑次成	男	藏	堆龙德庆区	群众	古荣护路大队	2017年全市铁路护路联防工作先进个人	2018年	中共拉萨市委员会、拉萨市人民政府
达瓦巴珠	男	藏	堆龙德庆区	群众	古荣护路大队	2017年全市铁路护路联防工作先进个人	2018年	中共拉萨市委员会、拉萨市人民政府
欧　珠	男	藏	堆龙德庆区	群众	古荣护路大队	2017年全市铁路护路联防工作先进个人	2018年	中共拉萨市委员会、拉萨市人民政府
扎　西	男	藏	山南贡嘎县	群众	古荣护路大队	2017年全市铁路护路联防工作先进个人	2018年	中共拉萨市委员会、拉萨市人民政府
加拥向巴	男	藏	昌都左贡县	群众	古荣护路大队	2017年全市铁路护路联防工作先进个人	2018年	中共拉萨市委员会、拉萨市人民政府
阿旺群培	男	藏	堆龙德庆区	群众	莫嘎护路大队	2017年全市铁路护路联防工作先进个人	2018年	中共拉萨市委员会、拉萨市人民政府
旦增罗布	男	藏	堆龙德庆区	中共党员	莫嘎护路大队	2017年全市铁路护路联防工作先进个人	2018年	中共拉萨市委员会、拉萨市人民政府
旦真次旺	男	藏	堆龙德庆区	群众	莫嘎护路大队	2017年全市铁路护路联防工作先进个人	2018年	中共拉萨市委员会、拉萨市人民政府
次仁顿珠	男	藏	堆龙德庆区	中共党员	莫嘎护路大队	2017年全市铁路护路联防工作先进个人	2018年	中共拉萨市委员会、拉萨市人民政府
旦真达瓦	男	藏	堆龙德庆区	群众	莫嘎护路大队	2017年全市铁路护路联防工作先进个人	2018年	中共拉萨市委员会、拉萨市人民政府
余　洋	男	汉	四川洪雅	党员	堆龙德庆区扶贫办	2018年度拉萨市脱贫攻坚贡献奖	2019年	中共拉萨市委员会、拉萨市人民政府
拉巴普赤	女	藏	日喀则	党员	堆龙德庆区扶贫办	2018年度拉萨市脱贫攻坚贡献奖	2019年	中共拉萨市委员会、拉萨市人民政府
张　洪	男	汉	四川	中共党员	堆龙德庆区教体局	拉萨市优秀教师铜奖	2018年	中共拉萨市委员会、拉萨市人民政府
王　芳	女	汉	四川	中共党员	堆龙德庆区中学	拉萨市优秀教师银奖	2018年	中共拉萨市委员会、拉萨市人民政府
次旦平措	男	藏	拉萨	中共党员	堆龙德庆区中学	拉萨市2018年度民族团结进步模范个人	2018年	中共拉萨市委员会、拉萨市人民政府

续表10

姓名	性别	民族	籍贯	政治面貌	工作单位	获奖名称	表彰时间	授予单位
贡觉旺姆	女	藏	日喀则	中共党员	堆龙德庆区第一幼儿园	拉萨市优秀教师铜奖	2018 年	中共拉萨市委员会、拉萨市人民政府
哈吉娜	女	回	堆龙	群众	堆龙德庆区小学	拉萨市优秀教师铜奖	2018 年	中共拉萨市委员会、拉萨市人民政府
边巴次仁	男	藏	堆龙德庆区	群众	乃琼中心小学	拉萨市优秀教师铜奖	2018 年	中共拉萨市委员会、拉萨市人民政府
贡觉旺姆	女	藏	拉萨	中共党员	桑木幼儿园	拉萨市优秀教师铜奖	2018 年	中共拉萨市委员会、拉萨市人民政府
加措	男	藏	堆龙德庆区	中共党员	古荣中心小学	拉萨市优秀教师铜奖	2018 年	中共拉萨市委员会、拉萨市人民政府
贾亮	男	汉	甘肃	中共党员	马乡中心小学	拉萨市优秀教师铜奖	2018 年	中共拉萨市委员会、拉萨市人民政府
平措	男	藏	堆龙德庆区	中共党员	德庆中心小学	拉萨市优秀教师铜奖	2018 年	中共拉萨市委员会、拉萨市人民政府
格桑平措	男	藏	当雄	中共党员	堆龙德庆区委	拉萨市 2018 年度优秀正县级领导干部	2019 年	中共拉萨市委员会
次旦平措	男	藏	拉萨	中共党员	拉萨市堆龙德庆区中学	拉萨市 2018 年度民族团结进步模范个人	2018 年	中共拉萨市委员会
刘兴旺	男	汉	河南新乡	中共党员	堆龙德庆区委宣传部	2018 年度拉萨市全国文明城市创建工作先进个人	2018 年	拉萨市人民政府
段凤芝	女	汉	山东菏泽	中共党员	堆龙德庆区委宣传部	2018 年度拉萨市征兵工作先进个人	2018 年	拉萨市人民政府
次央	女	藏	云南	中共党员	堆龙德庆区工信局	2018 年度优秀公务员	2018 年	拉萨市人民政府
白玛次仁	男	藏	林芝	中共党员	堆龙德庆区小学	拉萨市优秀教师金奖	2018 年	拉萨市人民政府
仁增	男	藏	林芝	群众	堆龙德庆区教体局	拉萨市“百名专家下基层服务活动”优秀工作者	2018 年	拉萨市委组织部、拉萨市教育局
其美丛措	女	藏	那曲	共青团员	古荣乡人民政府	拉萨市优秀工作队员	2018 年	拉萨市强基惠民办
米玛曲珍	女	藏	拉萨	中共党员	堆龙德庆区委党校	2018 年最美格桑花	2018 年	拉萨市妇联
泽花甲	男	藏	四川阿坝	共青团员	堆龙德庆区委党校	2018 年优秀团员	2018 年	拉萨市团委
李中豪	男	汉	河南禹州	中共党员	堆龙德庆区人武部	三等功 1 次	2018 年	拉萨警备区
张开荣	男	汉	甘肃	中共党员	堆龙德庆区公安局	个人嘉奖	2018 年	拉萨市公安局
旦罗	男	藏	拉萨	中共党员	堆龙德庆区公安局	个人嘉奖	2018 年	拉萨市公安局

续表10

姓名	性别	民族	籍贯	政治面貌	工作单位	获奖名称	表彰时间	授予单位
索朗次仁	男	藏	拉萨	中共党员	堆龙德庆区公安局	个人嘉奖	2018年	拉萨市公安局
聂忠悦	男	汉	四川	中共党员	堆龙德庆区公安局	个人嘉奖	2018年	拉萨市公安局
热木增	男	藏	拉萨	中共党员	堆龙德庆区人民检察院	先进个人	2019年	拉萨市人民检察院
次仁曲吉	女	藏	拉萨	中共党员	堆龙德庆区人民检察院	先进个人	2019年	拉萨市人民检察院
次仁德吉	女	藏	青海	中共党员	堆龙德庆区人民法院	优秀法官	2018年	拉萨市中级人民法院
次仁多布杰	男	藏	日喀则	预备党员	堆龙德庆区人民法院	优秀法官助理	2018年	拉萨市中级人民法院
张璐婕	女	汉	甘肃	群众	堆龙德庆区人民法院	优秀书记员	2018年	拉萨市中级人民法院
秦彦章	男	汉	甘肃	中共党员	堆龙德庆区人民法院	优秀信访工作者	2018年	拉萨市中级人民法院
次仁白珍	女	藏	拉萨	中共党员	堆龙德庆区人民法院	优秀纪检、廉政监督员	2018年	拉萨市中级人民法院
琼达	男	藏	拉萨	中共党员	堆龙德庆区人民法院	优秀司法警察	2018年	拉萨市中级人民法院
黄洁	女	汉	湖南永州	中共党员	堆龙德庆区人民检察院	初任公务员培训 优秀班干部	2018年	拉萨市委党校
索朗多吉	男	藏	山南	中共党员	堆龙德庆区教体局	拉萨市副科级干部(进修二班)优秀班干部	2018年	中共拉萨市委党校
丁增拉珍	女	藏	拉萨	积极分子	堆龙德庆区税务局	优秀公务员	2018年	拉萨市税务局
毛顺飞	男	汉	江西上饶	团员	堆龙德庆区税务局	优秀公务员	2018年	拉萨市税务局
李琳	女	汉	四川万源	团员	堆龙德庆区税务局	优秀公务员	2018年	拉萨市税务局
丹增拉姆	女	藏	林芝	中共党员	堆龙德庆区税务局	优秀公务员	2018年	拉萨市税务局
旦增旺姆	女	藏	那曲	积极分子	堆龙德庆区税务局	三八巾帼标兵	2018年	拉萨市税务局
尼玛吉	女	藏	那曲	中共党员	堆龙德庆区税务局	三八巾帼标兵	2018年	拉萨市税务局
次仁旺姆	女	藏	拉萨	中共党员	堆龙德庆区税务局	2018年拉萨市土地确权登记颁证工作先进个人	2018年	拉萨市农牧局
白吉拉姆	女	藏	日喀则	中共党员	堆龙德庆区税务局	2018年度拉萨市质量工作先进个人	2018年	拉萨市质量技术监督局

续表10

姓名	性别	民族	籍贯	政治面貌	工作单位	获奖名称	表彰时间	授予单位
何乃娇	女	汉	甘肃	中共党员	堆龙德庆区小学	岗位大练兵师德师风演讲比赛二等奖	2018年	中共拉萨市教育局委员会
尼玛卓玛	女	藏	那曲	中共党员	堆龙德庆区教体局	市中小学教师岗位技能大练兵“优秀教案奖”	2018年	拉萨市教育局
谭阿路	女	土家	湖南	群众	堆龙德庆区中学	课堂大赛二等奖	2018年	拉萨市教育局
谭阿路	女	土家	湖南	群众	堆龙德庆区中学	“一师一优课一课一名师”市级优课	2018年	拉萨市教育局
欧珠央宗	女	藏	拉萨	群众	堆龙德庆区中学	“三科”培训优秀学员	2018年	拉萨市教育局
巴桑拉姆	女	藏	拉萨	群众	堆龙德庆区中学	拉萨市微课大赛一等奖	2018年	拉萨市教育局
达娃玉珍	女	藏	拉萨	群众	堆龙德庆区中学	拉萨市中小学音乐教师业务技能提高研修培训班优秀学员	2018年	拉萨市教育局
周萍	女	汉	甘肃	群众	堆龙德庆区中学	“一师一优课、一课一名师”市级优课	2018年	拉萨市教育局
索次	男	藏	堆龙德庆区	群众	堆龙德庆区中学	“一师一优课一课一优师”市级优课	2018年	拉萨市教育局
次旺央宗	女	藏	拉萨	团员	堆龙德庆区中学	“一师一优课一课一优师”市级优课	2018年	拉萨市教育局
桑旦卓玛	女	藏	堆龙	团员	堆龙德庆区中学	“一师一优课一课一优师”市级优课	2018年	拉萨市教育局
罗布	男	藏	拉萨	群众	堆龙德庆区中学	“三科”培训优秀学员	2018年	拉萨市教育局
卓嘎	女	藏	拉萨	群众	堆龙德庆区中学	拉萨市优秀课件	2018年	拉萨市教育局
高波	女	汉	山西	群众	堆龙德庆区中学	“一师一优课 一课一名师”市级优课	2018年	拉萨市教育局
高波	女	汉	山西	群众	堆龙德庆区中学	拉萨市微课三等奖	2018年	拉萨市教育局
李天奎	男	汉	甘肃	群众	堆龙德庆区中学	拉萨市2018年课堂大赛二等奖	2018年	拉萨市教育局
格桑仁增	男	藏	山南	群众	堆龙德庆区中学	“一师一优课 一课一名师”市级优课	2018年	拉萨市教育局
达瓦次仁	男	藏	堆龙德庆区	中共党员	堆龙德庆区中学	“一师一优课 一课一名师”市级优课	2018年	拉萨市教育局
达瓦次仁	男	藏	堆龙德庆区	中共党员	堆龙德庆区中学	教师岗位大练兵藏文字体二等奖	2018年	拉萨市教育局
阿奴	女	汉	四川	群众	堆龙德庆区中学	李氏教育个人奖	2018年	拉萨市教育局
段昭	女	藏	陕西	群众	堆龙德庆区中学	全国实验说课比赛三等奖	2018年	西藏自治区教育厅
段昭	女	藏	陕西	群众	堆龙德庆区中学	拉萨市理化生教师实验教学操作技能大赛二等奖	2018年	拉萨市教育局

续表10

姓名	性别	民族	籍贯	政治面貌	工作单位	获奖名称	表彰时间	授予单位
次仁拉姆	女	藏	拉萨	中共党员	堆龙德庆区第二幼儿园	拉萨市级赛课二等奖	2018年	拉萨市教育局
格　桑	女	藏	堆龙德庆区	中共党员	堆龙德庆区小学	“一师一优课、一课一名师”市级优课	2018年	拉萨市教育局
多吉旺堆	男	藏	堆龙德庆区	中共党员	堆龙德庆区小学	“一师一优课、一课一名师”市级优课	2018年	拉萨市教育局
洛桑它青	男	藏	拉萨	中共党员	堆龙德庆区小学	“一师一优课、一课一名师”市级优课	2018年	拉萨市教育局
旦增伦珠	男	藏	拉萨	中共党员堆龙德庆	堆龙德庆区小学	“一师一优课、一课一名师”市级优课	2018年	拉萨市教育局
柯雨杰	女	汉	四川	中共党员	堆龙德庆区小学	市中小学教师岗位技能大练兵“优秀教案”奖	2018年	拉萨市教育局
索朗顿珠	男	藏	拉萨	中共党员	堆龙德庆区小学	拉萨市课堂教学大赛三等奖	2018年	拉萨市教育局
普　琼	男	藏	堆龙德庆区	中共党员	堆龙德庆区小学	城投杯校园足球优秀指导员	2018年	拉萨市教育局
古　扎	男	藏	阿里	群众	堆龙德庆区小学	市中小学教师岗位技能大练兵最美书画比赛一等奖	2018年	拉萨市教育局
拉巴次仁	男	藏	墨竹工卡	中共党员	堆龙德庆区小学	市中小学岗位技能大练兵最美书画比赛一等奖	2018年	拉萨市教育局
曲尼旺姆	女	藏	堆龙德庆区	中共党员	堆龙德庆区小学	市中小学教师岗位技能大练兵优秀作业设计奖	2018年	拉萨市教育局
唐　红	女	汉	四川	中共党员	堆龙德庆区小学	市中小学教师岗位技能大练兵优秀教案奖	2018年	拉萨市教育局
边巴卓玛	女	藏	堆龙德庆区	中共党员	堆龙德庆区小学	市中小学教师岗位技能大练兵优秀作业设计奖	2018年	拉萨市教育局
张文文	女	汉	河南	中共党员	堆龙德庆区小学	市中小学教师岗位技能大练兵优秀教案奖	2018年	拉萨市教育局
旦增罗布	男	藏	拉萨	群众	堆龙德庆区小学	市中小学教师岗位技能大练兵优秀教案奖	2018年	拉萨市教育局
央　珍	女	藏	拉萨	群众	堆龙德庆区小学	市中小学教师岗位技能大练兵优秀教案奖	2018年	拉萨市教育局
次仁央宗	女	藏	四川	中共党员	乃琼中心小学	课堂教学大赛三等奖	2018年	拉萨市教育局
次仁央宗	女	藏	四川	中共党员	乃琼中心小学	“一师一优课 一课一名师”市级优课	2018年	拉萨市教育局
次德吉	女	藏	昌都	中共党员	乃琼中心小学	“一师一优课 一课一名师”市级优课	2018年	拉萨市教育局
达娃卓玛	女	藏	堆龙德庆区	中共党员	乃琼中心小学	“一师一优课 一课一名师”市级优课	2018年	拉萨市教育局

续表10

姓名	性别	民族	籍贯	政治面貌	工作单位	获奖名称	表彰时间	授予单位
米　　玛	女	藏	堆龙德庆区	中共党员	乃琼中心小学	“一师一优课 一课一名师”市级优课	2018年	拉萨市教育局
次仁央金	女	藏	当雄	中共党员	乃琼中心小学	“一师一优课 一课一名师”市级优课	2018年	拉萨市教育局
旦增欧珠	男	藏	拉萨	群众	乃琼中心小学	“一师一优课 一课一名师”市级优课	2018年	拉萨市教育局
次仁占堆	男	藏	堆龙德庆区	中共党员	乃琼中心小学	“一师一优课 一课一名师”市级优课	2018年	拉萨市教育局
罗　　吉	女	藏	堆龙德庆区	中共党员	乃琼中心小学	“一师一优课 一课一名师”市级优课	2018年	拉萨市教育局
边巴卓玛	女	藏	堆龙德庆区	中共党员	乃琼中心小学	“一师一优课 一课一名师”市级优课	2018年	拉萨市教育局
巴桑央宗	女	藏	堆龙德庆区	群众	乃琼中心小学	“一师一优课 一课一名师”市级优课	2018年	拉萨市教育局
大次仁卓玛	女	藏	堆龙德庆区	中共党员	乃琼中心小学	“一师一优课 一课一名师”市级优课	2018年	拉萨市教育局
小次仁卓玛	女	藏	堆龙德庆区	群众	乃琼中心小学	“一师一优课 一课一名师”市级优课	2018年	拉萨市教育局
小德吉卓嘎	女	藏	堆龙德庆区	群众	乃琼中心小学	“一师一优课 一课一名师”市级优课	2018年	拉萨市教育局
董　　山	女	汉	吉林	中共党员	羊达中心小学	“一师一优课、一课一名师”市级优课	2018年	拉萨市教育局
努　　努	男	回	堆龙德庆区	中共党员	羊达中心小学	拉萨市中小学教师岗位技能大练兵活动最美书画比赛中荣获二等奖	2018年	拉萨市教育局
央　　珍	女	藏	堆龙德庆区	群众	羊达中心小学	“一师一优课、一课一名师”市级优课	2018年	拉萨市教育局
达瓦卓玛	女	藏	阿里	中共党员	羊达中心小学	“一师一优课、一课一名师”市级优课	2018年	拉萨市教育局
米　　玛	女	藏	拉萨	群众	羊达中心小学	“一师一优课、一课一名师”市级优课	2018年	拉萨市教育局
拉　　珍	女	藏	堆龙德庆区	中共党员	羊达中心小学	“一师一优课、一课一名师”市级优课	2018年	拉萨市教育局
何　　翠	女	汉	陕西	中共党员	古荣中心小学	拉萨市“教学技能大练兵”三等奖	2018年	拉萨市教育局
坚　　宗	女	藏	堆龙德庆区	群众	古荣中心小学	“一师一优课、一课一名师”市级优课	2018年	拉萨市教育局
次仁曲宗	女	藏	日喀则	中共党员	古荣中心小学	“一师一优课、一课一名师”市级优课	2018年	拉萨市教育局
次 德 吉	女	藏	林芝	中共党员	马乡中心小学	“一师一优课一课一名师”市级优课	2018年	拉萨市教育局

续表10

姓名	性别	民族	籍贯	政治面貌	工作单位	获奖名称	表彰时间	授予单位
平　措	男	藏	堆龙德庆区	中共党员	德庆中心小学	市中小学教师岗位技能大练兵“优秀论文二等奖”	2018年	拉萨市教育局
顿珠罗杰	男	藏	尼木	中共党员	德庆中心小学	拉萨市教师技能大赛二等奖	2018年	拉萨市教育局
尼桑拉姆	女	藏	林芝	中共党员	德庆中心小学	拉萨市第一节全民运动会女子100米第二名	2018年	拉萨市体育局
尼桑拉姆	女	藏	林芝	中共党员	德庆中心小学	拉萨市第一节全民运动会女子200米第三名	2018年	拉萨市体育局
次旦旺久	男	藏	林周	中共党员	德庆中心小学	“一师一优课、一课一名师”市级优课	2018年	拉萨市教育局
次旦旺久	男	藏	林周	中共党员	德庆中心小学	教师教学技能大练兵活动课堂教学大赛第三名	2018年	拉萨市教育局
欧珠央宗	女	藏	拉萨	群众	堆龙德庆区中学	三科培训优秀学员	2018年	拉萨市教育局
阿　奴	女	藏	四川	群众	堆龙德庆区中学	2018李氏教育个人奖	2018年	拉萨市教育局
朱世清	男	汉	河南濮阳	中共党员	堆龙德庆区中学	拉萨市第二届青少年科技创新大赛优秀科技人员	2018年	拉萨市科技局
巴　珠	男	藏	堆龙德庆区	中共党员	乃琼镇人民政府	征兵工作先进个人	2018年	拉萨市人民政府征兵办公室
巴　桑	男	藏	林芝	群众	堆龙德庆区中学	第八期“实践出真知，青春颂党恩”优秀带队教师	2018年	拉萨市青少年示范性实践基地
达　央	女	藏	日喀则	群众	乃琼中心小学	“实践出真知，童心颂党恩”活动优秀带队老师	2018年	拉萨市青少年示范性综合实践基地
巴　桑	男	藏	江孜	群众	堆龙德庆区中学	第八期“实践出真知，青春颂党恩”优秀带队教师	2018年	拉萨市青少年示范性实践基地
旦增伦珠	男	藏	拉萨	中共党员	堆龙德庆区小学	优秀带队老师	2018年	拉萨市青少年活动中心
卓　嘎	女	藏	山南	中共党员	堆龙德庆区小学	拉萨市首届运动会田径比赛女子标枪第三名	2018年	拉萨市首届运动会暨民族传统运动会组委会
韩庆龄	女	汉	甘肃	群众	堆龙德庆区中学	第五届“东方少年中国梦”作文大赛中学作文一等奖指导教师	2018年	北京市文学艺术界联合会
巴桑拉姆	女	藏	拉萨	群众	堆龙德庆区中学	第五届“东方少年中国梦”作文大赛中学作文三等奖指导教师	2018年	北京市文学艺术界联合会
格桑曲珍	女	藏	拉萨	群众	堆龙德庆区中学	优秀共青团干部	2018年	中共堆龙德庆区委员会
郇斌锋	男	汉	浙江宁波	中共党员	堆龙德庆区人民政府	堆龙德庆区“全民运动会”羽毛球单打冠军	2018年	中共堆龙德庆区委员会、堆龙德庆区人民政府
巴桑罗布	男	藏	拉萨	中共党员	堆龙德庆区人民政府办公室	堆龙德庆区民族团结先进个人	2018年	中共堆龙德庆区委员会、堆龙德庆区人民政府

续表10

姓名	性别	民族	籍贯	政治面貌	工作单位	获奖名称	表彰时间	授予单位
王栋栋	男	汉	山东	中共党员	堆龙德庆区人民政府办公室	堆龙德庆区民族团结先进个人	2018 年	中共堆龙德庆区委员会、堆龙德庆区人民政府
刘延斌	男	藏	四川甘孜	中共党员	堆龙德庆区人民政府办公室	堆龙德庆区民族团结先进个人	2018 年	中共堆龙德庆区委员会、堆龙德庆区人民政府
刘长景	女	汉	河南开封	中共党员	堆龙德庆区人大办	2017 年度信访工作先进个人	2018 年	中共堆龙德庆区委员会、堆龙德庆区人民政府
巴桑	女	藏	堆龙德庆区	中共党员	堆龙德庆区人大办	藏语文社会用字管理工作先进个人	2018 年	中共堆龙德庆区委员会、堆龙德庆区人民政府
程鹏斌	男	汉	浙江遂昌	中共党员	堆龙德庆区人大办	优秀公务员	2018 年	中共堆龙德庆区委员会、堆龙德庆区人民政府
程鹏斌	男	汉	浙江遂昌	中共党员	堆龙德庆区人大办	民族团结进步模范先进个人	2018 年	中共堆龙德庆区委员会、堆龙德庆区人民政府
黄敏	女	汉	重庆巫山	中共党员	堆龙德庆区政协办	堆龙德庆区民族团结先进个人	2018 年	中共堆龙德庆区委员会、堆龙德庆区人民政府
黄敏	女	汉	重庆巫山	中共党员	堆龙德庆区政协办	优秀公务员	2018 年	中共堆龙德庆区委员会、堆龙德庆区人民政府
扎桑	女	藏	堆龙德庆区	中共党员	堆龙德庆区政协办	藏语文社会用字管理先进个人	2018 年	中共堆龙德庆区委员会、堆龙德庆区人民政府
扎桑	女	藏	堆龙德庆区	中共党员	堆龙德庆区政协办	优秀青年志愿者	2018 年	中共堆龙德庆区委员会、堆龙德庆区人民政府
高振鑫	男	汉	山东莒南	中共党员	堆龙德庆区政协办	优秀共产党员	2018 年	中共堆龙德庆区委员会、堆龙德庆区人民政府
王存	女	汉	河南	中共党员	堆龙德庆区纪委监委	优秀公务员	2018 年	中共堆龙德庆区委员会、堆龙德庆区人民政府
强巴次仁	男	藏	日喀则	中共党员	堆龙德庆区纪委监委	优秀公务员	2018 年	中共堆龙德庆区委员会、堆龙德庆区人民政府
扎西泽仁	男	藏	昌都	中共党员	堆龙德庆区纪委监委	堆龙德庆区优秀驻村工作队队员	2018 年	中共堆龙德庆区委员会、堆龙德庆区人民政府
顿珠朗杰	男	藏	阿里	中共党员	堆龙德庆区纪委监委	民族团结先进个人	2018 年	中共堆龙德庆区委员会、堆龙德庆区人民政府
旦增扎西	男	藏	山南	中共党员	堆龙德庆区纪委监委	民族团结先进个人	2018 年	中共堆龙德庆区委员会、堆龙德庆区人民政府
达珍	女	藏	拉萨	中共党员	堆龙德庆区纪委监委	优秀公务员	2018 年	中共堆龙德庆区委员会、堆龙德庆区人民政府
蒋丽君	女	汉	四川	中共党员	堆龙德庆区委组织部	信访先进个人	2018 年	中共堆龙德庆区委员会、堆龙德庆区人民政府
次央	女	藏	拉萨	中共党员	堆龙德庆区委组织部	2018 年度全区民族团结进步模范个人	2018 年	中共堆龙德庆区委员会、堆龙德庆区人民政府
旦增贡觉	男	藏	拉萨	中共党员	堆龙德庆区委组织部	优秀公务员	2018 年	中共堆龙德庆区委员会、堆龙德庆区人民政府

续表10

姓名	性别	民族	籍贯	政治面貌	工作单位	获奖名称	表彰时间	授予单位
索南央吉	女	藏	日喀则	中共党员	堆龙德庆区委宣传部	2018年度堆龙德庆区民族团结进步模范个人	2018年	中共堆龙德庆区委员会、堆龙德庆区人民政府
旦增西宁	男	藏	日喀则	中共党员	堆龙德庆区委宣传部	2017年度全区优秀双语工作先进个人	2018年	中共堆龙德庆区委员会、堆龙德庆区人民政府
王瑞芳	女	汉	山西朔州	中共党员	堆龙德庆区委宣传部	2018年度堆龙德庆区民族团结进步模范个人	2018年	中共堆龙德庆区委员会、堆龙德庆区人民政府
阿旺旦增	男	藏	拉萨	中共中共党员	堆龙德庆区委统战部	2018年优堆龙德庆区级优秀涉宗干部	2018年	中共堆龙德庆区委员会、堆龙德庆区人民政府
唐玲	女	汉	重庆	中共党员	堆龙德庆区委巡察办	2017年度全区环境保护工作先进个人	2018年	中共堆龙德庆区委员会、堆龙德庆区人民政府
拉巴卓玛	女	藏	拉萨	中共党员	堆龙区委党校	先进驻村工作队员称号	2018年	中共堆龙德庆区委员会、堆龙德庆区人民政府
扎西平措	男	藏	拉萨	中共党员	堆龙德庆区信访局	2018年创先争优强基础惠民生驻村工作队先进个人	2018年	中共堆龙德庆区委员会、堆龙德庆区人民政府
任姝芳	女	汉	四川蓬溪	中共党员	堆龙德庆区宗教办	2018年堆龙德庆区优秀公务员	2018年	中共堆龙德庆区委员会、堆龙德庆区人民政府
胡仕梅	女	汉	安徽	中共党员	堆龙德庆区妇联	安全生产先进个人	2018年	中共堆龙德庆区委员会、堆龙德庆区人民政府
胡仕梅	女	汉	安徽	中共党员	堆龙德庆区妇联	环境保护先进个人	2018年	中共堆龙德庆区委员会、堆龙德庆区人民政府
胡仕梅	女	汉	安徽	中共党员	堆龙德庆区妇联	“七五”普法先进个人	2018年	中共堆龙德庆区委员会、堆龙德庆区人民政府
巴片	女	藏	日喀则	中共党员	堆龙德庆区妇联	优秀公务员	2018年	中共堆龙德庆区委员会、堆龙德庆区人民政府
达瓦次仁	男	藏	堆龙德庆区	中共党员	堆龙德庆区工商联	民族团结家庭	2018年	中共堆龙德庆区委员会、堆龙德庆区人民政府
德吉白珍	女	藏	拉萨	中共党员	堆龙德庆区工商联	优秀党务工作者	2018年	中共堆龙德庆区委员会、堆龙德庆区人民政府
吉美	男	藏	日喀则	中共党员	堆龙德庆区公安消防大队	优秀涉宗干部	2018年	中共堆龙德庆区委员会、堆龙德庆区人民政府
谭凯	男	汉	湖南湘乡	中共党员	武警堆龙德庆中队	2018年度全区民族团结进步模范个人	2018年	中共堆龙德庆区委员会、堆龙德庆区人民政府
普布次仁	男	藏	拉萨	中共党员	堆龙德庆区人民检察院	信访先进个人	2018年	中共堆龙德庆区委员会、堆龙德庆区人民政府
索朗卓嘎	女	藏	拉萨	中共党员	堆龙德庆区人民检察院	2018年度全区民族团结进步模范个人	2018年	中共堆龙德庆区委员会、堆龙德庆区人民政府
次仁曲吉	女	藏	拉萨	中共党员	堆龙德庆人民区检察院	2018年度全区民族团结进步模范个人	2018年	中共堆龙德庆区委员会、堆龙德庆区人民政府
德吉玉珍	女	藏	堆龙德庆区	群众	堆龙德庆区人民检察院	2018年度全区民族团结进步模范个人	2018年	中共堆龙德庆区委员会、堆龙德庆区人民政府

续表10

姓名	性别	民族	籍贯	政治面貌	工作单位	获奖名称	表彰时间	授予单位
尼玛次仁	男	藏	堆龙德庆区	中共党员	堆龙德庆区人民检察院	2018年度全区民族团结进步模范个人	2018年	中共堆龙德庆区委员会、堆龙德庆区人民政府
达　珍	女	藏	四川甘孜	中共党员	堆龙德庆区人民检察院	优秀公务员	2018年	中共堆龙德庆区委员会、堆龙德庆区人民政府
伊金娟	女	汉	陕西扶风	中共党员	堆龙德庆区人民检察院	优秀公务员	2018年	中共堆龙德庆区委员会、堆龙德庆区人民政府
热木增	男	藏	拉萨	中共党员	堆龙德庆区人民检察院	优秀公务员	2018年	中共堆龙德庆区委员会、堆龙德庆区人民政府
索朗卓嘎	女	藏	拉萨	中共党员	堆龙德庆区人民检察院	优秀公务员	2018年	中共堆龙德庆区委员会、堆龙德庆区人民政府
曲吉桑姆	女	藏	拉萨	中共党员	堆龙德庆区人民检察院	优秀公务员	2018年	中共堆龙德庆区委员会、堆龙德庆区人民政府
巴桑多吉	男	藏	山南	中共党员	堆龙德庆区人民检察院	优秀公务员	2018年	中共堆龙德庆区委员会、堆龙德庆区人民政府
吴天乙	男	汉	河北	中共党员	堆龙德庆区人民法院	优秀政法干警	2018年	中共堆龙德庆区委员会、堆龙德庆区人民政府
次旦卓玛	女	藏	拉萨	中共党员	堆龙德庆区人民法院	优秀政法干警	2018年	中共堆龙德庆区委员会、堆龙德庆区人民政府
边巴次仁	男	藏	日喀则	预备党员	堆龙德庆区人民法院	优秀政法干警	2018年	中共堆龙德庆区委员会、堆龙德庆区人民政府
郑志强	男	汉	河南	中共党员	堆龙德庆区人民法院	优秀政法干警	2018年	中共堆龙德庆区委员会、堆龙德庆区人民政府
次　珍	女	藏	拉萨	中共党员	堆龙德庆区人民法院	优秀政法干警	2018年	中共堆龙德庆区委员会、堆龙德庆区人民政府
尼玛德吉	女	藏	拉萨	中共党员	堆龙德庆区人民法院	优秀政法干警	2018年	中共堆龙德庆区委员会、堆龙德庆区人民政府
付绍蓉	女	汉	四川	中共党员	堆龙德庆区人民法院	优秀政法干警	2018年	中共堆龙德庆区委员会、堆龙德庆区人民政府
陈　浩	女	汉	四川	中共党员	堆龙德庆区人民法院	优秀政法干警	2018年	中共堆龙德庆区委员会、堆龙德庆区人民政府
次旦卓嘎	女	藏	拉萨	积极分子	堆龙德庆区人民法院	优秀政法干警	2018年	中共堆龙德庆区委员会、堆龙德庆区人民政府
普布卓玛	女	藏	山南	中共党员	堆龙德庆区人民法院	优秀政法干警	2018年	中共堆龙德庆区委员会、堆龙德庆区人民政府
任　胜	男	汉	山西祁县	中共党员	堆龙德庆区司法局	2018年度优秀公务员	2018年	中共堆龙德庆区委员会、堆龙德庆区人民政府
黄　华	男	汉	重庆江津	中共党员	堆龙德庆区司法局法律援助中心	2018年度全区民族团结进步模范个人	2018年	中共堆龙德庆区委员会、堆龙德庆区人民政府
普布扎西	男	藏	堆龙德庆区	中共党员	堆龙德庆区护路办	2017年度社会治安综合治理工作优秀政法干警	2018年	中共堆龙德庆区委员会、堆龙德庆区人民政府

续表10

姓名	性别	民族	籍贯	政治面貌	工作单位	获奖名称	表彰时间	授予单位
普布索朗	男	藏	日喀则亚东县	群众	堆龙德庆区护路办	2017年度社会治安综合治理工作优秀政法干警	2018年	中共堆龙德庆区委员会、堆龙德庆区人民政府
李新兵	男	汉	甘肃榆中县	中共党员	高天护路大队	2017年度社会治安综合治理工作先进个人	2018年	中共堆龙德庆区委员会、堆龙德庆区人民政府
罗布次旦	男	藏	山南隆孜县	群众	高天护路大队	2016年度社会治安综合治理工作先进个人	2018年	中共堆龙德庆区委员会、堆龙德庆区人民政府
次仁平措	男	藏	堆龙德庆区	群众	高天护路大队	2016年度社会治安综合治理工作先进个人	2018年	中共堆龙德庆区委员会、堆龙德庆区人民政府
贵桑占堆	男	藏	日喀则昂仁县	群众	古荣护路大队	2016年度社会治安综合治理工作先进个人	2018年	中共堆龙德庆区委员会、堆龙德庆区人民政府
多吉次旦	男	藏	堆龙德庆区	群众	古荣护路大队	2016年度社会治安综合治理工作先进个人	2018年	中共堆龙德庆区委员会、堆龙德庆区人民政府
洛桑	男	藏	堆龙德庆区	群众	莫嘎护路大队	2016年度社会治安综合治理工作先进个人	2018年	中共堆龙德庆区委员会、堆龙德庆区人民政府
索朗	男	藏	堆龙德庆区	群众	高天护路大队	2018年上半年优秀涉宗干部	2018年	中共堆龙德庆区委员会、堆龙德庆区人民政府
旦增巴桑	男	藏	林周	群众	古荣护路大队	2018年上半年优秀涉宗干部	2018年	中共堆龙德庆区委员会、堆龙德庆区人民政府
李新兵	男	汉	甘肃渝中	中共党员	高天护路大队	2018年度全区民族团结进步模范个人	2018年	中共堆龙德庆区委员会、堆龙德庆区人民政府
岗组	男	藏	堆龙德庆区	群众	高天护路大队	2018年度全区民族团结进步模范个人	2018年	中共堆龙德庆区委员会、堆龙德庆区人民政府
平措顿珠	男	藏	林周县	中共党员	高天护路大队	2018年度全区民族团结进步模范个人	2018年	中共堆龙德庆区委员会、堆龙德庆区人民政府
米玛扎西	男	藏	山南桑日县	群众	高天护路大队	2018年度全区民族团结进步模范个人	2018年	中共堆龙德庆区委员会、堆龙德庆区人民政府
强巴益西	男	藏	达孜	群众	高天护路大队	2018年度全区民族团结进步模范个人	2018年	中共堆龙德庆区委员会、堆龙德庆区人民政府
朗杰多吉	男	藏	山南隆孜县	群众	高天护路大队	2018年度全区民族团结进步模范个人	2018年	中共堆龙德庆区委员会、堆龙德庆区人民政府
伦珠	男	藏	堆龙德庆区	群众	古荣护路大队	2018年度全区民族团结进步模范个人	2018年	中共堆龙德庆区委员会、堆龙德庆区人民政府
多吉	男	藏	当雄	群众	古荣护路大队	2018年度全区民族团结进步模范个人	2018年	中共堆龙德庆区委员会、堆龙德庆区人民政府
嘎玛次旦	男	藏	当雄	群众	古荣护路大队	2018年度全区民族团结进步模范个人	2018年	中共堆龙德庆区委员会、堆龙德庆区人民政府
边巴	男	藏	堆龙德庆区	群众	古荣护路大队	2018年度全区民族团结进步模范个人	2018年	中共堆龙德庆区委员会、堆龙德庆区人民政府
扎西	男	藏	山南贡嘎县	群众	古荣护路大队	2018年度全区民族团结进步模范个人	2018年	中共堆龙德庆区委员会、堆龙德庆区人民政府

续表10

姓名	性别	民族	籍贯	政治面貌	工作单位	获奖名称	表彰时间	授予单位
桑　旦	男	藏	堆龙德庆区	群众	古荣护路大队	2018 年度全区民族团结进步模范个人	2018 年	中共堆龙德庆区委员会、堆龙德庆区人民政府
格桑占堆	男	藏	堆龙德庆区	群众	莫嘎护路大队	2018 年度全区民族团结进步模范个人	2018 年	中共堆龙德庆区委员会、堆龙德庆区人民政府
次仁拉巴	男	汉	当雄	群众	莫嘎护路大队	2018 年度全区民族团结进步模范个人	2018 年	中共堆龙德庆区委员会、堆龙德庆区人民政府
顿珠曲培	男	藏	山南乃东县	群众	莫嘎护路大队	2018 年度全区民族团结进步模范个人	2018 年	中共堆龙德庆区委员会、堆龙德庆区人民政府
多布杰	男	汉	当雄	中共党员	莫嘎护路大队	2018 年度全区民族团结进步模范个人	2018 年	中共堆龙德庆区委员会、堆龙德庆区人民政府
多　吉	男	藏	日喀则昂仁县	团员	莫嘎护路大队	2018 年度全区民族团结进步模范个人	2018 年	中共堆龙德庆区委员会、堆龙德庆区人民政府
江　白	男	藏	堆龙德庆区	群众	莫嘎护路大队	2018 年度全区民族团结进步模范个人	2018 年	中共堆龙德庆区委员会、堆龙德庆区人民政府
土旦次仁	男	藏	堆龙德庆区	群众	莫嘎护路大队	2018 年度全区民族团结进步模范个人	2018 年	中共堆龙德庆区委员会、堆龙德庆区人民政府
格桑平措	男	藏	堆龙德庆区	群众	莫嘎护路大队	2018 年度全区民族团结进步模范个人	2018 年	中共堆龙德庆区委员会、堆龙德庆区人民政府
桑旦扎巴	男	藏	那曲尼玛县	群众	莫嘎护路大队	2018 年度全区民族团结进步模范个人	2018 年	中共堆龙德庆区委员会、堆龙德庆区人民政府
多杰次旦	男	藏	堆龙德庆区	群众	莫嘎护路大队	2018 年度全区民族团结进步模范个人	2018 年	中共堆龙德庆区委员会、堆龙德庆区人民政府
米玛次旦	男	藏	堆龙德庆区	群众	莫嘎护路大队	2017 年度优秀共青团干部	2018 年	中共堆龙德庆区委员会、堆龙德庆区人民政府
次旺曲培	男	藏	昌都八宿县	团员	高天护路大队	2017 年度优秀共青团员	2018 年	中共堆龙德庆区委员会、堆龙德庆区人民政府
加　措	男	藏	日喀则拉孜县	团员	莫嘎护路大队	2017 年度优秀共青团员	2018 年	中共堆龙德庆区委员会、堆龙德庆区人民政府
米玛多吉	男	藏	达孜	团员	古荣护路大队	2017 年度优秀共青团员	2018 年	中共堆龙德庆区委员会、堆龙德庆区人民政府
达瓦曲扎	男	藏	堆龙德庆区	中共党员	莫嘎护路大队	2017 年度优秀青年志愿者	2018 年	中共堆龙德庆区委员会、堆龙德庆区人民政府
格桑德吉	女	藏	西藏索县	共青团员	堆龙德庆区审计局	民族团结进步模范个人	2018 年	中共堆龙德庆区委员会、堆龙德庆区人民政府
单增旺姆	女	藏	拉萨	中共党员	堆龙德庆区统计局	2018 年度全区民族团结进步模范个人	2018 年	中共堆龙德庆区委员会、堆龙德庆区人民政府
次　央	女	藏	云南	党员	堆龙德庆区工信局	2018 年度优秀公务员	2018 年	中共堆龙德庆区委员会、堆龙德庆区人民政府
汪洋洋	女	藏	四川	党员	堆龙德庆区工信局	2018 年度优秀公务员	2018 年	中共堆龙德庆区委员会、堆龙德庆区人民政府

续表10

姓名	性别	民族	籍贯	政治面貌	工作单位	获奖名称	表彰时间	授予单位
小次央	女	藏	拉萨	党员	堆龙德庆区工信局	2018年度全区民族团结进步模范个人	2018年	中共堆龙德庆区委员会、堆龙德庆区人民政府
次仁玉珍	女	藏	拉萨	党员	堆龙德庆区工信局	2018年度全区民族团结进步模范个人	2018年	中共堆龙德庆区委员会、堆龙德庆区人民政府
小次央	女	藏	拉萨	党员	堆龙德庆区工信局	优秀共产党员	2018年	中共堆龙德庆区委员会、堆龙德庆区人民政府
杜晓颖	男	汉	河南	中共党员	堆龙德庆区城投公司	2018年度民族团结先进个人	2018年	中共堆龙德庆区委员会、堆龙德庆区人民政府
刘波	男	汉	四川	中共党员	堆龙德庆区水电气公司	民族团结先进个人	2018年	中共堆龙德庆区委员会、堆龙德庆区人民政府
次仁多吉	男	藏	山南	中共党员	堆龙德庆区水电气公司	民族团结先进个人	2018年	中共堆龙德庆区委员会、堆龙德庆区人民政府
次旦罗布	男	藏	林芝	中共党员	堆龙德庆区工业园区管委会	民族团结先进个人奖项	2018年	中共堆龙德庆区委员会、堆龙德庆区人民政府
潘文红	男	汉	甘肃武威	中共党员	堆龙德庆区国土局	全区民族团结进步模范个人	2018年	中共堆龙德庆区委员会、堆龙德庆区人民政府
潘文红	男	汉	甘肃武威	中共党员	堆龙德庆区国土局	全区先进教育工作者	2018年	中共堆龙德庆区委员会、堆龙德庆区人民政府
潘文红	男	汉	甘肃武威	中共党员	堆龙德庆区国土局	全区信访工作先进个人	2018年	中共堆龙德庆区委员会、堆龙德庆区人民政府
益西康卓	女	藏	山南	中共党员	堆龙德庆区国土局	全区民族团结进步模范个人	2018年	中共堆龙德庆区委员会、堆龙德庆区人民政府
陈道明	男	汉	云南会泽	中共党员	堆龙德庆区国土局	全区环境保护工作先进个人	2018年	中共堆龙德庆区委员会、堆龙德庆区人民政府
曲珍	女	藏	甘肃甘南	中共党员	堆龙德庆区文广局	民族团结进步模范个人	2018年	中共堆龙德庆区委员会、堆龙德庆区人民政府
俞兰芳	女	藏	江苏兴化	中共党员	堆龙德庆区文广局	民族团结进步模范个人	2018年	中共堆龙德庆区委员会、堆龙德庆区人民政府
归桑旺姆	女	藏	拉萨	中共党员	堆龙德庆区农林局	2018年度全区民族团结进步模范个人	2018年	中共堆龙德庆区委员会、堆龙德庆区人民政府
归桑旺姆	女	藏	拉萨	中共党员	堆龙德庆区农林局	2018年全区环境保护工作先进个人	2018年	中共堆龙德庆区委员会、堆龙德庆区人民政府
玉措	女	藏	拉萨	中共党员	堆龙德庆区农林局	2018年度全区民族团结进步模范个人	2018年	中共堆龙德庆区委员会、堆龙德庆区人民政府
玉措	女	藏	拉萨	中共党员	堆龙德庆区农林局	堆龙德庆区第六次法制宣传工作先进个人	2018年	中共堆龙德庆区委员会、堆龙德庆区人民政府
索朗次仁	男	藏	拉萨	中共党员	堆龙德庆区民政局	民族团结先进个人	2018年	中共堆龙德庆区委员会、堆龙德庆区人民政府
卓玛金宗	女	藏	昌都	中共党员	堆龙德庆区民政局	优秀公务员	2018年	中共堆龙德庆区委员会、堆龙德庆区人民政府
次旦卓嘎	女	藏	日喀则	中共党员	堆龙德庆区民政局	优秀公务员	2018年	中共堆龙德庆区委员会、堆龙德庆区人民政府
格桑德吉	女	藏	山南	中共党员	堆龙德庆区民政局	优秀事业单位人员	2018年	中共堆龙德庆区委员会、堆龙德庆区人民政府

续表10

姓名	性别	民族	籍贯	政治面貌	工作单位	获奖名称	表彰时间	授予单位
张真玮	女	蒙古	河南	中共党员	堆龙德庆区卫生和计划生育委员会	2018年度民族团结进步模范先进个人	2018年	中共堆龙德庆区委员会、堆龙德庆区人民政府
索朗德吉	女	藏	拉萨	中共党员	堆龙德庆区卫生和计划生育委员会	堆龙德庆区安全生产先进个人	2018年	中共堆龙德庆区委员会、堆龙德庆区人民政府
孟欣	女	汉	江苏徐州	团员	堆龙德庆区食药监局	2017年度安全生产先进个人	2018年	中共堆龙德庆区委员会、堆龙德庆区人民政府
素吉娜	女	回	四川巴塘	中共党员	堆龙德庆区食药监局	2017年度民族团结先进个人	2018年	中共堆龙德庆区委员会、堆龙德庆区人民政府
尼玛卓嘎	女	藏	昌都	团员	堆龙德庆区食药监局	2017年度综治先进个人	2018年	中共堆龙德庆区委员会、堆龙德庆区人民政府
格桑平措	男	藏	拉萨	中共党员	堆龙德庆区食药监局	2018年度教育工作先进个人	2018年	中共堆龙德庆区委员会、堆龙德庆区人民政府
巴珠	女	藏	四川	党员	堆龙德庆区人民医院	2018年堆龙德庆区民族团结进步模范个人	2018年	中共堆龙德庆区委员会、堆龙德庆区人民政府
德珍	女	藏	日喀则	党员	堆龙德庆区人民医院	2018年堆龙德庆区民族团结进步模范个人	2018年	中共堆龙德庆区委员会、堆龙德庆区人民政府
次仁德吉	女	藏	日喀则	中共党员	堆龙德庆区人民医院	2018年堆龙德庆区民族团结进步模范个人	2018年	中共堆龙德庆区委员会、堆龙德庆区人民政府
旺久	男	藏	日喀则	群众	堆龙德庆区人民医院	2018年堆龙德庆区民族团结进步模范个人	2018年	中共堆龙德庆区委员会、堆龙德庆区人民政府
旦增旺久	男	藏	拉萨	群众	堆龙德庆区人民医院	2018年堆龙德庆区民族团结进步模范个人	2018年	中共堆龙德庆区委员会、堆龙德庆区人民政府
米明	女	藏	山南	中共党员	堆龙德庆区人民医院	2017年堆龙德庆区民族团结进步模范个人	2018年	中共堆龙德庆区委员会、堆龙德庆区人民政府
贺建福	男	汉	四川	中共党员	堆龙德庆区人民医院	2018年堆龙德庆区民族团结进步模范个人	2018年	中共堆龙德庆区委员会、堆龙德庆区人民政府
毛卫	男	汉	四川	中共党员	堆龙德庆区人民医院	2018年堆龙德庆区民族团结进步模范个人	2018年	中共堆龙德庆区委员会、堆龙德庆区人民政府
尕藏南杰	男	藏	甘肃	群众	堆龙德庆区人民医院	2018年堆龙德庆区民族团结进步模范个人	2018年	中共堆龙德庆区委员会、堆龙德庆区人民政府
王玲玲	女	藏	四川	中共党员	堆龙德庆区人民医院	2018年堆龙德庆区民族团结进步模范个人	2018年	中共堆龙德庆区委员会、堆龙德庆区人民政府
强央曲珍	女	藏	拉萨	中共党员	堆龙德庆区人民医院	2018年堆龙德庆区民族团结进步模范个人	2018年	中共堆龙德庆区委员会、堆龙德庆区人民政府
尼玛卓嘎	女	藏	青海	中共党员	堆龙德庆区疾病预防控制中心	2017年度综治先进个人	2018年	中共堆龙德庆区委员会、堆龙德庆区人民政府
阿旺卓玛	女	藏	堆龙德庆区	中共党员	堆龙德庆区疾病预防控制中心	民族团结先进个人	2018年	中共堆龙德庆区委员会、堆龙德庆区人民政府
郑文玉	男	汉	安徽	群众	堆龙德庆区教体局	优秀教育工作者	2018年	中共堆龙德庆区委员会、堆龙德庆区人民政府

续表10

姓名	性别	民族	籍贯	政治面貌	工作单位	获奖名称	表彰时间	授予单位
郭宗英	男	汉	甘肃	中共党员	堆龙德庆区教体局	优秀教育工作者	2018年	中共堆龙德庆区委员会、堆龙德庆区人民政府
张洪	男	汉	四川	中共党员	堆龙德庆区教体局	信访工作先进个人	2018年	中共堆龙德庆区委员会、堆龙德庆区人民政府
白珍	女	藏	林芝	中共党员	堆龙德庆区教体局	民族团结进步模范个人	2018年	中共堆龙德庆区委员会、堆龙德庆区人民政府
旦增念扎	男	藏	堆龙德庆区	中共党员	堆龙德庆区教体局	民族团结进步模范个人	2018年	中共堆龙德庆区委员会、堆龙德庆区人民政府
赵东来	男	汉	湖南	中共党员	堆龙德庆区教体局	民族团结进步模范个人	2018年	中共堆龙德庆区委员会、堆龙德庆区人民政府
巴珍	女	藏	日喀则	中共党员	堆龙德庆区中学	师德标兵	2018年	中共堆龙德庆区委员会、堆龙德庆区人民政府
白红梅	女	藏	昌都	群众	堆龙德庆区中学	民族团结进步模范个人	2018年	中共堆龙德庆区委员会、堆龙德庆区人民政府
白红梅	女	藏	昌都	群众	堆龙德庆区中学	优秀教师	2018年	中共堆龙德庆区委员会、堆龙德庆区人民政府
德吉卓嘎	女	藏	拉萨	群众	堆龙德庆区中学	优秀班主任	2018年	中共堆龙德庆区委员会、堆龙德庆区人民政府
陈新龙	男	藏	甘肃	中共党员	堆龙德庆区中学	优秀教辅人员	2018年	中共堆龙德庆区委员会、堆龙德庆区人民政府
普布卓玛	女	藏	云南	群众	堆龙德庆区中学	师德标兵	2018年	中共堆龙德庆区委员会、堆龙德庆区人民政府
谭阿路	女	土家	湖南	群众	堆龙德庆区中学	优秀教师	2018年	中共堆龙德庆区委员会、堆龙德庆区人民政府
元旦卓玛	女	藏	昌都	中共党员	堆龙德庆区中学	优秀教师	2018年	中共堆龙德庆区委员会、堆龙德庆区人民政府
普布仓决	女	藏	山南	群众	堆龙德庆区中学	优秀班主任	2018年	中共堆龙德庆区委员会、堆龙德庆区人民政府
次拉姆	女	藏	拉萨	群众	堆龙德庆区中学	民族团结进步模范家庭	2018年	中共堆龙德庆区委员会、堆龙德庆区人民政府
扎西曲珍	女	藏	堆龙德庆区	群众	堆龙德庆区中学	优秀班主任	2018年	中共堆龙德庆区委员会、堆龙德庆区人民政府
白玛玉珍	女	藏	拉萨	群众	堆龙德庆区中学	优秀教师	2018年	中共堆龙德庆区委员会、堆龙德庆区人民政府
曲吉	女	藏	拉萨	群众	堆龙德庆区中学	民族团结进步模范个人	2018年	中共堆龙德庆区委员会、堆龙德庆区人民政府
佟福鼎	男	汉	辽宁	中共党员	堆龙德庆区中学	师德标兵	2018年	中共堆龙德庆区委员会、堆龙德庆区人民政府
卓玛群宗	女	藏	四川	群众	堆龙德庆区中学	优秀教师	2018年	中共堆龙德庆区委员会、堆龙德庆区人民政府

续表10

姓名	性别	民族	籍贯	政治面貌	工作单位	获奖名称	表彰时间	授予单位
次仁曲宗	女	藏	拉萨	群众	堆龙德庆区中学	优秀班主任	2018年	中共堆龙德庆区委员会、堆龙德庆区人民政府
央　吉	女	藏	堆龙德庆区	群众	堆龙德庆区中学	民族团结进步模范个人	2018年	中共堆龙德庆区委员会、堆龙德庆区人民政府
卓　嘎	女	藏	拉萨	群众	堆龙德庆区中学	优秀教师	2018年	中共堆龙德庆区委员会、堆龙德庆区人民政府
次仁顿珠	男	藏	四川	中共党员	堆龙德庆区中学	优秀班主任	2018年	中共堆龙德庆区委员会、堆龙德庆区人民政府
央　珍	女	藏	拉萨	群众	堆龙德庆区中学	优秀教师	2018年	中共堆龙德庆区委员会、堆龙德庆区人民政府
次仁央拉	女	藏	拉萨	群众	堆龙德庆区中学	优秀班主任	2018年	中共堆龙德庆区委员会、堆龙德庆区人民政府
平措德吉	女	藏	堆龙德庆区	中共党员	堆龙德庆区中学	优秀教师	2018年	中共堆龙德庆区委员会、堆龙德庆区人民政府
格桑仁增	男	藏	山南	群众	堆龙德庆区中学	优秀教师	2018年	中共堆龙德庆区委员会、堆龙德庆区人民政府
达瓦次仁	男	藏	堆龙德庆区	中共党员	堆龙德庆区中学	优秀教师	2018年	中共堆龙德庆区委员会、堆龙德庆区人民政府
索南拉增	女	藏	山南	中共党员	堆龙德庆区第二幼儿园	师德标兵	2018年	中共堆龙德庆区委员会、堆龙德庆区人民政府
法都玛	女	回	拉萨	团员	堆龙德庆区第二幼儿园	优秀教师	2018年	中共堆龙德庆区委员会、堆龙德庆区人民政府
旦增卓玛	女	藏	堆龙德庆区	预备党员	堆龙德庆区第二幼儿园	民族团结进步模范个人	2018年	中共堆龙德庆区委员会、堆龙德庆区人民政府
旦增卓玛	女	藏	堆龙德庆区	预备党员	堆龙德庆区第二幼儿园	优秀班主任	2018年	中共堆龙德庆区委员会、堆龙德庆区人民政府
白玛曲尼	女	藏	堆龙德庆区	群众	堆龙德庆区第二幼儿园	优秀班主任	2018年	中共堆龙德庆区委员会、堆龙德庆区人民政府
陈贤坤	女	汉	四川	群众	堆龙德庆区第二幼儿园	民族团结进步模范个人	2018年	中共堆龙德庆区委员会、堆龙德庆区人民政府
次旦旺姆	女	藏	林周	群众	堆龙德庆区第二幼儿园	民族团结进步模范个人	2018年	中共堆龙德庆区委员会、堆龙德庆区人民政府
德吉央宗	女	藏	云南	群众	堆龙德庆区第二幼儿园	优秀教师	2018年	中共堆龙德庆区委员会、堆龙德庆区人民政府
尼玛仓决	女	藏	林周	预备党员	堆龙德庆区第二幼儿园	民族团结进步模范个人	2018年	中共堆龙德庆区委员会、堆龙德庆区人民政府
许丽萍	女	汉	四川	中共党员	堆龙德庆区第一幼儿园	优秀党务工作者	2018年	中共堆龙德庆区委员会、堆龙德庆区人民政府
翁永平	女	汉	四川	中共党员	堆龙德庆区第一幼儿园	堆龙德庆区师德标兵	2018年	中共堆龙德庆区委员会、堆龙德庆区人民政府

续表10

姓名	性别	民族	籍贯	政治面貌	工作单位	获奖名称	表彰时间	授予单位
欧　梅	女	藏	山南	中共党员	堆龙德庆区第一幼儿园	优秀班主任	2018年	中共堆龙德庆区委员会、堆龙德庆区人民政府
强　珍	女	藏	拉萨	群众	堆龙德庆区第一幼儿园	优秀班主任	2018年	中共堆龙德庆区委员会、堆龙德庆区人民政府
达　娃	女	藏	堆龙德庆区	中共党员	堆龙德庆区第一幼儿园	优秀教师	2018年	中共堆龙德庆区委员会、堆龙德庆区人民政府
索　朗	男	藏	堆龙德庆区	中共党员	堆龙德庆区第一幼儿园	优秀教师	2018年	中共堆龙德庆区委员会、堆龙德庆区人民政府
拉　姆	女	藏	堆龙德庆区	群众	堆龙德庆区第一幼儿园	民族团结进步模范个人	2018年	中共堆龙德庆区委员会、堆龙德庆区人民政府
次　珍	女	藏	拉萨	中共党员	堆龙德庆区第一幼儿园	民族团结进步模范个人	2018年	中共堆龙德庆区委员会、堆龙德庆区人民政府
花地敏	女	藏	云南	群众	堆龙德庆区第一幼儿园	民族团结进步模范个人	2018年	中共堆龙德庆区委员会、堆龙德庆区人民政府
郭永辉	男	汉	四川	中共党员	堆龙德庆区第一幼儿园	民族团结进步模范个人	2018年	中共堆龙德庆区委员会、堆龙德庆区人民政府
边巴卓玛	女	藏	堆龙德庆区	中共党员	堆龙德庆区小学	优秀教师	2018年	中共堆龙德庆区委员会、堆龙德庆区人民政府
多吉旺堆	男	藏	堆龙德庆区	中共党员	堆龙德庆区小学	民族团结进步模范个人	2018年	中共堆龙德庆区委员会、堆龙德庆区人民政府
洛桑它青	男	藏	拉萨	中共党员	堆龙德庆区小学	师德标兵	2018年	中共堆龙德庆区委员会、堆龙德庆区人民政府
旦增伦珠	男	藏	拉萨	中共党员	堆龙德庆区小学	优秀教师	2018年	中共堆龙德庆区委员会、堆龙德庆区人民政府
周　峰	男	汉	重庆	中共党员	堆龙德庆区小学	民族团结进步模范个人	2018年	中共堆龙德庆区委员会、堆龙德庆区人民政府
仓　穷	女	藏	堆龙德庆区	中共党员	堆龙德庆区小学	堆龙区优秀班主任	2018年	中共堆龙德庆区委员会、堆龙德庆区人民政府
柯雨杰	女	汉	四川	中共党员	堆龙德庆区小学	民族团结进步模范个人	2018年	中共堆龙德庆区委员会、堆龙德庆区人民政府
穷　吉	女	藏	拉萨	群众	堆龙德庆区小学	优秀教师	2018年	中共堆龙德庆区委员会、堆龙德庆区人民政府
强　桑	女	藏	拉萨	中共党员	堆龙德庆区小学	优秀教师	2018年	中共堆龙德庆区委员会、堆龙德庆区人民政府
达娃曲珍	女	藏	那曲	中共党员	堆龙德庆区小学	优秀教师	2018年	中共堆龙德庆区委员会、堆龙德庆区人民政府
德　吉	女	藏	堆龙德庆区	群众	堆龙德庆区小学	优秀班主任	2018年	中共堆龙德庆区委员会、堆龙德庆区人民政府
尼玛片多	女	藏	拉萨	中共党员	堆龙德庆区小学	优秀班主任	2018年	中共堆龙德庆区委员会、堆龙德庆区人民政府

续表10

姓名	性别	民族	籍贯	政治面貌	工作单位	获奖名称	表彰时间	授予单位
次旦央宗	女	藏	堆龙德庆区	中共党员	堆龙德庆区小学	优秀班主任	2018年	中共堆龙德庆区委员会、堆龙德庆区人民政府
白玛卓嘎	女	藏	堆龙德庆区	中共党员	姜昆黄小勇希望小学	优秀班主任	2018年	中共堆龙德庆区委员会、堆龙德庆区人民政府
拉姆次仁	女	藏	堆龙德庆区	中共党员	姜昆黄小勇希望小学	优秀班主任	2018年	中共堆龙德庆区委员会、堆龙德庆区人民政府
拉姆次仁	女	藏	堆龙德庆区	中共党员	姜昆黄小勇希望小学	民族团结进步模范个人	2018年	中共堆龙德庆区委员会、堆龙德庆区人民政府
张秀花	女	藏	堆龙德庆区	群众	姜昆黄小勇希望小学	优秀班主任	2018年	中共堆龙德庆区委员会、堆龙德庆区人民政府
德吉拉珍	女	藏	堆龙德庆区	群众	姜昆黄小勇希望小学	优秀教师	2018年	中共堆龙德庆区委员会、堆龙德庆区人民政府
洛桑曲珍	女	藏	堆龙德庆区	中共党员	姜昆黄小勇希望小学	优秀教师	2018年	中共堆龙德庆区委员会、堆龙德庆区人民政府
色珍	女	藏	堆龙德庆区	中共党员	姜昆黄小勇希望小学	优秀教师	2018年	中共堆龙德庆区委员会、堆龙德庆区人民政府
央金	女	藏	日喀则	中共党员	姜昆黄小勇希望小学	优秀教师	2018年	中共堆龙德庆区委员会、堆龙德庆区人民政府
旦珍	女	藏	堆龙德庆区	中共党员	姜昆黄小勇希望小学	师德标兵	2018年	中共堆龙德庆区委员会、堆龙德庆区人民政府
扎西卓玛	女	藏	堆龙德庆区	中共党员	姜昆黄小勇希望小学	优秀教辅人员	2018年	中共堆龙德庆区委员会、堆龙德庆区人民政府
兰佳琪	女	汉	重庆	中共党员	姜昆黄小勇希望小学	民族团结进步模范个人	2018年	中共堆龙德庆区委员会、堆龙德庆区人民政府
多吉次仁	男	藏	堆龙德庆区	群众	姜昆黄小勇希望小学	民族团结进步模范个人	2018年	中共堆龙德庆区委员会、堆龙德庆区人民政府
德吉	男	藏	拉萨	群众	桑木幼儿园	优秀班主任	2018年	中共堆龙德庆区委员会、堆龙德庆区人民政府
秋英卓玛	女	藏	云南	中共党员	桑木幼儿园	优秀教师	2018年	中共堆龙德庆区委员会、堆龙德庆区人民政府
白玛德吉	女	藏	拉萨	中共党员	羊达中心小学	民族团结进步模范个人	2018年	中共堆龙德庆区委员会、堆龙德庆区人民政府
达嘎	女	藏	林芝	群众	羊达中心小学	民族团结进步模范个人	2018年	中共堆龙德庆区委员会、堆龙德庆区人民政府
董山	女	汉	吉林	中共党员	羊达中心小学	民族团结进步模范个人	2018年	中共堆龙德庆区委员会、堆龙德庆区人民政府
拉巴美朵	女	藏	阿里	中共党员	羊达中心小学	优秀班主任	2018年	中共堆龙德庆区委员会、堆龙德庆区人民政府
德吉尼玛	女	藏	那曲	中共党员	羊达中心小学	优秀班主任	2018年	中共堆龙德庆区委员会、堆龙德庆区人民政府

续表10

姓名	性别	民族	籍贯	政治面貌	工作单位	获奖名称	表彰时间	授予单位
德吉尼玛	女	藏	那曲	中共党员	羊达中心小学	优秀党员	2018年	中共堆龙德庆区委员会、堆龙德庆区人民政府
小尼珍	女	藏	堆龙德庆区	中共党员	羊达中心小学	优秀班主任	2018年	中共堆龙德庆区委员会、堆龙德庆区人民政府
拉珍	女	藏	堆龙德庆区	中共党员	羊达中心小学	优秀教师	2018年	中共堆龙德庆区委员会、堆龙德庆区人民政府
白玛央吉	女	藏	堆龙德庆区	中共党员	羊达中心小学	优秀教师	2018年	中共堆龙德庆区委员会、堆龙德庆区人民政府
泽仁曲措	女	藏	昌都	群众	羊达中心小学	优秀教师	2018年	中共堆龙德庆区委员会、堆龙德庆区人民政府
央珍	女	藏	堆龙德庆区	群众	羊达中心小学	优秀教师	2018年	中共堆龙德庆区委员会、堆龙德庆区人民政府
江白加措	男	藏	墨竹工卡	中共党员	羊达中心小学	师德标兵	2018年	中共堆龙德庆区委员会、堆龙德庆区人民政府
吾坚平措	男	藏	山南	中共党员	古荣中心小学	师德标兵	2018年	中共堆龙德庆区委员会、堆龙德庆区人民政府
吾坚平措	男	藏	山南	中共党员	古荣中心小学	民族团结进步模范个人	2018年	中共堆龙德庆区委员会、堆龙德庆区人民政府
次仁曲珍	女	藏	堆龙德庆区	中共党员	古荣中心小学	优秀教师	2018年	中共堆龙德庆区委员会、堆龙德庆区人民政府
次仁央	女	藏	日喀则	中共党员	古荣中心小学	优秀教师	2018年	中共堆龙德庆区委员会、堆龙德庆区人民政府
穷美曲珍	女	藏	堆龙德庆区	团员	古荣幼儿园	民族团结进步模范个人	2018年	中共堆龙德庆区委员会、堆龙德庆区人民政府
德青拥珍	女	藏	昌都	团员	古荣幼儿园	优秀班主任	2018年	中共堆龙德庆区委员会、堆龙德庆区人民政府
塔措卓玛	女	藏	那曲	中共党员	古荣中心小学	优秀教师	2018年	中共堆龙德庆区委员会、堆龙德庆区人民政府
坚宗	女	藏	堆龙德庆区	群众	古荣中心小学	优秀班主任	2018年	中共堆龙德庆区委员会、堆龙德庆区人民政府
尼玛卓玛	女	藏	堆龙德庆区	中共党员	古荣中心小学	民族团结进步模范个人	2018年	中共堆龙德庆区委员会、堆龙德庆区人民政府
格桑卓玛	女	藏	山南	中共党员	古荣中心小学	优秀教师	2018年	中共堆龙德庆区委员会、堆龙德庆区人民政府
土登	男	藏	云南	中共党员	古荣中心小学	堆龙德庆区优秀裁判员	2018年	中共堆龙德庆区委员会、堆龙德庆区人民政府
普布	女	藏	日喀则	中共党员	古荣中心小学	优秀班主任	2018年	中共堆龙德庆区委员会、堆龙德庆区人民政府
巴桑	男	藏	山南	中共党员	古荣中心小学	民族团结进步模范个人	2018年	中共堆龙德庆区委员会、堆龙德庆区人民政府

续表10

姓名	性别	民族	籍贯	政治面貌	工作单位	获奖名称	表彰时间	授予单位
尼玛旺堆	男	藏	堆龙德庆区	群众	马乡中心小学	优秀教师	2018年	中共堆龙德庆区委员会、堆龙德庆区人民政府
次　白	女	藏	墨竹	团员	马乡中心小学	优秀班主任	2018年	中共堆龙德庆区委员会、堆龙德庆区人民政府
普　琼	男	藏	日喀则	中共党员	马乡中心小学	民族团结进步模范个人	2018年	中共堆龙德庆区委员会、堆龙德庆区人民政府
央　宗	女	藏	拉萨	中共党员	马乡中心小学	优秀教师	2018年	中共堆龙德庆区委员会、堆龙德庆区人民政府
阿旺索朗	男	藏	拉萨	中共党员	马乡中心小学	师德标兵	2018年	中共堆龙德庆区委员会、堆龙德庆区人民政府
白玛央宗	女	藏	拉萨	中共党员	马乡中心小学	民族团结进步模范个人	2018年	中共堆龙德庆区委员会、堆龙德庆区人民政府
群　拉	女	藏	拉萨	中共党员	马乡中心小学	优秀教师	2018年	中共堆龙德庆区委员会、堆龙德庆区人民政府
阿旺索朗	男	藏	拉萨	中共党员	马乡中心小学	民族团结进步模范个人	2018年	中共堆龙德庆区委员会、堆龙德庆区人民政府
达　杰	男	藏	堆龙德庆区	中共党员	德庆中心小学	师德标兵	2018年	中共堆龙德庆区委员会、堆龙德庆区人民政府
达　珍	女	藏	日喀则	团员	德庆中心小学	民族团结进步模范个人	2018年	中共堆龙德庆区委员会、堆龙德庆区人民政府
达　珍	女	藏	日喀则	团员	德庆中心小学	优秀班主任	2018年	中共堆龙德庆区委员会、堆龙德庆区人民政府
央　吉	女	藏	堆龙德庆区	团员	德庆中心小学	优秀教师	2018年	中共堆龙德庆区委员会、堆龙德庆区人民政府
其美卓嘎	女	藏	达孜	中共党员	德庆中心小学	优秀班主任	2018年	中共堆龙德庆区委员会、堆龙德庆区人民政府
代卓玛	女	藏	青海	中共党员	德庆中心小学	优秀班主任	2018年	中共堆龙德庆区委员会、堆龙德庆区人民政府
赤列索朗	女	藏	当雄	中共党员	德庆中心小学	优秀教师	2018年	中共堆龙德庆区委员会、堆龙德庆区人民政府
土　旦	男	藏	堆龙德庆区	中共党员	德庆中心小学	民族团结进步模范个人	2018年	中共堆龙德庆区委员会、堆龙德庆区人民政府
贡　桑	女	藏	日喀则	中共党员	德庆中心小学	民族团结进步模范个人	2018年	中共堆龙德庆区委员会、堆龙德庆区人民政府
贡　桑	女	藏	日喀则	中共党员	德庆中心小学	优秀教师	2018年	中共堆龙德庆区委员会、堆龙德庆区人民政府
旦增甘登	男	藏	拉萨	中共党员	德庆中心小学	民族团结进步模范个人	2018年	中共堆龙德庆区委员会、堆龙德庆区人民政府
云旦朗杰	男	藏	拉萨	中共党员	堆龙德庆区住建局	2018年度全区民族团结模范个人	2018年	中共堆龙德庆区委员会、堆龙德庆区人民政府

续表10

姓名	性别	民族	籍贯	政治面貌	工作单位	获奖名称	表彰时间	授予单位
云旦朗杰	男	藏	拉萨	中共党员	堆龙德庆区住建局	优秀公务员	2018年	中共堆龙德庆区委员会、堆龙德庆区人民政府
韩　露	男	汉	四川	中共党员	堆龙德庆区住建局	优秀公务员	2018年	中共堆龙德庆区委员会、堆龙德庆区人民政府
黎　平	男	汉	湖北	中共党员	堆龙德庆区住建局	优秀事业单位人员	2018年	中共堆龙德庆区委员会、堆龙德庆区人民政府
王周强	男	汉	甘肃	中共党员	堆龙德庆区城市管理局	民族团结进步先进模范个人	2018年	中共堆龙德庆区委员会、堆龙德庆区人民政府
孙建宇	男	汉	山西大同	中共党员	东嘎镇人民政府	优秀教育工作者	2018年	中共堆龙德庆区委员会、堆龙德庆区人民政府
尚晨阳	男	汉	山西永济	共青团员	东嘎镇人民政府	2017年度全区环境保护工作先进个人	2018年	中共堆龙德庆区委员会、堆龙德庆区人民政府
次仁央宗	女	藏	拉萨	中共党员	东嘎镇人民政府	2018年度全区民族团结进步模范个人	2018年	中共堆龙德庆区委员会、堆龙德庆区人民政府
普布卓玛	女	藏	拉萨	中共党员	东嘎镇人民政府	2018年度全区民族团结进步模范个人	2018年	中共堆龙德庆区委员会、堆龙德庆区人民政府
禹新娟	女	汉	河南	中共党员	乃琼镇人民政府	优秀党务工作者	2018年	中共堆龙德庆区委员会、堆龙德庆区人民政府
牛世宏	男	汉	河南禹州	中共党员	乃琼镇人民政府	优秀共产党员	2018年	中共堆龙德庆区委员会、堆龙德庆区人民政府
卓　嘎	女	藏	白朗	中共党员	乃琼镇人民政府	优秀共产党员	2018年	中共堆龙德庆区委员会、堆龙德庆区人民政府
扎西巴措	女	藏	昌都	群众	乃琼镇人民政府	2018年度全区民族团结进步模范个人	2018年	中共堆龙德庆区委员会、堆龙德庆区人民政府
德吉拉姆	女	藏	日喀则	共青团员	羊达乡	堆龙德庆区第一届全民运动会女子跳高第二名	2018年	中共堆龙德庆区委员会、堆龙德庆区人民政府
德吉拉姆	女	藏	日喀则	共青团员	羊达乡	堆龙德庆区第一届全民运动会女子组羽毛球第六名	2018年	中共堆龙德庆区委员会、堆龙德庆区人民政府
德吉拉姆	女	藏	日喀则	共青团员	羊达乡	堆龙德庆区第一届全民运动会女子组100米第五名	2018年	中共堆龙德庆区委员会、堆龙德庆区人民政府
拉巴曲珍	女	藏	拉萨	中共党员	羊达乡	堆龙德庆区2017年度信访先进个人	2018年	中共堆龙德庆区委员会、堆龙德庆区人民政府
德庆曲宗	女	藏	拉萨	中共党员	羊达乡	2018年度全区民族团结进步模范个人	2018年	中共堆龙德庆区委员会、堆龙德庆区人民政府
李鹏辉	男	汉	陕西武功	中共党员	羊达乡	堆龙德庆区纪念改革开放四十周年影响堆龙40人物	2018年	中共堆龙德庆区委员会、堆龙德庆区人民政府
刘　军	男	汉	四川泸州	中共党员	羊达乡	堆龙德庆区纪念改革开放四十周年影响堆龙40人物	2018年	中共堆龙德庆区委员会、堆龙德庆区人民政府
阿　努	男	藏	拉萨	中共党员	羊达乡	堆龙德庆区纪念改革开放四十周年影响堆龙40人物	2018年	中共堆龙德庆区委员会、堆龙德庆区人民政府

续表10

姓名	性别	民族	籍贯	政治面貌	工作单位	获奖名称	表彰时间	授予单位
刘云鹏	男	汉	河北高邑	中共党员	羊达乡	堆龙德庆区创先争优强基础惠民生活动先进驻村工作队员	2018年	中共堆龙德庆区委员会、堆龙德庆区人民政府
林玉龙	男	汉	湖南	中共党员	古荣乡人民政府	2018年度全区民族团结进步模范个人	2018年	中共堆龙德庆区委员会、堆龙德庆区人民政府
尼玛卓玛	女	藏	拉萨	群众	马乡措麦村	2018年度民族团结进步模范家庭	2018年	中共堆龙德庆区委员会、堆龙德庆区人民政府
尼玛拉姆	女	藏	拉萨	群众	马乡朗巴村	2018年度民族团结进步模范家庭	2018年	中共堆龙德庆区委员会、堆龙德庆区人民政府
次仁白宗	女	藏	拉萨	群众	马乡马村	2018年度民族团结进步模范家庭	2018年	中共堆龙德庆区委员会、堆龙德庆区人民政府
米玛	女	藏	拉萨	群众	马乡朗巴村	2018年度民族团结进步模范家庭	2018年	中共堆龙德庆区委员会、堆龙德庆区人民政府
卓玛	女	藏	拉萨	群众	马乡常木村	2018年度民族团结进步模范家庭	2018年	中共堆龙德庆区委员会、堆龙德庆区人民政府
尼珍	女	藏	拉萨	群众	马乡岗吉村	2018年度民族团结进步模范家庭	2018年	中共堆龙德庆区委员会、堆龙德庆区人民政府
巴桑卓嘎	女	藏	拉萨	群众	马乡设兴村	2018年度民族团结进步模范家庭	2018年	中共堆龙德庆区委员会、堆龙德庆区人民政府
朗珍卓玛	女	藏	拉萨	群众	马乡设兴村	2018年度民族团结进步模范家庭	2018年	中共堆龙德庆区委员会、堆龙德庆区人民政府
次央	女	藏	拉萨	中共党员	马乡	2018年度民族团结进步模范个人	2018年	中共堆龙德庆区委员会、堆龙德庆区人民政府
格桑曲珍	女	藏	拉萨	中共党员	马乡	2018年度民族团结进步模范个人	2018年	中共堆龙德庆区委员会、堆龙德庆区人民政府
德金措姆	女	藏	拉萨	中共党员	马乡	2018年度民族团结进步模范个人	2018年	中共堆龙德庆区委员会、堆龙德庆区人民政府
普布次仁	男	藏	拉萨	中共党员	马乡	2018年度民族团结进步模范个人	2018年	中共堆龙德庆区委员会、堆龙德庆区人民政府
张旭	男	藏	拉萨	群众	马乡	2018年度民族团结进步模范个人	2018年	中共堆龙德庆区委员会、堆龙德庆区人民政府
索朗益西	男	藏	拉萨	中共党员	马乡	2018年度民族团结进步模范个人	2018年	中共堆龙德庆区委员会、堆龙德庆区人民政府
向作强	男	藏	拉萨	中共党员	马乡	2018年度民族团结进步模范个人	2018年	中共堆龙德庆区委员会、堆龙德庆区人民政府
洛桑坚才	男	藏	拉萨	群众	马乡朗巴村	2018年度民族团结进步模范个人	2018年	中共堆龙德庆区委员会、堆龙德庆区人民政府
普琼	女	藏	拉萨	群众	马乡朗巴村	2018年度民族团结进步模范个人	2018年	中共堆龙德庆区委员会、堆龙德庆区人民政府
次旦	男	藏	拉萨	群众	马乡朗巴村	2018年度民族团结进步模范个人	2018年	中共堆龙德庆区委员会、堆龙德庆区人民政府

续表10

姓名	性别	民族	籍贯	政治面貌	工作单位	获奖名称	表彰时间	授予单位
马永民	男	藏	拉萨	群众	马乡朗巴村	2018年度民族团结进步模范个人	2018年	中共堆龙德庆区委员会、堆龙德庆区人民政府
尼玛次仁	男	藏	拉萨	中共党员	马乡常木村	2018年度民族团结进步模范个人	2018年	中共堆龙德庆区委员会、堆龙德庆区人民政府
旦增	男	藏	拉萨	群众	马乡常木村	2018年度民族团结进步模范个人	2018年	中共堆龙德庆区委员会、堆龙德庆区人民政府
强巴央金	女	藏	拉萨	群众	马乡常木村	2018年度民族团结进步模范个人	2018年	中共堆龙德庆区委员会、堆龙德庆区人民政府
普布次仁	男	藏	拉萨	群众	马乡措麦村	2018年度民族团结进步模范个人	2018年	中共堆龙德庆区委员会、堆龙德庆区人民政府
格桑桑旦	男	藏	拉萨	群众	马乡措麦村	2018年度民族团结进步模范个人	2018年	中共堆龙德庆区委员会、堆龙德庆区人民政府
强巴云旦	男	藏	拉萨	中共党员	马乡措麦村	2018年度民族团结进步模范个人	2018年	中共堆龙德庆区委员会、堆龙德庆区人民政府
土旦	男	藏	拉萨	群众	马乡措麦村	2018年度民族团结进步模范个人	2018年	中共堆龙德庆区委员会、堆龙德庆区人民政府
边巴	男	藏	拉萨	群众	马乡岗吉村	2018年度民族团结进步模范个人	2018年	中共堆龙德庆区委员会、堆龙德庆区人民政府
央庆	女	藏	拉萨	群众	马乡岗吉村	2018年度民族团结进步模范个人	2018年	中共堆龙德庆区委员会、堆龙德庆区人民政府
洛桑拉巴	男	藏	拉萨	群众	马乡岗吉村	2018年度民族团结进步模范个人	2018年	中共堆龙德庆区委员会、堆龙德庆区人民政府
旺堆	男	藏	拉萨	群众	马乡马村	2018年度民族团结进步模范个人	2018年	中共堆龙德庆区委员会、堆龙德庆区人民政府
索朗次仁	男	藏	拉萨	群众	马乡马村	2018年度民族团结进步模范个人	2018年	中共堆龙德庆区委员会、堆龙德庆区人民政府
洛桑旦巴	男	藏	拉萨	中共党员	马乡设兴村	2018年度民族团结进步模范个人	2018年	中共堆龙德庆区委员会、堆龙德庆区人民政府
次旦卓嘎	女	藏	拉萨	中共党员	马乡设兴村	2018年度民族团结进步模范个人	2018年	中共堆龙德庆区委员会、堆龙德庆区人民政府
强巴卓玛	女	藏	拉萨	中共党员	马乡设兴村	2018年度民族团结进步模范个人	2018年	中共堆龙德庆区委员会、堆龙德庆区人民政府
宗吉	女	藏	拉萨	群众	马乡马村	2018年度民族团结进步模范个人	2018年	中共堆龙德庆区委员会、堆龙德庆区人民政府
尼玛	男	藏	拉萨	群众	马乡朗巴村	2018年度民族团结进步模范个人	2018年	中共堆龙德庆区委员会、堆龙德庆区人民政府
次仁卓玛	女	藏	拉萨	群众	马乡措麦村	2018年度民族团结进步模范个人	2018年	中共堆龙德庆区委员会、堆龙德庆区人民政府
扎西央宗	女	藏	堆龙德庆区	中共党员	德庆乡人民政府	2017年全区藏语文社会用字管理"先进个人"	2018年	中共堆龙德庆区委员会、堆龙德庆区人民政府

续表10

姓名	性别	民族	籍贯	政治面貌	工作单位	获奖名称	表彰时间	授予单位
苏　洁	女	汉	江苏泰州	中共党员	德庆乡人民政府	2017年度全区环境保护工作先进个人	2018年	中共堆龙德庆区委员会、堆龙德庆区人民政府
李　江	男	汉	甘肃定西	中共党员	德庆乡人民政府	2018年度民族团结先进个人	2018年	中共堆龙德庆区委员会、堆龙德庆区人民政府
尼玛曲珍	女	藏	拉萨	中共党员	德庆乡人民政府	2018年度民族团结先进个人	2018年	中共堆龙德庆区委员会、堆龙德庆区人民政府
王旭阳	男	汉	河南灵宝	中共党员	德庆乡人民政府	2018年度民族团结先进个人	2018年	中共堆龙德庆区委员会、堆龙德庆区人民政府
程鹏斌	男	汉	浙江遂昌	中共党员	堆龙德庆区人大办	优秀党务工作者	2018年	中共堆龙德庆区委员会
拉巴卓玛	女	藏	拉萨	中共党员	堆龙德庆区委党校	2018年优秀驻村工作队员	2018年	中共堆龙德庆区委员会
米玛曲珍	女	藏	拉萨	中共党员	堆龙德庆区委党校	2018年影响堆龙40人	2018年	中共堆龙德庆区委员会
拉巴普赤	女	藏	日喀则	中共党员	堆龙德庆区扶贫办	中共拉萨市堆龙德庆区2017—2018年度优秀共产党员	2018年	中共堆龙德庆区委员会
次仁央金	女	纳西	云南	中共党员	堆龙德庆区疾病预防控制中心	2017—2018年度优秀共产党员	2018年	中共堆龙德庆区委员会
平措扎西	男	藏	日喀则	中共党员	堆龙德庆区教体局	优秀村第一书记	2018年	中共堆龙德庆区委员会
格桑曲珍	女	藏	拉萨	群众	堆龙德庆区中学	优秀共青团干部	2018年	中共堆龙德庆区委员会
索朗查果	女	藏	山南	中共党员	堆龙德庆区第二幼二园	优秀共产党员	2018年	中共堆龙德庆区委员会
旦增群培	男	藏	堆龙德庆区	中共党员	德庆乡人民政府	优秀党务工作者	2018年	中共堆龙德庆区委员会
扎西达杰	男	藏	堆龙德庆区	中共党员	德庆乡人民政府	2017—2018年度优秀共产党员	2018年	中共堆龙德庆区委员会
桑　旦	男	藏	堆龙德庆区	中共党员	堆龙德庆区委巡察办	2018年度全区民族团结进步模范个人	2018年	堆龙德庆区人民政府
努　努	男	回	堆龙德庆区	中共党员	羊达中心小学	全区藏语文社会用字管理工作中被评为先进个人	2018年	堆龙德庆区人民政府
努　努	男	回	堆龙德庆区	中共党员	羊达中心小学	堆龙德庆区全民运动会吉韧项目第二名	2018年	堆龙德庆区人民政府
江白加措	男	藏	墨竹工卡	中共党员	羊达中心小学	堆龙德庆区全民健身运动会铅球项目第二名	2018年	堆龙德庆区人民政府
吴正军	男	汉	甘肃	中共党员	羊达中心小学	堆龙德庆区全民健身运动会押加项目第二名	2018年	堆龙德庆区人民政府
洛　珠	男	藏	堆龙德庆区	中共党员	古荣中心小学	藏语文社会用字管理先进个人	2018年	堆龙德庆区人民政府

续表10

姓名	性别	民族	籍贯	政治面貌	工作单位	获奖名称	表彰时间	授予单位
吉安卓玛	女	藏	堆龙德庆区	中共党员	古荣中心小学	首届堆龙德庆区全民运动会女子跳远第六名	2018年	堆龙德庆区人民政府
尼桑拉姆	女	藏	林芝	中共党员	德庆中心小学	堆龙德庆区全民运动会跳远第三名	2018年	堆龙德庆区人民政府
尼桑拉姆	女	藏	林芝	中共党员	德庆中心小学	堆龙德庆区全民运动会100米第一名	2018年	堆龙德庆区人民政府
曲　尼	女	藏	堆龙德庆区	中共党员	德庆中心小学	堆龙德庆区全民运动会跳远第四名	2018年	堆龙德庆区人民政府
曲　尼	女	藏	堆龙德庆区	中共党员	德庆中心小学	堆龙德庆区全民运动会200米第二名	2018年	堆龙德庆区人民政府
拉巴次仁	男	藏	昌都	群众	德庆中心小学	堆龙德庆区全民运动会围棋第一名	2018年	堆龙德庆区人民政府
扎西曲珍	女	藏	堆龙	群众	堆龙德庆区中学	第三十四个教师节获得堆龙德庆区优秀班主任	2018年	堆龙德庆区人民政府
白玛玉珍	女	藏	拉萨	群众	堆龙德庆区中学	堆龙德庆区级优秀教师	2018年	堆龙德庆区人民政府
曲　吉	女	藏	拉萨	群众	堆龙德庆区中学	堆龙德庆区民族团结先进个人	2018年	堆龙德庆区人民政府
巴桑拉姆	女	藏	拉萨	中共党员	堆龙德庆区中学	拉萨市第三十四个教师节李氏教育个人奖	2018年	李氏教育奖励促进会
王书清	男	汉	河南鄢陵	中共党员	堆龙德庆区中学	拉萨市第三十四个教师节李氏教育个人奖	2018年	李氏教育奖励促进会
卓　嘎	女	藏	拉萨	中共党员	拉萨市堆龙德庆区中学	拉萨市优秀课件	2018年	拉萨市教育局

说明：由于各单位资料提供不全，可能有遗漏

堆龙德庆区2018年国民经济和社会发展统计公报

堆龙德庆区统计局

2018年，全区上下深入贯彻习近平新时代中国特色社会主义思想，全面落实区委、区政府各项决策部署，坚持稳中求进工作总基调，按照“五位一体”总体布局和“四个全面”战略布局的要求，经济总体保持了平稳发展态势，为决胜全面建成小康社会迈出坚实步伐。

一、综合

2018年，全区实现生产总值(GDP)33.13亿元，按可比价格计算，比上年增长10.2%。其中：第一产业增加值1.85亿元，比上年增长0.4%；第二产业增加值27.55亿元，比上年增长11.9%；第三产业增加值3.72亿元，比上年增长4.6%，三次产业结构比为5.6 ： 83.2 ： 11.2。从全市排位看：总量排全市第四，占全市总量13%；增速排全市第一，比拉萨市平均增速高出0.9个百分点。三次产业的贡献率分别为：0.92%、83.48%、15.6%，分别拉动GDP增长0.09个百分点，8.5个百分点和1.6个百分点。

2018年，全区社会事业全面进步、民生事业统筹发展。以净土健康产业为引领，“万户百场十中心”、高效日光温室、冷链中心等重点项目稳步推进，净土健康产业总产值成功突破2亿元。2018年全区共接待区内外客商600次，招商引资28个项目(其中续建项目11个，新建17个)，项目总投资90.41亿元，实际项目到位资金25.3075亿元，同比增长14.9%，完成全年目标任务的104.58%，比全年总任务24.2亿元超出1.1亿元。大力发展民营经济，吸引民间投资3.1亿元。2018年北京援藏项目共有8个，总投资27785.4434万，其中援藏资金12350万元，援藏资金占合计总投资的44.45%；2018年计划内援藏项目共有8个，已完成3个，在建4个。2018年全区维修道路面积2385.5平方米；人行道维修面积417平方米；新装路灯104盏；新路灯立杆104杆；城市生活垃圾无害化处理率100%。年城市供水总量277.4万立方米，同比下降39.1%；年供水综合生产能力1.47万立方米/日。

二、农业

2018年，全区实现农林牧业总产值35579万元，同比增长10.2%；2018年全年粮食种植面积38668.35亩，比上年减少15531.45亩，同比下降28%；油料播种面积5508.75亩，比上年减少2062.2亩，同比下降27.24%；蔬菜种植面积11260.05亩，比上年减少439.95亩，同比下降3.76%。

全年粮食总产量9747.7吨，比上年减少13678.2吨，同比下降58.4%；全年油料产量813.534吨，比上年减少627.59吨，同比下降43.55%。全年蔬菜产量70776.067吨，比上年减少2724.07吨，同比下降3.71%。

全年肉类总产量2208.05吨，比上年减少1991.95吨，同比下降47.43%。其中：猪肉总产量316.33吨，比上年减少202.46吨，同比下降39%；牛肉总产量1805.42吨，比上年减少1712.6吨，同比下降48.68%；羊肉总产量70.92吨，比上年减少92.27吨，同比下降56.54%；家禽肉总产量15.38吨，比上年减少421.64吨，同比下降96.43%；全年禽蛋总产量12.73吨，比上年减少131.53吨，同比下降91.18%。

三、工业和建筑业

2018年，堆龙德庆区共有工业企业44家，规模以上工业企业 12 家，工业增速为 48%。其中：建筑材料工业企业 9 家，药品制造业企业 1 家，农产品加工企业 2 家，纸制品加工制造业企业 1 家。

规模以上工业 4 个行业中，增加值位居第一的行业为建筑材料工业企业，第二为农产品加工企业，第三为药品制造业企业。其中：国有企业占比为 44%，民营企业占比为 56%。

截至 2018 年年底，规模以下工业企业正常运营的有 32 家。规模以下工业企业中，建筑材料加工制造业企业约占 45%，其次为民族工艺品及特色食品加工。

四、固定资产投资

2018 年，500 万元以上固定资产投资完成 41 个项目，其中 500—5000 万元项目 17 个，5000 万元以上项目 24 个。全年投资增长速度为 26.5%，全面完成 2018 年任务指标。堆龙德庆区主要投资为第一产业投资占全部投资的 20%，第二产业投资占全部投资的 29%，第三产业投资占全部投资的 51%，第三产业投资布局明显加快。

重大项目建设快速推进。2018 年，堆龙新城市政工程、高争建材六期技改、西藏领峰国际智慧物流园、拉萨设计大厦（东嘎时代广场）、年产 20 万吨无机高活性物料项目、吉祥哈达厂建设项目、西藏沛德 30 兆瓦牧光互补复合并网发电项目等重点项目陆续正式开工，占投资总额的 64.07%。高争建材六期技改共投资 1.92 亿元，工程机械租赁市场共投资 6.59 亿元，拉萨城投物资接卸库 2.57 亿元，截至年底，以上项目已全部投产。

近年来，在区委、区政府的科学决策下，堆龙德庆区固定资产投资健康发展化，投资结构科学化，为全力打造拉萨副中心奠定了良好的基础。

五、人口就业

2018 年，全区年末总人口 98367 人，常住人口 59724 人，自然增长率 14‰以内，全区城镇化率达到 21%。就业创业持续深化，建成并投入使用 2 个众创空间和 2 个小微企业创新创业示范基地。建档立卡贫困户大学生就业率达 100%，应届毕业生就业率达 93.82%，实现转移就业 2.32 万人次，新增就业 1550 人。城镇登记失业人员 35 人，同比下降 47.8%；其中女性为 18 人，同比下降 4%，城镇登记失业率达 2.2%。

六、人民生活

2018 年，全区脱贫攻坚初战告捷，1262 户 4387 名建档立卡贫困群众实现脱贫，年人均纯收入达到 7802.26 元，综合贫困发生率控制在 0.17% 以内，群众满意度达 99.36%，顺利通过国家脱贫摘帽考核验收。全年社会消费品零售总额 117577.4 万元，同比增长 14.2%。农村居民人均可支配收入达 15500 元，同比增长 11.06%，比拉萨市增长水平高 0.46%，增速位居全市第一，比拉萨市高 1131 元。

七、财政和金融

2018 年，全区一般公共预算收入完成 145641 万元，比 2017 年增加 26237 万元，增长 21.97%；政府性基金预算收入为 105997 万元，比 2017 年增加 7031 万元，增长 7.10%。

2018 年，全区各项税收达 140218 万元，公共财政支出 314950 万元。其中：农林水事务支出 61497 万元；科学技术支出 1249 万元；医疗卫生支出 14212 万元；教育支出 55494 万元。财政供养人员 2359 人，财政供养人员全年工资总额 29986 万元；年末金融机构各项存款余额 586644.66 万元，其中：居民储蓄存款余额 201984.88 万元；年末金融机构各项贷款余额 178505.62 万元。

八、教育和科学技术

2018 年，全区教育事业健康发展，政府投入教育 23881 万元，地方教育 2135.111804 万元，完成 7 所村级幼儿园建设，教育质量和基础设施持续提升，妥善解决易地搬迁子女 1028 人入学问题。全区共有学校（含教学点）42 所，在校学生（含私立）10080 人，教职员工（含私立）850 人，专任教师（含私立）770 人。其中：基础教育在校学生 6915 人，学前教育在校学生 3165 人；全区普通初中 1 所，教职员工 168 人，专任教师 166 人，在校学生 1896 人；全区小学 7 所，教职员工 390 人，专任教师 386 人，在校学生 5019 人；小学学龄儿童入学率达 99.98%。

科技事业全面进步。2018 年，科技服务机构共 12 家，全年全区共申请专利 30 件，授权专利 30 件。

九、文化、卫生

2018 年，全区共有艺术表演团体 32 个，从业人员 872 人，国内演出场次 120 场，观众人次达 65000 人次；公共图书馆 1 个，从业人员 3 人，图书总藏量 20 千册，总流通人次达 31 千人次。

2018 年，全区健康服务得到明显改善，全年投入健康卫生经费 8414.2 万元，全面实施药物“零差价”销售制度，为全区农牧民购买 30 万元超大额补充医疗保险，村医与城乡居民签约率达 94%。社会保障不断健全，全面实施“五险统征”工作，各险种参保率均达 100%。全年开展临时社会救助 6 人、城乡居民医疗救助 503 人、“一站式”医疗救助 45 人，共救助 554 人次。全区共有卫生机构 32 个（含村卫生室）。其中：医院 1 个（综合医院 1 个，基层医疗卫生机构 30 个（卫生院 5 个、村卫生室 25 个）、专业卫生机构 31 个、其他卫生机构 1 个。实有床位数 84 张，卫生机构总人数为 319 人，拥有卫生技术人员 217 人，其中执业（助理）医师 97 人。

十、安全生产

2018 年，全区共发生各类安全事故 819 起，同比下降 51.9%。其中道路交通死亡事故 8 起，同比下降 33.3%，造成 9 人死亡，死亡人数同比下降 40%；伤人交通事故 6 起，同比下降 85%，造成 6 人受伤，受伤人数同比下降 87.2%；财损事故 798 起，同比下降 41.5%；火灾事故 7 起，同比下降 46.2%，无人员伤亡。工贸行业领域未发生过生产安全事故，各项安全生产指标均控制在市定范围内，未发现重大事故隐患，安全生产形势持续稳定向好。

十一、环境保护

2018 年，全区空气质量有效监测天数 331 天，优良天数 323 天，优良率达到 97.58%。

2018 年，全区累计发放配有垃圾分类指引图的藏汉双语垃圾分类宣传册 4000 余份、制作宣传展板 6 套。已筹集资金 64.5 万元用于垃圾分类回收相关工作。其中，25 万元用于马乡马村、措麦村两个试点“垃圾分类兑换中心”装修；18.35 万元用于购买垃圾桶和垃圾袋；16.12 万元用于购买 26 辆垃圾转运车；5 万元用于制作 6 套大型垃圾分类宣传展板，群众普遍树立了分类投放意识，试点村生活垃圾数量明显减少，村容村貌焕然一新。

古荣糌粑

古荣糌粑，是堆龙德庆的著名特产，该糌粑是用特定区域的优质青稞洗净后炒熟磨制而成。颜色以白和黑为主，粉末状，色泽均匀一致，具有独特的青稞麦香味，堪称糌粑之极品，深受广大藏族群众喜爱，在西藏享有很高的声誉。

历史上，古荣地方以加工糌粑而闻名遐迩，尤其是古荣巴热村、朗孜村各家各户加工的脱皮水磨糌粑，一直是西藏地方政府官员和上层僧侣的上等食品。

其制作方法：一般先选出上等青稞，然后用水洗净、浸泡（冷水或热水均可）、晒干、炒熟、脱皮（将炒熟的青稞装在皮口袋里用手揉、用脚踩）、筛选（除净青稞皮及杂物）、磨成细面，即成可食用的糌粑。在生产工艺流程上，炒熟、脱皮、磨制为关键流程，一要掌握火候，二要把握脱皮适度，三要控制出面粗细。

90 年代，堆龙德庆县利用自治区、拉萨市农发办的项目扶持，以增加农牧民收入为目标，围绕农畜产品加工和优势资源开发，大力发展高原特色农牧业和乡镇企业。于 1993 年扶持成立古荣朗孜糌粑公司，组织农户 206 户，实行青稞收购、青稞加工、糌粑销售为一体的农业产业化开发一条龙服务。2000 年，公司年收购青稞 500 万千克，为当地群众每年增收 50 万元。

2014 年，古荣糌粑被国家质检总局批准为国家地理标志保护产品。

2015 年，古荣糌粑产量达 1080 万公斤，产值达到 6000 万元，带动群众 198 户，户均年收入 4.2 万元。

索 引

说 明

一、本索引采用主题分析法编制。索引范围包括篇目、类目、部(门)目、条目等。
二、本索引按主题词首字汉语拼音音序(同音按音调)排列,若首字拼音相同则按第二字音序排列,以此类推。
三、索引款目后的数字表示内容所在的页码,数字后的拉丁字母(a、b、c)表示栏别(从左至右)。
四、篇目、类目、部(门)目用黑体字。

A

B

C

D

E

F

G

H

P

Q

R

S

T

W

X

Y

Z